war in life

펜트하우스 4

펜트하우스4

지은이 김순옥
펴낸이 임상진
펴낸곳 (주)넥서스

초판1쇄 발행 2021년 10월 18일
초판3쇄 발행 2021년 10월 25일

출판신고 1992년 4월 3일 제311-2002-2호
10880 경기도 파주시 지목로 5
Tel (02)330-5500 Fax (02)330-5555

ISBN 979-11-6683-100-3 14680

www.nexusbook.com

WAR IN LIFE

펜트하우스 4

◆ 김순옥 대본집 ◆

넥서스BOOKS

용어정리

- **E** 이펙트(Effect)의 약어로 등장인물의 얼굴은 보이지 않고 목소리만 들리는 경우에 주로 사용되며, 휴대폰 소리, 파도 소리 등 모든 효과음이 해당된다.
- **F** 필터(Filter)의 약어로, 전화기 너머의 목소리나 마음속으로 하는 이야기 등을 표현할 때 사용된다.
- **F.I** 페이드 인(Fade in)의 약어로, 어두웠던 화면이 차차 밝아지면서 장면이 전환되는 연출이다.
- **F.O** 페이드 아웃(Fade out)의 약어로, 화면이 차차 어두워지면서 완전히 검정 화면으로 전환되는 연출이다.
- **C.U** 클로즈업(Close up)의 약어로, 대상물이 화면에 가득 차도록 확대해 촬영하는 기법이다.
- **플래시백** 회상을 나타내는 장면. 주로 현재 일어나는 사건의 인과 설명 혹은 주인공의 현재 모습이나 성격에 당위성을 부여하기 위해 사용된다.
- **오버랩** 앞 화면에 뒤의 화면이 포개지는 기법. 대사에서 앞사람의 말을 끊고 대사가 나올 때 사용된다.

차례

기획의도 … 7

인물관계도 … 10

등장인물 … 12

1화 악인들, 돌아오다 … 23

2화 오월동주 … 77

3화 또 다른 핏줄 … 127

4화 덫에 걸려들다 … 171

5화 악인은 불의의 이익을 탐하나 … 221

6화 심연을 들여다보다 … 271

7화 진범이 밝혀지다 … 319

8화 복수의 계기 … 371

9화 똑같은 쓰레기 … 421

10화 속고, 속이다 … 469

11화 폭풍전야 … 519

12화 그러나 악인은 땅에서 끊어지겠고 … 567

13화 간사한 자는 땅에서 뽑히리라 … 611

14화 행복한 삶이었습니다 … 659

출연진 및 만든 사람들 … 701

어떤 인간의 욕망도 절대 충족되지 않는다.
인간은 더 많은 것을 갖기 위해 끝없이 오르려 하기 때문이다.

'펜트하우스'란 무엇인가?
아파트, 호텔, 주상복합 등 고층건물 상층부의 고급스러운 인테리어를 갖춘 주거
공간으로, 보통 꼭대기 층에 위치한다. 최고층이어서 높은 곳에서 내려다보이는
전망이 일품이다.

특별한 매력으로 아파트 로열층의 판도를 뒤흔든 최상위 층! 그곳엔 과연 누가
살고 있을까?
그들은 무엇으로 돈을 모았고, 그들의 욕망의 끝은 어디까지일까?
끝없이 높은 곳으로... 더 높은 곳으로... 올라가고 싶었던 이유는 무엇이고, 그들
이 꿈꾸던 맨 꼭대기 층에는 무엇이 기다리고 있을까?
꼭대기 층까지 오른 그들은 과연 지금 행복할까?
저마다의 은밀한 비밀이 숨어있지는 않을까?
궁금해졌다.
여기, 한 여자가 있다.
이름은 심수련. 100층 복층 펜트하우스의 주인이다.

아름다운 얼굴에 고급스러운 미소를 지은 채, 태어날 때부터 항상 그랬던 것처럼 움직임에 한 치의 흐트러짐도 용납하지 않는다.

200평은 족히 넘는 복층 펜트하우스가 그녀 앞으로 위풍당당한 자태를 드러낸다. 전면이 탁 트인 커다란 거실 통유리창에 크리스털 조명등이 반사되어 빛나고, 티끌 하나 보이지 않는 대리석 바닥 위에 이태리에서 직수입한 명품 가구들이 각을 잡고 놓여있고, 거실 유리창 앞으로 다가서면 환상적인 한강 뷰가 한눈에 펼쳐진다.

어둠이 내린 한강의 비현실적인 야경이 시선을 사로잡고, 멀리 우뚝 선 서울타워 외에 그녀의 시선을 방해하는 건 아무것도 없다. 한강대교 위에 차들이 소리 없이 어딘가를 향해 천천히 움직일 뿐, 세상은 적막 그 자체다. 어떤 소음도 완벽히 차단되어있는 그곳! 여자의 발이 움직일 때마다 슬리퍼 끄는 소리만 간간이 들릴 뿐이다. 방금 샤워를 마친 듯 하늘하늘한 슬립만을 걸친 그녀는, 대리석 계단을 통해 위층으로 올라간다. 위층 역시 찬란한 조명등이 미친 듯이 거실로 쏟아져 내리고 있었다. 신비한 오일향을 내뿜으며 조용히 거실 창가로 다가가, 세상 누구의 시선에서도 자유로운 듯 슬립의 끈을 내렸다. 강렬한 레드색 슬립이 대리석 위로 물결처럼 흘러내렸다. 그리고, 헬퍼가 미리 준비해 둔, 파티용 환타색 실크드레스를 차려입었다. 거실 창문으로 그녀의 아름다운 모습이 비쳐 보였다. 그녀의 눈동자가 신비스러울 만큼 빛났다. 불쾌한 징조라곤 찾아볼 수 없었다.

그때! 핸드폰이 울렸다. 파티 참석을 재촉하는 남편의 전화다. 그녀는 여전히 서두르지 않는 우아한 걸음으로, 펜트하우스 밖으로 나왔다. 홍채 자동인식으로 열리는 현관문을 통과하여, 펜트하우스 전용 엘리베이터에 몸을 실었다. 미끄러지듯 통유리창의 엘리베이터가 움직이기 시작했다. 그리고... 몇 층쯤이었을까...

엘리베이터 바깥으로부터, 누군가의 눈빛과 정면으로 마주쳤다! 너무도 가녀리고 애절한 소녀의 눈빛... 애타게 뭔가를 붙잡으려는 손길... 허공을 휘젓는 발버둥......

지독한 섬뜩함이 찰나로 스쳐 지나갔다. 그리곤 몇 초 후...... 아파트 모든 주민들이 가장 사랑하고 자랑스러워하는 아파트 분수대의 거대한 헤라상 위로 그 물체가 떨어졌다. 높이만큼 아득한 굉음소리가 한밤의 적막을 깼다! 쿵!!!

강렬한 오색 물줄기를 내뿜던 분수대가, 일순간 붉은빛으로 젖어들기 시작했다. 이제 갓 열여섯 살, 민설아의 죽음이었다!

인물관계도

헤리팰리스(헤리클럽)   100층 펜트하우스

배로나   오윤희   심수련   주단태   주석훈

주석경

의문의 소녀   서진의 가족   85층

천명수   서진모

민설아   천서진   하윤철   하은별

천서영   제부

고상아 시댁식구들   55층

왕미자   큰시누이   고상아   이규진   이민혁

작은시누이   45층

강마리   유동필   유제니

기타 인물들

마두기

알렉스

도비서

조비서

홍비서

의문을 품은 사람들

로건리

나애교

백준기

진분홍

주혜인

청아예고 친구들

엄장대

안은후

노지아

송예리

허유정

│ 주요인물 │

• 심수련__ 주단태의 아내. 주석훈과 주석경 쌍둥이 엄마.

태어나서 한 번도 가난해본 적 없는 상류층 여자.
헤라팰리스 입주자들 모두 인정하는, 명실상부한 헤라클럽의 퀸!
부유한 가정에서 태어나, 가족들의 아낌없는 사랑을 받으며 곱게 자랐다. 아름다운 외모만
큼이나 성품도 온화했지만, 사랑에서만큼은 용감하고 저돌적이다.
아버지의 강요로, 현재의 남편 주단태와 애정 없이 약혼했다. 그러나 약혼 후 유학을 떠난 곳
에서 음악을 하는 남자와 진짜 사랑에 빠지고, 그의 아이를 임신하게 된다. 주단태에게 파혼
을 통보하고, 미국에서 사랑하는 남자와 새 출발하여 행복한 시간을 보내고 있던 무렵! 집으
로 침입한 무장 강도가 난사한 총기로, 사랑하는 남자를 그 자리에서 잃고, 자신은 그 충격으
로 8개월 만에 딸을 조산하고 만다.
한국으로 돌아와 인생에서 가장 큰 고통의 시간의 보내고 있는 그때! 수련에게 파혼당했던
주단태가 다시 수련에게 돌아온다. 동거녀에게서 낳은 남녀 쌍둥이와 함께.
주단태는 수련이 조산으로 낳은 수련의 아이가 저산소증으로 병원에서 위급한 상태가 되자,
지극정성으로 돌봐준다. 며칠 밤을 새우며 아이 곁을 지켜준다. 그 모습에 감동한 수련은, 단
태와의 결혼을 결심하고, 단태의 쌍둥이 아이들을 자신의 친자식처럼 돌보며 결혼생활을 시
작한다.
사람들은, 쌍둥이 아이를 수련이 낳은 친자식으로 알고 있었다. 그만큼 수련은 아이들에게
진심으로 대했다. 단태한테서 받은 사랑을 갚아주겠다는 마음으로, 아이들에게 최선을 다
했다.

강박증이 심하고, 매사 완벽함과 최고를 추구하는 단태에게서 숨이 막힐 것 같은 답답함을 느끼고 때론 도망치고 싶지만, 그때마다 식물인간 상태에 빠진 수련의 아이를 돌보는 단태의 모습에, 차마 그를 떠나지 못한다. 하지만 주단태가 수련이 낳은 친딸을 내다버리고, 중병을 앓고 있는 다른 아이를 수련의 딸로 둔갑시켜, 수련에게 평생 남의 자식을 돌보면서 자신을 배신한 벌을 받게 했다는 사실을 깨닫게 되자, 죽을 것 같은 배신감에 치를 떤다.

그날부터 조용히 자신의 친딸을 찾아 헤매는 수련. 남편의 비서인 윤태주로부터, 남편이 딸을 얼어 죽게 하라고 시켰지만, 차마 그럴 수가 없어서 고아원 앞에 몰래 옮겨놨다는 자백을 받아낸다. 딸이 살아있다는 확신을 가지고, 그 근방의 고아원을 전부 뒤지며 미친 듯이 친딸을 찾아나선 수련. 드디어 딸의 행방을 찾게 되고, 미국으로 입양된 딸이 파양되어 한국에 살고 있다는 정보를 입수하게 된다. 딸은 아주 가까이에 살고 있었다. 자신 또한 너무 잘 알고 있는 사람이었다. 아이들의 수학 과외쌤.... 민설아였다!

딸을 찾았다는 기쁨으로 정신없이 딸에게 연락을 취하는 수련. 그날은, 청아예고 합격 축하 파티가 있는 날이었고, 남편은 파티 준비로 정신이 없었다. 남편의 재촉에 할 수 없이 파티장으로 향하는 수련.... 그리고.... 그 엘리베이터 안에서, 추락하는 한 여자아이의 눈동자와 마주친다. 그 아이는 다름 아닌 자신의 딸, 민설아였고, 그렇게 허망하게 수련은 친딸을 영원히 잃고 만다.

• 천서진 __ 하윤철의 부인, 하은별의 엄마.

타고난 금수저. 화려함과 도도함의 결정체.
헤라클럽의 여왕벌을 자처.
스포트라이트는 항상 서진을 비추고 있었다.
청아재단 이사장의 딸이란 타이틀은 늘 그녀를 주목받게 만들기 충분했다.
든든한 부모의 뒷배를 이용하지 않고도 충분히 빛나는 실력으로 청아유치원, 청아초등학교, 청아예중까지 1등은 항상 서진의 차지였다. 하지만 딱 거기까지였다.
청아예고 입학과 동시에 오윤희에게 퀸의 자리를 빼앗긴 건 시작에 불과했다. 이후 실기 시험, 콩쿠르, 발표회마다 줄줄이 윤희에게 1등을 내줬다.
죽을 만큼 노력했지만 몇 번의 경합을 통해서 깨달은 사실은 실력으로는 절대 윤희를 이길 수 없다는 것이었다. 자존심이 무너진 서진은 아빠에게 달려가 오열하며 처음으로 부탁을 했다. 윤희를 이기고 싶다고! 아니 이겨야만 한다고!
그렇게 고3 마지막 콩쿠르의 우승 트로피를 손에 거머쥔 서진에게 심사의 부정함을 폭로하겠다 선언하는 윤희를 보자 쌓여왔던 감정이 폭발했고, 몸싸움을 하던 도중 윤희의 목을 트로피로 그어버렸다.
이후 모든 건 제자리로 돌아왔다. 어디론가 사라져버린 윤희는 원래 없었던 사람처럼 곧 사람들의 기억에서 잊혀졌고, 모든 관심은 서진을 향했고, 실력도 날로 늘어갔다. 게다가 윤희의 남자친구였던 하윤철까지 손에 넣은 서진은, 처음으로 아버지 뜻을 어기면서까지 윤철과 결혼했고, 아직도 유명한 소프라노로 활동하며 청아예고에서 후배 양성에 힘쓰고 있다.

모든 게 자리를 잘 잡고 있었다. 소프라노를 꿈꾸는 딸 은별을 위해서 서진은 뭐든 해줬다. 청아예고 음악부장을 맡은 것도 은별에게 최고의 서포트를 해주기 위해서였고, 은별도 잘 해내고 있다고 믿어왔는데..... 뜻밖의 걸림돌이 생겼다. 배로나의 등장이었다. 배로나는 엄마와 목소리가 똑 닮은, 천서진의 천적, 오윤희의 딸이었다.

악연을 끊어내기 위해 부정한 방법으로 로나를 탈락시켰지만, 운명의 장난처럼 로나는 청아예고에 입학했고, 윤희는 감히 헤라팰리스까지 비집고 들어왔다.

서진은 어떻게든 오윤희를 헤라팰리스에서 내쫓으려 하지만, 남편 윤철까지 윤희에게 흔들리면서 서진의 일상은 무섭게 균열이 생겼다.

• 오윤희 __ 배로나 엄마.

과거엔 청아예고의 실력파 성악 유망주였으나 현재는 자격증 없는 부동산 컨설턴트.
천서진과는 적대적인 관계.

청아예고에서 수석을 놓치지 않은 실력파였다. 대충 입만 뻥긋해도 서울음대는 따논 당상이라고 할 만큼, 교내외에서 압도적으로 우수한 학생이었다.

그러나 청아예고 3학년 때, 서울음대를 가기 위한 가장 큰 스펙인 〈청아콩쿠르〉에 출전했다가 대상을 도둑맞았다. 결과의 부정에 격분해, 라이벌인 천서진과 몸싸움을 벌이다, 대상 트로피에 목을 찔려 성대에 치명적인 신경손상을 입고, 성악을 포기했다. 오랫동안 사랑했던 남자도 천서진에게 뺏겼다.

자포자기 심정으로 서둘러 결혼했다. 결혼 역시 불행의 연장선이었다. 고시생이었던 남편은, 매번 사법시험 최종면접에서 떨어졌고, 그 와중에 쉬지 않고 바람을 피웠다. 허영을 불치병으로 달고 살던 시어머니는 손녀딸 금반지까지 내다팔고도 정신을 못 차리고 돈을 써재겼다. 돈 쓰는 게 그녀의 유일한 취미였다.

그 덕에 윤희는, 안 해본 알바가 없을 만큼 억척스럽게 살아야 했고, 최근엔 졸부들을 상대로 비밀 아지트를 구해주는 일로 생활비를 벌고 있다.

14년의 암흑기를 거쳐, 드디어 기적적으로 마지막 사법고시에 합격한 남편 덕에 햇빛을 보나 싶었는데, 남편은 하필 그날 축하모임에서 술에 취해 실족사했다. 불운이 꼬리를 물고 이어졌다.

자신의 딸은 절대 음악을 시키지 않겠다는 굳은 결심에도 불구하고, 딸의 고집을 꺾을 수 없었던 윤희는, 딸의 레슨 선생으로 천서진과 20년 만에 조우한다.

천서진의 장식장에서 아직도 빛나고 있는 과거 콩쿠르 트로피를 본 순간, 복수심에 사로잡히고, 딸이 교내 학폭위의 만행으로 부당한 처벌을 당하자, 마음을 바꿔 먹고 딸아이의 성악 공부를 지지하기로 결심한다.

그날부터 딸아이의 청아예고 합격을 향해 달리기 시작하는 오윤희! 지난 삶을 보상받기라도 하듯이, 딸과 자신의 인생의 성공을 향해 폭주한다.

• **주단태** __ 심수련의 남편. 주석훈, 주석경의 아빠.

재일교포 사업가의 아들. 투자회사 대표. 부동산의 귀재.
강박증이 심하고, 완벽주의자. 늘 최고, 최상만을 추구한다.
귀신같이 돈 냄새를 잘 맡아, 투자하는 사업마다 돈을 쓸어 모았다.
사업과 부동산에 천부적 재능을 가졌다. 그의 땅을 밟지 않고는 강남을 돌아다닐 수 없다는 말이 나돌 정도로, 강남 노른자위 땅과 고층 건물들을 소유하고 있다.
헤라팰리스도 그의 작품! 땅을 매입하고, 분양하는 모든 일을 직접 지휘하면서, 그의 능력을 세상에 알렸다.
자신을 배신하는 어떤 것도 용서할 수 없는 남자. 자신의 약혼녀가, 다른 남자를 사랑하고, 그 남자의 아이를 가졌다는 사실을 안 순간! 감추고 있던 소시오패스 본성이 살아났다.
미국 심수련의 집에서 일어난 총기사건도, 주단태와 무관하지 않다. 질투와 배신감에 휩싸인 주단태가 무장 강도를 심수련의 집에 보내, 심수련의 남자를 죽게 한 것. 그 때문에 심수련의 딸은 8개월 만에 생명이 위독한 상태로 태어난다.
심수련이 낳은 진짜 딸을 비서(윤태주)를 통해 하천에 버리고, 다른 아픈 아이를 심수련의 딸로 위장해 키우게 한다.
자신을 배신한 심수련을 기어이 아내로 맞아, 평생 다른 사람의 자식들을 키우며 살게 하는 벌을 가하고, 그것이 자신을 모욕한 죗값이라고 여긴다.
남들에겐 심수련을 쌍둥이들의 친엄마로 알게 하고, 완벽한 가정으로 보여지길 원한다. 한 치의 흐트러짐이나 구설도 용납하지 않는다. 주혜인의 존재 역시 헤라팰리스 주민 누구도 알지 못했다.
겉으로는 젠틀하고, 매너 있고, 완벽한 남자. 속은 냉혈한의 피가 흐른다.

• **주석훈** __ 주단태와 심수련의 아들. 석경의 쌍둥이 오빠.

피아노를 전공한 귀공자 스타일의 외모에 무결점 완벽남.
외모, 두뇌, 실력까지 모든 것이 훌륭한데 거기에 싸움까지 잘한다. 드디어 첫사랑을 시작했다.
티끌만큼의 흐트러짐도 허용하지 않는 주단태의 앞에선 늘 완벽함을 연기하지만, 학교에서는 선생님과 친구들을 장난감처럼 주무르며 일탈을 즐기는 이중적 면모를 갖고 있는 소년.
그런 석훈의 새 장난감으로 배로나가 낙점된다.
그런데 이 타깃 만만치가 않다.
어떤 괴롭힘에도 굴복하지 않는 로나에게, 조금씩 흥미 이상의 관심을 가지게 된다.

• 주석경 __ 주단태와 심수련의 딸. 석훈의 쌍둥이 동생.

영혼 없는 얼음공주 퀸카, 청아예고에서 성악 전공.
단 1%의 진심도, 영혼도 없는 차가운 청아예고의 퀸.
전쟁판처럼 피 터지는 예체능계 경쟁 속에서도 늘 온화하고 너그러운 아이.
하지만 발등에도 미치지 못하는 아랫것들을 향한 아량이었을 뿐.
석경의 진로는 처음부터 결정돼있었다. '성악가' 석경은 노래 부르는 것도 공부하는 것도 다
싫었다.
전교 1등인 오빠 석훈에 비해 실력은 턱없이 모자랐고, 주단태는 그런 석경에게 아주 냉정했
다. 항상 성적, 결과 순으로 석훈이와 비교당할 뿐이다.
지옥의 나날이지만 그래도 오빠 석훈만 옆에 있다면 펜트하우스에서 살 수 있다.

• 배로나 __ 오윤희의 무남독녀.

엄마의 유전자를 받아 성악에 남다른 재능을 가졌다.
청아예고에 혜성처럼 나타난 실력자로 많은 이의 견제를 받는다.
당차고 씩씩하다. 아빠 없고, 돈도 없지만, 주눅 들지 않는다. 자신을 무시하는 유제니에게
오히려 한 방 먹여 버렸다. 그게 바로 성악이었다.
음악만은 하지 않길 바랐던 엄마 윤희의 반대를 무릅쓰고 로나는 노래를 불렀다. 엄마의 능
력을 그대로 받아 아름다운 천상의 목소리를 가졌다. 결이 다른 목소리였다.
도저히 노래를 포기할 수 없었다. 결국 윤희가 준 학원비를 들고 유명한 레슨 선생님(천서
진)을 무작정 찾아가 테스트를 봤다. 뒤이어 자신을 끌어내리고 쫓아온 엄마! 이제 끝이구나
생각하던 찰나! 엄마는 로나에게 노래를 하라고 승낙했다. 자신이 죽을힘을 다해 지원을 해
주겠다고. 그때부터 미친 듯이 노래만 불렀다. 남들보다 백 배 천 배로 열심히 했다. 없는 돈
에 레슨비를 대주는 엄마를 위해서라도 쉴 수 없었다.
최선을 다했지만, 결국 예고 실기에 떨어진 로나. 그날 밤 엄마에게 미친 듯이 악다구니를 퍼
부었는데, 뜻밖에도 추가 합격 소식이 들린다. 자신이 청아예고에 들어갈 운명이었던 것처
럼 세상이 움직이는 듯 했다.
하지만 그곳은 꽃길이 아니라 정글이었다.
모든 아이들로부터 왕따를 당했고, 질시와 모욕을 참아야 했다.
믿을 건 실력뿐이었다. 최고가 된다면 누구도 날 무시할 수 없다는 깡다구 하나로 버텨냈다.
성대 결절이 올 정도로 미친 듯이 연습에 매진했다.
"엄마는 패배자지만, 나는 달라!"

• 하윤철 __ 천서진의 남편. 하은별의 아빠.

대형 종합병원 VIP 전담 신경외과 과장. 오윤희의 첫사랑.
의사로서의 능력과 실력보다는 청아의료원 이사장 사위로 유명세를 먼저 탔다. 소프라노 천서진의 남편, 현재 VIP 전담 외과과장, 차기 병원장 유력!
사려 깊음보다는 손익 계산을, 실력보다는 방송 출연을, 지켜보자는 소견보다는 수술을 우선시한다.
그런 그도 한때는 누군가에게 가슴 뛰던 시절이 있었다.
과학고 시절, 청아예고와의 연합 동아리에서 만난 진짜 성악 천재 윤희. 경쟁심 많던 윤철을 순수하게 만들었던 윤희... 윤철의 첫사랑이었다.
현실에 적당히 타협할 줄 아는 인물. 묘하게 사람 신경을 건드리는 화법으로 상대를 제압한다. 역시 남자는 돈과 권력을 쥐고 있어야 한다는 야망남. 지금은 병원장 자리를 차지하기 위해 워커홀릭처럼 일하고 있다.
이런 성공에는 천서진의 내조가 한몫했다는 걸 모르진 않았다. 그러나 지나치게 목표 지향적인 서진이 차츰 부담스러워졌고, 결혼과 함께 시작된 서진 집안의 냉대가 서러웠다. 가난한 과수원집 아들이라는 족쇄가 지독한 콤플렉스가 되었다.
아내는 은별의 교육에 한 치의 허점도 용납하지 않는 성격이었다. 그 또한 부부 갈등의 이유가 되었지만, 인생의 파트너로서 두 사람의 목표는 같았다. 각자 위치에서 최고가 되는 것!
그런데 윤희와의 재회가 그의 삶을 뒤흔들고 있었다.

• 하은별 __ 천서진과 하윤철의 딸.

청아예고에서 성악 전공. 대대로 교육가 집안으로 명망 높은 청아예고 이사장 집안 딸이다.
2인자에 머무르는 실력으로 엄마 천서진을 만족시키지 못해 늘 불안하다.
은별의 인생은 태어날 때부터 정해져있었다.
성악 외에는 단 한 번도 다른 꿈을 꾼 적이 없다.
청아재단은 예술계통 최고의 명문 사학이었고 프리마 돈나였던 엄마 천서진이 청아재단 이사장이 되면 그 뒤는 은별이 이어받을 것이다.
마치 아침에 일어나면 세수를 하는 것처럼 너무도 당연한 수순이었다.
은별 역시 노래 부르는 게 좋았다. 그러나 타고난 천재는 아니었다.
"난 죽었다 깨어나도 엄마를 뛰어넘을 수 없을 거야."
낮은 자존감이 그녀의 머릿속을 지배하고 있다.
곡을 부르다가 한 소절만 삑사리 나면, 그 자리에서 주저앉아 기어이 전부를 다 망쳐버리고 마는 유리멘탈. 그러던 어느 날 은별의 손에, 천서진의 대상 트로피가 쥐어져있었다. 그리고, 은별은 로나를 향해 트로피를 거침없이 내리쳤다. 은별의 눈은 텅 비어있었다.

‡ 강마리 가족
• 강마리 __ 유제니의 엄마. 유동필 부인.

금쪽같은 내 새끼 건드리면 무조건 두 쪽 난다!
개처럼 벌어서 정승처럼 쓰자는 게 인생 모토. 졸부.
두바이에 남편을 보내고 독수공방하는 여자.
다혈질인 듯 보이지만 사실 알고 보면 엄청나게 계산적이고 냉철하다.
속으로는 금수저들을 비난하고, 밖으로는 흙수저들을 하대한다.
모든 스트레스를 자신의 집 도우미와 기사에게 갑질로 푸는 삶을 살고 있다.

• 유동필 __ 강마리의 남편. 유제니의 아빠.

건설회사 대표. 두바이에서 사업 중이라고 알려졌으나 실제로는 교도소에서 수감 생활 중.
세상의 중심에서 아내에게 의리, 딸에게 사랑을 외치는 딸바보.
막노동판을 뒹굴며 전전하던 젊은 시절, 마리에게 첫눈에 반해 끝없는 구애 끝에 결혼했다.
뛰어난 사업 수완을 바탕으로 건설회사 기자재 납품 사업을 번듯한 건설회사로 키워냈다.
현재 두바이에서 프로젝트를 진행하고 있어 1년 넘게 한국에 돌아오지 못하는 상황. 매달 아내와 딸 선물을 챙기는 진정한 사랑꾼이자 딸바보.

• 유제니 __ 강마리와 유동필의 외동딸.

청아예고에서 성악 전공. 안하무인, 쌈닭. 실력은 없고 욕심만 있다.
천상천하 유아독존이다. 한마디로 개싸가지.
청아예중 입시에서 똑 떨어져 일산 화정에 있는 일반중학교를 다녔다. 같이 성악을 시작한 친구 중에 유일하게 혼자 떨어졌다.
기필코, 청아예고만은 포기할 수 없다는 각오로, 일산 화정까지 넘어갔다. 갈수록 내신 비중이 커지는 예고 입시 특성상, 서울 외곽 학교라면 아무래도 내신 따기가 이로울 거라는 계산이었으나, 화정 또한 만만치 않았다. 배로나라는 눈엣가시 같은 아이가 공부면 공부, 노래면 노래, 모든 면에서 제니 앞을 가로막았다. 파출소 피하려다 경찰서 만난 격이었다. 제니 엄마인 강마리가 일산 화정으로 이사한 이유는, 사실 내신 때문만은 아니었다. 남편 유동필 탓이 컸다. 살인죄로 복역 중인 남편의 신상이 털려서 딸 귀에 들어갈까 하는 노파심 때문이었다. 어렵게 얻은 딸이라, 엄마 아빠의 정성이 하늘에 뻗쳤고 덕분에 제니의 싸가지는 날이 갈수록 비례했다. 머리부터 발끝까지 있는 집 자식이요, 콘셉트로 꾸미고 다닌다. 돈 자랑하는 건 취미고, 돈 없는 애들 무시하는 건 특기다.
그런데 그 특기가 요즘 배로나 기집애 때문에 영 발휘가 안 된다. 어떻게 생겨 먹은 건지 놀려도, 무시해도 꿈쩍도 안 하니 오기가 다 생긴다.

아빠도 없는 불쌍한 년 주제에.....

그 말을 하지 말걸, 후회는 이미 늦었다. 로나는 기가 막힌 음색과 노래로 한 방에 자신을 제압했고, 제니 스스로도 느꼈다. 절대 실력으로는 이길 수 없겠다.

실력으로 안 된다는 열등감이 뼛속까지 내재된 인물.

자기가 밟아도 되겠다 싶으면 찍어놓고 지독히 괴롭히지만, 또 뭔가에 감동받아 내 편이라고 생각하면 하루아침에 자기 속 다 내주는 단순하고 쿨한 면도 있다.

로나와 철천지원수에서 로나의 베프가 된다.

‡ 이규진 가족

• 이규진 __ 고상아의 남편. 이민혁의 아빠. 빅토리 로펌 이혼 전문 변호사.

규진이는 엄카보이.

법조인 재벌가의 외아들로 허세뿐인 속 빈 강정에 마마보이. 찌질의 끝판왕.

법조계 집안의 3대 독자로 1남 2녀 중 막내다.

어렸을 때부터 엄마가 시키는 대로 살아왔더니 어느새 변호사가 되어있었다.

당연히 스스로 할 줄 아는 건 없고, 결정 장애에 모든 걸 누나나 엄마에게 컨펌받아야 마음이 편한 마마보이다.

게다가 생활비 대신 엄카를 건네는 찌질의 끝판왕.

상아와의 결혼도 가족회의를 통해 결정됐다.

규진은 언제나 그랬듯 받아들였다.

한 번도 엄마의 결정이 틀린 적은 없었으니까.

규진은 상아가 매일같이 엄마에게 볶여도 방패막이가 돼줄 생각이 없다.

기 센 누나들이 집으로 들이닥쳐 아내를 잡도리해도 모른 척했다.

세상은 등가 교환의 법칙에 의해 돌아가는 것.

개천 이무기를 모두가 부러워하는 법조재벌 며느리로 만들어줬으니 상아가 감당해야 하는 몫이라 생각했다.

손도 까딱 않는 버릇으로 하나부터 열까지 상아에게 다 시키고, 상아가 조금이라도 반기를 들면 쪼르르 누나나 엄마에게 얘기하느라 바쁘다.

• 고상아 __ 이규진의 아내. 이민혁의 엄마.

현대판 코믹 내조의 여왕, 허세 19단. 아나운서 출신의 재벌가 며느리.

남편과 아들 일이라면 어떤 희생이라도 감수하는 소문난 내조의 여왕.

교양 있는 척, 세상 행복한 척, 사랑받는 척하지만, 정작 반쪽짜리 결혼 생활이다.

한때 촉망받던 아나운서에서 지금은 재벌가 며느리로, 남편을 내조하며 살아가고 있다.
남편은 시아버지가 운영하는 '빅토리' 로펌의 허수아비 변호사이고, 상아가 허울뿐인 재벌
며느리 행세를 하고 있는 건, 주변 사람 아무도 모른다.
그녀의 결혼 생활은 한마디로 창살 없는 감옥이었다. 시댁 식구들은 온갖 더럽고 구린 짓은
다하고 호사를 누리면서, 상아에게는 검소, 절제, 청렴을 강요한다.
돈줄을 틀어쥔 시어머니는 생활비를 200만 원으로 동결시키고 그녀의 컨펌 없인 콩나물
100g도 살 수 없었다. 남편의 월급을 단 한 번도 만져본 적 없다.

• 이민혁 __ 고상아와 이규진의 아들.

청아예고에서 성악 전공.
공부로 서울대를 갈 수 없다는 사실에 온 집안을 낙담시켰다.
지금은 부모의 플랜대로 서울대 가기 프로젝트를 수행 중이지만,
합격 가능성은 제로에 가깝다. 성악을 전공하고 있으나 뛰어난 재능은 없다.
성실함과는 거리가 먼 인물로 공부도 늘 하위권이다.

비밀을 품은 사람들
• 로건 리 __ ㈜로건 리 코퍼레이션의 대표이자 미국 매디슨타워 소유자.

재미교포계의 성공신화이자, 미국 부동산 갑부이며 유명 극장주인 제임스 리의 아들.
미국에서 급성혈액암으로 투병 중, 극적으로 한국 고아원에 있는 민설아와 골수가 일치해
민설아로부터 골수이식을 받고 완쾌함. 한때는 민설아와 남매지간.
골수이식을 위해 입양됐다, 억울한 누명을 쓰고 파양당한 민설아에게 죄책감에 시달린다.
2년 후, 모든 것을 정리하고 한국행 비행기에 몸을 실었다. 청아예고 계약직 체육교사라는
완전히 다른 사람이 되어 의문으로 가득 찬 민설아의 죽음을 파헤치기 시작한다. 누구와도
타협하지 않는 별종이다. 지금까지 청아예고에 이런 선생은 없었다. 대놓고 청아예고의 커
리큘럼을 비웃었다. 학교가 정해놓은 규칙을 깡그리 무시했다. 석훈, 석경, 은별이 은근히 누
리던 권리도 철폐했다. 석훈을 보기 좋게 제압한 구호동으로 인해, 주단태는 대노한다.

• 백준기 __ 로건과 함께 한국으로 찾아온 의문의 인물.

주단태의 과거, 그리고 그의 진짜 정체에 대해 알고 있다.
수련과도 어릴 적부터 인연이 있던 것으로 보인다. "미스터 백"을 만나러 한국으로 들어온
날, 로건이 죽어버린 뒤 종적을 감췄다가 나타난다. 그의 진짜 목적이 무엇인지는 모른다. 한
가지 확실한 것은 주단태를 향해 불타는 복수심을 품고 있다는 것뿐.

• 주혜인 __ 주단태가 만들어놓은, 심수련의 가짜 딸.

심수련이 주단태 곁을 떠나지 못하는 이유가 된 인물.
태어날 때부터 저산소증으로 신생아 중환자실에서 치료를 받았다. 몇 번의 고비 끝에 간신히 살아났으나, 심각한 후유증으로 거의 식물인간 상태로 누워만 있는 인물.
그렇게 16년을 살았다.
주단태가, 심수련의 친딸을 하천에 버리고, 심수련의 딸인 것처럼 위장하여 VIP 병동에 입원시켜 시극성성 돌보는 척 연기를 했다.
가끔 약물 투입을 조절해서 주혜인이 혼수상태를 일으키면, 심수련이 가슴 아파 미치는 모습을 보며, 묘한 희열을 느꼈던 주단태....
어찌 보면 주단태라는 괴물의 또 다른 희생양이다.

• 나애고 __ 석훈, 석경의 생모이자 주단태의 사업 파트너.

사기의 여왕이자 만능재주꾼.
뛰어난 화술과 담대한 성격으로 한순간에 사람들을 휘어잡는다.
주단태를 위해서라면 못 할 짓이 없다.
상류층, 고위간부 할 것 없이 그가 원하는 정보가 있는 곳이라면 어디든 갔고,
무슨 수를 써서라도 주단태에게 건네줬다.
지금의 주단태를 만들어놓은 일등공신이지만 늘 심수련에게 가려져 살아온 가짜인생.
그녀의 자리를 넘봤지만 가질 수 없었기에 그녀를 동경하고 원망해왔다.

• 진분홍 __ 은별의 개인 학습 플래너 선생.

사기의 여왕이자 만능재주꾼.
은별의 생활 전반을 체크하며 늘 최상의 컨디션을 유지할 수 있게 도와준다.
서진에게 말 못 하는 은별의 비밀까지도 공유하는 사이.
하지만 조금씩 지켜야 할 선을 넘기 시작한다.

| 그 외 인물들 |
• 마두기 __ 청아예고 음악 선생님.
한 번 보면 뇌리에 훅 박히는 부담스런 비주얼의 성악가.
한 번 보면 절대 잊어버릴 수 없는 강렬한 중세시대 헤어스타일의 소유자.
성악 지식은 만점일지 몰라도 교육자로서는 0점인 남자.
돈과 권력 앞에서 자연스레 무릎 굽히는 전형적인 강약약강 직장인.

헤라팰리스 부모들이 그의 자존심을 긁어도 늘 잡초같이 일어선다.
헤라팰리스 아이들에게 은근히 무시당하는 인물.

• 조호영(조비서) __ **주단태의 충실한 비서.**
각종 자질구레한 뒤처리를 담당한다.

• 도비서 __ **천서진의 충실한 비서.**
오로지 천서진을 위해서만 움직인다.

• 홍비서 __ **로건리의 충실한 비서.**
로건리와 그의 가족, 그리고 심수련을 묵묵히 지킨다.

1화

악인들, 돌아오다

1.   프롤로그 1/헤라팰리스 전경(낮~밤)
거침없이 우뚝 솟아 있는 헤라팰리스의 웅장한 자태.
차츰 어둠이 내리고, 낮에서 밤으로 바뀌어가면, 하나둘씩 불이 켜지
면서, 환상적일 만큼 빽빽이 아름다운 불빛이 반짝이는데.
그러다 탑의 장식물을 뒤덮은 불길한 징조의 검은 먹구름!
삽자기 번뜩! 사방이 환해질 만큼 날카로운 번개가, 맨 꼭대기 황금색
조형물에 내리꽂히면! 좌우로 휘청하는 헤라팰리스!!
엄청난 굉음과 함께, 창들이 위에서부터 하나씩 걷잡을 수 없이 깨지
기 시작하고! 순식간에 사방으로 균열이 퍼지며 외벽이 갈라지고, 쩍
쩍 금이 가는데.
불빛들이 빠르게 사라지면서, 헤라팰리스를 집어삼킬 듯이 장대같은
비가 쏟아 퍼붓는!

2.   프롤로그 2/분수대 헤라상(밤)
그때. 분수대의 헤라상이 무섭게 흔들리기 시작하고!
터져 나오는 사람들의 비명 소리!! 분수대 앞으로 쏟아져 나오는 주민
들의 모습. 아비규환이고. 미친 듯이 입구를 찾아 도망치는 사람들로
북새통인데.
순간 정전! 분수대의 화려한 불빛도, 힘 있게 솟구치던 분수대 물줄기
도 일순간에 끊기고. 칠흑 같은 어둠과 정적뿐이고.
예전의 영광이 사라진 채 시커멓게 흉물로 변해 있는 분수대의 괴기스
러운 모습.
그리고 분수대 안에, 누군가의 시신이 둥실 떠있는데. 틀림없이 주단
태다!! 그로테스크한 자세로 죽어있는 주단태의 시신에서.

3.   구치소 단태 수용소 안/현재(낮)
단태   헉!

악몽을 꾼 듯 벌떡 일어나는 단태. 가뿐 심호흡을 내뱉으며 자신의 얼굴을 더듬는데, 얼굴에 기어다니고 있는 벌레. 으악! 기겁해서 떼내고. 한숨 돌리고 보면. 구치소 안의 끔찍한 풍경이 눈에 들어오는데. 온갖 잡범들이 다 모여있는 상황이고. 그때, 수감자 한 명이 단태에게 다가오는.

수감자 (굽신대는 태도로) 뭐 안 좋은 꿈이라도 꾸셨습니까, 회장님. 아무래도 여기가 잠자리가 불편하시죠?

단태 이런 데서 내가 어떻게 살아? 등은 배기고, 벌레 새끼들은 왜 이리 많아?!

수감자 저기, (다른 수감자 눈치 보며) 구치소 내에 펜트하우스라고 불리는 데가 있는데요. 작년에 리모델링해서 여기보다 훨씬 넓고, 화장실도 깨끗해서, 범털들은 다 거기 모여있대요. 교도관한테 돈 좀 먹이면 충분할 거 같은데.

단태 (머리 굴리며) 구치소 펜트하우스?

수감자 대신, 청아건설 쪽 수주, 꼭 좀 부탁합니다. (굽신대며 로비하는)

규진(E) 규진이는 못 해애!!!

4. **구치소 규진 수용소(낮)**
    에라 모르겠다. 욱! 소리 지르고 보면. 규진의 얼굴 위로 드리워지는 그림자들! 규진을 한쪽 벽으로 밀어붙이는데. 규진보다 덩치가 몇 배나 큰 수감자들이고!

덩치1 뭐라고 했냐. 못 해? 참말로 못 해?

규진 (쫄리지만 큰소리쳐보는) 그래! 못 해! 나도 명색이 대형로펌 변호사였고, 국회의원이었거든?!

덩치2 빵에서 그런 게 다 뭔 소용이여? 여그는 주먹이 곧 권력이여! 우리 형님 깨시기 전에 후딱 해치워라잉.

한쪽에 대자로 누워서 자고 있는 형님(방칠순)! 얼굴에 수건 덮은 채고. 덩치들, 양쪽에서 규진을 압박하면. 덩치들 사이에 끼어서 납작해지는 규진. 숨도 못 쉴 지경이 되고.

규진　할게요. 해!! 하면 되잖아!

덩치들　(규진에게 자신의 식판을 넘기면)

규진　(서럽고) 나 태어나서 손에 물 한번 안 묻히고 컸다고! (눈치)... 요. 어제도 그제도 그그저께도 다 규진이가 설거지했잖아요. (모깃소리처럼 줄어든 목소리로 설거지하러 화장실로 가는. 화장실 보면 구역질 치솟고) 이건 명백한 인권탄압이야. 어떻게 변기 옆에서 설거지를 해?!!

화장실로 들어가, 죽상을 하고 설거지를 하는 규진. 몇 번을 구역질이 올라오는 걸 참아내고 있는데. 거의 울 듯한 얼굴이고.

규진　(화장실에 조그맣게 나있는 창문으로 들어오는 햇빛을 아련하게 쳐다보며) 여보...잘 지내? 거긴...어때?

5.　**구치소 여자 수용소 (낮)**
　　좁은 세면대에서 궁색하게 빨래 중인 상아, 한숨이 나오는데. 까르르 넘어가는 소리에 옆을 보면.
　　마리, 왕언니로 보이는 수감자에게 살갑게 다가가 목 마사지해주고 있는.

마리　언니~ 목이 좀 뭉친 거 같은데, 제 손맛 좀 보시겠어요? (눈짓 보내고. 바로 어깨 마사지 시작하는데)

왕언니　어머나, 어머나, 시원해. 목이 뻣뻣해 죽는 줄 알았는데, 사르르 풀리네. 자긴 어쩜 이렇게 손기술이 좋아.

마리　이게, 혈점을 딱 잡아서 제대로 풀어줘야 되거든요. 목 디스크 때문에 고생 좀 하셨죠? 제가 여기 있는 동안 싹 다 낫게 해드릴게요.

왕언니 (좋아서) 정말? 내가 빵에서 명의를 만났네. (기뻐하며, 숨겨놓은 간식 하나를 던져주며) 이거, 귀한 거야.

마리 어머나, 언니도 참. 내가 뭐 이런 것 받으려고 했나요. 그래도 언니 마음이니까 잘 먹을게요. 나 진짜 언니랑 평생 가고 싶다. (애교 부리는데)

상아 (그런 마리에게 경외심이 들 정도고. 빨래한 속옷을 탁탁 털어서 창가 빨랫줄에 너는데)

마리 (과자 먹으면서 상아에게 다가오고) 이쪽에다 널어. 여기가 서향이잖아. 손은 왜 그리 느려 터졌어? 여기 줄줄이 빨래 밀린 거 안 보여? (구박하면)

상아 (혀 내두르며) 어떻게 이렇게 적응을 잘해요? 난 여기 들어와서 잠 한숨 편히 잔 적이 없는데, 잘 먹고, 잘 자고, 잘 싸고. 빵이 체질이에요? 혹시, 전과 있는 거 아니에요?!

마리 사람 사는 데가 다 똑같지. 상아 씨는 은근히 사회성이 너무 없어.

상아 여기 와보니까, 내가 진짜 인생 헛산 거 같네요. (서글퍼 죽겠고)

마리 근데, 오늘 눈뜨고 하루 종일 천서진 본 적 있어?

상아 (꽉 기죽어서) 아뇨. 아침에 변호사 접견 있다고...

마리 근데 왜 이렇게 안 와? 우린 면회 시간 1초도 칼같이 끊으면서.

상아 우린 일반면회고, 거긴 금 발라놓은 변호사 특별면회잖아요.

마리 그게 바로 계급이란 거야. 우리가 지금 똑같은 옷 입고 있다고 다 같은 인생이 아니라고!! 여기도 헤라팰리스랑 똑같아! (왕언니 가리키며) 펜트하우스 사시는 분! 고층부 사는 나! (상아 휙 보고) 저층부 사는 니 년!

상아 년?! 왜 나만 년이야?!! 나, 국회의원 사모님이라고! (열 받아 달려드는데)

마리 (옆으로 쓱 비키고. 상아 자빠지면, 한심하단 듯 내려다보며) 시댁에서 손절당했다며? 빨래나 탁탁 털어서 열심히 널어. 여기서 살아남고 싶으면!

6. **구치소 특별 접견실 (낮)**

서진, 소파 위에 다리를 올린 채 얼굴에 마사지 팩을 올리고 누워있는. 그 옆으로 외부에서 가져온 음식들이 즐비해있고. 접견 변호사들이 뉴스 브리핑을 해주는데.

박변   청아재단이 성북동 사모님한테 넘어간 후로, 청아그룹 주가가 반 토막이 났습니다. 주주들 불만이 높아지고 있습니다. 항소심 결과에 따라 대표직에서 해임시켜야 한다는 의견이...

서진   (얼굴의 팩을 확 떼서 던지며) 그러니까 항소심 준비, 완벽하게 하라는 거 아냐? 어떻게든 증거불충분으로 빼낼 궁리를 하란 말야!! 그래야, 청아재단도 되찾아올 수 있어!!

박변   이미 청아재단은 성북동 사모님께서 넘기신다는 소문이 파다합니다. 인수자도 나타난 모양입니다.

서진   (기겁하고) 뭐어? 말도 안 돼!! 누구 맘대로 내 청아재단을 손을 대?!! 인수자가 누구야?!!

박변   그게...

서진   (굳어지는) 설마... 심수련?!!

7.   청아재단 이사장실 (낮)
      수련과 마주 앉은 서진모와 서영.

수련   이렇게 빨리 재단을 내놓으실 줄은 몰랐는데요.

서진모   재단 사업에는 어차피 관심이 없었어요. 남편이 집착했던 거지.

서영   근데요. 울 언니 때문에 재단 이미지까지 엉망이 된 판국에, 굳이 이걸 인수하려는 이유가 뭐예요?

서진모   (눈치 주며) 그런 걸 왜 물어?

서영   아 왜. 엄마도 궁금해 했잖아. 사실 학교재단이라는 게 돈 벌어다주는 사업도 아니고, 뭐~ 노블레스 오블리주 차원인 건가? 아님, 돈세탁?

수련   그런 식으로 꾸려온 재단이니, 그동안 말도 안 되는 비리가 넘쳐났던 거겠죠. 조건 확인하시고, 얼른 인수절차 밟았으면 좋겠네요. (서류 건네면)

서진모 최대한 빨리 사인하도록 하죠. (인수조건 확인하는데)

8. 레스토랑(저녁)
    수련, 먼저 와서 기다리고 있으면. 석경이 기분 좋은 듯 다가와 앉고.

석경 엄마, 굿뉴스 있어. 마 쌤이 그러는데, 학교장 추천서만 있으면 서울음
대 프리패스는 확정이래! 내신 때문에 쫄았는데 걱정할 거 없겠어. 엄
마도 좋지? 실기 셤까지 컨디션 조절만 잘하면 돼. (잔뜩 들떴는데)

수련 (보는) 석경아. 엄만 꼭 서울음대 고집 안 해. 성악 하기 싫으면 이제 굳
이 안 해도 돼. 아빠 때문에 억지로 한 노래였잖아.

석경 (김새고) 얻어맞으면서 노래하기 싫다는 거지, 서울대가 싫다는 건 아
니었어! 우리나라에서 유명한 성악가로 한자리 꿰차려면, 유학 전에
서울음대 찍어주는 게 로얄코슨 거 몰라?

수련 엄만 우리 딸이 유명한 사람이 되는 것보단, 자기가 하는 일을 좋아하
는 사람이 됐음 좋겠어. 남들 시선 의식하지 말고, 니가 행복해지는 일
을 해.

석경 행복한 일만 하면서 성공하는 사람이 어딨어? 아빠가 그랬어. 돼지처
럼 안 살려면 어떤 식으로든 대가를 치러야 된다고. 그런 면에선 아빠
도 리스펙할 만해. 난 아빠가 세 시간 이상 자는 걸 못 봤거든. (그러다
메뉴판 열며) 우리, 뭐 먹을까. 나 배고파.

석훈(E) 일찍 오셨네요.

    수련과 석경, 돌아보면. 석훈이 들어서고. 그 뒤로 로나 모습도 보이는.

수련 (로나를 보자 반갑게) 왔어? 시간 딱 맞춰 왔네. 얼른 앉아.
로나 안녕하세요.
석경 (로나 보자 굳어지고. 불편한) 로나도 불렀어?
수련 곧 실기시험이잖아. 같이 맛있는 거 먹자. 여기 새우파스타 맛있어.

석훈	(슬쩍 빵 건네고. 로나 거들어주는. 포크며 냅킨 놔주고)
석경	(로나에게 다정한 수련과 석훈 모습에 은근 질투 나고) 요즘 자주 본다. 오늘은 알바 없어? 대학 안 가니까 시간 널널해서 좋지?
석훈	(놀라서 로나를 보는) 대학을 안 가다니?
로나	(놀란 수련과 석훈을 보며, 대답 못 하는데)
석경	몰랐어? 로나 수능 안 본대. 실기도 포기해서 연습 안 한 지 오래됐는데.
석훈	대상까지 받아놓고, 대학을 왜 포기해?! 언제 그런 결정을 한 거야? 왜 그랬어?!! (버럭 하면)
석경	(굳어지고) 왜 그렇게 오바해? 오빠가? 남의 일에!
수련	(얼른 수습하며) 일단 먹고 얘기하자. 스프부터 시작해.

9.   레스토랑 화장실(낮)
      수련, 손 닦고 있으면. 다가서는 로나.

로나	이거... (봉투 내미는) 저번에 주셨던 돈인데, 좀 부담스러워서요.
수련	왜 부담스러워? 엄마 나올 때까진 아줌마가 엄마 대신인데....
로나	(씩씩하게) 알바도 열심히 하고 있고, 저 혼자 꾸려나갈 수 있어요. 진짜 도움 필요하면, 그때 말씀드릴게요. 지금은 정말 괜찮아요.
수련	정말 음악 그만둘 거야?
로나	한국 돌아올 때부터 생각했던 일이에요. 졸업하고, 더는 노래하지 않겠다고.
수련	(로나 손잡고) 로나야. 포기하기엔 니 재능이 너무 아까워. 어른들 일 때문에, 니가 꿈을 꺾는 건 아줌마도 원치 않아. 니가 원하는 대학에 진학하는 게, 지금 니 엄마한텐 큰 힘이 될 거야.
석경	(화장실로 들어서다, 두 사람 대화를 듣고 멈칫하는)
로나	염치없어서 못 해요. 제가 청아예고에 어떻게 합격했는지 아시잖아요.
수련	그건 니 잘못이 아냐! 엄마도 죗값 치르고 있어. 좀 더 생각해보고 결정하자. 아줌만, 로나가 좋은 성악가로 성장하는 모습, 꼭 보고 싶어! 목

춥겠다. 시험 때까지 감기 걸리면 안 돼. (스카프 벗어서 로나의 목에 감싸주면)

로나   (그런 수련이 고맙고. 수련을 보며 눈물 그렁한데)

한쪽에서 그런 두 사람을 보고 있는 석경, 굳어지는. 질투 어린 표정이고.

10.   헤라펠리스 윤희 집 앞(낮)
    석훈, 집 앞까지 로나 바래다주는.

로나   매번 안 이래도 돼. 나 이제 괜찮아.

석훈   내가 하고 싶어서 하는 거야.

로나   (멈춰 서고) 너 나한테 죄책감 가질 필요 없어. 그러니까 그냥 예전처럼 똑같이 해줘. 나도 그게 편해, 석훈아. (돌아서면)

석훈   (그런 로나를 붙잡는) 나랑 같이 미국 갈래?

로나   (멈칫하면)

석훈   사람들 시선 때문에 힘든 거면, 미국 가서 공부하자. 같이 다닐 수 있는 대학 알아볼게.

로나   (놀라 돌아보고) 니가 왜?!! 그러지 마!! 너 충분히 서울대 갈 수 있잖아.

석훈   너도 갈 수 있는데 안 가는 거잖아!

로나   난 자격이 없어.

석훈   그런 이유라면 나도 자격 없어!! 우리 아빠가 너한테 무슨 짓을 했는데!! 난 뻔뻔하게 헤펠에서 살고, 학교 잘 다니고, 대학 갈 준비하잖아! 근데 왜 너만 도망쳐?!! 죄 지은 사람은 따로 있는데!!

로나   (뭉클해서 보면)

석훈   (로나를 품에 끌어안는) 나 때문에라도 포기하지 마! 그래도 여기가 싫다면, 나랑 같이 떠나. 앞으론 뭐든 너랑 같이할 거야. 너 혼자는 못 둬. 이제 우리, 다신 헤어지는 일 없어! (돌아서서 엘리베이터 쪽으로 마구 뛰어가면)

로나　　(그런 석훈을 보는. 고맙고. 눈가 발개지는)

11.　　구치소 윤철 수용소(밤)
눈을 번쩍 뜨는 윤철. 모두 잠들어있으면. 가만히 화장실로 향하고.
화장실 구석에 숨겨놓은 칫솔을 꺼내고. 칫솔 손잡이 끝을 날카롭게
가는.

윤철(E)　　주단태! 넌 살아있을 가치가 없는 새끼야! 내 손으로 반드시, 니 목을
끊어줄게! (섬뜩한 눈빛)

12.　　구치소 남자 수용소 복도(낮)
기분 좋게 걸어가는 단태의 표정, 손에는 자기 짐을 들고 있는데.
교도관 김씨. 단태 앞으로 걷고 있는.

교도관 김씨　　이렇게 중간에 전방되는 일은 잘 없는데, 아주 운이 좋습니다.
단태　　운이 좋은 게 아니라 돈이 좋은 거죠.

단태, 방 앞에 서면. 문을 여는 교도관, 그런 단태를 의미심장하게 보며
웃는.

교도관 김씨　　행운을 빕니다, 주단태 씨! (씨익 미소 짓는데)
단태　　(그 미소가 왠지 기분 나쁘고. 멈칫하다가 안으로 들어가는데)

13.　　구치소 방 철순 방(낮)
단태, 방으로 들어가면. 꽤 넓고 쾌적한 공간 보이고.
만족한 듯 방 안을 둘러보다가, 뭔가를 발견한 듯 화들짝 놀라는. 아
악!!!

14. 인서트/화상전화 화면(낮)
     밝게 웃는 혜인이 모습.

혜인   엄마!!

15. 자코모 매장/재활병원 치료실/전화통화(밤/낮)
     수련, 그런 혜인을 보며 환하게 웃는.

수련   우리 혜인이 더 예뻐졌네.
혜인   엄마, 나 이제 잘 걸어요. 봐봐요. (걷는 치료를 받고 있는 모습을 보이면)
수련   (울컥하고)
혜인   (어눌하지만 분명한 말투) 어제부터는 쪼금씩 뛸 수도 있어요. 여기 병원 너무 좋아요. 재활치료 잘 받아서 엄청 건강해졌어요.
수련   (눈물 참으며) 너무 기특하다, 우리 딸. 엄마가 곧 우리 혜인이 보러 갈 테니까, 그때까지 잘 지내고 있어.
혜인   나도 엄마 보고 싶어요. 빨리 와요, 엄마. (다시 재활치료사와 운동하면)
수련   (그제야 참았던 눈물이 터지는데)

     로건, 혜인이한테 전화 건네받고. 화면 안으로 들어오는.

로건   (혜인이 안 보이게 한쪽으로 자리 옮기며) 수련 씨, 울어요? 아, 왜 울어요? 혜인이 잘 지내고 있는데. 수련 씬 별일 없어요? 아픈 데는 없고?
수련   난 잘 지내요. 펜트하우스는 아직 공사 중이라 못 들어갔어요. 로건은요?
로건   당신 보고 싶은 거 말고는, 아무 일 없어요. 골치 아픈 일들도 조금씩 해결되고 있고. 아버지가 재산의 반을 기부하기로 했어요.
수련   잘됐네요.
로건   지금이라도 당장 달려가고 싶은데... 아직은 정리해야 될 게 너무 많아요.
수련   어차피 곧 보게 될 건데요.

로건   혜인이는 아무 걱정 마요. 혜인이가 날 아주 좋아하거든요. 수련 씨가
보면 아마 질투할 걸요?

수련   참, 내가 왜요? (그제야 웃으면)

로건   웃으니까 좋잖아요. 소식 들었어요. 헤라클럽 사람들이 항소했다는 거!

수련   예상했던 일이잖아요. 그보단... (표정 어두워지고) 생각보다 너무 잘 지
내고 있어서 허탈해요. 주단태랑 천서진은 거기서도 돈과 빽으로 호의
호식하고 있는 모양이에요! 살인범, 무기수가 버젓이 뻔뻔하게!!

로건   (표정 변화 없이) 나도 보고받았어요.

수련   주단태, 무슨 수를 써서든 밖으로 나오려고 할 거예요. 20년 동안 문어
발식 로비로 쌓아온 인맥을 최대한 이용할 거고요.

로건   그렇게 둘 순 없죠! 나한테 맡겨요! 아마 지금쯤 주단태도 뭔가 잘못됐
다는 걸 알게 됐을 거예요. (의미심장한 표정인데)

16.   **구치소 펜트하우스(낮)**
쾌적한 방안을 둘러보다가 화들짝 놀라서 굳어지는 단태!
눈앞에 있는 건 윤철과 규진인데.

단태   너네가 왜 여깄어?!!!

윤철   (매섭게 단태를 노려보고 있으면)

규진   주 회장! (의미 모를 손 인사를 하는데)

그때, 단태의 뒤를 까는 누군가의 발길질. 그대로 바닥으로 나뒹굴면.

단태   뭐야!!! 어떤 새끼야?!! (돌아보면. 험악한 인상의 덩치들이 서있고)

덩치1   (단태를 보며) 전방을 왔으면 인사부터 올려야지. 우리 형님한테!

단태   (그제야 구석 한쪽으로 시선을 주면)

강력한 포스로 앉아있는 남자, 방칠순이고.

칠순　(단태를 보며) 우리 막내 왔냐?

단태　막내? 이 노인네가 미쳤나! 여긴 내 방이야! 이 방 차지하려고 돈을 얼마나 썼는데! (칠순에게 달려드는데)

칠순　(갑자기 서늘한 목소리로) 조용!! (하더니, 손을 치켜 올리고) 난 모든 것을 이 손꾸락으로 이야기한다! 방의 룰은 내가 정해! 오늘 밤 잠자리를 배정하겠다. (손가락으로 각각 잠자리를 지시하면)

수감자들　(일사불란하게 담요 가지고, 자기 자리에 가서 앉는데)

단태　지랄하고 자빠졌네. 난 왜 화장실 옆이야? 냄새나게!!

그때, 단태의 단전을 기습적으로 찌르는 방칠순.
단태, 순간적으로 주화입마 오고. 자리에서 일어나려던 자세 그대로 풀썩 쓰러지면. 몸은 움직이지 않지만 눈빛만 살아있는. 윽! 윽! 신음소리 내면.
규진과 윤철, 눈 휘둥그레져서 놀라서 보는데. 얼어붙은 듯 각 잡고 바로 앉는.
모두들, 긴장해서 칠순의 손가락만 쳐다보고. 한순간 방을 장악해버린 칠순이고.

17.　구치소 여자 수용소 (낮)
　　창살에 달라붙어있는 서진, 교도관을 상대로 억울해하고 있는.

서진　왜 변호사 접견 신청을 묵살하는 거예요?!! 수감자한테 변호사 접견은 법에 적시된 권리예요!!

교도관1　지금 당신 때문에 우리가 얼마나 애먹고 있는지 알아요?! 귀족 감방생활이라고 항의 들어오고 난리가 났어요. 악플이 수십만 개가 달리고!

교도관2　당분간 일반면회만 받는 걸로 소장님 지시 떨어졌으니까 그런 줄 알아요!

서진　이런 법이 어딨어?!! 항소심 재판이 코앞인데, 변호사 접견을 금지하면?!! 나더러 7년을 썩으란 얘기야?!! 법치국가에서 이게 말이 돼? 진정서 낼 거야!! 내가 가만있을 거 같아?!! (난리 치는데)

마리와 상아, 고소해하고 있는.

마리 일반 면회를 누가 와? 어차피 전남편, 현 남편, 죄다 구치소에 있고, 딸도 소년원에 있는데. (귤 까먹으며 킥킥 대면)

서진 뭐야?!! 강마리!! 말 다 했어?! 언제부터 니가 나한테 반말지거리야?!!

마리 (서늘한 표정) 왜?! 내가 반말지거리하면 안 돼? 노려보면 어쩔 건데?!

상아 눈 깔아요, 천 쌤! (마리에게 깍듯하게 복종하는 말투고)

왕언니 됐고! (가소롭게 보고, 서진에게) 밖에서 노래 좀 했다며? 기분도 꿀꿀한데, 노래나 한 곡 뽑아봐!

서진 (기막히고) 당신 기분이 꿀꿀하든 멍멍하든 그게 나랑 뭔 상관이야?!! 내가 당신 기분 맞춰주려고 노랠 해?! 허! 차라리 내 혀를 뽑아!! 나, 대한민국 최고 소프라노 천서진이야!! 아무 데서 노래하고 그런 사람 아니거든?!!

마리 세상에. 우리 빵짱 언니 앞에서 뭔 헛소리야? 뒤질라고 저게!

상아 (겁나서) 그냥 불러요, 천 쌤! 빵짱 언니 화나면 어쩌려고. (눈치 주는데)

서진 (꼿꼿하게) 못 해!! 안 해!! 퉤!! 저깟 여자가 아리아가 뭔지, 독일 가곡이 뭔지 알기나 해?!! 빵짱? 전과 9범 주제에! 내 노래를 감히 모욕....

왕언니 그래! 누가 이기나 한번 해보자고. 안 그래도 빵생활 심심하던 차였는데.

왕언니, 마리와 상아에게 눈짓하면. 마리와 상아, 서진을 벽으로 몰고. 서진, 순간 겁먹는데. 슬쩍 뒷걸음질 치는.

왕언니 (포스 잡더니) 고음 나올 때마다 한 대씩이다. 참나, 노래하는 게 뭔 유세라고. (하더니 목 다듬는) 아아아~ 도솔도솔, 파라파라, 시미시미, 미샵~ (그러다 밤의 여왕 아리아 고음부터 불러재끼는)

고음 나올 때마다 죽도록 얻어터지는 서진. 퍽퍽퍽!

컷 되면. 서진, 제대로 얻어터진 듯, 코피 나고, 헝클어진 머리와 쥐어뜯어어진 수인복 차림으로 구석에 처박혀 차렷하고 서있는. 표정만은 꼿꼿한데.

왕언니 뒤에서 그런 서진을 보며 비웃는 마리와 상아.

18. 미국 로건 집 거실(저녁)

로건, 메이드들의 인사를 받으며 안으로 들어서면. 거실에서 기다리고 있던 남자, 일어나는데. 백준기다.

로건   좀 쉬었어요? 시차 적응하느라 힘드셨을 텐데.

준기   (혼란스러운 표정) 아직도 뭐가 뭔지 모르겠어요. 당신이 왜 날 여기로 부른 건지도!

로건   (앉고) 당신을 찾는 데 시간이 아주 많이 걸렸어요. 당신이 백준기의 이름으로 살고 있을 거라고는 생각도 못 했으니까.

준기   내가 한 일이 아니에요!! 누군가 날 그 더러운 이름으로 가둔 거예요!!

로건   (주단태 사진을 보여주며) 그 더러운 이름을 가진 사람이, 이자인가요?

준기   (얼굴 일그러지고) 미스터 백?!!

로건   맞아요. 미스터 백!! 그자가 당신한테 무슨 짓을 한 거죠?

준기   (놀라고, 분노하는) 그 자식은 살인자예요!! 내 부모를 죽이고, 우리 집 전 재산을 훔쳐 달아났어요!!

로건   미스터 백이 살아있어요. 지금 한국에. 주단태 씨, 당신 이름으로!!

준기   (충격받은. 비틀하고) 내 이름으로?!! 그 악마 새끼가?!! 말도 안 돼!!! 말도 안 돼애애!! (절규하는)

19. 구치소 펜트하우스(밤)

소등되고. 모두가 잠든 밤.

단태, 분해서 잠이 안 오고 뒤척이는데. 갑자기 뭔가 눈앞에 아른거리는 느낌 들고. 눈을 번쩍 뜨면.

윤철, 그대로 단태에게 칫솔칼을 내리꽂는!!

윤철 죽어!! 주단태!!! 로나한테 왜 그랬어, 이 개자식아!!!

단태, 재빨리 피해서 간신히 위기를 모면하는데. 윤철, 다시 달려들고. 단태, 윤철의 목을 잡고 엎치락뒤치락하면서 몸싸움하는. 둘 다 필사적이고.

규진 (어둠 속에서 소리 지르는) 교도관!! 교도관!!! 여기 큰일났어요!!

불이 켜지고. 교도관들이 뛰어 들어와, 엉켜있는 단태와 윤철을 강제로 떼놓는.

교도관 김씨 뭐하는 짓들이야?!!

단태 (두 팔 붙들린 채, 분해서) 저 자식이 날 죽이려고 했어!! 칫솔칼로 날 찌르려고 했다고!!

교도관 김씨 사실이야? (윤철을 보면)

칠순 (먼저 나서고) 그런 일 없습니다. 칫솔칼 같은 게 내 방에서 나올 리가요. 오히려 이쪽이, 자고 있는 저 사람을 계속 괴롭혔어요.

단태 (기막혀) 저 미친 할배가 뭔 소릴 지껄이는 거야?!!

덩치1,2 맞습니다. 저희들도 봤습니다.

단태 (기막혀 달려드는) 거짓말! 거짓말! 내가 당한 거라고!! 분명히 칫솔칼로...

칠순 밤늦게 소란을 끼쳐 죄송합니다, 교도관님. 처음 있는 일이니, 한 번만 봐주십시오. 제가 잘 교육시키겠습니다.

교도관 김씨 각별히 신경 좀 써주세요. 워낙 꼴통이라 이쪽으로 전방 됐으니까.

단태	(교도관의 멱살을 잡고) 이 개자식!! 내 돈 처먹고, 지금 무슨 헛소릴 하는 거야?!!
교도관 김씨	(확 밀쳐내고, 무섭게 이죽대는) 경고하는데, 한 번만 더 난동 피우면, 그땐 재미없어. 항소심 없이 형 확정될 수도 있는데, 괜찮겠어?
단태	(멈칫. 함정에 빠졌다는 걸 느끼는)
교도관	(방칠순과 서로 눈빛 주고받고 나가면)
단태	(그 모습을 봤다. 둘 사이에 뭔가 있다는 걸 눈치채는데)

교도관 아웃하면. 칠순, 곧바로 손가락으로 덩치들에게 뭔가 지시하면.
덩치들, 단태를 이불로 덮고 죽도록 패기 시작하고.
규진과 윤철, 눈치 보며 지켜보고 있다가, 칠순과 눈이 마주치면. 같이
달려들어서 더 패기 시작하는데.
윤철과 규진, 점점 더 흥분하고 난폭해지면.

칠순	(갑자기 흥분한 윤철의 손을 탁 잡고)
윤철	(멈칫해서 칠순을 돌아보는. 눈 돌아가서 가쁜 숨 몰아쉬면)
칠순	지 손에 피를 묻히는 건, 하수들이나 하는 짓이야. 자국이 남아서는 안돼. (몸에 숨겨놨던 칫솔칼을 빼내며) 아직 죽일 때가 아니니, 자중자애해! (경고하고, 윤철이 만든 칫솔칼을 쓰레기통에 던져버리는데)
윤철	(칠순의 범상치 않은 모습에 긴장하는데)

20. **구치소 남자 수용소 종교실** (다른날, 낮)
　　엎어터져서 온몸이 다 쑤시고 아픈 단태. (명도 외상도 전혀 없는) 간신히 손 들어서 두 손 모아 간절히 자기를 여기서 빼내달라고 기도하는데. 갑자기 뒤에서 단태의 목에 수건을 감아쥐는 칠순.
　　단태, 윽... 윽.... 얼굴이 하얗게 질렸고.
　　칠순, 단태가 숨넘어가기 직전까지 수건을 미친 듯이 잡아당기다가, 단태가 푹 고꾸라지면. 그제야 풀어주고. 단태가 켁켁 대며 숨 몰아쉬

다가 기절하면.

칠순, 그런 단태를 비웃고 유유히 사라지는데.

다른 수감자들, 그런 칠순의 눈치만 보고 있고. 아무도 단태한테 다가서지도 못하고 보고만 있는데. 그 안에 윤철과 규진도 있고.

21. **몽타주/구치소 펜트하우스**

점점 피폐해져가는 단태의 모습.

낮/ 단태, 영치금으로 산 간식을 숨어서 한입 먹으려고 하면. 칠순, 언제 봤는지 냉큼 뺏어서 변기에 던져버리는.

밤/ 잠든 단태, 뭔가 이상함에 뒤척이다 눈을 뜨면. 단태의 머리맡에서 살기 어린 눈으로 단태를 내려다보고 있는 윤철! 공포에 벌떡 일어나는 단태! 윤철, 픽 웃으며 자기 자리로 가서 잠을 청하고. 단태, 가쁜 숨 몰아쉬는. 점점 피 말라가는.

낮/ 규진, 자신의 식판을 씻으라고 단태한테 넘기면. 발끈해서 규진을 치려는 단태! 그 순간, 덩치들이 나서서 단태를 패기 시작하고. 윤철과 규진도 합세하는.

22. **미국 로건 집 거실(밤)**

로건, 교도관 김씨와 방칠순에게 은밀하게 보고받는 모습.

23. **구치소 남자 수용소 면회실(낮)**

단태, 다리 후들거리며 면회실로 들어오는.

다 죽어가듯 골병 든 모습으로 조 비서의 면회를 받는데.

조비   회장님! 왜 이렇게 얼굴이 상하셨습니까. 낯빛이 너무 안 좋습니다.

단태   (이 악물고) 닥치고, 보고나 똑바로 해!! 그 영감탱이, 뭐하는 놈이야?

조비   방칠순이라는 잔데, 워낙 구치소를 제집처럼 드나들어서 교도관들하고도 친한 데다... 돈만 주면 뭐든 다 하는 놈이라고 합니다. 이상한 건.

단태	말해!
조비	이번엔 스스로 구치소에 찾아 들어왔다고 합니다. 특별한 죄목도 없고, 공판 날짜도 없습니다. 아무래도 회장님을 노린 거 같습니다.
단태	날 노렸다...?
조비	갑자기 변호사들이 줄줄이 사임하고 있는 것도 이상합니다.
단태	(순간 번쩍하고) 로건 리!! 그 자식 작품이야!! 분명해!! (확신하고, 다급하게) 당장 비자금 풀어서 여기서 제일 능력 있는 교도관 하나 섭외해! 돈이 얼마가 들든 상관없어!! 무조건 날 이 방에서 빼내!! 안 그럼 내가 죽어!! (절박한데)

24. **구치소 남자 수용소 독방/시즌 2 13화 50신** (며칠 후/낮)

단태, 방칠순 방에서 빠져나와 독방에 갇혀있는.

양손에 생수병을 든 채로 가열차게 운동을 하고 있는데. 매수한 교도소 직원이 다가서고. 슬쩍 배식구 안으로 뭔가 툭! 떨어뜨리고 가는. 신문이고!

단태, 멈칫. 주위 살피다가, 몰래 신문을 들어서 펼쳐보는데.

카메라, 신문을 비추면. "로, 건, 리, 아웃! 디, 데, 이, 9" 글자에 빨간색 동그라미가 쳐져있고.

만족스러운 듯 미소를 짓고는, 신문을 구겨서 입 안에 넣고 씹어 먹는 단태.

25. **구치소 남자 수용소 운동장** (보름 후/낮)

철문 열리며 운동장으로 쏟아져 들어오는 수감자들.

칠순 패거리, 규진, 윤철도 들어서고.

규진, 덩치들에게 법률 상담하느라 바쁜.

규진	와이프랑 바람난 자식을 어떻게 살려놨어요? 우리 형님 은근히 맘 약한 스탈이네. 당장 소장 씁시다. 내가 이 분야 완전 전문가거든. (그러다

윤철이 다가서면) 하 박사! 나 너무 무섭다. 군대도 안 갔다 온 내가 점점 이 단체생활에 적응하고 있다는 게 소름 돋아. 하 박사는 은별이 안 보고 싶어?

윤철　(멈칫, 대답 못 하는데)

단태(E)　니 딸년, 아직도 소년원에 있냐? 면회도 한번 못 왔다지?

윤철　(돌아보면. 단태가 서 있고. 시니컬하게 눈도 마주치지 않고) 닥쳐!!

규진　(단태 경계하며) 어이, 무기! 우리 말 섞을 빵번 아니잖아? 워이! 꺼져!

단태　(도발하듯) 빵장한테 붙어서 빌빌거리고 사니까 좋냐. 행복해 죽겠어? 혼자 정의로운 척은 다하더니, 고작 빵장 똘마니냐? 존바이오 대표랍시고 깝치더니, 그 회사도 로건 리 꺼라며? 개털이지 너?!! (윤철의 멱살을 잡아 쥐면)

윤철　놔!!! (힘껏 뿌리치면)

단태　(더 바짝 당겨서) 내가 여기서 나가면 제일 먼저 오윤희랑 그 딸년부터 죽일 거야!! 그리고 하나씩, 니 소중한 것들은 죄다 망가뜨려 주겠어!!

윤철　닥치랬지!! 이 미친 새끼야!! (욱하고. 단태에게 주먹 날리면)

단태　(기다렸다는 듯 엉겨 붙는데)

규진　(단태한테 덤비는 척, 입으로만) 야!! 무기!! 어차피 무기징역이니까 폭행은 상관없다?! 이 쪼다놈이!! (되레 싸움을 바람 잡는 듯하고)

운동장에 모인 수감자들, 싸움구경에 신났는데.
칠순, 돌아보는. 뭔가 이상한 느낌 감지하고, 급히 달려오는데. 이미 늦었다!
그 순간! 갑자기 누군가의 소매 끝에서 끝이 날카롭게 갈린 뾰족한 칫솔이 튀어나오고. 그대로 누군가의 복부를 찌르는데!
낮은 비명 소리와 함께, 정확히 대동맥을 뚫은 듯 피가 솟구치며 뿜어져 나오는.
털썩, 그 자리에 주저앉는 누군가! 컷 되고.

26.   구치소 전경(낮)
       에엥~~~~ 요란한 사이렌 소리 들리고.
       다급하게 달려오는 교도관 서너 명의 발.

27.   구치소 남자 수용소 운동장(낮)
       교도관들이 들이닥치면. 한쪽에 웅성웅성 모여있는 재소자들, 경악한
       표정으로 무언가를 보고 있고.
       그중에 충격받은 윤철과 규진 모습도 보이는.

교도관 김씨   비켜! 비키라고!! (재소자들을 하나둘 밀쳐서 보면)

       복부에 날카로운 칫솔이 깊이 꽂힌 채로 쓰러져있는 사람, 단태다!
       단태, 눈이 희번득한 채 고꾸라져있고. 달려온 교도관들, 단태 복부에
       깊숙하게 박힌 칫솔칼을 본 순간 경악하는데! 아수라장이 된!

단태   아아악!!! (배를 감싸 쥔 채 고통스러워하면)
교도관 김씨   어떤 새끼야!! (재소자들을 보면)
재소자들   (모두들 뒤로 물러서며 고개 내젓는데)
규진   (기겁한 표정) 난 절대 아니에요!!
윤철   저도 아닙니다!
교도관 김씨   (급히 단태의 상태를 살피며) 2528! 2528! 정신 차려, 2528!

       뿌연 단태의 시각으로 달려오는 구급대원들. 동시에 정신을 잃는 단태.

28.   도로(낮)
       요란한 사이렌 소리 들려오고. 앰뷸런스가 모래바람을 일으키며 달려
       가는.
       다급하게 달려가는 구급차 뒤로 경찰차들이 따라붙고.

교도관 김씨(E) (무전 하는) 서울구치소 내 폭행사건 발생! 부상자 인근 병원
으로 후송 중.

29. 구급차 안/도로(낮)

산소마스크가 씌워진 채 응급치료를 받고 있는 단태.
산소포화도가 떨어지며 다급하게 경고음 울리면. 구급대원들, 긴박하
게 응급처치를 실행하는데.

구급대원 바이탈이 급격히 떨어지고 있습니다!

교도관 김씨 2528! 정신 차려!! 이봐!! 진통제 더 때려 넣어!!

그때! 갑자기 눈을 번쩍 뜨고 깨어나는 단태, "악!!!!" 고통스럽게 절규
하다가, 온몸을 비틀며 미친 듯이 경기를 일으키는. 그대로 눈이 까뒤
집히더니 뒤로 나자빠지는데!
구급대원들, 정신없이 심폐소생술 실시하지만, 더욱 떨어지는 바이털.
죽은 듯 눈 부릅뜬 채로, 손이 바닥으로 툭 떨어지는 단태 모습에서!!

30. 교도소 앞/시즌 2 13화 51신 연결(낮)

(E) 1521! 출소!

끼익! 교도소 철문이 덜컹하고 열리며 나오는 누군가의 발.
출소자들 사이에서도 유달리 눈에 띄는 한 남자. 멀끔한 엘리트 인상
에 쫙 빼입은 고급 정장 차림, 유동필이다!
시원하게 바깥 공기를 흡입하는 동필, 주변을 살피더니, 풍경 좋은 곳으
로 옮겨서 누군가에게 영상통화를 거는데. 화면에 나오는 건 제니고.

동필 우리 딸!!!! 그동안 잘 지냈어?! 아빠 한국 왔는데!!!! (사람 좋게 웃는)

그때, 누군가 동필에게 다가서고.

조비(E) 형님!

동필 (멈칫) 그래, 우리 공주 집에서 보자. (표정 관리하며 통화를 끊고. 돌아보는 살기 어린 표정의 동필. 앞에 서있는 사람, 조 비서고)

조비 나오셨습니까! (꾸벅 절하면)

동필 (매서운 표정) 그 자식은? 지금 어딨어?!

조비 그 자식이라뇨?

동필 (다혈질적인) 몰라서 물어? 잘근잘근 뼈째 씹어 먹어도 안 아까울 놈!

조비 (쫄은 표정이면)

동필 (금세 사람 좋게 웃고) 짜식, 많이 컸다. 차 어딨어?

31. **도로/조 비서의 차 안(낮)**
      조 비서가 운전하고. 그 옆으로 동필이 타있는.

동필 우리 공주 선물은?

조비 뒤에 사놨습니다.

동필 (뒤에 있는 가방을 집어 들고) 뭐가 이리 묵직해? 가게를 털었냐? (열려는데)

조비 (순간 깜짝 놀라서, 큰소리로) 그거 아닙니다!! 그 옆에 가방이요! 파란색!

동필 뭔데 그렇게 놀래? 금댕이라도 들었냐? (가방 다시 잠그고, 파란색 다른 가방 열어보면. 옷이랑 두바이 기념품들 들어있고) 두바이에서 제일 잘나가는 선물로 샀어?

조비 그럼요. 새 옷도 넣어뒀습니다. (연신 시계 보며, 급하게 운전해서 달리다가, 끼익!!! 하고 급브레이크 밟고 멈춰 서면)

동필 악!! (앞으로 몸 쏠렸다가, 간신히 차 유리 앞에서 멈춰 서고) 썩을! 이 싸가지 없는 자슥이! (조 비서 머리통 까고) 빵 나온 날 뒤질 일 있냐? 운전 이 따위로 할래?

조비	죄송합니다. 제가 오늘 좀 바빠서. (그러다 시계 또 보는데)
동필	(얼핏 보면. 핸드폰으로 누군가의 위치추적을 하고 있는 게 보이고. 빠르게 움직이고 있는 점. 점 위에 "심수련"이라고 표시돼있는)
조비	(동필의 시선을 느끼면. 얼른 핸드폰을 감추는데)
동필	(안 본 척 얼른 딴전하고 거울 보며) 이쁜 대갈통 조사버릴 뻔했네!

32. 비행기 안 퍼스트클래스/시즌 2 13화 52신 연결 (낮)

일등석 칸에 타있는 로건.
비행기가 착륙 준비를 하고, 미끄러지듯 활주로에 멈춰 서면.
로건, 승무원한테 옷을 받아서 입는데. 문득, 주머니에서 반지 케이스를 꺼내서 보면. 심플한 반지가 들어있고. 미소 띤 채 반지를 보는데.

준기(E)	프러포즈하시려나 봐요.
로건	(옆자리를 보면. 키가 크고 잘생긴 남자(백준기)가 빙긋이 웃으며 반지를 눈으로 가리키는데. 대답 대신 미소만 지어 보이는 로건)
준기	잘 고른 거 같네요. 디자인이 심플한 게, 흔하지 않고 고급스러워요.
로건	그런가요? 고맙습니다.
준기	한국도 참 많이 변했겠죠?
로건	그럼요.
준기	너무 오랜만이라 많이 설레는데요. 보고 싶었던 친구를 만날 생각하니! 살아있으니 결국은 만나게 되는군요. 미스터 백! (의미심장하게 로건을 보면)
로건	지금은 미스터백이 아니라 주단태예요. 오후에 면회 신청해놨어요. 일단 수련 씨 먼저 보고, 구치소로 이동하죠. (새 핸드폰 내밀며) 아, 이건 서울에 있는 동안 써요.
준기	(핸드폰 받고, 날카로워진 눈빛) 다 돌려받을 겁니다! 내가 뺏긴 것들 전부 다!

33. 인천공항 전경(낮)

비행기 착륙하고.

34. 인천공항 주차장(낮)

로건, 캐리어를 끌고 걸어오면.
기다리고 있던 홍 비서, 로건을 향해 허리 굽혀 인사하는.

홍비   미국에 갔던 일은 잘 처리하셨습니까? 편안해 보이십니다.

로건   (영어로) 모든 게 제자리를 찾았으니까. 여긴 별일 없었지?

그때, 뒤에서 백준기가 가방을 든 채 급한 걸음으로 나타나면.

로건   (준기를 소개하는) 아! 인사해. 앞으로 자주 보게 될 거야. 미스터 백에 대해 아주 잘 알고 있는 분이거든.

준기   (홍 비서에게 손 내밀며) 반갑습니다.

로건   (영어로) 차키 줘. 내가 직접 해. (차키 받아서 운전석에 올라타면)

홍비   짐은 제가 챙기겠습니다. (트렁크 받아드는데)

준기   (조수석에 올라타고)

로건   (홍 비서에게) 호텔에서 봐. 좀 늦을 거야. (미소 띤 얼굴로 차 출발시키는)

35. 도로/로건의 차 안/펜트하우스 2층 거실/전화통화/시즌 2 13화 53신(낮)

로건, 차에 타서 직접 운전하고 있는. 기분 좋게 수련에게 전화하는데.

로건   (밝게) 수련 씨!! 어디에요?! 나 방금 돌아왔어요.

수련   (꽃병을 들고, 펜트하우스 계단을 내려오며) 벌써요?

로건   맘이 급해서 도저히 못 참겠더라고요.

수련   (꽃병을 거실 테이블 위에 놓으며) 나도 돌아왔어요. 펜트하우스로.

36. 펜트하우스 침실(낮)
     수련, 외출 채비를 하고 있는. 정성껏 화장을 하고 있고. 옷장에서 멋스
     러운 옷을 골라서 입는데.

로건(E) 보고 싶은데, 우리 빨리 만나요.
수련(E) 나도 로건한테 할 말 있는데. 매장 갈 건데, 그쪽으로 올래요?

     아름다운 액세서리와 핸드백을 걸치고 일어서는 수련.

37. 은행 앞/로건의 차 안(낮)
     끼익! 하고 멈춰 서는 로건의 차. 로건, 차에서 내리는데. 혼자 남은 백
     준기.
     그때, 로건이 두고 간 핸드폰에 문자가 도착하는. 교도관 김씨로부터
     온 문자고. "주단태, 사고발생. 생명 위독" 써있고.

38. 은행 VIP 비밀금고(낮)
     로건, 은행 직원으로부터 현금을 건네받는. (100억 달러 묶음이고)
     비밀금고에 100억 달러를 넣고, 비밀스럽게 잠그는 로건.

39. 병원 응급실(낮)
     실려 들어온 단태, 복부 상처가 심해 보이고.

의사 (긴박해서 단태 상태를 보는) 대동맥을 건드려서 위험한 상탭니다. 당장
     수술이 필요합니다.
교도관 김씨 (난감한 표정인데. 수갑 한쪽을 침대에 채우려면)
의사 수갑은 검사 후에 나중에 채우도록 하죠.
교도관 김씨 그건 안 됩니다!
의사 검사받는 게 우선이에요. 빨리 구치소에 연락해서 수술 확인서 받아오

세요!

교도관 김씨　　　(어쩔 수 없이 돌아서고. 급히 구치소로 전화를 걸면)

교도관 뒤쪽으로 휘리릭 쳐지는 커튼.

잠시 뒤, 교도관 김씨 앞으로 지나쳐가는 의사 가운을 입은 누군가, 마스크를 낀 채고.

40.　　병원 복도(낮)

걸어가는 의사 가운을 입은 남자, 직원들과 인사를 하다가 순간 휘청!

복도 벽을 짚는데 피 묻은 손. (한쪽 팔목에 수갑 한 짝이 달랑달랑 채워진 게 보이고)

복도 한쪽에 있는 병원 카트에서 약들과 붕대를 챙겨 가는 손.

41.　　병원 앞/조 비서의 차 안(낮)

의사 가운 남자, 병원 앞으로 나오면. 빵! 하는 클랙슨 소리.

돌아보면, 차 한 대 보이고. 급히 차에 올라타는데. 마스크를 벗으면, 단태다.

조비　　　(운전석에서 다급한 말투) 고생하셨습니다. 회장님! 의사는 매수해뒀으니, 뒤탈은 없을 겁니다. 응급실 교대 시간까지는 한 시간 남았습니다.

단태　　　준비하라는 건?!

조비　　　뒷자리에 있습니다.

단태　　　(옆에 있는 파란색 가방을 여는데. 시한폭탄이 들어있는)

조비　　　괜찮으십니까? 피가....

단태　　　출발해, 새끼야! 딱 한 시간이야! 한 시간 안에 안 돌아오면 우리 모두 죽는 거야!! 밟아!!

조비　　　(급발진하듯 차 출발시키고)

단태, 의사 가운을 걷으면, 복부 붕대에서 흘러나오는 피! 덜덜 떨리는 손으로 지혈제를 뿌리고, 새 붕대로 복부를 칭칭 감는데. 계속해서 새어나오는 핏물. 극심한 고통에 이를 악무는 단태!

단태(E)   로건! 니놈이 심수련과 짜고 날 살인자로 만들어? 죽는 게 소원이라면, 그렇게 해주시! (파란색 가방을 부섭게 움켜쥐는)

42.   자코모 매장/시즌 2 13화 54신 (낮)
한껏 꾸민 수련, 설레는 표정으로 들어서고.
예전의 모습으로 활기차게 소파 이것저것을 살피며 의욕 보이는데.
그때, 로건한테서 전화 걸려오는.

수련   (받고) 어디에요? 난 도착했는데.
로건(F)   수련 씨 보이는 데 있어요. 잠깐 좀 밖으로 나와볼래요?
수련   지금요? (밖을 내다보며) 알았어요. 금방 가요.

전화 끊고. 로건한테 주려는 듯, 예쁘게 포장한 꽃을 들고 나가는 수련.

43.   자코모 매장 앞/로건의 차 안/시즌 2 13화 55신 (낮)
로건, 매장 건너편 쪽에 세워진 차에 타있는. 카메라가 조수석을 비추면. 조수석에 백준기가 타있고.

준기   (뭔가 초조한 표정) 담배 한 대 피우고 와도 될까요? 긴장했나 봐요.
로건   그러세요.
준기   (손가방을 둔 채로, 차에서 내리면)
로건   (주머니에서 반지 케이스를 꺼내서 손에 드는데. 설레는 표정이고)

로건, 반지 케이스를 들고 차에서 내리면. 그때, 절름발이 노인이 뺑튀기 카트를 밀며 지나가고. 로건, 뭔가 싶어 슬쩍 보는.

동시에, 자코모 매장 문이 열리고, 수련이 환하게 웃으며 걸어 나오는데.

툭! 누군가와 부딪히는 수련. 멋스러운 모자를 눌러쓴, 동필이다!

동필   (얼굴 보이지 않게) 미안합니다. 괜찮으세요?

수련   네, 괜찮습니다. (바닥에 떨어진 꽃을 다시 들면)

동필   (수련을 스쳐 지나가는데. 날카로운 미소!)

수련, 로건의 차를 발견하고, 로건을 향해 반갑게 마구 뛰어가는데.

그때, "철커덕 철커덕" 괴이한 쇳소리가 귀에 소름 끼치게 들려오고. 수련, 멈칫했다가 그냥 로건을 향해 가는데.

로건, 자신을 향해 달려오는 수련을 보는. 그러다 수련 옆에 서있는 노인과 순간적으로 눈이 마주치는데. 멈칫하는 로건. 낯이 익다 싶어 찬찬히 보면. 절름발이 노인으로 분장한 사람, 단태다!!!

로건   (순간 표정 굳어지며) 주단태?!!!

수련, 로건을 향해 웃으며 걸어오고 있으면.

로건, 노인이 두고 간 뻥튀기 카트 안에서 불꽃이 튀는 걸 보는. 시한폭탄이 카운트 되고 있는. 5... 4... 3... 빠르게 시간 단축되고.

발을 떼려고 하지만, 이미 늦었다. 본능적으로 마지막이라는 걸 직감하는 로건.

모든 사물이 멈춰 서고. 자신에게 달려오는 수련만이 슬로우로 보이는.

로건   (수련에게 시선 고정한 채, 절절한 눈빛) 오지 마요, 수련 씨... 거기 서요... 끝까지 옆에 있어주지 못해, 미안해요. 내가 당신 사랑한 거 알죠? 설아 몫까지 많이... (반지를 손에 꽉 움켜쥐는데)

펑! 하고 수련의 눈앞에서 터지는 로건의 차! 엄청난 굉음과 함께 연거
푸 터지는 폭탄 소리! 펑! 펑! 펑!

수련   아아악!!! (비명 내지르고)

순식간에 거대한 화염에 휩싸인 로건의 차.
수련, 귀에서 삐― 이명이 들리고...
"로건"을 부르며 절규하는 수련의 모습과, 불타는 차가 겹쳐지면서. 울
부짖는 수련의 모습!
그 뒤로, 놀라서 바라보는 백준기의 모습! 벌겋게 얼굴이 달아올라 있
고. 간신히 화염은 피한 상탠데! 멍한 듯 뒷걸음치는.

44.   **자코모 쇼룸**(낮)
동필, 손님인 척 구경하다가, 수련의 가방에서 펜트하우스 카드키를
훔쳐서 빠르게 카드 복사하는데.
밖에서 펑! 펑! 펑! 폭탄 터지는 소리 울리면.
고객들과 직원들, 갑작스러운 소리에 자지러지게 비명 지르며 숨는데.
놀라서 소리 나는 쪽을 돌아보는 동필의 시선. 다급히 문을 열고 뛰쳐
나가고!!

45.   **자코모 매장 앞/조 비서의 차 안**(낮)
노인으로 변장한 단태, 기다리고 있던 조 비서의 차에 올라타고. 흰머
리 가발을 벗겨내는데. 한 손에 수갑이 달려져있는 채고. (철커덕 철커
덕 소리는 수갑 소리)
단태, 뒷유리창 너머로, 펑! 펑! 연기처럼 사라지는 로건의 차를 보고
있는.

단태   잘 가시게, 로건 리!

단태와 조 비서, 차가 폭발하는 걸 확인하고, 다급히 현장을 뜨는데.
동시에, 미친 듯이 공원 쪽으로 달려 나오는 동필. 문득 고개 돌려보면.
사라지는 차의 뒷모습이 보이고. 빠르게 차량 번호 확인하면, 틀림없
이 조 비서의 차다!

운전석 뒤로 동승자의 모습 보이고. 날카로운 시선의 동필!

46.   구치소 조사실(낮)
　책상을 내리치며 억울해하는 윤철.

윤철　진짜 내가 그런 거 아니라고요!

교도관　너 아니면 누가 그랬다는 거야?

윤철　주단태가 자기 손으로 찌른 거예요!! 쇼한 거라고요!! 주단태 소매에
　서 칫솔칼이 나왔어요! 분명해요!

교도관　그게 말이 돼? 지 손으로 대동맥을 끊어놓는 미친놈이 어딨어? 칫솔칼
　에서 니 지문이 나왔어! 목격자도 있고!

윤철　목격자라뇨? 누가...?

교도관　(딱하단 듯) 내일이 2심 공판인데 하루만 참을 것이지. 왜 이런 짓을 벌
　여? 내일 공판 취소됐어. 집행유예도 물 건너갔고. (옆에 있는 교도관에
　게) 독방으로 끌고 가!

윤철　(기막힌데) 난 진짜 아니라고!! 왜 내 말을 안 믿는데?!! 대체 목격자가
　누구야?!! 누가 봤다는 거야?!!

47.   구치소 복도(낮)
　교도관들에게 끌려가는 윤철, 반대편 조사실에서 걸어 나오던 규진과
　마주치고.

윤철　(소리치며 끌려가다가, 굳어져서 규진을 보는) 이규진! 목격자가, 너야?

규진　어쩌냐. 내가 봐버려서. 니가 찌르는 거. 아무리 인간이 미워도 그렇지,

사람 되라고 들어온 구치소에서 이게 무슨 짓이야? 엄연히 법이 있는데.

윤철 (달려가 규진의 멱살을 잡고) 이 개자식아!! 너, 주단태랑 짠 거지?

규진 주 회장 다 죽게 생겼는데, 이러고 싶냐?!! 쓰레기 같은 놈! (교도관과 함께 가면)

윤철 거기 서!! 이규진!! (그러다 교도관한테 강제로 끌려가면)

규진(E) (씨익... 웃으며 돌아보는) 미안하게 됐어, 하 박사. 내가 여기서 인생을 너무 많이 배워버렸거든.

48. 회상 1/구치소 일각(낮)

규진(E) 날 꺼내주겠다고?!

규진, 기막힌 표정으로 단태를 보는데. 무시하는 표정 역력하고.

규진 뭔가 대단히 착각하는 모양인데 그쪽은 무기야. 난 곧 보석으로 나갈 거고!

단태 부모한테 손절당한 거 소문 다 났는데, 무슨 수로? 니 엄마가 니 전화, 스팸 차단했다며?

규진 (욱하고) 이 자식이!!

단태 (규진의 팔목을 붙잡고) 그 보석금, 내가 내줄게.

규진 빙신~ 아직도 똥폼 잡고 싶냐? 개수작하지 마! 니가 무슨 수로!!

단태 나 여기서 곧 나갈 거거든! 못 믿겠으면, 내일 무슨 일이 일어나는지 직접 확인해. (규진 귀에 대고) 주단태 라인 제대로 탈 기회 주는 거야. 특별히 너한테만! 대신, 하윤철 칫솔 하나만 훔쳐와! (비열한 웃음)

49. 회상 2/남자 수용소 운동장(낮)

단태, 윤철과 몸싸움하다가, 소매에서 칫솔칼을 꺼내서 <u>스스로</u> 복부를 찌르는.

그리고는 칫솔칼을 바닥에 떨어뜨리고. 푹 주저앉는데.

그러면서, 규진과 눈빛 주고받는.

50. 현재/구치소 복도(낮)

규진 (고통을 상상하며) 으윽!! 하여간, 주단태 그거 보통 놈은 아니라니까.
(끌려가는 윤철의 뒷모습을 보는)

51. 대법관 별장 정원(낮)

대법관, 내연녀와 함께 별장 정원을 거닐고 있으면.
대문을 깨부수고 들어서는 단태와 조 비서. 단태, 성큼성큼 정원으로
들어서고.

대법관 (놀라서) 누구야, 너!!

단태 재미 좋으십니다, 대법관님! 사모님은 잘 계시죠? (대법관 앞에 서면. 복
부 붕대에서 바닥으로 피가 뚝뚝 떨어지는데)

내연녀 아악!! (비명 지르며 도망치고)

대법관 (그제야 단태 얼굴을 확인하는데) 주단태?!

단태 (통증을 참으며) 그동안 대법관님이 내 돈 처먹은 게 얼만데, 어쩜 그렇
게 연락을 안 받으십니까. 오죽했으면 내가 이 몸뚱이로 직접 찾아왔겠
어요? 얼마나 억울해서 디져버리겠으면!!!! (정원의 파라솔을 뒤집어엎
는데)

대법관 (잔뜩 쫄았지만, 애써 침착하게) 뭐하자는 건가?

단태 날 좀 풀어줘야겠어요. 나한테서 얻은 용산 재개발 정보로 딱지 사들이
고, 파주 고속철도 정보로 맹지 쓸어 담은 덕에, 강남 60평 아파트에 이
만한 호화별장까지 사들였으면, 받아 처먹은 돈값은 하셔야죠. 그게 공
정한 룰 아닌가?

대법관 이건 법질서를 무너뜨리는 일이야! 살인죄에 감형이 어딨어? 당장 경
찰에 신고하겠네. 탈주범 주단태가 여기 있다고! (호기롭게 핸드폰 들면)

단태 (피 묻은 손으로 대법관의 손목을 무섭게 틀어쥐고) 잊으셨어요? 어차피

나 무기징역인 거. 나야 다시 감방 가면 그만이지만, 고매하신 대법관님은 다르지 않을까요. 대법원장 내정설에, 담 주에 따님 결혼날짜까지 잡으셨던데. 결혼식장 한번 제대로 깽판 쳐볼까요? (확 밀어버리고. 다리를 짓밟아 뭉개면)

대법관　아악!!! (고통스러운 비명 내지르는데)

조비　(무서운 표정으로, 징 박힌 장갑 낀 채 대법관 앞으로 걸어오는)

대법관　(기겁하는 표정이고)

52.　도로/조 비서의 차 안 (낮)

단태, 진통제를 털어먹고, 붕대로 상처 부위를 틀어막는데.
극심한 진통과 함께 출혈이 점점 심해지는.
조 비서, 거의 울 듯한 표정으로 정신없이 운전해 달리는.

조비　조금만... 조금만 더 참으십시오, 회장님!! (신호 무시하고 마구 달리면)

단태　뉴스... 틀어봐.

조비　네! (급히 라디오 틀면, 긴급뉴스가 나오는)

앵커(E)　긴급 속보입니다. 방금 전 천수지구 27번지 앞 도로에서 차량 폭발사고가 일어났습니다. 경찰에 따르면 피해자는 재미교포인 로건 리 코퍼레이션 대표로, 폭발 시 현장에서 사망한 것으로 추정하고 있습니다.

단태　(원하는 것을 얻은 듯 괴랄하게 웃다가, 그대로 정신을 잃는 단태)

53.　병원 일각 (낮)

경찰과 교도관들, 단태를 찾느라 난리 났고.
비상 사이렌 울리고. 병원 출입문 막고, 여기저기 수색 중인데.
매수된 의사, 시계를 보며 어떻게든 시간을 벌려고 진땀 흘리고 있는.

의사　모르겠어요. 금방까지도 분명 여기 있었는데.

교도관 김씨　(사색돼서) 도주한 게 틀림없어! 병원 출입문 전부 폐쇄하고,

전 경찰에 연락해서 일대에 검문 명령 내려!

경찰들　(민첩하게 뛰는데)

경찰　여기요!! 여기 좀 와보세요! (소리 지르면)

교도관들　(우르르 달려가는데)

54.　병원 화장실 (낮)

화장실 맨 끝 칸 안에서 피를 흘리며 쓰러져있는 단태. 한쪽 손목에 수갑이 달려있는. (죄수복 상태로)

교도관 김씨　이 자식 언제부터 여기 있었어?!

의사　(매수당한 의사. 얼른 나서는) 섬망 상태에서 혼자 이동한 거 같습니다. 일단 찾아서 다행입니다. (의사들에게) 뭐해, 수술실로 옮겨!!

의사들, 달려와서 단태를 부축해 데리고 나가면. 교도관들도 따라 나서는데.
휴지통 한쪽에 버려져있는 피 묻은 붕대 보이고.
실려가는 단태 상태 위급해지는. 푹 고꾸라지는 단태! 파랗게 창백해진 얼굴.

의사　숨을 쉬지 않습니다. 심정지가 왔습니다!!

교도관 김씨　(당황) 안돼!! 어떻게든 살려!!

55.　단태 수술실 안 (저녁)

수술 중인 단태. 상태 위급해지고. 바이털이 점점 떨어지면서 기계음이 서서히 멈추는. 비상이 걸리는 수술실 안! 급하게 심폐소생을 실시하는 의료진들.
의료진들, 서로 눈 마주치다가 가망 없는 듯 제세동기를 멈추는데. 땀 범벅이고.

이어서, 삐익------ 멈춰 서는 심장박동.

56. **자코모 안/밖(저녁)**
     로나, 정신없이 달려오면. 로건이 죽은 자리에 꽃들이 놓여있고.
     유리문 안쪽으로 반쯤 넋 나간 수련과 그런 수련을 붙잡아주고 있는
     석훈이 보이는.

로나 아줌마.... (밖에서 안타깝게 보는데)

수련(E) (후드득 눈물을 흘리며) 주단태, 니 짓이지! 니가 그런 거지?! 너밖에 그
         럴 사람 없어. 너밖에!!! (눈물 속에서도 뿜어져 나오는 분노)

57. **구치소 여자 수용소(저녁)**
     저녁 밥 시간. 누구보다 밥을 맛있게 먹고 있는 서진. 총각김치를 손으
     로 집어서 베어 물고. 한 톨도 안 남기고 싹싹 밥그릇 비우고 있으면.

마리 역시 사람은 맞아야 정신을 차린다니까. 서열만 잘 지키면 또 여기만큼
       인간적인 데가 없어. (선심 베풀 듯, 상아한테 반찬 하나 집어주며) 자, 먹어!

상아 (공손하게 받고) 고마워요. 나 장조림 엄청 좋아하는데. (먹으려는데)

서진 (확 뺏어먹고)

상아 (나라 잃은 표정) 뭐하는 짓이야, 지금!!

서진 (뻔뻔하게 얼른 삼켜버리고) 먹어야 살아남을 거 아냐?!! 죽어나가면 누
       가 알아줘?!! 뭘 봐? 어쩌라고? (밥알 튀어나올 듯, 확 째려보며) 왜, 먹기
       싫어? 그럼 다 주든가. 배가 덜 고팠구만. (식판 뺏어서 허겁지겁 먹으면)

상아 (미칠 듯이 분노하는) 야!!! 그거 내가 아껴먹던 거라고! 그걸 홀라당 뺏
       어먹으면 어떡해?!! (서러움에 와락 눈물 나고. 서진의 식판을 뺏어서 냅
       다 엎어버리면)

서진 (눈 돌아가고) 내 밥 왜 엎어?! (상아와 머리채 잡고 싸우고 난린데)

왕언니 (필사적인 상아와 서진의 분노에 은근 쫄고. 차마 나서지 못하는데)

그때, 방 밖에서 소지 목소리 들리는.

윤희(E)   여기! 반찬 더 필요한 사람?!

마리/서진/상아   (뛰어나가고) 나! 나! 나!

소지가 반찬을 들고 오면. 마리, 상아, 서진, 부리나케 달려가 식판을 내미는데.

소지, 윤희다. 윤희를 기겁해서 보는 세 사람.

마리   오윤희?!! 어떻게 된 거야? 윤희 씨가 어떻게 소지가 된 거야?

상아   왜? 소지가 좋은 거예요?

마리   소지가 여기선 보통 자리가 아니지! 앞으로 윤희 씨한테 잘 보여야 계란말이라도 하나 더 먹을 수 있다고! 어쩌다 실세 자리를 꿰찬 거야? 누구 빽이야, 대체? 뭔 재주를 부린 거야? (질투하면)

상아   그럼, 윤희 씨가 제니 엄마보다 권력이 더 쎄다는 거예요?! (갑자기 마리를 확 밀어내고. 얼른 윤희한테 잘 보이려고 웃으며) 윤희 씨. 미운 정도 정인 거 알죠? 나, 딴 건 다 괜찮은데, 고기 안 먹으면 서있지를 못해.

윤희   (상아에게 고기 얹어주고, 서진에게) 부탁할 거 있음 해. 넌 뭐 필요해?

서진   (대답 안 할 것처럼 콧방귀 꼈다가, 작은 소리로) 김.

윤희   뭐?

서진   안 들려? 김 좀 많이 달라고!

윤희   너 돈 많잖아? 영치금으로 사먹어.

서진   (부라리며) 주지도 않을 거면서 왜 묻는데? 내가 누구 땜에 이 꼴이 됐는데!

윤희   그게 내 탓이라는 거야? 아직도 정신 못 차렸지?! 넌 7년. 난 3년. 너보단 내가 여기서 먼저 나가거든?!

서진   네! 아주 축.하.합니다! 살인자 주제에 어디서 유세야?! (멱살 잡아당기면)

윤희   (갑자기 서진 귀에 대고 속삭이듯) 로건이 죽었어!

서진	(놀라고) 뭐어? 로건이, 죽어? 언제?!!
윤희	(날카롭게) 니가 죽인 거야?
서진	뭔 소리야? 처음 듣는 얘기야!!
윤희	내가 주시하고 있다는 거 명심해! 수상한 짓 하면, 넌 나한테 죽어! (그러다 교도관이 다가오면, 얼른 다른 방으로 반찬 들고 자리 옮기는데)
서진	(흔들리는 눈빛)

58. 경찰서 조사실(이틀 후, 낮)

수련, 멍한 상태로 조사받다가, 정신을 차린 듯 형사를 보는.

수련	지금 뭐라고 했어요?!
형사	나애교를 죽인 사람이 주단태가 아니라, 로건 리라는 증인이 나왔다고요!
수련	증인이요?

보면. 겁먹은 화장터 노인이 형사들에게 끌려가는 게 보이고.

수련	(순간 당황하는데)
형사	로건이 돈을 주고 화장터 사람을 샀다는 게 밝혀졌어요! CCTV에 잡힌 범인의 키와 실루엣, 발걸음 등이 로건 리와 유사하다는 국과수 결과도 나왔고요!
수련	죽은 건 로건이에요! 누군가 그 사람을 죽였다고요!! 수사의 초점이 바뀐 거라는 생각 안 해요?!! 로건과 같이 있던 동승자부터 빨리 찾아요!
형사	폭발 직전, 차에서 내린 후 행방이 묘연합니다. 한국에 친인척도 전혀 없고, 카드 사용 내역도 안 잡히고...
수련	(확신 갖고) 주단태! 주단태 쪽은 확인해봤어요? 다쳐서 병원으로 이송됐었다면서요? (매섭게 따져 물으면)
형사	그 시간 주단태는 칫솔칼에 찔려서 상태가 아주 위중했어요.

수련	알리바이를 만들기 위해서 연기를 했을 수도 있어요!
형사	심정지까지 왔다는데 그런 사람을 의심하는 건 말이 안 되죠.
수련	누군가를 매수했을 수도 있잖아요!! 분명, 그 인간이에요!! 그 인간이 아니면 이런 짓을 할 사람...
형사	(말 막고) 로건에 대해 얼마나 알아요?
수련	(멈칫하면)
형사	죽은 민설아의 골수를 받은 후에 파양한 사람인 거, 알고 계시죠?
수련	그건....
형사	주변 사람들 얘기로는, 로건 리가 오랫동안 심수련 씨를 스토킹해왔다 던데, 사실인가요?
수련	지금 무슨 소릴 하는 거예요? 스토킹이라뇨!!
형사	그럼 연인 사이였어요? 친딸의 골수를 불법 이식한 사람이랑 특별한 감정을 가졌다는 게... 설마, 아니죠? 딸의 양오빠랑. 에잇.
수련	(벌떡 일어서고. 분명한 말투) 더 이상 그 사람을 모욕하면, 용서하지 않 겠어요!! 분명한 건, 로건은 절대! 누군가를 해칠 사람이 아닙니다! 그 건, 내가 장담합니다! (힘줘서 말하는데, 눈가 벌게지고)

분노에 부들부들 떠는 수련의 위로,

앵커1(E)	서울 시내 한복판에서 일어난 차량 폭발 사고의 피해자로 알려진 재미 교포 사업가 로건 리가, 나애교 살인사건의 진범으로 지목돼 충격을 주 고 있습니다. (경찰은 오늘 브리핑을 통해, 사망한 로건 리가 불법 입양으 로 골수이식을 받았던 사실을 발표하고....)

59.   단태의 호화 병실(밤)
환자복을 입은 채, 특실에서 여유 있게 TV 뉴스를 보고 있는 단태.

앵커2(E)	전 부인을 살해한 혐의로 구속 기소된 제이킹홀딩스 회장 주 모씨가 누

명을 쓴 사실이 밝혀지며, 경찰 수사의 허점이 드러났습니다. (사건을 넘겨받은 검찰은 주 회장의 무죄에 무게를 두고 재수사에 나섰습니다.)

단태, 흡족하게 뉴스를 보며 과일을 우적우적 씹어 먹고 있으면.
노크 소리 나고, 들어서는 변호사.

변호사　(단태에게 공손하게 꾸벅 인사하고) 안녕하십니까? 정 대법관님의 후뱁니다. 이번 2심은 저희 로펌에서 맡게 됐습니다.

단태　(거만한 말투) 잘 부탁합니다. 언제쯤 여기서 나갈 수 있을까요? 죄도 없는 사람을 마구잡이로 잡아넣고, 나라가 어떻게 돌아가는 건지!

변호사　대법관님께서 많이 신경 쓰시고 계십니다.

단태　얼마나 신경 쓰셨는지 브리핑 한 번 들어볼까요? (비열하게 웃는)

변호사　심수련 씨 감금사건은 천서진의 단독범행으로 스토리를 짜고 있습니다. 배로나 사건은, 머리를 다친 피해자의 일관성 없는 진술을 문제 삼을까 합니다.

단태　하나 더! 민설아 시신유기는 하윤철 쪽으로 몰죠. 진실을 밝히려고 했다가, (자신의 배를 가리키며) 내가 봉변을 당한 걸로!

60.　**단태 병실 복도**(밤)
　　　경찰, 경비 서고 있는. 변호사, 나가고. 잠시 뒤 간호사 다가서고.

간호사　환자 드레싱이요.

경찰　(흘낏 간호사 얼굴 보고. 문을 열어주면)

간호사　(안으로 들어가는)

61.　**단태 병실**(밤)
　　　침대 스탠드만 켜져 있고.
　　　등을 돌린 채 잠들어있는 단태에게 다가가는 간호사, 드레싱 박스를

열고 주사기에 약물을 뺀 뒤에 링거 호스에 넣는. 마스크를 내리면 수
련인데.
갑자기 눈을 번쩍 뜨는 단태!

단태   이거 어쩌지? 링거줄이 빠져 있네. (이죽대며, 이미 빼놓은 링거줄을 들어
        보이면)
수련   (놀랐다가, 그대로 단태에게 달려드는) 너 같은 쓰레기는 절대로 다신!
        밖으로 나오면 안 돼! 그냥 죽어 주단태!!! (분노하며 무섭게 목을 조르려
        는데, 확 하고 일어나는 단태)
단태   (수련을 제압해, 완력으로 그대로 침대에 눕히고) 이렇게 직접 찾아와 주
        다니, 기쁜데?! 보고 싶었어, 심수련! 섭섭하게 더 아름다워졌는데? (소
        름 끼치게 웃으면)
수련   미친 새끼!! 이거 놔!!! (발버둥 치는데)
단태   (더 괴랄하게 웃고)
수련   (단태의 멱살 쥐며) 너지?!!! 로건 죽인 거!!
단태   무슨 소릴 하는 거야, 지금? (배를 까서 상처를 보여주며) 이거 안 보여?
        죽을 뻔했던 전남편한테 말이 너무 심하네.
수련   니가 무슨 짓을 해서 그 사람을 죽였는지 모르지만, 절대 가만 안 둬!!!
        어떻게든 널 죽여버릴 거야, 주단태!!!
단태   설마 그 자식을 진짜 사랑하기라도 했나? 저런! 마음이 아파 어떡하나?
수련   (있는 힘껏 단태의 뺨을 후려치는데. 분노로 부들부들 하면)
단태   (순간 휘청했다가, 확 수련의 양어깨를 붙잡고) 그래! 죽일 수 있으면 죽
        여봐. 그래 봤자 니 옆에 있는 사람들만 죽어나갈 뿐이야. 민설아랑 로
        건처럼. 아, 민설아 아빠를 빼먹었나? 니가 좋아하는 사람은 다 죽어!
        그러니까 아무것도 하지 마, 수련아!!
수련   닥쳐!!! (발악하며 벗어나려 안간힘을 쓰는데)
단태   분노를 아껴. 다시 날 상대하려면.
수련   이 개자식!!! (있는 힘껏 단태를 밀어서 침대에서 떨어뜨리고는, 상처 난 배

의 거즈를 벗기고. 상처를 구둣발로 밟으며) 그래!! 얼마든지 상대해줄게. 더 이상 법의 심판 따위 기대하지 않아!! 니가 하던 방식대로! 사람 아니게!! 숨통을 끊어놓고 말겠어!! (침대 칸막이를 빼내서 단태를 향해 집어던지려는데)

그때, 경찰이 들이닥치고.

경찰 뭐하는 짓이야?!!! 당신 누구야?! (수련을 붙잡으면)

단태 아아... (아픈 척 신음하며, 바닥에 나뒹굴고)

경찰 간호사 아니었어?! 당장 끌어내!!

수련 이거 놔!! 저 자식은 살인자야!! 악마야!! 미치광이 사이코패스라고!! 저 인간한테 속으면 안 돼!! 다들 정신 차려!! 내 손으로 죽이게 내버려 둬!! (악다구니 쓰며, 경찰한테 끌려 나가면)

단태 (경찰에게 끌려 나가는 수련을 보며 소름 끼치게 웃는데)

62. **펜트하우스 앞/거실(밤)**
불 꺼진 거실. 조명등만 거실을 비추고 있는데.
펜트하우스 현관문에 카드키를 대는 남자. 문이 스르륵 열리고. 거실로 몰래 들어서는 남자. 주변을 살피며 서재 쪽으로 가려는데. 그때! 거실로 들어서는 수련! 얼른 몸을 숨기는 남자.
수련, 침실로 들어가려다 멈칫 누군가의 인기척을 느끼고 돌아보는. 천천히 남자가 숨은 쪽을 향해 걸어가는 수련. 휙! 하고 돌아보면 아무도 없고. 순간 오싹함을 느끼는데.
벽 뒤에 숨어있는 남자, 수련이 침실로 들어가면. 재빨리 펜트하우스를 빠져나가는데. 마스크를 내리면 동필이다. 펜트하우스 카드키를 꽉 쥐는 손.

63. 헤라펠리스 분수대(밤)

동필, 분수대 헤라상 앞에 멈춰 서서, 거침없이 물줄기를 뿜어대는 분수대를 바라보고 있는데. 분수대 난간 위로 올라가, 배수구 아래를 유심히 살피는.

동필   배수구 옆에... 저기쯤이었는데....

그러다 번쩍! 배수구 옆쪽으로 시체를 묻던 모습이 떠오르면. 섬뜩해서 고개 내젓고. 그때, 경비들이 다가서고. 재빨리 자리를 피하는 동필.

(E) 아름답게 울려 퍼지는 아리아.

64. 구치소 여자 수용소 안(밤)

서진, 입을 크게 벌리고, 허리를 꼿꼿이 세운 채 열정적으로 노래를 하고 있는.
얼굴 근육을 최대한으로 움직이며, 현란한 스케일, 화려한 제스처로 무대를 장악하는데.
핏대가 설 만큼 고음으로 치닫는 클라이맥스 부분. 서진, 더 힘을 내는데!

왕언니(E)   닥쳐!!!
마리   시끄러워서 살 수가 있나! 대체 며칠째야? 잠도 없냐, 넌?!!
서진   (아랑곳하지 않고, 환하게 미소 띤 채 우아하게 관객을 향해 인사하는데) 뉴욕 공연에 절 초대해주신 여러분, 감사합니다. 다음으로 들려드릴 곡은...
마리   닥치라고!!! 이 도른 년아!!

다들 며칠을 못 잔 듯 벌게진 눈으로 삿대질하며 성토하면.

서진   (마리에게 당당하게 다가서고. 심각한 표정으로) 하은별! 마스께라를 울리라고 했잖아! 연습만이 살 길이야! 눈 떠서 잘 때까지 부르고 또 부르고, 꿈에서도 불러!

마리   (비몽사몽인 상태로) 잠을 자야지 꿈을 꿀 거 아냐? 미쳐도 정도껏 미쳐!

상아   그러게 왜 천서진은 건드려서 이 지경을 만드냐고?!

서진   (상아의 어깨를 움켜쥐고) 그만한 노력으로 어떻게 최고가 될 수 있어? 다시 해봐!! 허리 똑바로 펴고!! (상아의 허리를 내리치면)

상아   나, 니 딸년 아니라고! (서진의 머리채를 잡아채는데)

서진   (놀라서) 하은별!! 엄마한테 너 이게 무슨 짓이야?!! 아악!! (머리채 잡힌 채로 소리치면)

마리/상아/왕언니   (못 참겠다는 듯, 갑자기 달려들어 서진을 패기 시작하고)

서진   아파!! 아파!! 아파 죽겠어!!

난장판이고. 교도관들, 급히 문 열고 들어와 뜯어말리면.
서진, 갑자기 벽에 머리를 박으며 발악하는! 눈이 돌아가서 점점 강도 세지고!

교도관들   (놀라서 서진을 말리며) 안 돼! 하지 마! 3388!! 안 들려?!!

서진   안 들려!! 안 들려!!! 아악!! (쿵! 쿵! 쿵! 미친 듯이 머리를 벽에 찧는데. 머리가 깨져 금세 피투성이가 되는)

의무관, 뛰어 들어오고. 다급히 팔다리를 묶고 진정제를 놓으면.
그제야 축 늘어지는 서진. 어느새 세상 순하게 잠들어있고.

65.   청아예고 음악부 교실(다른 날 낮)

칠판에 실기시험 남은 날짜, 수능시험 남은 날짜 써있고.
아이들, 긴장한 듯 막바지 공부하느라 정신없고. 수업에 집중한 모습인데.
(컷 되면) 쉬는 시간에도, 실기 연습하느라 다들 바쁘고. 예전과 달리 초조함이 엿보이는 교실풍경.

유정	(석경에게) 석경이 넌, 학교장 추천서 받아놔서 맘 편하겠다? 서울대만 시험 볼 거야? 다른 학교는 아예 원서도 안 넣었어?
석경	어차피 안 다닐 학교, 여기저기 합격하면, 니들한테 피해되잖아. 난, 서울대 하나만 돼.
은후	(그런 석경이 꼴사납고) 내신이 4점댄데 서울대라... 암튼 운도 좋다니까. 하은별까지 맛탱이 갔으니 경쟁자가 없구.
제니	대상이 돌아왔는데, 서울대 프리패스권은 돌려줘야 되는 거 아냐?
초봄	그러게. 대상은 원래 로나였잖아!
석경	(욱하고) 그런 걸 내가 결정하니? 난 학교 방침에 따랐을 뿐이야. 추천서 거부한 건, 배로나라고!! 대학도 안 간다는데, 추천서가 무슨 필요야?!
로나	(교실로 들어서며) 맞아. 내가 필요 없다고 했어! (자리에 앉으면)

로나의 말에 다들 조용해지는데.
그런 로나가 신경 쓰이는 석훈, 다가가 로나에게 문제집을 툭 던지고.

석훈	서울대 원서 접수했잖아. 그럼 시험 봐야지. 파이널 문제집이야.
로나	(그런 석훈을 보는데)
석경	(팔짱 낀 채 로나를 보면. 점점 불안해지고. 그때, 석경에게 걸려오는 전화. 발신번호제한이고. 전화를 받는데) 여보세요. 여보세요. 말씀하세요!
단태(F)	서울대 준비는 잘하고 있어?
석경	뭐라고요?! 누군지 말을...
단태(F)	벌써 목소리도 까먹은 거야? 우리 딸, 잘 지냈어?
석경	(석훈과 눈 마주치고. 놀라서 얼어붙는. 심장이 벌렁벌렁 뛰는)

66. 청아예고 복도(낮)
수업 종료 종소리. 석훈, 로나, 석경, 제니, 민혁, 수업 끝나고 복도로 나오면.
기다리고 있던 동필, 제니를 향해 손 번쩍 들고.

동필　　제니야!! 여기야, 여기!! (시선 집중시키면)

제니　　(달려가고) 아빠 또 왔어? 나 오늘 레슨 있어서 늦게 끝난다니까!

동필　　상관없어. 기다리지 뭐. 아빠 시간 많아. 우리 딸 보고 싶어서 아빠가 미쳐 돌겠는데 집에서 어떻게 기다려?! 아빠가 손봐줄 애들 없어? (험악한 표정) 우리 제니한테 눈이라도 흘기는 자식 있으면, 아빠한테 다 말해! 그냥 확 쓸어버릴 거니까!! (애들을 향해 무섭게 눈 부라리면)

석경/민혁/은후　　(뜨끔해서 얼른 시선 피하고. 슬금슬금 도망치는데)

동필　　(다시 사람 좋게 배시시 웃고) 우리 공주, 레슨실이 어디야?

67.　마트(낮)

장을 보고 있는 은별과 분홍. 모녀지간처럼 다정한데.

분홍　　우리 딸, 고생 많았어. 그래도 이렇게 빨리 나와서 얼마나 다행이야. 같이 장 보니까 엄마 너무 기분 좋다.

은별　　(팔짱 끼고 애교 부리듯) 우리 불닭볶음 해먹을까? 매운 거 엄청 땡겨.

분홍　　그랬어? 먹고 싶은 거 뭐든 말해. 다 만들어줄 테니까.

분홍와 은별, 신나서 이것저것 카트에 담는데. 그러다 핸드폰 오면. "토플학원 원장님"이라고 뜨고. 슬쩍 은별 눈치 살피고 나지막이 전화 통화하는.

은별, 신경 쓰지 않는 듯 카트에 물건들 담느라 열심인데.

분홍, 은별을 돌아보며 뭔가 비밀스러운 통화를 하고 있는. 그러다 은별이 다가서면 얼른 전화를 끊고, 웃으며 다시 장을 보는데.

정신과의(E)　　천서진 씨! 천서진 씨?

68.　구치소 여자 수용소 의무실(다른 날 낮)

동공이 풀린 채 벽을 쳐다보고 있는 수인복의 서진. 그 앞으로 앉아있는 의사.

서진, 거울을 보며 머리카락 한 올도 허락하지 않겠다는 듯, 깔끔하게 끌어 모아 묶고. 허리를 꼿꼿하게 편 채로, 와인을 따라 마시듯 물컵을 흔들어 마시는데.

서진   칠링이 덜 된 모양이네. 와인 맛이 영 별로야. 치즈 좀 내와. 입 텁텁해.

정신과의   (유심히 서진의 행동을 살피며) 내 말, 듣고 있어요, 천서진 씨?

서진   식사할 때는 되도록 서로 방해하지 않는 걸로. (나이프로 치즈를 썰어서 먹는 듯, 부지런히 손 움직이고 있으면)

정신과의   (서진의 신체를 살펴보면. 손톱은 뭉개져 있고. 목에는 손톱으로 할퀸 상처로 엉망인데) 오늘은 딸 이야기 좀 해보죠? 딸은 어떤 아이였어요? 면회는 자주 오나요?

서진   (갑자기 눈을 반짝하고) 딸? 내 딸? 우리 은별이! (순간 환하게 웃음으로 바뀌며, 행복한 표정으로) 우리 은별이는요. 세상에서 제일 예쁜 아이에요. 엄마밖에 모르는 바보죠. 오늘도 면회 와서는 학교에서 있었던 일을 어찌나 재잘재잘거리던지. (그러다 큰소리로 웃다가) 너무너무 사랑스런 아이에요.

정신과의   (서진의 이야기를 귀 기울이며 듣다가, lie라고 메모하고)

서진   선생님께도 우리 은별이를 보여주고 싶네요. (우아한 미소 짓다가, 금세 눈물 맺혀 울먹하더니, 두려운 듯 몸을 웅크리고, 손톱을 마구 물어뜯는데)

교도관2   (딱하다는 듯이 그런 서진을 보다가, 정신과의에게) 자해가 점점 심해지고 있어요. 벌써 세 번째 자살기도를 시도했어요.

서진   (갑자기 벌떡 일어서고) 개새끼!! 난 미치지 않았어!! 난 청아예고 이사장, 천서진이야!! 누가 감히 날 조롱해?!! 니깟 것들이 뭔데?!! (흥분해서 마구 책상 쓸어버리고, 의자를 문에 집어던지고 과격하게 난장 피우는. 교도관들 달려와 말리면. 구석으로 달려가 쪼그리고 앉고, 어린애처럼 서럽게 흐느껴 우는데. 도무지 종잡을 수 없는 행태를 보이는 서진)

69.   수련의 꿈(낮)
      펑! 하고 수련의 눈앞에서 터지는 로건의 차! 엄청난 굉음과 함께 연거
      푸 터지는 폭탄 소리! 펑! 펑! 펑! 순식간에 거대한 화염에 휩싸인 로건
      의 차.
      울부짖는 수련의 모습, 빠르게 컷 되며 반복되는.
      (E) 철커덕... 철커덕.. 소름 끼치는 쇳소리가 들려오고. (수갑 한쪽이 흔
      들리는 소리)

70.   정신과 진료실(낮)
의사(E) 심수련 씨... 이제 최면에서 깹니다. 하나, 둘, 셋!

      수련, "아악!!" 귀를 막으며 눈을 뜨면 온몸이 식은땀에 흠뻑 젖어있는.
      정신과 진료실 안이고, 최면치료 중이었던 수련.

수련   (땀범벅 돼서) 또 거기서 멈췄어요. 이상한 쇳소리...
의사   어떤 종류의 소린지 기억나요?
수련   (생각해내려고 애쓰다가, 고개 내젓고) 모르겠어요. 잘 생각이 안 나요.
        소름 끼치게, 듣기 싫은 소리였는데... (눈가 발개져 답답해하면)
의사   조급해하지 마세요. 지금도 충분히 잘해주고 있어요. 워낙 충격이 큰
        사고여서, 갑자기 모든 걸 기억해낼 순 없어요.
수련   분명히.. 누군가 있었어요, 거기에!! 그 소리에 답이 있어요!

71.   수련의 차 안(낮)
      수련, 차에 올라타는. 문득 생각난 듯 홍 비서에게 전화하는.

수련   홍 비서님, 로건이랑 같이 들어온 사람이 누구랬죠? 누군데, 로건이 나
        한테 데리고 온 거예요? 아직까지 나타나지 않는 거 보면, 위험한 사람
        아닌가요? 그자가 만약 로건한테 무슨 짓을 한 거면!!!

홍비(F) (나직이) 미스터 백에 대해 잘 아는 사람입니다!

수련 미스터 백?! (놀라는)

홍비서(F) 주단태의 과거를 밝혀줄 사람입니다!

수련 (순간 눈빛 빛나고) 그 사람을 찾아야 해요!! 로건의 죽음에 대해 뭔가 알고 있을 거예요!! 아니! 어쩜 현장에서 주단태를 봤을지도 몰라요!!

72.　호텔 Bar(낮)

백준기, 독한 위스키를 마시고 있는. 덜덜 떨리는 손으로 술병을 들어 마시는데

바닥 한쪽에 놓여있는 수련의 사진을 노려보는 매서운 눈빛.

73.　펜트하우스 거실(저녁)

수련, 지친 듯 거실로 들어서는.

수련 석훈아! 석경아! (부르는데 대답 없고) 윤 집사님!! (역시 대답 없고)

수련, 거실로 걸어가는데. 뭔가 싸늘하니 공기가 다르고.

순간 멈춰 서면. 소파에 놓여있는 남자 정장 윗도리... 스카프... 풀어놓은 시계... 가방... 틀림없이 로건의 물건들이고.

수련, 놀라서 로건의 흔적들을 쫓아 뛰어가는데!!

수련 로건!!! 로건이죠?!!!! 어딨어요, 로건!!!

그때, 2층에서 내려오는 누군가의 발. 놀라 보면, 단태가 서있고.

단태 내가 왔어요, 수련 씨! 여기서 다시 보니, 더 반가운데요?!!

수련 (하얗게 굳어지는) 미친 자식! 당장 나가지 못해? 여기가 어디라고 들어와?!

그때, 거실로 들어서던 석훈과 석경, 로나. 단태를 보고 놀라 멈춰 서는.

석훈 (얼른 로나를 뒤로 숨기며) 어떻게 된 거예요?!! 아빠가 왜 여깄어요?!! 어떻게 나온 거예요?!! (대차게 막아서면)

단태 니들이 너무 보고 싶어서, 아빠가 힘을 좀 냈지. (로나에게 이죽대듯) 배로나... 너도 오랜만이다?

로나 (석훈의 팔을 잡은 채, 덜덜 떨고 있으면)

수련 (아이들을 보호하며, 분노하는) 나가라고 했지!! 친권박탈에, 접근금진거 몰라?!! 경찰 불러 끌려 나갈래?!! (핸드폰을 누르려면)

단태 소란 떨 거 없어요. 그냥 애들한테 인사나 하려고 잠깐 들린 거니까. 나도 바빠요, 수련 씨. (그러다 석훈과 석경에게 다가서며) 모처럼 우리 가족이 다 모이니까 좋은데? 아빠랑 여기서 같이 살던 때가 그립지 않아?

수련 (단태의 먹살을 잡아 쥐며) 애들한테 떨어져!!

단태 (가까이 얼굴 대고) 떨어져나갈 사람은 내가 아니라 당신이야!! 펜트하우스는 처음부터 내 꺼였으니까! 다 되찾아올 거야! 펜트하우스도, 아이들도!

수련 (소름 끼치고) 대꾸할 가치도 없어!! 당장 꺼져, 내 애들 앞에서!! (아이들을 데리고 돌아서면)

석경 (수련과 함께 걸어가다가, 문득 뒤돌아서 단태를 보는. 그러다 단태와 눈 마주치면 얼른 고개 돌리고)

74. **펜트하우스 석훈 석경의 방(저녁)**
      덜덜 떨리는 손으로 약을 꺼내 먹는 로나.

석훈 (로나의 손을 잡으며) 다신 못 오게 할게. 미안해. (맘 아픈데)
      그때, 석경이 방으로 들어오면. 로나, 얼른 손을 빼내는데.

석경 오빠 아빠 소식 몰랐어? 난 통화 한 번 했어. 하도 여러 번 전화하길래.

석훈	(순간 욱해서) 전화 같은 건 왜 받아?! 우리한테 이제 아빠 같은 건 없어!!
석경	없다고 하면, 있는 사람이 없는 게 돼?!! 아빠 무죄판결 받았대. 우리 친엄마 죽인 사람, 아빠 아니라고!! 경찰도 범인은 로건이라잖아!!
석훈	그 말을 믿어? 이 바보야!! (버럭 화내면. 분위기 냉랭한데)
로나	나 갈게. (두려운 듯, 급히 가방 들고 후다닥 뛰쳐나가면)
석훈	로나야! 같이 가. (쫓아나가고)
석경	등신같이 왜 저렇게 배로나한테 쩔쩔매? 짜증 나, 진짜!!

석경, 짜증 내면서 책상에 앉는데. 문득 책상 위에 서류봉투가 놓여있고. 보면 미국대학 지원원서고. 석훈과 로나 이름이 써있는. 순간 충격 받은 석경.

| 석경 | 둘이 미국을 가겠다고?! 그런 거였어? (일그러지는) |

75. 펜트하우스 거실(밤)

창가에 서서 창밖을 내다보고 있는 수련. 심각한 표정으로 와인을 들이키는데.

| 수련 | 주단태... 주단태..... 미스터 백!!! |

분노에 찬 수련, 주먹을 꽉 쥐고 뭔가 결심한 듯한 얼굴이고!!

76. 고등법원 재판장(한 달 뒤, 낮)

반쯤 넋이 나간 상태로 연행되어 나오는 서진. 그 위로 항소 2심 판사의 판결.

| 재판장(E) | 선고합니다. 피고인 천서진은 일관된 진술로 나애교 살인사건과 무관함을 증언하고 있다. 본 사건의 진범이 새롭게 밝혀진 바, 원심을 파기 |

하고 무죄를 선고한다. 또한, 심수련 감금사건과 민설아 살인사건은 죄질이 매우 불량하고, 교육자로서 있을 수 없는 짓을 했으나, 피해자에게 보상금을 지불하고, 현재 정신과적 치료가 시급한 점을 들어, 징역 2년에 집행유예 4년을 선고한다.

서진, 동공에 아무런 변화가 없는 채로 복도를 걸어가고 있는.

77. **법원 앞(낮)**
    서진, 평상복을 입은 채로 밖으로 나오면. 예전의 영광은 찾아볼 수 없는 수척하고 피폐한 모습인데. 도 비서가 달려오고.

도비 얼굴이 많이 상하셨습니다. 고생 많으셨습니다, 이사장님. (울컥한데)
서진 (아무것도 모르는 순진한 표정으로) 누구세요?
도비 (놀라) 이사장님....?!
서진 (도 비서를 지나쳐 차를 향해 뚜벅뚜벅 걸어가는. 그러다 천천히 변하는 서진의 표정. 예전의 서진의 매서운 눈빛으로 돌아오는데. 야릇한 승자의 미소)

    그때. 끽― 하고, 서진 앞에 멈춰 서는 차.
    갑자기 차 문 열리더니, 누군가 서진을 강제로 차에 구겨 넣고 그대로 출발하는데. 서진의 비명 소리. "아악!!!"
    도 비서, 황당해서 뛰어오고. 정신없이 자신의 차에 올라타 다급히 쫓아가는.

78. **수련의 차 안/거리(낮)**
    모자를 깊게 눌러쓴 누군가(수련), 운전하고 있고. 뒷좌석에도 누군가(윤희) 타있는.
서진 (반항하는) 누구야, 너!! 차 세워!!

서진, 소리치며 운전자 뒷목을 잡고 차를 세우려는데.

옆자리 여자, 서진의 얼굴에 보자기를 씌우고 입을 틀어막는.

전속력으로 달리는 차.

79. **강이 내려다보이는 절벽 일각(낮)**

멈춰 서는 차. 운전석에서 내리는 수련. 그리고 뒷좌석에서 서진을 끌어내리는 사람, 윤희고! (윤희, 죄수복 아니고 일상복 차림)

수련과 윤희, 서진을 잡아끌고 절벽 끝으로 데리고 가는데.

서진, "놔! 니들 누구야? 이거 놓지 못해?!!" 거칠게 반항하면서 끌려가고.

수련, 서진 얼굴에 쓰인 보자기를 걷어내면. 서진의 눈에 절벽이 들어오는. 그 아래로 시퍼런 강물이 출렁이고. 기겁하는 서진!

서진	(그제야 수련과 윤희가 보이고) 심수련!!! 오윤희?!!!! (사복 차림의 윤희를 보고 놀라며) 어떻게 된 거야? 니가 여기 왜 있어?!
윤희	(서진 앞에 바짝 다가서며) 너야말로 어떻게 나온 거지? 미친 연기가 꽤 그럴듯했던 모양이지?
수련	(역시 바짝 다가서며) 아님, 주단태가 도와줬나? 로건을 죽이는 데 협조라도 한 건가? (냉정하고 분노의 눈빛) 로건! 니가 죽였지?!
서진	(황당한) 무슨 소리야? 난 아냐!!
수련	너가 아니면 누군데?!! 니가 죽였잖아!! 내가 모를 줄 알았어?!!
서진	(수련과 윤희한테 밀려 뒷걸음질 치는. 한 뼘만 나가면 절벽이고. 모래에 미끄러져 비틀하고. 간신히 중심 잡은 채) 왜 이래... 왜 이러냐고?!!

수련, 갑자기 눈에 힘 들어가면서, 서진을 낭떠러지 아래로 확 밀어버리고!

서진, 그대로 시퍼런 강을 향해 떨어지는!! 아아악!!! 비명 소리!!!

절벽에서 떨어지는 서진과, 그 모습을 지켜보는 수련, 윤희에서 엔딩!!

2화

오월동주

1.   1화 엔딩 연결/강이 내려다보이는 절벽 일각(낮)
     수련, 서진 얼굴에 쓰인 보자기를 걷어내면. 서진의 눈에 절벽이 들어
     오는. 그 아래로 시퍼런 강물이 출렁이고. 기겁하는 서진!

서진   (그제야 수련과 윤희가 보이고) 심수련!!! 오윤희?!!!! (사복 차림의 윤희
      를 보고 놀라며) 어떻게 된 거야? 니가 여기 왜 있어?!
윤희   (서진 앞에 바짝 다가서며) 너야말로 어떻게 나온 거지? 미친 연기가 꽤
      그럴듯했던 모양이지?
수련   (역시 바짝 다가서며) 아님, 주단태가 도와줬나? 로건을 죽이는 데 협조
      라도 한 건가? (냉정하고 분노의 눈빛) 로건! 니가 죽였지?!
서진   (황당한) 무슨 소리야? 난 아냐!!
수련   너가 아니면 누군데?!! 니가 죽였잖아!! 내가 모를 줄 알았어?!!
서진   (수련과 윤희한테 밀려 뒷걸음질 치는데. 한 뼘만 나가면 절벽이고. 모래에
      미끄러져 비틀하고. 간신히 중심 잡은 채) 왜 이래... 왜 이러냐고?!!

     수련, 갑자기 눈에 힘 들어가면서 서진을 낭떠러지 아래로 확 밀어버리고!
     서진, 그대로 시퍼런 강을 향해 떨어지는!! 아아악!!! 비명 소리!!!
     수련과 윤희, 강물로 풍덩 빠지는 서진을 냉정한 눈빛으로 바라보고
     있는. 그러다 눈을 마주치는 두 사람.

2.   강 하류(낮)
     잠수부들에 의해 건져진 서진. 강가에 널브러진 채 엎드려있으면.
     그 모습을 지켜보고 있는 사람, 수련과 윤희고.

잠수부 급류가 심해서 애 좀 먹었습니다.
수련   (잠수부들에게) 수고했어요. (봉투 내밀면)
잠수부들 (봉투 받고 사라지는데)
수련   (서진을 보며) 일어나! 안 죽은 거 알아.

79

윤희	(다가가 서진의 등을 세게 치면. 물을 토해내는 서진)
서진	(입술 파랗게 질려있고, 간신히 몸 일으키며) 뭐하는 짓들이야?!! 나한테 왜 이래?!! (온몸 젖은 채 가쁜 숨 몰아쉬면)
수련	(서진 앞에 비장하게 서면. 서진, 잔뜩 쪼는데. 갑자기 야릇한 표정 지으며) 드디어 우리가 이렇게 모였네! 다들 고생 많았어. 이제 제대로 쥐 몰이를 시작해볼까? (결의에 찬 표정으로 서진과 윤희를 보는데)
서진	(얼떨떨) 무슨 뜻이야, 그게?!
수련	시작은 다르지만, 어차피 우린 같은 결말을 원하잖아? 주단태 죽이기!! 그 해피엔딩을 위해선 난 이제 못할 게 없어! 누구랑도 손잡을 각오가 돼있고!
서진	그래서? 나더러 니들한테 협조하라고?!
윤희	(나서고) 본격적으로 주단태가 움직이기 시작했어. 헤펠 85층 명의가 주단태로 변경됐고, 벌써 인테리어 공사까지 마쳤어.
수련	오늘 청아그룹 주주총회에서 주단태가 단독 대표로 선임될 거야. 청아그룹을 통째로 뺏겨도 상관없어?
윤희	주단태가 로건을 죽였다는 증거를 찾아와!! 무슨 수를 쓰든, 그 인간한테 접근해서 증거 찾아내!!
서진	내가 왜 그래야 되는데?!!
수련	그게 널 살려준 이유니까!! (독한) 우릴 도울래? 아님. 여기서 죽을래?!!
서진	뭐어? (파르르하면)
수련	(다그치듯) 선택은 니가 해!!! 난 언제라도 널 없앨 준비가 돼있어! 2년 전 니가 날 죽이려고 했던 것처럼! 나 이제 나약해빠진 심수련 아냐!!
윤희	(서진의 멱살을 쥐어 잡고) 할 수 있어 없어?!! 뒤통수 쳤다간 넌 나한테 죽어!!!
서진	넌 닥치고 있어!! (확 뿌리치고. 서늘하게 수련 보며) 내가 그 차가운 감방 바닥에서 뭔 생각하며 버틴 줄 알아? 주단태한테 당한 수모 갚아줄 생각하며, 이를 갈고 또 갈았어!! 주단태, 절대 니들이 못 죽여! 내 손으로 먼저 죽일 거니까!

그때, 헐레벌떡 뛰어오는 도 비서.

도비   (사색 돼서 서진을 보며) 이사장님!!! 괜찮으십니까?!! 어쩌다 이렇게...
        어서 업히세요! (서진을 업어서 차로 데리고 가면)

윤희   (걱정스럽게 보며) 그냥 보내면 어떡해? 만에 하나 천서진이 로건 죽인
        일에 가담했으면 어쩌려고? 천서진을 어떻게 믿고?

수련   믿은 적 없어! 앞으로 어떻게 움직이는지 지켜보면 알 거야!

윤희   (수련의 독한 눈빛 읽으며) 난, 왜 꺼내준 거야? 목격자 진술까지 바꾸면서.

수련   (분노로 가득 찬) 주단태가 나온 순간, 법 체계는 이미 다 깨졌어! 로나도
        다시 위험해질 수 있고! 로나, 윤희 씨가 지켜야 되잖아. 더는 법 믿지 마!

윤희   (긴장한 채 멀어지는 서진의 차를 돌아보는)

3.   도 비서의 차 안/절벽 근처(낮)
      서진, 도 비서가 모는 차에 타있고.

도비   (백미러로 서진 보며 걱정스럽게) 병원으로 모시겠습니다.

서진   (수건으로 젖은 몸 닦으며) 필요 없어! 오늘 주주총회 몇 시야?!

도비   2시부텁니다. 주 회장님이 이사장님 쪽 간부들을 전부 해임할 계획인
        것 같습니다.

서진   내가 나온 이상, 그 자식 뜻대론 안 될 거야! 남아있는 돈은 얼마나 돼?!

도비   (난감한) 강남 빌딩 처분한 돈으로 심수련 씨에게 500억 보상금과 강
        제추징금이 집행되는 바람에... 잔고가 거의 없습니다.

서진   (어이없는) 내 재산이 얼만데, 잔고가 없어?!! 명동에 있는 빌딩만도 몇
        갠데!! 어림잡아도 수천억이야!!

도비   부동산은 전부, 성북동 사모님과 주단태 회장님 명의로 바뀌었습니다.

서진   (부르르) 그 인간들이, 내 껄 다 뺏어갔다, 그거야?! (그러다) 은별이는?
        지금 어딨어?

4. 카페(낮)

　　　빙수를 먹고 있는 분홍과 은별. 뭐가 재밌는지 두 개의 빙수를 서로 떠 먹여주면서 웃고 있는데. 테이블 위 분홍의 핸드폰 진동 오고. (저장 이름 "토플학원 원장님")

은별　(핸드폰을 보며) 토플학원 원장님?

분홍　(얼른 수신 거부하고, 핸드폰을 뒤집어놓으며) 너 대학 가면 토플 시작하려고 상담 좀 받았는데, 자꾸 전화 오네. 얼른 먹자.

　　　그때, 은별의 앞으로 와서 앉는 서진. 당황한 분홍과 굳어진 은별 표정.

서진　(아무렇지 않게, 분홍의 빙수를 뺏어서 먹으며) 엄마도 여기 빙수 좋아하는데. 엄마랑 같이 온 거 오랜만이지? 이렇게 먹어야 맛있어. (샷 뿌리고 먹는, 은별 보며 웃는) 맛있다.

분홍　(황당한 표정) 언제 나온 거예요? 설마, 완전히 풀려난 거예요? 꼴은 또 왜 이래요?

서진　(분홍 확 밀치고) 너랑은 일없어! (은별 보며) 우리 은별이 잘 지냈어? 아픈 데는 없고? 이게 얼마 만이야? 어떻게... 한 번을 안 찾아왔어? (눈 발개지면)

은별　(서진의 행색이 창피하고) 어떻게 나온 거야? 7년형 받았다면서.

서진　(목소리 떨리는) 너 때문에.... 너 걱정되고, 보고 싶어서 미칠 거 같았어. 엄마 얼굴 좀 봐, 은별아. (손으로 은별 얼굴 만지려고 하면)

은별　(매섭게 서진 뿌리치고) 날 왜 찾아와? 엄마 잊고 잘 살고 있는데, 왜!!!

서진　(멈칫) 그게 무슨 말이야? 당연히 너 데리고 가려고...

은별　(말 막고, 사납게) 누가 엄마한테 돌아간대? 나 지금 진 쌤이랑 잘 살아. 먹고 싶은 거, 하고 싶은 거, 다 하고 살거든. 엄마 생각 안 한지 오래야.

서진　엄마가 있는데, 니가 왜 진 쌤이랑 살아?!! 인생 망치려고 작정했어?!!

은별　(냉정한 눈빛) 엄마가 망쳐놨잖아? 범죄자 엄마 아빠가!

서진 뭐어?

은별 엄마가 나한테 뭘 해줄 수 있는데? 엄마 돈 있어? 나 서울대 붙여줄 힘 있냐고?! 헤펄 우리 집도 석경이 아빠한테 뺏겼다면서?!! 성악계에서 추방당하고, 이사장에서도 쫓겨나고, 거기다 감방까지!! 엄만 내 인생에 수치고 걸림돌이야!! 능력도 안 되면서, 날 어디로 데려간다는 거야?!! (악다구니하면)

서진 엄마가 다 돌려놓을 거야!! 엄만 태어나서 한 번도 가난한 적 없어! 그깟 돈, 다시 벌면 돼! 엄만 널 위해서면 뭐든 다 해!!

은별 아니! 아무것도 하지 마. 진 쌤 아니었으면, 나 지금 소년원에서 썩고 있었을 거야. 외할머니까지 보호자 거부한 마당에, 내가 누굴 의지하겠어?!!!

서진 (분홍의 목덜미를 거칠게 잡아채고) 도대체, 이 여자가 너한테 무슨 짓을 한 거야?!!

은별 그 손 놔!! 진 쌤한테 무슨 짓 하면 죽어버릴 거야!!!

서진 (놀라서 보면)

은별 나, 태어나서 지금이 젤 행복해. 제발... 나한테서 진 쌤까지 뺏지 마. 마지막 부탁이야. (하더니, 분홍을 향해 상냥하게 웃으며) 쌤! 우리 자리 옮겨서 먹어요. (빙수 들고, 다른 자리로 가면)

서진 (충격받은. 벙찐 표정인데)

분홍 (딱하단 듯 서진을 보며) 은별인 날 보호자로 원해요. 헤라팰리스에서 도망치게 해달라고 부탁한 것도 은별이었구! (여기서는 너무 막나가는 느낌은 아니고)

서진 (고개 내젓고 부인하는) 아니야!! 내 딸이 그럴 리가 없어!!

분홍 우리 은별이, 담 주에 서울대 실기예요. 한창 예민하니까 또 찾아오는 일 없었으면 좋겠네요. (비웃듯 돌아서면)

서진 (분홍을 확 돌려세우고) 오윤희랑 너, 무슨 사이야?!! 우리 집에 널 보낸 게, 오윤희였어? 우리 은별이 인생을 망치라고 시킨 게 오윤희냐고?!!! 말해!!!

분홍 그렇다면요? 오윤희한테 복수라도 하게요?

서진	(독기에 찬) 정말... 오윤희랑 내통한 거야?!!
분홍	로건이 소개해줬어요. 미국에서 날 데려온 것도 로건이고.
서진	로건?!! 그럼, 심수련까지 다 한통속으로 작당한 거였어? (기막힌데)
분홍	은별이가 기다리네요. 여기 빙수 핫하니까 하나 시켜드릴게요. 면회도 못 가서 미안했던 참인데, 맛있게 먹고 가세요. (놀리듯 은별 쪽으로 가면)
서진	(비참함에 무너지고. 충격으로 온몸 무섭게 떨리는)

5.   카페 앞(낮)

나오는 서진. 홱 돌아보고. 창가에 분홍과 다정하게 앉아있는 은별을 보는.

서진(E)	(이 악물고) 그래! 차라리 니가 날 버려! 니가 있는 한, 주단태한테 또다시 공격당할 수밖에 없어. 지켜야 할 게 많을수록 내 약점만 늘어나는 거야. 모든 걸 되돌릴 때까진, 다신 너, 찾지 않아! (독하게 돌아서서 걸어가면)
은별	(분홍의 시선 피해서, 서진이 사라진 쪽 슬쩍 돌아보는. 슬픈 표정이고)

6.   헤라팰리스 85층 복도(낮)

헤라팰리스 85층, 서진 집 앞으로 뛰어가는 서진.
정신없이 비밀번호를 누르고 문을 열려면. 열리지 않고. 비번 바뀌어 있는.
흥분한 서진, 옆에 있는 소화기를 들어 문고리를 부셔버리는데. 요란하게 비상벨 울리고. 미친 듯 문을 열고 안으로 뛰어 들어가는 서진.

7.   헤라팰리스 서진 집 거실(낮)

서진, 거실로 들어오면. 완전히 변해있는 서진 집.
곳곳에 단태의 사진들과 단태의 물건들이 보이고. 단태 스타일로 변해 있는 집.
구석진 곳에, 자신과 은별의 사진들이 아무렇게나 바닥에 팽개쳐져있으면. 기막힌 서진. 털썩 주저앉는데.

그때, 경비들이 뛰어 들어오고.

경비 남의 집 문을 부수면 어떡해요?!! 어서 나가세요!! 주 회장님 오시면 큰
일 나요! 우리 짤려요!! (서진을 마구잡이로 끌어내려는데)

서진 (매섭게 뿌리치고, 노려보며) 건드리기만 해봐!! (순간 움찔하는 경비들)
여긴 내 집이야!! 니들이 곧 누구 앞에 조아리게 될지 보여줄 테니 두고
봐!!! (당당히 걸어 나가는데)

8. 헤라펠리스 분수대 (낮)

서진, 뚜벅뚜벅 걸어가는데. 그동안의 치욕스러운 일들이 떠오르고.
단태한테 비밀공간에서 머리채 잡히고 능욕당한 일(10화 28신). 지하
창고에 끌려가 갇히던 일(10화 33신, 11화 17신). 윤희한테 무릎 꿇고
빌던 일(7화 52신). 수련한테 경찰서 구석에 몰려 당하던 일(13화 27
신). 감방에서 마리와 상아한테 몰매 맞던 일(시즌 3, 1화 17신). 모든 게
치가 떨리는데.

서진(E) 이제 난 완벽하게 혼자야! 내가 잃을 거라곤, 천서진! 나 하나밖에 없
어!! (비장해지는 서진이고)

(E) 지금부터 청아그룹 주주총회를 시작하겠습니다.

9. 청아그룹 회의실 (낮)

가장 상석에 앉아있는 단태. 떨떠름한 표정으로 간부들 좌우로 앉아있
으면.

단태 (청아그룹 지표를 던지며 역정 내는) 도대체 리스크 관리를 어떻게 하는
겁니까?! 은행 투자는 막히고, 주가는 곤두박질치고 있어요. 우리 청아

그룹, 문 닫게 생겼어요!! 손 놓고 망하기로 작정들을 한 겁니까?!

간부1 (빈정대듯) 오너가 살인에 연루됐는데, 어떤 기업이 버팁니까?!

단태 (찌릿, 날카롭게 노려보며) 그런 일 뒤치다꺼리하라고 고액 연봉 받아 처먹고 거기 앉아있는 겁니다! 조 이사님!

간부1 (욱해서) 회사엔 체계라는 게 있습니다! 천서진 이사장님이 계셨으면, 이 지경까지 오진 않았을 겁니다!! 더 이상 주 회장님의 전횡, 못 참습니다!

단태 (열 받고) 배때기가 처불렀군. 누가 참으라고 사정했나?! 그렇게 천서 진이 그리우면, 짐 싸고 나가서 옥바라지하던가! (하더니, 손가락으로 가리키며) 유! 파이어!

간부2 (버럭) 주 회장님!! 아무리 회장이래도, 간부를 이런 식으로 마구....

단태 (역시 손가락질하며) 유! 파이어!! (벌떡 일어서며) 나한테 불만 있는 사 람들 지금 당장 사표 쓰세요! 잡을 생각 없고, 충고 들을 생각은 더더욱 없으니까!! 이제 청아그룹은 주단태 방식으로 움직여!! 길바닥에 나앉 고 싶으면, 맘대로 지껄여봐!! (무섭게 쏟아내면)

간부들 (단태의 서슬에 선뜻 아무도 말 못 하고)

단태 (심호흡하더니, 금세 온화한 표정으로) 회사를 살리려면 다 같이 힘을 모 아야죠! 청아그룹을 살릴 방안을 편안하게 말씀해주세요~!

그때, 문이 확 열리고 회의실로 들어서는 누군가의 구두. 서진이다!
서진, 뒤로 기자들을 이끈 채, 예전의 화려한 모습으로 당당하게 걸어 들어오면. (화장하고, 옷도 갈아입고, 멋진 모습으로)

단태 (놀라서 벌떡 일어서고, 믿을 수 없단 듯) 천서진....

서진 (단태 앞으로 거침없이 뚜벅뚜벅 걸어오고. 단태 앞에 멈춰 서는 서진. 뭔가 일이 일어날 것 같은 긴장감에, 단태도 섬뜩한데. 갑자기 단태를 꽉 껴안는) 여보! 보고 싶었어요.

단태 (당황해서) 뭐하는 거야?!! (확 밀어젖히면)

서진 (기자들 들으란 듯) 고마워요. 내가 석방될 수 있게 물심양면으로 도와

86

줘서. 다 당신 덕분이에요.

단태 (복화술로) 대체 무슨 소릴 지껄이는 거야? (하는데, 기자들 몰려들고)

기자1 주단태 회장님! 출소 후 처음으로 인터뷰를 승낙해주셔서 감사합니다.

단태 내가?! (정신없는데)

기자1 (단태에게) 엄청난 논란 속에서 CEO로 일찍 돌아오셨는데요! 연일 주가도 휘청하는 상황에, 성급한 컴백이라는 생각 안 하셨습니까?

서진 (당당하게 단태 대신 나서고) 성급한 건 기자님 아닌가요? 이 사람이 돌아온 지 얼마나 됐다고요. 하지만 곧 우리 청아그룹은 달라질 겁니다. 세계적 수준의 청아아트센터 개관으로, 멋지게 도약할 테니까요!

기자2 천서진 대표님! 피해자 심수련 씨에게 5백억을 보상금으로 준 거 사실입니까?

서진 억울한 부분은 많지만, 심수련 씨와 오해는 다 풀었습니다.

기자2 주 회장님과의 불화설에 대해서도 해명해주십시오!

서진 (거침없이 기자들 향해 포즈 취하며) 저희 부부, 아무 문제없습니다. 항간에 소문들은 다 거짓입니다! (눈물 글썽한 채, 기자들을 보며) 앞으로 저희 부부는 국민들께 사죄하는 마음으로, 가정을 소중히 지키고, 청아그룹을 살리는 일에 최선을 다할 생각입니다. 많이 벌어서 좋은 곳에 쓰겠습니다. 믿고 지켜봐주시기 부탁드립니다.

기자들, 두 사람의 모습을 찍기 시작하고. 카메라 플래시 미친 듯이 터지면.

서진 (단태를 향해 기괴한 미소) 좀 웃어요. 행복해 죽겠다는 듯이.

단태 (기자들 플래시에 어쩔 수 없이 표정 관리하는데. 어이없는 단태고)

그런 두 사람의 모습이, 그대로 기사 사진으로 찍히면서.

10. 자코모 매장(낮)
     기사를 보고 있는 수련과 윤희.

윤희   (분노하는) 봐!! 천서진, 하나도 변한 게 없어. 아니! 더 악독해졌어. 결
      국 주단태한테로 돌아간 거야!
수련   (기사 속에서 환하게 웃고 있는 서진을 보며) 청아그룹 지분 가치를 올리
      기 위해서 합심할 수밖에 없겠지. 나도 이걸 노렸고!
윤희   알고 있었다고?!
수련   천서진의 돈줄을 말려놨거든! 그래야 주단태한테 달려갈 테니. 이이제
      이! 오랑캐를 이용해 오랑캐를 칠 생각이야. 주단태가 천서진의 역린
      을 건드린 건 분명하니까.
윤희   그런다고 천서진이 언니한테 협조하겠어? 로건 죽인 증거를 찾아오겠
      냐고?! 언닌 쓸데없이 왜 이렇게 강한 척해? 하나도 안 괜찮잖아? 로건
      때문에 속 문드러지잖아. 눈앞에서 사랑하는 사람을 잃었는데...
수련   (순간 표정 흔들리면)
윤희   내 앞에선 솔직해져도 돼. 너무 씩씩하니까 오히려 걱정돼.
수련   (애써 맘 다잡고) 나한테 울 여유 같은 거 없어. 주단태가 범인이라는 걸
      증명하는 게 더 급해!
윤희   현장에서 들었다는 쇳소리는? 아직도 뭔지 기억 안 나?
수련   (다시금 기분 나쁜 쇳소리가 떠오르고) 모르겠어. 소름 끼치게 기분 나빴
      던 기억밖엔. 떠올리려고 할수록 미궁에 빠지는 기분이야. (하다가) 로
      나 기다리겠다. 얼른 집으로 가자.

11. 헤라팰리스 주차장(낮)
     멈춰 서는 수련의 차. 윤희와 수련, 차에서 내리면.
     누군가 두 사람을 지켜보는 시선에 멈칫하는 수련, 얼른 뒤를 돌아보
     는데.

윤희	왜 그래, 언니?!
수련	아냐. 아무것도. (윤희와 함께 엘리베이터 쪽으로 향하면)

벽 뒤에서 모습을 드러내는 사람. 백준기고. 의미심장한 준기의 표정.

12. 펜트하우스 거실 (낮)

거실로 들어서던 수련. 둘러보다가, 서늘한 공기를 느끼며 멈칫하는데.
보면, 낯선 경호원들이 몇십 명, 거실에 가득 차있고. 겁먹은 석훈과 석경이 소파에 앉아있는.
알렉스 : 로건의 형. 30대 후반. 로건보다 터프하고, 남성미 강하고, 섹시하고, 카리스마 넘치는 젊은 스타일. 프리한 의상과 액세서리, 헤어 스타일에 변화를 줄 것. 굽 있는 구두로 키도 로건과 차이를 둘 것. 영어로만 대사.

석경	엄마!!
수련	무슨 일이야, 애들아?!! (놀라 달려가면)
경호원들	(매섭게 수련을 가로막는데)

창을 보고 서있던 누군가의 뒷모습. 멈칫하는 수련!

수련	당신들 누구야?!! 애들만 있는 집에서 뭐하는 거야?!! 여긴 어떻게 들어왔어?!! (대차게 묻는데)
알렉스	(돌아보는 사람, 30대 후반의 남자고, 로건과 흡사하면서도 완전히 다른 외모. 거칠고 카리스마와 포스가 넘치는 스타일. 영어로) 당신이 심수련?
수련	(로건과 닮은 모습에, 순간 굳어지는. 정신 차리고) 누구야, 당신!!
알렉스	(영어로) 당신 먼저 대답해! 로건한테 무슨 짓을 한 거야?!!! (무섭게 내깔면)
홍비	(뒤에서 모습 드러내고) 로건의 형이십니다.

수련   (놀라고. 애써 침착하게) 애들은 방으로 보내요. 그리고 얘기하시죠. (석훈과 석경에게 눈짓하는) 엄마 괜찮아. 걱정 말고 들어가 있어.

석훈/석경   (반항하다가, 어쩔 수 없이 경호원들에게 둘러싸여 방으로 가는데)

13.   펜트하우스 석훈 석경의 방 (낮)

석훈과 석경, 방으로 들어가면. 밖에서 문 잠그고.
석경, 문 두드리지만, 꿈쩍 않는.

석훈   (석경을 붙들고) 별일 없을 거야. 엄마 믿고 기다려.

석경   (욱해서) 어떻게 그냥 기다려? 로건 쪽 사람이라잖아! 저 사람들, 엄마한테 해코지하러 온 거 아냐?!!

석훈   (버럭) 그런 일 없어!! 그러니까 조용히 있어.

석경   (의심스럽게) 엄마하고 로건, 진짜 뭐라도 있는 거야? 아니지? 그 이상한 소문, 사실 아니지?!!

석훈   (말 막고) 엄마 믿으랬지! 한번 믿으면, 끝까지 믿는 거야!!

14.   펜트하우스 거실 (낮)

알렉스, 꼿꼿이 선 채로, 수련과 대치하고 있다.

수련   설마 내가 로건을 죽였다고 생각해요!?

알렉스   (영어로) 명분도 동기도 충분하니까! 당신 딸 때문에 우리 집안에 원한이 깊겠지. (원망하듯) 이 방법밖에 없었어?!! 우리 부모는 재판을 받고 있어!! 죗값을 치르고 있단 말이야!! 근데 로건이 왜 죽어야 돼?!!! 이게 당신의 복수야?!! (소리치면)

수련   (깊은 절망감으로) 차라리, 내가 죽인 거면 좋겠어요.

알렉스   (멈칫)

수련   그 사람이 미워서! 용서 안 돼서! 내 손으로 죽인 거면, 차라리 맘이 편할 거 같네요. 매일 전화하고, 걱정해주던 사람이 갑자기 내 옆에서 사라진 느낌... 그게, 얼마나 끔찍한 줄 알아요? 하루에도 몇 번씩, 그 사람 오지 못하게 막을 걸, 후회되고 화가 나서 미쳐버릴 거 같아요!! 시간을 돌릴 수만 있다면... 영영 그 사람 만나지 않아도 좋으니까, 제발 어떻게든 살릴 수만 있다면, 난 뭐든지 다 할 수 있는데....

알렉스　(영어로) 애초에 불러들이지 말았어야지!! 놔줬어야지!!

수련　로건을 그렇게 몰라요? 로건은 끝까지 부모 죄를 책임지고 싶어 했어. 난 그런 로건의 진심을 믿었고!! 우린... 서로를.... (눈물이 터져 나올 거 같아, 말을 잇지 못하면)

알렉스　로건의 통장에서 100억 달러가 인출됐어. 로건이 죽은 그날! 그 돈이 어디 갔는지, 당신은 알지?!! 당신한테 줬나?

수련　(놀라고) 전혀요!!

알렉스　거짓말!! 당신이 모르면 누가 알아?!! 민설아 몫이라고 했어, 그 돈!!

15.　회상/미국 로건 저택 (낮)

로건, 트렁크를 들고 현관으로 뚜벅뚜벅 걸어가면. 경호원들이 막아서고.

로건　(영어로) 비켜!!

경호원　안 됩니다!! 집에서 한 발짝도 움직이지 말라는 회장님의 명입니다!!

로건　가야 돼!! 일행 있는 거 몰라?! 다 비켜!! (밀치고 나가는데)

알렉스(E)　(영어로) 가긴 어딜 간다고 이래?!! 못 가!!

로건　(돌아보면. 알렉스가 서있고) 알렉스. 형까지 왜 이래? 주단태 그 인간, 무서운 사람이야. 과거 죄까지 밝혀서 평생 감옥에서 썩게 해야 돼. 안 그럼, 수련 씨가 또 위험해져!

알렉스　(영어로, 강하게) 그러니까 가지 말라는 거야!! 니가 우리 집안의 어떤 존잰데!! 널 살리려고, 엄마 아빠가 무슨 짓까지 했는데!! 아버지 사업 물려받기로 했잖아!

로건　난 그 여자 지켜야 돼! 행복하게 해주겠다고 약속했다고!

알렉스 (영어로) 그 여자를 믿어? 그 여자가 우릴 용서할 거 같아?!!

로건 그래서 더 미안해. 증오해야 될 사람을, 되레 걱정해주고 있으니까. (절절한 눈빛) 그 여자 옆에 있어야 내가 행복해. 가게 해줘, 알렉스...

알렉스 (영어로) 부동산 정리하고 100억 달러 현금으로 만들었다더니, 설마 그 여자한테 쓸 생각이야?

로건 어차피 그 돈, 설아 몫이었어. 내 꺼라고 생각한 적 없어!!

알렉스 (답답하고, 영어로) 대체 그 여자가 너한테 뭔데?!!!

로건 좋아해, 그 사람.

알렉스 (놀라는) 뭐어?!!

로건 수련 씨, 내가 너무 많이 좋아해. 설아 때문에 다시 살게 된 삶, 그 사람 위해서 다 쓰고 싶어. 내 마음도, 재산도 다....

16. **현재/펜트하우스 거실**(밤)

알렉스 (로건의 마지막을 떠올리며, 분한 듯) 누군가 로건의 돈을 탐내서 그런 짓을 한 거라면, 내가 반드시 찾아서 죽여버릴 거야!! 그게 당신이래도!! 그러니 각오해야 될 거야!! (결연한데. 경호원들에게) 가자.

알렉스, 뒤도 돌아보지 않고, 경호원들을 데리고 현관으로 걸어가는데.
수련, 참았던 눈물이 터져 나오고. 꺼이꺼이 숨이 막혀 울면.
석경, 나와서 그런 수련을 보는. 단단히 못마땅한 표정인데.

17. **헤라팰리스 윤희 집 거실**(낮)
    윤희와 로나, 재회하는.

윤희 우리 딸, 씩씩하게 잘 지냈어?

로나 (눈물 참으며, 고개 끄덕이고) 엄만 어디 아픈 데 없어? 살 빠진 거 같은데?

윤희 다이어트 좀 했지. (눈물 고이지만, 애써 밝게 웃어 보이면)

로나 그동안 펜트하우스 아줌마랑 석훈이가 잘 챙겨줬어.

윤희	이래저래 너무 폐만 끼쳤네. 얼른 이사할 집 알아볼게. 갑자기 나오게 돼서 엄마가 아무 준비도 못했네.
로나	(뭔가 결심한 듯) 엄마! 우리... 여기서 계속 살면 안돼?
윤희	(놀라고) 헤라팰리스에서? 여기 무섭다면서? 너도 이사 가고 싶다고 했잖아!
로나	얼마 전에 주단태 아저씨 봤어. 여기로 곧 들어온다며? 날 이렇게 만든 가해자들이 뻔뻔하게 돌아다니는 거 보니까, 나도 죄인처럼 살 필요 없단 생각이 들어. 더는 도망치기 싫어!! 잘못한 사람은 내가 아닌데!!
윤희	니가 힘들잖아!
로나	아니! 힘들어도 버틸래! 나, 서울대 입시, 볼 거야!
윤희	(놀라) 정말이야?! 진짜, 괜찮겠어, 로나야? (감동받은 표정이면)
로나	(결심 굳힌 듯 끄덕하고) 나, 싸워볼래. 어떻게든 내 방식대로! 다른 사람 때문에 내 인생 포기하기 싫어! (뭔가 달라진 표정의 로나고)
윤희	(그런 로나를 확 끌어안고) 우리 로나, 언제 이렇게 컸어? 엄마, 진짜 정신 차릴게. 이제 딴 생각 않고, 열심히 돈 벌어서 우리 딸 빵빵하게 써포트할 거야. 고마워, 로나야.... (감격해서, 로나를 꼭 끌어안는 윤희고)

18. 청아그룹 일각 (옥상 정도/낮)
    단태와 서진, 날카롭게 대치하고 있는.

단태	(잡아 죽일 듯 단단히 화나서) 나오자마자 이런 깜찍한 공작을 계획했다?
서진	청아그룹 정상화될 때까지만 부부 관계 유지해! 계약부부라고 해두지.
단태	허! 누구 맘대로?!
서진	난 이 회사를 상장 폐지시킬 수도 있고, 끌어올릴 수도 있어. 가질 수 없다면, 내 손으로 끝장낼 수 있단 소리야!
단태	(지지 않고) 넌 다시 청아그룹으로 못 들어와! 니 수족들 이미 다 짤렸어. 내 뒤에서 칼을 꽂을 생각으로 찾아온 거 모를 거 같아?!
서진	나도 너 못 믿어!! 심플하게 서로 이용하자는 거야!! 손에 돈을 쥘 때까

	지!! 우리가 다정하게 웃어줄 때마다 주식이 요동친다면, 그깟 거 못할 것 없잖아? 어차피 회사 키워서 적당한 때에 팔아치울 생각 아니었어?!
단태	근데 어쩌지. 난 너랑 다시 손잡을 생각이 전혀 없는데! 바쁘니 저쪽 문으로 꺼져주실래?
서진	(당당하게) 후회할 텐데? (단태에게 봉투 하나를 툭 던지면)
단태	뭐야, 이게! (봉투를 잡아채서 열어보면. 노인으로 변장한 단태 모습이고)
서진	변장을 아주 기가 막히게 잘했더라고. (박수 치며) 역시 주단태야!
단태	(떨리지만 애써 태연하게) 이 늙은이가... 누군데?
서진	(전세 역전되고) 알잖아? 누군지. (단태 얼굴을 치켜 올리며) 벌써 잊었나? 우리 도 비서가 일을 참 잘하는 거! 다 훌륭하신 주단태 씨한테 배운 거지만.
단태	(열 받아, 사진을 꽉 구겨서 쥐면)
서진	사실 좀 놀랐어. 로건을 죽여서, 무죄 판결을 끌어낼지는 나도 상상을 못 했거든! (서늘한 표정으로 내려다보며) 내 헤라팰리스부터 제자리로 돌려놔!! 그리고, 청아그룹 공동대표에 내 이름 올려!!
단태	그건!!
서진	싫어? 그럼 지금이라도 심수련한테 이 사진을 보내도 상관없겠어?!! 아니지! 미국 제임스 리한테 직접 보내는 게 좋겠지? 지금 살인범을 잡겠다고 혈안이 돼있다는데! 어떡할까? (승기를 잡은 표정으로 웃으면)
단태	(분하지만 어쩔 수 없고. 미칠 지경인데)
서진	집 인테리어랑 가구가 꽤 센스 있더라고. 수고했어. 잘 쓸게. (일어서고) 아! 로건과 같이 들어왔다는 그 사람은 누구지? 그 사람도 당신이 죽였어?
단태	(굳어지는) 동행자가 있었다고?
서진	세상에나. 그것도 아직 몰랐단 말야? 목격자가 너무 많으면 재미없는데. (웃으며 가버리면)
단태	(열 받아 미치겠고. 주먹을 내리치며 소리 지르는) 아아악!!!!

19. 단태 사무실(저녁)

단태, 홍분해서 조 비서를 패고 있는.

단태 이 얼간이 같은 놈!! 도 비서한테 미행당하는 줄도 몰랐어?!

조비 (얻어터지며) 죄송합니다, 회장님.

단태 (멱살 쥐어 잡고) 동행자가 있다는 건 왜 말 안 했어?!!! 뭐라도 봤으면 어쩌려고?! 어딨는지 아직도 못 찾았어?!!

조비 (다급히 폭파 당시 CCTV 사진 내밀며) 주변 CCTV부터 차량 블랙박스들까지 수집해서 수색 중인데, 나타나질 않습니다.

단태 알아낸 정보는?!

조비 로건과 같이 입국했다는 것 외엔, 아무 정보도 없습니다. 이름은 백준기라고 합니다.

단태 (순간 멈칫) 백준기?!!

조비 왜 그러십니까?

단태 (갑자기 CCTV 사진들을 넘겨서 보는데. 각도가 안 나와서 제대로 얼굴 안 보이면) 아냐. 아무것도. 오래전에 죽은 친구가 생각나서. 뭐하는 자식인지 빨리 잡아내!!

20. 펜트하우스 2층 거실(저녁)

수련, 거실 베란다에 선 채로, 홍 비서와 얘기하고 있는.

수련 백준기라는 사람, 경찰 쪽에선 아무 연락 없어요?

홍비 아직 못 찾은 거 같습니다.

수련 (초조한) 대체, 어디로 숨어버린 거예요?! 출국 기록은요?!

홍비 없습니다. 로건이 한국에서 쓰라고 준 핸드폰에 위치추적을 깔아뒀는데, 아직 핸드폰을 켜지 않고 있습니다.

수련 그렇담 한국에 있는 건 확실한데... 어떻게든 우리가 먼저 찾아야 해요! 주단태 쪽에서 나서기 전에!

21.   청아그룹 앞(저녁)

        청아그룹을 올려다보는 모자 쓴 남자, 주먹을 불끈 쥐고 있고.
        단태와 조 비서가 밖으로 나오면. 모자를 고쳐 쓰면서 돌아서는데. 백
        준기고.

22.   호텔(밤)

        젊은 애인과 호텔로 들어서는 서영, 두 사람 기분 좋게 취해 키스를 하
        는데.
        그때, 서영에게 걸려오는 전화. 남편이라고 뜨고.

서영   (굳어졌다가, 애인에게 눈짓하고 전화 받는) 여보. 잘 도착했어? 시차 때
        문에 힘들겠다. 계약 잘하고 조심히 와. 나? 당연히 집이지. 이제 자려
        고 누웠어. 알았다니까.

        서영, 전화 끊고. 애인과 다시 키스하며 침실로 들어가는데.
        갑자기 꺄악!!! 비명 지르는 서영. 침대 옆에 위스키를 마시며 앉아있
        는 서진이 보이고.

서영   (겁에 질려 바들바들 떨며) 언니가 여기 왜 있어?!!

서진   오랜만이라는 말부터 해야 되는 거 아냐? 이러고 다닌다고 면회 한 번
        을 안 왔던 거야? 서운하려고 한다. 아. 저기 오시네. 너네 엄마!

        호텔 문을 열고 들어서던 서진모, 슬립 차림의 서영을 보고 기겁하는데!

서진모   아악!!! 어... 어떻게 된 거야?!! 서영이 너!!! 이게 다 뭐야?!!

서영   (울면서 주섬주섬 옷을 입는데)

서진   (이죽대며) 오셨어요?! 저한텐 불륜이니 뭐니, 집안 망신시킨다고 막말
        하시더니, 그쪽 따님 인생도 뭐 그닥 훌륭한 것 같진 않네요.

서진모	뭐?! 그쪽 따님?!
서진	(비웃듯 서영 쪽 보며) 서영이 시댁이 이런 일에 엄청 예민한 걸로 아는데, 어떻게, 지금 바로 알려드려도 될까요?!! 교양 있고 얌전한 며느리가 아들의 운전기사와 바람이 났다? (핸드폰을 꺼내들면)
서진모	뭐하는 짓이야?!! 천박하게!! (달려가 핸드폰을 뺏으려는데)
서진	(안 뺏기고) 천박이라... (얼굴 일그러지고) 삼옥까지 갔다 온 내가 얼마나 고결하게 살 거라 생각했는데요? 그래서 교양 넘치는 어머닌 딸이 감방에 있는데도 찾아와 보지도 않고, 은별이까지 모른 체한 거예요?!! 어떻게 가족이란 게 이럴 수가 있어요?!! (악다구니하면)
서진모	(두려운 듯 서진을 보며) 원하는 게... 뭐야?!
서진	(기다렸다는 듯, 서류와 펜 내려놓고) 저한테 뺏어간 것들 다 내놓으시죠! 청아재단과 명동 빌딩! (서진모, 머뭇하면) 뭐해요? 당장 사인하지 않고!! 귀하신 그쪽 따님 인생 아작 내고 싶지 않으면!
서영	(떨며) 엄마! 뭐든 그냥 다 준다고 해!! 나 이혼당하는 꼴 보려고 이래?!!
서진모	명동 빌딩은 돌려줄게. 청아재단은 안 돼. 이미 심수련한테 넘겼어!
서진	그걸 넘기면 어떡해?!! 가져와!! 위약금 천억을 내서라도 돌려받으라고!!!
서진모	이미 인수 절차 끝났다고! 제발... 제발 여기서 끝내, 서진아! 내가 이렇게 빌게! 그래도 니 동생이잖아...
서진	(서진모를 확 뿌리치고. 이 악물고 생각하는. E) 심수련!! 왜 하필 너야? 기어이 나랑 원수가 되겠다는 거야?!!

23. 헤라팰리스 분수대(새벽)

고요한 새벽. 필요한 조명만 켜진 분수대. 물소리만이 졸졸졸 들리고.

그때, 분수대 안으로 첨벙첨벙 들어가는 사람, 동필이다!

분수대 밑 배수관을 향해 플래시를 켜고. 한손에는 쇠지렛대를 들고 있는.

24. 헤라팰리스 전경(아침)

25. 헤라팰리스 서진 집 거실(아침)
서진, 소파에서 뉴스를 체크 중이면. 서진의 앞에 다소곳이 커피를 내려놓는 단태.

서진   깜짝이야! (멈칫해서 단태를 보는데)
단태   (억지웃음) 왜 그렇게 놀래? 독이라도 탔을까봐? 완벽한 쇼윈도 부부로 행세하려면, 이 정도는 익숙해야지.
서진   (커피를 휴지통에 쏟아버리고) 내가 원하지 않은 건 아무것도 하지 마!
단태   (부엌 쪽 보며) 내가 하고 싶어 한 줄 알아? 아줌마가 보고 있어서 어쩔 수 없이 한 거야!
서진   계약부부인 만큼 동거 계약서는 필요하겠지? 내 공간 침해받는 거, 굉장히 불쾌하거든.
단태   나도 원하는 바야!
서진   이번엔 내가 정해! (서랍에서 계약동거 매뉴얼을 꺼내 내밀며) 여기 쓴 매뉴얼대로 정확히 지켜! 위반 시 주식 1%씩 차감이야.
단태   (받아 채서 읽으면. 서로의 사생활은 간섭하지 않는다. 같은 시간 한 식탁에서 밥 먹지 않는다. 서로의 공식행사는 무조건 참석한다. 타인이 있을 땐 최대한 다정하게 웃어준다. 집 안에선 일정한 거리를 유지한다. 천서진의 연락은 무조건 받는다. 이후 재산분배는 천서진이 원할 때 원하는 비율로 한다. 등등이고. 기막혀) 집 안에선 일정한 거리를 유지한다. 천서진의 연락은 무조건 받는다. 재산분배는 천서진이 원할 때 원하는 비율로 한다... 뭐야 이게? 노예계약이야?!!
서진   청아그룹 주식이 지금보다 두 배 더 뛸 때까지 이 연극은 계속될 거야. 목표치 달성하면 이혼도장 찍고, 서로 각자 길 가는 거야!! 약속 지켜!
단태   너나 잘 지켜! 내가 양아치야?
서진   양아치가 아니면 개자식이냐?

단태	(버럭) 뭐야?
서진	잊지 마! 주단태 니 목숨 줄은 내가 쥐고 있다는 거! 무슨 일이라도 일어나면 니 폭탄 테러쇼는 온 세상이 다 알게 된다는 거! (확 돌아서, 자기 방으로 가고. 문 꽝 닫고, 딸깍 문 잠그는 소리 나면)
단태	(열 받고. 커피 잔 냅다 던져버리는)

26. 헤라팰리스 서진 집 단태 방(아침)

단태, 샤워하고 있으면. 조심히 방으로 들어오는 발걸음. 서진이다.
서진, 단태의 핸드폰을 몰래 빼내고. 빠르게 도청앱 까는. 그러다 단태
발소리 들리면, 얼른 나가고.

27. 펜트하우스 거실(아침)

수련, 거실로 나오면. 단단히 화난 석훈이 다가서고.

석훈	알고 있었어요? 아버지가 헤라팰리스로 이사 온 거?!
수련	석훈아, 그게...
석경(E)	접근금지 명령, 내가 풀었어.
석훈	(획 돌아보면. 석경이 서있고) 뭐?!
석경	왜? 그럼 안 돼? 살인죄도 무죄받고 풀려났는데, 아빠가 여기 못 살 이유 없잖아. 법이 판결할 일을 우리가 왜 부인해야 돼?
석훈	이제야 겨우 아버지 감옥에서 벗어났는데, 대체 너 왜 이러는 거야?
수련	(나서고) 석경아! 니가 원한다면, 아빠 만나는 거 반대할 생각 없어. 하지만, 로나를 생각해서라도 니 아빠가 헤팰에 사는 건...
석경	(말 막고) 내가 왜 로나까지 생각해야 되는데?
수련	로나가 피해자잖아. 피해자가 어떻게 가해자랑 같은 아파트에 살아?
석경	엄마도 로나 아줌마 꼴 보고 살잖아. 엄마 딸을 죽인 살인자는 옆에 끼고 돌봐주면서, 왜 아빤 그러면 안 되는데?
석훈	주석경!!! (버럭 하면)

석경	(받아치고) 왜 성질이야?! 오빠 로나랑 미국 간다며? (석훈, 놀라서 보면) 내가 모를 줄 알았어? 오빠 머릿속은 온통 로나밖에 없잖아. 나한텐 관심도 없으면서, 왜 아빠랑 내가 친하게 지내는 것까지 못하게 해?! 왜!!!
석훈	잊었어? 아빠가 우리한테 무슨 짓을 했는지!! 엄마까지 죽이려고 한 사람이 아빠야!! 그렇게 당해놓고, 아직도 정신 못 차렸어?!
석경	난 아빠도 필요해!! 엄만 내가 서울대 가는 거, 원하지 않잖아!
수련	그게 무슨 말이야? 엄마가 왜 원하질 않아? 오해야, 그건!
석경	(수련을 쏘아붙이는) 로건 쌤 집에서 엄마는 왜 찾아 왔는데?! 그것도 오해인가? 쌤이 엄마한테 도대체 뭔데?!! 우리를 괴롭혔던 인간을 좋아하기라도 한 거야?!! 오빠를 미국으로 내쫓으라고 시킨 것도 쌤이야?! 아빠 말대로 엄마 혼자 펜트하우스 차지하려고....
석훈	(참지 못하고, 석경의 뺨을 후려치고) 적당히 좀 해, 주석경!!
석경	(석훈한테 맞고. 기가 막힌. 눈물이 핑 도는) 오빠가 날 왜 때려?
수련	(놀라) 이게 무슨 짓이야?!! 왜 애한테 손찌검을 해?!! 석경아, 괜찮아?
석경	(확 밀쳐내고) 이제 만족해? 우리 남매까지 갈라놓으니까 맘 편하냐고?! 난 절대 펜트하우스에서 안 나가!! 여긴, 내 아빠 집이니까! (뛰어나가면)
수련	(석훈에게) 로나랑 미국 간다는 게 무슨 말이야?
석훈	로나가 힘들어서 잠시 생각해본 거예요. 지금은 아니에요.
수련	엄마랑 먼저 상의했어야지! 석경이가 서운해할 만했어!
석훈	죄송해요. 하지만 석경이 무조건 받아주지 마세요. 석경이 말에 상처받지도 말고요.
수련	이만한 일에 엄마 상처받지 않아. 언젠가 터질 일이었고. 어서 학교 가. (석훈을 다독여 보내는데. 이래저래 착잡한 수련이고)

28. 헤라펠리스 분수대(아침)
    학교 가는 로나, 악보를 보며 걸어가는데. 누군가와 부딪힐 뻔하고.

로나	죄송합니다. (고개 들어 보면. 단태고. 순간 놀란 로나. 심장이 두근대면)

단태	자주 본다? 너네 엄마 나왔다는 소린 들었는데, 여기서 계속 사는 거야?
로나	(심호흡하고, 당당하게) 나가려면, 아저씨가 나가야죠! 내가 왜요?!!
단태	모녀가 뻔뻔한 게 아주 닮았네! 아, 나도 헤팰에 살아. 85층! 나하고 아침저녁으로 마주쳐도 상관없다는 건가? (다가서면)
로나	(다급히 주위 둘러보는데. 아무도 없고)
단태	누굴 찾으시나? 보디가드라도 찾는 모양이지?
로나	다가오지 마요!! 경고했어요!!
단태	(계속 다가서는. 험악한 표정) 석훈이한테서 그만 떨어져! 뭔 수작을 부리려고 내 아들한테 접근했는지 모르겠지만..
로나	(갑자기 가스총을 꺼내 단태에게 갈기는)
단태	(뿌악!!) 미쳤어?!! 뭐하는 짓이야? (얼굴을 감싸 쥐고 허우적대면)
로나	(떨리지만 강단 있게) 아저씨가 나한테 한 짓, 하나도 안 잊고 다 기억하고 있어요! 그러니까 나 만만히 보지 마요! 나 꼭 아저씨 벌 받는 거, 보고 말 테니까!! (홱 가버리면)
단태	저 미친 게!! 저년을 그때 죽였어야 했는데... (분해 죽고, 이를 바득 가는)

29. 헤라팰리스 일각 (아침)

   로나, 벽에 기대는. 덜덜 떨리는 손, 아직도 마음이 진정이 안 되고.

| 로나 | 잘했어... 잘했어, 배로나... |

30. 청아예고 음악반 (낮)

   〈서울대 성악실기 D-7〉 써있고.
   호텔 뷔페가 차려져있는. 학생들, 자연스럽게 음식 떠서 먹고 있고.
   동필, 세상 좋은 아빠의 모습으로 학생들 사이 돌아다니며 서비스하고 있는.

| 동필 | 뭐 더 필요한 거 없어? 스테이크? 초밥? |

석훈	(로나 보며) 케이크 맛있더라. (로나 접시에 슬쩍 올려주면)
로나	석훈아. 나... 서울대 입시 보려구.
석훈	(좋아하는) 정말이야?! 진짜 시험 칠 거야?
석경	(로나의 말에 굳어지는데)
로나	내가 도망칠 이유 없잖아. 열심히 준비할 거야.
민혁	(신나서 음식 먹다가, 문득 제니와 눈 마주치면. 제니가 우아하게 치즈를 쭈욱 늘어뜨리며 피자 먹고, 콜라를 페트병째 들고 마시는데. 순간 심장이 쿵! 강제로 제니에게 피자랑 콜라 먹이던 모습 떠오르고(시즌 2, 3화 46신). 포크 떨어뜨리고. 얼른 뒤돌아서 가려는데)
동필	(민혁 앞을 막아서는. 무서운 표정) 뒤질래?
민혁	(기겁해서) 네에?!! (잔뜩 쫄아서 다리 힘 풀리면)
동필	한입거리도 아닌 게. (하다가, 얼른 다시 제니에게 다가서며) 우리 공주, 또 뭐 먹고 싶어? 힘이 나야 제대로 실력 발휘하지. 세상에, 우리 딸 힘 들어서 볼살 빠진 것 좀 봐.
제니	그만 먹을래, 아빠! 더 먹으면 살찐단 말야. 오늘부터 식단 조절해야 돼.
동필	뺄 살이 어딨다고. 아빠가 그동안 못해준 거 다해주고 싶은데 왜 다 싫다 그래.
제니	(속삭이듯) 오늘, 엄마 나오는 날이라고 신나서 쏘는 거지?
동필	겸사겸사. 이제 우리 가족 합체해서 천하무적이야. 어깨 펴고, 각 잡고! 기죽을 거 하나도 없어!! (그러다 민혁과 눈 마주치면. 눈알 돌리라고 험악하게 손가락질하면)
민혁	(순간 얼굴이 하얘지고, 다리가 후들거리며 휘청하고) 공부를 너무 열심히 했나. 막 헛 게 보이네. (비틀하며 동필 반대쪽으로 냅다 도망치고)
석경	(로나와 석훈이 꽁냥대는 꼴을 보다가, 열 받아 교실을 박차고 나가면)
동필	(그런 석경을 날카로운 눈빛으로 보는)

31. **청아예고 일각(낮)**

　　　석경, 화장실에서 나오면. 그 앞으로 가로막는 사람, 동필이고.

석경	(놀라며) 뭐예요?
동필	(무서운 표정으로 석경에게 한 발자국 다가서면)
석경	(뒤로 물러나며) 뭐, 뭐하자는 거냐고요?!
동필	여전하구나. 싸가지 없고, 당돌하고, 제멋대로 구는 건!
석경	말 다 했어요?
동필	(피식 웃고) 칭찬이야. 어떤 상황에서도 씩씩하고 당당한 게 석경이 니 장점이잖아. 난 석경이가 우리 제니랑 잘 지냈으면 좋겠구나! 안 그럼, (싸늘한) 재미없을 거거든. (어깨 꽉 잡아 쥐고는. 다시 넉살 좋게) 화장실이 저쪽이었나? (가면)
석경	(잠시 쫄았다가, 이내 열 받은 표정) 아저씨. 사람 잘못 건드렸어. 오늘 일 후회하게 만들어드릴게! (야비하게 웃는데. 그때, 누군가를 보고 놀라는데. 복도를 걸어가고 있는 수련이고) 엄마가 왜...?

32. 청아예고 이사장실 (낮)

수련, 창가의 버티컬을 끌어올리면. 들어오는 햇빛에, 겹겹이 쌓인 먼지가 보이고. 오랫동안 사람의 흔적이 없어 보이는.
서진의 명패를 쓰레기통에 처박아 버리는 수련. 그때, 마두기가 급히 들어서고.

두기	(헐레벌떡) 석훈 어머님! 아니, 이사장님! 방금 소식 들었습니다. 청아예고 임시 이사장으로 부임하신다고. 제가 너무 늦게 소식을 듣는 바람에, 청소도 못 해놓고, 송구스럽습니다. 오늘 청소용역 불러서 소독까지...
수련	(말 끊고) 마두기 음악부장님? 그러잖아도 부르려던 참이었는데. 임시 이사장 자격으로, 청아예고 전교생 생기부 자료 좀 봐야겠어요. 지금 당장 준비해주시겠어요?!
두기	생기부는 왜...? 아, 석경이 석훈이 스펙 관리 때문에요? 걱정 마세요. 제가 누굽니까. 주 회장님 부탁받고, 완벽하게 처리해놨습니다. 웬만한 교내상은 독서상에 효도상에 싹 다 밀어줬고, 상점도 50개 받아서...

수련	부동산 투기로 집까지 날렸다고 들었는데, 아직 정신 못 차리셨네요!!
두기	(영문 몰라) 네?
수련	오늘 자로 마 선생님을 모든 보직에서 해임 조치하겠습니다. 사유는, 방금 본인이 실토한 내용이 되겠네요. 생기부 조작!!
두기	그건 어머님 자식들... 아니, 이사장님 자녀들을 위해 이 한 몸 바친 건데...
수련	내 자식이라고 하더라도 특별 대우하지 않는 게 제 원칙입니다! 올해는 청아예술제에서 불미스러운 사고가 있었던 만큼, 학교장 추천 제도를 폐지하겠습니다. 그렇게 알고 나가보세요!
두기	(절박하게 매달리는) 이사장님!! 억울합니다!! 저는 학교와 학부모를 위해 충성한 죄밖에 없습니다. 청아예고 스카이 진학률에는 분명 제 공도 있습니다. 교육부에 진정서 낼 겁니다!! 저만 당할 순 없어요!! (난리치면)
수련	교사의 자존심으로, 학부모한테는 충성하지 말았어야죠! 더 이상 들을 얘기 없는 거 같네요! (매서운 표정으로 돌아서는)

33. 헤라펠리스 규진 집 거실 (낮)

상아, 바짝 저자세로 꿇어앉아서, 미자와 마주 앉아있는.

상아	그이 기다릴 텐데, 어머님 진짜 안 가보실 거예요?
미자	내가 거길 왜 가? 나라라도 구했냐? 내 생돈 날린 거 생각하면, 자다가도 피눈물이 쏟아지는데! 민혁이 땜에 할 수 없이 이 망할 놈의 집 꼴 들여다본 거야! 이제 너도 나왔으니, 뭐 더 이상 볼 일도 없겠지.
상아	그래도 너무 서운해요, 어머님! 아버님도 그이 구속되자마자 선 딱 그으시고, 그이는 오매불망 보석금만 기다리고 있는데요.
미자	보석 같은 소리하고 있네. 아들은 징역에, 며느리는 집행유예! 손자는 학폭! 명문 법조인 집안에서 이게 뭔 개쪽이야?! 당분간은 너도 시댁 올 생각 말고, 연락할 때까지 조용히 지내!! (소파에서 일어나, 획 나가버리면)

상아   (울먹이며) 어머님!! 그냥 가시면 어떡해요?! 어머님!!! ..... (그러다 쾅! 하고 현관 닫히는 소리가 나기 무섭게. 손 번쩍 들고) 시댁 독립 만세!!! 남편 독립 만세! (외치며 막춤을 춰대는데) 이게 얼마 만의 자유냐. 규진아, 미안해!!! 기왕 들어간 거 거기서 사람 돼서 나와!!! 너 군대도 안 가서, 단체생활 처음이지? (신나서, 벌러덩 소파로 드러누워 자유를 즐기는데)

규진(E)   여보야!!!

상아   어디서 환청이 들리네. (그때, 상아 얼굴 위로 드러나는 규진의 얼굴에 화들짝 놀라) 엄마야!! (벌떡 일어서면. 눈앞에 떡하니 서있는 규진이고)

규진   서프라이즈! 놀랐어? 나 오늘 보석으로 나왔는데! 완전 대박이지?!!

34.   은행 주차장 (저녁)
　　　　주차장에 멈춰 서는 택시. 택시에서 내리는 사람, 윤희고.
　　　　윤희, 주위를 둘러본 다음, 조심스럽게 셔터가 내려진 은행 안으로 들어가는데.

35.   은행 VIP 비밀금고 (저녁)
　　　　윤희, 기다리고 있는 직원의 안내를 받아서 비밀금고 안으로 들어가고. (시즌 3, 1화 38신에서 로건이 100억 달러를 넣어놨던 개인금고)
　　　　윤희, 혼자 남으면. 비밀번호를 눌러서 금고 문을 열고. 순간 눈이 번쩍하는 윤희! 달러와 금괴들이 꽉 들어차있고.
　　　　심호흡한 다음, 재빨리 현금 다발 일부를 가방에 챙기는 윤희. 다시 금고문을 닫고 총총 은행을 빠져나오는데.

36.   헤라팰리스 분수대 (저녁)
　　　　주민들이 분수대를 지켜보고 있는 가운데. 동필이 분수대를 손보고 있는.

규진   어이, 유 대표!

동필　(반갑게 큰소리로) 아이고, 이 변호사님! 나오셨다는 얘긴 들었습니다! 제가 먼저 인사드리러 갔어야 했는데. 사모님도 나오셨죠?

규진　목소리 좀 낮춰. 뭔 자랑이라고! (분수대 보며) 뭐야, 뭔 일 났어?

동필　분수대가 고장 났나 봐요. 이상한 냄새 안 나요?

규진　(검은 기름띠가 둥둥 떠있고) 뭔 검은 띠가 저렇게 떠있어? 불길하게! 누가 술 처먹고, 오바이트한 거 아냐?

동필　아무래도 배수구를 뜯어봐야겠어요. 방재실에 연락해볼게요.

규진　공사는 무슨! 얼른 손이나 닦고 나와. 6시까지 주 회장 호출이야. (가다가 코 킁킁하고) 어휴, 냄새가 너무 나네. 시체 썩는 내도 아니고. (짜증내고 가면)

동필　(표정)

37.　　고급 술집(밤)
　　　　잔을 부딪치는 단태와 규진, 동필.

규진　청아그룹 정말 기사회생할 수 있는 거야?! 오늘도 하한가 쳤잖아! 미치겠네, 진짜! 멍청한 보좌관 말만 믿고, 막차 타서 망했다고! 하긴 부부가 쌍으로 은팔찌 찼는데, 어떤 등신이 투자를 해. 나라도 손절하지!

단태　(빠직해서 보며) 누구 덕에 콩밥 끊었는지, 벌써 잊은 모양이야? (규진과 동필 가리키며) 니들 마누라까지 빼내느라 쓴 돈이 얼만 줄이나 알아?!

규진　(금세 꼬리 팍 내리고) 너무 걱정되니까 하는 소리잖아요. 모가지 꺾이도록 주 회장 바라기만 하는데. 내가 지금 믿을 사람이 주 회장밖에 더 있어?

동필　(여유 있게) 주식이야 호재 하나만 터지면 금방 오를 수 있을 겁니다.

규진　(욱해서, 무시하듯 동필에게 쏘아붙이는) 어떤 호재? 김호재? 이호재? 호재가 누구 집 멍멍이 이름도 아니고! (동필의 어깨에 손 올리며) 우리 동필인 몰라도 뭘 너무 몰라. 근데도 꾸준하게 아는 체하는 건 뭔 자신감이야?

동필	호재가 없으면, 만들면 되죠. 안 그렇습니까, 회장님?! 뭔가 계획이 있으신 거죠?
단태	(피식 웃으며) 당연한 얘길!
규진	(양쪽 번갈아보며) 아 뭔데? 나도 좀 알려줘.
단태	천수지구!
규진	천, 천수.. (하다가 순간 욕지기가 솟고) 또 그 환장할 천수 타령이야?! 거기 수백억 물려서 울 엄마한테 의절당하고, 국회의원 박탈당하고, 인생 쪽박 났는데! 내가 천수지구 말만 들어도 경기하는 거 몰라?!
단태	엎어진 데서 다시 일어나는 거! 그게, 세상 이치 아닌가요? (동필에게) 알아보라는 건?
동필	(굽신대듯, 오평지구 건설현장 사진을 보여주며) 오평지구 진행 상황입니다. 재개발 발표 이후에 문제없이 잘 진척되고 있습니다.
단태	(사진을 넘겨보며, 눈 반짝) 오평지구 재개발 계획, 우리가 뒤집을 겁니다!
규진	그게 말이 돼요?! 벌써 부지 갈아엎고 제반작업 한다던데, 뭘 뒤집어요?
단태	그래서 머리를 맞대자는 거 아닙니까. 이 변은 그 머리로 고시패스는 어떻게 했어요?
동필	원래 우리 팀에서 판을 짜는 건 하 박사님 담당이었죠!
단태	하긴, 그 자식이 위선을 떨어서 그렇지, 머리 하난 좋았지.
규진	우쒸. 아직 콩밥 한참은 더 먹어야 될 인간 얘긴 왜 해? 술맛 떨어지게!

그때, 노크 소리 나면.

단태	올 사람이 또 있나?
동필	제가 한 사람 더 불렀습니다. 회장님이 원하시는 브레인이요.
규진/단태	(문 쪽을 보면. 들어오는 사람 윤철이다. 기겁해서 벌떡 일어서면)
윤철	잘들 계셨어요? 앉아들 계세요. 황송하게 뭐 일어나서까지 반겨주시고.
단태	하윤철!! 니가 여길 어떻게!! 언제 나왔어?!
윤철	오늘 나왔어요! 애초에 형량도 제일 낮았는데, 오히려 너무 늦게 나온

거 아닌가요? (규진 보고 씩 웃으면)

규진 (잔뜩 쫄아서 윤철을 보는데)

윤철 (털썩 자리에 앉고) 일 얘기 먼저 하죠? 오늘 모인 용건은 유 대표한테 대충 들었어요. 나도 이번 프로젝트에 끼고 싶어서 왔는데... (단태를 보면)

단태 (열 받아 동필의 멱살을 잡고) 내 허락도 없이 이 자식을 왜 불러?!! 대체 어디까지 공유한 거야?!! 누구 맘대로 이 중요한 건수를 흘려?!! (주먹으로 치려는데)

윤철 2년 전, 오평지구 근처에서, 조선시대 가마터가 발견된 건, 알고 계시죠?!

단태 (때리려다 멈칫하고. 윤철을 돌아보는데)

윤철 (예리한 눈빛) 오평지구를 뒤집을 묘안, 내가 알고 있어요!

단태/규진/동필 (자신만만한 윤철의 표정에 집중하고. 홀린 듯 윤철을 보는데)

윤철 나 이제, 같잖게 정의로운 척, 양심 있는 척, 그딴 너절한 짓 안 해요! 주제파악 제대로 했고, 진짜 쓰레기 중에 쓰레기가 되기로 결심했으니까.

규진 난 반대야!! 이 자식, 뒤통수 전문이잖아! 지난번 법정에서 우리 배신한 거 기억 안 나?! 주 회장! 저 하통수 말 믿는 거 아니지?

윤철 (강하게) 지금 나만큼 절실한 사람! 여기 없을 걸요?!! 난, 모든 걸 잃었어요!! 와이프도, 자식도, 돈도, 집도, 명예도 전부 다! 하다못해 의사면허까지 정지돼서 그 잘난 의사 노릇도 못해요!!

단태 (표정 미묘하게 떨리는데)

규진 그래서 복수하려고 우리한테 온 거 아냐? 우리가 등신이야?!!

윤철 (격하게) 복수도 돈 있고, 힘 있고, 빽 있을 때나 가능해요. 난, 이제 살아야겠어요!! 내가 어떡하면 믿을래요?!! 심장이라도 꺼내놔야겠어요?!! (나이프를 치켜들어 가슴을 찌르면. 셔츠 위로 피가 베이고)

규진/동필 (허걱 놀라는 표정이고)

단태 (그만 됐다는 듯 그런 윤철의 팔목을 잡는데)

윤철 (날카롭게 단태와 마주 보는) 후회 안 하게 해드리죠! 앞으로 주 회장님 발바닥도 핥아줄 각오가 돼있으니까!

단태 (완전히 변한 윤철의 표정을 경계하며 유심히 보는데)

38.   헤라팰리스 서진 집 침실(밤)
　　　　와인을 마시고 있는 서진. 핸드폰으로 흘러나오는 목소리들을 듣고
　　　　있는.

동필(E)　(오평지구를 뚫어지게 보며) 그래서요?
규진(E)　(한심하단 듯 동필에게) 답답해서 진짜! 아, 몇 번을 말해? 오평시구에서
　　　　문화재가 뭐 하나 나와주면, 그땐!
단태(E)　(말 채가고) 바로 공사 중단되고, 문화재 조사가 들어간다....
규진(E)　(열심히 머리 돌아가고) 그럼, 개발 직전에 엎어진 천수부지가 까꿍~ 하
　　　　고 급부상한다, 그 얘기 아냐?

　　　　서진, 눈빛 반짝하고. 테이블 위에 놓여있는 오평지구 재개발 서류를
　　　　보는데.

39.   고급 술집(밤)
윤철　　가마터 근처니까, 문화재는 도자기 쪽이 좋겠죠?
규진　　그건 내가 구해볼게. 장물아비 털면 뭐든 나올 거야.
동필　　포클레인도 필요하겠네요. 그건 제가 운전하죠.
단태　　이슈를 만들어줄 기자와 시민단체는 내가 섭외하죠! (다들 척척인데)
규진　　하 박사. 예전처럼 깝치는 건 못 봐! 서열 정리 정확히 하자고!
윤철　　난 이제 이 변 따까리라니까요! 모처럼 우리 네 사람이 뭉쳤으니, 일 한
　　　　번 크게 내야죠! 온몸에서 돈 냄새 나게 미친 듯이 땡겨보자고요!!
단태　　(그런 윤철을 유심히 보며) 패기가 꽤 좋아졌는데?
동필　　하 박사님이 들어오니까, 우리 팀이 완벽해진 거 같습니다.
단태　　(시니컬한 미소) 다 같이 건배할까요? (모두들 잔을 들면) 헤라클럽 완전
　　　　체의 화려한 부활을 위하여!!!
단태/규진/윤철/동필　　위하여!!!

서로 잔을 부딪치는데. 묘하게 금방 의기투합해 엮이는 네 사람. 진짜 형님들을 모시듯 딸랑거리는 윤철. 의기양양해진 규진. 어수룩해 보이는 동필. 그리고 그런 세 사람을 주시하고 있는 단태. 다시 연합한 네 남자의 모습에서!

40.   **헤라팰리스 마리 집 거실(밤)**
        들어서는 동필의 등에 손 권총을 들이대는 마리.

마리 꼼짝 마!

동필 (굳어지는, 양팔을 들고 천천히 돌아서는데)

마리 (싸늘하게) 지금 몇 시야? 마누라 출소하는 날에 뭐가 바쁘다고 이 새벽에 술 냄새 풀풀 풍기며 들어와?! (하다가, 동필과 눈 마주치면. 슬립을 입은 채로 와락 동필의 몸에 안기는) 자기잉!!!

동필 (감격의 포옹) 여보야!!!! (건장하게 마리를 깃털처럼 번쩍 안아 올리고) 마님! 이게 얼마 만인가요? 오늘 제대로 한번 달려보실까요? (하고 확 안아서 돌아서는데. 멈칫. 눈앞에 서있는 제니!)

마리 (당황해서 얼른 동필 팔에서 내려오고) 너, 아직 안 잤니?!

제니 당연히 안 자고 기다렸지. 우리 식구 다시 뭉친 기념으로 치콜하자! 아빠, 나 완전 맛있는 거 찜해놨어. (동필의 팔짱을 끼고 데리고 가면)

동필 (끌려가면서, 마리를 돌아보며 윙크하는데)

마리 야!! 그건 아니지!! 엄마도 다 계획이 있다구!! 제니야!!!

41.   **헤라팰리스 마리 집 침실(밤)**
        마리, 투덜거리며 침대에 털썩 앉는데. 동필이 제니 따돌리고 들어서는.

동필 아빠 옷만 갈아입고 금방 갈게~ 공주 좋아하는 걸로 싹 다 시켜놔.

마리 (쪼르르 동필에게 달려가) 진짜 왜 이렇게 늦었어? 벌써 일 시작했어?

동필 슬슬 움직여야지. 사업 차 미팅했어. (슬쩍) 아참, 분수대 고장 났던데,

전에는 그런 일 없었어?

마리 분수대가 고장 났대? 싹 다 유럽 최고 자재로 들여온 건데, 뭔 일이래?

동필 (말 돌리듯) 내가 공사한 작품이라 신경 쓰이네. 한번 뜯어보려고. (얼른 옷장 열어서 옷 갈아입다가, 걸려있는 색색깔 때수건 보며) 당신 이제 때밀이 관둘 거지?! 절대 하지 마! 내가 배 터지게 먹여 살릴 테니까.

마리 은퇴하긴 아직 젊거든?! 죽어도 나만 찾는 사모님들이 있는데 어떡해. (하다가) 혹시... 당신!!! 주단태랑 관련된 일 하고 다니는 거 아니지?

동필 무슨!!! 아니야!!

마리 절대 안 돼!! 다신 그 개자식이랑 엮이지 마!! 그건 내가 못 참아!!! 잘근잘근 씹어 먹어도 모자랄 인간 말종!!

동필 당신 지금 집행유예 상태야. 사람 씹어 먹고 그러면 안 돼!!

마리 (버럭) 그래서 뭐?!! 그 자식이랑 놀겠다고?! 그 자식 때문에 당신이 6년이나 빵살이한 거 생각하면, 내가 피가 거꾸로 솟는다고!! 내 말 듣는 거야 마는 거야?

동필 (후다닥) 제니야, 아빠 간다!! (옷 대충 입고, 밖으로 뛰어나가면)

마리 어휴– 착해 빠져가지고.... 당최 밖에 내놓질 못 하겠다니까, 진짜!

42. **헤라팰리스 윤희 집 침실**(며칠 후, 아침)

　자막〈서울대 성악실기 D-3〉

　윤희, 멋지게 잘 차려입고, 거울 보면서 정성스럽게 꾸미고 있으면.

43. **헤라팰리스 쥬비스**(낮)

　마리와 상아, 쥬비스로 들어서고. 단짝 된 분위기고.

마리 빵에서 붙은 군살이 죽어도 안 빠지네.

상아 그렇게 간식에 야식을 먹어댔는데, 그럼 안 쪄요? 무슨 맛집 탐방도 아니고.

마리 큰일이네. 낼모레가 서울대 실긴데, 그때까지 빠지려나 몰라.

상아   애들이 시험 치는데, 제니 엄마가 왜 몸매 관리를 해요?

마리   엄마가 뭐든 공을 들여야지. 서울대를 뭐 거저 보내나??

마리와 상아 앞에 나타나는 사람. 윤희고.

윤희   (인사하는) 뭐 필요하세요?

마리   (화들짝 놀라) 윤희 씨?!! 아니, 윤희 씨가 왜 여기서 나와?

상아   (윤희 옷차림을 보고) 설마, 여기서 일해요? 나왔다는 얘긴 들었는데, 취업능력 쩐다, 진짜!

마리   근데 어떻게 벌써 나온 거야? 대한민국 법이 이렇게 물러 터져도 되는 거야?!

상아   (흥분해서) 말도 안 되죠! 대체 뭔 꼼수를 썼길래...

직원   (윤희에게) 점장님, 본사에서 전화 왔는데요.

마리/상아 (더 놀라고) 점장님?!!! 직원이 아니라 점장님?!!

윤희   마침 헤라팰리스에 지점이 생겨서 운 좋게 맡았어요. 많이들 도와주세요.

상아   이사 대단하신 빽이라도 있나 봐요?! 빵에서 소지 된 것도 그렇고!

윤희   (쫄지 않고, 다부지게) 죄 지은 주단태, 천서진도 저렇게 바깥에 돌아다니는데 그건 괜찮아요? 법적으로 아무 문제없이 나온 거니까 신경들 끄세요!

마리   (기막혀) 저.. 저 말하는 것 좀 봐. 그쪽은 살인자잖아!

윤희   그러니까요! 앞으로 조심들 해요! 뭐든 처음이 무서운 법, 아니겠어요? 필요하신 거 있음 부르세요. (급히 전화 받으러 가면)

마리   어머!! 어머!! 지금 살인예고 하는 거야?! 4502호 집도 존 바이오 법인 꺼여서, 당장 이사 갈 줄 알았는데, 눌러앉을 모양이네. 헤팰이 무슨 범죄자 재활 아파트도 아니고...

상아   (얼떨떨) 헤팰 안에 이만한 크기면 보증금이 어마어마할 텐데... 로나 엄마가 그만한 돈이 어디서 났대요?!

마리	그러게. 수련 씨가 도와줬나?
상아	설마요. 자기 딸 죽인 여자한테 뭔 돈을 써요? 어디서 돈벼락을 맞았나, 빵테크를 했나? 암튼, 수완 하나는 타고났다니까!
마리	(생각하는) 가만 좀 있어 봐! 오윤희 뒤에 뭔가 엄청난 게 있어! 뭐지?... 아, 궁금해 미치겠네. 안 되겠다. (벌떡 일어나서 나가고)
상아	뭔데?! 어디 가는데!? (따라 나서는)

44. 헤라펠리스 분수대 (낮)

수련, 로비로 들어서면.

마리와 상아, 소파에 앉아있다가 기다렸다는 듯 달려가고.

마리	(아니꼬운 듯한 말투) 오랜만이에요, 수련 씨. 그쪽 덕분에 평생 안 해도 될 좋은 구경 잘하고 왔네요.
수련	그러세요? (지나쳐 가려면)
마리	(잡고) 아니 뭐, 어차피 앞으로 계속 얼굴 보고 살 건데, 과거지사에 너무 연연하면 그것도 피곤한 일 아니겠어요?
상아	(거들며) 우리 나름 그 안에서 고생 많이 했어요. 수련 씨는 상상도 못 할.
수련	너무 수고들 하셨네요~ (표정 변하며) 설마, 그 얘기 듣고 싶으신 거예요?
마리	(뻘쭘했다가, 대뜸 큰소리로) 수련 씨도 뭐, 떳떳하다고 할 순 없는 거 아니에요? 오윤희도 벌써 나와서 떡하니 샵까지 차려서 사장 소리 듣고 있는데. 그것도 그닥 보기 좋은 일은 아니거든요?!!
수련	샵이라뇨?
상아	어머! 모르셨어요? 우린 또 수련 씨가 돈 대준 줄 알았죠.
마리	그럼 누구야? 그 큰돈을 대준 사람이? 로건이 죽을 때 유산이라도 남긴 건가?
수련	(굳어지는)
상아	로건이 유산을 왜 줘요? 둘이 뭔 사이라고.
마리	그럼 설마... 오윤희 그 여자가 로건을?!

상아	죽였다고?!!
수련	(어이없고. 매섭게 몰아치는) 어떻게 당신들은 하나도 변하질 않지?! 아직도 세상에 무서운 게 없어?! 말조심해요, 제발! (싸늘하게 가면)
마리	아주 또 신고라도 할 기세네. 로건이 뭐? 입에 올리면 안 되는 거룩한 이름이냐? 그래! 신고해라! 해!! 로건! 로건! 로건! (뒤에 대고 욕하는)

45. 헤라팰리스 쥬비스(낮)

고객들을 상담 중인 윤희를 한쪽에서 보고 있는 수련.
뭔가 윤희와의 벽이 생긴 듯하고. 수련, 윤희를 불안하게 보는데.

46. 단태 사무실(낮)

소파에 앉아있는 단태, 사무실로 들어서는 동필을 맞고.

동필	(사람 좋게, 깍듯하게) 찾으셨습니까, 회장님.
단태	내가 어젠 좀 심했던 거 같아서. 생각해보니, 천수지구 프로젝트에 하윤철을 부른 건 좋은 선택이었어.
동필	그렇게 생각해주시니 감사합니다!
단태	제니 입시는 준비 잘되고 있어? 부탁할 거 있음 뭐든 얘기해.
동필	아니에요. 이렇게 좋은 집도 주시고, 제니 엄마 일도 도와주시고. 은혜를 언제 다 갚을지. 요즘 제니한테 못 해준 것 해주는 맛에 재미납니다.
단태	(나직이) 제니는 아직 모르지? 유 대표가 살인죄로 감방 다녀온 거!
동필	그럼요. 무덤까지 갈 비밀입니다.
단태	나도 입조심할게. 우리가 보통 사인가? 어차피 애들 서울음대 다 합격할 건데, 실기 끝나면 거하게 파티 한번 하자고.
동필	영광이죠. 역시 마음이 크십니다. 존경합니다, 회장님! (연신 꾸벅꾸벅 절하고 나가면)

동필 나가자마자, 뒤로 돌려져 있던 책상 의자가 확 돌려지는데. 석경

이 앉아있고.

단태	(씩 웃는) 어때. 이제 믿겠어? 제니 아빠는 이 손바닥 안에 있다는 거.
석경	(미소 짓는) 그러네요. 저 아저씨 설치고 다니는 거, 은근 재수 없었는데.
단태	이제 아빠를 찾아온 이유를 말해볼까? 우리 딸이 원하는 거 다 들어줘야지.
석경	(표정 어두워지고) 엄만, 내가 서울대 가는 거 원하지 않아요! 청아재단 이사장이 되자마자 학교장 추천서부터 없앴어요.
단태	당연하지! 그 여자와 넌, 피 한 방울 안 섞인 남남이야. 자기 친딸을 괴롭혔던 니가, 서울대 가는 걸 보고 싶겠어? 주단태 딸을 심수련이 행복하게 내버려둘 거 같냐?!! 니가 심수련이면, 어떻게 하겠니? 망가뜨리고 싶지 않겠어? (석경의 아픈 곳을 파고들고. 악마의 속삭임을 하면)
석경	엄마 험담은 하지 마요!! 꼴 보기 싫은 미꾸라지 한 마리만 치워줘요.
단태	그게 누군데?
석경	배로나!
단태	배로나? 그 앤, 어차피 수능도 안 본다면서.
석경	그 기집애가 맘을 바꿨어요! 엄마가 꼬드겼겠죠. 어떻게든 배로나, 시험 망치게 해줘요! 해줄 거죠?!
단태	니가 원하는 걸 아빠가 못 해준 거 봤어? (석경의 손에 자신의 손을 겹쳐 올리네) 걱정 마. 아빠가 다 해결해줄게.
석경	(독하게 눈 반짝하는) 나, 서울대 진짜 가고 싶어요! 오빠랑 같이! 꼭!!

자막〈서울대 실기시험일〉

47. 헤라팰리스 서진 집 부엌(다음 날 아침)
      단태와 서진, 세상 다정한 미소 지으면서 서로를 보며 웃고 있고. 잡지
      인터뷰 중이다.

서진	은퇴와 동시에 제 모든 인생이 끝난 것만 같았죠. 그때 제 옆에 있어준 사람이 남편이에요. (커피 마시면서 따뜻한 시선으로 보면)
단태	(서진의 어깨를 감싸며) 나야말로 너무 고맙죠. 이 사람이 없었다면, 억울한 누명을 썼을 때 이겨내지 못했을 거예요. (눈물까지 글썽이는데)
서진	(가증스럽단 표정으로 보다가, 다시 방긋 웃고)
기자	사진 찍겠습니다.

의상 체인지하고. 서진과 단태, 서로 스킨십하면서 다정하게 사진 찍는.
그러다 카메라 빠지면. 표정 싹 변하고. 싸늘하게 획 돌아서는 두 사람.

단태	(옷 갈아입으며 사무적으로) 오늘 서울대 실긴데, 안 가? 예전 같았으면 만사 제쳐두고 달려갔을 여자가. 웬일이야?
서진	(멈칫하고. 애써 냉정한 표정으로 옷만 갈아입고 있는)

48. 대입 실기장 건물 앞(낮)

"서울음대 실기장" 안내문 걸려있는 앞으로. 실기시험이 치러지는 풍경들.
후배들, 응원하고 있고. 부모들, 아이들 케어에 정신없는데. 속속 도착하는 차!
수련의 차 와서 멈춰 서면. 차에서 내리는 석훈과 석경.
그 뒤로, 상아의 차, 동필의 차, 윤희의 차, 순서대로 멎고.
수련 가족, 상아 가족, 건물로 향하고. 동필과 마리는 담요를 뒤집어씌우고, 지극정성으로 극진히 제니를 챙기는데.

상아	(동필을 보고) 수능도 아니고, 뭔 실기시험에 아빠까지 오고 난리래? 꼭 떨어질 애들이 저렇게 호들갑 떤다니까. 암튼, 유별나 진짜! (민혁을 과잉보호해서 데리고 가고)

뒤에서 걸어가고 있는 석경. 동필과 제니를 보며 조소하는.

49.   대입 실기장 복도(낮)
      은후 등등 모여서 누군가를 보며 흘낏흘낏 수군대는데. 은별이다.
      은별, 불안한 듯 계속해서 머리카락을 쓸어 올리고, 서진이를 기다리
      는 듯 계속 주변을 둘러보는데.

분홍   (그런 은별의 손을 잡아주며) 기다리는 사람이라도 있어?
은별   (멈칫) 아니. 없어. 진 쌤만 있으면 돼.
분홍   왜 이렇게 떨어?
은별   (파르르 떨리는 손) 속이 너무 안 좋아. 토할 거 같아.
분홍   안 되겠다. 약 먹을래?
은별   (받으려다 멈칫. 고개 내젓고) 아냐, 참아볼게.

      그때, 윤희와 로나가 걸어오다가 분홍을 발견하고.

윤희   진 쌤이 여긴 어쩐 일이에요?
분홍   (윤희를 보자 놀라고) 어머, 오랜만이에요. 저쪽으로 가서 얘기하죠. (윤
      희를 데리고 급히 가면)
은별   (로나와 남는데. 덜컹...! 긴장한 얼굴이고. 눈 못 마주치며) 너도... 시험 보
      러 온 거야?
로나   왜? 오면 안돼? 너도 왔잖아. 단 한 번, 사과도 없이!
은별   (울컥하고) 나도 벌 받았어! 소년원까지 갔으면 된 거 아냐?
로나   됐어. 그딴 변명 듣기 싫어. (그때, 전화 걸려오는. 석훈이고) 어, 석훈아.
      나 도착했어. 너 어디야? (은별을 지나쳐서 가면)
은별   (손이 더 떨리고. 불안해 돌아서는데, 석경과 마주치고)
석경   (비웃듯, 은별을 스쳐 지나가며) 하은별 아냐? 엄마 없으면 아무것도 못
      하는 쫄보! (씨익 웃고 가면)

117

은별	(얼굴 사색되는)

50. 대입 실기장 건물 일각(낮)
윤희와 분홍, 얘기하고 있는.

윤희	어떻게 된 거예요? 미국으로 돌아간 거 아니었어요?
분홍	그게... 지금 은별이 케어 중이어서 못 갔어요. 엄마 아빠가 둘 다 없잖아요.
윤희	뭔 소리예요? 둘 다 돌아왔는데. 진 쌤이 왜 아직까지 케어를 해요?
분홍	(냉랭하게) 내 사적인 일까지 오윤희 씨한테 설명해야 하나요? 앞으로 아는 체 말죠. 서로 불편하니까. (가려는데)
윤희	로건 죽은 거 알고 있죠?
분홍	(멈칫하고) 네. 참 안 됐어요.
윤희	로건이랑 언제 마지막으로 연락했어요?
분홍	아마도... 윤희 씨가 자수한 날? 그 뒤로는 못 봤어요. 은별이 물 좀 먹여야겠어요. (급히 가면)
윤희	(분홍이 뭔가 의심스럽고)

51. 대입 실기장 건물 복도(낮)
기다리는 은별에게 다가오는 분홍.

분홍	시간 다 돼가지?
은별	(더 불안해서 덜덜 떨고 있는) 나... 약 줘. 먹어야겠어.
분홍	그래, 잘 생각했어. 진정하는 데 도움 될 거야. (약 건네면)
은별	(약 먹는데)

그때, 분홍에게 "토플학원 원장님"에게서 문자 오고. 보면, "확실하게 처리해!" 써있고. 분홍의 의미심장한 표정.

52.   대입 실기장 남자 화장실(낮)

석훈, 손을 씻고 있는데. 옆으로 다가오는 남자 교수.

교수   (석훈의 수험 번호표를 보더니) 니가 주석훈이니?

석훈   네. (보면)

교수   아버지 많이 닮았네. 이따 보자. 긴장하지 말고 편하게 해. (어깨 툭툭 쳐
주며, 웃고 나가는데)

석훈   (굳어지는)

53.   대입 실기장 복도(낮)

석훈, 단단히 화난 얼굴로 걸어가면. 반대편에서 민혁과 은후가 걸어
오고.

민혁   (석훈을 붙잡고) 야, 주석훈! 넌 도솔도솔만 쳐도 합격이지? 아예 멜로
디온을 치지...

석훈   닥쳐!!! (민혁의 팔 뿌리치고 가는데)

은후   야! 피아노 실기장 저쪽이야.

석훈   (수험표를 떼서 구겨버리고 출구로 나가면)

민혁   저 새끼 왜 저래?!

54.   대입 실기장 성악부 대기실(낮)

제니, 목이 텁텁한 듯 기침을 하면. 마리와 동필, 레몬에 뭐에 호들갑
인데.

마리   왜? 목 건조해? 엄마가 따뜻한 물 가져올게. 보온병 물이 벌써 식었네.
(급히 나가면)

동필   아차, 아빠가 차에서 스카프 안 챙겨왔네. 기다려, 딸! (후다닥 나가면)

제니   아, 됐어. 이제 금방 들어가야 돼. (웃고) 못 말려, 진짜.

그때, 제니에게 다가오는 석경.

석경 니네 아빠, 완전 딸바보네. 부럽다 정말. 난 저렇게 다정한 아빠 갖는 게 소원인데.

제니 (싸늘한) 말 걸지 말아줄래?! (악보를 보는데)

석경 근데, 니네 아빠 두바이 갔다는 거, 거짓말이지?

제니 무슨 말이 하고 싶은 건데?

석경 이런 날, 이런 말을 해도 되는지 모르겠는데.... (귓속말로) 니네 아빠, 살인죄로 감방 갔다 왔다며?

제니 (벌떡 일어서고) 무슨 말 같잖은 소리야!! (발끈하면)

석경 못 믿겠지만 사실이야. (핸드폰으로 뭔가 보내고) 니가 직접 아빠한테 확인해보든지. 저기 아저씨 오네. (의미심장한 미소 띠고 가면)

제니 (석경이한테 온 음성문자를 확인하는데)

인서트)

단태 제니는 아직 모르지? 유 대표가 살인죄로 감방 다녀온 거!

동필 그럼요. 무덤까지 갈 비밀입니다.

제니 (충격받아 비틀하면)

동필 (숨이 헉헉해서, 헐레벌떡 뛰어오고) 우리 딸, 안 늦었지? (스카프 둘러주며) 뭐야, 긴장한 거야? 얼굴이 백짓장이야. 맘 편하게 봐. 우리 딸이 서울대 안 가면, 서울대 지들이 손해지! (큰소리치는데)

제니 (그런 동필을 멍하니 보는) 잠깐만... 나 화장실 좀!

동필 아빠가 같이 가줄까? (쫓아가면)

마리 주책이야. 가만히 좀 있어. (동필의 등짝을 때리는데. 손에 물잔 들려있고) 떨려서 그러나. 뭔 화장실을 저렇게 자주 가.

컷 되면. 윤희와 로나, 은별과 분홍, 수련과 석경, 상아와 민혁(각자의 반주자들과)까지 다 자리하고 있으면. 교직원이 들어오고.

조교 성악과 실기시험을 시작하겠습니다. 추첨한 번호 순서대로 준비해주세요. 핸드폰과 녹음기는 절대 반입 금지입니다. 머리에 쓴 헤어밴드나 특별한 표식이 될 수 있는 액세서리는 빼주세요!

아이들 (조교의 지시에 따라, 핸드폰을 가방에 넣고. 각자의 방법대로 소리 내서 목 풀며 긴장하는데) 아아아...

동필/마리 우리 제니는 뭐하고 이렇게 안 와? 화장실에서 기절한 거 아냐?

그때 분홍, 앞자리에 앉아있는 로나가 가방에 핸드폰을 넣는 걸 유심히 보는.

55. 대입 성악 실기장(낮)
멍한 표정의 제니, 무대 위로 올라가고. 블라인드가 쳐져있는 시험장.

반주자 (제니에게) 준비됐어?

제니, 그제야 정신 차리고. 마음 가다듬는데. 반주 시작되고. 노래 시작하려면. 무대 뒤쪽에 다음 대기자가 하필 석경이고. 석경의 손에 든 종이가 눈에 들어오는데. "유제니 아빠는 살인자!"라고 적혀있고.
굳어지는 제니, 혼란스럽고.
입도 뻥끗 못 한 채, 그대로 눈물이 주르륵 흐르는 제니.
당황한 반주자, 계속 제니를 부르는데. 심사위원들, 고개 내젓고. 완전히 망쳐버리는 제니.

석경(E) (그런 제니를 조소하며 보며) 유제니... 너 좀 꺼져줘야겠어. 학폭 가해자와 피해자가 같은 학교는 쫌 아니잖아? 평생 내가 꼬리표 달고 살 순 없으니까! (교활한 미소 짓는 석경이고)

컷 되면. 석경, 자신감 넘치게 노래 부르고 있는. 고음도 거침없이 올라가고. 만족한 표정으로 무대 내려오는데.

컷 되면. 로나가 무대에 서고. 석경보다 훨씬 더 자연스러운 고음으로 무대를 장악하는데. 심사위원들, 고개 끄덕이며 점수 체크하는. 최고 점이고.

56. 대입 실기장 앞(낮)

로나가 밝은 표정으로 나오면. 그 뒤로 대기 중인 은별과 분홍이 보이고.

로나   (윤희에게 가면)

윤희   (떨면서 기도하고 있다가) 잘했어?

로나   (그제야 숨 내쉬고) 응. 잘한 거 같아. 제일 많이 연습했던 곡이야.

윤희   잘됐다, 진짜! 고생했어, 우리 딸. 엄마 얼마나 맘 졸였는데. (좋아하면)

은별   (시험장으로 들어가려다, 로나의 말에 더 긴장하는)

분홍   떨지 마. 잘할 수 있어. 약도 먹었잖아. (은별 다독여주면)

은별   응, 잘할게. (애써 심호흡하고, 억지로 웃어 보이며 시험장으로 들어가는데)

분홍   (표정)

57. 대입 실기장(낮)

은별, 후!! 길게 심호흡하고 반주자를 향해 신호하면. 반주자, 연주 들어가고.

생각보다 잘하는 은별, 고음으로 무난히 올라가는데. 갑자기 핸드폰 벨소리가 들려오고.

당황한 은별, 박자를 놓치면. 노래를 끊어버리는데.

조교   (다가오고) 핸드폰 가져왔어요?

은별   아뇨. 안 가져왔는데요.

조교   (옷 뒤지면, 주머니 속에서 핸드폰이 들어있고. 모르는 번호(공중전화 번

은별	(기겁하고) 뭐야, 이게?!! 아니에요!! 난 분명 가방에 두고 왔어요!! 아까 대기실에서...
조교	실격 처리됐어요. 나가요!!
은별	이거 내 꺼 아니라고요!!! 정말이에요!! 믿어주세요!! (밀려나면서 다시 핸드폰 열어서 보는데. 윤희와 로나가 찍힌 사진이 보이고) 배로나 꺼?!!

58.   대입 실기장 복도(낮)
로나와 윤희, 로나의 핸드폰을 찾고 있는.

로나	어디 갔지? 아까 가방 안에 넣어놨는데.
은별(E)	배로나!
로나	(돌아보면. 쫙! 로나의 뺨을 갈기는 은별)
윤희	뭐하는 거야, 너!!! (로나를 막아서면)
은별	(눈물 그렁해서) 이 방법밖에 없었어? 이딴 식으로 날 엿 먹이려고 작정한 거야? 차라리 너도 날 때리고 밀치면 되잖아. 12년 동안 오늘을 위해 살았는데, 이렇게까지 해야 되냐고?!!!! (로나 붙잡고, 미친 듯 소리치면)
로나	너 미쳤어?! 왜 이러는데?!
윤희	하은별! 우리 로나한테 또 무슨 짓이야?!! 아직도 정신 못 차렸어?!!
은별	아줌마 딸 때문에 나 실격 처리됐거든요? 나 지금, 눈에 뵈는 거 없어요!! 이딴 치사한 방법으로 복수를 해? 그래!! 나도 똑같이 갚아줄 거야!! 나만 당하는 건 억울해!! 이의 제기할 거야!! 부정행위한 건 너니까, 너도 탈락이야!! (난리 치면)
윤희	저게 어디서 시험 망쳐놓고, 애먼 애한테 화풀이야?
로나	(영문 모르겠고) 무슨 일인지 제대로 말을 해봐!!! 울지만 말고!!
은별	내가 시험 볼 때, 니 핸드폰이 내 주머니에서 울렸어!! 니가 고의로 넣은 거지? 그렇지?!! 나쁜 년!!
윤희/로나	(놀라는)

복도의 소란에, 대학 측 관계자들이 달려오고. 아수라장이 되는데.

석경, 씨익 웃으며 그 자리를 유유히 빠져나가면.

그때, 한쪽에 숨어서 그 상황들을 보고 있는 분홍. "토플학원 원장님"에게 문자하는.

분홍(E) 하은별, 실격 처리!

인서트1)

로나, 가방에 핸드폰을 넣어두면. 몰래 로나의 핸드폰을 빼내는 분홍. 은별이 실기장으로 들어설 때, 은별의 주머니에 로나의 핸드폰을 넣어두는 분홍.

인서트2)

시험장 근처의 공중전화로 은별에게 전화를 거는 분홍 모습.

59. 대입 실기장 건물 앞(낮)

문자를 확인하는 손, 단태다. 만족스러운 미소지으면.

수련과 석경이가 같이 걸어 나오는 게 보이고.

수련 (걱정스럽게 석훈에게 전화하고 있으면)

석경 오빠 어디 간 거래? 시험은 본 거야?

수련 모르겠어. 왜 이렇게 전화를 안 받지? (그러다 놀라 멈춰 서고. 건물 앞에 단태가 서있는) 당신이 여긴 왜 와?!

단태 내 소중한 아이들이 중요한 시험을 보는데, 아빠가 당연히 와봐야지. (석경 보며) 석경이, 실수 안 했어?

석경 나쁘지 않은 거 같아. (수련 보며) 나 아빠랑 약속 있어. 아빠가 고생했다고 밥 사준대서. 엄마 혼자 가서 어떡하지?

단태 니 엄만 쿨해서 그런 거 신경 안 써! 타, 어서. (차 문 열어주면)

124

석경　(얼른 차에 올라타는데)

수련　(분노하는) 주단태!!!

단태　석경이 좀 늦을 거야. 안 들어갈 수도 있고. (석경을 태우고 떠나면)

수련　(충격인데. 그때 핸드폰 걸려오는. 보면 홍 비서고) 네, 홍 비서님. 무슨 일 있으세요?

홍비(F)　백준기 씨가 방금 핸드폰을 켰어요!! 깔아놓은 어플에 위치가 떴어요.

수련　(놀라는) 거기가 어디예요?!!

60.　고급 레스토랑 (저녁)

석경과 단태, 오붓하게 식사를 하고 있는. 다른 손님 보이지 않고.

단태　배로나는 실격 처리될 거야. 은별이도 같이!

석경　역시 아빠 솜씨였죠? 은별이 그 멍충이, 지 엄마 없으니까 쪽도 못 쓰고. 근데, 누구한테 시킨 거예요?

단태　(야릇한 미소) 비밀?

석경　제니도 완전히 망친 거 같은데... 그럼 나만 서울대 합격인가?

단태　남들도 다 가면, 서울대가 아니지! 아빠 딸이니까 가는 거야! (상냥하게 고기 썰어서 놔주고) 니 엄마가 지금 니들한테 잘해주는 이유가 뭔지 아니?

석경　뭔데요?

단태　너희들의 유일한 보호자가 되고 싶은 거야. 그래야, 니들 친엄마가 남긴 유산을 뺏을 수가 있거든.

석경　말도 안 돼요! 우리 엄마, 그런 사람은 아니에요.

단태　사실이야. 니 친엄마가 죽은 것도, 지금 니 엄마와 관련돼있어.

석경　(멈칫, 굳어지고) 정말... 로건이 우리 친엄마를 죽인 거예요?!! 엄마 때문에?!!

그런 두 사람을 지켜보고 있는 누군가의 시선. 백준기고.

61. 고급 레스토랑 입구(저녁)
수련의 차 와서 멈춰 서고. 수련, 안으로 뛰어 들어가는데.

수련   (홍 비서와 통화하며, 긴박하게) 도착했어요. 지금 올라가요!

62. 고급 레스토랑(저녁)
모자를 쓴 준기, 단태와 석경이 있는 곳으로 가까이 다가가고.
단태, 우는 석경을 달래주려고 일어나서, 석경 쪽으로 향하는데.
준기의 손에 들려 있는 사제총이 단태를 향해 겨눠 있는. 준기, 떨리는
손으로 방아쇠를 당겨 쏘려는데!
준기의 팔을 잡아끌며 저지시키는 수련. 준기와 드디어 마주하는데.

수련   당신! 백준기 맞지?
준기   (사제총을 겨눈 채) 이거 놔!! 저 자식 죽여버릴 거야!!
수련   뭐하는 거냐고?!! (총구가 향하는 곳을 보는데. 기겁하고. 레스토랑 안에
        서 웃으며 밥을 먹고 있는 단태와 석경의 모습이 보이면) 안 돼!!!! (순식간
        에 준기를 낚아채서 사제총을 뺏고. 준기의 머리에 총구를 들이밀며) 백준
        기! 너 정체가 뭐야?!

준기, 뒷걸음질 치다가 장식품을 떨어뜨리면서 와장창! 소리가 나고.
식사를 하다, 수련과 준기가 서있는 쪽으로 예리하게 바라보는 단태의
시선에서 엔딩!!

3화

또 다른 핏줄

1.　　　고급 레스토랑 (저녁)

모자를 쓴 준기, 단태와 석경이 있는 곳으로 가까이 다가가고.

단태, 우는 석경을 달래주려고 일어나서, 석경 쪽으로 향하는데.

준기의 손에 들려 있는 사제총이 단태를 향해 겨눠 있는. 준기, 떨리는 손으로 방아쇠를 당겨 쏘려는데!

준기의 팔을 잡아끌며 저지시키는 수련. 준기와 드디어 마주하는데.

수련　　당신! 백준기 맞지?

준기　　(사제총을 겨눈 채) 이거 놔!! 저 자식 죽여버릴 거야!!

수련　　뭐하는 거냐고?!! (총구가 향하는 곳을 보는데. 기겁하고. 레스토랑 안에서 웃으며 밥을 먹고 있는 단태와 석경의 모습이 보이면) 안 돼!!! (순식간에 준기를 낚아채서 사제총을 뺏고. 준기의 머리에 총구를 들이밀며) 백준기! 너 정체가 뭐야?!

준기, 뒷걸음질 치다가 장식품을 떨어뜨리면서 와장창! 소리가 나고.

식사를 하다, 수련과 준기가 서있는 쪽으로 예리하게 바라보는 단태.

단태　　(봤다. 속마음) 심수련? (소리) 잠깐만.... (자리에서 일어나 소리 나는 쪽으로 향하는데)

수련　　(준기에게) 저기! 내 딸이 있다고!! 눈앞에서 아빠가 죽는 걸 보라고?!! 절대 안 돼!! (실랑이하는데)

단태　　(그사이, 점점 수련과 준기 앞으로 다가서고. 수련과 마주치려는 찰나! 모자를 쓴 누군가와 부딪히는데)

홍비　　미안합니다. (깨진 장식품을 치우는데)

단태　　(짜증 난 투로) 앞 좀 잘 보고 다녀요! (하고는 수련 쪽을 보면. 이미 사라지고 없는. 뭔가 싸하고) 내가 잘못 본 거야? (레스토랑으로 다시 들어가는)

단태, 다시 석경 앞에 앉으면.

석경	무슨 일이에요?
단태	아무것도 아냐. 어서 먹자.
석경	(얘기 이어가는) 로건 쌤 형이 집으로 찾아왔었어요.
단태	왜?!!
석경	쫌 됐어요. 로건 가족이 우리 집에 왜 드나드는 거예요? 엄마랑 로건이 무슨 사이라고! 생각할수록 기분 나빠요!!
단태	(잠시 생각하다) 석경이 너! 아빠 좀 도와줄 수 있겠니?

2. 레스토랑 일각(저녁)
    준기, 수련을 벽에 거칠게 밀어붙이고.

준기	날 왜 막는 거야?!! 저 자식을 내 손으로 죽일 기횐데!! 당신이 뭔데, 내 일에 참견이야?!!
수련	나, 심수련이야!
준기	심수련...? (그제야 수련의 얼굴을 제대로 보는데)
수련	(미친 듯이 덜덜 떨고 있는 준기의 손을 보며) 그 떨리는 손으로 주단태의 심장을 명중시킬 수 있을 거 같아?! (준기의 멱살을 쥐어 잡고 몰아붙이는) 그동안 어딨다가 이제야 나타난 거야? 내가 당신을 얼마나 찾았는데!! 로건이 죽었을 때 당신은 뭐하고 있었어? 대답해!! 대답해보라구!!

3. 자코모 매장(밤)
    준기 앞에 차를 내려놓는 수련.

수련	아까는 미안했어요. 내가 너무 흥분해서... 마셔요. 진정이 좀 될 거예요.
준기	(여전히 떨리는 손으로, 찻잔을 들고, 힘겹게) 무서웠어요. 난 로건만 믿고 한국에 왔는데, 그런 로건이 내 눈앞에서 죽어버렸어요. 잘못하다간 내가 로건을 죽인 범인으로 몰릴 것 같았어요. 그래서 무작정 도망쳤어요!!
수련	(애써 흥분 가라앉히고) 궁금한 게 너무 많아요. 로건이 당신을 왜 나한

테 데리고 온 거죠? 미스터 백은 어떤 사람이었어요? 다, 설명해줄 수
있어요?

준기 내 진짜 이름은 주단태예요! 백준기가 아니라!

수련 (소스라치게 놀라고) 주단태?! 당신이 주단태라고?!!

준기의 흔들리는 눈빛 위로.
아아악!!! 준기부의 비명 소리.

4. **회상 1/니지모리 안방/27년 전**(밤)

준기(E) 미스터 백은 아버지가 한국에서 사업을 시작할 때부터 집에서 부리던
사람이었어요. 저는 친형처럼 그를 따랐고요! 우리 가족이 일본으로
이주하고 얼마 후, 미스터 백이 한밤중에 찾아왔어요.

준기부, 공포에 쩐 표정으로 뒷걸음질 치는데.
그때, 다가서는 사람, 젊은 단태(20세)다!
유난히도 시커먼 단태의 운동화가 눈에 띄는데. 손에 들린 흉기가 번
뜩하고.

준기부 (올려다보는) 니가....!!! 니가어떻게!!!

단태 금고 열라고!!!! (그대로 칼을 휘두르는)

준기부 으아악!!!

단태가 든 칼에서 뚝뚝 떨어지는 핏방울....
준기부, 고통스러운 비명을 내지르며 바닥을 구르는데.
그때, 비명 소리에 놀라 들어오던 준기모. 참혹한 살육의 현장을 보고
기겁하는데.

준기모 여보!!!

단태, 이미 이성 잃었고. 그대로 준기모를 향해 칼을 휘두르면.
벽에 튀는 핏자국! 악마의 본성이 깨어난 듯, 더욱 독해진 단태의 눈빛!
그때, 밖에서 와장창! 도자기 깨지는 소리가 들리고.
18살의 준기, 문밖에서 현장을 목격하고 두려움에 뒷걸음치다가 진열
된 도자기를 건드려 깨버린.

단태   (도자기 깨지는 소리에 휙! 밖을 돌아보는) 쥐새끼 한 마리가 더 있었군!
              (히죽 웃는 미소가 섬뜩하다)

5.   회상 2/니지모리 복도/나비장 안/교차편집(밤)
       준기, 깨진 사금파리를 밟고서 미친 듯이 복도를 뛰어가고 있는.
그 뒤로 따라오는 단태의 시커먼 운동화. 손에 흉기를 꽉 쥐고 걸음을
빨리하면.
준기, 뛰다가 마룻바닥에 걸려서 넘어지고. 겁에 질려 엉덩이로 뒷걸
음질 치는데. 바로 앞까지 성큼성큼 다가오는 발소리! 꼼짝없이 잡히
기 직전인데!
그때! 복도 끝에 놓인 나비장이 눈에 들어오면. 재빨리 나비장 안으로
숨어들고. 몸을 구기듯 밀어 넣고 서둘러 나비장 문을 닫는데!
단태, 바닥에 떨어진 핏자국을 보며 준기를 따라오고. 복도 막다른 곳
에 멈춰 서는.
천천히 주위를 둘러보며 노래를 흥얼거리는 단태. 완전히 다른 사람
이 된.

단태   요리 보고 조리 봐도 알 수 없는 단태~ 단태~~~ 어딨니 단태야~~~

단태, 여기저기 방문을 열어젖히기 시작하는데. 준기 모습 보이지 않고.
겁에 질린 준기, 신음 소리도 새나가지 않도록 입을 틀어막은 채 벌벌
떨고 있으면. 나비장 앞에 멈춰 서는 단태! 바닥의 핏자국이 끊겨있고.

섬뜩한 미소!

준기, 노랫소리가 바로 앞에서 끊기면. 공포와 두려움이 극에 치닫는데.

밖에서 덜컹덜컹 사납게 문고리가 흔들리고. 순식간에 문고리가 떨어져 나가면서 구멍이 뻥 뚫리는데. 구멍 사이로 단태의 까만 눈동자가 보이는!

단태 찾았다!

동시에, 나비장 문이 활짝 열리고. 단태와 정면으로 대면하는 준기!

단태 (준기를 끌어내) 금고 비밀번호 알지? 말해! 살려는 줄 테니까!
준기 (겁에 질려) 1971!
단태 1971? (사악하게 웃더니, 무표정하게 그대로 흉기를 휘두르는)
준기 으아악!!! (짐승처럼 울부짖는 울음소리. 그러나 흉기는 준기의 목을 비껴서 나비장을 찍었고)
단태 쫄보 새끼! (단태의 괴랄한 웃음소리가 니지모리 전체를 집어삼키는데)

6. **회상 3/니지모리 금고방/27년 전(밤)**

단태, 피 묻은 손으로 비밀번호를 누르고 금고를 열면.

금고 안을 가득 채우고 있는 엄청난 금괴와 달러. 미친 듯이 금고 안의 물건들을 가방에 쓸어 담기 시작하는데. 광기 어린 눈빛이고!

단태, 금괴와 달러를 담은 가방을 메고, 정신없이 뛰쳐나오면.

문득, 방 한쪽에 놓인 하얀 운동화가 눈에 띄고. 얼른 자신의 시꺼먼 운동화를 벗어던지고, 하얀 운동화로 바꿔 신는데.

7. **회상 4/니즈모리 앞 골목길/27년 전(밤)**

컷 되면. 시간 경과. 골목길 전봇대에 펄럭이며 붙어있는 지명수배 전단.

카메라가 전단지를 비추면. 〈공개수배. 살해용의자. 이름 백준기. "미

스터 백"으로 불림〉
그 위에 보이는 용의자의 얼굴. 단태다!

8.　　현재/자코모 매장(밤)
　　　격하게 떨리는 준기의 얼굴.

수련　(충격받은) 어떻게! 그런 무서운 짓을!!!!

준기　정신을 차려보니, 정신병원의 폐쇄병동이었어요. 경찰에선 백준기가
　　　죽었다고 생각했대요. 지명수배가 떨어졌는데도 끝까지 못 찾았으니!
　　　근데 이름을 바꿨더군요. 내 이름, 주단태로!

수련　나와 결혼할 때도, 완벽하게 주단태였어요. 동경대를 나오고, 오사카
　　　에서 리조트 사업을 하던 부모님이 불의의 사고로 돌아가셨다고... 실
　　　제로 결혼식 때 일본에서 많은 하객까지 왔었어요. 그조차 다 거짓이란
　　　말예요?!!

준기　당연히 동원된 하객이었겠죠! 백준기는 고아였으니까!! 내 신분을 훔
　　　쳐서 결혼까지 한 거예요!! 필요한 게 돈이면 얼마든지 줄 수 있는데,
　　　왜, 죄 없는 내 부모까지 죽인 거예요?!! 왜!! (분노의 주먹 쥐며) 가만 안
　　　둘 거예요!! 내 손으로 그 자식 죽여버릴 거예요!!

수련　(힘겹게 말 이어가는) 그래서 로건이 당신을 데려온 건가요?

준기　백준기의 과거를 밝혀서, 다신 재기할 수 없도록 쐐기를 박겠다고 했어
　　　요! 그런데....

9.　　회상/1화 44신/자코모 앞(낮)
　　　펑! 하고 수련의 눈앞에서 터지는 로건의 차! 엄청난 굉음과 함께 연거
　　　푸 터지는 폭탄 소리! 펑! 펑! 펑!
　　　놀라서 바라보는 백준기의 모습! 벌겋게 얼굴이 달아올라 있고. 간신
　　　히 화염은 피한 상탠데! 멍한 듯 뒷걸음치는.
　　　한쪽으로 지나가는 노인을 발견하고 보는데. 순간 굳어지는 준기!

10. 현재/자코모 매장(밤)
     떨리는 준기의 눈빛.

준기   거기서 주단태를 만났어요. 틀림없이 그놈이었어요!! 노인으로 변장
       은 했지만, 악마 같은 그 눈빛! 27년 전과 똑같았어요!!
수련   노인?!! (놀라고) 확실해요?
준기   (매섭게 끄덕이며) 단 한 번도 잊은 적이 없었어요!! 그 자식이 로건을 죽
       였어요!! 내가 봤어요! 구치소에서 탈주한 게 틀림없어요!!
수련(E) (이를 악무는) 그럼, 그 기분 나쁜 첫소리가 주단태?! 역시 너였어!
준기   (괴로운 듯) 난 아무것도 할 수 없었어요. 또다시 날 죽일 것만 같아서...
수련   이해해요. 당신은 잘못한 거 없어요!
준기   더 빨리 당신을 찾아왔어야 했는데.... (문득 주머니에서 반지를 꺼내 내밀
       고) 이거, 그날 현장에서 주운 거예요. 로건이 당신한테 주려던 반지예요.
수련   (놀라서 반지를 보는. 순간 울컥하고 반지를 받아드는데. 눈물이 후드득 떨
       어지는)
준기   그 사람, 당신을 많이 좋아하는 것 같았어요. 오는 내내 프러포즈할 생
       각에 많이 설레 했는데.
수련   (반지를 손에 쥔 채 꺼이꺼이 눈물 삼키다가, 얼른 쓱쓱 눈물 닦고 마음 단단
       히 먹으며) 아까 그 결심, 변함없어요? 주단태, 죽이겠다고 한 말!
준기   당연하죠!! 받은 대로 다 갚아줄 거예요. 내가 백준기, 그 자식 이름으
       로 돌아온 이상, 나한테 무슨 짓을 했는지, 하나씩 다 기억나게 해줘야
       죠!! (이성을 잃은 듯한 눈빛인데)

11. 펜트하우스 윤희 집 거실(밤)
     윤희, 가습기 틀고, 로나 목에 찜질팩 둘러주고, 목 관리해주고 있는.

윤희   하루 종일 울어서 내일 시험 볼 수 있겠어? 목소리가 다 갈라졌어.
로나   (울면서, 아직도 분한) 왜 다들 나만 의심하냐고?! 어떤 멍충이가 자기

135

핸드폰을 넣어놨겠어? 걸릴 게 뻔한데!!

윤희   누군가 널 떨어뜨리려고 고의적으로 한 짓이야!

로나   주석경이야! 아까 대기실에서 수상한 짓 안 했어?

윤희   석경인 너 앞 번호라서 먼저 들어갔는데... 남아있던 사람이, 은별이랑 진 쌤?

로나   진 쌤? (하다가 멈칫. 분홍이 대기실에서 자꾸 자기 가방 주위를 맴돌던 모습 떠오르고. 어색하게 웃던 웃음도 생각나는데)

윤희   왜?

로나   아냐. 그냥 이상한 생각이 들어서.

윤희   대학이 서울대만 있는 거 아냐. 나머지 실기에 집중해. 엄마도 이번 일, 그냥 넘어가진 않을 테니까!! (다독이는데, 생각할수록 꺼림칙하고)

12.   헤라팰리스 아이들 커뮤니티 (밤)
     제니, 무릎에 얼굴을 묻은 채 눈물을 흘리고 있는.

석경(E)   니네 아빠, 살인죄로 감방 갔다 왔다며? 니네 아빠, 살인죄로 감방 갔다 왔다며? 살인죄로 감방 갔다 왔다며? (조롱하는 목소리, 반복해서 맴돌고)

제니   (믿고 싶지 않은 듯 마구 고개 내젓다가, 목이 터져라 괴성 지르는) 아냐!! 아냐!!! 우리 아빠 그런 사람 아냐!!! 아냐아아아!!!!!

13.   오평지구 부지 (새벽)
     인적 없는 늦은 새벽.
     단태, 규진, 윤철, 동필, 모습을 드러내고. 모자에 장갑까지 완벽히 위장한.

단태   (조 비서에게) CCTV 위치 다 파악했어?

조비   걱정 마십시오. 안전하게 처리해뒀습니다.

단태   도자기는?

규진　내가 들고 있어요. 얼른 갑시다!

동필　바닥이 꽤 깊게 파였어요. 조심해서 오세요.

　　　네 남자들, 아래쪽으로 내려가는데. 규진, 장갑 낀 채 가방에서 조심스
　　　럽게 도자기 조각과 기와 조각들을 꺼내면.
　　　윤철과 단태, 삽을 들고 땅을 더 깊이 파기 시작하고. 땅에 묻히는 도자
　　　기들.
　　　이어서 땅 위로 포클레인이 움직이고. 동필, 포클레인을 몰고 있는. 옆쪽
　　　에서 판 흙을 구덩이에 쏟아내는데. 일사천리로 합이 척척 맞는 네 사람.

14.　　**사우나 한증막 안**(새벽)
　　　단태, 규진, 동필, 사우나 하고 있는.

규진　아이고, 삭신이 쑤시네. 그러니까 내가 사람 쓰자니까.

단태　밖으로 말 안 새나가려면, 우리가 직접 뛰는 게 맞아요.

동필　간만에 몸 쓰니 좋던데요. 헤헤~!

규진　(그런 동필이 못마땅하고) 나는 머리 쓰는 사람이거든?!

단태　이제 슬슬 언론 쪽이랑 영감들 좀 구워삶아봐야죠. 이번 일 잘되면, 다
　　　들 돈방석에 앉을 테니까, 신도시 확정 날 때까지 최선을 다해줘요.

　　　그때, 윤철이 식혜를 들고 들어오고.

윤철　형님들. 시원한 식혜 대령했습니다. 한 잔씩 하세요.

규진　딱 갈증 나던 참인데. 우리 동생 그냥. 요즘 귀여워 죽겠어, 아주!

단태　(싹싹하게 식혜를 돌리는 윤철을 보는데)

규진　아참, 은별이는 시험 잘 봤나?

윤철　(멈칫하면) 시험이었어요?

규진　뭔 소리야? 어제 서울대 실기시험이었잖아. 헤라팰리스에서 안 사니

까 통, 이쪽 근황을 모르나보네. 쯧쯧.

윤철   연락 안 한 지 오래돼서.

단태   그래도 너무하는데? 하나뿐인 딸내민데. 은별이가 서운해하지 않겠어?

동필   쌍둥이들은 서울대 나란히 합격하겠네요. 미리 축하드립니다, 회장님.

규진   (신나서) 서울대 벌써 물 건너갔지! 몰랐어? 석훈이 실기 안 봤다잖아.

단태   뭐라고요?!

규진   우리 민혁이가 그러던데. 석훈이 시험 안 치고 날랐다고. 걔가 나 닮아 서 정보통이거든요.

동필   왜 그랬을까요. 그 모범생이...?

규진   (깐죽대며) 지금 그쪽이 딴 집 걱정할 때가 아냐. 제니도 노래 안 불러서 자동 탈락이라던데?!

동필   네에? 그게 뭔 소리예요? 우리가 제니가 노래를 왜 안 해요? 걔가 왜 요?!! 네에?!! (매섭게 규진을 다그치면)

규진   (버럭 하는) 그걸 내가 어떻게 알아? 울 아들은 늘 기사 타이틀만 알려 준다고오!!

15.   헤라팰리스 전경 (아침)

16.   헤라팰리스 마리 집 거실 (아침)
       제니, 입 꾹 다물고 집 나서면. 마리가 달려 나오고.

마리   제니야! 혼자 가면 어떡해. 엄마랑 같이 가야지. 오늘 실기 두 탕 뛰려면 우리 공주 바쁘겠네. 시간 빠듯해서 서초동에서 신촌까지 언제 넘어간 대. 오토바이라도 부를 걸 그랬나.

제니   (대꾸도 안 하고, 나가려면)

마리   필요 없는 거, 엄마도 알지. 어차피 서울대 붙을 건데. 그래도 수시 6개, 싹 다 붙어버리면 더 좋잖아!

제니   (표정 어둡고, 잔뜩 쉰 목소리로) 나 혼자 가! 따라오지 마!! (나가는데)

138

마리	(기겁하고) 제니야!! 너 목소리가 왜 그래?!! 울었어?!!! 감기 걸렸어?!! 어쩌다가 이렇게 됐어? 이 중요한 때에!! (난리 피우는데)

그때, 현관문 열리고. 동필이 급하게 들어오는.

동필	우리 공주, 아직 안 갔어? 아빠가 데려다줄게.
마리	(거의 울 듯이) 여보! 큰일 났어. 우리 제니가... 목소리가 쉬었어. 어쩜 좋아. 계속 컨디션 좋았는데, 하필 입시에서 이게 뭔 일이야?!!!
동필	제니야, 왜 그래? 무슨 일 있어? 너 어제도 노래 안 불렀다며? 사실이야?
마리	(기겁하고. 눈 뒤집혀) 노래를 안 해?! 왜?!!! 너 미쳤어?!! 죽도록 연습 해놓고, 왜 노래를 안 해?!! 12년을 이 날을 위해서 살았는데!!! 쥐어짜 서라도 불렀어야지!! 피를 토해서라도 불렀어야지!! 왜 포기해?!! 어?!!
동필	왜 그랬어? 아빠한테만 말해봐 봐. 응? (귀를 갖다 대는데)
제니	(그런 동필을 확 밀어버리고)
동필	(자빠지는. 놀라서 제니를 보는) 제니야....
마리	(화나고) 이 기지배, 뭐하는 짓이야?!! 아빠한테 버르장머리 없이!!
제니	(차갑게, 목 쉰 소리로) 언제까지 날 바보 만들 셈이었어?!! 말 안 하면 영 영 비밀일 줄 알았어?!! 아빠 여권, 6년 동안 깨끗하더라. 두바이? 만료 된 여권으로 무슨 두바이를 가?!!
동필/마리	(당황해서 굳어지면)
마리	(얼른 둘러대는) 얘가 언제 때 여권을 본 거야? 아빠, 두바이 건설 현장 에서 선물도 보내오고...
제니	(폭발해서 소리 지르는) 그만 좀 해!! 감방에서 아빠가 보낸 편지, 다 봤 어!! 정말... 정말 아빠가 살인자야? 사람을 죽인 거냐고?!!
동필	(대답 못 하면)
마리	제니야. 그건... 사정이 좀 있어서...
제니	사람 죽여놓고 사정이 어딨어?!! 도대체 나한테 숨기는 게 몇 개야?!! 엄만 때밀고, 아빤 살인자고, 내가 놀래야 될 일이 또 뭐 있냐고?!! 내

가 엄마 아빠 친딸이긴 해?!! 이제야 엄마 아빠랑 행복하게 사나 했는데... 이게 다 뭐야?!! 다 망쳐버렸어!!!! (울부짖으면)

마리 (열 받고) 누가 얘기한 거야? 누가?!!

제니 그게 뭐가 중요해?!! 전부 다 사실인데!!

마리 (바락 대는) 중요해!! 누가 말한 거냐고?!!

제니 (핸드폰으로, 석경이 보낸 녹음 내용 틀어주면. 동필과 단태 목소리 나오고) 석경이가 알면, 전교생이 다 아는 거야!! (획 나가버리면)

마리 (흥분해서) 주단태, 이 개새끼가!! 더는 못 참아!! 오늘 그 자식 목 따버리고, 다시 깜빵 간다, 내가!! (뛰쳐나가려는데)

동필 (다급히 말리고) 안돼!!

마리 (제정신 아니고) 말리지 마!! 당신이야말로 왜 이래? 등신같이 계속 참으니까, 석경이 그년까지 설치잖아. 가만 안 둘 거야!! 당신이 안 하면, 내가 해!!

동필 (마리를 붙잡는. 순간 서늘한 표정) 누가 가만있겠대? 내가 해.

마리 그러니까 언제!! 나 화병 나서 죽는 꼴 볼래?!!

동필 증거 찾을 때까지!

마리 (그제야 돌아보는) 무슨 증거?

동필 (완전히 다른 표정이고) 주단태가 사람 죽였다는 증거! 내가 아니라.

마리 그게 어딨는데?

동필 헤라팰리스 분수대.... 거기, 시체가 묻혀있어.

마리 (기겁하고) 뭐, 뭐어?!!

동필 (더없이 차가운. 웃는 듯 일그러지는 듯) 조금만 기다려. 곧! 꺼낼 거니까!

17. **펜트하우스 드레스룸**(아침)

수련, 화장대 앞에 앉아서, 가방에서 반지를 꺼내서 보면. 유난히도 반짝이는 아름다운 반지고.

수련, 마음 한편이 아려오는. 반지를 직접 손에 끼워보는데.

문득, 로건이 나타나 직접 손에 끼워주는 느낌이 들고.

수련   로건?... (반갑게 보면)

로건   (빙긋이 미소) 맘에 들어요? 열심히 골랐는데.

수련   (눈물 그렁해 고개 끄덕이는데) 고마워요. (다시 보면. 아무도 없고. 얼른 눈물 닦고 정신 차리려고 애쓰는 수련) 절대, 용서하지 않을 거예요! 당신 목숨 값, 내가 꼭 받아낼게요!! (이를 악무는 수련이고)

18.   **헤라펠리스 서진 집 단태의 방**(아침)
    단태, 침대에서 단잠을 자고 있으면. 누군가 단태를 흔들어 깨우는.
    단태, 귀찮은 듯 뿌리치다가 눈을 뜨면. 자기를 바라보고 있는 사람, 로건이고.

로건   (야릇한 미소) 미스터 백!

    단태, 기겁해서 벌떡 일어나 앉는데! 단태의 복부로 훅 깊숙이 뭔가 들어오고.
    헉! 하고 쓰러지는 단태. 그러다 놀라서 잠에서 깨면. 아무도 없고.

단태   로건.... 죽어서도 살아서도 날 괴롭혀?!! (식은땀 범벅으로 거친 숨소리)

19.   **펜트하우스 주방**(아침)
    수련, 석훈, 석경, 식사 중인데. 석경, 밥 먹으면서 유심히 수련을 보는.

수련   (석훈에게) 석훈아. 시험 왜 안 본 거야? 정말 대학 안 가려고?

석훈   대학을 안 가려는 게 아니라, 서울대를 안 가려고요. 아빠가 손을 쓴 거 같아서요. 그딴 식으로 구차하게 가고 싶지 않아요.

수련   (기막힌) 왜 그딴 짓을 했대?!! 니 실력으로도 충분히 갈 수 있는데?!!

석경   (비꼬듯) 확실하게 하고 싶었나보지. 그게 부모 마음 아냐? 자식 위해서 뭐든 해주고 싶은 거!

수련	(석경의 말이 의미심장하게 꽂히면)
석훈	너 설마, 아빠한테 뭐라도 부탁했어?
석경	뭔 소리야? 나도 내 실력으로 서울대 충분히 갈 수 있거든?! 오빠만 대단한 사람 아냐!! (찔리는 듯 나가면)
수련	(걱정되고) 석경이, 아무래도 니 아빠와 무슨 일 있는 거 같아. 어제 로나가 실격 처리됐다면서?!
석훈	(심각한 표정) 석경이 제가 잘 감시할게요. 여기서 더 나가면, 저도 못 참아요! (매서워지고)

(E) 초인종 소리.

20. **헤라팰리스 서진 집 거실(낮)**
서진, 침실에서 거실로 나오면. 거실로 들어서는 사람, 윤철이고.

서진	(윤철을 보자 멈칫하는) 당신이 여긴 왜 와?
단태	(역시 다른 방에서 나오며) 내가 불렀어. 심부름시킬 게 있어서. (서진 보란 듯이 하대하는 말투로, 007 가방을 건네주며) 황 의원 쪽에는 얘기해뒀으니까 갖다 주면 알 거야.
윤철	(깍듯하게) 알겠습니다.
단태	오랜만에 집에 온 소감이 어때? 여기 살 때, 좋았잖아? 촌티도 못 벗은 주제에 허세는 맘껏 부리고.
윤철	저 같은 놈한테는 지금이 더 잘 어울리죠.
단태	모텔에서 지냈댔나? 오피스텔이라도 하나 얻어준다니까.
윤철	내 건 아무것도 없는 게, 좋습니다. 가족도, 집도. 신경 안 쓰셔도 됩니다, 회장님.
서진	(그런 윤철을 어이없이 보는데)
단태	끼니라도 잘 챙겨먹어. 얼굴이 아주 못쓰게 됐어. (지갑에서 수표 몇 개 꺼내서 던져주면)

윤철	(아무렇지 않게 바닥에 떨어진 수표를 주워서) 감사합니다. 잘 쓰겠습니다. (인사하고 가는데)
단태	(갑자기 푸하하 웃음 터트리고, 서진에게) 어때? 하윤철 저 샘님이 저러는 거! 나 혼자 보기 아까워서 불렀는데. 하하하. (웃으며 두 사람 지켜보면)
서진	(나가는 윤철을 쫓아가 거칠게 붙들고, 조롱하듯) 이제야 제대로 잡을 찾은 거 같네. 주단태의 개! 아주 어울려!
윤철	(대응하지 않고 가면)
서진	말도 섞지 않겠다? 은별이랑 날 배신한 죄. 처절하게 받게 될 거야!!
윤철	맘껏 악담해. 어차피 난 벼랑 끝이야. 주단태 말곤, 내 손 잡아줄 사람, 아무도 없어!!
서진	꽉 붙잡아. 그 끈, 내가 잘라버릴 수도 있으니까! 벼랑으로 밀어버릴 수도 있고!! (쌩하니 가면)
윤철	(아무렇지 않은 듯, 문 나서고)
단태	(그런 두 사람을 보는)

21. **헤라팰리스 쥬비스(낮)**
     윤희, 쥬비스로 들어서면. 수련이 기다리고 있고. 마주 앉는 두 사람.

수련	시험장에서 있었던 일, 설마 또 천서진 짓이야?
윤희	천서진은 아냐! 은별이까지 시험을 망친 거 보면.
수련	그럼, 누구 짓이야?
윤희	(분홍 떠올리며) 의심스러운 사람이 있긴 한데, 은별이한테 그럴 이유는 없고. (그러다 조심스레) 혹시, 석경이 아닐까? 서울대 프리패스권도 무효화되고, 단단히 골이 나있을 텐데.
수련	아닐 거라고 믿지만... 나도 자신은 없어.
윤희	미안해. 내가 괜한 소리 했다. 확실한 건 아직 아무것도 없어.
수련	로나가 많이 낙심했겠다. 어렵게 맘 바꾼 건데... (맘 아프고) 일하는 건 어때?

윤희	열심히 하는 중이야. 고객들도 꽤 많아.
수련	(찬찬히 윤희 보며) 로건이 갖고 있던 돈이 사라졌대. 자그마치 100억 달러야! 혹시 유희 씨, 뭐 알고 있는 거 있어?
윤희	(순간 당황했다가) 아니. 내가 어떻게 알아? 그렇게 큰돈을. 나 로건이랑 그렇게 친한 사이 아냐. 알잖아? (둘러대는데, 뭔가 숨기는 느낌이고. 수련의 시선을 피하는데. 로건과의 지난 일 떠오르고)

22. 회상 1/Bar/시즌2 11화 이전 시간으로(밤)
로건, 윤희와 술을 나누며 얘기하고 있는.

로건	미국에 돌아가면, 설아 앞으로 유산을 받을 거예요. 100억 달러쯤 될 거예요. 그걸로 설아처럼 재능 있는 친구들을 후원하는 재단을 만들 생각이에요. 그 돈, 윤희 씨가 맡아줘요.
윤희	(놀라고) 네에? 내가 왜요? 로건이 하면 되잖아요. 아니! 수련 언니도 돌아왔는데, 언니한테 부탁해요!!
로건	그럴 수 없어서 부탁하는 거예요!
윤희	(단호하게) 그러니까 왜요? 암튼 싫어요! 나한테 왜 이래요? 날 어떻게 믿고?!! 난 설아를 죽인 사람이에요!! 내가 그 돈 갖고 튀기라도 하면?!
로건	(강경하게) 그래도 할 수 없죠. 내가 사람을 잘못 본 거면, 그것도 내 몫이니까. 하지만 내가 생각하는 윤희 씨는 악함도, 선함도, 다 가지고 있는 사람이에요. 그래서 맡기는 거예요. 당신만이 할 수 있는 일이니까! (키를 내밀고) 한국에 있는 내 비밀금고 열쇠예요.
윤희	(흔들리는. 그러다 열쇠를 받으면)
로건	(만족한 듯한 미소) 당신이 어떻게 쓰든, 난 절대 상관하지 않겠어요. 대신! 한 가지 부탁이 있어요.
윤희	뭔데요, 그게?
로건	놀라지 말고 들어요. 지금부터 내가 하는 말, 절대 수련 씨한테는 말해서는 안돼요. 절대로!! (의미심장한 표정으로) 수련 씨의 핏줄이 살아있어요!

23.   회상 2/한강 교각/시즌 2 12화 엔딩 연결(저녁)
  윤희, 죽을 각오로 한강 교각으로 다가서는데. 문득 주머니에서 뭔가
  잡히고. 꺼내 보면. 로건이 췄던 열쇠고.
  열쇠를 본 순간! 윤희의 표정 변하는데. 갑자기 뛰기 시작하는 윤희. 그
  바람에 머플러가 날아가고.

24.   현재/헤라팰리스 쥬비스(낮)
  윤희, 수련의 시선이 부담스러운 듯 급히 일어서고.

윤희   나 일해야 해. 나중에 다시 얘기해. (일어서면)
수련   (점점 더 그런 윤희가 의심스럽고) 윤희 씨, 혹시 나한테 비밀 같은 거 있어?
윤희   그런 거 없어! 내가 언니한테 숨길 게 뭐 있다고. 아직도... 나 못 믿어?
수련   아냐. 믿어. 어서 일해. (담담하게 일어나 가는데)
윤희   (표정 싹 바뀌고. 얼른 돌아서 가면)

  그때, 마이크로 기기에 누워있던 상아, 얼굴에 덮었던 수건을 빼내고.

상아   (놀란 토끼 눈을 하고) 100억 달러?!!! 그럼 얼마야... 10조?!!

25.   헤라팰리스 규진 집 거실(낮)
  상아, 정신없이 뛰어 들어와 규진한테 전하면.

규진   (놀라서 주스 뿜고) 10조?!!! 로건이 죽으면서, 10조가 증발했다는 거야?
상아   그렇다니까! 척하면 빽! 틀림없이 로건을 죽인 사람이 그 돈도 훔쳐간
  거야! 그러니까 간 크게 로건을 죽인 거지. 미국 대부호 상속자를 건드
  렸을 땐, 그만한 이유가 있을 거 아냐?!
규진   (생각하는) 잠깐만! 그럼, 주 회장인가?
상아   왜? 주 회장이 로건 죽였어?

규진	(뜨끔해서) 뭔 소리야? 이 여자 사람 잡겠네.
상아	이건 내 촉인데, 로건이 오윤희한테 지대로 당한 거 같아.
규진	(설레발) 오윤희! 오윤희가 가져갔대?!
상아	아니면, 지가 뭔 돈으로 집을 사고, 헤펠에 매장을 내? 보증금만 해도 얼만데. 아까 보니까 심수련도 오윤희를 의심하더라니까.
규진	간도 크지. 10조를 어떻게 삥쳐? 잠깐만... 우리 주 회장도 알고 있으려나?

26. **단태의 차 안/헤라팰리스 주차장 (낮)**
    차에 올라타는 단태.

단태	회사로 가.
조비	로건 리와 같이 입국한 사람, 신원 파악됐습니다.
단태	(놀라고) 뭐하는 작자야?
조비	일본에 살고 있는 재일교포라고 합니다.
단태	(굳어지고) 일본?! (미세하게 떨리는) 이름이... 백준기라고 했나?
조비	네! 아직 서울에 있는 거 같습니다.
단태	당장 소재 파악해! 내가 그놈 낯짝 좀 봐야겠어! (그러다 복잡한 얼굴로, E) 설마... 아니겠지... 그럴 리가 없지! (하면서도 불길한)

27. **헤라팰리스 거실 (낮)**
    서진, 도 비서에게 지시하고 있는.

서진	이제껏 미공개됐던 내 공연 영상들을 포털 사이트에 전부 풀어. 여론을 움직일 수 있는 기자와 댓글 알바도 섭외해. 타이틀은, 안타깝게 저물어버린 프리마 돈나 정도가 좋겠지? 천서진이 돌아왔다는 걸 확실하게 보여줘야 돼!
도비	알겠습니다, 대표님! (쭈뼛하다) 근데... 은별 양이 서울대 실기시험에

서 부정행위로 실격됐다고 합니다.

서진 (놀라고) 실격? 왜?!!!

도비 배로나 학생이 은별 양 옷에 핸드폰을 넣어둔 게 문제가 됐답니다. 배로나 학생도 같이 실격 처리됐습니다.

서진 배로나가 그런 잔망스러운 짓을 했을 리는 만무하고... 둘을 한꺼번에 날리고 싶은 사람 짓거리겠지! (그러다 표정 굳어지고) 주단태 그 인간 이 또 장난질을 친 거야?!! (확신하는)

28. **청아예고 음악부 교실 (낮)**
제니, 사물함 열어서 책들 죄다 꺼내서 가방에 마구 쓸어 담는데.
가방 다 챙겨서 무표정하게 걸어 나가다가, 들어서던 민혁과 마주치고.

민혁 유제니! 뭐냐. 너 오늘 실기시험 안 봤어? 두 군데 다 결석한 거야?

제니 (대답 안 하고. 멍하니 지나쳐 나가면)

은후 (다가서고) 쟤 서울대 실기에서 입도 뻥긋 안 했다며?

민혁 그러면서 다른 학교 실기도 안 본 거야?

은후 왜 저래? 포기했나 봄? (킥킥대고 가면)

로나, 교실 앞에서 그 모습을 지켜보고 있는. 걱정스럽게 제니를 보는데.

29. **청아예고 옥상 일각 (낮)**
제니, 텅 빈 눈으로 옥상 끝을 향해 거침없이 올라서는.
바람에 흔들리는 듯 힘없는 제니, 그대로 발을 떼려는데.
순간 휘청하는 제니를 잡아서 바닥으로 쓰러지는 사람, 로나고!

제니 (정신 차려보면. 로나가 자신을 안고 쓰러진) 뭐하는 짓이야?!!

로나 너야말로 뭐하는 짓이야? 미쳤어?!!

제니 놔!! 놔!!! 놓으라고!!! (발악하며 다시 난간에 서려면)

로나	(필사적으로 있는 힘껏 제니를 끌어안고) 무슨 일인데 그래?!! 나도 사는데, 니가 왜 죽어!! 억울하게 실격당했는데도 버티고 있잖아!! 근데 니가 왜 죽겠다고 난리야?!!
제니	(눈물 터지고) 난 너처럼 살 자신 없어!! 난 살인자 자식으로는 못 산다고!!
로나	뭐어? (제니 어깨 잡으며) 무슨 소리야, 그게?! 말해봐 제니야. 무슨 일, 있는 거지?!!
제니	(토해내는) 울 아빠가 사람을 죽였대! 그래서 감옥에 있다가 나온 거래. 애들이 알면 어떡해!! 난 또 왕따 될 건데!! 다 나 벌레 보듯 할 건데... 난 그때로 돌아가기 싫어!! 그게 어떤 건지 아는데, 차라리 죽는 게 나아!! (엉엉 울면)
로나	걱정 마! 얘들이 그걸 어떻게 알아?
제니	주석경이 알아버렸어. 이제 학교에 소문나는 건 시간문제라고!!
로나	(놀라고) 그래서 어제 시험 망친 거였어?
제니	(울며) 넌 어떻게 버텼어? 난 지금도 무섭고, 불안해서 미칠 거 같은데.... 대학 못 가는 것보다, 따당하는 게 더 겁나. 너무 끔찍해서 돌아버릴 거 같아!!!
로나	(제니를 안아서 다독이며 같이 우는) 울지 마!! 억울하게 니가 왜 울어?!! 내일도 시험 있잖아!! 목 아껴!! 더 이상 우리, 바보같이 당하지 말자고!! (뭔가 결심하는 듯한, 강해진 로나고)

30.   한정식 집(저녁)
노트북으로 실시간 기사를 쓰고 있는 기자. "오평지구 문화재 발견으로 신도시 개발 중단 위기" 제목 써 있고.

규진	거 참! 큰일 하시는데 한잔 드시고 하시라니까. (술잔을 건네주면, 짠하는 기자와 규진. 손수 입에 안주까지 넣어주고, 스윽 봉투를 내밀면)
기자	(슬쩍 챙기는)

옆방으로 카메라 이어지면, 다른 방에서 로비 중인 단태.

단태   오평지구가 취소되면, 수도권에는 아파트를 올릴 땅이 전혀 없어요. 천수지구는 바로 공사 들어갈 수 있습니다. 신도시 선정에 힘 좀 써주십시오, 조 의원님. (골드바 건네는)

31.   한정식 집 앞(밤)
단태, 깍듯이 의원 차량을 보내면. 스윽 다가오는 규진.

규진   생각보다 일이 잘 풀리는데요? 그래서 발표는 언제쯤 난대요?

단태   천천히 타이밍을 보겠다네요.

규진   기자들 쪽에도 밑작업 쫙 깔아놨으니까, 언론은 안심하시고!

단태   천수지구가 재선정되면, 청아건설이 시공사로 들어갈 거예요. 그만큼 주식도 뛸 거고, 우린 따따블로 돈을 쓸어오기만 하면 됩니다.

규진   근데, 주 회장은 천수지구에 땅 거의 없지 않나? 그때 나애교가 우리한테 다 팔았잖아요.

단태   찾아와야죠! 하나씩! 심수련, 그 여자한테... 기분도 좋은데 한잔합시다!! 하윤철도 불러서!

규진   (슬쩍 떠보듯) 혹시 주 회장, 로건이 죽고 나서 10조가 사라진 거 들었어요?

단태   (놀라고) 10조?!! 처음 듣는 얘긴데.

규진   글쎄, 그 큰돈을 오윤희가 먹었다는 소문이 있어요. 로건이 잠깐 맡겨났다가 갑자기 죽는 바람에, 그 여자 차지가 됐다잖아요!

단태   (굳어지는)

32.   놀이터(밤)
윤철, 전화 받고 있는.

윤철 바로 가겠습니다, 형님. (전화 끊고. 누군가를 보는데)

그네에 앉아서 힘없이 핸드폰을 보고 있는 은별이고.
그때, 은별에게 다가오는 분홍.
윤철, 얼른 고개 돌리고, 급히 돌아서서 가면.

분홍 (걱정스럽게 은별에게 옷을 덮어주고) 여기서 뭐해? 추운데... 한참 찾아 다녔잖아. (그러다 멈칫하고. 은별의 핸드폰에 떠있는 서진의 공연 영상! 갑자기 표정 확 변하면)

은별 (놀라서) 쌤... (얼른 핸드폰을 끄고 일어서는데)

분홍 (싸늘한) 뭐하고 있었어?

은별 (당황) 아... 아무것도 아니에요.

분홍 (은별의 핸드폰을 확 뺏고, 매섭게) 이딴 걸 왜 보고 있어?!!

은별 그냥... 엄마 공연 영상이 떴길래... 오늘 처음 본 거예요! 얼른 핸드폰 줘 요! 엄마 만나지도 못 하는데, 이거라도....

분홍 (그대로 은별의 뺨을 후려치고, 눈 돌아가서) 엄마?!! 누가 니 엄마야?!! 이 여자는 널 버렸어!! 잊었어? 지금 니 옆에 있는 진짜 엄마는 나야! 나 진분홍이라고!! 날 배신하면 어떻게 된다고 말했지?!! 이 멍청한 기지배야!! 대체 몇 번을 말해?!! 엄마 얘기만 하지 말라는데, 그게 어 려워?!! 그런 썩어빠진 대가리로 무슨 대학을 가?!! 다신 날 돌게 하지 마!! 알겠어? 대답해!!

은별 (겁먹어서 아무 말 못하면)

분홍 알겠냐구!!!

은별 (얼른 고개 주억거리면)

분홍 (다시 세상 온화한 표정으로 돌아와서) 추워. 감기 걸리면 어쩌려고. 얼른 집에 가자. 따뜻한 우동 끓여줄까. (다정하게 은별을 데리고 가는데)

은별 (잔뜩 얼어서 쫓아가는. 두려움에 신발이 질질 끌리고)

33. 고급 바(밤)

(E)   브라보!!

잔을 부딪치는 단태, 규진, 윤철, 동필이고.

단태   다들 고생했어요. 오늘 제대로 내가 쏠 테니까 맘껏 마시자고요!

규진   (신나서) 빵에 있다 오니까, 술이란 게 이렇게 단 줄 처음 알았다니까. 지옥에 있어 봐. 이건 꿀물이야. 내가 여태 거기 처박혀 있었음, 벌써 일냈다!

동필   (아무 말 없이 술 마시면서, 단태를 매섭게 보는데)

준기(E) 단태 형!

누군가 단태를 부르고. 그 소리에 돌아보는 네 사람.
단태, 다가서는 사람을 보는데. 함부로 자기 이름을 부르는 게 짜증 나는 눈치고.

준기   (반갑게 단태를 끌어안으며) 형!!! 이게 얼마 만이야?! 25년? 아니지, 27년? 진짜 오랜만이다!

단태   (확 떠밀고, 불쾌한 듯) 누구... 시죠?!

준기   나야, 준기! 백준기! 뭐야~ 설마 날 잊어버린 거야?

단태   백준기?!!! (순간 그대로 얼어버리고. 믿을 수 없는 듯 준기를 유심히 보는데. 틀림없이 준기다!)

규진   누구실까? 이렇게 우리 주 회장이랑 호형호제하는 뉴페이스는? (관심 보이면)

준기   안녕하세요. 갑자기 너무 좋아하던 형을 만나서.... 잠깐 앉아도 될까요? (서슴없이 자리 잡고 냉큼 앉는데)

단태   (정신 혼미하고) 이봐. 여긴....

준기   (말 막고) 단태 형이랑 어릴 때부터 한집에 살았거든요. 거의 친형제랑 마찬가지예요. (악수 청하며) 백준기라고 합니다! 뭐 편하게 미스터 백이라고 불러주세요.

규진 미스터 백? 성격 좋네~ (갑자기 나타난 별종을 신기한 듯 보는데)

준기 그러잖아도 오랜만에 한국에 와서 형 만나고 싶었는데, 어떻게 여기서 만나냐? 일본에서 마지막으로 보고, 처음이지? 우리가 인연이긴 한가 봐, 형! 안 그래?

단태 (잔을 쥔 손에 꽉 힘이 들어가는데)

윤철/동필 (그런 단태 모습을 놓치지 않고 보는)

규진 암튼 반갑습니다. 우리 주 회장이 일본 있을 때 얘기는 통 안 해서 우리도 궁금했던 참인데. 뭐야? 오늘 썰 좀 제대로 풀어줘봐요.

준기 그럴까요? 저, 술 좀 주세요. 목이 타네요. (규진과 금세 친해진 척 술잔 주고받으면)

단태 (그런 준기의 팔을 잡고) 잠깐, 나 좀 봐.

준기 어, 그럴까? 형도 할 말이 꽤 많을 거 같은데. (씨익 웃는 준기)

34. **고급 바 일각**(밤)
     준기를 끌다시피 해서 데리고 나오는 단태.

준기 왜 이래, 형~ 옷 구겨지겠다. 알잖아. 나 옷 구겨지는 거 싫어하는 거. 형은 몰라보게 달라졌는데? (위아래로 훑어보고) 구두도 꽤 깔끔하고!

단태 (벽으로 밀치며) 니가 어떻게 기어 나와? 누가 꺼내줬어?!!

준기 (시니컬하게) 왜? 평생 그 어두침침한 정신병원에서 썩어줄 줄 알았어? 그래서 자신 있게 내 이름을 가져간 건가? 내 부모까지 죽여놓고, 어떻게 주단태 이름으로 살 생각을 했지? 뻔뻔하게! (다그치면)

단태 어떻게 된 거냐고 묻잖아!! (소리치는데)

준기 로건이란 사람이 날 찾아왔더라고. 정신병원으로. 누가 내 이름을 훔쳐서 잘 먹고 잘 사는데, 억울하지 않냐고. 이렇게 멀쩡하게 회장님 소리들으며 사는 줄은 꿈에도 몰랐지. 와. 인생역전이네. (단태를 툭툭 만지며) 예전의 거지 같던 행색은 찾아볼 수가 없으니 말야.

단태	(준기의 손을 쳐내며 부들부들하면)
준기	아~ 이런 소리 듣기 싫구나? 근데, 안에 있는 사람들은 궁금해 할 거 같은데?! (도발하면)
단태	닥쳐!! 살아있는 걸 천운인 줄 알고, 당장 여기서 떠나!! 두 번 기적은 없어! (준기의 목을 죄려는데)
준기	(그대로 단태의 팔을 잡아 꺾으며) 에이, 나도 이 정도는 막을 만큼 컸지, 형!
단태	악! (이를 꽉 무는데)
준기	(팔을 풀어주며) 오늘은 형이 기분 안 좋아 보이니까 그만 갈게. 또 보자구. 형이랑 할 얘기가 아주 많아. (손 흔들고 가면)
단태	(미치겠고. 허겁지겁 조 비서에게 핸드폰 하는) 지금 나가는 놈, 미행해!! 어디서 살고, 누굴 만나는지 다 알아내!! (소리치는)

35. 헤라팰리스 서진 집 거실(밤)

단태, 타이를 풀며 거실로 들어서는. 조 비서와 통화 중이고.

단태	놓쳤다니!! 지금 그걸 말이라고 해?! 멍청한 자식!! 내일 당장 사표 쓸 각오해!! (전화를 확 끊는데)

서진이 부엌에서 나오고.

서진	(화난 얼굴로) 당신 뭐하는 사람이야? 서로 사생활은 터치하지 않기로 했지만, 이런 건 미리 말했어야 되는 거 아냐?
단태	너랑 말싸움할 기분 아냐!! (방 쪽으로 가려는데)
준기	(서진의 등 뒤에서 모습을 드러내는) 형~ 이제 와?
단태	헉! (부엌에서 나오는 준기를 보고 기겁하면) 니가... 니가 왜 여깄어!!
준기	(그런 단태 무시하고, 서진에게) 형수~ 집이 너무 좋네요. 뷰 끝장난다 진짜! 아. 나도 이런 집에서 살고 싶은데.. 형수! 정말 여기 며칠 있어도 돼

	요? 형이 허락해주긴 했지만, 제가 또 민폐 끼치는 걸 워낙 싫어해서요.
단태	지금 뭔 소리를 하는 거야?!! 내가 언제 허락...
서진	(억지웃음) 뭐, 며칠이라는데 야박하게 굴 수 있나요. (단태에게 속삭이듯) 우리 매뉴얼 잊었어? 타인이 있을 땐 최대한 다정하게 웃어준다. 난, 지금 최선을 다해 손님 접대 중이야. (준기를 향해 환하게 웃으면)
준기	(눈 찡긋하고) 고마워요, 형수!
서진	그럼 자세한 얘기는 내일 나누시죠. 제가 좀 피곤해서. (단태를 노려보고 침실로 가는데)
준기	(서진의 등 뒤에 대고) 형수님, 최고!! 그럼, 며칠 신세 좀 질게요~
단태	미친 거야? 너?!! 여긴 왜 기어 들어와서...
준기	(싸늘한) 말조심 좀 해줬으면 좋겠어. 나 아직 형만 보면 가슴이 열라 뛰거든. 그때 일 생각나서! 나도 오늘은 좀 쉬고 싶네. 형도 좀 쉬어. 안색이 안 좋다. 내가 저쪽 방 쓰면 되나? (가면)
단태	(기막히고. 부르르 떠는데)

36. **헤라팰리스 서진 집 게스트룸**(새벽)

천천히 열리는 문. 들어서는 단태의 발. 준기가 잠든 침대로 천천히 다가가는.
베개를 집어 들고, 준기의 얼굴을 미친 듯이 누르는 단태.

단태	(죽을힘 다해 팔에 힘을 주며) 겁대가리 없이 감히 날 협박해?!! 여기가 어디라고 찾아와? 니깟 게 살아서 뭘 할 수 있는데!!
준기(E)	실망이다, 형.

단태, 놀라서 휙 뒤를 돌아보면.
불이 확 켜지고, 방 한쪽에서 그런 단태를 소름 끼치는 시선으로 지켜보고 있는 준기.
단태, 어이없어 이불을 넘겨보면 베개와 쿠션들만 들어있는.

준기	(한심한 듯) 내가 여기 올 때 이런 것도 예상 못 했겠어? 좀 더 창의적으로 해봐, 형!
단태	이 개자식!!! (욱해서 준기에게 주먹을 날리면)
준기	(잽싸게 피하고) 날 상대하려면 좀 더 머리를 써야 할 거야. 하아아.. (하품하고) 이제 좀 꺼져줄래. 피곤하다, 내가.
단태	(제대로 자존심 구긴 단태고)

37. 헤라팰리스 서진 집 거실(새벽)

단태, 거실로 나오는데. 분해서 미칠 지경이고.

단태	아아악!!! (씩씩대며 방으로 가는데)

한쪽에서 모습을 드러내는 서진.

서진	주단태가 약점을 제대로 잡혔다?! (섬뜩하게 웃는 서진)

38. 헤라팰리스 전경(이른아침)

39. 펜트하우스 석경의 방(이른아침)

석경, 단태와 전화 통화하면서 사정하고 있는.

석경	아빠 그 정도 해줄 수 있잖아요. 난 꼭 오빠랑 같이 서울대 가고 싶다고요! 어떻게든 다시 실기 보게 해줘요! 내 부탁 다 들어준다면서요. 배로나 건은 진짜 고맙게 생각해요. 그러니까 그 좋은 빽으로 오빠 입시도...
석훈(E)	주석경!!
석경	(화들짝 놀라서 핸드폰 끄고 돌아보면. 석훈이 서있고) 오빠....
석훈	(부들부들 떨며 보고 있는. 단단히 화난) 아빠하고 그딴 짓이나 작당하고 있었어?!! 로나 떨어뜨리게 해달라고 부탁한 거야? 니가 아빠한테?!!!

똑바로 말해!!

석경 (뻔뻔하게) 오빤 모른 체해!

석훈 (무섭게 석경의 팔을 잡아채고) 왜 이렇게밖에 못 살아? 언제까지 이럴 거야?!! 그깟 대학이 뭔데?!!

석경 대학 때문에 이러는 거 아냐!!!

석훈 그럼 뭐야?!!

석경 엄마가 미워!! 미워서 미치겠어!! 엄마가 돌아와도 외로운 건 마찬가지야!! 엄마가 나만 봐줬으면 좋겠는데 안 그러잖아!! 엄마한텐 로나가 더 소중하고, 내가 해달라는 건, 눈곱만큼도 관심 없다고!!

석훈 너무 말 같지도 않은 걸 원하니까 그렇지! 남의 인생을 니가 무슨 자격으로 분탕질을 해?!! 로나한테도 은별이한테도, 서울대는 꿈이었어!!

석경 오빠 옆에 있는 동생이나 챙겨!! 연애 나부랭이 그만하시고!!

두 사람의 큰소리에 방으로 들어선 수련, 슬픈 표정으로 지켜보고 있는.

수련 (실망한 듯 석경을 보며) 아니길 바랐는데... 정말 석경이 니 짓이었어?!!! 남을 짓밟고 올라간 자리가 떳떳할 수 있을 거라고 생각해?!!

석경 난 그딴 거 몰라!! 가질 수 있을 때 가지는 게 뭐가 나빠? 아빠 붙잡혀갔을 때, 아무도 우리 동정하지 않았어!! 아빠가 힘 있어서 해주겠다는데, 내가 왜 거절해야 돼?!!

수련 (단호하게) 오늘 서울대 면접, 가지 마! 그만둬!!

석경 누구 맘대로?!! 엄마가 뭔데?!

수련 엄마, 너 서울대 못 보내!!

석경 싫어!! 안 돼! 갈 거야!! (그러다 단호한 수련 모습에, 금세 태도 바꿔서 사정하듯) 엄마만 눈감아주면 아무 일도 아냐. 나 위해서 그 정도는 해줄 수 있잖아!! 엄마가 진짜 나 사랑한다면 그렇게 해줘. 나한테 미안해서라도 엄마 이러면 안 돼!! 제발... 제발 가게 해줘. 면접 안 보면 떨어진단 말야. (붙잡고 비는데)

156

석훈　(단호한) 맘 약해지실 거 없어요! 그냥 나가세요! (수련을 데리고 나가고)

40.　**펜트하우스 석경 석훈 방 앞(아침)**
　　　석훈, 거칠게 문 잠가버리면. 석경, 안에서 문 두드리며 난리 치고 있는.

석경(E)　문 열어줘, 엄마!! 열어달라고!! 나 변섭 가야돼!!!! 엄마아!!
석훈　(헬퍼들에게) 절대 문 열어주지 마세요. 아무도! (수련에게) 괜찮으세요?
수련　(미치겠지만) 엄마 괜찮아. 걱정하지 마. (괴로운 수련, 그러다 단태에게
　　　분노가 치솟고. 얼굴 벌게지는)

41.　**헤라팰리스 주차장/단태의 차 안(아침)**
　　　단태, 차에 올라타려는데. 뒤에서 단태의 팔을 꺾어 차에 강하게 밀어
　　　붙이는 수련.

단태　뭐하는 짓이야? 심수련!!!
조비　(놀라서 수련을 말리려는데)
수련　(조 비서를 발로 차버리고) 가까이 오면 이 팔 부러뜨려 버릴 줄 알아!!
　　　(위협하고, 단태에게) 내 딸한테서 떨어지라고 했지!
단태　내 딸? 말은 바로 해야지. 피 한 방울 안 섞인 계모 주제에!
수련　(단태의 목을 팔로 밀어서 짓누르고) 그래!! 피라도 섞인 걸 다행으로 생
　　　각해. 내가 널 살려두는 이유는 딱 하나야. 내 새끼들한테 니 그 잘난 피
　　　가 필요해질 수도 있으니까! 석경이 더 이상 망치지 마! 진짜 니가 아빠
　　　라면, 그 애 내버려둬!!
단태　까불지 좀 마! (수련을 확 돌려서 밀치고) 언제까지 그 고고한 소리나 처
　　　해댈지 기대되는데? (옷 탁탁 털고, 매무새 가다듬은 다음, 차에 올라타면)

　　　차, 출발하고. 수련, 분노로 어쩔 줄 모르는. 덜덜 떨리는 손...
　　　그때, 한쪽에서 그런 수련을 안타깝게 보고 있는 준기.

준기 저 형, 가만 놔두면 진짜 안 되겠네.

42. **펜트하우스 석경 석훈의 방 (낮)**
　　　석경, 지치지 않고, 문을 두드리고 있는.

석경 문 좀 열라고!! 지금 안 가면 진짜 면접 못 본다구!!! 엄마가 책임질 거
　　　야?!! (그럼에도 꿈쩍 않는 문. 땀 범벅된 채로 문에 주저앉는데)

　　　그때, 문 열리는 소리 들리고. 수련이 방으로 들어서는.

수련 (굳은 표정) 옷 입어. 가자.
석경 (반색하고) 진짜야, 엄마!? 고마워. 진짜 고마워!!!

43. **도로/수련의 차 안 (낮)**
　　　수련, 조수석에 석경을 태운 채로, 무표정하게 운전하고 있는.
　　　석경, 차 밖을 내다보는데. 길이 다르고.

석경 엄마, 어디 가는 거야? 서울대 가야지!! 엄마!!!
수련 (대답 않고. 액셀을 더 힘 있게 밟는데)

44. **청아예고 회의실 (낮)**
　　　수련, 강제로 석경을 끌고 회의실로 들어서면.

석경 여긴 왜 오는데?!!

　　　보면. 먼저 와있는 윤희, 로나, 마리, 제니, 보이고.
　　　석훈, 민혁, 은후, 초봄, 유정, 장대 등등, 청아예고 아이들도 다 앉아있
　　　는데. 은별과 분홍은 멀리 떨어져 앉아있고. (가해자 학생, 격리조치)

수련, 거침없이 이사장 석에 서면.

석경   엄마 지금 뭐하는 거야?!!

수련   (석경 말 무시하고) 지금부터 청아예고 학폭위를 시작하겠습니다. 주석경 학생에게 따돌림 및 폭력 행위를 당한 학생들은 손을 들어주세요.

아이들   (전부 손을 들면)

석경   (기막힌) 뭐하는 짓들이야?!! 니들도 똑같이 왕따 애들 괴롭혀놓고, 이제 와서 다 내 탓이라는 거야?!

초봄   같이 안 괴롭히면, 니가 가만 안 둔다고 협박했잖아!

은후   니네 아빠한테 말해서 서울대반에서 내쫓겠다고 겁준 게 누군데?!!

유정   학교에선 니 말이 법인데, 그럼 우리가 어떡해야 돼?! (불만 터져 나오고)

로나   (일어서고) 사실대로 말해! 서울대 입시에서 장난질한 거 너지?

석경   증거 있어? 내가 그랬다는 증거 있냐구!!

석훈   (나서고) 내가 들었어!! 니가 로나 떨어뜨려달라고 아빠한테 부탁했다는 거!

석경   오빠!! (열 받는데)

제니   (나오고) 시험장에서 쪽지까지 써서 내 멘탈 흔들어놓은 거 의도적이었지?

석경   (코웃음 치고) 니 멘탈 약한 걸 누구 탓을 해?!

수련   주석경! 사과해!! 그동안 니가 한 짓 진심으로 사과한다면, 최악의 징계는 피할 수 있어. 마지막 기회야!

석경   (강경한 수련 태도에 멈칫하는. 그러다 이 악물고 눈 발개져서 위선적으로) 알았어요. 진심으로 사과할게요. (아이들 보며) 너무너무 미안하다 얘들아. 줏대 없는 너희들한테 같이 왕따 시키자고 해서. 시킨다고 다 하는 니네들도, 이제 정신 똑바로 차려야 되지 않을까. 그리구 유제니, 진짜 미안해. 너네 아빠 살인자라고 말해버린 거!

수련   (놀라고) 석경이 너!!

석경   (거침없이) 너가 그렇게 충격받을지 몰랐어. 난 니가 모르길래 알려준

것뿐인데, 내가 왜 욕을 먹는지 모르겠다. (이해할 수 없는 표정으로 보면)

아이들 (석경의 폭로에 놀라서 웅성대는데)

마리 (눈물 치솟고) 저저!! 못돼 처먹은 기집애가 기어이!! (열 받아 쫓아오고)

윤희 제니 엄마!! 참아요!! (필사적으로 저지시키는데)

제니 (당당하게 받아치는) 그래! 니 말이 맞아! 우리 아빠, 살인 전과자야. 근데 6년 동안 죗값 다 치르고 왔어. 딴 사람은 몰라도, 너한테는 비난받을 이유 없을 거 같은데! 너도 나랑 같은 처지 아냐? 아니! 그걸 약점처럼 다른 사람 이용하는 니가 더 나빠!

마리 (석경한테 달려들다가, 그런 제니 모습에 울컥하는데)

제니의 일침에, 회의실에 정적이 흐르면.
수련, 학폭위에 참석한 교사들과 의견을 나누고, 다시 자리에 서는.

수련 주석경 학생에 대한 학폭위 결과를 말씀드리겠습니다. 주석경 학생, 퇴학!

석경 (기겁하고) 지금... 뭐라고 했어?!! 퇴학? 퇴학이면, 나 대학 못 가!!

수련 (단호한) 번복은 없습니다. 청아예고 이사장으로서, 주석경 엄마로서, 피해자들에게 진심으로 사죄드립니다. (깊이 고개 숙이면)

석경 (눈물 터지고) 어떻게 엄마라는 사람이 이래?!! 엄마하고 진짜 끝이야!!! (울면서 뛰쳐나가면)

분홍 그만 가자, 은별아. 별일도 아닌 일에 수선은. (은별 데리고 태연하게 사라지고)

수련 (눈물 나는데. 애써 참으면)

석훈 (수련에게 다가서고) 잘하셨어요. 엄마 선택이 맞는 거예요. (달래주면)

수련 (억지로 웃어 보이는데. 마음은 찢어지고)

윤희 (그런 수련을 담담히 보는데)

45.   청아예고 복도 일각(낮)
        분함을 못 이기는 석경, 눈물을 닦으며 단태에게 전화를 거는.

석경   아빠! 나한테 부탁 있다고 했지? 뭐야? 내가 뭘 해주면 돼?! 시키는 거
        뭐든 다 할게!! 나한테 이젠 아빠뿐이야!!

46.   청아그룹 단태 사무실(낮)
        단태, 석경의 전화 받고 있는.

단태   그래, 진정하고, 아빠가 연락할 테니까 기다리고 있어. (전화 끊는데. 그
        옆으로 동필이 서있고)
동필   석경인 거 같은데 무슨 일 있대요?
단태   제니가 우리 석경이를 학폭위에 신고했다네. 아빠가 전과자라는 걸 알
        게 돼서 시험을 망쳤대나 어쨌대나. (보는) 유 대표도 알고 있었어? (하다
        가 매섭게 동필의 멱살을 움켜쥐고) 다 알고 있었잖아! 석경이한테 내가 말
        했다는 거! 그래 놓고 내 옆에서 회장님, 회장님, 연신 허리 숙였던 거야?!
        어때?! 말해봐?! 금쪽같은 공주님을 울렸으니, 날 죽이고 싶을 거 아냐?!
동필   (눈빛 흔들리는데 단태 손 뿌리치며) 네! 죽이고 싶을 만큼 서운했습니다!!
        내 귀한 딸이 속상해하는 거에 만 배는 더 여기가 찢어지는 것처럼 아팠
        습니다. 나도!!! 그럴 수 있는 거 아닙니까? 사람인데. (날카롭게 보면)
단태   뭐야?! 이 자식이!! (다시 덤벼들려면)
동필   (거칠게 막고) 회장님이 석경이한테 말했을 땐, 제 귀에 들어가라고 얘
        기하신 거 아닌가요? 어차피 살인자는 제가 됐잖아요. 회장님이 아니
        라! 전, 그 약속 지킬 겁니다. 회장님만 배신 때리지 않는다면!
단태   (도발하는 동필을 보다가, 갑자기 웃음 터트리고) 푸하하! 암튼 유 대표 성
        격 시원시원하다니까! 이래서 내가 유 대표를 좋아해.
동필   우리가 어디 한두 해 본 사인가요? 차라리 잘됐어요. 언제까지 딸애한
        테 숨길 수도 없었고. 그래도 성질 불같은 우리 마누라가 회장님한테

쫓아가는 거, 바짓가랑이 붙잡고 말린 건 칭찬해주셔야 합니다.

단태 (기분 풀리며) 우리 석경이 일은 미안하게 됐어. 내가 대신 사과할게. 얘가 워낙 지 아빠 성격을 닮아서 참을성이 부족해. (화해 제스처로 악수 청하면)

동필 (넙죽 단태의 손을 허리 숙여 받아 쥐며) 뭘 또 이렇게까지. (엎드린 동필의 표정, 싸늘한데)

그때, 규진이 문 열고 들어서고.

규진 뭐해~ 두 사람? (그러다 문 쪽을 향해) 들어와, 미스터 백! (하면. 준기가 사무실로 들어서고)

단태 저 자식이! (어이없어 보면)

규진 요 앞에서 만났어. 주 회장이랑 만나기로 했다면서? 둘이 요즘 같이 살아?

준기 (스스럼없이 단태에게 다가와 어깨동무하고) 나 형이랑 같이 집에 가려구. 형수님한테 맛있는 거 해달라고 전화해뒀거든.

단태 (어이없는데. 어깨에 올려진 준기의 팔을 내치면)

규진 뭐야~ 그럼 나도 같이 가! 오랜만에 서진 씨도 볼 겸! 그래도 되지?

준기 (넉살 좋게) 당연히 되죠. 규진이 형님~

규진 (기분 좋게) 참 이 친구 살가워! 성격이 아주 굿이야, 굿!

단태 (어쩌지도 못 하고, 얼굴만 붉으락푸르락한데)

47.   **헤라팰리스 서진 집 주방 (저녁)**
가득 차려진 음식들을 헬퍼들이 나르고 있고.
규진과 준기, 이미 술 취해서 절친 모든데. 상아까지 와서 준기와 주거니 받거니 한바탕 술판이 벌어졌는데.
서진, 탐탁지 않은 표정으로 꼰 채 앉아있으면, 눈치 살피는 단태.

162

서진	(애써 표정 관리하며, 단태에게 슬쩍) 얘기 들었어. 덕분에 우리 은별이가 실기시험에서 실격당했다며? 대범한 플레이를 했더라?! 내 손에 쥔 카드가 그닥 위협이 안 됐나봐?!
단태	(이래저래 짜증 나고) 그건...!
서진	(말 끊고, 준기에게 상냥하게) 음식은 입에 맞아요?
준기	아, 그럼요. 전 너무 맛있는데. 우리 단태 형 입맛에 괜찮을지.
상아	아 왜요? 이거 다 주 회장님이 즐기는 코슨데. 입이 워낙 고급져서 호텔 쉐프 출신 아니면 안 드시는 걸로 유명해요.
준기	(어이없단 듯) 형! 너무 변한 거 아냐? 어색하다. 예전에는 번데기탕, 닭똥집, 껍데기, 뭐 그런 것들 좋아했잖아.
서진	번데기탕?! 이 사람은 그런 거 질색인데!
준기	(바로 이어받고) 하긴, 많이 바뀌긴 했더라고요. 예전에는 주그리장창 운동화만 신었는데, (위아래로 훑어보며) 이젠 멀쩡한 정장에 구두까지. 사람이 이렇게 달라질 수 있구나. 놀라는 중이에요? (놀리듯 단태를 보면)
단태	(조마조마, 신경 예민한데)
규진	상상이 안 가네. 옛날 모습 진짜 궁금한데, 주 회장이랑 같이 찍은 사진 같은 거 없어?
단태	그런 거 없어!
준기	(받아치며) 없긴 왜! 있죠! 완전 흑역사.
단태	(긴장하면)
준기	(지갑에서 접어놓은 뭔가를 꺼내 규진에게 건네려는데, 낚아채는 단태의 손)
규진	아 뭐야! 이리 내봐! 아, 뭔데? (쫓아오고)
단태	정도껏 해!!
규진	아 진짜! 흑역사 좀 공개합시다. (뺏으려고 난리고)
상아	그래요, 주 회장님! 공개해요! 공개해!
단태	그만하라고!! (벌떡 일어나서 와인 잔 던져버리고. 화난 듯 나가버리면)
서진	(단태의 행동을 유심히 살피는데)
규진	왜 저래? 쫌스럽게. 설마, 얼굴 싹 다 고친 거야? 저 얼굴로? (웃음 터지면)

준기	(같이 웃고) 우리 형, 원래 별명이 쫌팽이였어요! (크게 웃고. 단태가 사라진 쪽을 보는)

48. 헤라팰리스 서진 집 거실(밤)

단태, 접힌 종이를 열어보면. 지명수배 전단지고.

카메라가 전단지를 비추면. 〈공개수배. 살해용의자. 이름 백준기. "미스터 백"으로 불림〉

단태	미친 새끼!!! (마구 구겨버리는데)
준기(E)	뜨끔했나?
단태	(헉! 놀라 돌아보면. 준기가 다가와 서있고)
준기	사람들이 궁금해 하는데, 분위기 망칠 건 없잖아?
단태	(분해 죽고) 뭐하자는 거야, 너!!! 원하는 게 뭐야? 이딴 식으로 장난질 하지 말고, 톡 까놓고 말을 해!!
준기	(표정 싸늘하게) 뭐가 그렇게 억울해서 이리 화가 나셨을까. 누가 보면 내가 뭐 뺏어먹은 줄 알겠네. 우리 집 재산 들고 튀어서 내 이름으로 잘 살았으면, 이젠 베풀 줄도 알아야지. 안 그래? (단태의 주머니에서 자연스럽게 지갑을 꺼내더니, 현금과 수표를 죄다 꺼내고) 고생한 동생 용돈도 좀 주고. (씨익 웃으며) 얼른 들어와서 예전에 즐기던 번데기탕에 소주 한잔해. 추억이 방울방울... 좋잖아?
규진	(주방에서 나오고, 취한 목소리로) 뭐해?! 사진 보자고 안 할 테니까 빨리 들 와서 마시자고!
준기	네~ 가요~ 형님!! (손 흔들고 가면)
단태	(그런 준기를 싸늘하게 보며) 그때 죽지 못한 걸 내 앞에서 빌게 해줄게!! (이를 악무는 단태)

49. 헤라팰리스 마리 집 침실(밤)

마리와 제니, 끌어안고 같이 잠들어있으면.

그런 모녀를 보고 있는 동필. 이불 덮어주고 제니의 머리도 쓰다듬는.
안쓰럽게 모녀를 바라보던 동필, 결심이 선 듯한데.

50.   펜트하우스 수련의 침실(아침)
       석경, 조심스레 방으로 들어서는데. 욕실 안에서 샤워 소리 들리고.
       정신없이 서랍을 뒤지는 석경, 수련의 인감 도장을 찾아내는.
       수련의 가방 안 지갑에서 신분증까지 빼내는데. 수련이 나오는 소리
       들리면. 급히 뛰쳐나가는.

51.   헤라팰리스 분수대 헤라상 앞/뒤(아침)
       석경, 은밀하게 단태에게 수련 신분증과 인감도장을 건네고.

석경   이걸로 뭘 하려고요?
단태   천수지구 27번지 명의를 니 앞으로 할 거야. 이젠 아빠만 믿어! 그게 니
         인생을 바꿔줄 거니까!
석경   (점점 단태의 말에 동화되는데)
단태   (그런 석경을 보며 옅은 미소 짓는)

       그때, 분수대 뒤로 인부들이 들어오고. 분수대 앞에 가림막을 치면.
       단태, 뭔가 하고 흘낏 보다가 그냥 가는데.

동필   (가림막 안에서 인부들에게) 배수구를 열어봤는데, 악취가 나는 이유를
         도저히 모르겠어요. 시간이 걸리더라도, 제대로 공사를 해봐야겠어요.
         동필, 가림막 앞에, 〈접근금지. 분수대 배수관 공사〉 라고 적힌 팻말을
         세워두고, 단태의 뒷모습을 유심히 보는.

52.   청아그룹 단태 사무실(낮)
       소파에 앉아 뉴스를 보고 있는 단태와 규진, 윤철.

앵커(E) 오평지구에 희귀한 문화재가 다수 발견되면서 신도시 개발계획이 전격 취소됐습니다. 국토부는 긴급 브리핑을 열고, 대안 모색에 나선 가운데, 유력한 후보지로 천수지구가 다시 거론되고 있습니다. 투기 논란으로 중단되었던 천수지구에 다시 새바람이 불 수 있을시...

샴페인을 터트리는 규진과 단태, 윤철까지 잔을 부딪치며 자축하는데.

53. 은행 비밀금고 (낮)
윤희, 비밀금고를 열고, 현금을 뭉텅이로 꺼내는.

54. 펜트하우스 거실/미국 재활병원 치료실/전화통화 (저녁)
윤희와 수련, 마주 앉아있고.

윤희 석경이랑은 괜찮아? 그래도 졸업은 시켰어야 하는 게 아닌가 싶어. 졸업을 못 하면, 올해는 대학 못 가는 거잖아.
수련 (차 마시고) 예전에 로건이 그랬어. 내가 설아 복수를 선택한 순간, 석훈이 석경이 엄마로 돌아가는 건 힘들 거라고. 내 생각은 달라. 우리 애들이 언젠간 내 진심을 알고 받아줄 거라 믿어.
윤희 (짠한 듯 그런 수련을 보면)

그때, 혜인이한테서 영상통화 걸려오고.

수련 (전화 받는) 혜인야, 엄마야.
혜인 (기쁜 표정) 엄마! 나 재활치료 거의 끝나가. 곧 한국 갈 수 있어.
수련 정말이야? 의사 쌤한테 허락 받았어? (좋아하면)
혜인 응. 엄마 만날 생각하니까 너무 설레. 근데, 로건 아저씨는 왜 연락도 없어? 나 쫌 서운하다고 전해줘.
수련 어... 좀 바빠서. 빨리 와. 엄마도 우리 혜인이 보고 싶어. (전화 끊으면)

166

윤희	혜인이 들어오는 거야?
수련	어. 치료도 거의 끝났고, 이젠 내가 챙겨야지.
윤희	로건 일은 아직 모르지? 로건이 잘 돌봐줘서 엄청 따랐는데.
수련	(표정 안 좋고) 들어오면, 얘기해야지.
윤희	(조심스럽게) 언니! 주단태가 설아랑 혜인이를 바꿔치기했다고 했지? 그 병원이 어디야?
수련	그건 왜?
윤희	혹시라도, 혜인이 친모 찾을 수 있을까 해서.
수련	찾아서 뭐하게? 주단태한테 돈을 받고, 자기 아이를 버린 사람이야!
윤희	후회하고 있을지도 모르잖아. 그냥 조용히 나만 알고 있을게. 병원이, 어디랬지?

55. 미래병원 원장실(다음 날 낮)

원장 앞에 앉아있는 윤희. 원장, 기록을 살피고 있는.

원장	심수련 산모님? 아! 기억나요. 미국에서 워낙 중상인 상태로 트랜스퍼 돼서 꽤 길게 입원해 계셨거든요.
윤희	그 당시 진료기록을 확인하고 싶어서요. 그때, 인큐베이터에서 아이들이 바꿔치기 됐었어요!
원장	(놀라고) 우리 병원에서요? 그럴 리가 없는데요!
윤희	이미 확인된 사실이에요. 바뀐 아이의 생모, 연락처를 알고 싶어요.
원장	그건 개인정보라 알려드릴 수 없습니다!
윤희	병원 측 과실로 아이들이 바뀐 건데, 협조를 안 한다고요? 그럼, 경찰을 대동해야겠네요! 병원 이미지에 타격이 클 텐데, 상관없으신가요?

컷 되고. 원장, 어쩔 수 없이 컴퓨터 저장 파일을 살펴보는데.

원장	심수련 씨와 출산시기도 겹치고, 미혼모로 나오는데... (쪽지에 연락처

적어주고) 그쪽 연락처예요.

| 윤희 | 원장님과 병원에 피해 가는 일은 절대 없을 거예요. 근데 혹시... 심수련 씨가 쌍둥이를 낳았다는 기록은 없나요? |

윤희　원장님과 병원에 피해 가는 일은 절대 없을 거예요. 근데 혹시... 심수련 씨가 쌍둥이를 낳았다는 기록은 없나요?

원장　(자료 확인하고) 아뇨. 여아 한 명뿐인데요. (컴퓨터를 돌려서 보여주면)

윤희　(인큐베이터에 들어있는 아주 작은 아기고) 잘 알겠습니다.

56.　심부름센터 (낮)

윤희, 원장한테서 받은 혜인이 친모 신상을 내밀고.

윤희　이 사람 좀, 최대한 빨리 찾아봐줘요! 이사를 간 모양인데, 도무지 찾을 수가 없어요. 돈은 얼마든지 드릴게요! (가방에서 현찰을 꺼내 내미는)

57.　자코모 매장 (낮)

서진과 수련, 마주한 채 얘기하고 있는.

수련　오랜만이야. 뭐 좀 알아낸 거 있어?

서진　주단태와 예전에 한집에 살았다는 동생이 지금 우리 집에 묵고 있어. 이름은 백준기. 잘 캐내면, 뭔가 나올 거야.

수련　(표정 관리하며) 그게 다야? 도청까지 해서 알아낸 정보가 그 정도라니, 실망인데?

서진　의심병 때문에 핸드폰도 매주 바꾸는 인간이야. 도청 지워진 지 오래 야. 기다려 봐. 월척을 물어다 줄 테니까. 그보다, 오윤희가 요즘 돈을 물 쓰듯 쓰고 있다는 건 알고 있어?

수련　(멈칫)

서진　대체 무슨 돈으로?! 오윤희, 혹시 딴 속셈 있는 거 아냐? 뒤통수 치고, 주단태와 내통하고 있는 건 아니겠지?!!

수련　함부로 말하지 마!!

서진　이미 한 번 경험했잖아? 오윤희가 어떤 여잔지! 조심해, 그 여자! 아무리 쥐 몰이가 급해도, 난 오윤희는 안 믿어!

수련   (생각하는)

58.   헤라팰리스 서진 집 게스트룸(늦은 밤)

조심스레 방으로 들어서는 서진. 준기의 짐을 뒤지는데. 뭔가를 찾아
내고. 보면, "백준기 지명수배 전단지"다.
그때, 문 확 열리고. 준기가 들어서는.

준기   형수님?! 이건 반칙이죠! (뚜벅뚜벅 서진에게 다가가 전단지를 확 뺏고,
무섭게 노려보는데)

서진   (그런 준기를 마주 보는 서진이고) 주단태가 지명수배자?!!

59.   심부름센터(늦은 밤)

윤희, 심부름센터 직원과 마주 앉아있고.

윤희   죽었다고요?!

직원   주신 자료로 찾아봤더니, 이미 6년 전에 사망했습니다.

윤희   6년 전이면... 너무 젊은 나인데, 사고였나요?

직원   (서류를 건네주며) 살인사건 피해자였습니다.

윤희   (놀라고) 살인사건이요? (서류를 받아 보는데) 청평댐 시체 없는 살인
사건?

직원   가해자가 시신을 버렸다는 청평댐에서는 끝까지 시신이 발견되지 않
아, 시체 없는 살인사건으로 남았습니다.

윤희   가해자가 누군데요? 대체 무슨 원한으로....?!!

직원   그 뒷장에 가해자 신상이 나올 겁니다.

윤희   (서류를 넘기는데)

그대로 동필의 얼굴이 사건기록지에 박혀있는.

윤희, 사건기록지의 가해자 얼굴을 보고 굳어지는데.

윤희   유동필? 이 사람이, 주혜인 생모를 죽였다고요?!!! (기겁하는데)

60.   헤라펠리스 전경 (새벽)
       몰아치는 비바람에, 천둥까지. 을씨년스러운데.

61.   헤라펠리스 분수대 (새벽)
       인적 없는 분수대 로비에 켜져있던 조명이 깜빡 깜빡이더니, 꺼지고.
       이내 암흑이 뒤덮은 공간에 검은 복장의 누군가, 분수대로 다가가는.
       콰! 하고 번개가 치자, 찰나의 빛이 얼굴을 비추는데. 동필이다!
       가림막 안으로 들어서는 동필의 얼굴 클로즈업되고.

62.   헤라펠리스 분수대/헤라펠리스 로비/교차편집 (새벽)
       가림막 안) 콰! 하며 번개 내리친 소리와 함께. 분수대 뒷벽을 부숴버
       리는 동필.
       로비) 그때, 헤펠 로비로 들어서는 단태, 흘깃, 가림막 쳐진 공사현장을
       보는데.
       가림막 안) 몇 번의 번개와 천둥소리 뒤에, 부서진 벽에서 투명비닐에
       싸여있는 백골사체가 드러나는데! 잔뜩 몸을 웅크리고 있는 여자 시
       신이고! 투명비닐에 싸인 시신을 바라보는 일그러진 동필의 모습!
       로비) 그리고, 가림막 쪽으로 뚜벅뚜벅 걸어오는 단태 모습, 교차편집
       으로 보여주며 엔딩!!

4화

덫에 걸려들다

1. 헤라팰리스 서진 집 게스트룸(늦은 밤)
    조심스레 방으로 들어서는 서진. 준기의 짐을 뒤지는데. 뭔가를 찾아
    내고. 보면, "백준기 지명수배 전단지"다.
    그때, 문 확 열리고. 준기가 들어서는.

준기   형수님?! 이건 반칙이죠! (뚜벅뚜벅 서진에게 다가가 전단지를 확 뺏고,
        무섭게 노려보는데)
서진   주단태가 지명수배?!! 어떻게 된 거예요? 지명수배자라니! 이 사람,
        주단태 맞죠?
준기   (금세 미소 지으며) 무슨 소리예요? 형이 왜 지명수배자겠어요. 착각하
        신 거예요. 다른 사람이에요. (얼른 전단지 주머니에 구겨 넣으면)
서진   주단태 맞잖아! 근데 왜 이름이 백준기예요? 백준기는 당신인데... 당
        신 나한테 숨기는 거 있지? 무슨 꿍꿍이로 내 집에 들어온 거야?!!
준기   잘못 본 거라고요! 저 좀 피곤한데, 그만 나가주시겠어요? 아, 그리고
        이렇게 방 뒤지시지 말고 직접 물어보세요. 궁금한 거 있으면! (매섭게
        보면)

2. 헤라팰리스 서진 집 거실(늦은 밤)
    조금 열려있는 문틈으로 그 모습을 지켜보고 있는 단태. 불안해 미치
    겠는데.
    갑자기 문이 벌컥 열리더니, 서진이 나오고.

단태   깜짝이야! (화들짝 놀라면)
서진   (조소하듯) 그렇게 쥐새끼마냥 엿보지 말고 당당하게 들어오지. 궁금
        한 거 있으면! (급히 돌아서려는 단태의 얼굴을 잡아 돌리고) 틀림없이 이
        얼굴이었는데... 지명수배자라... 이름은 백준긴데 얼굴은 주단태! 뭐
        지? 당신이 직접 해명해야 되지 않을까?
단태   (얼굴 벌게지고) 헛소리 지껄이지 마!! 안에 있는 저놈 사기꾼이야. 곧

내쫓을 테니, 너도 협조해!! (씩씩대고 방으로 가면)

서진 (팔짱 낀 채 여유롭게 그 모습을 지켜보며) 주단태를 무너뜨릴 사람은, 역시 주단태였어! (의미심장한 눈빛이고)

3. **헤라팰리스 서진 집 게스트룸(늦은 밤)**
    준기, 가방 안쪽에 "지명수배 전단지"를 다시 넣는데. 현금카드가 보이고. 꺼내서 보는데. 지난 일 떠오르는.

4. **회상/일본 정신병원 준기 입원실(밤)**
    덥수룩한 머리에 수염까지 기르고, 기인의 형상을 하고 침대 밑에 앉아있는 준기. 얼굴은 비현실적으로 백짓장 같은데.
    창살 틈 사이로 들어오는 달빛을 보며 멍하니 앉아있는 준기. 그때, 목소리가 들리는.

로건(E) 약 먹을 시간이야. 백준기.

준기, 기계적으로 돌아보면. 약통과 물을 들고 있는 낯선 누군가가 서있고. 병원 직원복을 입고 있는 로건이다!

로건 (준기 옆으로 바짝 다가와) 여기서 나오고 싶으면 내가 시키는 대로 해. 주단태!
준기 (굳어지는) 당신 누구야?!
로건 내일 새벽 2시, 직원들 교대시간에 1분 동안 정전이 될 거야. 병실 문을 열어둘 테니 비상계단을 이용해 주차장으로 나와. 비상등을 켠 차가 대기하고 있을 거야. 그걸 타면 돼.
준기 무슨 소릴 하는 거야?!! 누군지부터 말해!
로건 기회는 한 번뿐이야. 평생 정신병원에서 썩을지, 세상 밖으로 나올지는 당신이 결정해! (카드 내밀고) 당분간 숨어 지내면서 경비로 써. (그러다

174

밖에서 인기척 들리면. 잽싸게 나가고)

준기   잠깐만!! 거기 서!! (이미 사라져버렸고. 멍해지는)

5.   현재/헤라펠리스 서진 집 게스트룸(늦은밤)
      준기, 손에 현금카드를 들고 있는.

준기   로건 리.... (그러다 바깥 눈치 살피고, 겉옷을 걸쳐 입고 몰래 집을 빠져나가
            는데)

6.   펜트하우스 침실(밤)
      수련, 서랍을 열었다가 엉망이 돼있는 서랍 안을 보고 놀라고. 급히 살
      펴보면, 인감도장과 신분증이 안 보이고. 가슴 덜컥 하는데.
      그때, 문 열고 들어서는 석경.

수련   (돌아보고) 석경이 너! 엄마 인감도장 가져갔어?

석경   (멈칫하면)

수련   (흥분하고, 단단히 화난) 아빠가 시켰어?! 어디까지 가려고 이래?!! 너
            그것밖에 안 되는 애야?!! 어떻게 도둑질까지 할 수 있어?!

석경   엄마가 내 걸 뺏으려고 하니까 그렇지!

수련   엄마가 니 껄 왜 뺏어?!

석경   이 펜트하우스!! 엄마가 욕심 내고 있잖아!!

수련   니 아빠 말을 믿어? 니 아빤 너랑 내 사이를 갈라놓으려고...

석경   아빠랑 내 사이를 갈라놓은 건 엄마도 마찬가지 아냐? 그래도 아빤, 날
            도와주려고 애썼어.

수련   돈 주고 기말고사 시험지를 훔쳐다 주는 게 널 도와주는 거야?!

석경   적어도! 엄마처럼 날 퇴학시키는 짓은 안 했어!! 엄마 때문에 내 인생
            은 엉망이 됐어!! 내 엄마 될 자격 없다고!!

수련   남 탓하지 마! 너 어린애 아냐! 니 인생이 엉망이 된 건, 오로지 니 선택

이었어! 너한테 이제 실망할 힘도 없어! 내가 언제까지 널 참아줄 거라 생각해?! 이건 범죄고, 경찰에 신고할 일이야!!

석경   그럼 신고하면 되겠네! 빵에 처넣어. 아빠처럼. 그럼 되겠네. 친딸도 아니니 못 할 거 없잖아?! (인감도장과 신분증을 던지고) 재수 없어! (문 꽝 닫고 나가버리면)

수련   주석경!!! (순간 과호흡이 오는. 휘청이다가, 약통에서 약을 꺼내 먹는. 점차 과호흡이 멈추는데) 흔들리지 마, 심수련! 맘 약해지면 안 돼!

7.   3화 59신 연결/심부름센터(늦은 밤)

동필의 얼굴이 사건기록지에 박혀있는.
윤희, 사건기록지의 가해자 얼굴을 보고 굳어지는데.

윤희   유동필? 이 사람이, 주혜인 생모를 죽였다고요?!!! (기겁하는데) 왜요? 이유가 있을 거 아니에요?!

직원   그날 처음 만난 사람이니 특별한 원한 관계는 아니고, 시비가 붙어서 우발적으로 죽였다고 합니다.

윤희(E)   말도 안돼!! 왜 하필 유동필이 혜인이 생모를 죽여? 이게 우연이라고?

직원   근데 이상한 점이 있습니다.

윤희   뭐죠?

직원   유동필이 자수하기 전, 경찰에서 의심한 용의자는 따로 있었습니다. 주기적으로 피해자에게 큰돈을 보내고, 죽기 바로 직전까지 통화한 사람이에요.

윤희   (퍼뜩한 생각 떠오르고) 그게 누구에요?

직원   이름은 모르겠고, 휴대폰 번호는 알아왔습니다. (서류 내밀면)

윤희(E)   (받아서 급히 번호를 찍어보면. "주단태"라고 뜨고. 굳어지는) 역시 주단태랑 관련이 있어!! 주단태가 왜 혜인이 생모를...?!! (날카로워지는)

8. 헤라펠리스 규진 집 거실(아침)

규진, 거만하게 소파에 앉아 책을 넘겨보고 있으면. 상아도, 과일 먹으면서 왕미자와 눈도 마주치지 않는.

미자   (따지듯) 천수지구 뉴스 봤다. 그런 호재가 있었는데, 왜 이제껏 말을 안했어? 세상에. 쓰레기장이라고 무시 봤더니, 그게 다시 신도시가 되는거야? 니들 거기 몇 채나 샀지? 내 것까지 싹 다 가져갔으니까 열 채 넘지? 나한테 도로 넘겨! 내가 프리미엄 붙여서 사줄 테니까.

규진   말씀은 바로 하셔야죠, 왕미자 여사님. 똥값 된 땅, 아들한테 10원 끝까지 받아가셨잖아요. 근데 이제 와서 다시 사겠다고요? (냉정하게) 일 없으니까, 그만 가세요.

미자   (충격받은) 얘가 뭐라는 거야? 가라고? 엄마한테?! 니가 나한테 어떻게 이럴 수가 있어. 우리 사이에.

상아   (과일 먹으며) 규진 씨 더는 부모 덕 안 보고 살겠다고 다짐했어요. 천수지구 덕분에 우리 이제 충분히 재기할 수 있거든요.

미자   돈만 있음 뭐해? 사람은 명예가 있어야지! 국회의원 배지도 날아갔고, 변호사 면허도 정지된 마당에, 니들이 뭘로 재기해?

규진   시대 흐름 좀 읽으세요. 왕 여사님. 대세는 이제, 문화사업이에요.

상아   우리 이이, 청아아트센터장 후보로 나갈 거예요.

미자   청아아트센터장? 거기 청아그룹 꺼 아냐? (무시하듯, 코웃음) 근데 니가 무슨 수로 센터장이 돼? 거기선 뭐 아나 떡이다, 하고 냅다 던져준대?

규진   (발끈) 그러니까 기다려보시라고! 우리 민혁이 서울대 가면, 청아아트센터에서 맘껏 독창회하게 내가 꼭 센터장 꿰찰 테니까! 난 내 아들을 위해서는 뭐든 해! 자식 면회 한번 안 오는 누구랑은 다르다고요! 네에?!!

9. 헤라펠리스 서진 집 침실(아침)

서진과 단태, 얘기 나누고 있는.

단태	오늘 청아아트센터 완공식에 참석할 거지?
서진	당연한 거 아냐? 그게 누구 껀데!
단태	누구 껀. 아직 센터장 뽑지도 않았어!
서진	홍보 차원에서 형식적으로 후보자 받는 거뿐이야. 이미 초대 센터장은 내가 하는 걸로 내정됐어!
단태	주식 좀 팍팍 오르게 제대로 홍보 좀 해!
서진	개관일에 맞춰 청아음악콩쿠르 개최할 생각이야. 상금을 최대 3억으로 올리고, 청아아트홀 상주음악가로 채용되는 기회까지 준다면 최고 아티스트들이 몰려들겠지.
단태	1등한텐 군 면제 혜택도 줘야 되지 않나.
서진	(어이없단 듯) 왜 그래야 되는데? 석훈이를 위해서?
단태	은별이한테 자리를 깔아주는 대회면 곤란하니까! 공정성을 위해서라도, 센터장 딸이 1등을 하는 건 구리지 않나?
서진	센터장 딸이라고 1등을 못 준다는 것도, 역차별이야!
단태	은별이 실력이 역차별당할 만큼 훌륭하지 않다는 건, 당신도 알 텐데!
서진	석경이 아버님께서 할 말은 아닌 거 같은데. 당신 딸, 퇴학당해서 고졸도 아니잖아?
단태	뭐야?!
서진	출근 준비해야 돼! 그만 나가줘. 부부 매뉴얼, 안 잊었지? 집 안에서도 일정한 거리를 유지한다.
단태	(열 받아 돌아서고)

10. **헤라펠리스 서진 집 거실(아침)**

　　단태, 출근 차림으로 방에서 나오면.
　　준기, 느긋하게 소파에 앉아 제집처럼 차를 마시고 있는.

준기	굿모닝!
단태	(기분 잡치고) 언제까지 진드기처럼 붙어있을 참이야?! 호텔 얻어줄 테

니, 오늘 당장 내 집에서 나가!!

준기   왜? 불편해? 난 오랜만에 한집에 사니까 옛 생각도 나고 좋은데. 형이 우리 집에서 밥 얻어먹고 산 게 몇 년이더라. 기억 안 나? 백. 준. 기!

단태   (열 받고, 준기 멱살을 움켜잡고) 난 그 이름 버린 지 오래야!!

준기   버린다고 버려지나? (단태를 확 밀치고) 내 꼴 안 보고 싶으면, 청아그룹 지분 50% 내놔. 단 1퍼센트도 에누리 없어!

단태   니가 무슨 자격으로 내 돈을 욕심내?!

준기   내 부모 재산으로 일군 회사면, 나한테 그만한 자격은 있는 거 아냐? 심수련 씨, 여전히 아름답던데? 어릴 때 모습 그대로야!

단태   심수련을 만났어?! 언제?!!

준기   날 기억하지 못해 아쉽더라고. 하긴 너무 어렸으니까. 내 첫사랑이었는데. 우리 아버지가 늘 그랬어. 심수련 같은 여자랑 결혼하라고. 그래서 그 여잘 욕심냈나? 주단태 이름을 훔쳐서?

단태   닥쳐!!

단태   (집안 둘러보며) 인테리어가 왠지 낯익다 했더니... 우리 집하고 참 많이 닮았어. 애들 성악 시킨다며? 우리 엄마가 성악 한 게 많이 부러웠던 모양이야. 늘 클래식을 듣고, 와인을 즐기고, 심한 결벽증까지.... 딱 우리 아버지 모습인데! 우리 아버지처럼 사는 게 꿈이었나?

단태   개자식!!! (준기를 주먹으로 후려치면)

그때, 서진이 방에서 나오고.

서진   뭐하는 거예요? 손님한테!! (달려오고) 괜찮아요, 준기 씨?

준기   (입술의 피 닦으며) 괜찮아요, 형수. 내가 형을 좀 골렸거든요. 형이 제일 싫어하는 말을 했더니, 이렇게 발끈하네요. 우리 형이 자존심 하난 끝내주는 사람이잖아요! 그래서 이렇게 자수성가했겠지만. (씨익 웃으면)

서진   자수성가라뇨? 단태 씨는 성공한 재일교포 아들이잖아요. 오사카에서 부친을 모르는 사람이 없다던데.

준기	형이 그러던가요? (의미심장하게 웃고) 뭐, 형이 그렇다면 그런 거겠죠!
단태	(파르르 떨리는. 여기저기 지뢰밭이고. 불쾌한 듯 획 나가버리면)
서진	(그런 단태를 보는 표정)

11. 헤라펠리스 분수대(아침)
씩씩대며 분수대를 걸어오는 단태. 〈접근금지. 분수대 배수관 공사〉
푯말이 보이면. 걸리적거리는 듯 걷어차 버리는데.

동필	(가림막 뒤에서 나오며) 어떤 자식이야?! (그러다 단태 보고 굽신대는) 아이고 회장님, 출근하십니까?
단태	아직도 공사 중이야? 대체 며칠을 끄는 거야?
동필	배수관이 막혀도 단단히 막힌 모양입니다. 원인을 찾아내려면, 벽 쪽으로 연결된 관까지 뜯어봐야겠어요.
단태	서둘러서 끝내! 미관 해치게 이게 뭐야? 지금껏 잔고장 한 번 없었는데!
동필	죄송합니다. 수일 내로 끝내겠습니다.
단태	(불쾌한 듯, 획 가면)
동필	살펴 가십시오. (허리가 꺾어져라 인사하고)

동필, 고개 들면. 그 앞에 윤희가 서있는.

동필	(놀라며) 4502호 사모님? 무슨 일이세요?
윤희	(작정한 듯, 뚫어지게 보며) 김미숙 씨! 누군지 알죠?
동필	김미숙? 모르겠는데요?
윤희	그럼, 누군지도 모르는 사람을 죽인 건가요? 왜 죽였어요, 김미숙 씨?
동필	(갑자기 싸늘하게 표정 굳어지며) 난 4502호가 무슨 얘기하는지 통 모르겠는데. 그럼 난 바빠서. (가려고 하면)
윤희	(막아서며) 말해요! 왜 죽였는지! 당신이 6년 전에 죽인 여자! 수련 언니의 딸 생모라는 거, 알고 있었죠?

동필   내 전과가 공공연하게 소문나긴 했지만, 좀 무례하네요. 난 그런 사람 누군지도 모르고, 죄라면 이미 다 받고 나왔습니다. 그러니까 쓸데없는 소리 마쇼! (돌아서면)

윤희   모른 척할 생각 마요! 시체 없는 살인사건이었어요. 유동필 씨는 용의 선상에 있지도 않았고요. 근데 왜 자수한 거죠?

동필   (무섭게 인상 쓰며) 비켜요! 다치고 싶지 않으면!

윤희   (포기하지 않고, 집요하게 따라붙으며) 원한도 없는 생판 모르는 사람을 죽여놓고 왜 이렇게 당당한 거죠? 내가 진실을 말할까요? 사실 당신도 억울한 거죠? 주단태 때문에 6년 동안 옥살이한 거면!

동필   (우뚝 멈춰 서면)

윤희   주단태랑 관계있는 거 맞죠? 주단태가 시키던가요? 주혜인 생모를 죽여달라고?!

동필   (매섭게 윤희를 벽으로 몰아세우며 겁주는) 오윤희 씨! 입 닥치고 있는 게 신상에 좋을 거예요! 안 그럼, 당신 죽어요!

윤희   당신이 진짜 범인 아니죠? 혹시라도 주단태 죄를 뒤집어쓴 거면...

동필   (못 참고, 버럭) 닥치라고!!! (윤희를 확 밀치면. 사람들 다 쳐다보고 웅성대는데. 윤희는 물러설 기세가 아니고, 애써 화 참으며 속삭이듯) 그만해... 제발. 마지막 경고야! (애써 떼놓고, 가림막 뒤로 휙 사라지면)

윤희   분명, 뭔가 있어! 주단태... 주혜인... 유동필.... (눈빛 반짝하는)

그때! 웅성대는 사람들 사이에서 윤희를 보고 있는 또 하나의 눈동자. 단태다.
단태, 아직 가지 않고, 그 모습을 목격하는데. 무섭게 굳어진 얼굴. 가림막 뒤로 걸어가는 동필을 유심히 보는 단태.

단태(E)   오윤희... 대체 뭘 알고, 미쳐서 들쑤시고 다니는 거야? (하다가, 퍼뜩한 생각 들고) 맞아... 그때 그 여자 시체가 끝까지 안 나왔어. 청평댐을 이 잡듯 뒤졌는데... 왜? (그제야 분수대의 가림막이 의심스럽게 느껴지는데)

181

분수대... 하필, 그 여자가 죽은 분수대가 고장이 났다? 설마, 유동필 이
자식이?!!

12.   헤라펠리스 주차장/단태의 차 안(아침)
       단태, 매서운 표정으로 주차장으로 뚜벅뚜벅 걸어가는.
       조 비서가 문 열어주면. 차 뒷좌석에 올라타는데.

단태   유동필 행적, 샅샅이 보고해! 누구와 연락하고, 누구랑 접촉하는지. 특
       히 분수대 공사 관련해서 자세히.
조비   네. 알겠습니다.
단태   출발해!

13.   청아예고 특별교실(낮)
       빈 교실에 덩그러니 앉아있는 은별, 따로 공부하고 있고. (피해자인 로
       나와 가해자인 은별이를 격리시키는 학교 조치)
       뒤로 분홍의 모습 보인다. 분홍, 은별을 지켜보며 책을 읽고 있는 모습
       이고.
       그러다, 수업 종료를 알리는 종소리.

은별   (자리에서 일어나면)
분홍   (얼른 따라 일어서고) 어디 가?
은별   화장실.
분홍   또? 물도 안 마셨는데, 왜 이렇게 화장실은 자주 가? (시계 보고) 지금
       10분이니까, 15분까지 와. 얼른 다녀와.
은별   (뛰어가는)

14.   청아예고 화장실(낮)
       급하게 손을 씻고 있는 은별에게 다가서는 유정과 초봄.

유정	격리 수업 받으면 화장실로 따로 써야 되는 거 아냐?
초봄	범죄자가 뻔뻔하다니까, 암튼.
은별	(거울로 확 노려보는데)

유정과 초봄, 움찔해서 얼른 빠지고. 그때, 로나가 들어서는.

로나	(은별을 붙잡고) 물어볼 거 있어. 서울대 입시날, 너 실기장 들어가기 전에 석경이랑 만난 적 있어?
은별	없어. 쭉 진 쌤이랑 같이 있었어.
로나	그럼, 석경이가 내 핸드폰을 언제 가져간 거지? 아무래도 시간이 안 맞아. (하다가) 진 쌤, 믿을 만한 사람이야?
은별	무슨 뜻이야?
로나	진 쌤이 니 보호자라도 돼? 니네 엄마는 헤팔로 돌아왔는데, 넌 왜 그 쌤이랑 사는데?
은별	그게... (뭔가 불안한 듯 눈빛 흔들리면)
혹시	혹시 그 쌤이 니 옷에... (하는데, 분홍이 들어오고)
분홍	(신경질적으로) 은별아! 왜 이렇게 화장실에 오래 있어?! 무슨 일 난 줄 알았잖아!! 얼마나 식겁한 줄 알아?!! 가슴 뛰어서 못 살아! 어서 가. (과잉보호해서 은별을 데리고 나가려면)
로나	은별이랑 잠깐 얘기 좀 하면 안 돼요?
분홍	안 돼! 징계에 따라 너랑 은별인 교내에선 대화할 수 없다는 거 몰라. 가자!
은별	(어쩔 수 없이 이끌려 나가는데. 로나를 보는 은별의 간절한 눈빛. 그러다 입모양으로 뭔가를 말하는데. "도와줘"라고 말하고 있고)
로나	(멈칫. 은별의 표정에서 뭔가 이상함을 느끼는데)

15. **청아예고 음악부 교실 (낮)**
　　　　로나, 계속 찝찝하고, 석훈이 다가서면.

로나	석훈아, 나 부탁이 있는데...
석훈	(보는)

16. 청아아트센터 전경 (낮)

17. 청아아트센터 무대 (낮)
무대 중앙에 서있는 서진, 객석을 바라보며 한껏 감회에 젖는데.

서진	아버지, 보세요! 제가 결국 아버지가 꿈에 그리던 청아아트센터를 완공해냈어요!!

그때, 제대로 광내서 들어서는 규진과 상아. 그 뒤로 마리와 단태도 들어서고.

규진	(박수 치며 들어서는) 역시 서진 씨는 무대가 참 잘 어울리네.
마리	청아아트센터 완공을 축하해요. 구속만 안 됐어도 진즉에 개관했을 텐데.
상아	어머나, 오페라하우스 버금가는 규몬데요? 완전 멋져요, 천 쌤.
서진	명실상부 최고의 문화공간이 되리라 자부합니다.
단태	(의기양양) 설계에서부터 인테리어 마감까지 내 손을 안 거친 곳이 없죠!
규진	오늘 완공 뉴스 뜨자마자 청아그룹 주식도 수직상승! 어떻게 딱 알고, 천수부지에다 이걸 지었대요? 과연 센터장이 누가 될지, 초미의 관심사네요.
상아	우리 이이도 센터장 지원했어요. (규진의 옷매무새 가다듬어주며) 내가 이 자리 노리고, 국회의원 때부터 연습한 거야. 나만 믿어. 울 여보, 내가 어떻게든 당선시킨다!
규진	여보야는 진짜 내조의 여왕이야.
마리	나도 했어요!

상아	제니 엄마도요?!
마리	청아예고가 코 묻은 돈 장사였다면, 청아아트센터는 세계 무대 장사잖아요.
규진	원한다고 다 되면 그게 인생인가. 집안 스펙을 따져보셔야지.
서진	입후보 자격이 되려면 아트센터 지분이 5프로 이상 있어야 되는데, 천수지구가 떴다더니, 다들 돈 좀 쥐셨나 봐요.
규진	우리 같은 부유층의 마지막 투자가 결국 예술 아니겠어요? (의기양양한데)

그때, 문 열리고 들어서는 윤희. 다들, 어이없단 듯 윤희를 돌아보는데.

상아	뭐야. 윤희 씨도 완공식 초대받았어요?!
윤희	다들 반가워요. 나도 센터장 입후보하러 왔어요.
규진	센터장?! 암튼 저 여자는 안 끼는 데가 없다니까! 격 떨어지게 살인자가 어디 문화사업에 숟가락을 올려?!
서진	(규진 제지시키며) 입후보 자격은 알고 있고?
윤희	당연하지! 내가 여기 지분 20프로 갖고 있다는 거, 몰랐어?
단태/서진/마리/규진/상아	20프로?! (다들 기겁하는데)
윤희	몰랐나 보네. 하긴 법인 명의로 사서 그럴 수도 있겠다. 서진이 니 지분이 아마 15%? 지분만으로는 내가 센터장이 될 수도 있겠는데? (비웃듯 웃으면)
서진	무슨 헛소리야?!! 니가 어떻게 20프로를...!!
윤희	(말 막고, 극장 둘러보며) 무대가 느낌이 좋네. 완공식 시작할 시간이지? 안 가? 그럼 나 먼저 가서 자리 잡을게. (뚜벅뚜벅 걸어 나가면. 다들 충격에 빠진 듯, 웅성대고 난린데)
단태(E)	(그런 윤희 뒷모습을 무섭게 쏘아보는. 윤희가 동필을 붙잡고 실랑이를 하던 모습이 다시금 떠오르고) 대체 무슨 꿍꿍이속이야... 오윤희!!

18.	청아아트센터 일각(낮)

마리와 상아, 흥분해서 얘기하고 있는.

마리	미친! 진짜 오윤희가 로건 돈을 먹었다고? 그것도 10조씩이나?! 어떻게 로건 돈이 윤희 씨한테 간 거래? 심수련도 아니고?
상아	수련 씨가 없는 동안, 오윤희가 미국에서 로건과 친해진 모양이에요. 작정하고 접근한 거죠. 그래서 존 바이오도 투자받은 거고.
마리	맞네! 존 바이오 오너가 로건이랬지? 그 여자가 로건의 금고키를 훔친 거네!
상아	네에?
마리	안 그러면, 10조를 어떻게 가로채? 10조면… 그게 상상이나 되는 돈이야?
상아	설마, 오윤희가 로건을 진짜 죽인 거 아니에요?
마리	왜 아냐? 로건 죽고 로또 맞은 사람이 오윤희 말고 또 있어? 지가 무슨 재주로 아트센터 지분을 20프로 사들여? 말도 안 되지!

마리와 상아, 흥분해서 걸어가면. 그 뒤로 단태와 규진이 걸어오고.

규진	(엄청 진지하고) 이거 생각 잘해야 돼, 주 회장. 어차피 로건은 죽었어. 그 돈의 진짜 주인은 없다고! 그 10조, 오윤희한테 뺏어오자.
단태	어디 감춰났는지도 모르는데, 무슨 수로?!
규진	(나직이) 우리한테는 총알이 있잖아. 1번 총알 유동필! 어차피 전과자라며! 살인전과 한 번이 어렵지 두 번이 어렵겠어?! 그리고 2번 총알… 하윤철! 빵!! 어때?
단태	(눈빛 반짝하는)

19.	자코모(낮)

수련, 퇴근하려고 나서는데. 서진이 열 받아 들어오고.

서진	(단단히 화난 목소리로, 수련을 거칠게 잡고) 어떻게 된 거야? 오윤희가 청아아트센터 지분을 사들인 거, 알고 있었어?
수련	무슨 소리야?
서진	둘이 작정하고 내 뒤통수를 친 거야? 날 엿 먹이려고?!! 지금이라도 똑바로 말해! 당장 우리 공조 깨줄 테니까!!
수련	첨 들었어. 윤희 씨가 지분을 갖고 있는 거.
서진	둘이 피라도 나눈 자매처럼 굴더니, 대체 그 여자에 대해 아는 게 뭐 있어? 헤팰에서 소문이 돌고 있어! 오윤희가 로건 돈 10조를 먹었다고!
수련	말도 안 되는 소리야! 헛소문에 휩쓸리지 말고, 주단태 감시나 똑바로 해! 난, 주단태 죽이는 것 말고는 아무 관심 없어! (뿌리치고 나가는데)
서진	그렇게 등신 같으니, 매번 뒤통수 맞는 거 아냐?! 지금 오윤희가 쓰고 있는 돈, 로건 돈이야! 확실해! 그걸 뺏기고도 아무렇지 않단 소리야?! 저 바보 같은!!!
수련	(계속 걸어가는데 표정 어두워지고)

20. 은행 VIP 비밀금고 (낮)

윤희, 비밀번호 눌러서 금고 문을 열고. 현금을 꺼내서 옆에 서있는 직원에게,

윤희	수표 한 장으로 바꿔주세요!

21. 은행 앞/윤희의 차 안 (낮)

윤희, 은행 밖으로 나와서 차에 올라타면.
마리와 상아가 탄 차, 단태와 규진이 탄 차, 각각 다른 곳에서 윤희를 지켜보고 있는.
윤희, 차 출발하는데. 사이드미러로 자기를 지켜보는 사람들의 시선을 의식하는.

22. 펜트하우스 거실(낮)

윤희, 거실로 들어서면. 수련이 차를 마시며 기다리고 있고.

수련   어서 와. 기다리고 있었어. 매장에 없던데, 어디 갔었어?

윤희   어... 청아아트센터 완공식에. 나 센터장에 입후보했어. 천수지구가 신도시로 재선정되니까, 다들 센터장에 욕심이 많더라고. 언니는 왜 안 했어?

수련   (애써 표정 감추고) 윤희 씨가 했으면 됐어. 근데, 지분은 무슨 돈으로 샀어?

윤희   (태연하게) 아는 분한테 투자받았어.

수련   투자?

윤희   응. 청아아트홀 개관하면 앞으로 가치가 뛸 거 같아서. (얼른 화제 바꿔서) 근데, 의논할 게 있다는 게 뭐야? 석경이가 무슨 또 사고 쳤어?

수련   (심란한) 주단태가... 석경이한테 내 인감도장을 훔쳐오게 했나봐.

윤희   뭐어?! 이제 딸한테 도둑질까지 시킨단 말야? 미쳤어! 미쳤어! 그래서, 인감으로 뭘 했는데?! (흥분하면)

수련   천수지구 27번지와 펜트하우스 명의가 바뀌었어! 주단태와 석훈이 공동명의로!

윤희   (멈칫) 석훈이랑 공동명의? 훔쳐간 애는 석경인데, 왜 명의는 석훈이야? 석훈이는 지 아빠라면 치를 떨지 않아?

수련   이유는 나도 모르겠어. 석훈이 석경이 사이까지 갈라놓으려는 걸까? 어떻게 자기 자식을 저렇게까지 이용할 수 있는지 도저히 이해가 안돼!!

윤희   진짜 인간 말종이야!! 그러고도 지가 아빠야?! (하다가, 갑자기 멈칫하는) 설마... 아니겠지?

수련   뭐가?

윤희   (얼굴 하얗게 질리고) 언니. 언니가 애기 낳았던 미국 병원 말야. 그 병원, 폐업했다고 했지?

수련   원장님이 돌아가셔서 문 닫았다고 들었어.

윤희	그럼, 서류들도 확인할 길이 없는 거네.
수련	그건 왜?
윤희	(망설이다가, 결심한 듯) 사실 언니한테 지금까지 말 못 한 게 있는데...

그때, 헬퍼가 다가오고.

헬퍼	사모님. 손님이 오셨는데요.
수련	(보면 준기고)
준기	아, 누가 계셨구나. 그럼 전 다음에...
윤희	(정신 차리고) 아니에요! 지금 막 일어나려던 참이에요. 말씀 나누세요. 언니, 이따 연락할게. (급히 나가면)
수련	(준기에게) 어쩐 일이에요? 사람들 눈에 띄면 어쩌려고.
준기	미안해요. 급하게 상의할 게 있어서. 천서진이 주단태 정체를 눈치챈 거 같아요. 내가 갖고 있던 백준기 지명수배 전단지를 봐버렸어요!
수련	언제까지 숨길 순 없겠죠. 걱정 마요. 주단태한테 쉽게 입을 열진 않을 테니까. 내가 입단속 시킬게요.
준기	(수련의 반지 보고) 반지, 끼셨네요?
수련	(부끄러운 듯, 손을 가리면)
준기	로건 수사는 어떻게 되고 있어요?
수련	차량 블랙박스도, CCTV도 다 타버려서, 제대로 남은 게 없어요. 노인 분장을 한 사람이 주단태라는 걸 증명하기도 쉽지 않고. (막막한 표정이면)
준기	(다정하게) 너무 힘들죠? 울음.. 참지 마요. 그 마음 너무 잘 알아요. 눈앞에서 사랑하는 사람을 잃는다는 게 어떤 심정인지. 나도 겪었으니까. 당신은 기억 못 하겠지만, 어릴 때 나 수련 씨 봤어요. 심운건설 야유회에서.
수련	(놀라고) 그랬어요? 난 전혀 기억 안 나요.
준기	수련 씨 아버지가 우리 아버지를 참 믿고 좋아하셨는데...
수련	그래서 결혼까지 허락하신 거겠죠. 일본에서 억울하게 돌아가셨다는

거 알고, 많이 슬퍼하셨어요.

준기   (빙그레 웃으며 수련을 보고) 그때도 수련 씨는 지금처럼 예뻤어요.

수련   네에? 무슨... (어색해 하면)

준기   그렇게 웃으니 얼마나 좋아요. 앞으론 자주 웃어요. 주단태 그 인간은 나한테 맡기고. (짠한 듯 수련을 보는데)

수련   (그런 준기를 마주 보는)

23.   **헤라펠리스 쥬비스(낮)**

     윤희, 골똘히 생각하는 표정으로 쥬비스 매장으로 들어서는데.
     기다리고 있는 사람, 단태고!

단태   우리 잠깐 이야기 좀 할까? (서늘하게 보면)

윤희   (전혀 꿀리지 않고, 당당하게) 미안한데, 내가 예약손님이 있어서요.

단태   아침에 우연히 말야. 유 대표한테 쓸데없는 소릴 지껄이는 오윤희 씨를 봤지 뭐야. 입조심해! 난 누가 내 이름 들먹이는 거, 아주 싫어하거든.

윤희   내가 일하는 곳까지 쫓아와서 내 입단속을 시키는 걸 보니, 뭔가 단단히 찔리는가 보네요. 유 대표님이 억울한 게 아주 많아 보이던데.

단태   까불지 마! 남의 돈으로 분수에 안 맞게 살고 있으면, 딸년이나 챙기면서 조용히 엎드려 지내!

윤희   아! 로건이 남긴 10조가 궁금한 건가?

단태   (웃음 터지고) 역시 오윤희. 하나도 안 변했네. 직설적이야. 사람 아주 불편하게.

윤희   (도발하는) 주단태 너도 하나도 안 변했어. 돈 냄새만 맡으면 다 자기 돈인 줄 알고 달려드는 꼴이.

단태   (슬슬 화 치밀고) 자기 돈인 것처럼 쓰고 다니는 건 너잖아?! 로건 돈 10조를 먹으려고 로건을 죽인 건가?!

윤희   (조소하며) 궁금해? 그 돈이 어딨는지?

단태   (멈칫하면)

윤희	내 질문에 대답하면 10조의 행방을 알려줄게. (단태에게 바짝 다가서고, 심각한 표정으로) 수련 언니가 미국에서 낳은 쌍둥이 중 한 명 어떻게 했어?
단태	(순간 화들짝 놀라서 굳어지고) 지금... 무슨 소릴 하는 거야?!!
윤희	혜인이랑 바꿔치기 한 설아 말고! 다른 아이 하나 더 있었잖아!!! 수련 언니는 뱃속에서 죽은 걸로 알고 알지만, 그 아인 건강하게 태어났어! 미국 병원에서 먼저 손을 쓴 게 너지? 어쨌어? 죽였어?! 설아처럼 그 아이도 죽인 거냐고?!!! (몰아붙이면)
단태	그런 적 없어!!
윤희	유동필한테, 주혜인 생모를 죽이라고 시켰지? 아니면, 직접 죽였나? 무슨 협박을 받았길래, 그 여자한테 큰돈을 송금하고, 죽이기까지 한 거야?! 김미숙을 죽일 수밖에 없는 이유가 뭐냐고?!! (감정 조절 못 하고 흥분해 소리치면)
단태	(윤희의 목을 조이며) 닥쳐!! 한결같이 거슬리는 년! 더는 나대지 마!! 니 년 때문에 기필코 심수련이 죽게 될 거야. 두고 봐!! (확 밀치고 나가는데)
윤희	개자식!! 그래!! 누가 죽게 되는지 두고 보자고!! (바락바락 소리 지르는)

윤희, 가쁜 숨 몰아쉬다가, 로건과의 지난 일 떠올리는데.

24. 회상/3화 22신 연결/Bar/시즌 2 11화 이전 시간으로(밤)

로건	한 가지 부탁이 있어요. 놀라지 말고 들어요. 지금부터 내가 하는 말, 절대 수련 씨한테는 말해서는 안 돼요. 절대로!! (의미심장한 표정으로) 수련 씨의 핏줄이 살아있어요!
윤희	(기겁하고) 네에? 그게 무슨 말이에요? 핏줄이라면... 민설아가 살아있다고요?!
로건	수련 씨가 쌍둥이를 가졌었다는 얘기, 못 들었어요?
윤희	쌍둥이요? 아뇨! 전혀....
로건	수련 씨의 첫 남편이 미국에서 괴한에게 죽고... (시즌 1 3화 56신. 탕탕!!

미국에서 총을 든 복면강도가 쳐들어와 피아노를 치는 수련 남편을 쏴 죽이는 장면 insert. 집안에 나란히 놓여있던 아기 신발 두 쌍도 클로즈업해서 보여주고. 기절하는 수련 모습도 보여주고) 수련 씨는 혼수상태로 쌍둥이를 낳았어요.

윤희 (충격으로 혼란스러운데)

로건 수련 씨 가족들이 미국에 도착했을 때, 이미 한 아이는 뱃속에서 죽고, 한 아이만 간신히 태어났다고 했어요. 수련 씨도 그렇게 알고 있었고요. 근데, 최근 병원 쪽에 은밀히 알아봤더니, 한 아이는 2.5kg로 비교적 건강하게 태어나 자가 호흡이 가능한 상태로 일찍 퇴원했다고 해요. 1.4kg로 약하게 태어나 한국으로 트랜스퍼 된 아이가 민설아고요!

윤희 그럼, 그 아이가 살아있다는 거예요? 어디 있어요, 그 아이? 틀림없이 살아있는 거죠? 빨리 언니한테 말해요! 만에 하나라도 살아있다면, 언니가 얼마나 좋아하겠어요?! 어디 있어요? 미국이에요? 네?!! (기뻐하면)

로건 죽었을 확률이 커요! 주단태가 미리 손을 쓴 거면, 살려뒀을 리가 없잖아요!

윤희 (멈칫)

로건 이미 이 세상에 없는 아이라면, 또다시 수련 씨한테 상처 주고 싶지 않아요. 일단 우리가 먼저 찾아보고, 나중에 얘기해도 늦지 않아요. 윤희 씨가 그 아이, 찾아봐주겠어요? 그 아이를 찾는 데 이 돈 전부를 써도 상관없어요. 부탁해요! 나 대신, 수련 씨 아이 꼭! 꼭 찾아줘요...

25. 현재/헤라팰리스 쥬비스(낮)

윤희 그 아이, 살아있어!! 내가 꼭 찾을 거야!! 꼭 찾아서 언니한테 데려다줄 거야!! (눈물 그렁해서, 이 악무는 윤희고)

26. 헤라팰리스 쥬비스 앞(낮)

단태 오윤희! 오윤희! 오윤희! 빌어먹을, 대체 뭘 어디까지 알고 있는 거야?!! 설마... 그 아이가 살아있다는 것까진 모르겠지?! (미치겠고. 유리

문 너머의 윤희를 노려보는데)

27. 청아예고 복도(낮)

하교시간. 아이들 몰려나오는데.
분홍과 함께 가는 은별에게 로나가 다가서고.

로나 하은별! 나랑 얘기 좀 해.
분홍 (막아서고) 우리 은별이 바빠. 너랑 할 얘기도 없고. (은별을 데리고 가면)
로나 사과는 언제 할 건데?! 트로피로 나 죽이려고 했던 거! 모른 척하면 없 던 일이 돼?
아이들 오오~~~ 흥미진진. (둘러서고. 두 사람의 싸움을 흥미롭게 보는데)
은별 치사하게 뭐하는 짓이야? 너도 내 실기 망쳤잖아! 그걸로 퉁친 거 아냐?
아이들 오오~~~ 전세역전. (점점 더 몰려들고. 그 안에 석훈이도 있는)
분홍 대꾸할 필요 없어. 그냥 가자니까! (은별을 끌고 가면)
로나 (붙들고) 어딜 가, 하은별! 서울대에 이의 제기한 거 취소해! 억울하게 나까지 떨어졌잖아! 너 일부러 그런 거지? 니 실력 안 되니까, 나 떨어 뜨리려고 수 쓴 거잖아! (은별의 머리채를 잡으면)
은별 뭐하는 거야? 이거 안 놔!!
로나 취소하기 전엔 절대 못 놔!!
분홍 배로나! 그만해!! (정신없이 말리는데)
로나 아줌만 상관하지 마요!! (은별을 마구 잡아 흔들고)
은별 (역시 달려들어 로나 머리 쥐어뜯고 난린데)

두 사람, 맹렬하게 싸움 시작되고.
분홍, 말리려는데, 아이들 우르르 앞으로 몰려들어 자꾸 뒤로 물러나는.

분홍 은별아! 은별아! 어어... (계속 뒤로 밀려나는데)
은별 아악!! (갑자기 비명 소리 들리고. 은별의 머리에서 흐르는 피)

제니	(놀라고) 은별이 머리에서 피 나!
분홍	(기겁해서 달려오는) 뭐? 피? 어디?! (앞으로 가려는데, 가로막히고)
석훈	(얼른 은별에게 달려들고) 하은별, 괜찮아?!
로나	뭐해? 양호실!! 빨리!!
석훈	(은별을 안고 양호실로 뛰어가는데)
분홍	야아아아!!! (열 받아 온몸으로 들이박고 나와서, 로나에게 달려들고) 뭐 하는 거야, 너!! 내 딸한테 무슨 짓 했어?!!
제니	(막아서며, 분홍의 팔 잡고) 아줌마야말로 누굴 때리려는 거예요?!
분홍	(눈 부릅뜨고) 놔! 이거 안 놔?!! (제니의 팔을 꺾어 밀쳐내는데)
민혁	(다시 분홍 앞에 서고) 이 아줌마가 지금 누굴 밀어?! (매섭게 분홍을 몰아세우고) 야! 찍었지?! 이거 폭행이야!!!
아이들	(핸드폰으로 마구 분홍을 찍는데)
분홍	(도망치려고 해도, 아이들 계속 몰려들고) 은별아! 은별아!! 엄마 여깄어! 은별아!! (애타게 부르는데, 은별의 모습은 시야에서 사라져버린)

28. 청아예고 양호실(낮)

분홍, 뒤늦게 문을 열며 들어오는. 머리카락이며 옷이고 봉두난발에 다 헝클어지고 난린데.

분홍	은별아! 괜찮아? 은별아! (둘러보는데. 텅 빈 양호실) 얘가 어디 갔어? (다시 뛰쳐나가는데)

29. 청아예고 특별교실(낮)

뛰어 들어오는 분홍. 역시 은별 모습 보이지 않고.
급히 은별에게 전화해보면. 전화기 꺼져있다는 소리만 들리는.

분홍	(그제야 뭔가 잘못됐다는 걸 깨닫는데. 순식간에 표정 변하고) 설마, 배로나?!! (폭주하며 달려가는데)

30.   청아예고 교문 앞(낮)
        로나와 석훈, 은별, 정신없이 뛰고 있고.
        석훈, 정신없이 택시를 잡아 세우고, 은별을 택시에 태우는.

로나   우리 집에 가있어. (키 내밀고) 여기!
석훈   우리가 시선 돌릴 테니까, 넌 꼼짝 말고 거기 있어! 알아들어?
은별   (겁에 질려 고개 끄덕이며) 잡히면... 나 죽어!
석훈   그럴 일 없어! 절대 문 열어주면 안돼!!
로나   위치 추적할 수 있으니까 핸드폰 꺼놓고!
석훈   (기사에게) 기사님! 출발하세요!

        택시 출발하면.
        이어서 교문 앞으로 달려온 분홍.

분홍   (흥분해서 제정신 아니고) 니네 짓이지?! 우리 은별이 어딨어?!!
로나   무슨 일이세요?
분홍   우리 은별이 어딨냐고?!! 니들이 빼돌렸지?!!
석훈   은별일 왜 저희한테 찾아요? 아까 양호실 데려다주고 나왔는데.
분홍   거짓말 마! 누굴 바보로 알아?!
로나   (당당하게) 아줌마! 은별이가 나한테 쇼하기 싫어서 도망친 모양인데,
        찾으면 전해주세요. 당장 무릎 꿇고 빌지 않으면, 전국적으로 망신당하
        게 해주겠다고! 가자, 석훈아.
석훈   (로나 데리고 가면)
분홍   어디 가?! 은별이 어딨는지 말하라니까! (미치겠고)

31.   의류 매장(낮)
        석훈과 로나, 매장 안에서 이리저리 모자를 써보고 있는데.

석훈 잘 어울린다.

로나 너도! 그치?

석훈과 로나, 커플 모자를 쓰고, 거울로 보는데.
거울 너머로 보이는 분홍의 모습.

로나 (나직이) 아직도 따라오네.

석훈 모르는 척해. 우리가 신경 안 써야지 포기할 거야.

로나와 석훈, 보란 듯이 셀카를 찍으며 모른 척 연기하고.
분홍, 그런 둘을 보면서 불안해하는. 그러다 급히 뛰쳐나가는데.

32. **헤라팰리스 윤희 집 앞 (저녁)**
분홍, 미친 듯 문을 두드리고 있는.

분홍 문 열어!!! 안에 있는 거 다 알아!! 하은별!! 엄마야!! 엄마 왔다구!!

33. **헤라팰리스 윤희 집 거실 (저녁)**
인터폰 화면으로 다 보고 있는 은별.
은별, 화면 속 분홍을 보며 불안해하고 떨고 있는.

34. **헤라팰리스 윤희 집 앞 (저녁)**
분홍, 쉬지 않고 문 두드리다가 문득 멈추고.

분홍 진짜 여기 없나? 그럼... 천서진?!!

35. **단태 창고 (저녁)**
단태, 매서운 눈빛을 하고 의자에 앉아있으면. 급하게 조 비서가 들어

196

서고.

단태　(조 비서를 보는) 유 대표 동선 체크하라는 건 어떻게 됐어?

조비　특별히 의심스러운 건 없었습니다.

단태　(멈칫) 없어?

조비　제니 양과 저녁식사를 하고, 집에서 시간을 보내고 계십니다.

단태　(눈 반짝) 그래? 내가 조 비서를 얼마나 믿는지 알지?

조비　(멈칫, 눈치 보고) 그 그럼요, 회장님.

단태　(바깥쪽을 향해) 들어와!

하면. 들어오는 사람, 윤철이고.

윤철　(깍듯하게 단태에게 인사하면)

단태　보고해!

윤철　네, 회장님. 일주일 동안의 유동필 행적 말씀드리겠습니다. 월요일 새벽 3시, 분수대에 쇠지렛대를 이용해 고의로 배수관을 파손시켰습니다. 화요일, 분수대 안에 생선 대가리를 넣어 썩은 내를 진동시킨 것도 유동필입니다. 수요일부터 배수관 교체를 이유로 분수대 공사를 시작했고, 매일 새벽까지 분수대 뒷벽을 부수고 있습니다. 여기, 증거사진입니다. (사진을 내밀면)

단태　(받아서 보는데. 분수대에서 쇠지렛대를 들고 있는 동필의 모습. 통에서 생선 대가리를 꺼내 분수대 안에 뿌리고 있는 모습들이고)

조비　(순간 바들바들 떨면)

단태　분수대 안에 뭐가 있길래, 우리 유 대표께서 이리 공을 들이실까. 그리고 넌! 왜 안 본 척 거짓말을 하고?!

그대로 단태의 발길질에 내동댕이쳐지는 조 비서.

조비   으악!! (머리를 쥐고 쓰러지는데)

단태   하루 종일 분수대에 붙어 서있는 놈한테, 저녁을 먹고 있다? 우리 조 비
       서, 유동필 없는 5년 동안 충분히 내 사람이 된 줄 알았더니, 아직도 유
       동필 사람이었나? 중요한 건 싹 빼고 보고하고 있었다, 그건가? 왜? 그
       깡패 새끼가 그러라고 시켰나?

조비   죄송합니다, 회장님!! (겁에 질려 바들바들 떨면)

단태   고향에 계신 부모님, 다신 보고 싶지 않나봐?

조비   (기함하고) 살려주십시오. 제발 살려주십시오, 회장님! (싹싹 빌며) 다
       신, 다신 거짓말하지 않겠습니다!!! (눈물로 호소하면)

단태   (옷매무새 바로잡고) 아! 진짜 난 정이 너무 많아서 탈이야. 또 맘이 흔들
       리네. (조 비서 멱살을 잡아 쥐며) 유동필이 분수대에 뭘 숨겨놨는지 알
       아봐! 그리고, 오윤희가 무슨 짓을 꾸미는 지도! 이번이 니가 가족을 살
       릴 수 있는 마지막 기회야!! 끌어내!

윤철   (눈 하나 깜짝 않고 냉정한 시선으로, 조 비서를 질질 끌고 나가는)

36.   헤라펠리스 윤희 집 거실(밤)
       윤희, 듀얼소닉으로 마사지하면서 생각에 잠겨있는. 수련의 말이 떠오
       르고.

수련(E) 천수지구 27번지와 펜트하우스 명의가 바뀌었어! 주단태와 석훈이 공
       동명의로!

수련(E) 석훈이 석경이 사이까지 갈라놓으려는 걸까? 어떻게 자기 자식을 저렇
       게까지 이용할 수 있는지 도저히 이해가 안돼!! (4화 22신)

윤희   (마사지 하며, E) 말도 안돼! 내가 지금 무슨 생각을 하는 거야? (고개 내
       젓다가, 멈춰 서고) 아냐. 주단태 같은 사이코라면... 오히려 가까이 두고
       괴롭힐 수도 있어! 확인해봐야겠어!

그때, 주방에서 나오는 로나. 쟁반에 먹을 것들 잔뜩 가져가면.

윤희 (로나 보고) 야식을 그렇게 많이 먹어?!

로나 실기시험 끝나니까 긴장이 풀려서. 자꾸 배가 고프네.

윤희 그래, 넘 늦게 자지 말구.

로나 알았어. (쟁반 들고 급히 방으로 가는)

37. **헤라팰리스 윤희 집 로나의 방(밤)**
로나, 방문 잠그고 돌아서면. 한쪽에 숨어있던 은별이 나오고.

로나 먹어.

은별 (쟁반을 받아드는데. 빵을 집어 드는 손이 부들부들 떨리면)

로나 걱정할 거 없어. 잘 따돌렸으니까. 당분간은 여기 오는 일 없을 거야. 근데, 진 쌤이 너한테 왜 이러는 거야?

은별 모르겠어. 엄마 얘기만 하면 발작하듯 화를 내. 집착도 점점 심해지고. 자기 눈앞에 없으면 잠시도 못 견뎌. 하루에도 전화를 백 통씩 해.

로나 대기실에서 내 핸드폰을 니 가방에 넣은 것도 진 쌤 같아.

은별 (놀라고) 뭐라? 나한테 왜?! 내가 원하는 건 다 해준다고 했는데!!

로나 이유는 나도 몰라. 속을 알 수 없는 사람이야. 천 쌤한텐 전화했어?

은별 (고개 내저으면)

로나 일단 먹고 연락해. 기다리고 계실 거야. (자신의 핸드폰을 건네는데)

38. **헤라팰리스 서진 집 거실/헤라팰리스 윤희 집 로나 방/전화통화(밤)**
초인종 소리 들리고.
단태, 인터폰을 보면. 보이는 사람, 분홍인데.

서진 (주방에서 와인 병 들고 나오며) 누구야, 이 시간에?

단태	(놀라서 얼른 인터폰 끄고) 경비실. 택배 찾아가라고.
서진	(소파에 털썩 앉아 와인을 따르는데. 걸려오는 전화. 발신자표시제한으로 뜨고) 누구세요? (하다가 굳어지는) 은별이?!
단태	(서진을 보는데)
서진	(놀라) 무슨 일 있어? 어디 아파? (하다가, 단태의 시선이 신경 쓰이면. 일부러 차갑게) 어쩐 일이야? 이렇게 늦게?
은별(F)	엄마... 그게.... 나 지금 데리러 올 수 있어?
서진	진 쌤이랑 잘 지낸다며? 찾아오지 말라고 난리 친 게 누군데? 엄마도 요즘 일 때문에 바빠. 집에 손님도 와 계시고. 당분간은 거기서 지내. 수능도 얼마 안 남았잖아. 환경 바뀌는 거 안 좋아.

은별, 울컥하고. 전화를 끊어버리면.

로나	왜? 아줌마가 뭐래? 지금 오신대?
은별	(눈물이 터져버리면. 얼굴 파묻고 울면)
로나	(당황하고) 야, 너 왜 그래?!

서진, 요동치는 감정을 가까스로 정리하고, 냉정하게 눈물 삼키는데.

단태	왜? 은별이가 집에 오겠대?
서진	오긴 어딜 와? 아냐. 신경 쓸 거 없어. (와인을 허겁지겁 마시는데. 그때, 다시 초인종 소리 들리면)
단태	내가 찾아올게. 택배. (급히 밖으로 나가는데)

39. 헤라팰리스 서진 집 앞(밤)
     단태, 밖으로 나오면. 분홍이 정신 나간 얼굴로 서있고.
     단태, 다급히 분홍의 손을 잡아끌고 복도 끝으로 가는.

단태	미쳤어? 여기가 어디라고 찾아와?!
분홍	우리 은별이... 지금 거기 있어요?!
단태	뭔 소리야, 그게!!
분홍	은별이가 사라졌어요. 로나와 석훈이가 작당하고 빼돌린 거 같은데, 어디로 갔는지 안 보여요!
단태	여긴 없어! 천서진도 모르는 거 같던데!
분홍	(불안해하며) 우리 딸... 어디로 갔지? (초점 잃은 눈)
단태	어떻게든 찾아! 천서진의 유일한 약점이라고, 잘 데리고 있으라고 했잖아! 못 찾으면 그땐, 우리 거래도 끝이야!!
분홍	(갑자기 눈이 확 돌아서) 거래? 그딴 거 필요 없어!! 난 은별이만 있으면 돼! 은별이랑 외국으로 떠나게 해준대서, 니 일 도운 거야. 내가 니 따위에 관심이나 있는 줄 알아?! 남자로 본 적 한 번도 없어! 우리 은별이 찾으면 아무도 모르는 곳으로 숨어버리겠어!! (씩씩대고 가버리면)
단태	(잠시 쫄았다가, 기막힌 듯) 저년도 오래는 못 쓰겠네.

40.   헤라팰리스 분수대 가림막 뒤(밤)
동필, 인부들과 일하고 있으면.

인부	이상하네요. 이쪽도 고장 난 거 같진 않은데. 뭐가 문제지?
동필	그래요? 내가 더 살펴볼 테니까 그만 퇴근들 하세요. 고생했어요.
인부들	수고하세요. (먼저들 가고)

동필, 유심히 뒷벽을 살피고 있으면. 그 모습을 한쪽에서 지켜보고 있는 조 비서.

동필	(그런 조 비서를 보고) 깜짝이야. 언제 왔어?
조비	방금이요.
동필	왜? 쐬주 생각나냐? 어쩌냐. 내가 그럴 시간이 없는데. 헤헤. 아버지 몸

은 괜찮으시지? 내가 몇 년 신경을 못 썼다.

조비　형님 안 계시는 동안 쭈욱 회장님께서 병원비 도와주시고 계세요.

동필　빨리 자리 털고 일어나셔야 할 텐데. 아들 덜 고생스럽게. 힘내! (조비서 어깨를 툭툭 치는. 따뜻한 형님의 모습이고)

조비　(순간 눈물이 핑 도는. 옷소매로 몰래 쓱쓱 닦고. 양심의 가책 느끼지만. 애써 독하게 맘먹고) 언제 쐬주 한잔 사주세요. 할 얘기도 있고.

동필　왜? 무슨 일인데?! 주 회장이 너 괴롭혀?! 뭐야? 응?!! (걱정돼서 보는)

41.　헤라펠리스 외경(아침)

42.　펜트하우스 주방(아침)
　　　윤희, 수련과 마주 앉아서 커피 마시고 있는.

윤희　언니, 잠 못 잤어? 안색이 너무 안 좋아.

수련　요즘 잠을 좀 설치네. 금방 괜찮아질 거야.

윤희　(책 한 권 내밀고, 의미심장한 눈빛) 언니 생각나서 샀어. 잠 안 올 때 읽어.

수련　고마워. 잘 읽을게. 아침 먹고 갈래?

윤희　그럴까? 손 좀 씻고 올게. (일어서면)

43.　펜트하우스 화장실(아침)
　　　윤희, 몰래 석훈과 석경의 칫솔을 챙겨서 지퍼락에 넣는.

44.　헤라펠리스 윤희 집 주방(아침)
　　　석훈, 주방으로 들어서면. 로나가 아침 차리다가 보고.

석훈　아줌마, 우리 집에 계셔.

로나　그래? 다행이다. (하더니, 거실 쪽을 향해) 하은별, 나와도 돼!

은별　(조심스럽게 주방으로 들어서면)

로나	간단하게 차렸는데 먹어. 울 엄마 안 와.
석훈	(아침 차리는 로나를 돕는데)
은별	(로나와 석훈 보다가 울컥하고) 왜 이렇게까지 해, 나한테?
로나/석훈	(음식 차리다가 은별을 보면)
은별	배로나 넌... 왜 항상 착한 척해? 왜 맨날 나만 나쁜 년 만드냐고? 그래서 니가 싫어! 차라리 욕하고 미워해! 그게 더 맘 편하니까! 나더러 어쩌라고 이래?! (소리치며, 아이처럼 바닥에 주저앉아 우는데)
로나	너 아직 미워. 그리고 꼭 너한테 제대로 사과 받을 거야. 근데.... 지금은 돕고 싶어. 그게 내 맘이야. 오지라퍼건 바보건 난 모르겠고, 하은별 니가 지금 행복하지 않다는 건 알겠으니까. 그만 울고 밥 먹어. 징징대지 말고.
은별	(울먹이며 로나를 보는데)
로나	제발 제대로 좀 살아! (역시 눈가 발개지지만 애써 눈물 참고 있는)
석훈	먹자. 배고프다. 로나 아줌마 음식 엄청 잘해. (앉아서 먹기 시작하고)
로나	(아무렇지 않게 같이 먹으면)
은별	(쭈뼛대다가 자리에 와서 앉는데. 눈치 보다가 숟가락 드는)

45. 헤라펠리스 주차장(아침)

윤희, 차에 올라타서 출발하는데.
조 비서, 차에 타있다가 윤희의 차를 조심스럽게 쫓아가고.

46. A유전자 검사소 복도/단태 사무실/전화통화(아침)

윤희, 복도 걸어가, 검사실 문을 열고 들어가는데.
조 비서, 모습을 드러내며 조심스럽게 단태에게 전화를 거는.

조비	지금 오윤희가 유전자 검사를 하러 왔습니다. 펜트하우스에 들렸다가 나온 걸로 봐서 아이들 검사를 맡길 거 같습니다.
단태	어떻게든 그 조사 막아! 결과를 조작해서라도 무조건 오윤희가 모르게

해야돼!!

조 비서, 복도 한쪽에서 지켜보다가, 윤희가 검사실에서 나오면. 가는 윤희를 보고, 재빨리 검사실 안으로 들어서는.

47. A유전자 검사소(아침)
     검사소 직원에게 돈 봉투를 내미는 조 비서.

조비 금방 나간 사람, 검사지 좀 체크해야겠는데요?!

48. 단태 사무실(아침)
     단태, 불안한 듯 사무실을 왔다 갔다 서성이고 있는.

단태 다 알아버린 거야?! 오윤희 그년이?!!

열 받아 주먹으로 장식품을 깨버리고. 가쁜 숨 몰아쉬며 지난 일 회상하는.

49. 회상/6년 전/헤라팰리스 분수대 공사장(밤)
     단태 앞으로 다가서는 혜인 생모(김미숙).
     단태, 혜인 생모와 마주치면, 불쾌한 표정 역력한데.

단태 또야? 그새 돈이 다 떨어졌나? 이번엔 얼마야? 얼마면 그 아가리를 닥칠 거야?
생모 (고단수 포스로) 오늘은 우리 혜인이 얘기가 아닌데? 내가 좀 더 쇼킹하고 재밌는 사실을 알아서요. 쌍둥이 친엄마 이름이 나애교 맞죠?
단태 (굳어지고) 뭐어?
생모 심수련 씨와 똑같이 생긴. 내가 우연히 나애교에 대해 알게 됐지 뭐예요. 회장님하고 아주 어릴 때부터 친구였다고. 근데! 그 여자가 쌍둥이를 낳은 적이 없다네요. 워낙 난산이어서 산부인과 간호사들이 다 기억하고 있더라고요. 혹시나 하는 맘에 회장님과 쌍둥이남매 유전자를 검사해봤죠. 근데 한 명은, 회장님 자식이 아니던데?! 그 결과는 여기 있어요. (USB 들어 보이면)

단태　(빠직하지만 아무렇지 않게) 노력이 가상하네. 돈을 한 푼이라도 더 뜯어내려고 별짓을 다하는 거 보면. 이번엔 더 많은 돈을 줘야겠는데?!

생모　대화가 통해서 다행이에요. 아름다운 회장님의 아내 심수련 씨가 충격받는 일이 없었음 좋겠어요. 자기가 낳은 쌍둥이 중 한 명은, 다른 아이와 바뀌치기 돼서 버려졌고, 또 다른 한 명은 친엄마를 계모로 알고 있고, 이 정도면 남편이 아니라 괴물 아닌가? 거기다 자기랑 똑같이 생긴 전처까지....

　　그 순간! 생모의 머리를 강타하는 나무막대! 단태의 손에 피 묻은 나무막대가 쥐어져 있으면. 피가 뚝뚝 떨어지고...
　　생모, 비명도 못 지르고 그 자리에 쓰러지는데. 즉사한 상태고.

단태　너무 많은 것을 알면, 그렇게 되는 거야. 김미숙 씨.... 10년을 줄기차게 뜯어먹었음, 배가 터질 때도 됐는데 말야!

　　그때, 동필이 헐레벌떡 뛰어오고.

동필　회장님! 무슨 일이십니까? (그러다 쓰러져있는 여자를 보고, 기겁하면) 으악!!!

단태　(그제야 피투성이인 현장이 눈에 들어오고) 사람들 못 오게 막아!

동필　지금 인부들이 식사 끝내고 들어오고 있습니다.

단태　어떻게든 막아!! (하다가 동필 붙잡고, 사정조로) 나 좀 도와줘. 이 여자 좀 대신 처리해. 평생 유 대표한테 잘할게. 우리가 같이 보낸 세월이 얼

205

마야? 유 대표! 아니, 형! 도와줄 거지? 나한텐 형밖에 없어. 내 손에 피 안 묻히게 해주겠다고 형이 약속했잖아. 제발, 응?!

동필 (갈등하는) 어서 피해! 여긴 내가 알아서 할 테니까!

단태 아무 탈 없이 해야 돼! 멀리... 아무도 못 찾는 데다 내다버려! 지문이고 뭐고 절대 나오지 않게!!

동필 어서 가라구!! (소리치면)

단태 (그대로 헐레벌떡 도망치는데)

50. 현재/단태 사무실(아침)

단태 오윤희, 니가 들쑤시면, 헤라팰리스에 피바람이 불게 돼. 그러니 아무 것도 하지 마. 아님, 니년은 죽어. (더없이 차갑고 무섭게 눈 번득하는 단태고)

51. 헤라팰리스 윤희 집 앞(낮)

석훈과 로나, 밖으로 나오는.

로나 은별이 필요한 물건들 좀 사려고. 석훈이 넌, 그냥 집에 있어. 은별이 혼자 무섭잖아.

석훈 안에 있으니까 괜찮아. (경계하듯 주변 살피다가 바이브레이트 모자 로나에게 씌워주고, 석훈도 쓰는) 너 혼자 보내는 거 불안해. 같이 가자. (로나와 함께 가는데)

그때, 비상구 문 쪽에서 나오는 석경.

석경 하루 종일 어딜 쏘다니나 했더니, 배로나랑 같이 있었다? 근데, 하은별이 왜 이 집에 있어? 셋이 친구라도 먹은 거야 뭐야? (기막힌데)

52. 헤라펠리스 분수대(낮)

석훈과 로나, 엘리베이터에서 내려 로비로 걸어가면.
벽 뒤에 숨어있던 분홍, 그 뒤를 따라가려는데. 누군가 분홍의 팔을 잡는.
분홍, 돌아보면. 석경이고.

분홍 주석경?!

석경 진 쌤이 여기서 뭐하세요?

분홍 이거 놔! 나 바빠! (로나 쫓아가려는데)

석경 하은별 찾아요?

분홍 (놀라 돌아보면) 우리 은별이 어딨는지 알아?!

석경 (교활한 웃음) 내가 좀 도와줄 수 있을 거 같은데?

53. A유전자 검사소 앞 복도(저녁)

계속 기다리고 있던 조 비서, 시계를 보는데. 그러다 못 참겠다는 듯 검사실로 들어가면.

54. A유전자 검사소 검사실(저녁)

조비 오윤희 씨, 결과 찾으러 안 왔어요?

직원 그러게요. 최대한 빨리 해달라고 부탁까지 하더니, 아직 안 오시네요.

조비 (뭔가 이상함을 느끼는데) 찾으러 오면, 내가 얘기한 결과지로 보여주면 돼요. (그때, 단태한테서 전화 오고. 받는. 죽을 맛이고) 네, 회장님. 아직 안 나타났는데요.

55. 청아그룹 단태 사무실(저녁)

단태, 폭발하는.

단태 이 멍청한 자식아!! 거기서 죽치고 기다리면 뭐해? 긴급으로 맡겼으면, 벌써 찾으러 왔겠지!! (번뜩하고) 눈치챈 게 틀림없어!! 다른 데로 튄 거

야! 당장 오윤희 찾아!! (열 받아 핸드폰 던져버리고. 초조해 미칠 지경인데)

56. B유전자 검사소 앞/윤희의 차 안(저녁)
     윤희, 차에 올라타면. 다른 이름의 검사소 봉투가 손에 들려져 있는.

57. 회상 1/A유전자 검사소 복도(낮)
     검사실에서 나온 윤희, 아무것도 모르는 듯 걸어가면.
     이어서 조 비서, 뒤따라 검사실로 들어가는데.
     복도 끝에서 모습을 드러내는 윤희. 조 비서가 검사실로 들어가는 것
     을 보는.

58. 회상 2/B유전자 검사소(낮)
     윤희, 다른 검사소로 급하게 들어서고.

윤희 최대한 빨리 해주세요. 두 사람 거예요. 돈은 원하는 대로 드릴게요!!

59. 현재/윤희의 차 안/B유전자 검사소 앞/펜트하우스 거실/전화
     통화(저녁)
     떨리는 손으로 봉투를 열어보는데. 결과지를 보고, 충격에 굳어지는
     윤희.
     〈심수련 주석훈〉〈심수련 주석경〉 각각의 결과지고.
     윤희, 바들바들 떨리는 손으로 수련에게 전화를 거는데.

윤희 언니, 지금 어디야?
수련 집인데?
윤희 아무 데도 가지 말고, 아무도 만나지 마! 내가 지금 바로 갈게.
수련 무슨 일인데 그래?
윤희 그게....!! 아냐!! 만나서 얘기해. 아주 중요한 얘기야!! 아참, 석경이는?

석경이는 어딨어?

수련 아직 안 들어왔는데?

윤희 석경이한테 전화해서 얼른 집으로 들어오라 해! 주단태 연락 절대 받지 말라 하고!! 30분 안 걸려! 금방 가!! (전화 끊는데)

수련 여보세요! 윤희 씨!! (이미 전화 끊겼고. 뭔가 불길한 예감에 휩싸이는데)

수련의 앞으로 서진이 앉아있는.

서진 오윤희야?! 대체 무슨 일을 꾸미고 다니는 거래?! 10조를 손에 넣더니, 눈에 뵈는 게 없는 모양이네.

수련 (끄덕하고) 중요한 일이 있대. 지금 이쪽으로 온다고.

서진 궁금한 게 있어. 혹시, 백준기라는 사람, 그쪽이 세팅했어?

수련 (표정 변화 없이) 왜 그렇게 생각하는데?

서진 확실하게 말해! 온갖 비밀 다 감추고 무슨 공조를 하겠다는 거야?! 이런 식이면, 공조고 뭐고 다 깨버려!! 오윤희도 너도, 난 못 믿어!! (버럭하면)

수련 (보는) 맞아! 백준기, 로건이 데려온 사람이야.

서진 로건?! (긴장하는)

수련 주단태의 약점을 쥐고 있고, 제대로 무너뜨릴 수 있는 사람이야. 니가 그 사람 방 뒤졌다는 거 알아. 뭘 알게 됐든, 뭘 보게 됐든, 입 닫고 주단태한텐 아무 것도 말하지 마. 일이 틀어질 수 있어! 각별히 조심해! 윤희 씨 오면 다 얘기할게.

서진 (그런 수련을 빤히 보는)

60. 떡볶이 집(저녁)
로나와 석훈, 떡볶이랑 치킨을 포장하고 있는. 손에 이것저것 은별의 물건들 산 쇼핑백도 들고 있고.

로나	포장해주세요. 가져가려고요.

그때, 가게로 들어서는 석경.

석경	뭐야? 오빠도 여기 있었어? 떡볶이 먹으러 온 거야?
로나/석훈	(석경 등장에 당황하는데) 석경아....
석경	여기 맛집이라고 소문났던데. 오빠도 은근 정보 빠르네. 나랑 같이 먹고 가. (자리 잡고 앉으면)
로나	우린 포장해서 갈 건데?
석경	그래? 그럼 나도 너네집에 가서 먹어도 돼?
석훈	(당황하고) 아냐! 그냥 여기서 먹어. (자리에 앉으면)
로나	(어쩔 수 없이 같이 앉는데)

컷 되고. 로나와 석훈, 석경, 마주 앉아서 치킨과 떡볶이 먹고 있고.

석경	(치킨과 떡볶이 같이 먹으며) 치킨이랑 떡볶이랑 같이 먹으니까 맛있네.
로나/석훈	(시계 보면서, 혼자 있는 은별이 걱정되는데. 서로 시선 주고받는)
석경	(그런 두 사람의 시선 즐기면서 일부러 천천히 먹는. 그때, 수련한테서 전화 오면. 거절 눌러버리고. 은밀히 분홍에게 톡 하는데)

61. 헤라팰리스 윤희 집 앞(저녁)
서성이는 분홍에게 석경의 문자 오는.

석경(E)	애들은 내가 잡고 있어요.

분홍, 뭔가 결심한 듯 윤희 집 벨을 누르는데.

62. 헤라팰리스 윤희 집 거실(저녁)

은별, 인터폰을 보면 얼굴 안 보이고. 돌아서려는데, 서진의 목소리 들리는.

서진(E) 은별아... 엄마야...

은별 (눈 번쩍하고. 반갑게) 엄마?!! (다급히 현관으로 뛰어가는)

63. 헤라팰리스 윤희 집 앞(저녁)

반갑게 문을 확 여는 은별.

은별 엄마!! (하고 보면. 서있는 사람, 핸드폰을 흔들고 있는 분홍이고. 핸드폰에서 녹음된 서진 목소리가 흘러나오고 있는. 굳어지고) 악!! (얼른 다시 문을 닫으려고 하면)

분홍 (문을 꽉 잡고) 우리 딸, 여기 있었구나?! (은별의 입을 틀어막는 분홍)

64. 헤라팰리스 주차장/윤희의 차 안(저녁)

들어서는 윤희의 차. 윤희, 주차하고 급히 차에서 내리는데.
분홍이 휠체어를 밀고 주차장으로 들어서는 게 보이고. 휠체어에 탄 사람은 담요로 덮여져 얼굴 안 보이는데.

윤희 (멈칫. 분홍에게 다가서고) 진 쌤? 진 쌤이 여긴 무슨 일로...?

분홍 (흥분 상태) 상관하지 말고, 니 갈 길이나 가!!

분홍, 휠체어에 탄 누군가를 담요째 끙끙대며 차에 싣는데.

윤희 (수상쩍고) 뭐하는 거예요? 거기 누구예요? (담요를 확 걷어보면. 정신을 잃고 누워있는 은별이고! 기겁해서) 하은별? 당신, 지금 뭐하는 거야?!!

분홍 신경 쓰지 말라고!! 비키지 못 해!! (은별을 차 뒷좌석에 밀어 넣고. 휠체

어는 내버리고, 운전석으로 달려가 차 출발하는데)

윤희　진 쌤! 진 쌤! (어쩔 줄 몰라 망설이다, 그대로 다시 자신의 차에 올라타고. 급히 분홍의 차를 뒤쫓는데)

65.　도로 일각/윤희의 차 안/분홍의 차 안 (저녁)
미친 듯 달리는 분홍의 차. 그리고 그 뒤를 바짝 따라붙는 윤희.

분홍　(사이드미러로 윤희 차 확인하고) 저 미친 게 왜 따라오는 거야? (다급히 단태에게 전화를 거는) 하은별을 찾았어요. 지금 떠나려고 하는데, 오윤희가 쫓아와요! 나 좀 도와줘요!

66.　청아그룹 단태 사무실 (저녁)
단태, 분홍의 전화에 화색이 돌고.

단태　오윤희?!! 오윤희가 거기 있다고? (기괴하게 일그러지는 단태의 표정) 그럼 당연히 내가 도와야지. 내가 말하는 곳으로 오윤희를 유인해! 내가 잘 따돌려줄 테니까!

핸드폰 끊으면. 단태 앞에 무릎 꿇고 찌그러져 있는 조 비서가 보이고.

단태　뭐해? 당장 차 준비시켜!! 머저리 같은 놈!!
조비　네! (뛰쳐나가면)
단태　(겉옷 걸치고 나가려다, 멈칫하고) 잠깐! (천천히 고개 돌려 조 비서를 보는) 유 대표는, 잘 감시하고 있지?
조비　(독해진 눈빛) 네, 회장님.
단태　그럼, 석경이한테 전화 좀 해. 내가, 김포 별장에서 보자 한다고! 오윤희를 없애려면, 날 도와줄 조연들이 필요해. 유동필, 진분홍, 그리고..... 주석경! (의미심장한 표정)

67. 펜트하우스 거실/윤희의 차 안/해안도로 일각 (저녁)
   서진과 수련, 기다리고 있으면.

서진 왜 이렇게 안 와? 30분이면 온다면서?

수련 모르겠어. 무슨 일이 생긴 거 같아. 맘이 불안해! (초조해서 서성이는데)

   그때, 거실로 석훈과 로나가 뛰어 들어오고.

석훈 엄마! 큰일 났어요!!

수련 (돌아보면, 하얗게 질린 석훈과 로나가 서있고) 왜?! 무슨 일인데?!!

석훈 은별이가 없어졌어요!! 좀 전까지도 로나 집에 있었는데, 잠깐 나갔다 온 사이에 사라졌어요!! 문도 열려있고, 핸드폰도 두고 갔어요!!

서진 (벌떡 일어서고) 그게 무슨 말이야?!! 은별이가 왜 로나 집에 있어?!!

로나 (거의 울듯이) 진 쌤이 은별이를 괴롭히는 거 같아서, 은별이를 우리 집에 숨겨놨어요.

서진 (역시 하얗게 질려서, 로나를 붙잡고) 그걸 왜 이제 말해? 진 쌤이 우리 은별이한테 무슨 짓을 했는데!! 은별이 어딨어?!! 어디 간 거야?!! 나한테 먼저 말을 했어야지!!

로나 은별이가 전화했는데, 데리러 와달라고...

서진 (순간 가슴이 덜컥하고. 그때 윤희에게 전화 걸려오고. 정신없이 받는) 오윤희?! 무슨 일이야?!!

윤희(F) 은별이가, 진 쌤한테 납치됐어!!

서진 납치라니?!! 거기가 어디야? 정확한 위치를 말해!! (소리치면)

수련/석훈/로나 (납치라는 말에 기겁하고)

윤희 김포 쪽으로 가고 있어. 자세한 건, 도착하면 알려줄게. 일단, 빨리!! 빨리 경찰에 신고부터 해!! 은별이가 위험하다고!!

서진 잡아!! 무슨 수를 써서라도 잡아야 돼!! 절대 우리 은별이 놓치면 안 돼, 오윤희!!! (온몸 떨리는) 부탁이야... 우리 은별이 살려줘. 제발.. 오윤희!!!

윤희	끊어! 얘기할 시간 없어!

윤희, 차선을 넘다가, 사고 날 뻔해서 끼익— 멈춰 서는데. 계속 속도를 높이는 분홍의 차를 놓치고.
윤희, 다시 전속력으로 분홍의 차를 쫓아가는.

68. 펜트하우스 거실(밤)
서진, 미친 듯이 분홍에게 전화하는데. 받지 않고.

서진	왜 전화 안 받아?!! 어떡해! 어떡해... 우리 은별이 어떡해!! (울부짖으면)
수련	얼른 경찰에 신고해!! 지체할 시간 없어! (자기 핸드폰으로 신고하는. 덜덜 떨리는 목소리) 여보세요. 납치 사건이에요! 이름은 하은별! 고3이고, 지금 김포 쪽에 있다는데, 자세한 건 아직 몰라요!
서진	(눈 멍해져서) 내가 가봐야겠어! 우리 은별이, 얼마나 무서울 거야.... 은별아!!! 은별아!! (정신없이 뛰쳐나가면)
수련	천서진!!! (핸드폰 든 채 쫓아가는)
로나	엄마가 은별이를 쫓고 있는 거야? 무슨 일 생기면 어떡해... (울면)
석훈	(그런 로나를 안아주는데. 걱정되는 건 마찬가지고)

69. 단태의 김포농원 별장(밤)
석경, 별장 안으로 들어서면. 아무도 없고.

석경	아빠! 아빠 어딨어요? 아빠!!!

그 순간! 바깥쪽에서 문이 잠기는 소리 들리고.
석경, 뭔가 스산한 기분 들면서 섬뜩해 휙 뒤돌아보면. 어두운 그림자가 석경을 덮치는!

석경   아악! (비명 지르고 보면, 단정하게 옷 차려입은 헬퍼고. 그제야 가쁜 숨 내
        쉬며 안도하는) 놀랐잖아요!

헬퍼   (정중하게) 오셨어요? 회장님 아직 도착 안 하셨는데, 이거 드시면서 기
        다리세요. (주스와 간식 내려놓는)

석경   (주스 마시면서, 소파에 앉아 별장 둘러보는데. 뭔가 불길한 느낌...)

70.   분홍의 차 안/단태와 약속장소/김포농원 앞(밤)
        분홍, 단태와 약속한 장소에 멈춰 서면.
        "김포농원"이라는 표지판을 보고 차에서 내리는데. 뒷좌석에 은별이
        정신 잃고 쓰러져 있고.
        그때! 정장남이 분홍 뒤로 다가오더니, 분홍에게 보자기를 씌우는.
        단태, 먼저 와서 기다리고 있다가, 조 비서와 함께 걸어오고.

단태   일단 이년부터 치워!

조비   네! (정장남에게 지시하면)

        조 비서와 정장남들, 보자기를 씌운 채 분홍을 끌고 구석진 곳으로 데
        려가는데.
        그때! 뒤에서 분홍의 차가 시동 걸리는 소리가 들리고.
        단태, 놀란 듯 돌아보면.
        언제 왔는지, 이미 분홍의 차 운전석에 올라타 있는 윤희, 차를 빼돌려
        은별을 데리고 달아나는데!

단태   오윤희?!! 뭐야?!! 거기 서!! (조 비서와 정장남들은 이미 멀리 떨어져 있
        고. 어쩔 수 없다는 듯 운전석에 올라타고. 다급히 윤희의 차를 몰아 분홍 차
        를 쫓는데)

71.   해안도로 일각/분홍의 차 안/윤희의 차 안(밤)

분홍의 차와 윤희의 차, 구불구불한 해안도로를 위태롭게 달리고 있는.

분홍의 차(윤희가 운전하는), 위험한 곡예 운전을 거듭하는데.

그 뒤를 바짝 쫓아오는 윤희의 차(단태가 운전하는), 추격전을 시작하고.

계속해서 급커브를 도는 차. 핸들이 마구 왼쪽 오른쪽으로 꺾이고. 도
로 옆으로는 아스라한 낭떠러지가 계속되는데.

단태, 핸들을 내리치고, 클랙슨을 울리면서 점점 흥분해 속도를 더 높
이는데!

윤희도 액셀을 있는 대로 밟고 도망치고!!

윤희   (미친 듯이 운전하며, 뒤에 있는 은별을 보며) 은별아! 정신 차려!! 하은
별!! 내 말 안 들려?!! (죽을 듯이 소리 지르는데. 은별은 깨나지 않고) 언
니한테 말해줘야 되는데... 석경이가... 언니 딸이라고.... 언니 딸, 내가
꼭 찾아줘야 해!! (울면서 핸드폰을 찾아 손에 들려는데. 뒷차가 들이박을
기세로 쫓아오는 통에 핸드폰을 놓쳐버리고 마는. 조수석 아래에 떨어진 핸
드폰)

그러다 바다로 이어지는 급커브길로 잘못 들어선 윤희. 놀라서 급정거
하면! 벼랑 끝에서 가까스로 멈춰 서는데. 바로 아래에 시퍼런 바다가
보이는.

기겁해서 재빨리 차를 후진시키면. 오른쪽 차 앞바퀴가 돌부리에 걸린
듯 공회전하면서 꼼짝 않고. 마음 다급한 윤희, 액셀을 힘껏 밟지만, 계
속 제자리에서 돌 뿐이고!

윤희, 어쩔 수 없이 시동 켜놓은 상태로 차에서 내려, 바퀴 아래에 걸린
큰 돌을 빼내려는데. 손으로 마구 흙을 파면서 돌을 빼내려는 순간!

그때, 단태가 탄 차가 벼랑으로 들어서고. 뒤에서 분홍의 차를 막아버
리는데!

벼랑 끝으로 몰린 분홍의 차! 시퍼런 바다가 굽이치는 절벽에 오도 가

도 못 하며 갇혀버린!

72. 도로/수련의 차 안(밤)
수련, 운전하고 있으면. 조수석에서 서진이 도 비서와 통화하고 있는.

서진 아직도 못 찾았어? 오윤희 차부터 찾으란 말야! 김포를 다 뒤져서라도 찾아내!! (그러다 수련 보면) 오윤희는?!

수련 전화 안 받아!!

서진 다 내 잘못이야... 은별이를 거기 두는 게 아니었어. 나더러 데리러 와달라 했는데, 그 전화까지 끊어버렸어. 내가 미쳤어!! 주단태 그깟 놈이 뭐라고!!!

수련 진정해! 지금 운다고 뭐가 해결돼? 차분하게 생각해! 그래야 은별이 살려!!

서진 빨리 좀 가줘. 우리 은별이한테 무슨 일 생기면, 나 죽어! 그 여자가 무슨 짓을 할지 몰라. 어떡해! 어떡해! (울고불고 난린데)

수련 별일 없을 거야... 윤희 씨가 잘 데리고 있을 거야. 틀림없이! (그러면서도 불안해서 속도를 높이는)

73. 김포 벼랑 위/분홍의 차 안/윤희의 차 안(밤)
경사진 벼랑 위에 위태롭게 서있는 분홍의 차.
단태, 해괴한 웃음을 지으며 분홍의 차를 뒤에서 밀면. 바다 쪽으로 점점 밀려가는 윤희. 죽을힘 다해 안 밀리려고 분홍의 차 보닛을 두 팔로 막고 서있는데.
아래쪽으로 경사 내리막은 점점 심해지고. 큰 돌 하나가 바퀴를 막고 있는 상황.

윤희 (거의 울듯이 차 안에 타있는 은별에게 소리치는) 은별아! 일어나! 하은별! 이러다 죽어!! 제발, 제발 정신 차려!!!

소리치는 사이에도 차는 점점 절벽으로 미끄러져 가고. 바다가 바로 코앞인데!

윤희　(단태를 향해 미친 듯이 소리치는) 그만해애애!!! 오지 말라고!!! 애가 타 있어!! 애한테 장난치면 죽어!!

윤희, 필사적으로 분홍의 차를 온힘을 다해 붙잡고 있는.
그때, 멀리서 경찰차 소리 들리는. 눈이 번쩍하는 윤희고!
단태도 놀라는. 그 순간 단태! 운전대를 꽉 잡더니, 액셀을 밟은 발에 힘껏 힘을 주는데!! 당장 앞차를 낭떠러지 아래로 날려버릴 듯, 살기에 찬 단태의 눈빛!
윤희의 비명 소리! 아아아악!!!!!

74.　**헤라팰리스 윤희 집 거실(밤)**
　　　로나, 윤희에게 계속 전화하지만 받지 않고.

로나　엄마.... 아무 일 없는 거지? 제발 전화 받아, 엄마!!!! (미칠 지경이고)

75.　**해안도로/수련의 차 안(밤)**
　　　서진을 태운 수련의 차, 해안도로를 질주해서 달리고 있는.

서진　(눈물범벅) 윤희야... 우리 은별이 꼭 살려줘... 평생 너한테 용서 빌며 살게. 니가 원하는 거 뭐든 다 할게. 죽으라면 죽을게. 그러니까 제발... 부탁해, 윤희야.... (너무도 간절한데. 그때 경찰차 사이렌 소리 들리면)
수련　(반갑게) 경찰차야!! 경찰이 도착했어!! 이제 찾을 수 있어!!

〈 시간 경과 〉

76. **3화 61신/헤라펠리스 분수대(이른 새벽)**
인적 없는 분수대 로비에 켜져있던 조명이 깜빡 깜빡이더니, 꺼지고.
이내 암흑이 뒤덮은 공간에 검은 복장의 누군가, 분수대로 다가가는.
쾅! 하고 번개가 치자, 찰나의 빛이 얼굴을 비추는데. 동필이다!
가림막 안으로 들어서는 동필의 얼굴 클로즈업되고.

77. **3화 엔딩 연결/헤라펠리스 분수대/헤라펠리스 로비/교차편
집(이른 새벽)**
가림막 안) 쾅! 하며 번개 내리친 소리와 함께. 분수대 뒷벽을 부숴버
리는 동필.
몇 번의 번개와 천둥소리 뒤에, 부서진 벽에서 투명비닐에 싸여있는
백골사체가 드러나는데! 잔뜩 몸을 웅크리고 있는 여자 시신이고!
투명비닐에 싸인 시신을 바라보는 일그러진 동필의 모습!
그때! 부서진 벽 옆쪽이 같이 무너지면서 백골사체 옆으로 또 하나의
사체가 모습을 드러내는데! 윤희의 시체고!
동필, 죽은 윤희를 보고 기겁해 비명 내지르는.

동필 으아악!!!

동필, 기겁해서 뒷걸음질 치다가 자빠지며 마구 도망치는데.
분수대의 조명이 반짝! 환하게 켜지고.
가림막이 스르륵 걷히면서, 단태가 나타나는.

단태 살인자 유동필 씨, 어딜 도망가시나?

덫에 걸린 동필의 사색된 모습과, 동필을 보는 단태의 사악한 미소에
서 엔딩!!

5화

악인은 불의의 이익을 탐하나

1. 4화 엔딩 연결/헤라팰리스 분수대/헤라팰리스 로비/교차편
    집(이른 새벽)
    가림막 안) 부서진 벽 옆쪽이 같이 무너지면서 백골사체 옆으로 또 하
    나의 사체가 모습을 드러내는데! 윤희의 시체고!

동필   (기겁해서 비명 내지르는) 으아악!!!

    그 위로, 떠오르는 자막.〈10시간 전〉

2. 동필의 차 안/청아그룹 주차장 일각(밤)
    동필, 차를 몰고 주차장 입구 쪽에 서면. 조 비서가 기다리고 있고.

동필   뭐해? 인마! 얼른 타!
조비   (당장이라도 울 것 같은 표정)
동필   짜식! 감동 먹었냐? 뭘 이만한 일로. 내가 아무리 바빠도 니 술 한잔 사줄
         시간 없겠냐. 아, 쌍노무새끼. 얼른 안 타! 나 그냥 간다! (으름장 놓으면)
조비   (차 조수석에 올라타고. 독하게 동필의 뒷목에 주사바늘을 꽂는데)
동필   (그대로 푹 쓰러지는 동필)
조비   (재빨리 차에서 내리고, 달려오는 정장남들에게 매섭게) 별장으로 옮겨!

3. 4화 69신 연결/단태의 김포농원 별장(밤)
    정장남들, 기절한 동필을 데리고 별장으로 들어서는. 별장 한쪽 소파
    에 던져버리고 사라지는데.
    컷 되면. 석경이 별장 안으로 들어서는. 아무도 없고.

석경   아빠! 아빠 어딨어요? 아빠!!! (석경의 시선에서는 동필 안 보이고)
         그 순간! 바깥쪽에서 문이 잠기는 소리 들리고.
         석경, 뭔가 스산한 기분 들면서 섬뜩해 휙 뒤돌아보면. 어두운 그림자

가 석경을 덮치는!

석경   아악! (비명 지르고 보면, 단정하게 옷 차려입은 헬퍼고. 그제야 가쁜 숨 내 쉬며 안도하는) 놀랬잖아요!

헬퍼   (정중하게) 오셨어요? 회장님 아직 도착 안 하셨는데, 이거 드시면서 기 다리세요. (주스와 간식 내려놓는)

석경   (주스 마시면서, 소파에 앉아 별장 둘러보는데. 뭔가 불길한 느낌... 점점 시 야가 뿌옇게 아련해지면) 왜 이러지, 갑자기?

헬퍼   (야릇하게 보며) 졸리나보네. 방으로 가서 좀 누워요.

4.   4화 70신 / 분홍의 차 안 / 단태와 약속장소 / 김포농원 앞(밤)
　　　　분홍, 단태와 약속한 장소에 멈춰 서면.
　　　　"김포농원"이라는 표지판을 보고 차에서 내리는데. 뒷좌석에 은별이
　　　　정신 잃고 쓰러져 있고.
　　　　그때! 정장남이 분홍 뒤로 다가오더니, 분홍에게 보자기를 씌우는.
　　　　단태, 먼저 와서 기다리고 있다가, 조 비서와 함께 걸어오고.

단태   일단 이년부터 치워!

조비   네! (정장남에게 지시하면)

　　　　조 비서와 정장남들, 보자기를 씌운 채 분홍을 끌고 구석진 곳으로 데 려가는데.
　　　　그때! 뒤에서 분홍의 차가 시동 걸리는 소리가 들리고. 단태, 놀란 듯 돌아보면.
　　　　이미 분홍의 차 운전석에 올라타 있는 윤희, 차를 돌려 은별을 데리고 달아나는데!

단태   오윤희?!! 뭐야?!! 거기 서!! (조 비서와 정장남들은 이미 멀리 떨어져 있고.

어쩔 수 없다는 듯 운전석에 올라타고. 다급히 윤희의 차를 몰아 분홍 차를 쫓는데. 갑자기 확 표정 바뀌고) 오윤희! 니가 죽으려고 작정을 했구나!!

5.   4화 71신/해안도로 일각/분홍의 차 안/윤희의 차 안 (밤)
     분홍의 차와 윤희의 차, 구불구불한 해안도로를 위태롭게 달리고 있는.
     그러다 바다로 이어지는 급커브길로 잘못 들어선 윤희. 놀라서 급정거
     하면! 벼랑 끝에서 가까스로 멈춰 서는데. 바로 아래에 시퍼런 바다가
     보이는.
     기겁해서 재빨리 차를 후진시키면. 오른쪽 차 앞바퀴가 돌부리에 걸린
     듯 공회전하면서 꼼짝 않고. 마음 다급한 윤희, 액셀을 힘껏 밟지만, 계
     속 제자리에서 돌 뿐이고!
     윤희, 어쩔 수 없이 시동 켜놓은 상태로 차에서 내려, 바퀴 아래에 걸린
     큰 돌을 빼내려는데. 손으로 마구 흙을 파면서 돌을 빼내려는 순간!
     그때, 단태가 탄 차가 벼랑으로 들어서고. 뒤에서 분홍의 차를 막아버
     리는데!
     벼랑 끝으로 몰린 분홍의 차! 시퍼런 바다가 굽이치는 절벽에 오도 가
     도 못 하며 갇혀버린!

6.   4화 75신 연결/해안도로/수련의 차 안 (밤)
     서진을 태운 수련의 차, 해안도로를 질주해서 달리고 있는.

수련   (반갑게) 경찰차야!! 경찰이 도착했어!! 이제 찾을 수 있어!!

     끼익--! 수련, 급하게 차 세우고, 서진과 함께 급히 차에서 내리면.
     경찰차에서 경찰들도 내리고.

서진   (경찰에게 다급하게 다가서며) 우리 은별이 찾았어요?!
경찰1 아직요! 차량 번호가 8875라고 했죠? CCTV 확인 결과, 김포 톨게이

트로 들어온 건 확인했어요. 나간 흔적은 없구요.

수련 그럼 아직 김포에 있다는 소리네요. 수색인력을 늘려주세요!

서진 (미친 듯 소리치는) 이러고 있을 시간이 어딨어?! 그년이 우리 은별이한 테 무슨 짓 하면 어쩌려고!! 아무도 못 믿어! 내가 찾을 거야!! 내가!! 은 별아... 은별아...!! (깜깜한 길을 정신없이 뛰어가는데)

수련 천서진! 어디 가!! 기다려!!

경찰1 (급히 차에 타려는 수련을 붙잡고) 은별 양을 쫓고 있는 사람이 있다고요?

수련 네. 오윤희라고... 그 친구 아니었음, 납치 사실도 몰랐을 거예요. (다급 하게 핸드폰으로 윤희 사진을 보여주면)

경찰 오윤희 씨 차량 번호는 어떻게 되죠?

수련 그게... (생각 더듬다가) 3582요!

경찰2 (경찰차에서 내리며) 방금 목격자 신고가 들어왔습니다. 하얀색 소형차 한 대가 해안도로를 따라서 인천 쪽으로 갔다는데요.

수련 맞아요! 하얀색 소형차예요!

경찰2 인천 방향에도 수색인원을 보내겠습니다.

수련 은별이, 꼭 찾아주세요! 부탁드립니다!! (그러다 뒤돌아보면, 서진이 없고)

수련, 급하게 차에 올라타고. 어둠 속으로 다시 차 출발시키는데.
운전하면서 창밖을 두리번거리며 서진을 찾지만, 서진 모습 안 보이 고. 계속해서 전화해도 받지 않는데.

수련 어딨는 거야, 천서진!!! 전화 받아!!!

7. 김포 해안도로/벼랑 근처(밤)
    서진, 핸드폰 손전등을 켠 채로, 바닥에 나있는 차 바퀴자국을 따라서 본능적으로 뛰고 있는.

서진 은별아!! 엄마 가고 있어!! 좀만... 좀만 더 기다려... (애타는데)

8.   4화 73신 연결/김포 벼랑 위/분홍의 차 안/윤희의 차 안(밤)
경사진 벼랑 위에 위태롭게 서있는 분홍의 차.
단태, 해괴한 웃음을 지으며 분홍의 차를 뒤에서 밀면. 바다 쪽으로 점점 밀려가는 윤희. 죽을힘 다해 안 밀리려고 분홍의 차 보닛을 두 팔로 막고 서있는데.
아래쪽으로 경사 내리막은 점점 심해지고.

윤희   (거의 울듯이 차 안에 타있는 은별에게 소리치는) 은별아! 일어나! 하은별! 이러다 죽어!! 제발, 제발 정신 차려!!!

소리치는 사이에도 차는 점점 절벽으로 미끄러져 가고. 바다가 바로 코앞인데!

윤희   (단태를 향해 미친 듯이 소리치는) 그만해애애!!! 오지 말라고!!! 애가 타있어!! 애한테 장난치면 죽어!!

윤희, 필사적으로 분홍의 차를 온힘을 다해 붙잡고 있는.
그때, 멀리서 경찰차 소리 들리는. 눈이 번쩍하는 윤희고!
단태도 놀라는. 그 순간 단태! 운전대를 꽉 잡더니, 액셀을 밟은 발에 힘껏 힘을 주는데!! 당장 앞차를 낭떠러지 아래로 날려버릴 듯, 살기에 찬 단태의 눈빛!
액셀을 밟으면, 경사진 비탈길을 내려가는 차에 가속이 붙고.
윤희, 죽을힘 다해 보닛을 막고 있는 팔에 점점 힘이 빠지면서 발이 뒤로 밀리는데. 그럴수록 가까워지는 사이렌 소리와 함께, 차량 불빛들이 비춰지고.
단태, 조급해지는. 어쩔 수 없이 옆자리에 있는 유전자검사 봉투를 들고, 차키를 뽑아 차에서 내리는데.

윤희	(차에서 내린 단태를 보면) 이 개자식아!!!
단태	어차피 끝날 인생 뭘 그렇게 용을 쓰시나. 잘 가시게, 오윤희! (유전자검사 봉투를 흔들어 보이고. 차키를 멀리 던지고는 웃으며 가버리면)
윤희	(눈물 터지고. 이 악문 채) 도와주세요!! 사람 살려요!!!!

윤희의 발, 더 이상 한 뼘도 버틸 공간이 없이 막다른 벼랑까지 밀리는데. 그 순간! 섬망 증세를 느끼는 윤희! 윤희의 앞에 서있는 사람, 수련이고.

수련	윤희 씨... 나한테 말하려고 했던 게 뭐야? 중요한 이야기가 뭐였어?!
윤희	(필사적으로 차를 막아선 채) 언니... 언니 딸 살아있어... 석경이가 언니 친딸이야... 석경이가... (눈물이 또로록 흐르는데)

이어지는 윤희의 비명 소리! 아아아악!!!!!

9. **김포 해안도로/벼랑 근처**(밤)
방금 생긴 듯 비교적 선명하게 찍혀있는 바퀴자국을 향해 뛰어가는 서진의 귀에 윤희의 목소리가 들려오는.

윤희(E)	아아아악!!!
서진	(눈 번쩍하고) 오윤희!!! 오윤희 어딨어?!! (소리 나는 쪽으로 달려가고)

10. **김포 해안도로/수련의 차 안**(밤)
수련, 깜깜한 길을 헤매듯 운전하면서, 윤희와 서진을 찾고 있는데.
그때! 엄청난 굉음이 연이어 들리고. 꽝!!!! 꽝!!! 풍덩! 풍덩!!
순간! 가슴이 철렁하는 수련!!
얼굴이 하얗게 질린 채, 불길한 예감에 휩싸이고. 다급하게 갓길에 차를 세우고 내리는. 소리 난 곳을 향해 미친 듯이 뛰기 시작하는 수련이고!
그때, 수련의 옆으로 차 한 대가 지나가는데. 조 비서의 차고.

11.　　김포 해안도로/조 비서의 차 안(밤)
　　　　조 비서가 운전하고, 뒷좌석에 단태가 타있는.
　　　　단태, 유전자검사 봉투를 열어보는데. 아무것도 없고.

단태　　뭐야? 왜 없어? (열 받아 봉투를 구겨버리고) 겁대가리 없는 년!! 오윤희
　　　　찾아!! 바닷속을 샅샅이 뒤져서라도 찾아내!! 빨리!!!

12.　　김포 벼랑 위(밤)
　　　　수련, 다급히 벼랑 쪽으로 달려가면.
　　　　서진이 기절한 은별을 붙잡고 울부짖고 있고. 차는 보이지 않는.

서진　　은별아!! 은별아!! 정신 차려!! 엄마야!!! 눈 좀 떠봐!!!! 엄마 좀 봐!!!!
수련　　(서진에게 달려가는) 어떻게 된 거야? 은별이 괜찮은 거지?! (다급히 숨을
　　　　확인하는데, 숨 쉬는 게 느껴지고) 숨 쉬고 있어! (얼굴 살피며) 외상도 없는
　　　　거 같고! 다행이다 정말... (그러다 주변 둘러보는데. 윤희 없고) 윤희 씨는?
서진　　(흥분 상태고) 너만 혼자 둬서 미안해!! 다 엄마 잘못이야!!! 은별아!!!!
　　　　정신 차려!! (우느라 정신없고)
수련　　(점점 불안감에 휩싸이는데, 서진을 잡아 흔들며) 윤희 씨 어딨어!! 대답
　　　　좀 해!!! 윤희 씨 못 봤냐고?!!!

　　　　그 순간! 수련의 눈에 낯익은 구두 한 짝이 보이는데. 윤희의 구두고.
　　　　덜컹하는 수련! 다급히 벼랑 아래를 내려다보는.

수련　　아아악!!!!!

13.　　헤라팰리스 윤희 집 거실(밤)
　　　　안절부절못하는 로나. 초인종 소리에 놀라 돌아보는데.

14.　헤라팰리스 윤희 집 앞(밤)
　　　로나, 다급히 문 열고 나가면. 서있는 사람, 석훈이고.

석훈　아직 아무 연락 없지?

로나　(고개 끄덕이고) 석훈아, 우리 엄마, 별일 없겠지?

석훈　당연하지. 엄마가 찾으러 갔으니까 곧 연락 올 거야. 우리 엄마, 믿지?

로나　응. 믿는데... 자꾸만 나쁜 생각이 들어. 불안해서 미치겠어... 우리 엄마
　　　한테 무슨 일 생기면, 나 정말 못 살 거 같아. (온몸이 떨리면)

석훈　그런 소릴 왜 해. 아줌마 꼭 돌아와. 니가 있는데, 아줌마한테 무슨 일이 생
　　　겨? 절대 나쁜 일 없어. (로나를 안아 안심시키는데, 불안한 건 마찬가지고)

15.　벼랑 아래쪽(밤)
　　　조 비서와 정장남들 민첩하게 달려오고.

조비　찾아!!! 최대한 빨리!!!

　　　조 비서와 정장남들, 손전등을 비춰가며, 여기저기로 일사분란하게 흩
　　　어져서 윤희를 찾기 시작하는. 빠르고 긴밀하게 움직이는 사람들.

16.　김포 벼랑 위(밤)
　　　요란한 경찰차 소리. 경찰들 달려오고.

경찰2　이쪽입니다!!!

　　　경찰들, 은별을 안고 넋이 나간 채로 울고 있는 서진을 부축하면.
　　　다른 경찰들은 절벽 아래쪽을 불빛으로 비춰보는데.

수련　(서진을 잡아 흔들며) 윤희 씨 어딨냐고!!! 말해, 천서진!!!

서진	(그제야 텅 빈 눈으로 수련을 보는데) 내가 왔을 때는 아무도 없었어. 은별이만 쓰러져있었어.
수련	!!! (순간 가슴 덜컥하고. 윤희의 한쪽 구두를 손에 꼭 쥔 채, 경찰에게) 윤희가 바다에 빠진 거 같아요! 쾅음소리가 났고, 틀림없이 여기서 무슨 일이 있었던 거예요!! (겁에 질린 듯 소리치면)
경찰1	(서진에게) 현장에 도착했을 때 상황 좀 말씀해주시죠!
서진	안개가 자욱해서 제대로 본 건 없어요. 비명 소리를 듣고 달려왔는데, 은별이 말곤 아무도 없었어요.
수련	(서진을 잡아 쥐며) 똑바로 말해!!! 정말 윤희 씨 못 봤어?!!
서진	(괴로운 듯, 눈물 그렁이며) 아무것도 못 봤어!!
경찰2	(벼랑 아래로 플래시를 비춰보다가) 벼랑 아래쪽으로 차량 두 대가 낙하한 것 같습니다!
수련	(기겁하고, 경찰을 붙든 채) 빨리 수색팀 보내주세요!! 급해요!! 윤희 찾아야 돼요!! 차가 바다에 가라앉기라도 하면....
경찰1	(난감) 시간도 늦은 데다, 비까지 예고된 상태라 쉽진 않을 겁니다. 일단 날이 밝아야...
수련	(울부짖는) 그럼 윤희 죽는다고요!! 어떻게 손 놓고 기다려요?! 사람이 죽는데!! 제발 도와줘요!! 우리 윤희 살려주세요!!!
경찰1	(다급히 무전 치는) 잠수부 섭외해! 당장 투입할 수 있는 민간 잠수부도 찾아봐!

그때, 앰뷸런스 소리 들리고. 앰뷸런스로 실려가는 은별이고.
서진, 은별을 쫓아 흐느끼면서 앰뷸런스로 따라가는데.

수련	윤희 씨!!!! 윤희 씨!!!! (미친 듯이 벼랑 끝으로 뛰어가면서 소리치면)
경찰1	(그런 수련을 붙들고) 위험해요!! (경찰들에게) 비 쏟아지기 전에 수색 시작해!!

그때, 우르르 쾅쾅! 요란하게 천둥 번개가 치는.

수련, 하늘을 올려다보면. 불길한 먹구름이 빠르게 움직이고 있는데.

17. 단태의 김포농원 별장(새벽)

쾌쾅쾅!!! 소리에 눈을 번쩍 뜨는 동필, 벌떡 일어나는데. 깨질 듯하게
머리 아프고.

동필   (주위를 둘러보면. 낯선 곳이다.) 여기가 어디야? 내가 왜 여깄어? (기억
을 떠올려보는데. 플래시백으로 5화 2신. 주차장에서 자신의 차에 올라타던
조 비서에서 기억이 멈춰 서고) 이 새끼가 설마!! (얼른 조 비서에게 전화
거는데) 이 개자식아!! 너 나한테 뭔 짓을 한 거야?

조비(F)   어쩔 수 없었어요. 회장님이 형님을 의심하고 있어요. 분수대 공사에
뭔가 있다고 생각하세요.

동필   (멈칫) 뭐?

조비(F)   형님 다칠까봐 손쓴 거예요. 그러니까 여기서 그만두세요!

동필   (그대로 전화 끊어버리고, 허둥지둥) 절대 뺏기면 안 돼!! 내가 결백하다
는 유일한 증거야!! (정신없이 별장을 뛰어나가는 동필)

동필이 나가는 모습을 CCTV가 찍고 있고.

18. 헤라팰리스 전경(이른 새벽)

19. 헤라팰리스 분수대 로비/가림막 안(이른 새벽)

단태, 가림막 안에서 분수대 뒷벽을 쏘아보고 있는.

단태   유동필 그자식이 뭘 그렇게 찾고 있는지, 확인해보자고! (눈짓하면)

정장남들   (지렛대로 벽을 뜯어내기 시작하는데)

단태   찾아내라는 건?

조비	(종이를 건네는) 오윤희 주머니에서 발견했습니다.
단태	(종이를 펴서 보는데. 심수련과 주석경의 유전자검사 결과지고. 픽 웃는) 오윤희... 그러게 내가 경고했잖아. 더는 나대지 말라고. (갈기갈기 찢어버리는데)
조비	그리고 이건, 금고 키 같습니다. (금고 키를 건네면)
단태	금고 키? (눈빛 반짝하고) 오! 언빌리버블! 로건의 10조가 이렇게 내 손에 들어오는 건가? 이래서 내가 조 비서를 못 버린다니까. 가끔은 아주 일을 잘해! (기분 좋게 웃는데)

20. 해안도로 일각 (이른 새벽)

수련	비켜요!!

거센 바람이 몰아닥치고 있는 해안도로.
수련, 소리치며 다가서려면. 수련을 막아서는 경찰들.

경찰1	지금은 도저히 수색할 수가 없어요! 바람도 거세고, 절벽을 타고 내려가는 길이 너무 험해요!
수련	그러다 골든타임을 놓치면요?!!
경찰1	그럼 모두 다 죽어도 상관없어요?!!
수련	(반박 못 하는데)
경찰1	이대로 진행하면 모두 다 죽어요. 지금 해경 쪽에서도 준비 중이니까 좀만 기다려보시죠! (수색요원들에게) 다들 철수합시다! (소리치면)
수련	(답답해 미칠 지경이고) 윤희 씨... 제발.... (기도하듯 두 손 모으는데)

그때, 투두둑. 떨어지기 시작하는 빗방울. 점점 굵어지면서 거세지고. 바람은 모든 걸 날려버릴 듯 더 혹독하게 불어대는데. 바다로 내리치는 번개!

21.   헤라팰리스 주차장(이른 새벽)
      동필의 차가 주차장으로 들어오고. 급히 차에서 내려 안으로 뛰어가는
      동필.

22.   헤라팰리스 관리실(이른 새벽)
      CCTV를 통해 그 모습을 지켜보고 있는 단태와 조 비서.

단태   로비 CCTV 중지시켜.
조비   (CCTV 꺼버리면)
단태   분수대 연결 통로도 전부 막아! 앞으로 30분 동안 경비원이고 주민이
          고 아무도 얼씬 못 하게 해!
조비   네, 회장님!
단태   그럼, 쇼를 시작해볼까? 오윤희와 유동필을 한꺼번에 보내버릴 쇼!

23.   4화 77신/헤라팰리스 분수대/가림막 안(이른 새벽)
동필   제발 나와라! 제발!! (간절한데)

      쾅! 하며 번개 내리친 소리와 함께. 분수대 뒷벽을 부숴버리는 동필.
      부서진 벽에서 투명비닐에 싸여있는 백골사체가 드러나는데! 잔뜩 몸
      을 웅크리고 있는 여자 시신이고!

24.   헤라팰리스 로비(이른 새벽)
      분수대를 향해 걸어오는 남자 구두. 악랄한 표정의 단태고.

25.   4화 77신 연결/헤라팰리스 분수대/가림막 안(이른 새벽)
      동필, 투명비닐을 벗겨내려는데 이미 찢어져있고. 뭔가 이상함을 느끼
      는데.
      재빠르게 비닐을 찢고, 그 안에 신문지에 감싸져있던 뭔가를 펼쳐서

보면. 아무것도 없고. 굳어지는 동필 표정!

동필 이게 어디로 간 거야? (정신없이 뒤지는데)

그때! 부서진 벽 옆쪽이 같이 무너지면서 백골사체 옆으로 또 하나의
사체가 모습을 드러내는데! 윤희의 시체고!

동필 (비명 내지르는) 으아악!!!

동필, 기겁해서 뒷걸음질 치다가 자빠지며 마구 도망치는데.
분수대의 조명이 반짝! 환하게 켜지고.
가림막이 스르륵 걷히면서, 단태가 나타나는.

단태 살인자 유동필 씨, 어딜 도망가시나? 김미숙 사체를 분수대에 숨긴 것
도 모자라, 오윤희까지 죽여서 묻어? (사악하게 씨익 웃는데)
동필 (단태를 보자, 사색된 얼굴로) 내가 한 거 아냐!! 내가 죽이지 않았어!!
단태 (귀 후비며) 그걸 누가 믿어줄까? 증인이 이렇게 있는데!
동필 (그제야 모든 것이 덫임을 깨닫고) 주단태!! 이 악마 새끼!!! 니가 꾸민 짓
이지?!! (단태에게 달려가 죽일 듯이 목을 조르면)
단태 으윽!!! (괴로운 척하고)
동필 죽여버릴 거야!! (흥분해서 제정신 아닌데)
단태 (목 졸린 채로 매섭게 노려보며) 나까지 죽이시겠다?!!! 희대의 연쇄 살
인마, 유동필!!

그때, 가림막 안으로 들어서는 조 비서. 핸드폰으로 영상을 찍고 있고.

동필 (조 비서를 보면 긴박하게) 호영아! 형 좀 도와줘!! 이 자식 죽여야 돼!!
넌 이런 쓰레기랑 한패 아니지? 얼른 와서 도와줘!! 제발!! (단태의 목을

235

조르면서, 미친 듯 소리치는데)

단태 (얼굴 벌게진 채, 조롱하듯) 죽여봐! 자신 있으면! 니 딸년이 깨춤을 추며 좋아하겠네. 지 애비 유명인사 됐다고! 부디, 제니를 생각하세요!!

동필 내 딸 이름 들먹이지 마!! (실핏줄이 터질 듯, 손에 더 힘이 들어가면)

조비 그 손 놓으시죠!! 유동필 씨!!! 놓으라고요!! (동필의 머리를 힘껏 쳐서 떼놓는데)

동필 (풀썩, 앞으로 고꾸라지고. 기막힌 듯 조 비서를 보며) 조호영! 니놈이 어떻게....

단태 (자신의 목을 매만지며) 청평댐에 버렸다는 김미숙의 시신을 끝까지 못 찾은 이유가 있었더군. (날카롭게 보며) 시신을 분수대에 숨겨놨다? 왜 지? 이거 때문인가? 김미숙의 핸드폰! (오래된 핸드폰을 보여주며) 그 여자가 손에 이걸 꼭 쥐고 있더라고.

동필 내놔!! (핸드폰을 뺏으러 달려드는데. 다시 조 비서에게 제압당하고)

단태 핸드폰 안에 아주 재밌는 게 있던데! 내가 김미숙을 죽였다는 증거 영상! 그래서 공사쇼까지 벌이며 핸드폰을 찾고 있었나? 내 뒤통수를 치려고?!! (사정없이 주먹을 날리면)

동필 악! (쓰러지는데. 쓰러진 동필을 조 비서가 결박하면)

단태 난 그래도 형을 믿었는데, 이렇게 날 배신해? 언제부터였어? 날 배신하려고 계획한 게? 6년 전부터였어?! (동필의 턱을 치켜 올리면)

동필 (입술 터진 채) 배신한 건 니가 먼저야!! 우리 제니한테 왜 그랬어?!! 내 가족은 지켜주기로 했잖아!! 그 약속만 지켜주면, 죽을 때까지 입 다물 생각이었어! 근데 왜, 우리 제니를 괴롭혀?!! 너도, 주석경도, 가만 안 둘 거야!!

단태 그래서, 석경이까지 죽인 건가?

동필 그게 무슨 소리야?!

단태 니가 어젯밤 잠들었던 별장에, 지금 우리 석경이가 있어. 아무리 애가 미워도 그렇지, 이런 식의 보복은 너무 끔찍하잖아?!

동필 (하얗게 질리고) 난 오늘 석경일 본 적도 없어!!

단태 진실은 중요하지 않아. 중요한 건 증거니까! 이미 증거는 완벽해! 니 차가 새벽까지 별장에 있었다는 사실도 확실하고, 하은별의 가정교사를 매수해 오윤희를 살해한 정황도 다 만들어놨지!

동필 주단태!!! 이 미치광이야!!

단태 미치광이는 너야! 곧 희대의 사이코패스 때문에 대한민국이 들썩일 거야! (마이크를 잡고, 앵커 멘트하듯이) 6년 전 청평댐 시체 없는 살인사건의 살인범이 또다시 살인을 저질렀습니다. 평소 딸을 괴롭혔던 이웃 여자를 살해하고, 전시하듯 헤라팰리스 분수대에 사체를 유기했습니다. 또한, 딸의 학폭 주동자였던 여학생을 납치, 감금하고... 잔혹한 죽음에 이르게 했습니다. (괴랄하게 웃으면)

동필 말도 안 돼!! 난 오윤희를 죽인 적 없어!! 아무도 죽이지 않았다고!! (발악하면)

단태 어제 아침 분수대에서 니가 오윤희와 싸운 건 헤팰 사람들이 다 봤지, 아마? (비웃듯) 눈물 나는 스토리 아냐? 딸바보 아빠가 딸이 학폭을 당한 사실에 격분해, 출소하자마자 가해자들에게 응징을 가했다? 이제 곧, 딸년이 보는 앞에서 경찰이 널 잡아갈 거야! 가족 걱정은 안 해도 돼! 내가 다 죽여버릴 거니까! (섬뜩한 표정 지으면)

동필 (그때, 제니에게 전화 오는. 급히 받으려고 하면)

단태 (동필의 손을 밟아버리고, 스피커폰으로 대신 받는)

제니(F) 아빠 왜 집에 안 와?! 또 무슨 사고 친 거 아냐? 잠도 못 자고, 나랑 엄마랑 얼마나 걱정한 줄 알아?!

단태 (전화 끊어버리고) 제니가 실망이 아주 크겠어! 6년 만에 만난 아빠가 평생 감옥에서 썩게 될 테니.

동필 (순간, 제니의 모습 떠오르고)

인서트) 헤라팰리스 마리 집 거실/3화 16신(아침)

제니 사람 죽여놓고 사정이 어딨어?!! 도대체 나한테 숨기는 게 몇 개야?!! 엄만 때밀고, 아빤 살인자고, 내가 놀래야 될 일이 또 뭐 있냐고?!! 내가 엄마 아빠 친딸이긴 해?!! 이제야 엄마 아빠랑 행복하게 사나 했는

데... 이게 다 뭐야?!! 다 망쳐버렸어!!!! (울부짖으면)

동필, 순간 끄억! 울음을 토해내고. 단태의 발밑에 머리 조아린 채 애원하는.

동필 내 가족은 건드리지 마십시오!! 제발!!! 제가 미친놈입니다!! 잠시 돌았습니다!! 감히 누굴!!! 주제도 모르고 나대서 죄송합니다. 정말 죽을죄를 졌습니다. 제 처자식 살려만 주신다면 무슨 짓이든 다하겠습니다!!

단태 날 배신했던 놈을 어떻게 믿어? 두 번 기회는 없어!! (조 비서에게) 뭐해? 당장 경찰에 신고해! 여기 연쇄살인마가 있다고!!

조비 (핸드폰 누르려고 하면)

동필 (바지자락 붙잡고 눈물 쏟아내며 사정하는) 그럼 우리 제니 죽습니다! 제발 한 번만... 한 번만... 기회를 주십시오. 다신 배신 안 하겠습니다! 제 목숨, 지금부터 회장님 것입니다. 핥으라면 핥고, 짖으라면 짖겠습니다. 뭐든 시키는 대로 다 하겠습니다!! 그러니까 제발!!! 옛정을 생각해서라도...

단태 정말, 하라는 대로 다 할 거야?

동필 (정신 나간 듯) 암요! 뭐든 다 하겠습니다!

단태 아~ 난 진짜 마음이 너무 약하다니까. 배신한 놈을 또 믿어주다니! 하지만 명심해! 한 번만 더, 내 뒤통수치면, 그땐, 마누라와 딸년까지 죽는다는 거!

동필 감사합니다, 정말 감사합니다, 회장님!! 이 은혜 죽을 때까지 잊지 않겠습니다!! (납작 엎드린 채 눈물콧물 범벅인데. 가족을 지키기 위한 처절한 몸부림이고)

단태 (흘낏 뒷벽의 오윤희 시신을 보며) 그럼 저것부터 니 손으로 처리해! 나중에 딴소리 안 하려면, 확실한 증거는 받아놔야지!

조비 (가림막 뒤편으로 고개 끄덕하면. 정장남들이 달려오고)

정장남들 (밀차를 끌고 오는데, 밀차 안에 커다란 드럼통이 놓여있는)

단태 (끔찍하단 듯 드럼통을 보며, 동필에게) 되도록 빨리 발견되게 마무리 잘 해! 불쌍하잖아. 날도 추운데. (먼저 나가면)

238

동필 으아악!!!!! (피를 토하듯, 벗어날 수 없는 단태의 족쇄에 울부짖는 동필)

26. 바다 일각(이른 새벽)

아직 해 뜨기 전.

동필, 드럼통 안에서 윤희의 시신을 꺼내서 바다에 내버리는. (실루엣 처리)

가라앉는 윤희의 사체를 멍하니 보는데. 이미 악마와 손을 잡은 눈빛이고.

그 모습을 증거로 남기고 있는 조 비서와 정장남들.

27. VIP 병실(아침)

잠들어있는 은별. 의사는 검사 중이고.

의사 특별한 외상은 없어 보입니다. 깨어나는 대로 정밀검사 진행하겠습니다.

서진 수고했어요. (의사 아웃하면. 은별의 손을 꼭 잡으며) 미안해, 은별아. 이젠 아무것도 걱정 마. 엄마가 너 지킬 테니까. 이제 다 끝났어... 정말 다 끝났어... (잠들어있는 은별의 얼굴에 자신의 얼굴을 포개는데)

28. 단태의 김포농원 별장 전경(아침)

29. 단태의 김포농원 별장 방(아침)

석경, 죽은 듯 침대에 똑바로 누워있는. 그러다 눈을 번쩍 뜨고.

석경 (몸 일으켜서 두리번거리며) 뭐야... 여기서 잔 거야? (부리나케 나가는)

30. 단태의 김포농원 별장 거실(아침)

석경, 거실로 나오면. 한가롭게 신문을 보며 커피를 마시고 있는 단태가 보이고.

석경 아빠?!

단태 (다정하게) 일어났어? 뭐가 그렇게 고단해서 아빠가 깨워도 꿈쩍도 안 해?

석경 기억이 안 나요. 나 계속 잠만 잔 거예요?

단태 간식 먹다가 잠들었다던데? 잘했어. 그렇게라도 스트레스 풀어야지. 덕분에 아빤 혼자 영화 보고 심심한 밤을 보냈지만.

석경 죄송해요...

단태 괜찮아. 아침 먹자. 호텔 요리 불렀어. (일어서면)

석경 잠깐만요! 집에서 난리 났겠어요. 말도 없이 외박한 건 처음인데. (핸드폰 확인해보는데. 부재중 전화 없고) 혹시 엄마한테 전화 왔었어요?

단태 아니. 엄마한테 말하고 온 거 아냐?

석경 (굳어지고) 말 안 했어요. 여기 온 거 모를 텐데, 어떻게 엄마도 오빠도 전화 한 통을 안 하고... 걱정도 안 되나 보죠?

단태 뭐, 바쁜 일이라도 있나보지. 아님, 방해자가 사라져줘서 고마운 건가? 아침 먹고 아빠가 데려다줄게.

석경 싫어요! 안 갈래요! 나한텐 관심도 없는데 내가 그 집엘 왜 가요? 가봤자 불청객일 텐데. 언제 연락 오나 두고 볼 거예요. 당분간 여기서 지내도 되죠?

단태 석경이가 원하는 대로. 어서 씻고 와. 아빠가 아침 차릴게. (돌아서는 단태의 미소)

31. 해안도로 일각(아침)
     폴리스 라인 쳐져있고. 경찰차들 가득하고, 구급차도 보이는.
     경찰들, 수색견과 함께 수색 중인데.
     수련, 발을 동동 굴리고 있는. 그때, 다가오는 오토바이. 내리는 석훈과 로나.

석훈 어떻게 됐어요?!

수련 여긴 왜 왔어?

석훈　로나가 도저히 집에 못 있겠대요.

로나　(다가서고) 은별이는 찾았다면서요? 근데 왜 우리 엄마는 없어요?! 엄마 차가 바다에 빠진 거 맞아요? 아직까지 못 찾았으면, 우리 엄마 잘못된 거 아니에요? 우리 엄만 수영도 못 하는데...

수련　엄마가 왜 잘못돼? 지금 수색 중이니까 곧 찾을 거야. (로나 손을 꼭 잡으며) 맘 단단히 먹고 기다리자.

로나　(눈물 그렁해서 떨리는 손) 무서워요... 무서워서 죽겠어요....

수련　(그때, 수련에게 전화 걸려오면. 급히 받는) 여보세요. 네, 제가 심수련인데요. 기자요? 지금 무슨 소릴 하는 거예요?!

석훈/로나　(굳어진 채 수련을 보는)

32.　**헤라팰리스 마리 집 거실(아침)**
　　　마리, 계속 동필에게 전화 중이고.

마리　니 아빠 왜 이렇게 전화를 안 받니?! 말도 없이 외박까지 하고. 진짜 내가 어이가 없어서! 대체 뭘 하고 쏘다니는 거야?

제니　(멍한 채 텔레비전 뉴스에 시선 잡힌 채로) 엄마, 저것 좀 봐! (뉴스를 가리키며) 저거... 로나 엄마 얘기 아냐?!

마리　뭐어? (뉴스를 보는데)

　　　텔레비전에서 앵커가 긴박하게 뉴스를 전하고 있는.

앵커(E)　3년 전, 자신의 딸을 청아예고에 합격시키려고 부모가 없는 수석합격자를 끔찍하게 살해한 사건, 다들 기억하실 겁니다. 사건 가해자 오모 씨가 출소한 후 또다시 비뚤어진 모성애로 청아예고 학생 하모 양을 납치해 충격을 주고 있습니다.

마리　(놀라고) 납치?! 납치라니! 이게 다 뭔 소리야?!

제니　하모 양이 누구야? 설마, 하은별?! 로나 아줌마가 은별일 납치했다고?!!

241

마리	그게 말이 돼? 로나 엄마가 집유 기간에 뭔 사고를 쳐?

그때, 모자를 눌러쓰고 들어오는 동필.

제니	아빠! 어딨다가 이제 와? 뉴스 봤어? 난리 났어 지금! 뉴스에서....
동필	(말도 없이 그대로 스쳐서 방으로 가면)
마리	여보! 왜 대답을 안 해? 안 들려? (기막힌) 니 아빠 왜 저러니?! (쫓아가고)

33. 헤라펠리스 마리 집 침실 (아침)
동필, 굳은 표정으로 옷을 벗는데. 마리가 들어오고.

마리	사람이 부르면 말을 좀 해라! (돌려보는데. 얼굴이 얻어터져서 피떡이고. 기겁해서) 뭐야, 얼굴 꼴이 왜 이래? 누가 이랬어?!!
동필	아무것도 아냐. (시선 피하는데)
마리	아니긴 뭐가 아냐? 무슨 일이야?! 주단태, 그 자식이 이랬어?! (열 받으면)
동필	(마리 입 틀어막고, 나직이) 앞으로 주 회장한테 이 자식 저 자식 하지 마!!
마리	(동필의 손을 떼내고) 그럼 개자식이라고 할까? 당신, 무슨 일 있지?! 분수대 공사는 끝났어? 어떻게 됐어? 성공했어?
동필	다 끝났어.
마리	끝나다니? 뭐가 끝나? 야! 유동필, 똑바로 말 안 해?! 분수대에 시체 묻혀 있다며? 곧 꺼낸다면서?!
동필	다 끝났다구!! 복수 같은 거 안 해! 주 회장한테 그냥 복종하기로 했어. 그러니까 분수대 얘긴 잊어.
마리	당신 미쳤어?!! 어떻게 잊어?! 갑자기 왜 맘이 바뀐 건데?!
동필	이제 와 척을 져서 우리한테 떨어질 게 뭐야?
마리	진실을 밝혀야지! 제니를 위해서! 주단태 그 개자식이랑 연 끊기로 했잖아!!
동필	우리가 헤펠에서 떵떵거리며 사는 게 누구 덕인데? 나 같은 깡패 새끼 데려

242

다가 대표 만들어준 게 누군데? 다 주 회장 덕이야! 우리만 입 다물면 돼!!

마리　주 회장한테 협박당했어? 그 자식한테 처맞은 거지? 내가 이 우라질 놈을 그냥!! (쫓아갈 기세면)

동필　(붙잡고, 순간 버럭) 내가 알아서 한다고! 그러니까 당신은 아무것도 하지 마. 주 회장 찾아가지도 말고, 진실이니 뭐니 개뼈다귀 같은 소리해서 긁어 부스럼 만들지 말라고!! 알았어?!! (빽 소리치고 나가버리면)

마리　지금 나한테 소리친 거야? 당신이?!! (기막힌데)

34.　헤라팰리스 마리 집 욕실(아침)
동필, 욕실 문 걸어 잠그고 욕실로 들어오면. 밖에서 제니가 난리고.

제니(E)　아빠! 쫌 나와 봐! 앞집 로나 엄마가 바다에서 실종됐대!! 행방불명이라고!! 내 말 듣고 있어?!! 아빠!! (문 꽝꽝 두드리면)

동필, 물 틀고, 그대로 욕조에 쓰러지듯 주저앉고.

동필　(눈물 쏟아지는) 잊어! 잊어야 살아! 아무 일도 없었던 거야! (핸드폰 배경화면 열면. 제니와 마리가 활짝 웃고 있고. 손으로 입 틀어막으며. 울음소리가 밖에 새나가지 않도록 애쓰며 꺼이꺼이 우는데. 괴롭고, 또 괴롭다)

35.　헤라팰리스 규진 집 거실(아침)
규진과 상아, 민혁, 뉴스 보고 기함한 표정이고.

앵커(E)　경찰은 오모 씨가 탄 차량이 벼랑으로 추락한 것으로 보고, 잠수부를 투입, 일대를 수색하고 있지만 아직 찾지 못하고 있습니다.

상아　세상에! 미쳤다! 미쳤어! 빵에서 나온 지 얼마나 됐다고, 또 저런 사고를 쳐? 인생 포기한 건가? 사업까지 시작해놓고 왜 그랬대?

민혁　사실 하은별이 제대로 벌 안 받은 건 맞잖아. 배로나한테 사과도 안 했다던데? 어제 학교에서 배로나랑 머리채 잡고 한판 떴다니까!

상아 로나 걔도 뒤끝 쩌네. 소년원까지 갔다 왔으면 됐지, 언제까지 쥐 잡듯
할 거래? 이제 덮고 살아야지. 애가 진짜 못됐다!

규진 (심각한 표정으로 듣고 있다가) 아니! 둘 다 틀렸어. 지금 일이 아주 요상
하게 돌아가고 있어!

상아 어떻게 요상하게 돌아가는데? 당신, 뭐 좀 아는 거 있어?

규진 저렇게 사라지면 안 되는 여자거든. 오윤희가.

민혁 그럼 어떻게 사라져야 되는데?

규진 그 많은 돈을 두고 어떻게 저런 짓을 벌여? 상식적으로 말이 안 되지!
자그마치 10조야, 10조! 그런 사람이 뉴스에 나올 일을 벌인다고?! (하
다가 퍼뜩하는 생각. 벌떡 일어서고)

상아 왜? 뭔데? 나도 쫌 알자!

규진 (눈 반짝하고) 뭔가 있어! 나 좀 나갔다 올게. (후다닥 밖으로 뛰쳐나가면)

36.   은행 앞(아침)

단태의 차 와서 멈춰 서고. 차 뒷좌석에서 내리는 단태.

37.   은행 VIP 금고(아침)

단태, 긴장된 표정으로 금고를 보고 있다가, 키를 넣어서 금고문을 여는데.
그 안에 현금이 들어있고. 전부 쓸어서 가슴에 안는 순간!
단태 앞을 가로막고 서는 사람, 규진이고.

단태 (규진을 보고 헉! 하면)

규진 내가 이럴 줄 알았다니까. 나한테 말도 안 하고, 혼자서 10조를 먹겠
다? 오윤희 실종 뉴스 보자마자 뭐가 쎄하더라고. 오윤희... 주 회장이
그랬어?

단태 무슨 소리야?!

규진 그럼, 오윤희가 갖고 있던 금고 키가 왜 주 회장 손에 있는데?!!

단태　그게... (말문 막히면)

규진　우습게 보지 마. 나, 변호사야! (음흉한 표정) 진실은 관심 없고, 내가 필요한 건 돈이야! 내 입막음용으로 절반 반땅하지!

단태　미쳤어? 내가 왜 너랑 반땅을 해?!

규진　그럼, 금고 키가 어떻게 주 회장 손에 들어온 건지, 경찰 입회하에 제대로 한번 따져볼까? (핸드폰을 꺼내들면)

단태　(열 받지만, 어쩔 수 없는데) 박쥐 같은 놈!!

규진　(의기양양하게, 단태 손에 들린 현금을 뺏어서 보는데. 100억 뭉치가 다섯 개고) 뭐야, 이게? 500억? 이게 다야? 10조래매? 돈 다 어디 간 거야? 그새 빼돌렸어?

단태　빼돌리긴 누가 빼돌려? (다시 한번, 돈뭉치 확인하는데) 오윤희가 벌써 다 쓴 건가? 아님, 미리 딴 데로 옮겼던지.

규진　딴 데 어디로?

단태　그걸 내가 어떻게 알아?

규진　그거야 주 회장이 또 찾으면 되고, 일단 이건 반반 나누는 걸로! 오케이? 이걸로 청아아트센터 지분부터 사들여야겠어! 내가 센터장 될 운이 있다니까! 오윤희가 우리한테 도움이 되는 날도 다 있네. (돈에 뽀뽀하고 신났는데)

38.　**단태의 차 안/은행 앞(아침)**
　　단태, 차에 올라타면. 열 받은 듯 팔걸이를 주먹으로 내리치고.

단태　오윤희 이게 사람을 갖고 놀아? 돈을 언제 빼돌린 거야?! (하다가) 설마...

39.　**회상/4화 21신/은행 앞(낮)**
　　윤희, 은행에서 나와 차에 올라타는. 윤희를 지켜보는 시선들을 느끼는 표정이고.

40.　현재/단태의 차 안/은행 앞(아침)

단태　그때, 돈을 다 찾은 거면...?! (생각하다, 조 비서에게) 최근에 오윤희가 만난 사람이 누군지 죄다 보고해! 통화내역과 행적들, 택배까지 빠짐 없이 전부 다 뒤져!!

조비　알겠습니다, 회장님!

단태　(현금뭉치를 몇 다발 던져주고) 보너스야. 오늘 고생했어.

조비　(얼떨떨해서 보고) 감사합니다! 정말 감사합니다! (감격해하면)

단태　그 미친 계집은 지금 어딨어?

41.　기자회견장(낮)

분홍, 천천히 기자회견장으로 걸어 들어오는. (다친 듯 팔에 붕대를 감고, 이마에도 반창고를 붙인 상태고)

다소곳하게 테이블 앞에 서더니, 기자회견 시작하는.

분홍　제 이름은 진분홍입니다. 하은별 학생의 입주 가정교사로, 은별이하고는 피붙이처럼 가깝게 지내왔습니다. 저는, 오늘 뉴스에 보도된 하은별 납치 사건에 대한 진실을 밝히려고 이 자리에 섰습니다.

기자1　하은별 양을 납치한 사람이 누굽니까, 오윤희 씨가 맞습니까?

분홍　맞습니다. 오윤희는 자신의 딸 배로나를 이용해 은별이를 자신의 집에 감금했습니다. 증거로, 헤라팰리스 CCTV 화면을 공유하겠습니다. (스위치를 누르면, 로나가 은별을 데리고 윤희 집으로 들어가는 CCTV 화면이 나오고)

기자들　(웅성대는데)

분홍　(차분하게 말 이어가는) 그 사실을 알게 된 저는 은별이를 찾으러 헤라팰리스로 갔습니다. 간신히 은별이를 구해내 도망을 쳤는데, 그만 오윤희한테 들키고 말았습니다. 오윤희는 제 차를 계속 쫓아왔고, 김포까지 집요하게 따라붙었습니다. (인서트/도로 CCTV 화면. 분홍의 차를 쫓는 윤희의 차) 그러다 절벽 끝에서 제 차를 밀어서 저와 은별이를 죽이려고 했고, 저는 목숨을 걸고 은별이를 차에서 끌어내려 탈출시켰습니다. 오윤희는 저랑 실랑이를 하다가 벼랑 끝에서 혼자 추락했습니다.

기자2 오윤희 씨가 하은별 양을 죽이려 한 이유가 뭡니까?

분홍 오윤희는 서울대 성악과 실기시험에서 은별이의 옷에 고의로 핸드폰을 넣어 은별이를 탈락시켰습니다. 저는 당당하게 학교 측에 이의 제기를 했고, 오윤희의 딸도 부정행위로 실격 처리됐습니다. 이에 앙심을 품은 오윤희는 다 죽여버리겠다고 수시로 저와 은별이를 겁박해왔습니다.

기자1 그럼 진분홍 씨는 왜 현장에 없었던 겁니까? 피해자 어머니의 진술로 는 사고 현장에 하은별 양밖에 없었다고 했는데요.

분홍 (갑자기 얼굴의 온 근육을 실룩이더니) 두려웠습니다. 제가 은별이를 그렇게 만든 거 같아서.... 그래서, 도망쳤습니다. (카메라 의식하며 눈물을 터트리면)

기자들 (정신없이 카메라 플래시를 터트리는데)

분홍 저는 부유한 재미교포, 로건 리 집에서 집사로 일했습니다. 로건 리는 오윤희와 작당해 저를 은별이의 가정교사로 보냈습니다. 거절할 수 없을 만큼 큰돈을 내밀며, 은별일 망치게 하라고 시켰습니다. 저는 절대 해서는 안 되는 짓인 걸 알면서도, 은별이한테 나쁜 약을 먹이고, 공부를 방해했습니다. 오윤희는 은별이가 다신 노래를 할 수 없게 하라고 시켰지만, 저는 차마 그럴 수는 없었습니다. 은별이는 저한테 딸이나 마찬가지 존재가 됐으니까요.

분홍, 서럽게 눈물을 터트리면. 여기저기서 카메라 플래시가 터지고. 꾹꾹 눌러서 눈물을 닦는 분홍의 표정. 그 위로,

42. **회상/단태의 창고(아침)**
결박되어있는 분홍에게 물을 끼얹는 조 비서.
분홍, 정신을 차리고 보면. 앞에 서있는 사람 단태고.

분홍 읍읍!!! (입에 물린 재갈을 잘근잘근 씹고 찢어서 빼내고) 내 딸 어딨어!!!

내 딸 어디로 숨겼어?!!

단태   와~ 진짜 이거 단단히 미쳤네. 은별이를 데리고 있으라고 했더니, 딸을 삼고 있었어?

분홍   우리 은별이, 털끝 하나라도 다쳤으면, 주단태 넌 내 손에 죽어! (소리치는데, 진심이고)

단태   털끝 하나 안 건드리고 곱게, 지 엄마 품으로 돌려보냈는데?

분홍   (발끈하고) 돌려보내? 누구 맘대로? 은별이는 나한테 주겠다고 약속했잖아! 그동안 내가 도와준 거 잊었어? 천서진한테서 은별이를 떼놓은 게 누군데?

단태   지금 한가롭게 은별이 타령할 때가 아니야! 까딱하단, 당신이 납치범으로 잡혀갈 수 있어. 영영 은별이를 못 볼 수도 있다고! 그래도 상관없어?

분홍   (순간 겁에 질린 표정) 뭘 어떻게 하면 되는데?

단태   당장 기자회견을 열어서, 모든 게 오윤희의 계략이었다고 말해. 은별일 납치한 것도, 죽이려 한 것도 다 오윤희 짓이라고!

분홍   (갑자기 또 버럭) 미친놈! 내가 널 어떻게 믿고? 내가 아직도 너랑 한편이라 생각해?

단태   (분홍의 머리채를 낚아채고) 진짜 하은별을 갖고 싶으면, 내가 시키는 대로 해! 오윤희를 범인 만들면, 하은별은 반드시 니 딸로 만들어줄게. 그렇게 우리 거래 마무리 짓자고! (음흉한 미소)

43.   현재/기자회견장(낮)
     분홍, 단태와의 거래 떠올리며 사악한 표정 짓는.

분홍   그동안 오윤희한테 돈을 받은 통장 거래내역입니다. (통장을 기자들을 향해 이쪽저쪽 좌우로 돌려서 보여주면. 송금인에 오윤희 이름이 찍혀있고) 제가 은별이에 대한 죄책감으로 일을 그만두겠다고 하면, 오윤희는 모든 걸 폭로하겠다고 제 입을 닥치게 했습니다. 국민 앞에 사죄드립니다. 저한테 사형이든 벼락이든 때려도 상관없으니, 반드시 오윤희도 벌 받게 해주십시오! 더 이상 은별이가 고통받는 걸 지켜볼 수가 없습니다. 정말 죄송합니다. (그 자리에 무릎 꿇고, 고개 숙여 사과하는데)

44. 은별 VIP 병실 (낮)
분홍의 기자회견을 보고 있는 서진의 알 수 없는 표정.
그때, 밖에서 들리는 수련의 목소리 들리는.

수련(E) 천서진!!! 천서진!! (소리치는데)

45. 은별 VIP 병실 앞 (낮)
〈 절대 안정, 면회 사절 〉이라는 문구가 써붙어 있는 병실 앞.
수련, 실랑이하며 병실 안으로 들어가려면. 수련을 막아서는 경호원들.

수련 은별이 엄마 만나야 해요! 들여보내줘요!
경호원 안 됩니다! 보호자 외에는 면회 불갑니다!
수련 그럼 천서진더러 나오라고 해요!!

그때, 병실 문을 열고 나오는 서진.

수련 (급히 다가서고) 은별이, 깨났어? 뭐라고 해? 들은 얘기 없어?
서진 아직 못 깨났어. 생각보다 충격이 심해. 외상도 있고. 점점 상태가 안 좋아지고 있어. 일단은 안정해야 되니까 그만 가줘. (돌아서려면)
수련 (그런 서진을 붙잡고) 뭔가 이상해! 뉴스에서 윤희 씨를 납치범으로 몰고 있어! 진분홍까지 기자회견을 열어서 거짓말을 하고 있고!
서진 (싸늘하게) 그래서?
수련 그래서라니! 납치범은 진분홍이야! 윤희 씨는 은별이를 구하려고 쫓아간 거구! 잊었어?
서진 그게 진실인 건 확실해?

수련	뭐?
서진	오윤희가 은별이를 죽이려고 쫓아갔을 수도 있잖아? 오윤희, 민설아도 죽였는데! (싸늘한 표정 지으면)
수련	윤희는, 니 딸을 살리려다 사고를 당했어. 지금 실종 상태라고!! 그런 사람한테 그렇게밖에 말 못해?!! 은별이 깨나는 대로, 당장 경찰 진술시켜!
서진	진 쌤이 오윤희와 내통했다는 건 팩트야. 로건과 오윤희가 내 딸을 망치게 했단 사실에, 난 지금 피가 거꾸로 솟을 지경이야.
수련	로건이 진분홍을 너네 집에 보낸 건, 널 감시하려는 목적이었어! 은별이하곤 아무 상관없다구!
서진	너도 알고 있었구나? 진 쌤의 정체! 로건, 오윤희, 너! 다 그렇게 한통속이었어! 그래 놓고 이제 와 니 복수에 날 이용하겠다고? 내가 왜 그래야 되지? 난 이제 너도 못 믿어! 우리 공조는 이걸로 끝이야, 심수련!! 내 손으로 로건 그 자식을 죽이지 못한 게 한스러울 뿐이야! (휙 돌아서면)
수련	천서진!! (뭔가 잘못돼가고 있음을 직감하는데. 그때 걸려오는 석훈의 전화. 받는) 석훈아, 무슨 일 있어? 뭐어? (굳어지고. 급하게 뛰어가는데)

그때, 한쪽에서 모습을 드러내는 윤철.
서진, 병실로 들어가려다가 그런 윤철을 보고 돌아서는.
서진, 모퉁이에 서있는 윤철을 향해 또박또박 걸어오고.

서진	여긴 웬일이야?
윤철	은별이 좀 어때?
서진	(코웃음 치고) 허, 깜빡 속을 뻔했네. 은별이 걱정돼서 온 줄 알고 감격할 뻔 했잖아. 오윤희가 궁금해서 온 거지? 그 여자 어떻게 됐나, 은별이한테 확인하려고.
윤철	뉴스에 윤희가 도배되고 있어! 윤희는 절대 은별이한테 그런 짓을 할 애가 아냐!
서진	그렇게 오윤희를 잘 알아? 그래서 법정에서도 오윤희 편든 건가? 우리 죄

다 까발리면서? 오윤희를 선택했다는 걸 그렇게 대놓고 표내야 했어?

윤철 (발끈하고) 그 소리 지겹지도 않아?! 제발 인정해! 우리가 잘못한 거!

서진 (눈에 독기) 아직도 궁금해. 왜 갑자기 돌변한 건지. 왜 우리 은별이가 하찮아진 건지. 당신 출소한 후에도 은별이 한번 안 찾아왔어. 진 쌤 손에 애가 망가지는데, 모른 체한 이유가 뭐야? 배로나가 살아났다니, 갑자기 없던 양심까지 살아났나? 오윤희에 대한 죄책감이 부글부글 끓어오르기라도 했어?!

윤철 난 평생 너한테도 은별이한테도 최선을 다했어! 그럼 된 거 아니야?!!

서진 그래서 분해? 분해 미치겠어?! 오윤희 괴롭힌 게 가슴 찢어져? 근데 어쩌지. 이제 영원히 오윤희 만날 수 없을 텐데.

윤철 (굳어지는) 무슨 뜻이야, 그게? 설마 윤희... 잘못된 거야? 아니지?!!

서진 (알 수 없는 표정) 글쎄..... 하늘만이 알겠지. 가서, 하던 대로 주단태 발이나 닦아! (쌩하니 병실로 들어가면)

윤철 (부들부들 떨며, 매섭게 서진을 노려보는데)

46. **병원 로비**(낮)

윤철, 불안한 표정으로 걸어가는데. 다리가 휘청하고. 누군가와 부딪히는데. 보면, 결혼식 할 때처럼 예뻤던 윤희고.

윤철 (반갑게 다가서고) 윤희야... 괜찮아? 아무 일 없는 거지? 다행이다... 걱정했는데... (안도한 듯 손 뻗는데. 다른 사람이고. 순간, 뭔가 불길한 예감에 휩싸이는데. TV에서 흘러나오는 뉴스)

앵커(E) 여고생 납치사건의 용의자 오모 씨가 오늘 오후 시신으로 발견됐습니다. 시신은, 차가 추락한 지점에서 3km 떨어진 해상에서 민간 잠수부에게 발견됐으며, 추락 당시의 상처 외엔 타살 흔적은 없는 것으로 밝혀졌습니다.

윤철, 멍해지는. 세상이 빙글빙글 돌며 비틀하고.

47.   도로 일각/수련의 차 안(낮)
      미친 듯 질주하는 수련의 차. 라디오에서 앵커가 뉴스를 전하고 있는.

앵커(E)   시신을 수습한 경찰은 사고지점 근처의 차량 블랙박스와 CCTV, 인근
         목격자들을 조사하며 사건 경위 파악에 총력을 기울이고 있습니다. 한
         편 기자회견을 연 진모 씨를 불러 조사하고 있는 경찰은, 입시살인마
         오모 씨의 여죄를 전부 밝히겠다는 입장을 발표했습니다. 과열된 교육
         열이 빚은 비극으로 국민의 관심이 집중된 이번 사건은....

수련   (참지 못하고, 라디오를 꺼버리고) 거짓말! 거짓말!! 거짓말이야!! (죽을
       힘 다해 눈물 참아내며, 정신없이 차를 모는 수련)

48.   시체 안치실(낮)
      덮여있는 윤희의 시신 앞으로 천천히 다가가는 로나, 천을 걷어서 윤
      희의 얼굴을 확인하는데. 그 뒤로 석훈이 따라오고.

로나   엄마... 왜 이렇게 입술이 파래? 추웠어? 석훈아, 우리 엄마 추워 보이
       지? (자기 옷 벗어서 덮어주고, 꽁꽁 싸매듯 감싸주는데) 예쁜 우리 엄마,
       왜 여기 누워 있어... 얼른 집에 가자... 나 이제 엄마 말 잘 들을게. 말대
       답도 안 하고, 속도 안 썩이고, 엄마가 하라는 대로 다할 거니까, 빨리 일
       어나. 응? 가자 엄마.... 엄마.... 엄마!!!! (그러다 그대로 기절해버리면)
석훈   (그런 로나를 부축하고) 로나야! 정신 차려!! 배로나!!

      뒤늦게 달려오는 수련, 그런 로나를 보는.
      누워있는 윤희에게로 다가서는데. 절망한 표정으로 눈물이 후드득 떨
      어지는.

수련   안 돼!! 윤희야!! 나만 두고 가지 마... 내가 잘못했으니까, 이러지 마!!!
       윤희야아아아!!! (윤희를 끌어안고 오열하는 수련이고)

252

49.   청아그룹 단태 사무실(낮)
      조 비서, 단태에게 보고하고 있는.

조비   유족 측에서 부검을 신청했다고 합니다.
단태   걱정할 거 없어. 물에 젖은 시신에서 나올 게 뭐 있겠어.

      그때, 문 열리고 뛰어 들어오는 규진.

규진   주단태!! (다짜고짜 단태의 먹살을 움켜쥐고) 너지? 니가 그런 거지?
단태   내가 뭘 그래?!! 이거나 놓고 말해! (뿌리치면)
규진   천서진한테 니가 말했지?! 내가 청아아트센터 지분 산다는 거!
단태   내가 그렇게 할 일이 없는 줄 알아? 하루 종일 천서진 꼴도 못 봤어!
규진   그럼 어떻게 오윤희 지분을 천서진이 인터셉트 하냐고!! 내가 그거 먹
       으려고 얼마나 발 빠르게 뛰었는데! 사망 뉴스 뜨기도 전에, 낼름 그걸
       가로채?
단태   (멈칫) 오윤희 지분을 천서진이?!
규진   정말 몰라? 니가 꼰지르고 시치미 떼는 거 아냐? 그게 천서진께 되면,
       판이 완전히 뒤집힌다고! 원래 있던 15프로에 오윤희 꺼 20프로까지
       합치면, 천서진으로 센터장 확정이란 말야! 내가 그동안 얼마나 로비
       를 벌였는데.... (거의 울듯이 억울해 죽으면)
단태   천서진이 벌써 오윤희 지분을 챙겼다? 오윤희가 죽은 걸 어떻게 알고?
       일이 재밌게 돌아가는데?! (표정)

50.   은별 VIP 병실(낮)
      서진, 한 치의 흐트러짐도 없이 은별의 얼굴을 수건으로 닦아주고 있으면.
      도 비서, 서진에게 보고하고 있는.

도비   말씀하신 대로 오윤희 씨가 갖고 있던 법인 지분은 기부 형식으로 이사

장님 지분으로 정리했습니다.

서진 심수련 쪽에서 문제 삼을 가능성은?

도비 법인 자체가 문화예술단체를 위한 재단이라 아무 문제없을 겁니다. 센터장 취임, 축하드립니다. (깍듯하게 인사하면)

서진 입조심해. 정식으로 발표 나기 전까진. 서울대 입시처에선 연락 없어?

도비 입시 피해자인 은별 양을 구제해줘야 한다는 의견이 나오고 있습니다. 국민청원도 하루 만에 10만 명 이상 동의했고요.

서진 수고했어. 커뮤니티 위주로 확실하게 몰아쳐. (가습기 조절하며) 오윤희 장례식에 조화 하나 보내. 기본적인 예의는 지켜야지.

도비 장례식장엔 안 가시겠습니까?

서진 (냉정한) 가해자 장례식에 피해자 엄마까지 갈 필요가 있나. 내가 그 정도로 너그러운 사람은 아니어서 말야. (뭔가 달라진 모습이고)

51. 장례식장(저녁)
  너무 예쁜 윤희의 영정사진. 로나, 멍하니 앉아있는. 눈물조차 흐르지 않고.
  마리와 제니, 장례식장으로 들어서면. 영정사진 안에서 환하게 웃고 있는 윤희를 보면 울컥하고. 로나 모습에 눈물이 왈칵하는데.
  컷 되면. 상아와 민혁, 국화꽃을 내려놓고 목례하는. 기계적으로 무표정하게 고개만 숙이는 로나. 민혁도 멍해있는 로나 모습에 맘 안좋고.

52. 장례식장 앞(저녁)
  마리와 제니, 문상 마치고 나와 서있으면. 상아와 민혁이 나오는데.

마리 민혁이 아빠는 안 왔어?

상아 악상에 큰일 하는 사람이 왜 와요? (하다가) 그 사람이, 올해 삼재거든요. 안 좋을 땐 피하는 게 수잖아요. 그러는 제니 아빠는요?

마리 그이는 윤희 씨를 모르잖아.

상아	모르는 사람이랑 싸워요? 어제 아침에 둘이 멱살잡이하면서 대판 싸웠다고 소문 싹 났던데.
마리	제니 아빠가 윤희 씨랑 싸워? (뭐지, 싶은데)
상아	근데요. 이렇게 되면, 윤희 씨가 하던 사업은 누가 맡아서 하는 거예요? 거기 자리도 좋고, 은근 손님도 많아서 욕심나던데. 혹시 벌써 작업 들어갔어요?
마리	(순간 욱하고) 그게 지금 할 소리야? 윤희 씨 차가운 바다에서 건진 지 얼마나 됐다고!
상아	누가 몰라요? 뭘 그렇게 발끈해서 난리예요? 입 뒀다 말도 못 해요?
마리	사람이 그러는 거 아냐. 그래도 미운 정 고운 정 다 쌓인 사인데, 저렇게 애만 달랑 두고 간 윤희 씨가 불쌍하지도 않아?
제니	(울컥하고) 엄마, 나 로나랑 더 있다 갈래. (다시 장례식장으로 뛰어가면)
마리	제니야! 혼자 가면 어떡해? (쫓아가고)
상아	언제 그렇게 오윤희랑 친했다고 유난들이래? 안 그러니, 민혁아? (돌아보면)
민혁	(예전과 다른 표정) 나도 실망이야! 엄마한테!
상아	뭐?
민혁	어떻게 갈수록 아빠 닮아가? 엄마 먼저 집에 가. 제니야, 같이 가. (씩씩대며 막 뛰어가면)
상아	뭐야, 쟤는 또. 지 아빠랑 젤 판박이가 누군데? 그래! 나만 쓰레기다, 어쩔래?!! (하다가) 진짜 가는 거야, 너?! 민혁아!

53. **장례식장 안** (저녁)

석훈, 멍하니 영정사진을 바라보고 있는 로나가 안쓰러워 미칠 지경이고.
수련, 텅 빈 장례식장으로 들어서면. 몇 안 되는 문상객을 보면 맘 안 좋은데.
그때, 갑자기 몰려드는 기자들. 로나에게 인터뷰를 시도하고.

기자1	오윤희 씨 딸 맞죠? 엄마가 입시살인마라고 불리는 거에 대해 어떻게 생각해요? 평소에 잠을 두세 시간밖에 안 재웠다는 게 사실이에요?
기자2	청아예고에 합격시키기 위해 엄마가 동급생까지 죽였는데, 그 사실을 알고도 자퇴하지 않은 이유가 뭐죠? 죽은 학생한테 미안하지 않았어요?
기자3	하은별 학생한테 하고 싶은 말 없나요? 본인 때문에 입시에서 떨어졌는데, 구제해줘야 된다고 생각 안 해요?

수련, 발끈해서. 기자들 앞을 막아서고.

수련	이게 무슨 짓들이에요?! 장례식장에서, 엄마 잃은 애한테!
기자1	심수련 씨? 민설아 양의 친모 되시죠? 오윤희 씨를 선처해주지 않았다면, 제2의 피해자도 나오지 않았다는 생각, 안 해보셨습니까?
기자2	오윤희 씨는 어떻게 석방된 겁니까? 편법이 있었던 건 아닙니까?
수련	고인에 대한 명예를 더럽히는 말은 자제해주시죠! 언론에서 보도하는 것과 진실은 분명히 차이가 있어요!! 오윤희 씨는, 당신들이 생각하는 그런 사람이 아니에요!! (석훈에게) 석훈아, 로나 데리고 나가!
석훈	(로나를 데리고 밖으로 나가려면)

갑자기 로나를 에워싸며 질문공세를 퍼붓는 기자들. 계속 로나를 우르르 쫓아가고. 로나, 기자들한테 떠밀려 넘어지면.

마리	(장례식장으로 다시 들어서다, 눈 뒤집히고) 뭐야? 니들 뭐하는 놈들이야? 누가 로나 넘어뜨렸어? 이것들을 그냥!!

마리, 기자들에게 냅다 달려들면. 이어서 석훈과 제니, 민혁도 덩달아 달려들고.
온몸으로 밀치고 머리채 잡고, 기자들과 맞서 싸우는데. 마리, 몸싸움하다 발라당 넘어지면. "왜 우리 엄마 때려요?" 제니가 흥분해서 달려들고.

그 틈에 민혁, 기자들한테서 카메라 뺏어서, 로나 얼굴을 찍은 사진들을 지워버리고 카메라를 바닥에 내동댕이치면.

흥분한 기자들, 민혁에게 달려들고. 졸지에 궁지에 몰린 민혁!

그때! 갑자기 뛰어 들어오는 상아! "누가 내 아들을 건드려?!!" 좌우로 핸드백 내젓고. 아수라장 되는데.

석훈, 마리, 제니, 민혁에 의해서 쫓겨나는 기자들 모습, 슬로우로 보여주는.

수련은 로나를 끌어안은 채 맘 아픈데.

54.   헤라팰리스 분수대(저녁)

단태, 퇴근해 로비로 들어서면. 준기가 어깨를 툭 치고 지나가고.

준기	뭐 기분 좋은 일이라도 있나봐?! 오윤희가 하는 여자가 죽어서 그런가.
단태	(돌아보면. 준기가 이죽대며 서있고. 기분 확 잡쳐서) 아직도 안 나갔어? 내가 얻어준 특급호텔이 맘에 안 들었나?
준기	말했을 텐데. 청아그룹 50프로 받기 전에는 여기서 한 발짝도 안 움직일 거라고! 시간이 별로 없어. 이번 주까지야! 미스터 백의 과거가 까발려지면, 천수지구 사업뿐 아니라, 이 나라에선 얼굴 들고 못 살 텐데, 괜찮겠어?
단태	(이 악물고) 말이 되게 협상을 해!!
준기	진짜 주단태가 누군지 법적으로 가려볼까? 그동안 니가 내 지문으로 거래한 모든 금융계좌와 부동산은 전부 내 것이 돼. 넌 다시 살인자 백준기로 돌아가는 거고. 그게 싫으면, 유령으로 사는 것도 방법이지. 힘내, 미스터 백! (휘파람 불며 경비들 쪽으로 가고. 이미 친해진 듯 농담하면서 대놓고 주민 행세 하는데)
단태	(부르르. 준기를 눈으로 쫓다가, 동필에게 전화하는) 유 대표! 나 좀 볼까?

55.   헤라팰리스 서진 집 주방(저녁)

동필, 단태와 은밀하게 마주 앉아있는.

동필	(굳어져서) 네에?
단태	왜 그렇게 놀라? 앞으로 내가 시키는 건 다 한다고 했잖아. 그새 마음이 변했나?
동필	아닙니다, 회장님. 하겠습니다.

그때, 쓰윽 거실로 들어서는 준기의 모습이 보이면.

단태	(잠시 움찔했다가, 나직이) 기대할게. 백준기 저 자식을 어떻게 없애는 지. (죽일 듯이 준기를 노려보는데)
준기	(아무렇지 않은 듯, 두 사람 옆을 지나가다가, 돌아서면 표정 굳어지고)

56. 장례식장 복도(저녁)
수련, 지친 듯 의자에 앉아있다가, 문득 윤희의 말을 떠올리는데.

57. 회상/4화 60신/윤희의 차 안/펜트하우스 거실/전화통화(저녁)
윤희	언니, 아무 데도 가지 말고, 아무도 만나지 마! 내가 지금 바로 갈게.
수련	무슨 일인데 그래?
윤희	그게....!! 아냐!! 만나서 얘기해. 아주 중요한 얘기야!! 아참, 석경이는? 석경이는 어딨어?
수련	아직 안 들어왔는데?
윤희	석경이한테 전화해서 얼른 집으로 들어오라 해! 주단태 연락 절대 받지 말라 하고!!

58. 현재/장례식장 복도(저녁)
수련(E)	뭐였을까. 중요한 얘기라는 게... 석경이는 왜 얘기한 거고. 나한테 뭘 숨기고 있었던 거야, 윤희 씨?! (혼란스럽고)

수련, 문득 석경에게 전화를 거는데. 전화기 꺼져있다는 메시지 나오고.

그때, 수련에게 다가서는 석훈.

수련　로나는 좀 어때?

석훈　한숨도 안 자고, 아무것도 안 먹어요.

수련　니가 옆에서 잘 좀 챙겨줘. 혼자 두지 말고. 아참, 석경이한테 전화해 봤어?

석훈　아뇨.

수련　전화기가 하루 종일 꺼져있어. 집에도 안 들어왔다 그러고.

석훈　(냉담한) 일부러 걱정시키려고 그럴 거예요. 엇나가려고 작정했잖아 요. 뉴스 봤으면 알 텐데, 여기도 안 오는 걸 보면. 신경 쓰지 마세요!

59.　장례식장 안(저녁)

누군가 들어서는 발. 국화꽃을 내려놓고, 영정사진을 향해 목례를 하 는데.

로나, 초점 나간 얼굴로 누군지 확인하지도 않는데.

윤철(E)　로나야... 괜찮니?

로나　(낯익은 목소리에 굳어지고. 고개 들어 보면. 윤철이다!)

윤철　미안하다. 니 앞에 다시 나타날 일 없을 줄 알았는데...

로나　(윤철을 보자, 갑자기 감정이 터져 나오는. 울지 말고 독하게) 아저씨가 여 길 무슨 낯짝으로 찾아와요? 무슨 자격으로 울 엄마를 보러 와요?!! 엄 마랑 내가 그렇게 만만해요?!!

윤철　로나야....

로나　나한테 그랬던 거, 다 참을 수 있어요! 반주 쌤을 매수한 것도, 은별이 죄를 조작한 것도, 다 이해할 수 있어요! 아저씨 딸이니까! 하지만 우리 엄마한테 그러면 안 되는 거잖아요!! 엄마가 아저씨를 얼마나 생각했 는데!!!

윤철　(용기 내서) 어떤 말도 용서 안 된다는 거 알아. 하지만 용서 빌고 싶었

259

	어. 너한테도 엄마한테도. 너한테 용서 빌고 싶어. 한 번만 기회를 줘.
로나	기회? 무슨 기회요? 엄마한테 용서 못 받았으면, 영원히 나하고도 끝이에요! 당신 같은 사람이 내 아빠였던 게 소름 돋게 끔찍해요. 다신 찾아오지도 말고, 아는 척도 하지 마요. 죽어도 보고 싶지 않으니까!! 나가요, 당장!! 얼른!! 나가라고!! (앞에 있는 국화꽃을 들어 윤철에게 마구 내던지면)
윤철	(어쩔 수 없이 쫓겨나고. 비참한데)

60. 헤라펠리스 전경(며칠 뒤, 낮)

61. 헤라펠리스 윤희 집 거실(낮)
상복 입은 로나 들어서는데. 휑하니 텅 빈 집. 너무 크고 추운데.

로나	엄마.. 나 왔어. 엄마! 나 왔다니까. 로나 왔다고 엄마. 어딨어... 어디 갔어. 엄마.... (참았던 눈물이 주르륵 흘러내리는데)

62. 펜트하우스 거실(낮)
수련과 석훈, 거실로 들어서면. 기다리고 있는 석경.

수련	(석경을 보면 화가 나고) 너 대체 어떻게 된 거야? 연락도 안 되고, 며칠째 어디서 뭐한 거야?!
석경	남의 장례식에서 밤 새느라, 자기 딸이 죽었는지 살았는지도 관심 없던 사람이 이제 와서 왜 난리래? 나도 죽어줘야 그때나 관심 가질 건가?
석훈	주석경! 너, 말 그따위밖에 못 해?
석경	오빠는 가서 배로나나 챙겨. 고아 됐다며, 배로나? 여러 가지로 민설아랑 인생이 똑 닮았네.
수련	(가슴 철렁하고) 너 왜 이렇게까지 하는 거야? 이게 니 진심이니?
석경	엄마야말로 좀 솔직해져봐. 로나 엄마 죽은 거, 사실 좀 기쁘지? 속으론 잘됐다고 생각하는 거지? 그 아줌마가 엄마 딸 죽여서 천벌받은 거잖

아. 제발 착한 척 그만하고, 엄마 진심 좀 드러내 봐!

수련　(도저히 못 참고. 석경의 뺨을 때리는)

석경　(놀라 수련을 보면)

수련　(냉정하게, 독해진 눈빛) 앞으로 니가 어떻게 살든, 아빠랑 무슨 짓을 하고 다니든, 더는 상관 안 해. 오늘로 넌 내 딸 아냐!

석훈　(놀라서 보는데)

석경　이제야 본색을 드러내시네. 언제는 뭐, 날 딸 취급이나 했나?

수련　아줌마! 아줌마! (헬퍼들 부르고, 헬퍼가 다가서면) 석경이 짐 챙겨서 내보내요. 앞으로 석경이 우리 집에 들이지 마세요. 현관 비밀번호도 바꾸고, 방도 다 치워버리세요! 그 방, 혜인이 오면 혜인이 방으로 쓸 거예요. (방으로 냉정하게 들어가 버리면)

석경　(기막힌 듯) 혜인이 방? 어, 그런 거였어? 나 내쫓고, 엄마 자식들 줄줄이 불러들이려고? 이제야 솔직해지는 건가? 엄만 아빠보다 더 최악이야! 아빤 적어도 날 버리진 않았어! 좋아! 원한다면 기꺼이 꺼져줄게!! (위악 떠는데)

63.　**펜트하우스 현관(낮)**
　　석훈, 야멸차게 석경의 짐을 내던지면.

석경　(기막혀 보고)

석훈　엄마한테 제대로 사과할 생각 없으면, 들어올 생각 마! 계속 그 따위로 사는 거, 이제 나도 질렸어. (차갑게 돌아서면)

석경　나도, 엄마 필요 없어! 다신 엄마 안 봐! (덩그러니 바닥에 떨궈진 가방을 보면, 눈가 발개져 눈물이 터져 나오려는 걸 참고. 독하게 짐을 들고 뚜벅뚜벅 걸어가는. 펜트하우스와 멀어지는 석경이고)

64.　**펜트하우스 침실(낮)**
　　수련, 방문에 기대선 채로, 애써 이 악물며 주먹 꽉 쥐는데.

문득 테이블 한쪽에 놓인 윤희가 준 책이 눈에 들어오고.

윤희　(책 한 권 내밀고) 언니 생각나서 샀어. 잠 안 올 때 읽어. (4화 43신)

수련, 책을 들어서 열어보려는 순간, 초인종 소리가 들리는.

65.　**펜트하우스 거실(낮)**
　　　수련, 준기를 맞는.

준기　친구 소식 들었어요. 맘이 많이 아프시겠어요.
수련　아직 아무것도 안 믿겨져요. 모든 게 온통 의문투성이고.. 정신이 없어
　　　서 통 연락도 못했어요. 미안해요.
준기　당연히 이해해요. 얼굴이 많이 해쓱해졌어요. (과일바구니 건네며) 식
　　　사 거를 거 같아서 과일 좀 사왔어요. 어릴 때 망고 좋아했던 게 생각나
　　　서... 조금이라도 먹고 기운 차려요. (안쓰럽게 보면)
수련　고마워요. 아직도 망고 좋아해요.

그때, 헬퍼가 차 트레이를 가지고 테이블 위에 놓으면.

수련　퍼플티 괜찮아요? (박스에서 티백을 꺼내 찻잔에 티를 우려내면)
준기　(보라색으로 변하는 찻잔을 보며) 티가 보라색이네요. 수련 씨처럼 신비
　　　로운 색이에요.
수련　(어색한 듯 찻잔을 들고, 얼른 말 돌려서) 이름 되찾는 일은 잘되고 있어
　　　요? 주단태 숨통을 막으려면, 법적으로 주단태 신분을 회복하는 게 먼
　　　저예요. 로건도 그 때문에 당신을 데려왔을 테고요.
준기　언제 시간 될 때 변호사 좀 같이 만나줄래요? 너무 오랜만에 세상에 나
　　　왔더니 모든 게 서툴고 두려워서요.
수련　그래요. 나랑 같이 가요. 로건이 하려던 일인데, 당연히 내가 도와야죠.

262

준기	(빤히 수련을 보는) 내가 만일 부모님도 안 돌아가시고, 여전히 주단태로 살고 있었다면, 수련 씨랑 나... 우리 운명도 달라졌을까요?
수련	네?
준기	아니에요. 쓸데없는 소릴 했네요. 향이 아주 좋은데요. (급히 찻잔을 들다가 차를 옷에 쏟고)
수련	어머, 괜찮아요? 안 데었어요?
준기	괜찮아요. 화장실이 어디죠? 손 좀 닦고 올게요. (일어서는데)

66. **펜트하우스 수련 침실(낮)**
준기, 화장실을 찾는 척하다가 몰래 침실로 들어서고.
갑자기 표정 확 바뀌더니, 재빨리 서랍과 옷장을 마구 뒤지기 시작하는데.

준기	어디다 뒀을까... 100억 달러....

67. **회상/2화 16신/준기 시점/미국 로건 저택(낮)**

알렉스	(영어로) 부동산 정리하고 100억 달러 현금으로 만들었다더니, 설마 그 여자한테 쓸 생각이야?
로건	어차피 그 돈, 설아 몫이었어. 내 꺼라고 생각한 적 없어!!
알렉스	(답답하고, 영어로) 대체 그 여자가 너한테 뭔데?!!!
로건	좋아해, 그 사람. 수련 씨, 내가 너무 많이 좋아해. 설아 때문에 다시 살게 된 삶, 그 사람 위해서 다 쓰고 싶어. 내 마음도, 재산도 다....

로건과 알렉스 대화를 한쪽에서 듣고 있는 사람, 백준기고.

68. **현재/펜트하우스 수련 침실(낮)**
준기, 정신없이 여기저기 찾는데. 그때, 밖에서 수련 목소리 들리는.

수련(E)	어디 계세요?

준기	(놀라서 밖으로 나가려다 테이블 위에 있는 책을 툭 치고. 책이 바닥에 떨어지면 급히 다시 올려놓는데. 책 사이에 뭔가 언뜻 보이고. 펼쳐서 보면. 10조짜리 수푠데) 이건!! (눈 휘둥그레지는)

그 순간! 침실 문이 활짝 열리고. 수련이 들어서는.

수련	여기서 뭐하세요?
준기	(얼른 책을 덮고) 아, 화장실을 못 찾아서요. 집이 왜 이렇게 커요?
수련	(다가와 준기 손에 들린 책을 뺏고) 반대쪽이에요. 게스트 화장실은.
준기	미안해요. (나가는데. 온통 정신은 책 안의 수표에 꽂혀있고)
수련	(애써 웃지만, 준기 나가면 표정 굳어지는. 손에 윤희가 준 책이 들려있고)

69. 모텔(밤)

윤철, 초라한 모텔에서 샤워하고 나오는데. 핸드폰 울리고. 보면, 발신번호표시제한으로 뜨고. 귀찮은 표정으로 받는.

변조음(F)	오랜만이야. 하윤철!
윤철	(불쾌한 표정) 또 무슨 일이야?
변조음(F)	사람이 그러면 쓰나. 감방에서 나오게만 해주면, 뭐든 다 하겠다고 약속하지 않았나? 주단태 밑으론 확실하게 들어갔어?
윤철	몇 번을 말해? 개처럼 엎드려서 발바닥까지 핥아먹고 있는 중이야. 됐어?!
변조음(F)	주단태가 확실히 널 믿게 해야 돼. 그게 첫 번째 니 미션이야. 그리고 이제, 두 번째 미션이 시작될 거야.
윤철	당신 도대체 누구야? 나한테 왜 이러는 거야?!!
변조음(F)	보석금을 내줬으면 돈값을 해야지. 세상에 공짜가 있나.
윤철	해야 될 일이 뭔지나 말해!! 주단태와 관계되는 일이면 더는 못 해!!
변조음(F)	이번엔 아주 보람된 일이 될 거야. 주소 보낼 테니, 지금 출발해.

윤철　이 시간에 어딜 오라는 거 아냐? 12시도 넘었어!

변조음(F)　미행 붙지 않게 모텔 뒷문을 이용하고, 반드시 택시로 이동해. 한 시간 줄게. (전화 툭 끊기면)

윤철　여보세요! 여보세요! (이미 끊겼고. 이어서, 문자가 도착하는데. 주소가 써 있고. 불쾌하지만 겉옷 확 집어 드는)

70.　서울 외곽 골목길(밤)

　　　윤철, 택시에서 내리면. 가로등도 없는 골목길이고. 주소를 확인하면 맞는데.

　　　두리번거리고 있으면. 갑자기 벽인 줄 알았던 대문이 드르륵 열리고.

　　　놀란 윤철 멈칫하다가, 홀린 듯 안으로 들어가는데.

71.　안가(밤)

　　　윤철, 천천히 정원을 걸어가는. 그러다 담쟁이넝쿨로 뒤덮인 육중한 철문이 보이고. 철문을 밀어서 열면. 코를 찌를 듯한 알코올 냄새가 확 끼쳐오고.

　　　윤철, 두꺼운 커튼이 쳐져있는 어두운 거실로 들어서는데.

　　　순간! 무언가를 보고, 기겁하듯 화들짝 놀라는 윤철 모습에서!

72.　헤라팰리스 전경(며칠 후. 낮)

　　　규진/상아/(E) 만세! 만세!! 이민혁 만세!!

73.　헤라팰리스 규진 집 거실(낮)

　　　상아, 민혁의 볼에 뽀뽀해주고 난리 났는데.

상아　아구, 아구, 이뻐! 아구, 내 새끼, 이뻐 죽겠네!

규진　장하다, 내 아들! 이걸로 한방에 주 회장 코를 납작하게 눌러줬어! 헤라 팰리스에서 서울음대 합격한 사람이 우리 민혁이밖에 더 있어?

상아 그러게. 갑자기 뒤로 돌아가! 도 아니고, 어떻게 꼴찌가 혼자 서울대를 가냐고! 백날천날 전교 일등 하면 뭐해. 운 좋은 놈은 못 당하는데.

민혁 나만 합격한 거 아닌데?

규진 그럼, 누가 또 있어?

민혁 은별이도 구제받아서 서울대 합격했잖아. 소문 못 들었어?

상아 뭐어? 실격한 수험생을 다시 합격시킨 전례가 있었나? 국민청원이니 뭐니 시끄럽더니, 천 쌤이 또 손쓴 거 아냐?

규진 하여튼 당최 그쪽은 이길 수가 없다니까! 청아아트 센터장도 그렇고, 은별이 합격도 그렇고! 하늘이 돕는 거야 뭐야?!

상아 난 은근 주 회장보다 천 쌤이 더 무섭더라고. 오윤희 죽은 것 봐. 결국 눈엣가시 같던 정적을 소리 소문 없이 치워버렸잖아. 안 그래?

규진 암튼, 오싹해! 보통 여자는 아니라니까. (소름 돋는 표정이고)

74. **청아아트센터 무대**(저녁)
    화려한 드레스를 입은 채, 핀 조명이 내려앉은 무대로 천천히 걸어 나오는 서진.
    무대 뒤로, 〈제1대 청아아트센터장 취임식〉이라는 플래카드가 크게 붙어 있고.
    서진, 긴장한 표정으로 무대 위에 서면.

감독 자, 리허설 시작합니다!

시작되는 반주에 맞춰 노래를 시작하는 서진, 예전의 명성을 되찾은 듯 현란한 스케일에, 자신감 넘치는 모습인데.
당당하게 클라이맥스로 치달아 오르는 서진. 폭발하듯 완벽한 피치를 선보이며 하이 F를 찍어내는데.
감독과 리허설 관계자들, 놀라서 보고. 그 위로,

윤희(E)   도와주세요!!! 사람 살려요!! 아무도 없어요?!!!

75.   회상/5화 8신 연결/김포 벼랑 위(밤)

윤희의 발, 더 이상 한 뼘도 버틸 공간이 없이 막다른 벼랑까지 밀리는데.
힘에 부치는 윤희, 눈을 질끈 감고는 죽을힘 다 내서 버티고 있는.

윤희   제발..... 조금만 더... 버텨!! 제발!!!

그때, 누군가 달려와 보닛을 두 손으로 막는데, 서진이다.

서진   정신 차려, 오윤희!! 괜찮아?!
윤희   (보는, 놀라고) 천서진?! (천군만마를 얻은 느낌인데. 희열에 찬 표정)
서진   어떻게 된 거야? 진분홍은 어딨어?!!
윤희   주단태 짓이야!! 진분홍과 내통하고 있었어. 주단태가!
서진   뭐어? 개자식!!

경사진 길로 점점 더 미끄러지는 차. 순간 휘청하는 두 사람.

윤희   (온몸 땀에 젖어서) 더 이상은 힘들어. 은별이 먼저 꺼내! 빨리 은별이 꺼
내라고!!
서진   그럼 넌?! 혼자 감당할 수 있어?!!
윤희   이러다간 우리 다 죽어!! 은별이 먼저 꺼내면, 나도 동시에 피할게. 그
러니까 빨리!! 시간 없다고!! 뭐해?!! (기진맥진 상탠데)
서진   (망설이듯, 그런 윤희를 보면)
윤희   우리 다 살 수 있어!! 내가 시키는 대로 해!! 나 절대 안 죽어!! 우리 로나
놔두고 내가 어떻게 죽어?!!! 걱정 말고, 은별이부터 빼내!! 빨리!!!!
서진   (심호흡하고) 알았어! 좀만 더 버텨!! 절대 밀리면 안돼!!!!

서진, 보닛을 밀고 있던 손을 놓고, 차 뒷좌석으로 재빨리 뛰어가면. 차가 급격히 뒤로 밀리고! 윤희, 어쩔 수 없이 자신의 발을 바퀴에 끼우는. 참을 수 없는 고통스러운 비명이 튀어나오고.

윤희	아아악!!! 빨리!! (온몸으로 차를 막고 있으면)
서진	(뒷좌석에 기절해 있는 은별을 꺼내려고 안간힘 쓰는데)
윤희	(발을 바퀴에 낀 채로 필사적으로) 멀었어?!! 빨리!! 얼른!! (소리치는데)

서진, 뒷좌석에 있던 은별이를 빼내다가 갑자기 표정 서늘해지고. 번뜩하며 머리를 스쳐가는 그동안의 아픈 기억들.

고등학교 시절, 목을 트로피로 찔린 채 쓰러지던 윤희.(시즌 1, 1화 60신) 대학교 때, 윤철과 사랑하던 윤희.(시즌 1, 10화 18신) 헤라팰리스로 당당히 입성하던 윤희.(시즌 1 9화 74신) 주점에서 윤철에게 안기던 윤희(시즌 1, 10화 60신). 윤철과 함께 약혼식에 나타난 윤희.(시즌 2, 1화 73신) 섀도싱어로 완벽한 노래를 부르던 윤희.(시즌 2, 2화 55신) 자신을 무릎 꿇게 한 윤희.(시즌 2, 7화 52신) 구치소에서 받은 모욕(시즌 3 1화 17신, 57신). 강에서 자신을 밀어버린 윤희 모습까지 모든 게 선명한데.(시즌 3, 1화 79신)

끝나지 않은 악연들의 감정이 소용돌이치면서 점점 매서워지는 서진의 눈빛.

옆을 보면. 눈을 질끈 감고 죽을힘을 다해 버티고 있는 윤희의 모습이 보이고.

서진, 급격히 차가워진 눈빛으로, 은별을 바닥 한쪽에 안전하게 내려놓는데.

윤희	아직 멀었어? 나.... 더 이상 못 버티겠어. (비 오듯 땀이 쏟아지고, 손이 부들부들 떨리는. 마지막 힘을 모아 발악하고 있으면)
서진	(그런 윤희를 보는) 오윤희! 우리 악연도 이렇게 끝이 나네. 잘 가!

서진, 사악한 미소를 띤 채, 갑자기 뒤에서 차를 힘껏 밀어버리는데.
간신히 바퀴를 버티고 있던 돌이 뽑히면서 빠르게 미끄러지는 차.
윤희, 서진을 보며 굳어지는! 비명 한마디 못 지르고, 그대로 절벽 아래로 떨어지는데.
서진, 그런 윤희 쪽을 무표정하게 바라보고 있는. 이어서 꽝!!!! 꽝!!! 풍덩! 풍덩!! 연이어 차가 추락하는 소리가 들리면.
서진, 꼿꼿하게 선 채로, 냉담한 표정으로 벼랑 아래쪽을 내려다보는데. 모든 게 끝났다는 안도감과 함께, 알 수 없는 눈물이 주르륵 뺨으로 흘러내리고.

서진   애썼어. 평생 나와 싸우느라. 하지만... 결국 내가 이겼어, 오윤희!

그때! 수련이 달려오는 소리가 들리면. 급하게 은별에게 달려가 끌어안는데.
쓰러진 은별을 안은 채, 넋이 나간 듯 울며 연기하는 서진의 모습...

76.   **현재/청아아트센터 무대(저녁)**
눈가에 눈물 그렁해져서 멋지게 피날레를 장식하는 서진. 완벽한 리허설이고.
감독과 스태프들의 박수갈채가 쏟아지면.

서진(E)   이제야 모든 게 제자리를 찾았어. 천서진, 완벽한 니 세상에 온 걸 환영해!!

감격스러운 서진의 표정에서 엔딩!!

6화

심연을 들여다보다

1.   청아아트센터 전경(다른 날 낮/취임식 당일)
    웅장한 자태를 뽐내는 청아아트센터.
    건물 한쪽 벽면으로 흘러내려 펼쳐지는 서진의 사진.
    청아아트 초대센터장의 위엄을 알리는 듯 예전보다 더 화려해진 서진
    의 모습.

2.   청아아트센터 복도(낮)
    또박또박 걸어가는 서진의 하이힐 소리가 사방으로 울려 퍼지고. 그
    뒤로 도 비서가 따르는.
    직원들, 걸어가는 서진에게 정중하게 인사를 하고.
    한쪽 복도에 모습을 드러내는 센터장실. 천서진이라는 이름이 곧게 새
    겨져있는.
    서진, 벅차오르는데. 센터장실 문을 열면.

3.   청아아트센터 센터장실(낮)
    서진에게 쏟아지는 기자들의 플래시 세례.
    온화한 미소를 띠며 박수 치고 있는 단태의 모습도 보이고.
    서진, 기자들 의식해서 단태에게 다가가 다정하게 포옹하면. 기자들의
    질문 쏟아지는데.

기자1   천서진 센터장님. 우선 취임을 축하드립니다. 오늘 취임식에서 선보인
        복귀 무대에 찬사가 쏟아지고 있는데요, 변함없는 목소리의 비결은 무
        엇입니까?
서진   저는 은퇴 후에도 오직 음악만 생각했습니다. 이 무대는 저를 사랑하는
        국민들을 위한 헌정무대였습니다. 저는 앞으로 대한민국 성악계를 최
        고 수준으로 끌어올리기 위해 헌신할 생각입니다.
기자2   딸이 얼마 전 불미스러운 일을 겪었는데요. 그 가해자가 한때 센터장님
        의 라이벌이었다는 소문은 맞습니까? 센터장님을 은퇴시킨 쉐도우싱

어 당사자라는 루머에 대해 말씀해주시죠!

단태   루머는 지금 기자님이 만들고 계시는 거 같은데요. 가해자는, 제 아내를 동경했던 수많은 동창생 중에 한 명이었을 뿐입니다.

서진   (단태의 지원사격을 받고) 실력이 안 되는 딸을 서울대에 보내고 싶은 비뚤어진 모성은 이해하지만, 그 자격지심 때문에 끔찍한 납치사건까지 일으킨 점은 절대 용서할 생각이 없습니다. 모든 학생이 서울대를 간다는 생각은 버려야 합니다. 다신 이와 같은 비극이 일어나지 않도록, 우리 교육이 환골탈태할 시점입니다! (단호하게 말 끝내면)

기자들, 열띤 분위기에서 기사 작성하고, 플래시 터트리고 있는.
단태와 서진, 다정한 모습으로 기자들을 향해 포즈를 취해주는데. 더없이 환하게 웃는 두 사람의 표정.
컷 되면. 기자들 아웃하고. 단태와 서진만 남은 상황. 표정 돌변해있고.

서진   (냉랭한) 취임식엔 굳이 안 와도 된다고 했을 텐데.

단태   (비꼬듯) 프리마 돈나 천서진이 컴백하는 자린데, 남편이 빠질 수 있나. 그러고 보면 당신은 참 운이 좋아. 오윤희가 죽어버려서 이제 영원히 쉐도우싱어 진실은 묻히게 생겼으니. 오윤희도 참 불쌍한 여자야.

서진   (표정 확 변하고) 누구 덕에 청아그룹 주식이 뛰었는지, 알고는 있지? 청아아트센터 투자금으로 해외에서 끌어 모은 돈이 5천억이야!

단태   그중에 오윤희 돈이 얼마더라? (귀에 대고 속삭이듯) 궁금한 게 있어. 오윤희 지분이 어떻게 하루도 안 돼서 당신께 된 거지? 마치 오윤희가 죽길 기다린 사람처럼.

서진   그러는 당신은?!! 진분홍이 왜 그런 거짓 기자회견을 했을까? 진분홍 뒤에 누가 있었는지 내가 모를 거 같아?! 진분홍 이용해 내 딸 건드린 거, 절대 용서 안 해! 각오해야 할 거야!! (홱 돌아서서 문 쪽으로 걸어가면)

단태   그걸 알고도 묵과하는 이유는 뭐지? 오윤희가 천하에 나쁜 년이 될수록 당신한테 이로우니까. 아닌가? (조롱하듯 보며) 어차피 우린 한편이

야. 청아그룹 주식을 나눠 가진 이상, 서로를 도울 수밖에 없다구! 우리
가 탄 배가 침몰하는 걸 원하진 않겠지?

서진   미친 자식! (문 꽝 닫고 나가버리는)

단태   (교활한 웃음)

4.   청아아트센터 복도 (낮)
      서진, 열 받아 센터장실 밖으로 나오면. 도 비서가 서진에게 다가와 귀
      엣말 하는.
      서진의 표정!

5.   은별 VIP 병실 (낮)
      서진, 급하게 병실로 들어서면. 은별을 진료 중인 의사들.

서진   깨났어요? 상태는 어떤가요?!

의사   별다른 이상은 없습니다. 기억도 정상적으로 돌아왔고요. (인사하고 빠
      지면)

서진   감사합니다. 정말 수고하셨습니다. (인사하고, 기쁜 표정으로 은별을 살
      피며) 은별아, 괜찮아? 무사히 깨나서 정말 다행이다. 왜 이렇게 오래 잔
      거야? 얼마나 걱정했게. 기쁜 소식 있어. 너, 서울음대 합격했어! 배로나
      가 부정행위한 게 증명돼서, 교수님들이 만장일치로 구제해주셨어!

은별   (무표정하게 듣고만 있으면)

서진   왜? 기쁘지 않아? 얼마나 원했던 서울대 합격이야? 이제 아무것도 걱
      정할 거 없어. 나쁜 기억은 다 잊어버리고....

은별   (멍한 표정) 눈이 자꾸 생각나.

서진   (멈칫) 응? 무슨 눈?

은별   죽기 전, 로나 아줌마 눈!! 죽어가는 사람이랑 눈이 마주치면, 영혼을
      뺏긴다면서? 그럼 나도 곧, 미치거나.. 죽거나.. 괴물이 되겠네.

서진   (당황) 그게 무슨 소리야? 로나 엄마를 니가 어디서 봤다고? 꿈을 꿨나 보

지. 아직 몸이 덜 회복돼서 그래. 곧 괜찮아질 거야. (애써 태연한 척하면)

은별 (굳어지고) 왜 그랬어?

서진 뭐가?

은별 로나 아줌마한테 왜 그랬냐고?!! 아줌마, 엄마가 죽였잖아! 차로 밀어서!

서진 (화들짝 놀라면)

은별 (서진을 보는 슬픈 눈빛. 그 위로,)

6. 회상 1/4화 73신/김포 벼랑 위/분홍의 차 안/은별 시점으로(밤)
    은별, 뒷자리에서 정신을 차리려고 애쓰는데, 어렴풋하게 윤희 목소리
    들리는.

윤희 (차 보닛을 두 팔로 막고 선 채로, 거의 울듯이) 은별아! 일어나! 하은별!
이러다 죽어!! 제발, 제발 정신 차려!!!

은별 (눈을 뜨려고 하지만, 맘처럼 되지 않는데)

윤희 (단태를 향해 소리치는) 그만해애애!!! 오지 말라고!!! 애가 타있어!! 애
한테 장난치면 죽어!! (필사적으로 차를 막고 서있으면)

은별(E) (희미하게 눈 뜬 채, 발버둥치는 윤희를 보는) 아줌마, 나 버리고 가면 안
돼요. 제발 살려줘요....

7. 회상 2/5화 75신/김포 벼랑 위/은별 시점으로(밤)
    서진, 뒷좌석에 기절해있는 은별을 꺼내려고 안간힘 쓰는데.
    은별, 자신을 꺼내느라 정신없는 서진의 모습이 뿌옇게 보이지만, 몸
    은 움직여지지 않고.

윤희(E) 멀었어?!! 빨리!! 얼른!! (차를 막아선 채 소리치면)

서진, 뒷좌석에 있던 은별이를 빼내서, 바닥 한쪽에 안전하게 내려놓
는데. 급격히 차가워진 눈빛!

276

은별, 서진을 부르려는데 입이 떨어지지 않고, 서진을 향해 손을 뻗지만, 서진은 보지 못하고.

윤희   아직 멀었어? 나.... 더 이상 못 버티겠어. (비 오듯 땀이 쏟아지고, 손이 부들부들 떨리는. 마지막 힘을 모아 발악하고 있으면)

서진   (윤희를 보는) 오윤희! 우리 악연도 이렇게 끝이 나네. 잘 가!

서진, 사악한 미소를 띤 채, 갑자기 뒤에서 차를 힘껏 밀어버리는데.
간신히 바퀴를 버티고 있던 돌이 뽑히면서 빠르게 미끄러지는 차.
윤희, 비명 한마디 못 지르고, 그대로 절벽 아래로 떨어지는데.
은별, 떨어지는 윤희와 눈이 정면으로 마주치고! 얼어붙어서 보는 은별.
이어서 꽝!!!! 꽝!!! 풍덩! 풍덩!! 연이어 차가 추락하는 소리가 들리면.
서진, 꼿꼿하게 선 채로, 냉담한 표정으로 벼랑 아래쪽을 내려다보는데.
그때! 수련이 달려오는 소리가 들리면. 급하게 은별에게 달려가 끌어안는 서진.
은별, 두려움에 질끈 눈을 감아버리면.
서진, 쓰러진 은별을 안은 채, 넋이 나간 듯 울며 연기하는...

8.   **현재/은별 VIP 병실(낮)**
     은별, 충격받은 서진을 향해 독설을 날리는.

은별   아줌마는 날 살리려고 했어. 계속 깨우고, 끝까지 날 버리지 않았는데... 어떻게 날 구하려던 사람을 죽여? 어떻게!!!

서진   아냐! 니가 잘못 본 거야. 악몽을 꿨나 본데, 얼른 진정제 놔달라고 할게. (당황해 급히 돌아서려면)

은별   (죄책감에 흐느끼듯) 로나 때문에 진 쌤한테서 겨우 벗어났는데, 내가 이렇게 또 로나를 배신하는 거네. 날 도와준 아줌마를 죽이고!!

서진   (확 돌아보고) 널 위해서였어!!

은별	(받아치는) 날 위해서? 할아버지도, 아줌마도 다 날 위해서였어?!!
서진	(독하게 은별을 쥐어 잡고) 세상이 그렇게 쉬운 줄 알아?! 얻는 게 있으면 잃는 것도 있는 거야!! 언제까지 어리광만 부릴 거야?!! 엄마가 여기까지 어떻게 다시 올라왔는데!! 그동안 무슨 꼴을 당했는데!! 태어나 처음으로 감방에서 사람 아닌 대접 받았어!! 버러지 같은 인간들한테 모욕당하면서, 근데도 죽지 않고 버텨냈어!! 너도 해!! 못 할 거 없어!!
은별	(고개 내젓고) 난 못 해! 자신 없어... (겁에 질린 듯, 온몸 벌벌 떨며) 평생 아줌마 눈이 따라다니면 어떡해. 안 잊혀지면 어떡해!! 무서워... 겁나 죽겠어!!
서진	약한 소리 그만해!! (은별의 뺨을 후려치면)
은별	악! (침대에 쓰러지고)
서진	(서진을 잡아 일으키고, 자신의 핸드폰을 꺼내서 내밀며) 감당 못 하겠으면, 니 손으로 엄마 신고해! 다시 엄마가 감방 가길 바라면, 당장 신고하라고!!! (매섭게 몰아붙이면)
은별	(절박하게 사정하듯) 엄마, 나 살고 싶어... 약 좀 갖다줘. 예전에 기억 지워주는 약 있었잖아. 그것 좀 사다줘. 그럼 다 잊을게! 그래야 내가 살아!! 나, 서울대 다니고 싶어!! 남자친구도 사귀고, 행복하게 살고 싶어!! 제발, 기억 도려내는 약 좀 갖다줘!! 제발 나 좀 살려줘.... (와락 서진을 끌어안고 바들바들 떠는데)
서진	(애써 이 악물고, 더 독하게) 정신 차려!! 니 스스로 이겨내!! 사람은 누구나 힘든 일 하나쯤은 달고 사는 거야!! 넌 다 가졌잖아. 서울대 합격했고, 엄마는 청아아트센터장이야! 앞으로 탄탄대로 인생이 보장돼있어! 그럼 널 위해 최선을 다한 엄마의 허물 정도는 덮고 가는 게 당연한 거 아냐?
은별	허물? (순간 밑바닥에서 뜨거운 게 끓어오르며, 독기 찬 눈으로 변하더니. 서진을 힘으로 확 밀어내서 자빠뜨리고) 엄마는 악마야!! 괴물이야!! 내가 엄마 딸이라는 게 끔찍해!! 나도 엄마처럼 괴물이 되면 어떡해?!! 가까이 오지 마!! (서진에게 물건을 던지며) 할아버지도, 아줌마도 다 엄마

가 죽였어!! 소름 끼쳐!! 아아악!!! (발작하듯, 마구 물건 던지며 괴로워하는 은별)

서진   (당황하고. 겁에 질려서 도망치듯 병실을 허겁지겁 뛰쳐나가는데)

9.   은별 VIP 병실 앞 (낮)

서진, 눈가 발개져 뛰어나오면. 안에서 들리는 은별의 비명 소리.

서진   (스테이션을 향해) 여기 빨리 좀 와주세요! 진정제 좀 놔주세요. 자꾸 헛소릴 해요!!

의료진들   (병실로 뛰어 들어가면)

도비   (다가서는데) 무슨 일입니까, 센터장님!

서진   (허둥대다가, 도 비서에게 은밀하게) 도 비서! 예전에 은별이 먹었던 약 알지? 그것 좀 구해와.

도비   네? 그건...

서진   (이성 잃고, 버럭) 아무 말 말고 당장 구해와!! 최대한 빨리!!!

도비   (어쩔 수 없이 돌아서서 가면)

서진   (그러다 제정신 들고) 아냐! 하지 마!! 약은 더는 안 돼!! 미친 짓이야!! 내가 잠깐 돌았나 봐. (고개 내저으며 애써 맘 다잡고. 병실 안에서 발버둥치는 은별을 보며) 이겨낼 거야, 우리 은별이!! 자기 힘으로 꼭, 이겨낼 거야!! 내 딸이니까!! (믿고 싶은데)

서진, 진정제를 맞고 있는 은별을 바라보는. 다시 또 지뢰밭이고. 가슴 찢어지지만 이 악물고 버텨내는.

10.   헤라팰리스 윤희 집 윤희의 방 (낮)

수련, 윤희의 유품들을 정리하고 있으면. 예쁜 니트옷을 입은 마론 인형 두 개가 나오는데. 하나는 긴 머리에 환타색 드레스를 입었고, 하나는 짧은 머리에 카키색 가죽 잠바를 입은. 언뜻 봐도 수련과 애교 모습을 한 인형이고.

로나(E) 엄마가 만든 거예요. 아줌마 생일 때 준다고.

수련 (돌아보면, 로나가 서있고)

로나 매일 밤 쉬지 않고 짰는데, 아줌마가 좋아하는 모습 보고 싶다고...

수련 (울컥하고) 너무 예쁘다, 잘 가지고 있을게. 오래오래.

로나 보여드릴 게 있어요.

로나, 천으로 덮여진 뭔가를 걷어내면. 투명보드가 나오고. 헤라팰리스 인물관계도가 그려져 있는.

주단태, 유동필, 김미숙, 주혜인, 주석훈, 주석경, 백준기, 그리고 심수련 위에 알 수 없는 물음표가 보이는.

11. **회상/헤라팰리스 윤희 집 침실(저녁)**

윤희, 투명보드에 헤팰 사람들 사진을 붙이고, 윤희만이 알 수 있는 작대기를 획획 긋고 있는.

그러다 뭔가 의심쩍은 표정으로 백준기 이름에 빨간색으로 마구 동그라미를 칠하고, 마지막으로 수련의 사진 위에 물음표를 그리는데.

12. **현재/헤라팰리스 윤희 집 침실(저녁)**

수련 이게 다 뭐지?

로나 저도 모르겠어요. 엄마가 왜 이런 걸 만들었는지. 아줌마는 아실까 해서 보여드린 거예요.

수련 전혀 모르겠어. 짐작도 안 가.

로나 무슨 일을 하는지 매일 바빴어요. 전화통화도 많이 하고, 잠도 거의 못자고. 그렇게 열심히 살았는데도, 옷장에 변변한 새 옷 하나도, 값나가는 보석도 없었어요. 나한텐 뭐든 다 해줬는데.... (눈물 나고. 급하게 방 뛰쳐나가면. 엇갈려 석훈이 들어오고)

| 석훈 | 로나 데리고 병원 좀 갔다 올게요. 며칠째 물 한 모금도 안마셔요. 링거라도 맞혀야겠어요. |

석훈 로나 데리고 병원 좀 갔다 올게요. 며칠째 물 한 모금도 안마셔요. 링거라도 맞혀야겠어요.

수련 그게 좋겠다. 한 박사님께 전화해둘게.

석훈 엄마는... 괜찮은 거예요?

수련 (애써 미소) 그럼. 로나 데리고 잘 다녀와.

석훈 (나가면)

수련 (수련과 윤희 인형을 다시 보는데, E) 아니... 안 괜찮아, 석훈아. 엄마도 너무 무서워. 무서워 미칠 거 같아...

수련, 애써 마음 다잡고 화장대 서랍 열어 물건들 다시 정리하는데. 상자가 보이고. 무심히 상자를 열어보면.
상자 안에, 돈을 쓴 영수증과 내역서들이 빼곡하게 적혀있고. 메모지 몇 개가 나오는. 〈한남동 미래병원〉〈오만식 사장님 010-7733-8888〉이라고 각각 써있는. 순간 떠오르는 기억.

13. 회상/3화 54신 연결/펜트하우스 거실(낮)

윤희 언니! 주단태가 설아랑 혜인이를 바꿔치기했다고 했지? 그 병원이 어디야?

수련 그건 왜?

윤희 혹시라도, 혜인이 친모 찾을 수 있을까 해서.

수련 찾아서 뭐하게? 주단태한테 돈을 받고, 자기 아이를 버린 사람이야!

윤희 후회하고 있을지도 모르잖아. 그냥 조용히 나만 알고 있을게. 병원이, 어디랬지?

수련 미래병원. 한남동에 있었는데 아직도 있나 모르겠다.

14. 현재/헤라팰리스 윤희 집 윤희의 방(낮)
수련, 메모지를 들고, 벌떡 일어나서 나가는데.

15.   미래병원 원장실(낮)
       수련, 원장에게 윤희의 사진을 보여주는.

수련   이 사람, 여기 찾아왔었죠? 와서 뭘 물어보던가요?

원장   (움찔하면)

수련   아이 엄마는 나예요. 개인정보를 제3자에게 함부로 넘기면 어떤 처벌
       을 받는지 잘 아실 텐데요! 이 사람과 나눴던 얘기, 전부 다 털어놔요!

원장   그때 바뀐 아기의 생모 연락처와 신상을 물어봐서 알려준 거뿐이에요.
       절대 안 된다고 했는데, 하도 우겨서... 진짜 우리 병원에 피해 안 주겠다
       고 했는데...

수련   피해 안 가니까, 그 정보, 나한테 다 넘겨요!

       컷 되면. 원장, 김미숙에 대한 정보를 넘기는데.

수련   이게 다예요? 다른 얘긴 없었나요?

원장   없었어요. 아! 심수련 씨가 쌍둥이를 낳았는지 물었어요. 그래서 여아
       한 명뿐이라고 말해줬고요.

수련   (놀라는) 쌍둥이요?

16.   미래병원 앞(낮)
       수련, 병원 밖으로 걸어 나오는.

수련(E)   어떻게 알았을까. 내가 쌍둥이를 낳은 걸... 갑자기 혜인이 생모는 왜 찾
       은 거고.

       그러다 급히 가방에서 메모지를 꺼내는데. 〈오만식 사장님 010-
       7733-8888〉
       수련, 메모지에 써있는 번호로 전화 걸면.

직원(F) 만사해결 심부름센텁니다.

17. 심부름센터 (저녁)
직원과 마주 앉아있는 수련.

직원 (난처한 표정) 죄송하지만, 밀씀드릴 수 없는데요. 저희는 의뢰인 외에 는 정보를 제공해드릴 수 없는 게 절대 원칙이라서요.

수련 (그 앞으로 돈뭉치 내려놓고) 꼭 알아야 해요! 아주 중요한 일이에요.

직원 그래도 이미 의뢰인이 사망한 건수라...

수련 (한 뭉치 더 내려놓고) 이 정도 돈이면, 다른 데에서 당신 정보 파올 수도 있어!

직원 흠... (그제야 서류봉투 내밀고, 확 싹싹해진 말투) 오윤희 씨한테 드렸던 내용과 동일한 겁니다, 사모님.

수련 (서류를 열어보는데, 굳어지는) 혜인이 생모가 죽어? 확실한가요, 이거?!

직원 그럼요. 사건 내용까지 자세히 적혀있는걸요. 저희도 남의 돈 막 거저 먹는 사람들 아닙니다.

수련 (서류 살펴보다 더 놀라고. E) 가해자가 유동필?! 혜인이 생모를 제니 아 빠가 왜....? (동필의 얼굴을 한 번 더 확인하는데)

18. 헤라팰리스 마리 집 거실 (저녁)
제니, 안방 눈치 보며 조심스레 쇼핑백을 들고 나가려는데.

마리(E) 스톱!!!

제니, 얼은 듯 서면. 다가오는 마리, 쇼핑백을 낚아채 안을 보는데, 가득 들어있는 반찬이랑 과일, 밥까지 먹을 게 잔뜩이고.

마리 이거 전복죽 아냐? 과일에 반찬에, 아주 냉장고를 통째로 털었구만! 너

남친 생겼어? 이걸 어느 놈 입에 갖다 바치는 건데? 설마.... 이민혁 그

싸가지?

제니   엄마 미쳤어? 누굴 얻다 갖다 붙여?!

마리   그래, 아직 정신은 살아있네. 그럼 이 비싼 보양식을 어디 가져가는데?

제니   로나 갖다 주려고. 그 기집애 아까 봤더니 다 죽어가. 석훈이 말로는 링

거 바늘도 안 들어갔대. 이러다 어떻게 되면 어떡해?! 강제로 밥이라도

먹여야겠어.

마리   (짠하고) 맞네. 속 깊은 게 역시 엄마 딸이라니까. 이럴 게 아니라 집으로

로나 데려와. 여기서 재우고 멕이게. 집도 휑할 텐데 혼자 잠이 오겠어?

제니   진짜? 그래도 돼? 알았어. 얼른 데려올게. (신나서 나가려는데)

동필   (방에서 나오며, 냉정하게) 가지 마! 그 집 일에 신경 꺼!

제니   (돌아보고) 아빠!

동필   그냥 있어! 누굴 집에 데려와? 너 말고도 챙겨줄 사람 수두룩빽빽이야.

마리   왜 이렇게 까칠해? 당신 이상하게 그 집 일에 싸하더라.

동필   (단호하고 신경질적으로) 싸하든 말든! 그 집이랑 엮여서 좋을 거 한 개

도 없어! 아빠 명령이야. 데려오기만 해봐! (강압적인데)

제니   왜 그러는데? 로나 내 친구야. 엄마도 허락했잖아!

동필   (순간 버럭) 가지 말라니까!! 아빠한테 진짜 혼나고 싶어?!! 그런 불량

한 애랑 놀지 마!!! 너까지 인생 드럽게 꼬이고 싶어?!! (눈 부릅뜨고 막

아서면)

마리/제니   (놀라서 동필을 보는데)

동필   (죽은 윤희 사체가 떠오르고. 정신이 혼미해지면)

제니   (순간 욱하고) 아빠가 로나에 대해 뭘 알아?! 로나, 내 목숨 살려준 은인

이야. 주석경이 아빠 살인범이라고 욕하고 다닐 때, 나 진짜 살기 싫었

어. 그래서 옥상에서 떨어져 확 죽어버리려고 했는데, 로나가 살려준

거야. 로나 아니었음 아빠 딸 여기 없다고!!

마리   (충격받은 듯 보며) 제니야....

제니   나 왕따 당할 때도, 유일하게 내 편 들어준 사람이 로나 아줌마였어! 근

284

데, 인생 꼬인다고 로나랑 놀지 말라고? 아빠 왜 이렇게 변했어? 전과자라는 것보다 지금이 더 실망이야! (홱 나가버리면)

마리 제니야! 제니야! (그러다 동필을 쥐어 잡고) 왜 애한테 소린 지르고 그래?! 우리 제니 말 하나도 틀린 것 없어! 당신 이렇게 매정한 사람이었어?! 내가 아는 유동필 맞냐고? 제대로 말해! 뭔 일 있지?

동필 에잇! (스스로한테 더 화나고. 신경질 내며 방으로 들어가면)

19. 헤라팰리스 마리 집 침실(저녁)
동필, 거칠게 운동가방에 복싱글러브를 구겨 넣으면.

마리 또 어딜 나가?

동필 운동.

마리 거짓말 마! 나 당신 마누라로 20년이야. 귀신을 속여! 운동한다고 나가서 술이 떡 돼서 들어오고, 밤마다 악몽 꾸고 헛소리하고. 왜 안 하던 짓해? 사고 쳤지? 뭐가 어떻게 된 거냐고?!

동필 제발 나 좀 그냥 내버려둬!!

마리 (버럭) 유동필!!! 혼자 괴로워 말고 그냥 말해! (매섭게 다그치면)

동필 (그제야 들고 있던 가방을 툭 떨어뜨리고 털어놓는) 나, 주단태한테 제대로 물렸어.

마리 뭐?

동필 우리 이제 어떡해. 여보야! (눈물 터지는데) 주단태가 오윤희를 죽인 거 같아.

마리 (기겁하고) 윤희 씨가 살해당했단 말야? 정말이야?

동필 그 덤터기를 내가 썼어. 내가 분수대에 시체를 묻은 걸 눈치채고, 날 함정에 빠뜨렸어. 꼼짝없이 살인자로 몰리게 생겨서, 내가... 오윤희를 버렸어.

마리 버리다니? 그게 뭔 소리야?!!! (충격이고)

동필 이 손으로 오윤희 시신을 바다에 빠뜨렸다구! (어린애처럼 흐느껴 울면)

마리	(하얗게 질려서 침대에 주저앉고) 어떻게... 어떻게.... (멍해지면)
동필	주 회장, 우리 제니한테 무슨 짓을 할지 몰라! 알잖아? 자기 배신하는 놈은 어떻게 하는지! 오윤희 다음은 우리 차례라고 했어!! 우리 제니 잘못되면 어떡해... 나 때문에... 차라리 내가 다시 감방 가는 게 나아!! 평생 감방에서 썩는 한이 있어도, 우리 제니는 지켜야돼!!!! (절박한데)
마리	(벌떡 일어서고) 그 개자식!! 내가 죽여버릴 거야!! (쫓아가려면)
동필	(막아서고) 제니를 생각해!! 제발 참아!! 죽은 듯이 있으라고!!
마리	(픽! 주먹이 나가고) 넌 제니만도 못해!! 부끄러운 줄 알아!!
동필	상관없어! 우리 가족 지킬 수만 있다면, 주단태 아니라 악마하고도 손 잡을 수 있어! 이미 그렇게 결심했어!! (눈 벌건데)
마리	(독하게 이성 찾으며) 아니! 다신 악마하고 손 안 잡아! 절대 그렇겐 안 될 거야! 이 강마리도, 진천에서 한 가닥 했어! (이 악무는 마리고)

20. 펜트하우스 거실(밤)
    수련, 창밖을 보며 생각에 잠겨있는데 손에 들린 서류봉투 보이고.

21. 회상/심부름센터(저녁)
    수련, 조사한 서류를 보고 있으면.

직원	오윤희 씨가 한 가지 더 의뢰한 사건이 있는데요. 선금만 받고, 아직 보고는 안 한 건인데.
수련	무슨 사건인데요?
직원	심운건설 회장 사모님 사망사건이요. (또 다른 서류봉투를 내밀면)
수련	네에?! 심운건설?.... (가슴이 쿵! 하는데)
직원	딱히 의심스러운 점도 없고, 단서도 없어서 당최 진전이 없네요. 워낙 오래된 사건이거든요.
윤희(E)	15년 전이에요.

(과거) 직원의 눈앞에 앉아있는 건 윤희고.

윤희 가구회사를 운영하셨다고 들었어요. 직원들이 다 퇴근하고, 회사에서 쓰러진 채로 발견됐다던데 정확한 사인을 알고 싶어서요. 경찰 조사부터 알아낼 수 있는 모든 것들 다 조사해주세요. 용의자로 누가 거론됐는지, 목격자, 증거물, 병원 기록 전부 다요! 살인사건일지도 모르니, 모든 가능성은 열어두고 조사해주세요.

(현재) 직원 앞에 다시 수련이 앉아있고.

직원 살인사건이라고 하기엔 외부 침입자도 없었고, 그 사모님이 워낙 심장병을 앓고 계셨거든요. 의심스러운 거라곤, 사고 현장에 신원미상의 지문이 발견됐다는 건데.... 경찰에서도 병사로 처리한 사건이라 더 나올게 없던데요.

22. **현재/펜트하우스 거실**(밤)
수련, 서류봉투를 열어서 다시 자료들을 확인하는.

수련(E) 윤희 씨가 엄마 죽음을 왜 파고 있었을까... 대체, 뭘 쫓고 있었던 거야, 윤희 씨.... (더 혼란스러운데)

23. **헤라펠리스 서진 집 거실**(밤)
준기, 초조한 듯 거실을 서성이고 있는. 계속해서 수련 침실에서 본 책이 떠오르고. (5화 68신)

준기 역시 로건의 백억 달러는 심수련이 갖고 있었어! 그만한 돈을 줄 만큼 심수련 그 여자를 사랑한 건가? 그 여자가 뭐길래?!! (그러다 뭔가 떠오르는 듯, 핸드폰 하는. 얼굴 바뀌고 싹싹하게) 형님! 접니다. 뭐하고 계세요?

24.   헤라팰리스 커뮤니티 (밤)

병맥주를 들고 건배하며, 시원하게 병맥주를 마시는 규진과 준기.

규진   안 그래도 심심했는데 연락 잘했어. 요즘 헤팰 분위기가 영 그래서 술 마시기도 눈치 보였거든.

준기   오윤희라는 사람이 죽어서요?

규진   아, 동생은 모르지? 그 여자가, 완전 우리 헤팰의 트러블메이커야. 그 여자가 이사 오고부터는 하루도 조용할 날이 없었다니까. 그닥 좋아하는 사람도 없었고. 수련 씨 말고는.

준기   두 사람은 꽤 친해 보이던데요?

규진   장난 아니지. 자기 딸 죽인 가해자를 싸고도는 거 보면. (주위 살피다가) 심수련이 결혼 전에 낳은 애가 있는데, 그 애를 글쎄 오윤희가 저 위에서 밀어 죽였잖아. 분수대가 아주 그냥 피바다가... 어휴, 생각도 하기 싫어.

준기   수련 씨가 많이 힘들었겠네요. 주변 사람들이 자꾸 안 좋은 일을 당해서.

규진   팔잔데 어째. 결혼하자마자 갑자기 엄마 돌아가시고, 화병에 아빠까지 줄초상 나더니, 짱짱하던 심운건설 공중 분해됐지, 주단태랑 안 맞아, 안 맞아. (그러다 멈칫) 뭐야뭐야~ 설마 수련 씨한테 관심 있는 거야?

준기   (야릇한 미소) 수련 씨같이 아름다운 여자한테 관심 없는 남자도 있어요. 워낙 부모님들끼리도 친했고, 제 첫사랑이기도 하고요.

규진   그래도 그건 아니지. 친한 형이라면서. 족보 꼬이잖아. 이 사람 안 되겠네.

준기   단태 형하고도 완전 친하죠. 서로 모든 걸 공유할 만큼.

규진   그래?! 그럼 하나만 말해줘. 주단태 흑역사! 동생이 말했다고 절대 말 안 해. 나 입 진짜 무거워.

그때, 한쪽에서 들어서던 단태, 두 사람을 보고 있는데.

단태(E) 심수련에게 관심이 있다? (의미심장한 표정이고)

25.   은별 VIP 병실(늦은 밤)
      서진, 잠든 은별을 내려다보고 있는.

도비 진정세를 맞은 후론, 발작 증세는 전혀 없었습니다. 깨어나서도 기분이
      한결 나아진 거 같았습니다. 말씀하셨던 약은...
서진 됐어! 감당 못 할 기억은 스스로 없애게 돼있어. 살아야 하니까! 그땐
      약 없어도 우리 은별이 얼마든지 혼자 극복할 수 있어!
도비 병원에선 퇴원해도 괜찮다는 의견입니다. 정신적인 문제는 통원치료
      로 가능하다고요.

      잠든 은별, 움찔하다가 평온하게 다시 잠들면.

은별(E) 아줌마는 날 살리려고 했어. 계속 깨우고, 끝까지 날 버리지 않았는데...
      어떻게 날 구하려던 사람을 죽여? 어떻게!!!

      서진, 은별의 말 떠오르면. 섬뜩해지고. 은별의 손을 꼭 잡아주는데. 떨
      리는 서진의 손...

26.   헤라팰리스 윤희 집 로나의 방(늦은 밤)
      제니, 로나를 꼭 안은 채 자고 있는.
      로나, 잠이 안 오는 듯 뒤척이다 손을 빼려는데. 더 꼭 잡는 제니.

제니 가지 마. 아무 데도.
로나 (그런 제니를 보며 울컥하는)

27.　자코모 앞/수련의 차 안(다음 날 아침)

수련, 차를 돌려 들어서는데. 누군가 차 앞을 가로막고 뛰어들고. 놀라 급정거를 하는데.

서있는 사람, 해쓱해진 모습의 마리고.

수련　(놀라 차에서 내리고) 뭐예요? 다칠 뻔했잖아요!

마리　(다짜고짜 수련 앞으로 달려오고) 수련 씨! 미안해요. 나 좀 살려줘요!

28.　자코모 매장(아침)

〈출입금지〉팻말 세워지고. 직원들, 빠르게 빠지면.

마리와 수련, 둘만 남은.

마리　어디서부터 말을 꺼내야 할지 모르겠어요. 시작은, 김미숙이라는 여자 부터였어요!

수련　(작정한 표정) 내가 먼저 묻죠. 제니 아빠가 김미숙 씨를 왜 죽인 거죠?

마리　(놀라고) 수련 씨도 알고 있었어요?

수련　제니 아빠는 그 여자를 죽일 이유도 동기도 없었어요! 그런 사람이 살 인자가 됐다면, 답은 하나겠죠. 주단태! 아닌가요?

마리　맞아요. 주단태가 그 여잘 죽였어요. 제니 아빠는 주단태 죄를 뒤집어 쓰고 빵에 간 거고! 지 새끼 좋은 집에서 먹여 살리겠다고, 그 개자식이 랑 딜을 한 건데... 지금 윤희 씨 살인혐의까지 뒤집어쓰게 생겼어요.

수련　(놀라고) 그게 무슨 말이죠?!

마리　윤희 씨, 주단태한테 당한 거예요! 주단태가 윤희 씨 시신을 분수대 벽 에 묻어놨대요! 그래 놓곤, 제니 아빠가 죽였다고 협박하고 있어요!

수련　(기겁하고) 주단태가 윤희를 죽였다고요?!! 사고가 아니라?!! (분노로 얼굴 일그러지면)

마리　아마도! 증거는 없지만, 윤희 씨 죽음과 관계있는 건 확실해요! 사람 죽 여놓고 장난질한 것도 분명하고!!

수련 (부르르 떨다가) 말이 안 되잖아요! 윤희 시신은 바다에서 발견됐는데.

마리 유동필 그 미련퉁이가 시신을 바다에 버렸대요. 주단태가 협박해서 어쩔 수 없이!

수련 (경악하는) 미쳤어!!!! 다들 미쳤어!!!! (충격으로 억장이 무너지고. 숨을 못 쉴 거 같은데)

마리 (비통한) 내 남편이 죽을죄 진 거 알아요. 입이 백 개 천 개라도 할 말 없어요! (무릎 꿇고, 두 손 모아 비는) 내가 대신 이렇게 빌게요. 내 남편 목숨 살려달라는 거 아니에요. 벌 안 받겠다는 것도 아니에요! 내가 바라는 건, 주단태 그 개자식 내 손으로 죽여버리겠다는 거! 수련 씨가 시키는 대로 다할 테니까, 윤희 씨 억울한 죽음, 나도 밝히게 해줘요. 힘 보탤게요! 제발 뭐라도 하게 해줘요. 빵 가는 것도, 죽는 것도 하나도 겁 안 나요! 더는 이렇게 비굴하게는 못 살겠어요! 내 딸한테 부끄럽지 않게 살다 죽고 싶어요.

수련 (울부짖는) 윤희 씨 시신을 유기한 게 사실이라면, 내가 어떻게 당신들을 믿어?! 짐승만도 못한 짓을 했는데!! 당신 남편도 사람 아냐!!!

마리 (눈물로 소리치는) 어떻게 하면 믿어줄 건데?!! 내가 어떻게 하면!!! (그러다 눈물 닦고, 천천히 자리에서 일어서는) 내 인생 단 한 번의 카드, 윤희 씨한테 쓸게. 그럼, 내 말 믿어줄 거야?!! (더없이 비장한데)

29.   마리탕 전경 (낮)

30.   마리탕 (낮)

오랜만에 때밀이 복장을 하고 있는 마리. 그 앞으로 3마마들 주르륵 앉아 있는데.

마마1 간만의 회동이네. 문 닫은 줄 알았는데, 컴백한 거야?!

마리 마마님들 모시고 긴히 드릴 말씀이 있어서요. (마마1을 보고) 송 회장님! 언젠가 한번은 저 도와주시겠다는 약속, 아직 유효한 거죠?

마마1　내가 약속 어기는 거 봤어? 어디다 쓸 건데?

마리　제가 빚만 지고 보낸 동생이 하나 있는데요. 얼마 전에 누구한테 살해 당했어요.

마마2　(놀라고) 살해?! 범인은 잡았어?

마리　어떤 놈인지 감은 오는데, 확실한 증거가 없어서 잡아들일 명분이 없어 요! 그 범인 놈 좀 잡을 수 있게 도와주세요!

마마1　진짜 거기에 쓸 거야? 진천댁 일도 아닌데?

마리　(결연한) 억울한 동생 원한, 제가 풀어주고 싶어요. 그래야 제가 숨 쉬고 살 거 같아요, 사모님. 부탁드려요. 제발 도와주세요...

마마1　(감동받은 듯 보다가) 역시 내가 사람을 잘못 본 게 아니었어. 이제야 진 천댁 같은데? 원하는 게 뭐야? 뭐든 말해!

마리　사고 현장이 김포 쪽인데, 차를 타고 몇 시간을 돌아다녔다는데, CCTV 에 범인 놈 낯짝 하나 안 찍혔대요. 이게 말이 돼요?

마마3　말이 안 되면, 되게 해야지!

마마1　김포랬어? 거긴 우리 물류회사가 있어서, 내가 꽉 잡고 있지. (어디론가 전화하는) 지금 당장 우리 애들 불러. 내가 찾을 놈이 하나 있다고!

31.　　도로 일각 (낮)
　　　대형 물류트럭들이 줄지어 떼 지어 가는.

32.　　물류센터 앞 (낮)
　　　칼각으로 주차되는 수십 대의 트럭들.
　　　물류팀 기사들, 차량 블랙박스 SD 카드를 꺼내서 차에서 내리고.
　　　상자 안에 SD 카드를 순서대로 착착착 넣는데.

33.　　송 회장 회사 대회의실 (낮)
　　　직원들, 선거 개표하듯 일렬로 쫙 앉아서 SD 카드 영상을 보기 시작하 는데.

그 옆으로 주단태와 조 비서 사진이 놓여있고. 사진과 대조해가며 동일인물을 찾고 있는.

그때, 들어서는 송 회장과 비서진들. 그 뒤로 마리의 얼굴도 보이고. 직원들 일어나서 깍듯하게 인사를 하는데.

송회장 사진 속에 그 죽일 놈을 찾아내는 아가한텐 특별 보너스를 지급한다! (돈 가방을 턱하니 테이블 위에 올리고) 24시간 안에 찾으면, 1억! 12시간 안에 찾으면 3억! 1시간 안에 찾는 사람은 5억의 포상이 떨어질 거다!

직원들 최선을 다하겠습니다! (흥분하고. 눈 번쩍해서 속도를 더 높이는데. 일사 분란하게 움직이는 손들)

마리 (감격한 표정으로 다가서다가) 근데, 포상금이 너무 큰 거 아니에요?

송회장 내 사람한테 이만한 돈도 못 써?

마리 감사해요. 송 회장님! 이 은혜 절대 잊지 않겠습니다.

송회장 너무 걱정 마. 우리 회사가 쓸 수 있는 모든 인프라를 총동원할 거니까! 인사는 그때 받지. (카리스마 작렬이고)

34.   자코모 매장(낮)

수련, 서진의 청아아트센터 취임식 인터뷰 모습을 태블릿으로 보고 있는.

환하게 웃고 있는 단태와 서진을 보면, 마음 찜찜한데.

그때 다가오는 석경.

석경 (매장 둘러보면서) 여기가 천수부지에서 가장 노른자위라면서? 게다가 상업지구라서, 용적률 800프로까지 받아서 빌딩을 올리면, 이게 얼마짜리야? 최소 한 평에 5억은 넘을 테니... (놀라는 시늉하며) 대박!

수련 (한심스럽게 보고) 할 말 없으면 나가줄래?

석경 (수련이 일하는 책상을 두 팔로 탁 짚더니) 이제 나도 성인이니까 부동산에 안목 좀 키워야겠더라고. 알고 있지? 여기 이제 내 꺼라는 거.

수련	할 일이 그렇게 없니? 직원들 일하는 거 안 보여?! (나지막이 호통치면)
석경	(받아치는) 엄마가 이렇게 거들먹거릴 때가 아닐 텐데! 아빠가 내 명의로 이전해줬으니, 조만간 매장, 비워주란 얘기야. 내 말 못 알아들어?
수련	(냉정하게) 기어이 경찰에 신고를 해야 정신 차릴래?! 남의 인감이랑 신분증을 훔친 게 얼마나 큰 죈지 알기나 해?!!
석경	남? 지금 남이라고 그랬어?
수련	(단호한) 잊었니? 난 너 같은 딸 둔 적 없다고 했을 텐데.
석경	(움찔하면)
수련	니 아빠한테 전해! 소송을 해서라도, 펜트하우스 명의 원래대로 변경시킬 거라고. 이 회사도 마찬가지고! 너도 정신 똑바로 차려! 니 아빠라는 사람이 정말 널 생각하는지 제대로 알고 행동해!! (서류를 석경에게 던지고, 가방 들고 나가버리면)
석경	(서류를 열어보는데. 펜트하우스와 천수부지 27번지가 주단태와 주석훈 명의로 돼있고) 주단태... 주석훈?!! (놀라는)

35.   청아그룹 단태 사무실 (낮)
석경, 단태 앞에 서류를 내던지고 따지는.

석경	어떻게 된 거예요? 왜 펜트하우스 명의가 아빠랑 오빠 앞으로 돼있어요? 내 이름은 왜 빠진 건데요? 엄마 회사도, 펜트하우스도, 다 내 꺼라면서요? 설마 나한테 거짓말한 거예요?!
단태	(피곤한 듯, 한숨) 머리도 나쁜 년이 돈 욕심만 많아가지고.
석경	네? 지금 뭐라고 했어요? 나한테 한 소리예요?
단태	그렇게 밝은 귀로 공부는 왜 못했을까? 피곤하니까 나중에 얘기해.
석경	대답을 해야 될 거 아니에요?! 인감 훔쳐 오라 할 때는 언제고, 이제 와나 몰라라 하는 거예요? 엄마가 절도죄로 신고하면, 나 경찰에 잡혀갈지도 모른다고요!
단태	(폭발하는) 니깟 게 경찰에 잡혀가는 게 문제야? 인감 훔쳤다는 말은 왜

	해? 끝까지 모르는 일이라고 발뺌했어야지! 너 때문에 일이 틀어지게 생겼잖아! 이 돌대가리, 빠가사리야!! (인터폰 눌러서) 조 비서, 들어와!
조비	(들어오면)
단태	이거 별장으로 데려가!
조비	네, 회장님! (석경을 끌고 가는데)
석경	(기막혀) 아빠!! 어떻게 나한테 이래?! 난 아빠가 시키는 대로 다 했잖아!! 그동안 날 이용한 거였어?!! 비겁해!! 내가 가만있을 거 같아?!! 나도 안 참아!! (난리 치면)
단태	(한 대 때릴 듯) 안 참으면?! 저걸 그냥 확! (간신히 참고) 시끄럽게 하지 말고, 당분간 별장에 처박혀 있어! 그 땅 다시 뺏기면, 넌 나하고 끝이야!! 끌어내! (끌려 나가는 석경을 냉정하게 보며) 핸드폰도 뺏어! 쓸데없이 주둥이 나불대지 못하게!!
석경	아빠! 아빠!! 이거 놔!! (절규하며 끌려가면)
단태	(시끄러운 듯 귀 후비며) 이제 써먹을 만큼 써먹었으니, 치울 때가 된 건가? 저년 앞으로 돼있는 나애교 재산이 또 뭐가 남았지?

36. 청아아트센터 일각 (낮)

서진, 직원들과 함께 청아아트센터를 둘러보고 있으면. 눈앞에 서있는 사람, 분홍이고.
분홍, 자그마한 축하 화분을 들고 생글거리며 웃고 서있는.

서진	(기막혀) 여기가 어디라고 니 발로 나타나? 뻔뻔하게!! (열 받아 달려들면)
분홍	(보란 듯이, 화분을 서진에게 턱 안기고) 축하해요. 센터장 되셨다면서요? 멋진 곳에 초대해주셔서 감사해요. (직원들을 향해 웃어 보이면)
직원들	먼저 가보겠습니다. (자리 피해주는데)
분홍	(조롱하듯) 내가 못 올 데라도 왔나요? 난 은별 엄마가 나한테 엄청 고마워하고 있을 줄 알았는데. 내 덕분에 은별이 서울대 붙었잖아요.
서진	(어이없는) 그걸 지금 말이라고 해?!! 우리 은별일 납치해서 어쩌려고

했어?!

분홍   납치요? 내가요?

서진   (분홍을 벽으로 밀고) 언제부터야? 주단태랑 거래하기 시작한 게. 그 인간이 너한테 뭘 원했어? 우리 은별일 바보로 만들라고 시키든가? 서울대 떨어뜨리라고 사주했나? 은별이 주머니에 핸드폰을 넣은 것도 너지?!! 내가 모를 줄 알아?!!

분홍   (당당하게) 정말 그렇게 생각하세요? 그럼, 지금이라도 경찰서 가서 말하세요. 입시에서 부정행위 한 사람은, 오윤희가 아니라 진분홍이라고.

서진   (멈칫하면)

분홍   (깔깔대고 웃고) 표정을 보니, 은별이 엄마도 이번 일 덮고 싶은 거 같은데요? 진실을 밝히면 피해 보는 건 은별일 테니까.

서진   닥쳐!!

분홍   인정하세요. 은별이를 위하는 마음은 나도 은별 엄마 못지않다는 거! 툭 까놓고, 은별이가 서울대 시험 볼 때 옆에 있지도 않았잖아요. 아무것도 한 거 없이, 오윤희가 납치범으로 죽어준 덕에 은별이가 서울대 합격한 거 아닌가요?

서진   우리 은별이한테 원하는 게 뭐야?

분홍   난 은별이 사랑해요. 아무 조건 없이. 그게 당신이랑 내가 다른 점이겠죠. 은별이 깨어나면 보러 가도 되죠? (웃고 돌아서 가면)

서진   (기막혀) 다신 은별이 앞에 나타나지 마!! 내가 또 당해줄 거 같아?!! 대답해!! 이 미친 것아!!! (부들부들한데)

분홍, 콧노래 부르며 청아아트센터를 나가면.
그 모습을 한쪽에서 지켜보고 있는 수련.

수련(E)   자기 딸을 학대한 여자를 그냥 돌려보낸다고? 대체 무슨 약점이 잡혀서... 주단태! 천서진! 니들 윤희한테, 무슨 짓을 한 거야?!!

296

37.   펜트하우스 앞 (저녁)
      수련, 엘리베이터에서 내려 문 쪽으로 걸어가면. 기다리고 있던 마리
      가 달려오고.

마리   왜 이제야 와요?! 애타 죽는 줄 알았네.
수련   뭐 좀 알아냈어요?
마리   찾았어요, 그 자식!! (눈 반짝하는)

38.   펜트하우스 2층 거실 (낮)
      노트북으로 영상을 확인하고 있는 마리와 수련.

마리   여기!!

      수련, 영상을 멈추면. 윤희의 차를 몰고 가는 단태의 얼굴이 찍혀있고.

마리   주단태 얼굴 확실하죠? 그 인간이 윤희 씨 차를 몰고 있잖아요.
수련   (분노로 일그러지고) 그런 거 같네요. (주먹을 꽉 움켜쥐는데. 부르르 떨고)
마리   송 회장님 회사 화물차가 전국 안 가는 데가 없거든. 김포, 인천, 파주 쪽
         다 뒤져서 찾아낸 거예요.
수련   주단태가 그날 김포에 있었다? 그럼, 진분홍이 주단태랑 짜고 거짓 증
         언을 한 거네요!
마리   그렇다니까요! 윤희 씨 죽인 거, 주단태 맞죠? 이제 어떡할까요? 당장
         이거 경찰에 갖고 가? 증거 인멸하기 전에 우리가 선수 쳐야죠!
수련   (단호한) 아뇨! 법이 벌하는 건 이제 의미 없어요. 한번 해봤잖아요. 기
         를 쓰고 집어넣어봤자 또 나오고, 또 나오고... 허무하게 면죄부만 주는
         꼴이에요. 무능한 법을 믿다가, 난 소중한 사람들을 모두 잃었어요! 상
         대는 뻔뻔하게 세상을 활보하고 있고요!
마리   그럼 어쩌려고?

수련 악마는 악마가 상대해야죠. 지옥이 죽어서만 가는 곳은 아니니까! (의미심장하게 마리를 보는)

39. **펜트하우스 서재**(저녁)
수련, 투명보드를 마리 앞에 꺼내놓는데. 윤희가 만들어놓은 인물관계도를 완벽하게 재현해놓은 상태고.

마리 (놀란 듯 보며) 이걸 윤희 씨가 그린 거라고?

수련 (한 걸음 떨어져서 인물관계도를 유심히 보며) 윤희는 그날 나한테 중요하게 해야 될 말이 있다고 했어요. 그런 윤희 씨를 주단태가 쫓아간 거고!

마리 그럼 뭐야? 윤희 씨가 하려던 말을 막으려고 간 거야?

수련 윤희를 죽일 이유는 지금으로선 그것밖에 없어요!

마리 아니, 뭔 말인데 사람을 죽여서까지 입을 틀어막아? 아무리 미친놈이라고 사람 목숨이 파리똥이야? 그렇게까지 할 이유가 뭐 있어?

수련 모르겠어요.. 아직은 모든 실타래가 다 엉켜있어요. (독한 표정) 하지만 반드시 풀어낼 거예요. 윤희가 못 한 일!! 난, 주단태만큼이나 천서진도 의심스러워요.

마리 천 쌤은 왜? 천 쌤은 이번 일에 피해자잖아요.

수련 가장 득을 본 사람이기도 하죠.

마리 하긴 그러네. 오늘만도 청아그룹 상한가 치고 승승장구하던데. 씹어 먹을 놈들! 섣불리 한 놈만 족칠 일이 아니었어! (투명보드를 가리키며) 근데, 저 빨간색 동그라미는 뭐예요? 백준기?

수련 (투명보드의 준기 사진에 그려진 빨간 동그라미를 눈여겨보면. 준기가 펜트하우스에서 화장실을 찾다가 침실로 들어갔던 일이 의심스럽게 떠오르고. E) 백준기! 먼저 너부터야! 니가 누군지 알아야겠어!

40. **불법 사설 도박장**(저녁)
자욱한 담배연기가 그득한 어두운 곳.

준기, 벌게진 눈으로 미친 듯이 슬롯머신을 당기고 있고.

준기 이런 씨!!! 젠장!!! (거친 욕설을 토해내며 도박에 미쳐있는데)

41. 헤라팰리스 서진 집 거실(저녁)
헬퍼가 문을 열어주면. 현관으로 들어서는 수련.

수련 서진 씨랑 여기서 만나기로 해서요. 금방 도착한다고 기다리라고 했어요.

헬퍼 네. 들어오세요.

수련, 헬퍼의 안내를 받으며 거실로 들어서고.
헬퍼, 주방으로 빠지면. 수련, 눈치를 보고 재빨리 게스트룸 쪽으로 가는데.

42. 헤라팰리스 서진 집 게스트룸(저녁)
준기의 방을 뒤지는 수련. 짐 가방과 옷들과 서랍들을 마구 뒤지는데.
돈다발과 여권이 보이고. 그 사이에 명함이 하나 있고.
그때, 밖에서 헬퍼의 목소리 들리는.

헬퍼(E) 사모님 오셨어요?

수련 (놀라서 얼른 명함을 주머니에 넣는)

43. 헤라팰리스 서진 집 거실(저녁)
서진, 거실로 들어서는.

서진 은별이 곧 퇴원할 거니까 방 정리 좀 해줘요.

그때, 재빨리 거실로 나오는 수련. 수련을 보고 놀라는 서진.

서진 주인 없는 집에 당신이 왜 있어?

수련 (태연하게) 연락을 안 받으니, 이렇게라도 만나는 수밖에. 은별이 퇴원
      하나봐? 상태가 안 좋아서 경찰 조사도 못 받는다더니, 많이 회복한 모
      양이지?

서진 아직 치료 남았어.

수련 끝까지 윤희 씨 명예가 바닥 치는 꼴을 보고만 있을 거야? 비겁하단 생
      각 안 들어? 은별이가 입을 열어야 진실을 바로잡을 수 있어!

서진 (말 막고) 또 그 소리라면 이젠 사양할게. 진실은, 오윤희만 알고 있을
      테니, 꿈에라도 만나서 물어보든가. 아님 나가줄래? (문 쪽을 가리키면)

수련 (서진을 위협하듯 벽 쪽으로 확 밀고) 우연이 아닌 거지? 니가 청아아트센
      터장이 된 것도, 은별이가 서울대 합격한 것도! 이제야 확신이 드는데?

서진 뭘 의심하는 거야? 내 알리바이는 심수련 니가 더 잘 알 텐데. 난, 은별
      이가 납치될 때부터 쭈욱 너랑 같이 있었어!

수련 아니! 잠시 떨어져있던 10분의 공백이 있었지!

서진 허! 설마 내가 그 10분 사이에 오윤희를 죽이기라도 했단 거야?!

수련 (죽일 듯이 똑바로 보며) 난 아무도 안 믿어! 의심받기 싫으면, 지금이라
      도 은별이 깨워서 당당하게 경찰 조사받게 해!!

서진 (신경질적으로) 아픈 애는 왜 자꾸 들먹여?!! 오윤희는 나에 대한 원한
      을 내 자식한테 푼 거야!! 자기 자식 일이라면 사람도 죽이는 게 오윤희
      라고!! 전과라는 게 그래서 중요한 거 아냐?!!

수련 (무섭게 받아치는) 전과 운운하지 마!! 자식을 위해 못 할 게 없는 건 너
      도 마찬가지야!!

서진 난 피해자야!! 아직도 오윤희가 은별이한테 한 짓 생각하면 이가 갈
      려!! 내 손으로 감빵에 처넣지 못한 게 원통할 뿐이야!! (그러다 온화하
      게 표정 바뀌며) 물론 나도 오윤희의 명이 그거뿐인 건 애석하게 생각
      해. 로건 리와 당신을 후리는 재주는 있었는데 말야.

수련   (파르르 눈썹 떨리고) 내가 장담할게. 죽은 윤희는 살아 돌아올 수 없겠
지만, 난 윤희가 어떻게, 왜 죽었는지는 끝까지 갈 생각이야! 누구 때문
에 차가운 바다에서 건져졌는지, 내 목숨을 걸고 꼭!!! 밝혀낼 거야!!
절대 포기 안 해!!

서진   맘대로 해!! 내가 무슨 말을 하든, 넌 나 안 믿잖아, 심수련!

수련과 서진의 눈빛, 서로 한 치의 물러섬도 없이 팽팽한데.
서로를 향해 전쟁을 선포하는 느낌으로 비장하게!

44. 헤라팰리스 서진 집 침실(저녁)
서진, 몰래 설치해둔 게스트룸의 CCTV를 확인하는데.
수련이 준기의 방을 뒤지는 게 보이고.

서진   (싸늘한 표정) 여기 온 목적이 이거였어? 백준기한테서 뭘 찾고 싶은
거지?

45. 헤라팰리스 커뮤니티(밤)
단태, 술 마시고 있으면. 다가오는 동필.

동필   (굳은 표정) 부르셨습니까, 회장님.

단태   그때 말한 백준기 건 말야. 생각 좀 해봤나?

동필   고민하고 있습니다.

단태   내가 그 고민 좀 덜어주려고 불렀어. 손에 피 안 묻히고, 깔끔하게 정리
할 방법이 생각났거든.

동필   (긴장하는) 그게, 뭔데요?

단태   (동필에게 오라는 듯 손가락 까딱까딱하더니) 백준기 그놈이 도박에 미
친놈이야. 스무 살도 안됐을 때부터 지 부모 금고 털어서 도박판에 쏟
아부었으니까. 갇혀있는 동안도 심심하지 않게, 내가 그것 하나는 실컷

즐기게 해줬지. (이죽대며) 아마 지금은 중독이 더 심해졌을 걸?

46. 불법 사설 도박장/헤라팰리스 커뮤니티/교차편집(밤)
준기, 거하게 배팅을 하고 있는. 계속 칩을 잃고, 밑천 바닥난 상황.
현금인출기로 달려가, 로건이 준 카드를 넣으면. 잔액이 거의 없고. 현
금인출기를 주먹으로 꽝! 내리치는 준기.
점점 불안해지는 눈빛. 평소와는 완전히 다르게 흥분하고 발끈한 모습
인데.

단태(E) 돈이 떨어지면 완전히 돌아버리는 습관이 있거든. 그걸 이용하면 생각
보다 쉽게 답이 나올 거야! (음흉한 미소 짓는)

준기, 도박장에서 누군가에게 전화를 거는.
불안하게 흔들리는 눈동자. 손도 벌벌 떨리고.

준기 돈 다 떨어졌는데, 돈 좀 갖고 와! (험악한 표정) 뭐어?!! 우리 사이에 이
런 것도 안 해줘? 내가 손을 떼도 상관없다, 그거야? 아직은 내가 할 일
이 꽤 남아있을 텐데.... 기다릴 시간 없으니까 빨리 와!! (완전히 눈 돌아
갔고. 전화 끊고, 또 도박판 자리로 달려가 앉는)

47. 은별 VIP 병실(밤)
은별, 뒤척이다가 잠에서 깨면.
눈앞에 보이는 건, 로나고.

은별 (벌떡 일어나 앉는) 배로나..
로나 곧 퇴원한다면서? 많이 회복됐다고 들었어. 다행이다.
은별 (냉랭한) 무슨 일이야?
로나 (절박하게) 너 깨나기만 기다렸어. 같이 경찰서 가자. 힘들면 진술서만

써줘도 돼. 내가 널 도와주려고 우리 집에 데려왔다는 거, 우리 엄마가 널 납치한 게 아니란 거, 그것만 얘기해줘.

은별 　(예전 시즌 1의 은별 톤으로) 무슨 말을 하는 거야? 니가 날 도와줘? (코웃음) 어이없다. 우리가 언제부터 그렇게 애틋한 사이였어?

로나 　(멍해지고) 하은별... 너 왜 이래?! 기억 안나? 학교에서 니가 진 쌤한테 당했을 때, 석훈이랑 내가 빼돌려줬잖아.

은별 　너 머리가 어떻게 된 거 아냐? 아님, 절박해지니까 소설이라도 쓰는 거야? (침대에서 일어나더니, 로나를 확 밀치고) 뉴스에서 봤어! 니네 엄마가 나 납치해서 죽이려고 했다며?

로나 　무슨 말도 안 되는 소리야?! 우리 엄마가 널 왜 죽여?!!

은별 　서울대 떨어진 게 분해서 그랬겠지! 다들 그러던데? 니네 엄마 입시살인마라고!!

로나 　(순간 눈 부릅뜨고, 은별을 거칠게 잡은 채) 니가 어떻게 그런 말을 해?!! 우리 엄마는 널 구해주러 간 거야!! 그러다 사고를 당한 거고!!

은별 　니네 엄마, 너 청아예고 보내려고 민설아도 죽였잖아. 서울대 보내려면 무슨 짓을 못하겠어?

로나 　(다급해지고, 빌듯이 사정하는) 은별아! 내가 이렇게 빌게. 제발 사실대로 말해!! 너 데려간 사람은 진 쌤이라고! 이미 서울대 합격했으니 상관없잖아! 너 서울대 간 거, 따지려는 거 아냐!!

은별 　웃긴다 너! 마치 내가 서울대 가려고 수 쓰고 있다는 말투네?! 내가 서울대 간 게 그렇게 배 아파? 어차피 대학은 실력대로 줄 서서 들어가는 게 아냐. 더 서포트를 받을 수 있는 사람이 누군지 귀신같이 알아내거든!

로나 　나쁜 년!!

로나, 참지 못하고 은별에게 달려들면. 은별도 지지 않고 덤벼드는데.
로나와 은별, 머리채 잡고 난투극 벌이면.
벌컥, 문 열리고 분홍이 뛰어 들어오는.

분홍	이게 뭐하는 짓이야?!! 배로나! 그만하지 못해!! (로나의 뺨을 후려치면)
로나	아! (기습적으로 뺨 맞고 바닥에 쓰러지면)
분홍	너 미쳤어? 어떻게 병원까지 찾아와서 환자를 폭행해? 경찰 부르기 전에 얼른 나가!! 죽은 엄마 더 욕 먹이고 싶어 이래?!!
로나	(은별을 감싸고도는 분홍을 보면 기막히고) 내가 등신이었어! 너 같은 애는 애초에 도와주는 게 아니었어! 그랬음, 우리 엄마도 죽지 않았을 텐데... (주먹 불끈 쥐며) 니가 이렇게 나오면, 나도 더는 안 봐줘! 우리 엄마 명예 되찾을 거고, 너 반드시, 서울대에서 끌어내릴 거야!! 내가 무슨 짓을 하든, 지금부턴 니 탓이야!! (독설 퍼붓고 휙 나가면)
분홍	저게 아직도 정신 못 차렸어?!! (그러다 은별 살피며) 은별아, 괜찮아? 다친 데 없어? 우리 애기 많이 놀랬구나? (안아서 도닥이고)
은별	괜찮아요, 쌤.
분홍	내가 안 와봤으면 어쩔 뻔했어. 신경 쓸 거 없어. 억지 부리는 게지 엄마랑 똑같네. (바깥에 아무도 없는 거 확인하고) 근데, 정말 아무것도 기억 안 나?
은별	뭐가요?
분홍	어, 로나 엄마가 너 끌고 가서 죽이려고 한 거.
은별	안 나요. 뉴스 보고 알았어요.
분홍	(안도하며) 그래, 나쁜 기억은 빨리 잊어버리는 게 좋지. 늦었어. 어서 자. 너 재워주려고 왔어. (은별을 침대에 아기처럼 누이는데, 뭔가 떠올리는)

48. 회상/은별 VIP 병실 (낮)

도 비서, 병실 지키고 있다가 잠시 자리 뜨면.
문 열리고. 조용히 병실로 들어서는 분홍.
분홍, 준비해온 약을 꺼내더니, 재빨리 약물을 주사기에 넣어서, 은별의 링거에 투여하는데.

| 분홍 | 조금만 기다려. 나쁜 기억은 금방 다 지워줄게. 우리 예쁜 아가.... 우리 |

예전처럼 사랑하면서 잘 지내야지....

49.　현재/은별 VIP 병실(밤)
　　　분홍, 잠든 은별에게 자장가를 불러주고 있는. 어린아이처럼 다독여
　　　재우고 있는 분홍의 섬뜩한 표정.
　　　그러다 섬섬 눈물이 그렁해지면서 애틋하게 은별을 바라보고, 은별의
　　　손으로 눈물이 뚝 떨어지는.

50.　불법 사설 도박장 앞/서진의 차 안(늦은 밤)
　　　차 한 대가 끼익- 후미진 곳에 멈춰 서고. 재빨리 차 라이트를 끄면.
　　　급히 차에 올라타는 준기.

준기　(껄렁한 말투) 왜 이렇게 늦어? 빨리 좀 오라니까! 기다리다 숨넘어갈
　　　뻔했잖아. (손 내밀고) 돈은?

　　　그런 준기에게 돈 봉투를 내미는 누군가. 카메라 옮겨지면. 서진이고.
　　　서진, 주위 둘러보며 잔뜩 긴장한 표정인데.

서진　내가 경고했을 텐데! 전화는 나만 할 수 있다고!!!
준기　워낙 급해서 어쩔 수 없었다니까. (돈 봉투 열어서 돈을 세고 있으면)
서진　로건 쪽에서 받은 돈은 벌써 다 날렸어?
준기　오늘 바닥 쳤다고! 초반에 확 땡겼다가 막판에 다 털렸어! (짜증 내는데)
서진　그러게 실력도 없는 게 무슨 도박질이야?
준기　뭐어?!
서진　이번 한 번뿐이야! 내가 이딴 심부름이나 할 사람으로 보여? 남의 눈에
　　　띄기라도 하면 어쩌려고?!! (매섭게 쏘아붙이면)
준기　어차피 내가 이런 놈인 거 알고 손잡은 거 아냐? 평생 도박하고 살 수 있
　　　게 해준다며? 로건까지 속이고 한국 들어왔으면, 돈 걱정은 안 시켜야

305

지! 재벌 도련님 배신 때리고 당신한테 붙은 거, 벌써 후회해야 돼?

그때, 준기 핸드폰 울리고. 보면. 수련인데.

서진   받아! 심수련이 니 방을 뒤졌어. 의심하는 눈치야.

준기   (놀라고. 심호흡하고 받는, 다시 예의 바른 말투) 나예요. 무슨 일 있어요?

51.   펜트하우스 거실/불법 사설 도박장 앞/서진의 차 안/전화통화 (늦은 밤)
수련, 준기에게 전화하고 있는.

수련   밤늦게 미안해요. 급한 일이 있어서. 지금 당장 경찰서에 좀 가줘야겠어요.

준기   경찰서는 왜요? (서진을 보면)

서진   (긴장하는데)

수련   로건 사건으로 참고인 조사를 받아야 한대요.

준기   참고인 조사요? 이미 종결된 사건 아닌가요?

수련   새로운 증거가 나온 거 같아요. 차 안에서 로건 께 아닌 가방 잔해가 나왔는데, 그 안에 의심스러운 내용물이 있다고... 어쩜 범인이 주단태가 아니라 다른 사람일 수도 있다네요.

준기   (얼굴 사색되고) 다른 범인이요?

수련   자세한 건 나도 몰라요. 일단, 경찰서에 가서 조사부터 받아야겠어요.

준기   알았어요. 다녀와서 연락할게요. (전화 끊는데) 이런 쌍! (주먹으로 차를 내리치고) 어떻게 된 거야? 날 속인 거야?!! 처음부터 이럴 작정이었지?! (서진의 멱살을 움켜쥐면)

서진   (확 뿌리치고) 심수련이 뭐라는데?

준기   내가 범인으로 몰리게 생겼대! 그 가방 안에 뭐가 들어있었어? 설마, 폭탄이라도 넣어 놓은 거야?

서진 말도 안 되는 소리! 가방 안에 뭐가 있는지는 너도 봤을 거 아냐?! 너야 말로 나 몰래 로건을 죽일 계획이었나?

준기 뭐어?

서진 근데 왜 쫄아? 범인은 주단태야! 니가 경찰 조사를 받아도 나올 게 없단 소리야!

준기 만에 하나, 내 뒤통수칠 생각이면, 심수련한테 다 말할 거야! 로건이 그 날 죽을지 넌 다 알고 있었다고!

서진 멍청하긴! 심수련이 널 가만둘 거 같아? 어차피 패는 뒤집어졌어! 정신 병원으로 돌아가고 싶지 않으면, 처신 똑바로 해! (시동 걸고) 경찰한텐 꼭 필요한 것만 대답해! 말실수하면 너도 나도 죽어!! (차 출발하는데)

52.   **경찰서 앞/서진의 차 안/수련의 차 안**(늦은 밤)
경찰서에서 좀 떨어진 곳에서 서진의 차, 멈춰 서고.
준기, 서진의 차에서 내리고. 주위 둘러보다가 조심스럽게 경찰서로 들어가면.
수련, 차 안에서 몸을 숨기고 있다가, 경찰서로 걸어가는 준기를 유심히 보는데. 주위 둘러봐도 아무도 없고. 실망한 표정인데.
서진, 멀리서 수련의 차를 확인하는. 재빨리 후진해서 유유히 사라지는.

53.   **김포 절벽 위**(늦은 밤)
끼익 - 하고 멈춰 서는 수련의 차.
수련, 차에서 내려서 윤희가 떨어졌던 절벽 위로 다가서고.
바다가 내려다보이는 아찔한 절벽 끝에 위태롭게 서는 수련.

수련 아직 모든 게 의문투성이지만, 한 가지는 분명해졌어. 누구를 죽여야 할지! 주단태! 천서진! (감정이 복받치고) 나, 잘할 수 있을까. 나 좀 도 와줘, 윤희야... 보고 싶어... 보고 싶어 윤희야!!!!! 윤희야!!! 윤희야!!!!
(그리운 듯 목 놓아 윤희를 부르는 수련 모습)

54. 펜트하우스 침실(새벽)

수련, 잠옷 차림으로 윤희가 만들어준 마론 인형 두 개를 보고 있는.

하나는 수련의 모습이고, 하나는 애교의 모습인데.

수련, 짧은 머리에 카키색 가죽잠바를 입은 나애교 인형을 유심히 보다가, 윤희 말 떠오르고.

윤희(E)   난 언니가 나애교로 왔을 때, 엄청 멋지더라.

55. 인서트/풍경 좋은 카페(아침)

수련과 윤희, 야외에서 브런치를 즐기고 있는.

수련   뭔 소리야?

윤희   솔직히 반할 뻔했잖아. 당당하고, 자신감 있고, 할 말 다 하고. 언니 안에도 그런 모습이 있는 줄 몰랐다니까.

수련   그건 내가 아니잖아? 나애교라는 사람을 흉내 낸 거지.

윤희   앞으론 언니도 그렇게 살아. 나애교처럼. 펜트하우스에 갇혀서 좋은 엄마 노릇만 하지 말고!

56. 현재/펜트하우스 침실(새벽)

수련, 나애교 인형을 보다가, 뭔가 결심한 듯 자리에서 일어서는.

57. 펜트하우스 수련 욕실(새벽)

수련, 거울을 보며 잠옷 어깨끈을 내리면. 드러나는 어깨.

타투 도안을 붙이고. (시간 경과) 타투 도안을 떼어내면. 예전 애교의 나비 타투와 동일한 모양이고.

수련, 타투 기계를 켜고, 거울을 보며 나비를 새기기 시작하는데.

이를 악물고, 통증을 참으면서 애교의 나비 모양을 어깨에 새기는 수련.

무섭게 각오를 다지는 수련의 모습!

자막 〈6개월 후〉

58. 헤라펠리스 전경(아침)

마리(E)   밥 먹어!!!!

59. 헤라펠리스 윤희 집 거실(아침)

마리, 바쁘게 아침 준비 중인데. 방에서 나오는 제니.

제니   간다고 가!! (졸린 듯 식탁에 앉으면)

마리   왜 너만 나와? (로나 방을 향해) 얼른 밥 먹으라니까!!

로나   (헐레벌떡 방에서 나오며) 네, 나왔어요. (제니와 로나, 자매처럼 나란히 앉으면)

마리   (양쪽에 똑같이 생선 발라주며, 제니에게) 재수생! 오늘 수업은?

제니   학원 6시에 끝나. 곧바로 레슨 갈 거야.

마리   로나는?

로나   오디션 접수하러 가야 돼요.

마리   또? 백날 접수만 하면 뭐해? 서류전형에서 떨어질 건데. 입시살인마 딸이라고 아예 참가 기회도 안 주잖아. 천 쌤 입김에, 언론까지 합세해서 잡아 죽일 듯이 밤낮으로 까대는데, 무슨 수로 오디션을 통과해?

로나   그래도, 해봐야죠.

제니   우쒸, 열 받아서 진짜! 야! 드럽고 치사해서 그깟 노래 때려 쳐버려! 넌 머리도 좋은데, 차라리 다시 공부해서 의대 가는 게 빠르겠다.

마리   (그런 로나가 딱하고, 괜히 제니한테 화살 돌려서) 때려치긴 왜 때려쳐!! 제니 너도 좀 보고 배워. 저런 악바리 근성으로 버텨야 뭐가 돼도 되는 거지!

제니   아침부터 또 비교야? 지겨워서 못 해먹겠네. 어떻게 엄마는 변할 듯 말 듯, 결국은 하나도 안 변해?

마리   사람이 한결같아야지 그럼. 빨리 밥이나 먹어! 엄마 나가야 돼.

제니	요즘 뭐하는데 그렇게 바빠? 맨날 밤늦게 들어오고. 남친 생겼어?
마리	남친은 된장! 남자라면 신물이 나고만. 엄마, 취직했어!
제니	(놀라고) 취직?!!!

60. 헤라팰리스 윤희 집 앞(아침)

마리, 제니, 로나, 우르르 현관문 나오면. 마리 집에서 나오는 동필과 마주치고.

동필을 보자, 쌩 하니 가버리는 제니. 로나도 꾸벅 인사하고 급히 가버리면.

동필	(마리에게 말 걸려고 다가서며) 저기...
마리	(말 싹둑 자르고) 이혼서류 싸인하기 전에는 말 걸지 말랬지?! 제니야!! (쫓아가고)
동필	(할 말 없는)

61. 헤라팰리스 피트니스(아침)

상아, 피트니스로 들어서면. 마리, 열심히 운동하고 있는데.

상아	아니, 요즘 왜 이렇게 외모에 신경을 쓰실까? 제니 아빠랑 별거한 거 혹시 남자 생겨서 그런 거예요?!
마리	(어이없단 표정) 어디서 미친개가 짖나?
상아	아니, 민혁 아빠 말 들어보니까, 유 대표님 요즘 홀애비 궁상 장난 아니라던데. 이혼도 아니고 졸혼도 아니고, 왜 자기 집 놔두고, 로나 집에서 얹혀살아요?
마리	얹혀살긴 누가 얹혀 살어? 로나 혼자 있으니까, 내가 밥 해먹이는 거지. 우리 제니도 자매 생겨서 좋아하구.
마리	앞집 살면서, 유 대표님 밥이라도 좀 챙겨줘요. 명색이 청아건설 대푠데. 안됐잖아요.

마리　그렇게 안됐으면, 그쪽이 데리고 살던가.

상아　네에?

마리　청아건설 대푠지 똥인지 니가 데꼬 살라고! (휙 나가면)

상아　진짜 정이 뚝 떨어진 건가? 그렇게 좋아 죽고 못 살더니, 뭔일이래?

62.　고급 식당 앞(낮)

규진의 차 와서 멈춰 서면. 운전석에서 내리는 윤철.

윤철, 얼른 뒷자리 문 열어주는데. 규진이 내리고.

규진, 윤철의 어깨 툭툭 치고는 안으로 들어서는.

63.　고급 식당(낮)

규진, 하청업체 사장과 직원들한테 접대 받고 있는.

직원들, 규진의 입에 반찬부터 밥까지 다 떠서 먹여주고. 손도 까닥 않는 규진.

사장　(규진에게 굽신대는) 이번 천수지구 아파트에 들어가는 자재는 우리 쪽으로 꼭 좀 선정해주십시오. 부탁드립니다, 이규진 대표님.

직원들　(칼각으로 절도 있게 인사하고)

규진　내가 무슨 힘이 있다고.

사장　무슨요. 무려 청아투자개발 대표님이신데요. 청아그룹 실세라고 익히 들었습니다.

규진　(손사래 치면서도 좋아하며) 실세는 무슨. 내가 워낙 공정한 사람이라 샛길 뭐 그런 걸 모르잖아.

직원　(규진의 입에 갈비 넣어주며) 아드님이 서울대생이라면서요? 어떻게 자식 농사까지 성공하셨어요? 부럽습니다, 대표님.

규진　서울대 뭐, 다 가는 거 아냐? 소문이 거기까지 났어? (하다가 버럭) 아, 그만 좀 멕여! 요즘 밥 못 먹는 사람 있나? 먹으러 왔어? (대놓고 눈치 주는데)

사장　(규진의 발밑에 돈 가방을 스윽 밀어주면)

규진　(얼른 가방을 툭툭 쳐보다가, 능숙하게 발꼬락으로 가방 열어서 지폐 확인하고. 금세 표정 밝아져서) 성의가 느껴진다, 오 사장! 우리 친하게 지낼까?

64.　청아그룹 단태 사무실(낮)
　　　이 쑤시며 들어서는 규진과 그 뒤를 따르는 윤철. 단태에게 인사를 하는데.

단태　(비꼬듯) 뭘 그렇게 잘 드시고 다니나? 요즘 얼굴에 기름기가 줄줄 흘러요. 이 대표.

규진　무슨 소리예요? 하도 일이 바빠서 살 빠지고 있는데. 아참, 아무래도 천수지구에 명문사학 유치가 필요한 거 같은데. 강 장관님이랑 오늘 자리 어렵게 만들었으니까, 주 회장도 지원사격 좀 해줘요. 아파트 백날 잘 지으면 뭐해, 학군이 똥이면 날 새는 건데.

단태　그러잖아도, 휘동고를 천수지구로 이전하는 방안 협상 중이에요.

규진　벌써? 그럼 게임 끝났네. 학군 잡는 순간, 집값 오르는 건 당연 빠따지! 숙종여고까지 들어오면 금상첨환데!

윤철　근데, 우리가 입찰하려는 천수부지 1구역에, 도해건설도 물밑 작업이 들어오는 거 같던데요.

규진　또 도해건설이야? 요즘 거기 자꾸 거슬리네. 그쪽 일 봐주는 로비스트가 있다던데. 수소문을 해도 당최 실체가 안 잡혀.

단태　신경 쓸 거 없어요. 어차피 그쪽은 규모도 작은 신생 건설산데. 대 청아건설하고는 상대가 안 돼요!

규진　난 주 회장 그렇게 자신할 때마다 되게 불안해. 이 기분 뭘까?

65.　카페(낮)
　　　서진과 은별, 카페 한쪽에서 인터뷰 사진 찍는. 엄청 밝아진 은별의 모습. 컷 되면. 서진과 은별, 음료 앞에 둔 채, 인터뷰 중이고.

기자	하은별 양께 질문 좀 할게요. 각종 콩쿠르에서 대상을 휩쓸고 있는 데다, 서울대 퀸으로 소문이 자자하던데요. 실력에 외모까지 다 갖춘 스타성 있는 소프라노 탄생이라는 찬사, 자주 들어보셨죠?
은별	과찬이십니다. 앞으로 더 많이 배우고 노력해야죠. 엄마 명성에 누를 끼치지 않는 게 제 목표입니다. (앞에 놓인 음료 마시며 웃어 보이면)
서진	(같이 음료 마시며, 뿌듯하게 보는데)
기자	아시아 최대 규모의 청아아트센터에서 상주음악가를 뽑는 첫 오디션을 연다면서요?
서진	맞습니다. 청아상주음악가로 발탁되면, 매년 3회 이상 개인음악회를 열어줄 뿐 아니라, 다양한 혜택을 통해 세계적 수준의 음악가로 성장해 나가도록 아낌없이 지원할 생각입니다. 접수는 오늘부터 시작입니다. 오직 실력만으로 평가하는, 가장 공정한 오디션이 되도록 최선을 다하겠습니다.

66. 청아아트센터 로비(낮)

서진과 은별, 걸어가는데. 은별, 어느 때보다도 자신감이 넘치고.
은별, 〈제1대 청아상주음악가 접수처〉에 자신의 신청서류를 넣는데.
반대쪽에서 걸어오는 로나와 마주치고.

은별	(로나와 눈 마주치면) 대학도 못 갔으면서, 니가 지원을 하겠다고?
로나	학력 제한은 없는 걸로 아는데. (은별을 무시하고, 접수처 직원에게) 접수하러 왔는데요. (서류를 접수하면)
은별	세상에서 가장 아름다운 소리를 내야 하는 음악가가, 사람을 해치면서까지 그 자리에 오른 거라면, 그건 악마의 소리 아닐까?
로나	(비웃듯) 다른 사람도 아니고, 니가 할 소리는 아닌 거 같은데. 니가 휘두른 트로피에 찢긴 내 머리 흉터가 아직도 선명하게 남아있는데 말야.
서진	(그런 로나가 불편하고) 포기하면 편할 텐데. 졌다는 걸 끝까지 인정 못 하는구나?

로나 아직 안 끝났어요! 누가 진짜 최고인지는. 아줌마가 아무리 절 막아도 저는 절대 포기 안 해요!! 반드시, 은별이를 밟고 최고가 될 거예요. 그래서, 내 실력이 가짜가 아니라는 걸 세상에 증명해 보이고 말 거예요!! (만만치 않은 기세로 서진을 노려보는데. 은별과도 팽팽한 긴장감이 느껴지고! 그러다 홱 돌아서서 가면)

서진 (서늘해지고. 직원한테 로나의 서류를 받아서, 그대로 갈기갈기 찢어버리는)

67. 고급 술집 룸A(밤)
단태, 규진, 동필, 윤철, 강 장관과 술을 마시고 있는.

단태 천수지구를 강남 이상으로 끌어올리기 위해선 휘동고 이전이 반드시 필요합니다. 가장 노른자위인 1구역 단지 내에 천 평 규모의 부지를 제공하겠습니다.

규진 (술 따르며) 장관님 자제분이 지금 결혼적령기라고 하셨죠?

강장관 중학교 2학년인데요.

규진 아, 그러니까요. 눈 깜짝할 사이에 금방 결혼할 나이 되죠. 그래서 저희가 천수지구 아파트 꿀평수로 당첨되게 미리 손을 써났습니다. 천수천 뷰로 기가 막힌 자린데, 거기는 청약 들어가면 천 대 일도 넘어요.

강장관 어휴, 뭘 그런 것까지. 난 그저 얘기나 들어보려고 나온 건데. 한잔합시다!

다들 건배하고. 거하게 분위기 무르익는데.
그때, 윤철에게 걸려오는 전화. 윤철, 조심스레 밖으로 나가는데.

68. 고급 술집 복도(밤)
나직이 전화를 받는 윤철.

변조음(F) 지금 당장 넘어와.

윤철　안돼. 모임 중이야.

변조음(F)　거긴 니가 없어도 되는 자리야. 여긴 니가 반드시 있어야 할 자리고!

윤철　(놀라고. 두리번거리는) 날 감시하는 거야? 어딨어, 지금?! (하는데, 이미 전화 끊겼고. 불쾌한데)

그때, 윤철 쪽으로 걸어오는 하이힐을 신은 섹시한 자태의 여자.

지나가는 사람들, 한 번씩 여자를 돌아보는데.

윤철, 스치듯 여자와 비껴가고. 여자를 돌아보는 윤철.

파인 어깨선 뒤로 드러나는 선명한 나비 문신. 룸 앞에 서고, 노크를 하는.

69.　고급 술집 룸B(밤)

들어서는 섹시한 자태의 여자, 공손하게 누군가를 향해 고개 숙여 인사하는데.

고개 들어보면. 애교 느낌의 수련이고.

수련　안녕하세요. 제가 좀 늦었죠? 편하게 나 마담이라고 불러주세요.

70.　안가/비밀공간(새벽)

윤철, 거실로 들어와 옷을 벗고는 무균실 작업복으로 갈아입는.

장비 쪽으로 몸을 돌리면. 윤철의 시선에 들어오는 건, 전신 재생치료를 받고 있는 환자고. (온몸이 붕대로 감겨있고, 얼굴엔 약물 거즈로 덮여 있는)

윤철, 재생치료 기계로 화상 상처를 치료하는데. 땀을 흘리며 열심이고.

그때 울리는 전화. 무선 이어폰으로 전화를 받는데. 변조음이다.

변조음(F)　상태는 어때?

윤철　최악이야. 피부 재생이 전혀 안돼.

변조음(F)　살아날 확률은?

윤철	10프로 미만!
변조음(F)	6개월 동안 뭐한 거야? 시간이 없다구! 속도를 내!!
윤철	(갑자기 짜증 나는) 나도 최선을 다하고 있어! 누구보다 살리고 싶은 건 나야!! 도대체 당신이랑 이 남자, 어떤 사이야? 이 사람이 왜 여기 있는 거야? 당신도 이제 모습을 드러내! 언제까지 숨어서 지시만 내릴 거야? (두리번거리는) 누구야... 너!!

그런 윤철을 특수 유리 뒷면의 비밀공간에서 보고 있는 누군가. 서진이다! (서진은 윤철을 볼 수 있고, 윤철은 서진을 볼 수 없는)

서진	(변조음 전화기 든 채로) 환자가 깨어나면, 그땐 날 만날 수 있을 거야. 그러니까 꼭 살려내, 하윤철!!

서진, 시트에 누워있는 붕대 감은 환자를 내려다보는. 그 위로,

71. 회상 1/인천공항 (낮)
뉴욕발 비행기가 인천공항에 착륙하면.

72. 회상 2/인천공항 주차장 앞 (낮)
로건과 준기, 나란히 걸어오는데.

준기	저, 화장실 좀 다녀오겠습니다.
로건	그래요. 주차장에서 기다릴게요.

준기, 로건 가는 거 확인하고. 주차장 모퉁이로 돌아서면. 도 비서가 기다리고 있고.
도 비서, 준기에게 가방을 전달하는.
준기, 가방을 열어보면. 인체 뼛조각이 들어있고. (모자이크 처리)

준기   (놀라서 얼른 가방 닫고) 이게 뭐예요?

도비   오늘 주단태가 구치소를 빠져나갔어요. 로건을 노리고 있어요! 조 비
      서가 사제폭탄을 구입한 거 보면 오늘이 디데이가 분명해요.

준기   그럼 이게, 로건이 죽었다는 증거가 될 뼛조각인가요?

도비   이 가방을 차에 두고 내려요. 내가 싸인을 보낼 테니! 몸조심해요.

준기   (비장하게 고개 끄덕하는) 평생 먹고살 돈 주겠다는 약속이나 지켜요!

73.   회상 3/1화 37신/은행 앞/로건의 차 안(낮)
      끼익! 하고 멈춰 서는 로건의 차. 로건, 차에서 내리는데. 혼자 남은 백
      준기.
      그때, 로건이 두고 간 핸드폰에 문자가 도착하는. 교도관 김씨로부터
      온 문자고.〈주단태, 사고발생. 생명 위독〉써있고.
      준기, 로건의 핸드폰 문자를 삭제해버리는.
      그러다 로건이 차에 타면. 아무 일 없었단 듯 미소 짓고.

74.   회상 4/1화 43신/자코모 매장 앞/로건의 차 안(낮)
      로건, 매장 건너편 쪽에 세워진 차에 타있는. 조수석에 백준기가 타있고.

준기   (뭔가 초조한 표정) 담배 한 대 피우고 와도 될까요? 긴장했나 봐요.

로건   그러세요.

준기   (표정 변하고, 차에서 내리는데)

      준기, 절름발이 노인이 뒤돌아서면. 분장을 한 단태다! 준기, 그 모습을
      얼른 찍어두고.
      그때! 노인이 남겨둔 뻥튀기 카트 안에서 불꽃이 튀는 걸 보는. 시한폭
      탄이 카운트되고 있는. 5... 4... 3... 빠르게 시간 단축되고.
      준기의 시각에서 폭발하는 로건의 차!

75.   회상 5/도 비서의 차 안 (낮)
       미리 준비돼있던 사설 구급차.
       준기와 도 비서, 빠르게 화상 입은 로건을 젖은 담요로 싸서 차에 싣는
       데. (화상 입은 모습은 보여주지 말고, 담요로 덮은 모습만)

서진(E)   어떻게든 로건을 빼돌려! 반드시 살려서 데려와야 해!!

76.   회상 6/안가 (밤)
       로건, 치료실에 누워있으면.
       안가로 들어서는 윤철. 소독약 냄새가 코를 찌르고.
       그러다 윤철, 환자의 얼굴을 확인하고 기겁하는데, 로건이다!
       그런 윤철의 모습을 비밀공간 위에서 말없이 지켜보고 있는 서진.

77.   현재/안가 (새벽)
       서진, 특수유리 너머로, 윤철을 내려다보고 있는.
       환자의 얼굴, 가까이에서 클로즈업되는데. 로건이다!

서진   어떻게든 로건, 꼭 살려! 사람 구실 하길 바라는 게 아냐. 숨만 쉬고 있
       으면 돼! 그게, 내가 널 감방에서 꺼내준 이유야!

       서진의 비장한 표정에서 엔딩!!

7화

진범이 밝혀지다

1.   6화 69신 연결/고급 술집 룸B(밤)
들어서는 섹시한 자태의 여자, 공손하게 누군가를 향해 고개 숙여 인
사하는데.
고개 들어보면. 애교 느낌의 수련이고. (꼿꼿하고 흐트러짐 없는 모습의
애교)

수련 안녕하세요. 제가 좀 늦었죠? 편하게 나 마담이라고 불러주세요.

수련의 시선 따라가면. 앞에 앉아있는 윤 차관, 대쪽 같은 인상이고.

수련 교육부 윤경로 차관님 되시죠? 모시게 돼서 영광입니다, 차관님.
윤차관 (수련의 미모에 짐짓 놀란 표정이고) 날 부른 이유가 뭐요?
수련 워낙 성품이 대쪽 같은 학자로 명성이 자자하신 분이라, 꼭 뵙고 싶었
습니다. 제가 앞으로 윤 차관님 앞길에 등불이 돼드리려고요.
윤차관 등불? 대체 당신이 누군데?!! (홀린 듯 보는데)

그때, 문이 벌컥 열리고. 깜짝 놀라서 윤차관이 돌아보면.
손에 안주 들고 들어오는 마리. 헤어스타일도 젊게, 입술 위로 점이 찍
혀있고.

마리 안녕하세요, 차관님. 새끼마담, 제시카라고 해요.
윤차관 (믿을 수 없단 얼굴로) 새끼마담?
마리 (엉덩이를 윤 차관 옆으로 찰싹 붙어 앉고) 뭘 그렇게 빤히 보실까. 부끄럽
게. 이래 봬도 저 30대예요!
윤차관 (어이없고) 에에? (겁나는 듯 피하면)
마리 (얼른 술 권하며) 우선 제 술 한잔 받으세요. 뭐해요. 냉큼 술 안 받고. 나
아무나 술 주는 사람 아니에요. 자, 쭈욱!
윤차관 (얼떨결에 마리 기세에 밀려 술 받아 마시면)

마리   우리 차관님은 뭘 좋아하실까? 과일부터 시작하실까? (샤인머스캣을 반강제로 윤 차관 입에 마구 쑤셔 넣는데)

윤차관   (밀치고) 저도 손 있습니다.

마리   뭘 극존대를 쓰셩~ 말씀 편하게 하셩~

윤차관   매우 불편합니다, 지금! (벌떡 일어서고) 미안한데, 난 모르는 사람하곤 술 안 마셔요. 이런 자린 줄 알았으면 오지도 않았어요! 그만 가보겠소! (나가려면)

마리   말 참 드럽게 많네. (윤 차관 다리를 발로 걸어서 주저앉히면)

윤차관   악! (자빠질 듯 엉덩방아 찧고 앉는데. 열 받고) 뭐하는 짓입니쩌?!!

수련   (카리스마 있게 윤 차관을 보며) 술 먹고 실없는 소리나 하자고 오란 거 아니에요. 차관님께서 꼭 보셔야 될 게 있어서 오시라고 했어요.

윤차관   그러니까 할 말 있으면 밝은 날 하세요! (옷 챙겨서 막무가내로 나가려 는데)

수련   (마리에게 눈짓하면)

마리, 룸의 문을 열면. 투명 유리벽이 보이고. 옆방의 상황이 그대로 보 이는데.

마리   지금 옆방에 계신 VIP 손님들입니다.

윤차관   (옆방을 돌아보는데. 강 장관의 모습이 나오고. 놀라) 강 장관님?!

수련   저쪽에서는 저희가 보이지도 들리지도 않으니 안심하세요. (옆방을 보면)

2.   고급 술집 룸A(밤)
     규진, 동필, 윤철, 강 장관과 함께 정신없이 술잔 돌리는데.
     단태, 강장관 쪽으로 준비한 현금 가방을 밀어주면.

강장관   (침 꿀꺽 삼키더니) 지금 나더러 뇌물을 먹으라는 겁니까?

단태　여기 뇌물이 어딨습니까?

동필　저희는 눈도 귀도 없습니다.

강장관　(슬쩍 007 가방을 열어보는데. 가방 가득 들어있는 5만 원 지폐. 눈 휘둥그 레진 채) 헉. 이렇게나 많이?!

단태　휘동고와 숙종여고가 천수지구에 들어오게 힘 좀 써주십시오, 장관님. 저희 청아건설에서 내걸 조감도에 두 학교가 반드시 들어가야 됩니다!

규진　강 장관님 노후와 자녀들을 위해서 결심을 하시죠. 천년만년 장관 할 것도 아니고, 물 들어왔을 때 확실하게 땡기셔야 되지 않겠어요? (냅다 007 가방을 강 장관 품에 안기고) 아무쪼록 잘 부탁드립니다. (밖을 향해 박수 짝짝 치면, 아가씨들 들어오고)

강장관　(헤벌레) 이래도 되나 모르겠네. (슬쩍 돈 가방 챙기고) 에라이! 술이나 더 마셔!

단태　(됐다 싶고) 강 장관님 술 드시고 싶으시답니다!

규진　네! 분부 받잡겠습니다! (폭탄주 말아서 돌리고. 왁자지껄 분위기 띄우면)

강장관　(원샷하고) 기분 좋은데, 내가 먼저 한 곡 뽑아볼까? (취한 듯 자리에서 일어서고)

단태, 규진, 윤철, 노래 부르며 강 장관과 함께 제대로 흥이 오르면.
동필, 내키지 않은 듯 죽을상 하고 있다가, 단태가 꼬나보면. 얼른 정신 차리고 오버해서 맞춰주고. 열심히 온몸으로 놀아주는데.
윤철, 동필이 나대는 틈을 타서, 눈치 보다가 슬쩍 밖으로 나가는.
그런 윤철을 의심스럽게 보는 규진의 시선. 다시 강 장관 노래에 맞춰 서 신나게 춤을 추는 규진이고.

3.　고급 술집 룸B(밤)

놀란 표정의 윤 차관.
마리, 동필이 엉덩이 흔들며 노는 모습을 보며, 짜증 난다는 듯 옆방과 통하는 문을 신경질적으로 닫는데.

마리	어디서 궁둥이를 흔들어? 저 인간을 그냥 확!
수련	(윤 차관에게) 청아건설 쪽에서 휘동고와 숙종여고를 유치하기 위해 강 장관님께 로비 중입니다.
윤차관	(분노하는) 언젠간 사고 칠 줄 알았어! 그렇게 돈을 밝히더니만!
수련	천수지구 1구역에 우리나라 최고 명문고를 이전시키게 되면, 젊은 부모들이 청약에 몰려들 거고, 분양가는 상한가를 치겠죠. 대치동 이상의 대규모 교육단지가 만들어질 테니까. 교육이 부동산 광풍에 놀아나는 꼴입니다.
마리	소문만 무성했던 강 장관님의 약점 제대로 잡으셨네요. 축하드려요~ 당연히 차관님한테 유리한 카드가 되겠죠?
윤차관	나한테 이런 걸 보여주는 이유가 뭐요?
마리	강 장관하고 사이 별로잖아요. 강 장관님 천적인 거, 세상이 다 아는데.
수련	우린 같은 결과를 원해요! 저들이 망하는 거! 강 장관을 확실히 쳐낼 수 있는 치트키가 될 거예요.
윤차관	무슨 꿍꿍이속인지는 모르겠으나, 나한테 이런 딜을 하는 것 또한 로비예요!
수련	(받아치듯) 알고 있습니다. 더티플레이 싫어하신다는 거. 차관님께서는 손 더럽히실 필요 없으십니다. 모든 건 제가 터트릴 겁니다. 대신, 차관님은 정리만 해주시면 됩니다.
윤차관	정리라니?
수련	천수지구에 강남 8학군 학교들이 이전할 수 없도록 막아주세요. 고작 집값 때문에 우리 교육이 이용돼서야 되겠습니까? 평생 교육자로 사셨던 분의 자존심 아닌가요?
윤차관	(흔들리는 눈빛. 옆방 쪽을 다시 보는데)

4.   안가 전경 (새벽)

5. 　6화 엔딩 연결/안가/비밀공간/전화통화(새벽)

　　　로건을 치료하고 있는 윤철.

　　　서진, 특수유리 너머로, 그런 윤철을 내려다보며 음성변조로 통화하고
　　　있는.

　　　환자의 얼굴, 가까이에서 클로즈업되는데. 로건이다!

서진　어떻게든 로건, 꼭 살려! 사람 구실 하길 바라는 게 아냐. 숨만 쉬고 있
　　　으면 돼! 그게, 내가 널 감방에서 꺼내준 이유야!

윤철　내가 화상 전문의도 아니잖아! 이 상태론 가망이 없어. 언제 숨이 멈출
　　　지 몰라. 약품도 필요하고, 빨리 큰 병원으로 옮겨야 돼. 일단 만나서 얘
　　　기해!

서진　필요한 건 간호사를 통해 얘기해.

윤철　(가방에서 미리 가져온 신약을 꺼내서 링거 줄에 약품 투여하려는데)

서진　(위에서 보고 큰소리로) 무슨 약이야? 외부에서 가져온 약품은 쓰지 말
　　　라고 했을 텐데!

윤철　(문득 멈춰 서고, 변조음이 자신을 보고 있다는 걸 느끼며) 어떻게든 살려
　　　내라면서! 난 의사 본분에 맞게 최선을 다해 환자를 치료하고 있을 뿐
　　　이야!

변조음(E)　니가 명의라도 되는 줄 알아? 시답잖은 의사놀이 할 생각 말고, 죽지 않
　　　게 목숨 줄이나 붙들고 있어. 면허 박탈당한 의사라도 그 정도는 할 수
　　　있겠지?

윤철　(두리번거리다가 분노 폭발한 듯) 나에 대해 어디까지 알고 있는 거야?
　　　어디 숨어서 훔쳐보고 있어? 너 정체가 뭐야?!! 로건이랑 무슨 사이
　　　야?!!

서진　알 거 없어. 닥치고 내가 시키는 대로만 해. 정 환자가 걱정스러우면, 거
　　　기 있는 약을 써. 죽을 듯한 고통은 줄여줄 거야.

윤철　(물러서지 않고) 로건을 살리려는 이유가 뭐야? 로건을 죽이려 한 사람
　　　은 누구고?! 로건이 살아있다는 걸 또 누가 알고 있어?

서진	알 거 없다니까!! 로건이 살아있다는 건 누구한테도 비밀이야! 만약 그 비밀이 새어나가면 니 딸년 목숨이 위험해질 거야!
윤철	뭐?
서진	명심해! 니가 어디서 뭘 하든 내 손바닥 안이야. 그러니 허튼 수작 부릴 생각 하지도 마! 감방에서 꺼내줬으면, 내 발바닥이라도 핥아야지. 안 그래?
윤철	(표정 굳어지고. 갑자기 소름이 끼치는데) 설마, 주단태?!!
서진	(피식 웃고) 치료 마무리해! 간호사 오면 교대하고 가도록 해. (전화를 끊어버리면)
윤철	당신 누구냐고?!! 얼굴을 보이란 말야!! 여보세요!! 이 개자식아!!! 너, 주단태지?!! 주단태 맞지?!! (이미 전화 끊겼고. 답답해 미치겠는데. 가져온 약품을 링거에 넣으려다가, 쓰레기통에 처박아버리고. 신경질적으로 홱 밖으로 나가면)

잠시 뒤, 비밀공간 문이 열리고 밖으로 나오는 서진.
서진, 얼마큼 떨어진 곳에서 로건을 말없이 지켜보는데.
로건, 붕대를 감은 채 죽은 듯 누워있는.

서진(E)	그래, 주단태로 오해해. 그게, 내가 원하는 바야.

6. **안가 일각**(새벽)
   정원을 들어서는 구둣발. 주변을 살피는 날카로운 시선, 규진이다.

규진	분명 이쪽으로 들어왔는데... 하윤철 너, 내가 오늘 딱 잡아낸다.

규진, 안가 철문 쪽으로 다가서면. 그때, 뒤에서 바스락, 소리 들리고.
놀란 규진, 핸드폰 불빛을 뒤로 확 비추는데.

규진 누구야?!!

떨리는 목소리로 보면. 윤철이 여자와 껴안고 야릇하게 서있는데.

규진 (놀라고) 하윤철?! 너 이 좌식!!
윤철 (얼른 여자와 떨어지며) 형님? 형님이 여긴 어떻게 오셨어요?
규진 똥개 꼬리 잡으러 왔다. 왜?! 같이 있다가 슬쩍 빠져나간 게 어디 한두 번이라야 말이지. 설마설마했는데... 암튼 능력 좋아. (여자 쪽 보며, 깍듯하게) 제수씨, 안녕하세요?
윤철 일단 나가시죠. (여자한테) 나중에 연락할게. (규진을 데리고 나가면)
규진 (여자 쪽 돌아보며, 미련 남아서) 제수씨! 교우관계는 원만하시죠? 친구분들이랑 다음에 같이 한번? 콜? (눈짓하며, 윤철에게 끌려 나가는데)

7. 골목길 일각(새벽)
안가 밖으로 나오면.

규진 아주 건강한 친구야. 완전 인정! 리스펙! 어떻게 여자가 끊이질 않냐?
윤철 (머쓱해서) 일단 형님만 아시고, 당분간은 비밀로 해주세요.
규진 알지 알지. 나 입 무거운 거 몰라? 그런 의미에서 좋은 자리 한번 마련해. 혼자만 진짜! 너무한 거 아냐? 꽉 믿고 있을 테니까 빨리 좀 추진해봐. 하 박사가 또 이렇게 나한테 도움이 되네. (혼자 신났고)
윤철 (한숨 돌리고. 규진 모르게 핸드폰 하는.E) 간호사님. 죄송합니다. 덕분에 위기 면했습니다.

윤철, 규진의 차에 올라타고. 차 출발해 가면.
한쪽에 서있던 차의 라이트가 켜지는데. 서진의 차고.
서진, 차 뒷좌석에서 규진의 차가 사라지는 걸 지켜보고 있는.

도비	하윤철을 끌어들인 건, 아무리 생각해도 너무 위험했습니다.
서진	(의기양양한) 곧 알게 될 거야. 내가 하윤철을 데려온 이유! 백준기한테는 연락 안 왔어?
도비	도박판에서 계속 돈을 요구하고 있습니다. 제가 상대할 테니, 더 이상 받아주지 마십시오.
서진	원하는 대로 해줘. 아직은 쓸모가 있어. 내가 직접 나서지 못하는 한, 로건의 부모와 거래해줄 사람이 필요해. 일이 끝나면, 바로 용도 폐기해버리면 그만이야! (야비한 미소 지으면)
도비	그래도 조심하십시오. 오랫동안 갇혀있던 사람이라, 정상적인 사고를 기대하기 어렵습니다.
서진	충고야? 도 비서 많이 컸네. 출발해. (하면, 차 출발하고)

8. 고급 술집 앞(새벽)
    수련과 마리, 술집 밖으로 나오면.
    단태와 동필, 깍듯하게 강 장관을 배웅하고 있는. 강 장관, 비틀하며 차에 올라타고.

마리	아주 진상 짓거리가 천태만상이네! 힘 있는 놈들한텐 갖다 바치느라 정신없고, 하청업체에선 뜯어내느라 정신없고! 우리만 보기 아깝다니까.
수련	저런 파렴치한 놈들이 판을 치니 윤희 씨 같은 사람이 억울하게 당한 거예요. 썩어빠진 것들은 모두 다 도려내버릴 거예요! 하나도 남김없이 모조리 다! (눈빛 날카로워지며) 내일은 또 어떤 모임이죠?
마리	(재빨리 수첩 꺼내서 스케줄표 확인하고) 조경업체 대표와 미팅! 저녁 7시!

9. 고급 술집A/B(다음 날/저녁)
    단태와 규진, 조경업체 대표와 술자리를 하는. 조경업체 대표가 조경 관련 사진들을 보여주면.

규진   (사진들을 밀어내고) 지난번에 반포 임페리얼아파트 조경도 민 대표님이 맡으셨죠? 거기 인공폭포랑 메타쉐콰이어 산책길이 아주 예술이었잖아요. 이번엔 아예 아파트 정원에 파3 골프장을 설치하는 건 어떻습니까. 공 치러 멀리 갈 필요 있습니까. 하하하...

단태   이 대표, 왜 그리 사설이 길어요? 민 대표님 술 고프시겠어요.

규진   앗! 그랬나요? 제가 말이 좀 긴 게 유일한 단점이거든요. 근데 인상이 진짜 너무 해맑으시다. 아이돌 상이야. (돈 가방을 올려놓으면)

대표   (눈 반짝하고)

컷 되면. 옆방에서 수련과 마리, 조경업체 대표와 마주 앉아있고.
수련, 조경업체 대표가 규진에게 돈 가방 받는 사진을 내밀면.

수련   우리나라 최대 조경업체 대표님께서 뇌물을 받으신 모양이네요.

대표   (당황해서 벌떡 일어나 도망치려고 하는데)

마리   거기 스탑! (가죽장갑 긴 채 우두둑 뼛소리 내며 다가서고) 어딜 내빼시나? 빤스런 하시려면, 청아건설과 계약 포기하겠다는 각서부터 쓰시죠. 민 대표님!

수련   (사진 보여주며) 이 사진을 조합원들 단톡방에 올리면 무슨 일이 터질지 짐작은 되겠죠? 아니, 경찰청에 보내는 게 빠르려나?

대표   (얼굴 하얗게 질리는)

10.   **청아그룹 단태 사무실 (낮)**
단태과 규진, 유명 건축가와 같이 셀카를 찍는.
규진, SNS에 빠르게 건축가 이름에 해시태그하며 사진을 올리고. #한국의 가우디 #배채식 건축가님 #천수지구 #청아건설 #청아투자개발 #로또아파트 조형물

11.　청아그룹 주차장(낮)

　　　동필, 유명 건축가의 차 트렁크에 골드바 가방을 넣어두는데.

　　　건축가, 가득 든 골드바를 보고 눈 휘둥그레지면.

　　　동필, 공손하게 차 문 열어주고 건축가를 차에 태우는데. 컷 되면.

12.　고급 술집B(밤)

　　　동필이 골드바 넘기는 모습 그대로 사진으로 박혀있고.

　　　수련, 건축가 앞에 사진을 내밀면. 기막혀 하는 건축가.

건축가　난 모르는 일이야! 어디서 조작질이야?! (화나서 벌떡 일어나 나가려는데)

마리　조작?! 지금 조작이라고 했어?! (발차기로 술상 날려버리고. 험상궂은 표정으로 문 앞을 가로막고 서면, 건축가 놀라서 바짝 쫄고)

수련　(곧바로 건축가의 팔을 비틀어서 벽에 확 밀어붙이고. 매서운 표정으로 '천수지구 건축 포기각서'를 내미는) 싸인하시죠! 청아건설과는 절대 일하지 않겠다는 포기각서!

건축가　하지만...

수련　골드바는 그냥 먹어요! 청아건설 쪽엔 당분간 비밀로 해줄 테니! (그 속 다 안다는 듯 웃음 흘리는데)

13.　청아그룹 단태 사무실(아침)

　　　규진과 동필, 지친 듯 늘어진 채 한약 봉지를 빨고 있으면.

규진　접대한다고 매일 퍼마셨더니, 간이 완전히 썩은 거 같애.

단태　이제 얼마 안 남았어요. 최고의 학군에, 최고의 건축과 조경이면 게임 끝이죠. (동필을 보며) 도해건설 쪽 사업계획서는 입수했나?

동필　친환경 에코 도시를 대표 공약으로 내세웠습니다. 천수천을 개발해서 국내 최대 공원을 조성하겠답니다.

규진　교육 대 환경이라. 만만치 않겠는데.

단태	상대가 만만하면 게임이 재미없죠.
규진	신생 건설사가 자본금도 없이 이런 큰판에 끼어든 게 영 이상하단 말야. 거대한 뒷빽이라도 있나?
단태	도해건설 쪽 로비스트는 알아봤어요?
규진	딱히 알려진 건 없고, 상당한 미인이라던데? 보디가드처럼 여자 한 명을 데리고 다니는데, 보디가드 이름이 제시카? 30대라지 아마? 기가 막히게 술을 말고, 묘기에 가깝게 과일을 깎는대요. 포스에 남자들도 설설 긴다던데.
동필	(그 말에 번뜩하고) 제시카?!
단태	새로운 정보 업데이트되는 대로 보고해요. 시공사 선정 끝나는 대로 다 같이 해외여행이나 다녀오죠.
규진	(금세 기분 좋아져서) 오~ 부부 동반으로? 콜!
단태	부부 동반이래 봤자, 유 대표는 별거 중이고, 하 박사도 짝이 없는데, 좀 그렇지 않나? 차라리 우리 남자끼리 가는 게...
규진	(큭큭 대며) 걱정 마요. 유 대표는 몰라도, 하 박사는 싹 다 준비됐으니까.
단태	무슨 소리예요? (윤철을 보는데)
규진	진짜 하통수 맞더라고요. 우리랑 만날 때마다 쓰윽 사라지는 게 수상해서 내가 뒤를 좀 밟았거든. 근데 글쎄, 숨겨놓은 여자가 있지 뭐예요? 아주 활활 불타오르더라니까. 완전 상남자야, 하 박사!
동필	(놀라서) 정말이에요? 하 박사 여자 생겼어요?
단태	여자라... (의심스러운 눈빛) 오윤희 죽은 지 얼마나 됐다고, 그럴 리가?!
규진	아 맞다니까요! 원래 사랑은 사랑으로 잊혀지는 법이잖아? 주 회장은 사람 심리를 너무 모르더라. 그러니까 이혼을 세 번씩이나 당했지! (그대로 갑티슈가 얼굴로 날아오고)

14. **마리탕 앞(낮)**

마리, 일 마치고 나오면. 기다리고 있던 동필이 마리 손목을 잡아끌고 가고.

마리	뭐하는 거야? 이거 놔!! 안 놔?!!
동필	따라와! (무섭게 잡아끄는데)

15. 마리탕 옥상 (낮)

동필, 마리를 무섭게 다그치고 있는.

동필	당신 도해건설이랑 관계있지? 나랑 첨 만났을 때도 제시카라고 뻥쳤잖아. 대체 무슨 짓을 하고 다니는 거야?
마리	(뜨끔하지만) 뭔 소릴 하는 거야? 나한테 관심 꺼! 우린 도장만 찍으면 남남이야.
동필	(마리 잡아 흔들며) 배신만 안 하면, 주 회장 우리 안 건드려. 왜 자꾸 엇나가고 그래? 제니를 생각해! 우리 인생은 망해도, 자식 앞길 망치면 안 되잖아!
마리	등신! 제니 앞길 생각해서 주단태 개로 사니? 난 당신 같은 쫄보가 아니라서 주단태 그 자식, 하나도 안 무섭거든! 아직도 정신 못 차렸어? 우리 제니까지 그 집 자식들 개로 살게 하고 싶어?!! (한심한 듯) 어쩌다가 진천 불주먹이 이 꼴이 됐냐? 주먹질하고 다녔어도, 의리는 있었잖아, 당신!
동필	제니 엄마... 마리야... 제발... (빌듯이 사정하면)
마리	(강경한) 당신이 불쌍한 윤희, 바다에 던진 거 생각하면, 지금도 오금이 저려. 주단태 감싸고 돌 거면, 다신 나 찾아오지 마. 제니 앞에 얼씬대지도 말고! 나랑 제니는 한맘이니까! (홱 돌아서 가버리면)
동필	강마리!! 야!! 진천댁!! (괴롭고 갈팡질팡인데. 주먹으로 벽을 내리꽂고. 흔들리지 않으려는 듯 이 악물며) 그래! 천수지구에 묶인 돈만 받아내면, 미련 없이 여기 뜨는 거야! 그때까지 주단태 개가 되든 소가 되든 상관없어. 쫌만 버티자, 제니야!! (눈물 쓱쓱 닦고, 마리와 반대편으로 사라지는)

16. 펜트하우스 석훈 석경의 방/단태의 차 안/전화통화(낮)
     석훈, 노트북으로 강의 듣고 있는데. 핸드폰 오고. 보면 석경인데. 수신
     거절해버리는. 곧바로 또 전화 걸려오면. 어쩔 수 없이 받는데.

석경(F) 오빠, 나야.

석훈 (퉁명스럽게) 왜? 무슨 일이야?

석경 바빠?

석훈 무슨 일인지나 말해. 강의 듣고 있어.

석경 (멈칫하다, 예전과는 다른 말투) 나 오늘 유학 가. 이태리로.

석훈 (놀라고 기막혀) 유학? 그걸, 지금 말하는 거야? 엄마한테 허락은 받았어?

석경 아니. 오빠가 대신 말해줘.

석훈 (버럭) 너 진짜 왜 이래?! 그렇게 중요한 일을 엄마하고 상의도 안 하고
         결정했단 말야? 나한테라도 미리 말했어야지!! 우리가 가족이긴 해?!!
         엄마한테 니가 이래도 되는 거야?!!

석경 왜 그렇게 화를 내? 지금 말하잖아. 엄마도 나 자식으로 생각 안 한댔어.

석훈 그 말을 믿어? 바보야!! 엄마가 니 전화 얼마나 기다리는데!

석경 (순간 눈물 핑 돌지만, 애써 참고) 혹시... 공항에 나와줄 수 있어? 오빠 본
         지 너무 오래돼서. 앞으로 한참 못 볼 거잖아.

석훈 됐어! 니 맘대로 살 거면서 내가 왜 필요해? 앞으로 죽든 살든 연락하지
         마. 너 같은 동생 없는 셈 치면 그만이야! 끊어!! (전화 확 끊어버리면)

석경 오빠! (문득 슬픈 표정 짓고. 운전하고 있는 조 비서에게) 몇 시 비행기랬죠?

조비 아직 시간 넉넉해. 잠 설쳤을 텐데 눈 좀 붙여.

석경 (옆에 놓여있는 캐리어를 보면 심란한데. 억지로 눈을 감는 석경. 팔목에 멍
         든 자국이 보이는)

17. 펜트하우스 거실(낮)
     수련, 방에서 나오면. 석훈이 다가서고.

석훈	석경이 오늘 유학 간대요. 이태리로.
수련	(놀라고) 뭐? 오늘?! 그런 말 없었잖아! 몇 시 비행기래? 공항 가봐야지!
석훈	안 물어봤어요. 도착하면 연락하겠죠. 신경 쓰지 마세요.
수련	어떻게 신경을 안 써?! 이태리 어디로? 무슨 학곤데? 보딩스쿨이야? 니 아빠가 유학 가라고 했대? (정신없이 물으면)
석훈	자세한 건 저도 몰라요. 방금 들은 게 다예요. 유학 가고 싶어 했으니 까, 잘 적응할 거예요. 차라리 아빠하고 떨어져 지내는 게 석경이한테 나아요.
수련	계속 핸드폰 꺼져있던데, 유학은 상상도 못 했어. 또 연락 오면 엄마한 테 꼭 전화하라고 해. 꼭!
석훈	그럴게요. 근데, 요즘 무슨 일 있어요? 엄마 얼굴 보기 너무 힘들어요.
수련	회사 일로 좀 바빴어.
석훈	로나 아줌마랑 관련된 일이죠? 아줌마 죽음 밝히는 거면 저도 도울게요.
수련	엄마가 알아서 할게.
석훈	저 이제 대학생이에요. 어린애 아니에요! 로나 저렇게 힘들어하는데, 뭐라도 도움 되고 싶어요. 옆에서 지켜보기 너무 안쓰러워요.
수련	(망설이다) 석훈아, 니가 로나를 특별하게 생각하는 맘은 알지만, 여기 서 멈추는 게 좋을 거 같아.
석훈	그게 무슨 말이에요? (불길한 예감에 휩싸이면)
수련	로나 아줌마 죽음에 니 아빠가 관련돼있어.
석훈	(기함하고) 네에? 정말이에요? 아니죠? 제발 아니라고 해요!!! (울부짖 는데)
수련	언젠간 로나도 알게 될 거고, 너도 로나도 상처받게 될 거야. 자신을 해 치려 했던 사람이 자기 엄마까지 죽음으로 몰았다면, 어떻게 용서할 수 있겠어? 니가 잘못한 건 없지만...
석훈	(버럭) 그만!! 그만해요!! 다 알았으니까, 그만하라고요!!! 내 잘못 맞 아요! 아빠 말대로, 아빠가 악마면 난 악마 새끼고, 아빠가 뱀이면 난 뱀 새끼예요. 악마 새끼, 뱀 새끼 주제에 로나를 좋아하고 있었어요. 주제

도 모르고... 염치없이!! 내가 개자식이에요!!! (소리치고 뛰어나가면)

수련   석훈아!! 어디 가? 석훈아!! (쫓아가다가 멈춰 서고. 너무도 속상한데. 그
때, 수련의 핸드폰 울리고. 보면 '하윤철 박사'라고 뜨고. 멈칫하는)

18.   안가 (낮)

윤철, 붕대 감은 채 누워있는 로건을 보며, 은밀하게 전화하고 있는.

윤철   하윤철입니다. 긴히 할 얘기가 있는데, 지금 만날 수 있을까요?

19.   자코모 쇼룸 (낮)

윤철, 쇼룸에 어색한 듯 앉아서 수련 기다리고 있으면.
직원이 커피 한 잔 내주고. 그때 수련한테 전화 걸려오는. 받으면.

수련(F) 죄송해서 어쩌죠. 차가 막혀서 10분 정도 늦을 것 같은데.
윤철   괜찮습니다. 저도 방금 도착했어요. 천천히 오세요.

전화 끊으면. 변조음에게서 문자메시지 도착하는데. 파일 열어보면.
은별이 대학 교정으로 걸어가는 모습이 찍혀있는.
윤철, 놀라서 자리에서 벌떡 일어서는데. 곧바로 전화 걸려오고.

윤철   (재빨리 받는) 뭐하는 짓이야? 당신이 왜 우리 은별이 사진을 갖고 있어?
변조음(F) 니 아킬레스건이 뭘까 생각해봤어. 자식만 한 게 없을 거 같더군.
윤철   (버럭) 무슨 개소리야!! 우리 은별이 털끝 하나라도 건드렸다간 죽을
줄 알아!! 죽여버리겠어!! (부르르 떠는데)
변조음(F) 그건 니 하기에 달렸지. 심수련 만나서 허튼 소리 지껄였다간, 이게 니
딸의 마지막 모습이 될 거야. 비극적 결말을 원하지 않으면, 당장 거기
서 나와!!
윤철   이 개자식!!! (분해 미치겠고)

변조음(F) 난 두 번 경고 안 하거든. 잘 생각해. (전화 끊기면)

윤철, 분한 듯 주먹으로 테이블을 꽝 내려치는.

컷 되고. 수련, 급하게 사무실로 들어오면. 커피 잔만 테이블에 놓여있고. 윤철은 보이지 않는.

수련, 윤철에게 전화 걸어보는데. 핸드폰이 꺼져있다는 메시지만 뜨고. 뭔가 싶은데.

그때, 누군가 뒤에서 수련의 어깨를 꽉 잡고. 헉! 놀라서 돌아보면. 단태고.

수련 (거칠게 단태의 손 뿌리치고) 여기가 어디라고 와?!!

단태 왜? 내가 못 올 데라도 왔나? (둘러보며) 회사를 비워줘야겠어! 곧 여기를 싸악 다 밀어버릴 거거든.

수련 누구 맘대로?!

단태 펜트하우스와 여기 천수부지 27번지! 내 명원 거 벌써 잊었어? 그동안 내가 너무 너그러웠지. 이제 더는 못 미뤄! 최후통첩이야!

수련 왜 그렇게 여기 집착하는 거야? 많고 많은 땅 중에 왜 하필 여기냐고!!

단태 글쎄, 왜일까? 그건 돌아가신 당신 아버지한테 물어보면 될 거 같은데.

수련 석경이는 어떻게 된 거야? 왜 갑자기 유학 보냈어? 나한테 말도 안 하고?!!

단태 석경이가 원하더라고. 엄마가 영원히 찾지 않는 곳으로 도망치고 싶다고. 그래서 소원대로 해준 거지. 난 좋은 아빠니까. 답이 됐나? 그럼 난 바빠서. (히죽 웃고 가버리면)

수련 (부들부들, 무섭게 노려보는데)

20.　헤라팰리스 윤희 집 로나의 방 (낮)

로나, 버즈 끼고 노트북으로, 오페라 영상들 찾아보고 있다. 태블릿에 꼼꼼하게 오페라 제목과 주인공의 표정과 동작들 메모하고, 메모한 내

용을 노트북으로 넘겨 키보드로 마무리하면.

제니   뭐 봐? (노트북을 뺏어서 보는데. 한 손으로 들고 선 채로 오페라 영상 보며)
        청아 오디션 떨어졌다며? 넣는 것마다 죄다 떨어지는데 아직도 미련이
        남았어? 차라리 너, 울 엄마 말대로 그냥 유학 가! 석경이도 이태리로
        날랐다면서?

로나   도망치고 싶지 않아! 다들 실력도 없는 입시살인마 딸이라고 떠들어대
        는데, 내가 어디로 도망쳐?!! 어딜 가나 꼬리표는 안 없어져!

제니   그런 댓글들을 왜 봐? 화병 나게! 아무것도 모르면서 악플 다는 것들,
        주민번호랑 얼굴까지 다 까고 덤비라고 해. 비겁하게 가짜 아이디로 뒤
        에서 찧고 까불고! 뭔 원수를 졌다고 지들이 너한테 난리야? 열 받아서
        진짜!!

로나   나 아무렇지도 않아. 욕먹는 거 이미 면역 생겼어.

제니   욕먹는 게 어떻게 면역이 돼? 그런 백신은 없어! 그게 얼마나 사람 살기
        싫게 만드는지 나도 알거든?!

로나   일부러 보는 거야. 안 잊어버리려고. 우리 엄마가 무슨 꼴을 당했는지,
        내가 기억하려고! (섬뜩한 표정인데)

제니   (로나 표정에 당황해서) 로나야....

        그때, 초인종 소리 들리고. 돌아보는 제니와 로나.

21.   헤라펠리스 윤희 집 주방 (낮)
        제니와 로나 앞에, 떡볶이와 치킨을 펼치는 민혁.

민혁   배달미션 클리어!!

제니   (팔짱 낀 채 보다가) 말 잘 듣네. (민혁의 머리 쓰다듬어주면)

민혁   (으쓱해하고) 이 정도야 언제든지 말만 해.

로나   이게 다 뭐야?

민혁 너, 청아상주음악가 오디션에서 접수부터 까였다며? 이럴 땐 무조건 떡볶이랑 맥주지!

제니 (캔맥주를 내미는) 시원하게 한잔 하고 잊어. 떡볶이랑 치킨이랑 너 최애 메뉴잖아. (로나 앞으로 밀어주고) 많이 먹어.

로나 맛있겠다. (맛있게 먹는데)

민혁 솔직히 상주음악가 오디션, 다 페이크 아냐? 은별이 밀어주려고 쇼하는 거잖아. 이번 빈 필하모니 내한공연도 청아아트센터에서 열린다며? 요즘 천 쌤, 아예 작정하고 은별이 띄워주려고 혈안이 된 거 같던데?

제니 아우, 열 받아 진짜! 야! 이민혁. 넌 서울댄데, 하은별 들러리나 설 거야? 자존심도 없냐?! 차라리 집단으로 오디션 거부해버려! 오디션 권위나 똥 만들어버리게!

로나 (뭔가 생각하는 표정이고)

22. 서울대 교정 (낮)

서진, 교정 앞에서 기다리고 있으면. 은별이 손을 흔들며 뛰어오고.

은별 엄마가 학교엔 어쩐 일이야?

서진 딸이랑 데이트하려고 특별히 시간 뺐지. 맛있는 것도 같이 먹고? 오랜만에 학교 오니까 반갑고 좋네.

은별 (서진과 사이좋게 팔짱 끼며 걷고) 그치? 우리 구내식당 가서 밥 먹을까?

서진 그보단 더 근사한 걸로 먹어야겠는데? (걷다가 멈춰 서고) 기쁜 소식 있어. 다음 주에 빈 필하모니 공연 있는 거 알지? 클라크 예술감독이 청아아트홀에서 기자회견을 하게 됐어. 어떻게든 엄마가 자리 만들 테니까, 넌 클라크한테 오디션 볼 준비해.

은별 오디션? 내가? 어떻게?

서진 유학 시절에 엄마랑 친분이 있어. 클라크한테 인정받으면, 세계적인 지휘자들한테 콜이 올 거야. 빈 필하모니 협연으로 세계 무대에도 설 수 있어. 이태리고 오스트리아고, 유명 오페라 극장에서 프리마 돈나가 되는 거야!

은별   (눈 커지고) 내가 클라크 공연에 프리마 돈나가 된다고?

서진   누가 뭐래도 지금 니 실력은 탑이야. 국내 콩쿠르를 전부 다 석권했고, 앞으로 한국은 널 감당하기엔 무대가 좁아. 비록 엄마는 국내에 머물렀지만, 넌 세계로 뻗어나갈 수 있게 엄마가 완벽하게 서포트할 거야!

은별   (들뜬) 내가 그럴 수 있을까?

서진   너 아니면 누구도 못 해!

은별   (흥분해서) 가슴이 너무 뛰어. 클라크를 이렇게 빨리 만날 줄은 생각도 못 했어. 그분이 지휘하는 모습만 봐도 흥분돼서 미칠 거 같았어. 이거 꿈 아니지? 엄마, 나 오늘부터 정말 열심히 연습할게. 오디션에서 뭘 부르지? 엄마가 레슨해줄 거지?

서진   당연하지! 어떻게든 다음 주까지 니 최고의 역량을 끌어내야 해. 지금까지 해오던 오디션하곤 결부터 다를 거야. 세계 무대로 나가려면 노래만 잘해서는 안 돼! 완벽한 감정으로 손과 발, 얼굴까지 온몸으로 연기해야 돼! 그래야 세계적인 오페라 무대에 설 수 있어! 엄마 말 알아들어?!

은별   오페라?

서진   이젠 니 적수가 없다는 걸 만천하에 보여줘! 넌 꼭 엄마를 뛰어넘어야 해! 그래야 엄마가 살아온 세월, 온전히 보상받을 수 있어. 자신 있지?

은별   엄마가 준 기회 절대 안 놓쳐. 사랑해, 엄마! (의지 보이며 서진을 끌어안으면)

서진(E)   (그런 은별을 감동스러운 얼굴로 안아주며) 역시 넌 내 딸이야! 지옥 같은 기억에서 스스로 벗어날 줄 알았어. 널 믿길 잘했어!! (대견한데)

23.   헤라팰리스 서진 집 주방 (다음 날 아침)
    서진, 은별이가 먹을 음식을 정성스럽게 챙기고 있으면. 단태가 다가오는.

단태   은별이 아침상인가? 요즘 딸이랑 사이가 아주 좋은 모양이야? 지극정성으로 챙기는 거 보니.

서진　설마 은별이랑 같이 식사하려는 건 아니지?

단태　그럴 리가. 나도 비위가 영 약한 편이라서. (다가서며) 청아건설이 곧 천
　　　수지구 시공권을 따낼 거 같아. 청아그룹 자금을 좀 더 끌어다 써야겠어.

서진　또? 소문엔 도해건설 쪽도 만만치 않다던데?

단태　구멍가게가 청아건설을 상대할 수가 있나?

서진　그래도 더 이상은 안 돼! 난, 손에 쥔 돈만 믿어. 내 손을 떠난 돈은 안 믿
　　　어. 당신이라는 사람은 더더욱 안 믿고! (그러다 거실을 향해) 은별아~
　　　아침 먹자~ (나가려면)

단태　(다급히 붙들고) 회사를 키워서 하루빨리 나랑 갈라서는 게 소원 아냐?
　　　이번 입찰에 성공하면 주식을 두 배, 세 배로 올리는 건 일도 아냐. 난 천
　　　수지구에 사활을 걸었어! 최고가에 회사를 넘길 수 있는 절호의 찬스
　　　라구.

서진　만에 하나 실패하면?!

단태　그런 일 절대 없어! 오늘 당장 조합 간부들 구슬리려면 백억쯤 필요해.
　　　결국 선거는 돈이고, 그 사람들이 최전방에서 싸워줄 사람들이야. 약속
　　　해. 이번이 마지막이야. (간절한데)

서진　좋아! 대신 조건이 있어. 청아그룹 주식, 10프로 내놔! 그럼 생각해볼게.

단태　뭐 10프로? 날강도도 아니고 그게 말이 돼?

서진　싫으면 안 해도 돼. 나도 원하는 일 아냐. 다른 조건은 안 통해. 맘 바뀌
　　　면 다시 얘기해. (나가버리면)

단태　저런 미친! (내키지 않지만 어쩔 수 없고) 천서진! (쫓아가는)

24.　천수지구 1구역 조합사무실(낮)
　　　단태, 조합장과 조합 간부들에게 사업계획서 발표하고 있는.
　　　규진, 윤철, 동필은 깍듯하게 사업계획서 배포하고 있고.

단태　(조합장과 조합원들에게) 저희 청아건설에서는 사업촉진비로 무려 1조

원을 조달할 예정입니다. 휘동고와 숙종여고를 천수지구로 이전할 뿐 아니라, 종로에서 천수지구까지 단 20분!

간부들 우와! (함성소리 터지고)

단태 압구정에서 천수지구까지 10분 만에 도착할 수 있는 천수선 급행열차 도 계획하고 있습니다.

간부들 우와아아!!! (함성소리 더 커지고)

단태 일반분양가는 평당 1억!! 하지만 우리 조합원들께는 평당 5천에 드릴 계획입니다.

간부들 우아와아아아!! (박수 치고 난리 났는데)

규진 세금은 걱정하지 마세요. 전직 국회의원이었던 제가, 최대한으로다 절 세 방법을 짜드리겠습니다. 세상에서 가장 큰 도둑이 누군 줄 아십니까? 나랍니다, 나라! 나라에 정직하게 세금 내는 게 젤 바보 아니겠습니꽈?

간부들 (박수 치고 깔깔대고 분위기 좋은데)

조합장 (사업계획서 보며) 공약을 하나라도 못 지키면 분양대금의 200%를 보 상해주겠다는 게 사실이에요?

규진 우리 조합장님 속고만 사셨나. 문서로 작성해서 확실하게 공증까지 받 을 거니까, 불이행 시 집단소송하시면 돼요.

단태 그만큼 모든 공약에 자신 있다는 겁니다!

동필 (은밀하게) 다들 사업계획서 마지막 장을 넘겨봐 주십시오.

간부들 (마지막 장을 넘기면. 현금봉투가 들어있고, 봉투 속에 1억짜리 수표가 들 어있는. 기쁨 감추지 못하고 입가들 씰룩거리면)

단태 아무쪼록 조합원들을 잘 좀 설득해주십시오. 압구정과 대치동의 장점 만 결합시킨 최고의 신도시가 곧, 여러분 것이 될 것입니다!

규진/동필 (만족스러운 듯 눈빛 주고받으며 박수 치고, 분위기 열심히 띄우는데)

윤철 (그런 단태를 의미심장하게 보고 있는)

25. **몽타주** (시간의 경과)
     은별, 맹렬하게 오디션 연습하고 있는. 진지하고 열정적인데.

밤낮으로 서진의 레슨을 받으며 연습에 열중하는 모습이고.
계속해서 옷을 바꿔가면서 오페라의 다른 캐릭터로 변신하는. 얼굴 표
정이며 손동작까지 꼼꼼하게 연습하고 또 연습하는데.

26.   청아아트센터 일각(다른 날 낮)
서진과 반갑게 인사하는 지휘자 클라크.

서진   (영어로, 반갑게) 환영합니다, 클라크! 이게 얼마 만이죠? 다시 만나게
돼서 너무 기뻐요.

클라크   (영어로) 나도 반가워요. 더 아름다워졌는데요? 센터장 된 거 축하해요.

서진   (영어로) 기자회견장으로 저희 아트홀을 선택해주셔서 감사드려요. 기
자들 기다리고 있는데, 바로 움직이실까요?

클라크, 관계자들 안내를 받으며 기자회견장으로 이동하고.

서진   (도 비서에게 다가서며, 나직이) 은별이는?

도비   대기실에서 연습 중입니다.

서진   기자회견 끝나는 대로 시간 맞춰서 무대 뒤로 데리고 와. 기자들 눈치
채지 않게 조심하고. (급히 클라크를 따라가는데)

27.   청아아트센터 대기실(낮)
은별, 목을 풀고 있는. 거울을 보며 긴장을 떨치려는 듯 발성을 하는데.
예전에 비해 자신감 가득한 모습이고. 실력도 일취월장해서 파워풀하
게 들리는.

28.   청아아트홀 무대(낮)
기자들 플래시 터지고, 클라크, 기자회견 중인데.

클라크　(영어로) 천 선생이 다시 성악계로 복귀했단 소식이 내겐 가장 큰 선물입니다. 앞으로 이 무대에서 실력 있는 신예 성악가들을 만날 생각하니, 벌써 떨리는데요.

서진　(기자들에게) 청아아트센터 창립 첫 공연에 빈 필하모니 오케스트라를 모시게 돼서 무한한 영광으로 생각합니다. 성공적인 공연이 될 수 있도록 많은 관심 부탁드립니다. (슬쩍 시계를 보더니, 도 비서에게 눈짓하고) 그럼, 인터뷰는 이 정도에서 마무리하도록 하죠. 기자 분들께서는 그만 퇴장해주십시오. (클라크에게 영어로) 자리 옮겨서 차 한잔 하실까요?

클라크　그러죠. (자리에서 일어서면)

기자들도 철수하려고 정리 중인데.

그때! 무대 뒤쪽에서 들려오는 노랫소리! 오윤희가 불렀던 〈una voce poco fa〉.

클라크, 순간 노랫소리에 멈칫하고.

서진　(전혀 모르는 표정으로) 뭐지? 누가 허락도 없이... (무대 뒤로 가려면)

클라크, 조용히 하라는 듯, 입에 손을 갖다 대고. 집중해서 노래를 듣는데.

기자들도 어리둥절해서 역시 노래에 집중하고.

서진, 만족한 듯 노래를 듣다가, 갑자기 표정이 일그러지는! 흔들리는 눈빛. 은별의 목소리가 아님을 그제야 깨닫는데. 놀라서 무대 뒤쪽으로 가려면.

클라크, 이미 무대 뒤쪽으로 걸어가고 있고.

노래가 절정으로 치달아 고음을 치는 순간! 클라크, 커튼을 확 걷어내면!

무대 뒤에서 청소를 하며 노래하고 있는 누군가의 모습이 드러나는데.

고개 돌리면 윤희고! 윤희 모습에 하얗게 굳어지는 서진. (시즌 2, 2화 엔딩. 섀도 싱어 때, 노래 부르던 윤희 모습과 오버랩되는)

그러다 다시 보면. 노래하는 윤희의 모습, 로나로 바뀌어있고.
로나, 노래 부르다가 놀라서 지휘자를 보고.

서진   배로나?!!!

로나   (영문 모르는 표정으로, 귀에서 이어폰을 빼며) 어머... 누가 계신 줄도 모
       르고. 죄송합니다. (꾸벅 인사하고, 황급히 돌아서면)

클라크 (그런 로나를 다급히 붙잡고, 영어로) 이런 실력으로 여기서 청소를 하고
       있으면 안 되죠. (서진에게) 여기 상주음악가인가요?

로나   (서진이 대답할 새도 없이, 말 가로채서, 영어로) 아뇨. 저는 오디션을 볼
       기회도 없었는데요. 서류전형에서 떨어졌거든요.

클라크 (놀라고, 영어로) 이렇게 완벽한 하이 F를 해내는 사람이 오디션을 못
       본다고? 그럴 리가! 뭔가 잘못된 거 같은데, 이런 보석을 놓쳐선 안 되
       죠. 내 귀를 믿는다면, 다시 오디션 기회를 줘요. 그래 줄 거죠?

서진   (대답 못 하고. 분해서 미칠 지경인데)

클라크 (로나에게) 이름이 뭐죠?

로나   배로나라고 합니다.

기자들 (웅성대는) 배로나? 입시살인마 딸? 그 배로나? (난리 나고)

기자들, 갑자기 로나를 향해 정신없이 플래시 터트리는데.
로나와 클라크가 같이 서있는 모습을 사진으로 담는 기자들, 로나에게
몰려들고.

기자   배로나 양, 인터뷰 좀 할 수 있을까요? 세계적인 지휘자 클라크한테 인
       정을 받았는데, 지금 심정이 어떻습니까.

로나   (대답 대신 서진을 보며 또박또박) 저한테 오디션 기회를 주신 거 맞나
       요? 천서진 센터장님?! 확실한 대답을 듣고 싶습니다.

서진   (기자들 시선 때문에 차마 거절도 못 하겠는데) 클라크 부탁이니, 어쩔 수
       가 없네요.

로나 (기자들을 향해) 저에 대한 편견 없이 공정하게 기회를 주신 천서진 센터장님께 깊이 감사를 드립니다. 잘 준비해서 센터장님 은혜에 꼭 보답하겠습니다. (서진을 향해 승리의 미소를 보내면)

서진 (기막힌데)

뒤쪽에서 그 장면을 보고 있는 은별 역시 황당하고.
은별의 시선에서 사건 재구성하면.

29. **회상/청아아트홀 무대 뒤편 (낮)**
은별, 도 비서의 안내를 받아 무대 뒤편에 서는데. 심호흡하고 막 노래를 부르려는 순간! 누군가 은별 앞으로 치고 나가면서 먼저 노래를 시작하는데. 돌아보면 로나고. 기함하는 은별!
로나, 그런 은별을 조롱하듯이 보면서 고음을 향해 치달아가고. 완벽하게 하이 F까지 성공해내면서 길게 호흡을 끌면. 두려운 듯 로나를 보는 은별!
그러다 커튼이 열리는 순간! 로나, 태연하게 청소하는 것처럼 표정 확 바꾸고. 은별을 향해 썩소를 지어 보이는 로나.
은별, 온몸에 소름이 돋으면서 말문이 막히는데.

30. **현재/청아아트홀 무대 뒤편 (낮)**
기둥 뒤에 서있던 은별, 로나가 기자들한테 둘러싸여 웃으며 인터뷰하는 모습을 지켜보다가, 울면서 뛰쳐나가면.
서진, 눈으로 그런 은별을 쫓는데. 가까스로 분노 참아내고 있는.

31. **청아아트센터 일각 (낮)**
걸어가는 로나를 뒤에서 붙잡는 서진.

서진 (사납게) 너! 일부러 그런 거지?! 일부러 무대 뒤에서 기다리고 있었던 거지? 은별이 기회 가로채려고?!

로나 (당돌하게) 네. 그랬는데요.

서진 죽은 니 엄마가 그렇게 가르치든? 어떻게 하는 짓이 니 엄마랑 똑같아?!!

로나 (받아치는) 아줌마가 그렇게 말씀하시면 안 되죠. 우리 엄마가 섀도우 싱어 해준 덕에, 20주년 공연 무사히 마쳤잖아요. 그때 엄마가 불렀던 노래도 〈una voce poco fa〉였는데. 기억나시죠? 완벽한 피치의 하이 F! 천서진 쌤의 전성기를 뛰어넘는 최고 실력이라고 극찬을 받았으니까!!

서진 (멱살 움켜잡고) 미쳤어?!! 어디서 뻔뻔하게 그런 소릴 지껄여?!

로나 뻔뻔하지 않고서는 아줌마를 이길 수가 없더라구요. 그래도 하늘이 절 돕나 봐요. 세계적인 지휘자한테 칭찬받는 기회도 생기고. 다 아줌마 덕분이에요.

서진 닥쳐! (한 대 치려면)

로나 (그런 서진의 팔목을 붙들고, 팽팽하게) 저 이제 어린애 아니에요. 그러니 아줌마도 너무 자신만만해하지 마세요! 진실은 언젠가는 꼭 드러나는 법이니까! (서진의 팔을 거칠게 뿌리치고 가면)

서진 저 발칙한 게!! 배로나!! 거기 서!! 서란 말야!!! (열 받아 미칠 지경인데)

32. **청아아트센터 대기실(낮)**
       서진, 문 꽝 열고 들어서면. 은별, 멍하니 앉아있고.

서진 (애써 감정 억제하며) 너무 실망할 거 없어. 클라크하곤 다시 자리 만들면 돼. (은별, 움직임 없으면) 은별아... (걱정스럽게 다가서면)

은별 (그제야 고개 돌려 서진을 보는데. 의외로 담담하게) 실망을 왜 해? 어차피 배로나는 나한테 안 되는데. 고졸 주제에 어떻게 서울음대를 이기겠어? 난 내 페이스대로 할 거야. 오디션에서 확실히 보여줄게. 내 실력.

서진 (달라진 은별 모습에 안도하며) 역시 우리 은별이 대단해. 낙담했으면 어쩌나 걱정했는데. 엄마, 클라크 배웅하고 올게. (나가면)

은별 걱정 말고 일 봐. (그러다 서진 나가면. 다시 표정 굳어지고. 급히 분홍에게 전화하는) 진 쌤, 나예요. 오늘 밤에 볼 수 있어요?

33. 호텔 프라이빗 룸(저녁)
     클라크, 차를 마시고 있는.

클라크 (영어) 이렇게 한국에 초대해주서서 감사합니다.

     클라크 맞은편에 앉아있는 사람, 수련이고.

수련 제가 영광이죠. (호텔 키 내밀며) 스위트룸으로 준비했어요. 필요하신
     거 있으면 뭐든 말씀해주세요. 청아아트센터는 다녀오셨고요?
클라크 네. 규모나 시설이 아주 훌륭했습니다. 공연이 기대되는데요? 아! 거기
     서 특별한 친구를 만났어요. 목소리 결이 아름답고, 고음 스케일이 아
     주 뛰어난 친구였어요.
수련 사실 그 친구 제가 아는 친구예요. 그 친구를 부탁하고 싶어서 뵙자고
     했어요.
클라크 아 그래요? 워낙 인상적이어서, 내가 청아오디션에 추천했어요. 부탁
     할 게 뭐죠?
수련 (눈 반짝하는)

34. 헤라팰리스 분수대 엘리베이터 앞(밤)
     분홍, 은별과 통화 중인.

분홍 응, 지금 올라가. 커뮤니티에서 만나. (전화 끊는데)
로나(E) 은별이 만나러 왔나보죠?
분홍 (돌아보면. 서있는 사람, 로나고. 멈칫해서 보면)
로나 그렇게 연락해도 피해 다니더니, 여기서 보네요.
분홍 너 같은 조무래기하곤 할 말 없어. (무시하고 가려면)

로나 아줌만 우리 엄마가 왜 죽었는지 알고 있죠? 은별이를 위해서 감추려는 건가요? 아님! 아줌마 죄를 덮으려는 건가요?

분홍 비켜줄래? 보다시피 내가 좀 바빠. (엘리베이터 문이 열리면. 로나 밀치고 엘리베이터에 올라타려는데)

로나 비겁하게 도망가지 말고 말을 해요!! 그날의 진실이 뭐예요?!! (도망치는 분홍을 붙잡는 과정에서 분홍의 가방이 바닥에 떨어지고. 분홍의 가방에 들어있던 약통에서 약들이 쏟아지는데)

분홍 (순간 버럭) 뭐하는 거야?!! 이 귀한 걸! (신경질적으로 약들을 정신없이 다시 통에 담고) 경고하는데, 은별이 앞길 막을 생각하지 마!! 우리 은별인 하얀 눈 같은 애야. 니깟 게 짓밟고 더럽힐 수 없어. 내가 목숨 걸고 세상 끝까지 지킬 거니까!! (협박하고. 다시 엘리베이터에 올라타서 올라가면)

그때, 로나의 눈에 뭔가 들어오고. 바닥에서 약 한 알을 주워드는 로나.

35. 헤라팰리스 커뮤니티(밤)
     은별에게 약통을 내미는 분홍.

은별 (약통을 열어보고) 왜 이렇게 조금이에요?

분홍 아, 그게... 요즘 약 구하기가 힘들어서.

은별 이 정도론 오디션 전까지 버티기 힘들어요. 요즘은 약 안 먹으면 두통도 심하고, 구역질도 나고, 땅속으로 꺼지는 느낌인데. 더 구해와요.

분홍 은별아, 이게 전문의약품이라 하루에 그렇게 많이는....

은별 (정색하고) 그래서 안 된다고요? 쌤까지 나 버리겠다는 거야? 내가 부탁할 사람, 진 쌤밖에 없는데?!!

분홍 (자기한테 의지하는 은별을 보면 뿌듯해지고) 그래, 알았어. 어떻게든 더 구해볼게. 걱정 말고 넌 오디션에만 전념해.

은별 오디션에 배로나도 나오게 됐어요.

분홍	그 애가, 신경 쓰여? 내가 어떻게 도와줄까?
은별	도와줄 거 없어요! 어차피 내가 이길 거니까! (약 챙겨서 일어서고) 레슨 하다가 나왔어요. 들어가 봐야 돼요. 엄마가 의심해요. (돌아서는데)
분홍	(다급하게 은별을 붙들고, 사정하듯) 은별아! 우리 또, 언제 볼 수 있어? 난 예전처럼 너랑 같이 살고 싶은데... 니가 없으니까 잠도 안 오고, 밥도 먹기 싫고, 사는 게 하나도 재미가 없어. 넌 천 쌤이랑 같이 있으면 안 돼. 그 여잔 널 사랑하지 않아! 널 또 괴롭히고 못 살게 굴 거야! 아무 조건 없이 널 사랑하는 사람은 세상에 나 하나뿐이야!! 알잖아?
은별	(천천히 고개 돌려 분홍을 돌아보는데. 순간 비틀하면)
분홍	(놀라서) 은별아!! 왜 그래?! 어디 아파? (다급하게 붙잡는데)
은별	(간신히 분홍의 팔에 매달려 몸 일으키면)
분홍	괜찮아? 걸을 수 있겠어? 오디션 준비하느라 너무 무리한 거 아냐?
은별	(눈 깜빡깜빡하며 찬찬히 분홍을 보다가) 쌤, 언제 왔어요? 내가 얼마나 기다린 줄 알아요?! 왜 이렇게 늦게 왔어요? 약은 가져왔어요?
분홍	(멈칫. 이상하단 듯) 약.. 아까 줬잖아. 거기 손에.. (손을 보면)
은별	(손에 약통이 들려 있고) 어? 언제 받았지? (갑자기 신경질적으로) 제발 째깍째깍 시간 좀 지켜요! 쌤 때문에 오늘 공부도 못 했잖아요! 나 대학 못 가면 쌤이 책임질 거예요? 못 살아, 진짜! (열 받은 듯 정신없이 뛰어나가면)
분홍	은별아!! 너 왜 그래? 나랑 얘기 좀 해!! 잠깐만, 은별아!!! (은별 대꾸도 안하고 가버리면) 얘가 저 지경인데, 주단태 이 인간은 왜 연락이 없어? (열 받은 듯 단태에게 전화 거는데. 전화 받지 않고. 욱해서) 내 전활 안 받아? 이럼 곤란하지, 주단태 씨! 벌써 날 치워버리겠다?!

36. 헤라팰리스 주차장/단태의 차 안(밤)
     단태, 차를 타고 주차장으로 들어서는데. 계속해서 걸려오는 분홍의 전화. 스킵하는데. 갑자기 끼익— 하고 급정거하는 차.

단태	(몸이 급격하게 앞으로 쏠리고) 뭐하는 거야?! 운전 똑바로 안 해?!
조비	죄송합니다. 저기...
단태	(그제야 차 앞면을 보면)

분홍이 차 앞을 두 팔로 가로막고 서있다가, 보닛 위로 기어 올라오는데.

단태	(기겁하고) 저 미친... (신경질적으로 차에서 내리고. 보닛 위에서 분홍을 끌어내리는) 그만 좀 해!! 곱게 숨어있으라 했더니, 여기가 어디라고 찾아와? (분홍을 끌고 구석으로 데려가면)
분홍	그러게 내 전화는 왜 씹어?! (들이박을 기세고)
단태	너라면 받겠어? 허구한 날 또라이 짓만 하는데?
분홍	됐고! 돈이 필요해.
단태	돈 준 지 얼마나 됐다고 또 돈타령이야? 벌써 그 돈을 다 썼단 말야?
분홍	몇 푼이나 줬다고 생색이야?! 심수련 찾아가서 다 까발려버려? 오윤희 죽인 게 너라고?!! 아님, 경찰서에 가서 불까?
단태	난 안 죽였다고! 내가 죽이지 않았다고, 몇 번을 말해?!! (입을 찢을 듯) 그 입으로 밥도 못 처먹게 만들어줄까?
분홍	죽였든 안 죽였든 그게 뭐가 중요해? 내가 심수련을 믿게 만들면 그뿐이지!
단태	(기막히지만, 애써 꾹 참고) 얼마나 필요해?
분홍	한 장. 아니 두 장. 아니 많을수록 좋아.
단태	(이 악물고 참으며) 돈은 조 비서 편으로 보낼 테니까 경거망동하지 말고, 쥐죽은 듯 있어. 제발 말 좀 들어. (달래듯 분홍의 어깨를 툭툭 치면)
분홍	(그런 단태 손을 확 뿌리치고) 내 몸에 손대지 마. 어디서 친한 척이야? 나 너 같은 자식, 젤 밥맛이거든? 죽었다 깨나도 너 남자로 볼 생각 없으니까, 나한테 관심 있으면 정신 차리고 포기해! (도도하게 홱 가면)
단태	(기막히고, 자존심 상하고, 할 말 잃은 표정)

단태, 씩씩대며 아파트 입구 쪽으로 걸어가면. 벽 뒤의 오토바이에 앉아있는 석훈이 헬멧을 벗고 얼굴을 드러내는데.

석훈   역시 당신이었어! (충격받은 얼굴로 비틀하고. 참을 수 없는 분노로 벽을 쾅! 쾅! 치는데. 주먹이 피로 엉망진창이 되고) 왜 그랬어?!! 왜?!! 날더러 로나를 어떻게 보라고!! 결국, 내가 죽어야 되는 거지?!! 당신 아들로 태어난 죄로?!! 저주받은 피, 다 뽑아버려야 끝낼 거야? 아아악!!! (괴로움에 포효하는 석훈이고)

37.   **준기의 호텔**(새벽)
준기, 졸린 듯 하품하면서 호텔 룸으로 들어서는데. 순간 멈칫하고.
룸 바닥에 선명하게 구둣발자국이 찍혀있는 게 보이면. 긴장하는.
한쪽에 있는 조각상을 들고 천천히 룸 안쪽으로 들어서는데. 소파에 앉아있는 누군가의 뒷모습이 보이고. 조각상을 번쩍 들고 다가가 내리치려는 순간!

엠마(E)   (서슬 퍼런 목소리로) 내려놔! 그 손 부러뜨리기 전에!! (일어나 돌아보는데)
준기   (멈칫하고 보면. 모르는 얼굴이고) 누구... 시죠?

엠마, 카리스마 넘치는 모습에, 옷이며 액세서리며 최상류층의 우아한 자태고.
그때, 거실로 로건부(제임스), 로건모, 홍 비서와 가드들까지 모습을 드러내는데.

준기   (제임스 알아보고) 제임스?!
로건부   (위엄 있게) 로건의 조모 되시네. 직접 만나시겠다고 오셨어.
준기   아, 처음 뵙겠습니다. (엠마한테 깍듯하게 인사하고) 오신다는 연락을 못 받아서, 제가 큰 실수를 했네요.

엠마 (단단히 화난 목소리로, 그러면서도 위엄 있게) 어떻게 된 거야? 아직까지 로건 못 찾은 거야? 벌써 반년이 지났는데! 우릴 속인 거였어?!

준기 경찰에서 분명히 그랬어요! 차 안에서 나온 뼈는 사람께 아니라 동물 뼈라고! 로건, 살아있어요. 그렇게 죽을 사람이 아니란 거, 가족들이 더 잘 아시잖아요!

로건모 폭탄을 설치한 게 주단태라면, 굳이 우리 로건을 왜 살려놨겠어?

준기 워낙 사이코패스니까요! 나한테도 그랬어요. 내 부모를 죽여놓고, 난 살려서 정신병원에 감금하고 27년을 괴롭혔어요. 수법이 똑같아요!!

엠마 (답답한 듯) 근데 왜 못 찾는 거야?!! 살아있으면, 머리카락 한 올이라도 흔적이 있어야 될 거 아냐?!!

준기 (받아치는) 다들 지치신 건가요? 난 오직 로건에 대한 의리 때문에, 죽을 위험을 감수하면서 주단태 집까지 들어갔어요. 여기서 그만둬도 난 상관없어요! 당장이라도 주단태 죽이고 떠나버리면 그만이니까!!

엠마 (흥분 가라앉히고, 영어로) 미안해요. 너무 답답해서.. 참을 수가 없었어요.

로건모 (비통한 듯, 울고 있으면)

준기 이해합니다. 지금 주단태 뒤를 밀착마크 중이니까 분명 꼬리가 잡힐 거예요. 조금만 기다려주세요. 선불리 움직였다간 오히려 주단태한테 당할 수 있어요.

엠마 지금 우리 가족이 믿을 수 있는 건, 당신뿐이에요! 우리 로건, 우리한텐 너무 특별한 아이에요. 장차 사업을 물려받을 후계자고. 이제야 완쾌돼서 안심했는데, 절대 이렇겐 못 보내요.

제임스 (홍 비서에게 눈짓하고) 홍 비서! 그거 가져와.

홍비 네, 회장님. (다가와 돈 가방을 내밀면)

제임스 진행비로 써요. 로건을 찾을 수만 있다면, 우리 집 재산 전부라도 내놓을 테니.

준기 (못 이기는 척하고 받는데)

엠마 (힘 있고, 절절하게) 우리 로건, 반드시 살아있어야 해요!!!

엠마, 로건 부모의 부축을 받으며 나가면. 홍 비서와 가드들도 따라가고. 가방 안의 달러를 확인하는 준기, 표정 바뀌고. 선한 얼굴 뒤로 악마 같은 미소.

38.　헤라팰리스 전경(아침)

39.　헤라팰리스 피트니스(아침)
　　서진, 운동을 하고 있는데. 누군가 서진을 보는 시선 느껴지고.
　　운동을 마치고, 수건으로 땀을 닦으며 샤워실 쪽으로 가려는데. 누군가 팔을 확 당겨 끌어당기는. 놀라서 보면 준기고!

서진　(주위 살피며) 뭐하는 짓이야!! 누가 보면 어쩌려고?!
준기　(도발하는) 보면 뭐? 우리가 얼마나 은밀한 사인지 들키는 거밖에 더 있어? 그것도 나쁘진 않겠는데? (손을 들어 야릇한 표정으로 서진의 얼굴을 쓰다듬으려는데)
서진　(거칠게 준기의 손을 쳐내고) 까불지 마!! 죽고 싶어?

　　그때, 수련이 들어오는 게 보이면. 서진, 준기를 확 잡아당겨 벽 뒤쪽으로 숨는데.
　　그 바람에 준기와 서진의 얼굴이 밀착되고. 움직일 수도 없는데. 그러다 수련이 지나쳐 가면.

서진　(준기를 확 밀쳐내고) 수작 부리지 말고, 무슨 일인지나 말해!!
준기　(날카롭게 보며) 제임스가 찾아왔어. 아니! 온 가족이 들이닥쳤어! 할머니까지 왔는데, 보통 노인네가 아냐!
서진　(긴장하는) 뭐라고 해?
준기　로건을 찾아주면, 자기 집 재산 전부라도 주겠대. 생각해보니, 내가 너무 밑지는 장사 같아서. 당신은 내 뒤에 숨어서 아무것도 안 하는데, 가

353

만히 앉아서 수십 조를 거저먹겠다고?

서진 죽을힘 다해 로건을 살리고 있는 건 나야! 살아있는 로건과 죽어있는 로건의 몸값은 하늘과 땅 차이야!

준기 (서진을 옴짝달싹 못 하게 구석으로 몰며) 날 그 집안에 총알받이 시키려는 거 모를 줄 알아? 일이 잘못되면, 나 혼자 당하는 거 아냐?

서진 그러니까 로건이 살아나길 기도나 열심히 해! 제임스한테 돈 받아내면, 정확히 반으로 쪼개서 줄 테니까! 10조면 5조. 20조면 10조! 오케이? (굿바이 키스 날리고, 서둘러 홱 돌아서고) 어디서 감히 협박질이야? (씩씩대며 가면)

준기 (당당하게 걸어가는 서진을 흥미롭게 보며) 천서진, 꽤 재밌는 여자야!

40. **헤라팰리스 규진 집 거실(아침)**
상아, 로션과 앰플 바르며 열심히 피부 관리 중이고.
규진, 출근 차림으로 나오다가 그런 상아를 보는.

규진 남자 생겼냐. 뭘 그렇게 최선을 다해 관리해?

상아 (어이없어 하며) 나 오늘 강 장관님 사모님이랑 골프 약속 있거든? 내가 요즘 당신 내조하느라 얼마나 바쁜지 알아? (테이블 위에 화장품 세트 박스 열어 보이며) 사모님들한테 돌릴 선물까지 준비했다고. 피부에 좋은 홍삼으로 만든 화장품이라서 고급진 사모님들 수준에 딱 맞지 않겠어?

규진 잘했어! 퍼펙트! (상아를 꽉 안아주고) 오늘 드디어 시공사 결정되는 날인데, 파이팅해야지! (주먹 불끈 쥐고) 아들은 서울음대 합격해, 사업은 술술 풀려, 올해는 뭔 일이 이렇게 잘되냐? 너무 재수가 좋으니까 은근 불안한 거 있지?

상아 (화통하게) 불안하긴. 그냥 즐겨. 일희일비하자!가 우리 집 가훈 아냐? 나 오늘 어때? 얼굴에 빛 좀 나? 확실하게 내조하려고, 어제 백화점 가서 옷이랑 빽이랑 골프채랑 확 질러버렸어. 괜찮지?

규진 빽? 골프채? (애써 표정 관리하며) 하하하. 그래, 까짓것 당연히 괜찮지.

다 사. 싹 사. 매장 통째로 사버려! (상아랑 마주 보며 큰소리로 웃는데)

41.   헤라펠리스 분수대(아침)
서진과 은별, 분수대로 걸어 나오면. 은후가 기다리고 있고.

은후   은별아!

은별   (보면) 어? 안은후. 웬일이야?

은후   같이 학교 가려고 기다렸지. (서진 보며) 안녕하세요? 은별이, 제가 데리
고 가도 되죠? 아버지가 서울대 합격 선물로 스포츠카 뽑아주셨거든요.

서진   그래? 아버지께서 이번에 서울대 학과장 되셨지?

은후   네. 언제 가족들끼리 식사 한번 하자고 하시던데요?

서진   나야 당연히 환영이지~ (반기며 보면. 은별을 애정 있게 보는 은후 시선이
느껴지고. 은별도 싫지 않은 표정인데)

그때, 뒤에서 규진과 민혁이 다가서고.

규진   어이! 서울대 커플! 아침부터 데이트야? 우리 민혁이랑도 잘 지내야지.
서울대 에이스들끼리! 안 그래, 민혁아? (민혁을 보면)

민혁   (시선이 딴 데 팔려있고. 민혁의 시선을 쫓아가 보면. 제니한테 향해있는)

규진   야! 뭘 봐?

민혁   아빠! 나 먼저 갈게. 유제니!! 학원 가? 같이 가! (후다닥 제니를 쫓아가면)

규진   (어이없는) 저 자식이 잠이 덜 깼나? (민망해서 서진을 보며) 제니한테
뭐 받을 돈 있나 봐요. 하하. (먼저 가는데)

은별   (은후에게) 그럼 스포츠카 시승식 좀 해볼까? 엄마, 나 은후랑 갈게. (서
진에게 손 흔들고, 다정하게 가면)

서진   잘 다녀와. 은후도 운전 조심하고~ (미소 짓는데. 밝은 표정의 은별을 보
면 행복하고. 무심히 누군가 내려다보고 있는 느낌에 고개 돌려보면. 섬뜩
한 표정의 윤희고!) 아악! (소리 지르고 보면. 헤라상이고. 뭔가 불길한 느

낌.... 가슴 쓸어내리며 빠른 걸음으로 혜라상 앞을 피하듯 지나쳐 가는)

42.   경찰서 안(아침)
나 마담 모습을 한 수련, 경찰서로 당당히 들어서고. 경찰 앞에 다가서는.

경찰   무슨 일로 오셨습니까?

수련   제가 운영하는 업소, VIP룸에 불법 카메라가 설치되어있는 게 오늘 발견돼서요.

경찰   불법 카메라요?

수련   정계쪽 인사들이 많이 드나드는 곳이다 보니, 아무래도 정치적 목적으로 설치하고 미처 수거하지 못한 게 아닌가 싶은데... 저희는 이런 일에 휘말리고 싶지 않아서 바로 신고하러 왔습니다. (만년필 모양의 불법카메라 내밀고) 장식품 안에 숨겨져 있어서 전혀 몰랐지 뭐예요. 확인해주세요!

경찰   (급히 불법 카메라 안에서 SD카드 꺼내서 연결해보는데. 갑자기 눈 휘둥그레지고) 이 사람은?!!! 강신모 교육부 장관?!!

수련   강 장관님은 저희 고객이신데, 왜 그러세요? (의미심장한 눈빛)

43.   청아그룹 단태 사무실(낮)
규진, 흥얼거리며 춤을 추듯 사무실로 들어서는데. 분위기 안 좋은.
단태, 동필, 윤철, 굳은 표정으로 앉아있고.

규진   무슨 일 있어? 왜 이렇게 다들 죽상을 하고 앉았... (하는데, TV에서 흘러나오는 강 장관 스캔들 뉴스)

앵커(E) 강신모 교육부장관이 강남 8학군에 있는 명문고를 천수지구로 이전시켜주는 조건으로 거액의 뇌물을 받은 의혹이 제기되면서 검찰이 수사에 나섰습니다. 이에 교육부와 국토부는 신도시 분양권 과열 사태를 빚고 있는 명문고 이전 비리에 대한 합동감사를 시작하는 한편...

규진 (기겁하고) 강 장관?!! 이게 다 뭔 소리야?!

단태 (분노하는) 대체 어떤 자식이야? 누가 찌른 거야? 내부 제보자라도 있는 거야, 뭐야?!! 배신하는 놈은 내 손에 죽어!!

동필 전 아닙니다.

윤철 저도 당연히 아닙니다.

규진 주 회장! 일이 어떻게 돌아가는 거야? 그럼 명문고 유치도 다 날아간 거야?

　　　　그때! 조 비서가 뛰어 들어오고.

조비 방금 시공사 선정 발표 났습니다.

단태 (벌떡 일어서고) 어디로 결정했어? 당연히 우리지?

조비 그게... 도해건설이랍니다.

단태 뭐?!! (기막혀 털썩 주저앉는데)

　　　　다들 망연자실한 표정이고. 곧바로 규진의 핸드폰이 요란하게 울리면.

규진 (발신자 확인하다가 덜컥 겁에 질려) 뭐야. 벌써 하청업체까지 알게 된 거야? 먹은 돈 토해내라고 난리칠 텐데, 어떡해 나!!!

　　　　이어서 윤철과 동필의 전화도 미친 듯이 쉬지 않고 울리고.

윤철 (울리는 핸드폰 보며) 은행 지점장이에요! 오늘이 대출금 1차 상환날인데.

동필 (역시 핸드폰 보며) 어떡해요? 사채 쪽에서도 벌써 알았나 봐요!

　　　　규진, 윤철, 동필도 수신 거부하느라 정신없는데. 갑자기 문을 걸어차고 들이닥치는 은행 지점장들과 사채업자들.

지점장 왜 전화를 안 받아요?!! 어떻게 된 거예요? 당신들 철썩같이 믿고 불법 대출까지 해줬는데, 내가 짤리게 생겼어!!

사채업자1 딴 거 필요 없고, 내 돈부터 갚아! 여기 다 때려 부수기 전에!

사채업자2 부도나기 전에 값나가는 물건부터 챙겨!!

사채업자들 달려들어 단태 사무실을 난장판으로 만들면.
단태와 규진, 윤철, 동필, 막아내느라 안간힘 쓰는데 역부족이고. 여기
저기서 밀쳐지고, 잡아 뜯기는 단태 무리들.

44. 청아그룹 일각(낮)
서진, 또각또각 구두소리 내면서 단태 앞으로 다가서고.

서진 (단태를 보자마자 그대로 쏘아붙이는) 분명 시공사 선정 자신 있다고 하지 않았어? 청아그룹에서 끌어다 쓴 돈이 얼만데?!!

단태 (초췌한) 너한테 피해 될 거 없잖아! 내 주식 토해냈으면 된 거 아냐?!

서진 주식 하한가 친 건 어쩌고?!! 오늘 하루만 5천억이 날아갔어. 어떻게 책임질 거야? 도해건설인지 뭔지 그딴 회사에 지금 대 청아건설이 밀린 거야?!

단태 거긴 이 정도 사업을 끌어갈 능력도 없는 회사야!

서진 그럼 뭐해!! 시공사 선정은 끝났는데!!

단태 수습할 수 있어!! 내가 그쪽 대표를 만날 거야. 담판을 지어서라도 시공권 뺏어오면 돼. 것도 안 되면 도해건설을 사버릴 수도 있어.

서진 무슨 돈으로? (싸늘하게 경고) 앞으로 십 원 한 장도 회사 돈은 못 건드려. 차라리 청아그룹 지분 전부 넘기고 꺼져. 그럼, 아주 조금은 도와줄지도.

45. 청아그룹 단태 사무실(낮)
열 받은 단태, 사무실로 들어서면. 사무실 초토화돼있고.

만신창이 돼서 대책회의 중인 윤철, 규진, 동필이 돌아보고.

규진　주 회장! 우리 진짜 망하는 거 아냐? 그동안 여기 꼴아 박은 돈이 얼만데.

윤철　받아먹은 돈이 더 많지 않아요?

규진　뭐야?! 너 지금 놀려? 내부 스파이, 너지? 맞지?! (한판 붙으려면)

동필　(말리고) 이럴 성신 없어요! 아직 다 끝난 거 아니에요! 도해건설이 이번 주 안으로 천억 입금해야 시공사로 최종 결정돼요. 어떻게든 포기시켜야 돼요. 그 시간이 지나면 영원히 우리 돈은 사라지는 거예요!

단태　절대 안 돼! 여기까지 어떻게 왔는데!! 당장 도해건설 대표랑 미팅 잡아! 먹살을 잡아끌고 와서라도 내 앞에 앉혀! 난 돈을 만들어올 테니까.

규진　돈 나올 구멍이 어딨어서? 사채까지 손절한 마당에! (울고 싶은데)

단태　돈 나올 구멍, 딱 한 군데 있어!!

46.　송 회장 회사 대회의실 (낮)

단태 앞에 앉아있는 사람, 송 회장이고.

송회장　(여유 있게 포스 풍기며) 주 회장이 먼저 날 보자고 할 줄은 몰랐네.

단태　현금 융통 좀 부탁드리러 왔습니다. 제가 지금 좀 급해서요.

송회장　나도 들었어. 천수지구가 도해건설 쪽으로 넘어갔다지? 피라미 회사한테 제대로 뒤통수 맞았네?!

단태　회장님께서 도와주시면 수습할 수 있습니다. 이자는 원하시는 대로 드리겠습니다.

송회장　(종이 내밀고) 필요한 게 얼만지 거기다 써.

단태　감사합니다. (얼른 종이에 금액 적는데)

송회장　(보고) 한 시간 안에 보내도록 하지. 이자 같은 건 필요 없어. 대신, 담보는 있어야 돼. 상장회사는 이게 귀찮아. 돈 천 원도 내 맘대로 쓰면 안 되거든.

단태　상관없습니다. 담보는 뭘로 할까요?

송회장 주 회장이 갖고 있다는 펜트하우스로 하지! 뭐 형식적인 절차니까 신경 쓸 건 없어. 갚기만 하면 문제 될 거 없잖아?

단태 (살짝 찜찜하지만) 그렇게 하죠.

송회장 그럼 난 회의가 있어서 먼저 일어나지. 비서한테 차 달라고 해서 마시고 가. (일어나면)

단태 (모욕적이지만 애써 참고) 아닙니다. 저도 가봐야 됩니다. 도와주셔서 감사합니다. (인사하고 나가는데)

단태가 나가면. 다른 쪽 문이 열리고. 들어서는 사람, 수련이고.

송회장 급하긴 한가보네. 내 돈 쓸 생각을 다 하고. 아! 내 돈이 아닌가? (단태가 금액을 적은 종이를 건네면)

수련 (받고) 제가 준비해서 보내겠습니다. 감사합니다, 회장님.

송회장 언제든지 필요한 게 있으면 말만 해. 도와줄 것들이 많아 보이는데. 진천댁 부탁이면 난 뭐든 해. (카리스마 넘치는 눈빛이고)

47. 고급 술집 룸A(밤)

단태, 긴장해서 기다리고 있으면.
노크 소리 나고. 직원이 들어서는.

직원 손님 도착하셨습니다.

단태 (벌떡 일어서고) 모셔. (옷매무새 정돈하고 맞을 채비하는데)

직원의 안내를 받으며, 룸으로 누군가 들어서면.

단태 처음 뵙겠습니다. 청아그룹 회장 주단태입니다. (정중하게 인사하고 고개 들면. 앞에 서있는 사람, 수련이고) 당신이 여긴 왜.... (하다가) 설마...

수련 (승자의 미소) 맞아! 니가 그렇게 찾던 도해건설 로비스트, 그게 나야.

단태   (기함하고) 뭐어? (한 방 제대로 맞은 듯 충격받아 휘청하면)

수련   일단 앉지. (먼저 앉고) 만나자고 한 용건부터 들어볼까?

단태   뭐하는 짓이야?!! 내 뒤에 숨어서 무슨 꿍꿍이짓을 한 거야? 강 장관을 날린 게 너였어? 도해건설하고 니가 무슨 상관인데?!! (버럭 하면)

수련   (태연하게, 술을 따르고) 필요한 게, 도해건설 시공권 아니었나? 무릎 꿇고 사정해도 시원치 않을 판에, 그렇게 나오면 안 될 텐데. 그동안 천수지구에 쏟아부은 자금이 천문학적 숫자라고 들었는데, 다 날려도 상관없는 모양이지? (조롱하듯, 큰소리로 웃어 보이면)

단태   (도저히 참을 수 없고. 수련에게 달려들어 멱살을 잡고) 죽고 싶어?!! 죽여달라고 사정하는 거야 뭐야? 당장 시공권 넘겨!!

수련   (지지 않고) 못 해!! 내가 왜?!! 니가 망하는 꼴, 내 눈으로 보고 말 거야!!

단태   포기해!! 로건도 없는 마당에, 니가 내 상대가 될 거 같애?!! (멱살 잡은 채, 거칠게 테이블로 밀치면)

수련   닥쳐!! (기습적으로 단태의 팔을 비틀어 벽에 거칠게 밀어붙이며) 어디서 그 이름을 입에 올려?!! 로건, 니가 죽였지?

단태   (이죽대며) 죽어야 될 놈이 죽었을 뿐이야!! 난 모르는 일이야!!

수련   거짓말 마!! 이제야 생각났어. 그때 들었던 소름 끼치던 쇳소리. 니 손목에 차있던 수갑소리였어!! 감옥을 탈출해 노인 분장을 하고 폭탄을 설치한 거야! 아님 아니라고 지껄여봐!!

단태와 수련, 죽기 살기로 무섭게 몸싸움하는데 술상이 엎어져 난장판 되고.
단태, 수련한테 밀려 테이블 위로 그대로 쓰러지는데 유리잔이 깨지면서 단태의 얼굴에 피가 튀고. 단태, 얼굴에 묻은 피를 닦아내는 순간! 눈빛이 확 변하고. 숨이 막혀오는.

단태   심수련!!!! 심수련!!! (피 묻은 얼굴로 비틀거리며 일어서고. 수련에게 죽일 듯이 달려들다가 기절해버리는. 그 위로,)

48. 회상/천수지구 27번지/공사장/40년 전(밤)

홈리스로 공사장 한편에 신문지와 옷 쪼가리를 깔고 덮고 자던 단태
(본명, 백준기, 7세), 단태모, 단태 여동생(백준희).

포클레인 소리에 잠이 깬 어린 단태, 눈을 비비고 보면. 포클레인이 무
서운 속도로 돌진해오고 있고.

단태   (놀라서 정신없이 엄마를 흔들어 깨우는) 엄마!!! 일어나!!! 엄마!!!!

단태모   (온몸이 꽁꽁 얼어붙은 듯, 어린 여동생을 끌어안은 채 움직임 없고)

단태   (다급히 달려가, 포클레인 앞을 두 팔로 막아서며) 안 돼요, 안 돼!! 엄마랑
동생이 자고 있어요!!

준기부(E) (포클레인에 탄 채로, 얼굴은 안 보이고) 경고했지? 오늘 밀어버릴 거라
고!! 집도 없는 그지 새끼들! (하더니 밖에 있는 인부들에게) 심운건설 심
회장님한테는 비밀로 해!

말릴 새도 없이 포클레인 버킷이 그대로 단태모와 여동생 쪽을 덮치고.
단태 얼굴로 튄 단태모의 피!! 어린 단태, 얼음이 된 채 그대로 굳어지
는데.

불빛에 희미하게 드러나는, 포클레인을 탄 남자(준기부)의 비열한 웃음.
어린 단태, 흙더미와 철근 등에 깔려있는 엄마와 여동생을 보며 "아아
악!!!" 미친 듯이 비명 내지르며 뛰어가면.

단태모, 간신히 눈 뜨고 의식이 희미한 채, 어린 단태에게 마지막 말 남
기는.

단태모   준기야, 넌 꼭 살아야 돼. 돈 많이 벌고, 성공해서, 번듯하게 좋은 집 짓
고, 꼭 부자로 살아.

단태   (겁에 질려 죽어가는 엄마를 붙잡고) 안 돼! 안 돼, 엄마. 죽지 마. 나만 두
고 죽으면 안 돼! 눈 떠!! 얼른!! (동생에게) 준희야. 정신 차려. (뺨을 두
드리고, 손을 주물러주면서) 숨 쉬라고!! 내가 잘못해서. 이제 밥도 안 뺏

어먹고, 노래도 잘 들어주고, 그러니까 죽지 마, 제발!!

단태모　(피 묻은 손으로 단태 얼굴을 쓰다듬는) 엄마랑 동생 몫까지 잘 살다 와,
　　　　내 새끼...

단태　(피를 보며, 기겁해서 벌벌 떨고) 무서워. 무섭단 말야. 엄마!!! 엄마!!!
　　　　(그러다 기절해버리는)

흙더미 속으로 사라지는 단태모와 단태 동생. 그리고 공사장 한편에
써있는 주소 보이는. 천수지구 27번지...

49.　**현재/천수지구 27번지 자코모 앞/수련의 차 안/교차편집**(밤)

단태　엄마... 안돼!!! 엄마!!!

단태, 힘겹게 눈을 뜨면. 단태를 비추고 있는 헤드라이트 불빛.
단태, 움직이려는데, 팔이 뒤로 묶인 채로 꼼짝할 수 없고. 여기가 어딘
지 무슨 상황인지 전혀 감도 안 잡히는데. 간신히 주위를 둘러보면. 자
기가 로건을 죽였던 현장, 자코모 앞이고. 화들짝 놀라는.
그 순간! 헤드라이트 불빛에 드러나는 운전석에 앉아있는 수련이 보
이고.

단태　심수련?!!!

수련, 기다렸다는 듯 액셀을 밟아 속도를 높이고, 단태를 향해 돌진하는.
단태, 방심하고 있다가 벌떡 몸 일으키고. 미친 듯이 도망치기 시작하
는데. 묶여있어 몸이 제대로 말을 안 듣고. 넘어지고, 그러다 일어나고,
또 넘어지고, 죽을힘 다해 차를 피하는데.
수련도 봐줄 생각이 없어 보이고. 후진했다가 다시 무서운 속도로 단
태를 공격하는 수련의 차! 단태, 살기 위해 최대한 바닥에 납작 엎드리
면. 단태의 몸 위를 지나쳐가는 수련의 차!!

단태, 참았던 숨을 푸- 토해내고. 팔다리 만져보면 멀쩡한데. 옷들은 검댕이 넝마가 돼있고. 다시 일어나 앞만 보고 달리는 단태. 수련의 차도 달리고. 그러다 막다른 곳으로 몰아붙이면.

단태, 앞이 막혀있고. 더는 도망칠 데도 없는데. 화들짝 놀라 뒤를 돌아보면. 당장 부딪힐 듯 빠른 속도로 달려오는 수련의 차!

단태   심수련!! 니가 날 죽이겠다는 거야?!!

수련   (운전석에서) 왜? 겁나? 지옥 가기 전에 마지막으로 참회할 기회는 줄게. 윤희 죽였다는 거, 실토해!! 로건 죽인 거 인정해!! (소리치면)

단태   난 그런 적 없어!!

수련   개자식!!!! 끝까지 용서 빌 양심도 없단 말야?!! 넌 살 가치도 없어!! 더는 아무 짓도 못하게 만들어줄게!! (그대로 단태를 치려고 달려들고)

단태   그만!!! 그만해!! (소리치며 눈을 질끈 감는데)

단태, 죽었구나! 싶은 그때! 달려와 차를 가로막는 건, 석훈의 오토바이이고.

바로 앞에서 단태 앞에 멈춰 서는 수련의 차!

석훈   (헬멧을 올리고, 단태에게) 빨리요!!

단태   (그제야 눈을 뜨고, 석훈임을 알아차리는. 재빨리 석훈의 오토바이에 올라타면. 수련과 스쳐서 간신히 현장을 벗어나는데)

수련   주단태!! 거기 서!!! 주단태!!! (도망치는 단태를 놓친 듯 그냥 보고만 있는. 석훈과 스쳐 지나갈 때, 서로 의미심장하게 눈빛 주고받는 수련이고!)

50.   한강 둔치 일각(밤)
    석훈의 오토바이 멈춰 서고. 오토바이에서 내리는 석훈.

석훈   대체 무슨 짓을 하고 다니길래, 엄마가 저렇게까지 하는 거예요?!!

단태	난 아무 짓도 하지 않았어. 니 엄마가 오윤희도 로건도 죽어버리니까, 괜히 내 탓하고 있는 거야. 난 잘못한 거 없어!! (모른 척하면)

단태 난 아무 짓도 하지 않았어. 니 엄마가 오윤희도 로건도 죽어버리니까, 괜히 내 탓하고 있는 거야. 난 잘못한 거 없어!! (모른 척하면)

석훈 (그런 단태를 증오스럽게 보는데)

단태 니가 날 미워하는 줄만 알았는데, 그래도 핏줄을 부인할 순 없는 거지? 그래서 이 아빠를 구하러 온 거야?

석훈 (이 악물고) 아빠가 좋아서 구해준 거 아니에요! 엄마가 아빠를 죽이게 둘 수 없었을 뿐이에요!!

단태 솔직해져도 돼! 너도 니 엄마하고 태생적으로 맞지 않는 거야. 내 자식인데, 어떻게 심수련과 잘 지내겠어? 널 볼 때마다 내가 떠오를 텐데, 널 아들로 사랑할 수 있겠어?!! 이젠 그만 속 썩이고, 날 아빠로 인정해!! 그럼, 널 위해서 내 모든 걸 내어줄 수도 있어!!

석훈 한 가지만 약속해요! 절대 엄마 다치게 하지 않겠다고. 그럼, 나도 더는 아버지 밀어내지 않을게요. 아버지가 원하는 삶, 살게요! (거짓 맹세하면)

단태 (만족한 듯 보며) 좋아. 약속하지. 아버지 밑으로 들어와. 어차피 서울대도 아닌데, 그깟 대학 휴학하고.

석훈 (단태를 바라보는 알 수 없는 눈빛. 증오로 흔들리면서도 뭔가 감추고 있는)

51. 헤라팰리스 외경(아침)

52. 펜트하우스 거실(아침)

  수련, 로나와 마주 앉아있고.

로나 (수련에게 약을 건네며) 진 쌤이 갖고 있던 약이에요. 은별이한테 주려던 거 같았어요. 무슨 약인지 알아봐주실래요?

수련 (받고) 그렇게.

로나 아참, 저 청아 오디션에 나가게 됐어요.

수련 그랬어? 축하해. 여기저기서 공격이 들어올 텐데, 잘 견딜 자신 있어?

로나 (끄덕하고) 네. 어떻게든 실력으로 인정받으려고요. 엄마 명예 찾으려

면. 지금 제가 할 수 있는 건 그것밖에 없어요! (의지 보이는데)

그때, 방에서 나오는 석훈.

로나 석훈아, 아직 학교 안 갔어?

석훈 (로나를 보자 멈칫하고. 바로 시선 피하고. 수련에게) 저 학교 휴학계 냈어요. 일 시작하면 바빠질 거 같아서.

로나 휴학? 갑자기 휴학은 왜? 석훈아!

석훈 (로나가 불러도 대답도 안 하고 나가버리면)

로나 (달라진 석훈을 보며 의아한데) 석훈이 무슨 일 있어요? 무슨 일을 시작한다는 거예요?

수련 (석훈 뒷모습을 보며, 애써 담담하게) 아빠 회사 다니겠대. 일 배우겠다고.

로나 네에? 석훈이가요?!!! (놀라는 로나)

53. **펜트하우스 앞 복도/펜트하우스 전용 엘리베이터 안(아침)**
     석훈, 빠르게 걸어가면. 뒤에서 다급하게 따라오는 로나.

석훈 (갑자기 걸음 멈추고, 등진 채로) 거기 서! 오지 마.

로나 (멈춰 서면) 정신 차려! 너까지 왜 이래? 지금 아줌마 옆엔 니가 있어야지!

석훈 (애써 모질게) 이제야 정신 차린 거야. 그동안 내가 너무 어렸어. 너한테도 엄마한테도 뭔가 해줄 수 있을 거라 착각했어. 근데 나도 아빠랑 크게 다르지 않더라고. 남의 인생보단 내 인생이 더 중요해!

로나 갑자기 너 왜 그래?!

석훈 (더 차갑게) 어차피 우린 안 될 사이잖아?!! 우리 아빠가 널 죽이려고 한 사람인데, 우리가 뭘 할 수 있겠어?! 우리, 헤어지자. 더는 못하겠어.

로나 (황망하고) 진심이야?

석훈 진심이야. 앞으로 널 봐도 아는 척 안 할 거야. 너한테 무슨 일이 생겨도 찾지 않을 거야. 서로 몰랐던 시절로 돌아가자. 날 원망하든 미워하든 상관 안 해. 그게 서로를 위해 좋을 거 같다.

로나 (눈물 그렁한 채, 담담하게) 응, 그래. 그렇게 하자. 니가 원한다면.

석훈 (로나의 뜻밖의 대답에 가슴이 쿵! 하고)

로나 나도 오래전부터 생각하고 있었어. 근데 석훈아. 니 잘못 아니야. 우린 선택할 수 없잖아. 부모가 어떤 사람인지. 그니까 무거운 짐 내려놔도 돼.

석훈(E) (눈물이 주르륵 흐르고. 미안하고 괴롭고 미칠 거 같은 맘이고) 미안해, 로나야... 정말 미안해... (빠르게 엘리베이터 쪽으로 뛰어가는. 그러다 엘리베이터에 올라타서 문 닫히면. 어린아이처럼 엉엉 우는데)

멍한 듯 서있는 로나. 그때 핸드폰이 울리면. 그제야 정신 차리고 전화를 받는.

로나 (멍한 채로) 여보세요. 네.... 제가 딸인데요.

54. 경찰서(낮)

수련과 같이 경찰서로 들어서는 로나.

수련 오윤희 유족인데요. 연락받고 왔습니다.

경찰 아, 네. (유리가 깨진 시계를 주며) 이거, 오윤희 씨 꺼 맞죠?

로나 맞아요. 우리 엄마 시계!

수련 이걸 어디서 찾았어요?

경찰 (옆에 앉아있는 노숙자를 가리키며) 이 사람이 주워서 차고 다니다가 장물로 팔려던 게 걸렸어요. 시리얼 넘버가 있어서 연락이 됐네요.

로나 (시계를 보며) 엄마가 마지막까지 차고 있던 시곈데, 망가져서 어떡해요... (눈물 그렁해지는 로나고. 엄마를 보는 듯 맘 아픈데)

55. 시계방(낮)

시계방 주인, 유심히 시계를 살펴보고 있는.

주인	좋은 시곈데, 어쩌다가 이렇게 망가졌어요?
수련	고칠 수 있겠어요? 꼭 고쳐야 되는 물건이에요. 수리비가 얼마가 들든 상관없어요.
주인	꽤 까다로울 거 같은데요. 녹음 기능이 있는 특수시계라서...
수련	녹음 기능이요?!
주인	여기 위쪽 버튼을 누르면 녹음이 되고, 아래쪽 버튼을 누르면 녹음된 내용을 들을 수 있어요. (재생 버튼을 누르는데)
윤희(E)	도와주세요!!! 사람 살려요!! 아무도 없어요?!!! (그러다 잡음만 들리는)

수련, 갑작스럽게 들려오는 윤희의 목소리에 화들짝 놀라는.
잡아채서 시계에서 나오는 윤희 목소리를 귀에 대고 듣는 수련!!

56.   **수련의 차 안/도로 일각 (저녁)**
차에 올라타는 수련, 수리가 된 듯 깨끗해진 시계.
수련, 떨리는 손으로 시계 아래쪽 버튼을 누르는데, 윤희의 목소리 이어지는.

윤희(E)	도와주세요!! 사람 살려요!!!!

57.   **회상/5화 8신/김포 벼랑 위 (밤)**
윤희의 발, 더 이상 한 뼘도 버틸 공간이 없이 막다른 벼랑까지 밀리는데.
다급해진 윤희, 이를 악물고 버티다가, 순간적으로 손목시계의 위쪽 버튼을 이로 누르는.

윤희	언니! 수련 언니! 내 말 들려?? 꼭 들어야 해!! (필사적으로 차를 막아선 채) 언니 딸 살아있어... 석경이가 언니 친딸이야... 석경이가...

58.   **현재/수련의 차 안/도로 일각 (저녁)**

수련	(기겁하는) 석경이가.... 내 딸이라고?!!!

59. 서울 외곽 기도원(저녁)
     석경, 어두운 골방에서 잠이 깨는. 더럽고 두꺼운 커튼이 쳐져있는 비
     좁은 방.
     그 방 안에 석경을 빙 둘러싼 채, 신기한 듯 보고 있는 원생들이 눈에 들
     어오면. 놀라서 벌떡 몸을 일으키는 석경.

석경   (주위들 둘러보며) 니들, 누구야? 여기... 이태리 아냐?
방짱   얘 뭐래니? 이태리?
원생들 (웃겨 죽겠단 듯 일제히 깔깔대며 웃는데)
석경   (냄새나고 꼬질거리는 애들 모습에 경악하며) 니들 뭐하는 것들이야? 누
     가 날 이런 데로 데려왔어? 여기 책임자 데려와!! 어디서 그지 같은 것
     들이! 날 납치라도 한 거야?! 우리 아빠가 누군 줄 알고!! (버럭 소리 지
     르면)
방짱   이게 혓바닥이 반 토막이 났나? 어디서 반말지거리야?!!

     방짱, 원생들한테 눈짓하면. 원생들, 석경에게 달려들어 패기 시작하
     는데.
     전혀 알 수 없는 곳에 던져진 석경의 모습에서.

60. 안가/비밀공간(저녁)
     윤철, 로건의 피부를 치료 중인. 로건, 의식 없어 보이고.
     윤철, 주위를 둘러보면. 아무런 인기척도 들리지 않는데.
     조심스럽게 CCTV를 돌려놓고, 가방에서 약품을 꺼내 링거에 주사하
     는 윤철.

윤철(E) 꼭 깨어나야 돼! 내가 당신, 반드시 살게 만들 거야!

     윤철, 재빨리 빈 약품을 가방에 넣고. 가방 챙겨서 급히 나가려는데.

그 순간! 손가락을 까딱하는 로건. 윤철, 잘못 본 건가 싶은데. 유심히 로건 상태를 확인하면. 다시 한번 손가락을 까딱하는 로건.

윤철 (눈이 휘둥그레지는. 주위 둘러보다가 몸을 숙여 로건의 귀에 대고 나직이) 로건! 내 말 들려요? 들리면 손을 움직여봐요. 나, 하윤철이에요. 믿어 도 되는 사람이에요.

그때! 눈을 번쩍 뜨는 로건. 윤철, 경악하는데!

로건 (윤철의 팔을 움켜쥐고 절절한 눈빛으로) 수련 씨... 수련 씨 좀 데려와줘요!

그때, 비밀공간의 문이 열리고. 비밀공간으로 들어서는 서진.
꼿꼿하게 선 채로 윤철과 로건을 내려다보는 서진과, 또렷하게 눈을 뜬 로건, 화면 분할되면서 엔딩!!

8화

복수의 계기

1.   7화 58신/수련의 차 안/도로 일각(저녁)
     수련, 시계를 든 채 기겁하는.

수련   (눈물 맺히는) 석경이가.... 내 딸이라고?!!! 석경이가 설아랑 쌍둥이였다니!! 말도 안돼!! 석경이가 어떻게!! (하다가, 갑자기 석훈의 말 떠오르고)
석훈(E)   석경이 오늘 유학 간대요. 이태리로.
수련   (순간 덜컥 겁이 나고) 유학이 아닐 거야! 주단태가 내 딸을 가만둘 리 없어! 무슨 일이라도 생긴 거면!! 안돼!! (허겁지겁 핸드폰을 걸어보는데)

2.   7화 59신/서울 외곽 기도원 골방(저녁)
석경   (냄새나고 꼬질거리는 애들 모습에 경악하며) 니들 뭐하는 것들이야? 누가 날 이런 데로 데려왔어? 여기 책임자 데려와!! 어디서 그지 같은 것들이! 날 납치라도 한 거야?! 우리 아빠가 누군 줄 알고!! (버럭 소리 지르면)
방짱   이게 혓바닥이 반 토막이 났나? 어디서 반말지거리야?!! (원생들한테 눈짓하면)

     원생들, 갑자기 석경에게 달려들어 패기 시작하는데.
     석경, 원생들한테 맞다가 확 밀쳐버리고, 옆에 놓인 밀대 걸레를 들고 마구 휘저으며 반항하는.

석경   내 몸에 손대기만 해봐! 다 죽여버릴 거야!! (쏘아보면)
원생들   (잠시 뒷걸음치며 멈칫했다가 이내 비웃으며, 다시 한 걸음씩 다가서는데)
석경   (밀대 걸레를 잡은 손이 벌벌 떨리고. 처음 느껴보는 공포인데)

3.   수련의 차 안/도로 일각(저녁)
     수련, 전화하는데. 전화기가 꺼져있다는 소리음 들리고.

수련   (주먹을 불끈 쥐고) 주단태, 이 개자식!! (미친 듯이 차 출발시키는데)

4.   **7화 엔딩 연결/안가/비밀공간(저녁)**
윤철, 빈 약품을 가방에 넣고. 가방 챙겨서 급히 나가려는데.
그 순간! 손가락을 까딱하는 로건. 윤철, 잘못 본 건가 싶은데. 유심히
로건 상태를 확인하면. 다시 한번 손가락을 까딱하는 로건.

윤철   (눈이 휘둥그레지는. 주위 둘러보다가 몸을 숙여 로건의 귀에 대고 나직이)
로건! 내 말 들려요? 들리면 손을 움직여봐요. 나, 하윤철이에요. 믿어
도 되는 사람이에요.

그때! 눈을 번쩍 뜨는 로건. 윤철, 경악하는데!

로건   (윤철의 팔을 움켜쥐고 절절한 눈빛으로) 수련 씨... 수련 씨 좀 데려와줘요!

그때, 비밀공간의 문이 열리고. 비밀공간으로 들어서는 서진.
서진, 꼿꼿하게 선 채로 윤철과 로건을 내려다보고 있는데.

윤철   (속삭이듯, 귀에 대고) 로건, 정신이 들어요? 내 말 들려요?
로건   수련 씨는... 잘 있어요?
윤철   잘 있어요. 안심해요.
로건   시간이 얼마나 지났어요?
윤철   사고 나고 7개월쯤 됐어요.
로건   당신, 누구 지시를 받고 날 치료하는 거죠?
윤철   나도 몰라요. 짐작만 할 뿐. 당신을 이렇게 만든 사람이 누군지는 알아요?
로건   주단태! 그 자식 짓이에요. 그날 현장에서 똑똑히 봤어요.
윤철   역시, 주단태였어! (하다가 비통한 듯 떨리는) 오윤희가 죽었어요.
로건   뭐라고? 주단태 그 자식이 결국!! (분노하며) 날 여기서 당장 나가게 해

쥐요! 수련 씨가 위험해질지 몰라요! 지금 빨리 내 형, 알렉스를 불러줘
요!! 알렉스한테 내가 살아있다는 걸 알리면... (다급해 몸을 일으키려고
하는데)

갑자기 변조음의 목소리 들리는.

변조음(E) 무슨 일이야? 깨어난 거야? 방금 움직인 거 같은데!!

윤철, 순간 소스라치게 놀라고. 표정 확 바뀌더니, 주삿바늘을 로건의
몸에 찌르는데. 그대로 정신을 잃는 로건.

변조음(E) 무슨 일이냐고 묻잖냐?!! 설마, 의식이 돌아온 거야?!!
윤철 섬망 증상이 나타난 거 같아. 헛소리를 하고, 상태가 안 좋아. 오늘 당장
어떻게 될지도 모르겠어.
서진 (여전히 의심스러운) 죽는단 말야? 만일 거짓이면, 니 목숨은 장담 못 해.
윤철 (일부러 세게) 내 목숨이랑 바꿔치기할 만큼 가치 있는 사람 아냐! 남은
시간이 별로 없어. 오늘을 넘기기 힘들 거 같아.
서진 그렇담 더 이상 기다릴 수 없겠군! 이제 움직일 때가 됐어! (뭔가 다른
수가 있는 듯한데)

5. 펜트하우스 석경 석훈 방(밤)
급하게 뛰어 들어서는 수련. 석훈, 옷 갈아입다가 돌아보면.

수련 석훈이 너! 석경이랑 언제 연락했어?
석훈 어젯밤에 잘 도착했다고 연락 받았는데.. 왜요? 전화 안 받아요?
수련 석경이 간 이태리 학교 이름이 뭐야? 이태리 어느 쪽이래? 너한테 다른
말 없었어? 연락 되는 친구는? 너한텐 무슨 말이든 하잖아! (정신없는데)
석훈 (걱정되고, 수련 양어깨를 붙잡고) 차분하게 얘기해보세요. 석경이한테

375

무슨 일 있어요?

수련   (감정이 복받치고, 흥분해서 두서없이) 엄마가... 미국에서 쌍둥이를 가졌었어. 충격을 받고 조산을 했는데, 한 아이는 태어나자마자 죽었다고 들었어. 한 명만 간신히 살았는데, 그게 설아였어. 근데! 내가 속은 거야! 설아의 쌍둥이 동생이 살아있었어!

석훈   (굳어지고) 살아있다뇨?

수련   그게... 석경이래!

석훈   네에?!! (충격받은) 석경이가... 민설아하고 쌍둥이라고요?! 석경이랑 난 친남매가 아니란 소리예요?!! 네?!!

수련   설아는 혜인이랑 바꿔치기해서 평생 만나지도 못하게 하고, 다른 한 명은 사산했다고 거짓말하고 자기 자식으로 키웠어! 니 아빠 짓이야!! 니 아빠가 다 꾸민 거였어!!

석훈   왜, 그런 짓을 한 거예요?!! 뭣 때문에?!!!

수련   날 괴롭히고 싶었겠지. 석경이가 내 친딸이 아니란 얘길 흘려서 석경이랑 내 사이를 갈라놓을 작정이었어! 언젠가 석경이를 이용해 날 협박하려 들 거야!! 윤희가 아니었음 나도 평생 몰랐을 거야!!

석훈   그럼 왜 석경이를 유학 보낸 거예요?!!

수련   유학 간 게 아닐지도 몰라! 느낌이 안 좋아!!

석훈   그럴 리가 없어요! (핸드폰으로 석경이가 보낸 사진을 보여주며) 잘 도착했다고 어젯밤에 사진까지 보냈어요. 공항에서 찍은 것도 있고, 캠퍼스에서 찍은 사진도 있어요.

수련   (핸드폰 사진을 유심히 보다가) 합성이야! 조작됐어!! 석경이 사진에 그림자가 없어! (사진을 확대해 보여주면, 석경의 그림자가 없고)

석훈   (혼란스럽게) 그럼 석경인 어떻게 된 거죠?

수련   출입국 기록을 알아보면 가닥이 잡힐 거야! (급하게 어딘가로 전화 거는) 저 심수련입니다. 제 딸아이의 거취 좀 알아봐주세요! 급해요! 최대한 빨리!!

6.   헤라펠리스 윤희 집 로나의 방(밤)
      로나, 윤희의 사진을 보고 있는. 윤희의 얼굴을 손으로 쓰다듬으며.

로나   엄마.... 거긴 어때? 엄마 괴롭히는 사람도 없고, 미워하는 사람도 없고,
       맘 편한 거지? 엄마가 좋으면, 나도 좋아... (그러다 못 견디게 윤희가 그립
       고) 보고 싶다... 너무 너무....

7.   헤라펠리스 서진 집 거실(밤)
      단태와 서진, 와인 마시면서 얘기 나누고 있는.

단태   도해건설 뒤에 숨어서 장난치고 있던 게, 심수련이었어!
서진   (기막힌) 심수련이 로비스트였다고? 그게 말이 돼?!!
단태   나 마담이라고 하길래 술집 마담인 줄 알았지, 심수련이 그런 짓까지
       할 줄 상상이나 했겠어?
서진   더한 짓도 했던 여자야! 왜 상상을 못 해?!! 그런 장난질 칠 사람, 심수
       련밖에 더 있어?!!
단태   지금 그걸 따져서 뭐할 거야?!! 엎질러진 물인데! 천수지구 개발권부
       터 찾아와야돼!! 안 그럼 청아건설은 부도날 지경이야!!
서진   머저리같이! 부도날 짓을 왜 해?
단태   (버럭) 그렇게 잘났으면, 니가 뒷조사해봤음 됐잖아!! 왜 일만 틀어지
       면 내 탓이야?!
서진   뭘 잘했다고 쌍심지야?! (분해 죽겠는 듯 씩씩대다가, 번뜩) 가만! 나 마
       담이라고 했나? 심수련이 일했다는 술집, 어딨는지 알아? (뭔가 계획이
       떠오른 표정이고)

8.   펜트하우스 거실(밤)
      수련, 전화 받고 있는. 그 옆으로 걱정스럽게 보고 있는 석훈.

수련	출국한 기록이 없다고요? 확실해요? 알겠습니다. 다시 연락하죠. (파리 해져서 전화 끊으면)
석훈	(미치겠고) 없대요? 그럼 석경인 지금 어딨는 거예요?!!
수련	석경일 다른 데로 빼돌린 거 같아. 자기가 컨트롤할 수 있는 곳에! 안 되 겠어. 내가 가서 물어봐야겠어! (정신없이 뛰쳐나가려면)
석훈	(다급하게 붙잡고) 안 돼요! 성급하게 얘기했단 오히려 석경이가 위험 해져요.
수련	그렇다고 어떻게 가만있어?!! 석경이가 내 딸이라면, 무슨 짓이든 하고 말 거야!! 절대 가만두지 않을 거라고!! 만에 하나 설아처럼...!! (끔찍한 듯 비틀면)
석훈	(붙잡고) 석경이 제가 반드시 찾아요. 무슨 수를 써서라도! 아버진 지금 절 믿고 있어요. 내일이라도 출근해서 석경이 행방 찾아볼게요. 조 비 서 뒤를 캐면 뭔가 나올 거예요.
수련	석훈아... 엄마 무서워... (바들바들 떨면)
석훈	(역시 두렵지만, 수련을 안아주며) 저 믿죠? 석경인 내 동생이에요! 내 동 생은 내가 지켜요!! (눈빛 반짝하며 이 악무는)

9.   **기도원 골방** (새벽)

모두가 잠들어있고. 맞아서 엉망진창이 된 석경. 잠을 이룰 수 없는데.
여기저기 물이 뚝뚝 떨어지는 습하고 좁은 방에 다닥다닥 붙어서 잠들
어있으면.
쭈그리고 앉아있는 석경, 모든 게 비현실적이고. 조심히 일어나 탈출
을 시도하는데. 문이 열리지 않고.

방짱(E)	포기해. 밖에서 안 열어주면 못 나가.
석경	(홱 돌아보는) 뭐?
방짱	너같이 도망치려는 년들이 워낙 많아서 말야.
석경	(소리치는) 나가야 돼!! 나갈 거야!! 우리 엄마가 금방 나 찾아낼 거야!!

우리 오빠가 니들 가만둘 줄 알아!! 니들 다 죽었어!!

방짱 무슨 개소리야? 여긴 다 고아들만 모인 데야. 엄마 아빠한테 버림받은 고아들. 너도 마찬가지고.

석경 뭐? 고아? 내가 왜?!!

방짱 아무도 우릴 찾지 않고, 찾을 수도 없어. 지도에도 안 나오는 곳이거든.

석경 (순간, 잠이 깨서 자신을 바라보는 원생들의 희망 없는 눈이 공포로 다가오고. 미친 듯이 문을 두드리기 시작하는 석경) 문 열어!! 열어달라고!!! 제발 문 열어, 이 개자식들아!!!

석경, 울부짖으며 거칠게 문을 두드리지만, 꼼짝도 않는 문.

10. **헤라팰리스 전경**(이른 새벽)

11. **헤라팰리스 일각**(이른 새벽)

민혁, 졸린 눈 비비며 하품 쩍 하고 걸어 나오면. 누군가 확 민혁을 끌어 당기는데. 보면 동필이고.

동필 왜 이렇게 늦어? 일찍일찍 빨리빨리 안 다녀?

민혁 지금 새벽 5시거든요. 고3 때도 이 시간에 안 깼다구요. (징징대면)

동필 어디서 말대꾸야? (손 올라가면)

민혁 (얼른 피하고. 쪼는데)

동필 보고해봐.

민혁 (주섬주섬 쪽지 꺼내서 보고하는) 유제니 요즘 근황. 재수 열심히 하고 있다, 1일 1회 떡볶이 앤 치킨, 저녁엔 커뮤니티에서 공부한다, 청아아트센터 오디션 준비하느라 겁나 바쁘다. (사진 내밀고) 이건 제가 수시로 찍어놓은 사진이에요.

동필 (받아서 보는) 아유, 우리 딸, 더 예뻐졌네. (사진에 푹 빠져 보다가 뽀뽀하다가, 제니가 로나와 함께 찍은 사진 보면. 표정 확 굳어지고) 배로나하곤 아직도 딱 붙어 지내? 싸우지도 않아?

민혁 절친이잖아요. 한집에 사는데.

동필 (한숨. 쇼핑백 건네며) 이거, 제니한테 줘. 오디션 갈 때 신으면 예쁘겠다고 하고.

민혁 또 제가 사준 것처럼요? 안 받을 텐데요. 걔 저 별로 안 좋아해요. 아시잖아요. 제가 제니한테 무슨 짓 했는지. 그냥 아저씨가 갖다 주세요. 뭘 잘못을 하셨는지는 모르겠지만, 저보다는 덜할 거 아니에요. (주절대면)

동필 (무섭게 민혁을 노려보며) 제니가 안 신으면, 넌 나한테 죽는다. 알지? 이쁘게 잘 신겨서, 사진 찍어 보고하는 거 잊지 말고. 입단속 잘해! 특히, 수달한테!

민혁 수달이 누군데요?

동필 누군 누구야? 니네 아빠지!

12.   **헤라팰리스 커뮤니티**(아침)
      제니, 투덜거리며 커뮤니티로 들어서는.

제니 아침부터 왜 오라 가라야? 뭔데, 또?!

민혁 (쇼핑백 건네며) 자, 선물! 오디션 갈 때 신으면 예쁠 거 같아서 샀어.

제니 뭐래... (열어보면, 구두고) 어? 이거 내가 좋아하는 브랜드 신상이잖아? 너무 예쁘다! (활짝 웃다가, 표정 확 바뀌며) 그럴 줄 알았냐? 안 신어! 반품해! (획 돌아서 그냥 가려는데)

민혁 (필사적으로 붙잡고) 안 돼! 너 이거 신어야 돼. 안 그럼 나 죽어!

제니 뭔 소리야, 그게?

민혁 그러니까, 내가 맘이 아파서 죽을지도 모른다고. (둘러대고)

제니 너 요즘, 내 스토커냐? 왜 허구한 날 쫓아다니면서, 안 하던 짓 하고 그래?

민혁 안 하던 짓 좀 하면 뭐? 안 되냐? 그냥 나쁜 새끼가 미안해서 주는 선물이라 생각하고, 쿨하게 받아주면 큰일 나? 걍 쫌 받아라! 어?!!

제니 (귀찮아 죽겠단 듯) 그럼, 신어만 본다? (구두 꺼내 신는) 됐지? (그러다 거울에 비춰보며) 생각보다 이쁜데?

민혁   (슬쩍 제니가 구두 신은 모습을 사진으로 찍고. 동필에게 문자 보내는. E) 미션 성공!

제니   (갑자기 민혁의 핸드폰을 확! 뺏어들며) 누구한테 보내는 거야?

민혁   (당황해) 안 돼! 야!! 아니, 그게...

제니   (굳어지는) 그런 거였어? 우리 아빠 심부름이었다, 그거지?!

13.   헤라팰리스 주차장(아침)

단태, 조 비서를 대동하고 걸어오면. 대기하고 있던 동필, 깍듯하게 인사를 하는.

동필   시공사 선정 건으로 하청업체 대표들이 잡음이 많습니다. 회장님께서 한번 만나보시는 게...

단태   (동필의 쪼인트 까고) 그딴 것까지 내가 신경 써야 해? 청아건설 대표 자리에 앉았으면, 말 안 나오게 처리해야 될 거 아냐? (짜증 내며 차에 올라타면)

동필   (연신 고개 숙이며) 죄송합니다, 회장님!

단태의 차, 출발하면. 차가 사라질 때까지 고개 숙이고 일어서는 동필. 돌아서면. 동필 앞에 서있는 건 제니고.

동필   (당황해서) 어... 제니야. 언제 왔어?

제니   (쇼핑백을 확 던져버리고) 고작 저딴 인간한테 발로 차이고, 땅바닥까지 고개 숙이고 번 돈으로 이거 사준 거야? 이딴 신발 필요 없어! 아빠도 필요 없고! 민혁이한테 괜한 짓 시키지 마!! (돌아서서 가면)

동필   제니야! 아빠랑 제발 얘기 좀 해... 제니야!! 아빠가 지금 누구 때문에 이러는데!! 왜 아빠 맘을 몰라줘? 응?!! (울컥하는 동필이고)

14.　　펜트하우스 석훈의 방(아침)

　　　　석훈, 굳은 표정으로 반듯하게 슈트를 차려입고 있는. 석경과의 마지막 통화 내용 떠올리고 있는데.

15.　　회상/7화 16신/펜트하우스 석훈 석경의 방/단태의 차 안/전화통화(낮)

석훈　(버럭) 너 진짜 왜 이래?! 그렇게 중요한 일을 엄마하고 상의도 안 하고 결정했단 말야? 나한테라도 미리 말했어야지!! 우리가 가족이긴 해?!! 엄마한테 니가 이래도 되는 거야?!!

석경　왜 그렇게 화를 내? 지금 말하잖아. 엄마도 나 자식으로 생각 안 한댔어.

석훈　그 말을 믿어? 바보야!! 엄마가 니 전활 얼마나 기다리는데!

석경　혹시... 공항에 나와줄 수 있어? 오빠 본 지 너무 오래돼서. 앞으로 한참 못 볼 거잖아.

석훈　됐어! 니 맘대로 살 거면서 내가 왜 필요해? 앞으로 죽든 살든 연락하지 마. 너 같은 동생 없는 셈 치면 그만이야! 끊어!! (전화 확 끊어버리면)

16.　　현재/펜트하우스 석훈의 방(아침)

　　　　석훈, 모질게 전화 끊은 자신을 자책하는데.

석훈(E)　왜 눈치채지 못했을까... 바보같이!!! 좀만 기다려. 오빠가 너 꼭 찾아낼 거야!!

17.　　청아건설 단태 사무실(낮)

　　　　단태, 누군가를 흥미롭게 바라보고 있는데.

　　　　서있는 건, 정장 차림의 석훈이고.

석훈　약속 지키러 왔어요. 아버지가 시키는 대로 일 배우려고요.

단태　우리 아드님께서 왜 갑자기 이리 고분고분해졌을까, 궁금한데?

석훈　　착하게 사는 거 지겨워서요! 이젠 주단태 아들답게 살아보려고요. 악
　　　　마의 피를 이어받았으면, 악마가 돼야죠! 펜트하우스도, 엄마 회사도,
　　　　다 내 꺼라면서요? 본격적으로 경영 배워보고 싶어요. 내 꺼, 내가 지켜
　　　　야죠!

단태　　(의심스럽게 다가서면, 석훈 긴장하는데. 갑자기 큰소리로 기분 좋게 웃고)
　　　　역시 내 아들다워! 앞으로 내가 가진 건, 모두 다 니 꺼야! 넌 내 사랑스러
　　　　운 핏줄이니까! 이제 쓸데없는 생각하지 말고, 위로 올라갈 생각만 해!

석훈　　(안도하고) 그러려고요! 근데 석경인 왜 갑자기 유학 보낸 거죠?

단태　　그거야... 석경이가 원해서지. 알잖아. 내가 석경이 말이라면 껌뻑하는
　　　　거. (만족한 듯 웃고) 오랜만에 우리 아들 한번 안아볼까? (다가가 기분
　　　　좋게 석훈을 안는데)

석훈　　(몸서리치는. 무섭게 굳어지는 석훈 표정)

18.　　청아그룹 일각(낮)
　　　　석훈, 대기하고 있는 조 비서를 발견하고, 뒤쪽에서 석경에게 톡을 보
　　　　내는데.

석훈(E)　　석경아, 무슨 일 있어? 계속 연락이 안 되네. 통화 가능할 때 전화해.

　　　　석훈, 톡 보내고 조 비서를 주시하면.
　　　　조 비서, 핸드폰을 꺼내 톡을 확인하고. 슬쩍 눈치 보다 석경인 척 톡을
　　　　보는데.
　　　　"수업이 좀 많아서. 다음에 통화해" 문자 찍어서, 보내기를 누르는 조
　　　　비서.
　　　　석훈, 자신의 핸드폰에 뜬 답톡을 확인하는. 조 비서가 알고 있다는 확
　　　　신이 들고.
　　　　뒤에서 조 비서를 쏘아보는 석훈, 조 비서를 부르면. 깍듯하게 인사하
　　　　는 조 비서.

19.   청아그룹 주차장/단태의 차 안(낮)
       석훈, 조 비서가 차 문 열어주면. 차 뒷좌석에 올라타고.

석훈   아버지께서 계열사 사장단에 인사드리고 오라네요.
조비   알겠습니다. 출발하겠습니다.
석훈   (가방 뒤적이다) 아! 깜빡하고 핸드폰을 두고 왔네요. 아버지 방에 좀 다녀와요.
조비   비서한테 가져오라고 하죠. (핸드폰 들면)
석훈   직접 다녀와요. 난 조 비서한테 시켰어요! 내가 시킨 게 못마땅해서 그래요?
조비   아닙니다. 다녀오겠습니다. (안 좋은 표정으로 내리면)
석훈   (조 비서 모습 사라지면, 재빨리 앞자리로 이동해 내비게이션 살펴보며 수련에게 전화하는) 내비게이션 목적지가 전부 삭제돼있어요. 조 비서가 이미 손을 쓴 거 같아요.
수련(F) 짐작했던 일이야! 혹시 모르니까, 블랙박스 카피해둬.
석훈   그럴게요. (블랙박스 카드 빼내 복사하면)
수련(F) 나중에 통화해. 들키지 않게 조심하고.
석훈   엄마도요. (긴장하는 눈빛)

20.   심부름센터(낮)
       수련, 핸드폰 끊으면. 심부름센터 직원과 마주하고 있는.

수련   내 딸 꼭 찾아야 해요! 최대한 빨리! 돈은 얼마가 들든 상관없어요. 머리털 하나 손톱 하나 다치지 않게 데려와야 해요! 그리고! 이 사람들 주변에 사람을 붙여줘요. (주단태, 조 비서, 유동필, 하윤철, 이규진, 천서진의 사진 건네며) 누굴 만나고, 무슨 짓을 하는지, 24시간 감시하면 뭐든 나올 거예요!
직원   알겠습니다. 좀만 시간을 주십시오. 제가 실패한 적 없지 않습니까? (자신감 보이고) 아! 그리고 이거! (비닐팩에 든 약을 건네며) 말씀하셨던 약, 알아봤는데요. 몇 년 전부터 청아의료원에서 개발하던 약인데, 최근 부작용 때문에 임상이 중단됐더라고요.

수련 무슨 약인데요?

직원 심한 충격을 받은 트라우마 환자들의 기억을 삭제해주는 약입니다.

수련 (놀라고) 기억을 삭제한다고요? 그게 가능한 건가요? 부작용은 뭐죠?

직원 조기치매가 걸릴 수 있다는 학계 보고가 나왔습니다.

수련 조기치매라면... (그때, 핸드폰 울리고) 잠시만요. (받는) 네, 심수련입니다. 네? 임시 이사회라뇨?

21. 청아재단 회의실 (낮)

급하게 회의실로 들어서는 수련. 청아재단 이사들이 둘러앉아있고.

수련 (이사장 자리에 앉고) 갑자기 임시 이사회는 무슨 일로...? 어떤 안건이죠?

이사1 (강한 어조로) 이사장님의 자격 심의가 필요할 거 같습니다.

이사2 이사장님께서 술집을 운영한다는 제보가 있었습니다. 게다가 술집 마담으로 일한다는 말까지 나오고 있어요. 사실인가요, 아닌가요?

수련 그건, 사정이 있었습니다. 해명하겠습니다.

이사2 사실인지 아닌지만 말씀하세요!! (모두의 시선, 수련한테 몰리는데)

수련 (대답 못 하면)

이사1 이사회 차원에서 특별 감사가 들어갈 예정입니다. 교육자가 그런 추문에 오르내리다니. 있을 수 없는 일입니다!

이사2 사실로 밝혀지면, 청아예고뿐 아니라 청아재단 이미지에 큰 타격이 될 수 있습니다! 적어도 천서진 이사장님 시절엔 이런 불미스러운 일은 없었습니다!

이사들, 강력하게 수련을 비난하고 나서면. 수련, 꼿꼿하게 선 채로 생각하는.

22. **청아아트센터 로비**(낮)

서진, 전화 받으며 걸어가고 있는.

서진   제보자는 밝히지 않으셨죠? 감사해요. 아버지가 평생을 바쳐 일궈낸
       청아재단이 그런 불미스러운 일에 휘말리는 걸 두고 볼 수가 없어서요.
       하루빨리 강력한 징계가 내려지길 바랍니다.

서진, 전화 끊고 의기양양하게 복도 걸어가는데.
〈청아아트센터 상주음악가 오디션〉 안내 팻말이 보이고. 지원자들이
긴장한 표정으로 서있으면. 지원자들 사이에 은별과 로나도 보이고.
은별, 로나 앞에 멈춰 서는. 팽팽한 두 사람의 긴장감.

은별   기어이 여기까지 온 거니? 앙큼한 기지배! 어디서 배워먹은 도둑질로
       니깟 게 오디션을 본다는 거야?!
로나   도둑은 니 엄마 아냐? 우리 엄마 트로피를 훔치고, 립싱크로 가짜 독창
       회까지 했으니. 거기다 엄마와 내 행복까지 뺏어갔어! 난 더 이상 잃을
       것도 뺏길 것도 없어. 니 엄마와 니가 불행해질 수 있다면, 난 뭐든 다 할
       거니까!
은별   니 주제에 무슨 수로! 청아에선 널 상주음악가로 뽑을 생각이 전혀 없어!
로나   니가 여기 주인이라도 돼? 아님, 벌써 내정이라도 돼있단 소리야?!
은별   좋은 말할 때 포기하고 꺼져! 니가 이 바닥에 발 못 붙이게, 내가 짓밟고
       또 짓밟아버릴 거야!!
로나   그러긴 힘들 텐데. (핸드폰 기사 보여주며) 벌써 내 기사가 쏟아지고 있
       거든. 가해자 딸과 피해자의 숨 막히는 오디션 대결! 고졸인 배로나와
       서울대 퀸카 하은별, 과연 최종 승자는 누구일까? (비웃듯 보며) 오디션
       끝나고 인터뷰도 잡혀 있어. 거기서 말할까? 방금 니가 한 말! 날 짓밟
       고, 짓밟아버리겠다는 말!!
은별   겁대가리 없이!! 입시살인마 딸 주제에!!

386

로나	(은별의 목을 움켜쥐며) 우리 엄마 모욕하지 마!!! 난 반드시 우리 엄마 누명 벗길 거야. 내가 승승장구할수록 넌 미치게 되겠지. 죽고 싶을 만큼 괴롭게 만들어줄게! (무섭게 내깔면)
서진(E)	배로나!! 그만하지 못해!! (다가서고)
로나	(서진을 보며 쫄지 않고, 빙긋 웃으며) 안녕하세요? 오늘은 은별이한테 엄마 찬스로 뭘 준비하셨어요? 기자들도 궁금해 할 거 같아요. 너무 표나지 않게, 수준 높게 해주세요. 안 그럼, 청아아트센터가 너무 후져 보이잖아요. (쌩 가면)
은별	(얼굴 붉어지고) 야!! 배로나!! 저게 뭐라는 거야?!! (흥분하면)
서진	흥분할 거 없어. 어차피 결론이 나있는 게임이야.
은별	어떻게?
서진	(은별의 귀에 대고) 오디션 곡은, 니 장점이 제일 잘 사는 곡으로 뽑아놨어. 니가 중앙콩쿠르에서 불러서 대상 탄 곡.
은별	(눈 반짝) 정말이야?
서진	떨지 말고 편하게만 부르면 돼. 세팅은 이미 완벽해! (자신감 있는 미소)

23. 청아그룹 단태 사무실 (낮)

단태, 규진과 얘기 중인.

규진	내일모레가 최종 시공사 결정일인데, 이러고 앉았으면 어떡해? 우리 이러다 진짜 다 깡통 찬다고! 주 회장만 믿고 있었는데, 골로 가게 생겼잖아.
단태	도해건설 대표가 전화를 안 받는데, 그럼 나더러 어쩌라고?!
규진	심수련이 로비스트라며? 가서 무릎 꿇고 싹싹 빌어서라도, 시공권 넘기게 해야 될 거 아냐? 그깟 자존심이 밥 먹여줘?!!
단태	(책상 쾅! 내리치며 일어서고. 인터폰 하는) 차 대기시키라 해!
규진	어디 가는데?
단태	알 거 없어! (휙 나가는)

24.   청아그룹 주차장(낮)

단태, 주차장으로 나오면. 조 비서가 운전하는 차가 멈춰 서고.
차 안에서 석훈이 내리는.

석훈   외출하세요? 천수부지 가시는 거면, 저도 갈게요.
단태   다음에. 오늘은 다른 볼일이 있어. 조 비서! 타. (차에 오르면)
석훈   다녀오세요. (깍듯하게 인사하는 척하며, 차 아래 쪽에 위치추적기를 부착하는)

떠나는 단태의 차. 매섭게 보는 석훈, 핸드폰을 열어 어플을 보면, 움직이는 단태의 차가 보이고.

25.   청아아트홀 무대(낮)

오디션 참가자들, 무대 아래 앞자리에 앉아있고.
클라크와 심사위원들, 기자들도 보이는. 긴장된 표정의 마리와 상아,
몇몇 부모님들도 앉아서 오디션이 시작되길 기다리고 있는데.

서진   (단상에 오르고) 지금부터 청아아트센터 상주음악가 오디션을 시작하겠습니다. 이미 공지한 대로, 영예의 대상 한 명에게는 군 면제의 특혜와 이태리 유학 기회를 제공하며, 1년에 두 번 독창회를 열어줄 계획입니다. 그럼, 심사위원들께서 추천한 오페라 아리아 열 곡 중, 한 곡을 추첨하도록 하겠습니다.
도 비서, 무대 위로 추첨박스를 들고 들어오는데.
서진, 추첨박스에 손을 넣는. 도 비서와 눈빛 주고받는 서진.

도 비서(E) 차가운 공을 뽑으시면 됩니다.

서진, 손을 섞는데. 그중에 차갑게 느껴지는 한 공을 잡고. 안을 열면

"축배의 노래"가 적혀있는데.

서진 (공 안을 보여주며) 선택된 곡은, 〈라트라비아타〉 "축배의 노래"입니다.

은별 (자신감 넘치는 표정이고)

로나 (긴장하는데)

서진 오디션 방법은, 실제 오페라를 공연하는 것처럼 남녀 파트로 나눠 합창으로 부르다가, 핀 조명이 가리키는 사람이 노래를 이어가는 방식으로 진행하겠습니다. 핀 조명은 한 명이 될 수도 있고, 여러 명이 될 수도 있습니다. 곡에 대한 이해도와, 음정, 가사, 표정, 연기, 집중력까지, 모두 점수에 포함됩니다. 참가자들은 의상을 갖춰 무대로 올라와주십시오!

컷 되면. 참가자들이 화려한 무대의상으로 갈아입은 채, 무대에 서있고. 긴장한 표정의 은후, 민혁, 제니, 은별, 로나의 모습이 차례대로 보이는데.
걱정스럽게 지켜보는 마리, 상아, 서진까지!
그때! 피아노 반주가 시작되면서, 오디션이 시작되는데.
참가자들 표정 연기를 섞어가며 합창으로 웅장하게 곡을 시작하고.
그러다 핀 조명이 몇 명을 쏘면. 제니, 술잔을 꺼내 부딪치듯 노래하고.
로나, 부채를 부쳐가며 자연스럽게 연기하는. 민혁도 세레나데 부르듯 제니를 향해 과감한 액션을 하고.
그러다 핀 조명이 은별과 은후를 쏘면. 눈 가면을 벗었다 써가며 연기하는 은별, 중절모를 날렵하게 벗었다 쓰며 노래하는 은후. 모두가 수준급 실력이고.
그때! 갑자기 한 음 높아진 피아노 반주! 놀란 서진과 은별!

서진(E) (벌떡 일어서고) 뭐야. 왜 한 음이 높아진 거지? (놀라 무대를 보는데)

은별과 은후도 당황한 표정 역력하고.

그러나 로나와 제니, 민혁, 다른 참가자들은 전혀 아랑곳하지 않고 자연스럽게 높은 음으로 노래를 이어가는.

은후, 당황해서 음 이탈이 나버리고. 은별 역시 흔들리기 시작하는데.

로나와 제니, 민혁은 무대를 뛰어다니며, 현란한 동작으로 무대를 압도하고.

노래는 드디어 클라이맥스로 넘어가는데. 핀 조명이 로나와 은별에게 비추면!

로나와 은별, 서로 팽팽하게 음을 이어가는. 번갈아가며 핀이 쏘아지고. 로나와 은별의 배틀이 계속되는. 누구 하나 밀리지 않고, 표정까지 완벽하고.

땀이 비 오듯 떨어지면서도 무섭게 집중하는 두 사람.

서진도 마리도 바짝 긴장해서 지켜보는데.

마지막 순간! 소름 끼치게 치고 나오는 로나의 고음. 밀리는 은별.

로나, 완벽한 고음으로 피날레를 장식하면. 은별 역시 로나의 실력에 놀라고.

잠시 멍해졌다가, 관객석과 심사석에서 박수갈채 쏟아지는.

은별과 로나의 모습을 찍어대는 기자들. 정신없이 플래시 터지고!

서진, 부들부들... 떨리는 얼굴로 로나를 보는데.

만족스러운 표정의 로나, 은별을 보면. 패배감으로 로나를 노려보는 은별.

서진, 뭔가 잘못됐음을 느끼는.

26.   청아아트센터 회의실(낮)

　　　클라크와 심사위원들, 심사 중인데.

클라크　난 오늘 천사의 소리를 들은 거 같네요. 배로나의 실력은 최고였어요.

심사위원들　(모두 수긍하는데)

서진　(강경하게 나서는) 하지만, 부정행위가 있었어요. 반주자가 고의적으로 한 음을 올렸어요. 오페라 아리아는 원키로 불러야 되는 규정을 어겼으니, 이번 오디션은 무흅니다.

클라크 그게 공연에서의 위기대처 능력 아닐까요? 유감스럽지만, 센터장님은 심사 자격이 없지 않나요? 따님이 참가자로 나왔다고 들었는데... 우리끼리 공정하게 의견 나눌 수 있게 자리 좀 비켜주시죠! (정중하게 말하면)

심사위원들 (서진을 외면해버리고)

서진 (미치겠지만, 어쩔 수도 없는 상황이고)

27. **청아아트센터 로비(낮)**
    로나, 제니, 민혁, 서로 잘했다며 좋아하고 있으면. 은별과 은후가 다가서고.

은별 (굳은 표정) 배로나! 넌 다 알고 있었지?

로나 무슨 소리야?

은별 반주자가 분명 한 음 올렸는데도, 넌 하나도 당황하지 않았어! 설마, 반주자 매수한 거야?

로나 그랬다면?!

은별 (따져 묻는) 부정행위잖아! 정당하지 않은 방법으로 오디션을 봐?!! 이의 제기하겠어!! 넌 탈락이야!! (돌아서는데)

    그때, 은별의 앞을 가로막는 제니와 민혁, 그리고 다른 참가자들.

은별 (당황하고) 뭐야, 니네들도 다 배로나랑 한패야?

제니 넌 그동안 정당했니?

은별 뭐?

제니 여태껏 대상을 휩쓸었던 모든 콩쿠르에서 공정했다고 자부할 수 있냐고?!!

민혁 지금까지 대회들 다 문제 삼아볼까?

은후	야! 이민혁! 서울대 프라이드가 있지. 왜 이런 애들 편을 들어?!
민혁	서울대는 뭐? 편법도 통하는 게 서울대야?!
은별	대체, 무슨 편법이 있었다는 거야?!!
제니	(녹음기를 누르면. 은별이 "축배의 노래"를 연습하는 목소리가 나오고)
은별	(당황하면)
제니	오디션 시작하기 전부터 넌 이미, 축배의 노래를 연습하고 있었어! 이게 편법이 아니면 뭔데?!! 니네 엄마가 미리 얘기해준 거잖아!! 탈락되어야 될 사람은 우리가 아니라 너야!!
로나	여기 있는 애들, 다 너한테 밀려서 그동안 대상 포기당했어. 근데 우리가 꼭 공정하게 오디션을 봐야 할 이유가 있을까? 하은별! 안 그래? (여유 있게) 너무 억울해하지 마. 늘 니가 해왔던 방법이니까!!

로나와 민혁, 제니, 그 외에 다른 참가자들 둘러서서 무섭게 로나를 쏘아보고 있는.
그 위로 박수 소리 들리고.

28. 청아아트센터 무대(낮)
서진, 분노를 참으며 로나에게 트로피를 건네주는데. 기자들, 그 모습을 찍고.

| 로나 | (시상자로 선 서진에게 가까이 다가서며) 좀 웃으세요, 아줌마. 주기 싫단 표정 다 보이잖아요.
로나, 기자들을 향해 활짝 웃어 보이면. 서진, 열 받아 미칠 지경인데.
그때, 뒤에서 조용히 들어서는 수련, 무대 위의 로나를 보는. |
|---|---|

29. 청아아트센터 복도(낮)
서진, 공연장 문을 쾅! 열고 나오는.

서진   배로나! 감히 날 조롱해?!!

그때, 한쪽에서 클라크와 수련이 인사 나누는 모습이 눈에 띄고.
순간, 재빨리 몸을 숨기고 두 사람을 지켜보는 서진.

수련   감사해요. 덕분에 무사히 마쳤네요.
클라크   배로나가 워낙 실력이 출중해서, 내가 별로 할 일이 없었어요.
수련   공정하게 기준을 잡아주는 게 가장 큰일이죠.
클라크   배로나 학생, 틀림없이 세계적인 프리마 돈나가 될 거예요. 오디션의 흐름을 바꿔버렸어요. 편히 지내다 갑니다. 다음에 또 좋은 기회에 만나죠. (악수하는데)
서진   (매서운 표정)

30.   **자코모 매장 (낮)**
수련, 석훈과 통화하며 매장으로 들어서는.

수련   그래, 석훈아. 위치 파악되면 바로 연락해. 대기하고 있을게.

뒤로 따라 들어오는 서진.

서진(E)   이제 로나를 입양이라도 할 생각인가 봐? 민설아 대신!
수련   (얼른 전화 끊고 돌아보면. 서진이 서있고)
서진   클라크를 초청한 게 너였어?! 심수련?!! 로나를 오디션에 넣은 것도 니 작품이었나? 이런 치졸한 방법까지 쓰다니, 심수련답지 않은데?
수련   (여유 있게) 글쎄, 내가 뭘 했다는 거지? 최소한의 공정을 지키려는 아이들 스스로의 자기방어였어!
서진   거짓말! 다 니가 세팅한 거 모를 거 같아?!! 내가 언제까지 너한테 놀아날 거 같아?!!

수련	(팽팽하게 받아치는) 너야말로, 청아재단을 되찾으려고 발악하는 모양 이야? 이사회 흔든 거 천서진 니 짓이지?!!
서진	술집에서 마담으로 일한 거 맞잖아. 난 진실을 밝혔을 뿐이야! 진실, 너 그거 좋아하잖아? 나 마담이라...CCTV까지 다 없앴던데? 꽤 치밀했어!
수련	그쪽한테 배운 거거든? 증거인멸! 청아재단을 찾고 싶은 모양인데 쉽 진 않을 거야. 내가 넘길 생각이 없거든?!
서진	(매섭게 멱살 움켜쥐고, 굳어져서 진심의 표정) 청아재단은 건드리지 말 았어야지!!! 그랬음 너랑 나, 여기까지 안 왔어.
수련	(서진의 팔을 뿌리치며) 넌 자격이 없어!! 아직도 뒤로 지저분한 짓이나 꾸미는 니가 무슨 교육자야?
서진	지분 하나 없는 이사장 주제에 무슨 자신감이지?! 아! 죽은 니 애인이 갖고 있는 지분 믿고 까부는 건가? (욱해서 도발하고) 니 자식 일 아니 면, 넌 빠져! 오늘 일 반드시 후회하게 해줄게, 심수련!! (뭔가 단단히 결 심하는 표정인데)

31. 헤라팰리스 윤희 집 거실(낮)
   수련, 초조한 듯 계속 핸드폰 보고, 시계 확인하고 있으면.
   마리, 진수성찬으로 차려놓고, 로나와 제니와 파티 중인데.

마리	(수련에게) 누구 전화 기다려요? 아까부터 핸드폰은 왜 그렇게 봐요?
수련	아무 것도 아니에요.
마리	(신났고) 아까 수련 씨가 천 쌤 표정을 봤어야 하는데. 지가 뽑아주기 싫 어도 어쩌겠어. 로나가 너무 잘했는데. 기자들이 로나 인터뷰 따느라 난리 났다니까요.
수련	(로나에게) 대단해. 정말 잘했어. 엄마가 살아계셨음 진짜 좋아했을 거야.
로나	이제 시작인데요. 제 실력으로 꼭 인정받을 거예요.
제니	어휴, 기집애. 독종이라니까. 피날레에서 고음 완존 소름 돋았잖아.
로나	너두 만만치 않았거든. (마주 보며 깔깔 웃고. 기분 좋은데)

그때, 초인종 소리 들리면.

마리 올 사람이 또 있나? (달려가 현관문 열면. 상아와 민혁이고. 상아 보고 샐쭉해서) 여긴 어쩐 일인데? 누가 불렀다고.

상아 아니 뭐... 다 같이 고생했는데, 우린 왜 안 불러요? 사람 서운하게. 최고급 샴페인 가져왔어요. 나랑도 축하파티해요. (들이밀고 들어오면)

수련 (상아와 민혁을 맞는) 어서 와요. 민혁이도 오늘 애썼어.

민혁 감사합니다. (그러다 뒤에 숨겨온 꽃다발을 쓱 제니한테 내밀고) 유제니! 아까 긴장감 쩔더라. 하은별한테 하나도 안 밀렸어. 완전 오늘의 명장면! (엄지 척 치켜세우면)

제니 (샐쭉해서) 나 원래 쫌 했거든?! 촌스럽게 꽃은 또 뭐야? (휙 던져버리고)

상아 (가져온 화장품을 내밀며) 수련 씨! 이거 되게 좋은 화장품인데, 수련 씨한테 엄청 잘 맞을 거 같아서 특별히 준비했어요. 요즘 맨날 제니 엄마랑만 놀고 나 완전 서운해요. 나도 좀 껴줘요.

마리 홍삼 화장품? (화장품 뺏어서 보며) 뭐야? 내 껀 없어?

상아 당연히 있죠. (쇼핑백 내밀면)

마리 (욱해서) 됐어! 안 껴줘!! 못 껴!

상아 아앙~ (뒤에 꿍쳐놨던 거 내밀며) 제니 엄마 꺼도 당연히 있죠~ 그러니까 나 제발 껴줘요. 쫌 끼자. 응?!! 나 심심해 죽겠다고. (애교 부리며 달라붙고. 마리 쫓아다니면)

마리 (도망치면서 화장품 열어서 얼굴에 바르며) 옴마. 좋네~

32. 헤라팰리스 윤희 집 로나 방 (낮)
     수련과 로나, 마주 앉아있는. 은별의 약에 대해 알려주는 수련.

로나 (놀라며) 기억 삭제요? 은별이가 그날 뭔가 알고 있는 거예요! 그래서 이런 약을 먹는 거예요. 맞죠?

수련 그런 거 같아. 근데 이 약, 부작용이 꽤 심해서 임상 실험이 중단됐다고 들었어. 조기치매에 걸릴 수 있대.

로나　은별이가 그걸 알고도 먹었을까요?

수련　몰랐을 수도 있어.

로나　진 쌤은 은별일 엄청 위하는 거 같았는데... 어떻게 그런 약을 먹여요?

수련　그 여잔 은별이를 납치하려고 했어. 집착이 심한 사람이야. 아무것도 믿어선 안 돼! (그때, 핸드폰 진동으로 울리고. 얼른 보면. 석훈이고. 벌떡 일어나 긴장한 채 핸드폰 보는 수련의 시선)

33.　헤라팰리스 서진 집 은별의 방(낮)

은별, 친구들이 자신 앞을 가로막고 압박하던 상황이 떠오르고.

은별　배로나, 기어이 그래야 했어?!! 나쁜 기집애! (그때, 로나에게 연락 오는)

로나(E)　커뮤니티로 나와.

34.　헤라팰리스 커뮤니티(낮)

은별, 커뮤니티로 들어서면. 로나가 기다리고 있고.

은별　또 무슨 잘난 체를 하려고 사람을 오라 가라야?

로나　(은별의 약을 내밀며) 이런 약 먹는 거, 니네 엄마도 알아?

은별　(놀라서 보고) 니가 그 약을 왜 갖고 있어? (잡아채려면)

로나　(손 안에 숨겨버리고)

은별　예전부터 먹던 신경안정제야. 아주 긴장할 때만 먹는 거라고!

로나　진 쌤이 그렇게 말했어? 그걸 믿었어, 바보야?!! 우리 엄마 죽던 날 일, 니가 하나도 생각 안 난다고 했을 때, 거짓말이라고 생각했어. 근데 넌 진짜 생각이 하나도 안 나는 거였어. 이 약... 기억 삭제하는 약이야. 계속 먹으면 위험해. 조기치매 올 수도 있대.

은별　뭐어? 무슨 말도 안 되는 소리야? 진 쌤이 나한테 그런 무서운 약을 왜 먹여? 니 엄마 때문에 너야말로 정신이 어떻게 된 거 아냐? 다신 이런 일로 사람 불러내지 마!! (무시하고 나가버리면)

로나 (은별 뒤에 대고) 아직도 진 쌤을 믿어? 정신 차려, 제발!! 내 말 듣고, 당장 멈추라고!! 절대 이딴 약 먹으면 안 돼, 하은별!! (답답한 로나고. 머뭇하다 윤철에게 전화하는) 저예요, 배로나. 드릴 말씀이 있는데, 잠깐 시간 되세요?

35.   헤라펠리스 윤희 집 거실 (낮)

마리와 상아, 둘이만 남아서 와인 마시고 있는데.

상아, 시계 보다가 놀라서 벌떡 일어서고.

상아 어머나, 시간이 이렇게 됐어? 우리 규진이 밥 해먹여야 되는데. 오늘 아귀찜 먹고 싶다고 했거든요. 나 가요. (후다닥 나가려면)

마리 (상아 뒷덜미를 낚아채고) 그런 자식 꼬박꼬박 밥은 왜 해먹여? 지 혼자 차려 먹으라 해!

상아 우리 대표님이 그런 일을 어떻게 해요? 자기 손으로 물도 못 따라 먹는데.

마리 (결심한 듯, 핸드폰으로 사진 보여주며) 놀라지 말고 봐! 지 손으로 물도 못 따라 먹는 니 서방, 밖에서 어떻게 놀고 있는지.

상아 (보면. 고급 술집에서 규진이가 머리에 타이 질끈 묶고, 여자들과 춤추고, 엉덩이 흔들며, 난리법석으로 놀고 있는 모습들 찍혀있고) 이게 다 뭐야?!! (기겁하면)

마리 헤라클럽 남자들 이러고 놀아. 이게 이규진의 실체라고! 이런 남자한테 평생 죽어라 내조만 하고 싶어? 밖에서 저 짓거리 하는데!

상아 (울컥하고) 우리 규진이 왜 이렇게 타락한 거야? 이것들 다 미친 거 아니에요?!!! (제대로 돌아버린 상아고)

석경(E) 지금 이걸 나보고 먹으라고?

36.　　　서울 외곽 기도원 식당(낮)
　　　　석경, 식판의 음식들을 보고 기겁하는데. 주위를 보면, 다들 허겁지겁
　　　　열심히들 먹고 있고.

석경　　이딴 걸 어떻게 먹어? 내가 돼지새끼야?!
방짱　　아직 덜 맞았냐? 꼴값 떨지 말고 줄 때 닥치고 먹어!
석경　　니나 처먹어! (갑자기 식판을 내던지면. 날카로운 식판 모서리가 무릎에
　　　　부딪쳐 피 나고) 아악!! (아프다고 떼굴떼굴 구르는데. 달려오는 감시관들)
감시관1　어디서 골치 아픈 게 들어와서! 뭐해? 의무실로 데리고 가!

37.　　　서울 외곽 기도원 복도(낮)
　　　　석경을 양쪽에서 부축해 가는 감시관2.
　　　　그때, 석경, 감시관2를 밀치고는 그대로 뛰기 시작하는데.

감시관2　(놀라) 잡아!! 비상!!! (석경을 쫓는데)

38.　　　서울 외곽 기도원 일각(낮)
　　　　석경, 죽을힘 다해 달려가면. 끝이 막다른 길이고. 잠겨있는 문. 아무리
　　　　밀쳐도 안 열리고. 뒤로 쫓아오는 사람들 소리 들리는데. 점점 가까워
　　　　지고.
　　　　석경, 미치겠는. 그러다 계단 아래 물품 상자 뒤로 들어가 몸을 숨기는데.

감시관1　어디로 갔어? 이년! 빨리 찾아내!! (난리고)

　　　　석경, 숨도 안 쉬고 조용히 숨어있다가, 찾던 사람들이 다른 쪽으로 달
　　　　려가는 발소리 들리면. 그제야 한숨 돌리고 털썩 주저앉는데. 뭔가 이
　　　　상해서 위를 올려다보면.
　　　　단태가 그런 석경을 귀엽다는 듯 내려다보고 있는!

석경   (반색하며) 아빠!!!

39. 외곽 시골도로 일각(낮)
주차된 석훈의 오토바이. 석훈, 휴대폰 속 위치추적기를 체크 중인데.
그 옆으로 와서 멈춰 서는 수련의 차. 수련. 내리고.

수련   석훈아! 어느 쪽이야?

석훈   바퀴자국이 이쪽으로 나 있어요. 이쪽 길 끝엔 기도원밖에 없어요. 막다
른 길이라, 그쪽으로 간 게 틀림없어요. 가요, 엄마! (서둘러 앞장서면)

수련   (석훈을 붙잡고) 넌 여기 있어! 엄마 혼자 갈게.

석훈   혼자는 위험해요!

수련   혼자 아냐! (뒤돌아보면)

뒤쪽으로 와서 멈춰 서는 검은 차들. 차에서 내리는 건장한 경호원들
보이고.

수련   지금 넌 주단태 눈에 띄면 위험해. 회사 들어간 일까지 의심받을 거야.
여기서 기다려. 경호원들 믿고! (석훈을 안심시키는 수련이고)

40. 기도원 독방(낮)
벽으로 기어가는 벌레. 기겁하는 석경. 철문으로 달려가서 미친 듯이
문을 두드리는.

석경   열어줘! 열어달라고!! (소리치는데)

그때, 덜컹! 하고 열리는 철문으로 들어서는 사람, 단태고.

석경   나한테 왜 이러는 건데요? 엄마 배신하고, 집까지 나와서 아빠 도왔잖

아요! 근데 왜 날 여기 가둔 건데요?!! 당장 나가게 해줘요. 아빠가 시키는 건 다했는데 왜!!

단태 닥쳐! 재잘재잘! 시끄러워 도저히 못 참아주겠네!

석경 빨리 말해요! 이태리가 아니라 내가 왜 여기 있는지!

단태 (석경에게 무섭게 다가서며) 궁금해? 니가 여기 있는 이유? 주석경, 넌 가짜거든! 더러운 개자식의 핏줄이야! 멍청한 것. 내가 펜트하우스랑 천수지구 27번지 명의를 석훈이한테만 줬을 때 알아챘어야지. 넌 내 딸이 아니라는 소리잖아!

석경 (뒤로 물러나지만, 눈빛만은 밀리지 않은 채) 그게 무슨 소리예요? 알아듣게 말해요! 석훈 오빠 불러줘요! 오빠가 알면 아빠 가만 안 둘 거예요!!

단태 (석경의 머리채를 확 휘어잡으며. 너무 거칠게는 아니고) 미천한 주둥이로 내 아들 이름 거들먹거리지 마! 석훈인 너랑 핏줄부터가 달라! 넌, 더럽고 천박한 민설아와 같은 핏줄이야! 죽은 민설아의 쌍둥이 동생!!

석경 (충격이고) 민설아...? 쌍둥이...? 내가...?

단태 (무섭게 다그치는) 하찮은 핏줄 데려와서 먹여주고 입혀주고, 펜트하우스에서 최고로 살게 해줬는데 뭐가 불만이야? 이렇게 도움이 안 되는 줄 알았으면 너 같은 건 진즉에 죽였을 거야.

석경 거짓말하지 마!! 아니야!! 아냐!! 대체 나한테 왜 이래요?!! (난리 치는데)

단태 (석경일 벽에 밀치며) 넌 이제 돌아갈 곳도 없어! 심수련 뒤통수 치고 내 손을 잡은 건 너잖아? 진짜 엄만 줄도 모르고. (킥킥대고 웃으면)

석경 내가 다른 사람 자식이면, 날 키웠을 리 없잖아!! 민설아 동생을 왜 데려다 키워?

단태 니 덕분에 니 엄마가 충분히 괴로웠거든. 이제 니 역할은 끝났어! 니가 이렇게 돌대가리에 꼴통인 줄 알았으면, 민설아를 데려올 걸 그랬어. 그랬음 시험지 훔쳐다주는 수고는 안했을 텐데 말야. 돈도 덜 들었을 테고! (확 밀어버리면)

석경 가까이오지 마!!

단태 (웃음기 싹 거두고) 죽기 전에 밥값은 해줘야겠어. 니 엄마한테 눈물로

	호소해. 살려달라고. 내가 해달라는 건 다 해달라고. 그 정돈 할 수 있겠 지? (수련에게 전화를 거는데)
수련(F)	여보세요!
단태	도해건설 시공권 포기시켜. 그럼 모든 것이 아름다워져!
수련(F)	내가 왜 그래야 되는데?
단태	그래야니 친딸이 살 수 있거든. 주석경, 사실 이태리 안 갔어. 내가 꽁꽁 감춰뒀는데, 평생 못 봐도 상관없나?
수련(F)	(소리치는) 석경이 어딨어? 어딨는지 말해!! 그 애 몸에 생채기라도 내 면, 넌 내 손에 죽어!!
단태	그렇게 흥분하지 말고, 딸년이랑 대화 좀 하지. 니 딸이 할 말이 있다는데.
석경	엄마!
수련(F)	석경아. 석경이니? 어디야, 지금?!! 괜찮아? 아무 일 없어?!
석경	(수련 목소리 들으면, 감정이 확 올라오면서 아무 말 못 하겠고. 눈가 발개져 단태를 노려보는데)
단태	(매섭게 석경을 압박하는) 어서 말해. 니 엄마한테. 할 말 있다며~ (귀에 대 고 속삭이듯) 천수지구 시공권 당장 넘기라 해. 딸의 간곡한 부탁이라고.
수련(F)	여보세요. 석경아!! 엄마가 갈게. 좀만 기다려, 석경아!!
석경	(이 악물고) 아빠가 원하는 거 아무것도 해주지 마. 나 때문에 절대 그러 지 마!! (전화 던져버리고, 단태의 이마를 머리로 박아버리는데)
단태	으악!

41. 외곽 시골길 (낮)

수련, 전화통화 중인데. 뒤에 경호원들 서있고.

수련	석경아!! (소리치면)
단태(F)	이게 감히! (쫙! 때리는 소리 들리고. 아악! 비명 소리 들리면)
수련	주단태!!! 석경이한테 손대지 마!!(소리치는데, 전화 끊기고) 여보세요! 여보세요! (그래도 기도원 건물을 향해 미친 듯이 달리기 시작하는데. 그

뒤를 따르는 경호원들)

42. **기도원 복도(낮)**
단태, 짜증 나는 듯 벌게진 이마빡 쓰다듬으며 씩씩대며 걸어가고 있는.

단태 (조비에게) 석경이 저거, 내일 안에 다른 데로 치워버려! 배가 처불러서!

43. **기도원 독방(낮)**
석경, 믿을 수 없는.

석경 내가 진짜 엄마 딸이었다고? 민설아가 내 언니?! 말도 안 돼... 아냐... 그럴 리가 없어....

석경, 눈물 뚝뚝 떨어지는. 그 위로,

44. **회상 1/5화 62신/펜트하우스 거실(낮)**
석경 엄마야말로 좀 솔직해져봐. 로나 엄마 죽은 거, 사실 좀 기쁘지? 속으론 잘됐다고 생각하는 거지? 그 아줌마가 엄마 딸 죽여서 천벌받은 거잖아. 제발 착한 척 그만하고, 엄마 진심 좀 드러내봐!
수련 (도저히 못 참고. 석경의 뺨을 때리는)
석경 (놀라 수련을 보면)
수련 (냉정하게, 독해진 눈빛) 앞으로 니가 어떻게 살든, 아빠랑 무슨 짓을 하고 다니든, 더는 상관 안 해. 오늘로 넌 내 딸 아냐!
석경 이제야 본색을 드러내시네. 언제는 뭐, 날 딸 취급이나 했나?
수련 아줌마! 아줌마! (헬퍼들 부르고, 헬퍼가 다가서면) 석경이 짐 챙겨서 내보내요. 앞으로 석경이 우리 집에 들이지 마세요. 현관 비밀번호도 바꾸고, 방도 다 치워버리세요! 그 방, 혜인이 오면 혜인이 방으로 쓸 거예요. (방으로 냉정하게 들어가 버리면)

석경 (기막힌 듯) 혜인이 방? 어, 그런 거였어? 나 내쫓고, 엄마 자식들 줄줄이 불러들이려고? 이제야 솔직해지는 건가? 엄만 아빠보다 더 최악이야! 아빤 적어도 날 버리진 않았어! 좋아! 원한다면 기꺼이 꺼져줄게!! (위악 떠는데)

45. 회상 2 / 시즌 1 3화 4신 / 펜트하우스 거실 (저녁)

설아 돈 받은 만큼 열심히 가르쳤고, 지각한 적 없었고, 되레 성실하지 않은 건 석경이었어요! 도둑으로 몰아 모욕을 준 것도 따님이었고요!

석경 닥쳐!!

단태 (그런 석경을 막으며) 청아예고 수석은? 어떻게 된 거지?

설아 제 실력으로 떳떳하게 합격한 것도 죄가 되나요?

석경 너 같은 사기꾼이 뭔 짓을 했는지 어떻게 알아? 그동안 일부러 우리 집 드나들면서 정보라도 빼내간 거 아냐?

설아 (조소하는) 너한테, 빼내갈 정보 같은 게 있을까?

석경 뭐야?! (갑자기 설아의 뺨을 후려치고) 이건, 우리 집을 우롱하고 농락한 죄!

수련 (놀라) 석경아!!

석경 (설아의 뺨을 한 대 더 때리고) 이건, 인생 똑바로 살라는 내 경고야! 왜? 억울해? (그 바람에, 설아가 바닥에 쓰러지면)

46. 회상 3 / 시즌 1 2화 51신 / 헤라팰리스 수영장 (밤)

석경 훔친 거에 대해서도 사과해야죠!

설아 (입술 피 나도록 꽉 깨물고) 미안...해. 다신... 니 물건에 손 안 댈게.

석경 (픽 웃고) 그래요. 받아줄게요. 뭐 썩 내키지는 않지만.

설아 (굴욕적으로 밖으로 나가려는데)

석경 아! 근데요. (갑자기 설아 쪽으로 오더니, 풀 쪽으로 확 밀어버리는 석경. 설아, 그대로 풀장에 빠지는데) 쌤 되게 냄새나는 거 알아요? 토할 거 같아.

47. 회상 4/시즌 1 18화 64신/공터 폐봉고차 안(밤)

방석에 촛불이 붙으면서 타들어가기 시작하는. 갑자기 불길이 확 세게 번져오면!

설아	으악!!!
석경	저런 멍청이!! 불 붙었나본데?
석훈	(놀라서 봉고 문 열려면, 안 열리고)
민혁	문 고장 났잖아. (뒷걸음질 치고) 가자!
제니	뭐? 쟨.. 어쩌고! (당황하면)
석경	아, 몰라!! 그냥 튀어!! 알아서 나오겠지!
민혁	그래! 얼른 가자. 차 폭발하면 어떡해!! (먼저 도망치면)
아이들	(하나둘씩 뒷걸음질 치다가 달아나는데)
설아	(절박하게) 가지 마!! 살려줘!! 문 열어줘!!! 가지 마아!!!!

설아의 공포에 젖은 울부짖음을 무시하고 도망치는 아이들.

48. 현재/기도원 독방(낮)

부정하는 석경.

석경	아냐... 아냐... 절대 아냐!! 거짓말이야!!! (괴로운데)

그때, 들려오는 사이렌 소리. 석경, 멈칫하는데. 순간 눈에 들어오는 작은 창문.

49. 기도원 일각(낮)

걸어가던 단태, 사이렌 소리에 멈춰 서고.

단태	이게 무슨 소리야?! (두리번거리면)
조비	알아보겠습니다.

조 비서와 무리들, 달려가는데. 그 앞을 가로막는 경호원들. 대치하고.
경호원들 앞으로 서는 수련.

수련   석경이 어딨어?

단태   (수련을 보고 어이없는) 하... 여긴 또 어떻게 알고? 그년이 갈쳐줬나?

수련   (단태에게 달려들고) 석경이 어쨌냐고?!! 내 딸한테 무슨 짓 한 거야?!!

단태   설마, 알고 온 거야? 석경이가 니 친딸인 거?!

수련   내 핏줄이든 아니든, 석경인 처음부터 내 자식이었어!! 태어날 때부터
        지금까지 똑같이 내 딸이라구!! 석경이 어딨는지나 말해!!

단태   니 딸년 지금껏 고이고이 잘 키워줬는데 고맙지도 않아? 보답하는 의
        미로, 빨리 시공권이나 넘겨!! (뻔뻔하게 나오면)

수련   이런 짓거리 하려고 석경일 데려와 키운 거야? 너 같은 새끼가 인간이
        야? 다신 그 손으로 우리 석경이 못 건드리게 해주겠어!

        수련, 옆에 있던 소화기를 들어 단태의 손을 찍어버리면.

단태   으악!!! (소리치다가) 뭐해? 저거 잡아!!

조비   (수련에게 다가서면)

수련   개자식! 내 몸에 손대지 마!! (조 비서의 뺨을 후려치고 달아나는데)
        단태의 무리들과 수련의 경호원들도 서로 얽혀서 격렬하게 싸우고.

50.   기도원 복도(낮)
        정신없이 뛰면서 석경이를 찾고 있는 수련.

수련   석경아!! 석경아, 어딨어?!! 대답해!!

        그때, 어딘가에서 와장창! 창문 깨지는 소리가 들리고.
        "석경아!!!" 독방 앞에 서는 수련, 다급하게 문을 열고 들어서는데.

51. **기도원 독방/밖(낮)**

수련 석경아!

문을 열고 들어가면. 깨진 창문이 보이고. 석경 모습 보이지 않는. 굳어지는 수련.
깨진 창문으로 다가가 아래를 내려다보면, 석경 모습 보이지 않고.

수련 안돼! 안돼 석경아....

급히 뒤돌아 나가려는데. 순간 멈칫하고. 한쪽 벽면에 새겨진 글씨. (E)
"엄마, 나 찾지 마. 적어도 아빠한테는 안 잡힐 테니까"
수련, 정신없이 뛰쳐나가고.

52. **기도원 일각(낮)**

창문 아래로 달려 내려온 수련. 아래쪽에 깨진 유리들과 함께, 철조망이 엮여진 게 보이는데.
철조망으로 찢어진 원복 조각과 핏자국이 보이는.

수련 (가슴이 철렁하고) 석경아!! 어디 간 거야?!! (다급히 석훈에게 전화 거는) 석훈아. 큰일 났어! 석경이가 사라졌어!!

53. **외곽 시골도로 일각(낮)**

석훈 그게 무슨 소리예요?!! 이쪽엔 아무도 안 왔어요. 제가 지금 갈게요.
석훈, 정신없이 달려가는데.

그런 석훈과 스치듯, 옆쪽에서 피를 흘리며 절뚝거리며 걸어오는 석경. 결국 쓰러지고.
간신히 다시 몸을 일으켜, 풀숲 사이로 도망치는데.

석경 (이를 악물고) 이렇겐 못 돌아가! 내 손으로 꼭, 바로잡을 거야!! (필사적으로 사라지면)

곧바로, 단태와 조 비서 무리들이 달려오고.

단태 당장 잡아와!! 놓치면 안돼!!

조비 네!! (정장남들과 함께 뛰어가면)

단태 주석경! 잡히면 죽여버릴 거야!! (눈 이글이글하고)

54. **도박장** (저녁)
배팅 중인 준기, 오늘 잘 풀리는 듯 기분이 좋아 보이는데.
그때, 옆자리 남자가 열 받은 듯 일어나 나가면. 다른 사람이 와서 앉고.

준기 누구든 와라. 내가 다 상대해줄 테니까.

준기, 옆자리를 보면. 굳어지고. 알렉스다!

알렉스 (눈 찡긋하고) 친구! 여기서 뭐해? (선글라스 벗고, 준기를 보는) 나 알지? 로건 형, 알렉스! 솜씨가 꽤 좋은데?

준기 (당황하는. 얼굴 하얗게 질린)

55. **헤라팰리스 주차장/준기의 차 안** (밤)
서진, 급하게 내려와서 주변을 둘러보는데. 빵! 하고 들리는 소리에 돌아보는.
준기의 차에 올라타는 서진.

서진 여길 오면 어떡해? 이런 시간에?!

준기 로건의 형을 도박장에서 만났어. 내가 도박하는 걸 알게 됐어.

서진	뭐야? 당분간 조심하라고 했잖아! 이 중요한 시기에 그런 걸 들키면 어떡해?!!
준기	그러게 일이 왜 이렇게 더뎌? 로건 지금 어딨어? 빨리 제임스한테 넘기고, 난 받을 돈 챙겨서 여기 뜨면 되잖아! 내가 직접 제임스하고 딜을 하겠어! 의심받기 시작하면, 모든 게 끝이야!
서진	뭐라고 둘러댔어?
준기	답답해서 재미 삼아 나왔다고 했어. 믿는 것 같진 않아.
서진	(생각하다, 결심한 듯) 제임스한테 연락해. 내일 넘기겠다고!
준기	(눈 반짝) 내일? 확실해?
서진	그렇다니까! 사람을 왜 이렇게 못 믿어? (가방에서 병상에 누워있는 로건 사진을 꺼내 보여주는데. 병상 옆으로 윤철의 모습도 언뜻 보이고) 이걸, 제임스에게 갖다줘. 로건을 찾았다고! 주단태가 로건을 숨기고 있었다고 말해!
준기	(사진을 보며, 만족한 듯) 그럼 이걸로 주단태는 끝인가? 이 닥터까지 같이 날리는 모양이지?
서진	주단태 밑에서 일하는 사람이니, 범인을 주단태로 확신할 거야. 당신은 곧 어마어마한 부자가 될 거야. 정확히 반반 나눌 거니까!
준기	(신난 표정인데)
서진	이젠 모든 것이 제자리로 돌아갈 때가 됐어! (의미심장한 표정인데)

56. **서울 외곽 골목길**(밤)
서진의 차, 멀리에 차 세우고.
서진과 도 비서, 은밀히 움직이는.
멀리서 천둥소리가 들리는! 우르르 쾅쾅!

57. **안가**(밤)
로건, 누워있고. 날카로운 눈빛의 서진.
잠들어있는 로건을 내려다보다가, 주사기에 약품을 꽂아 링거에 투약

하는데.

서진   그동안 고생했어, 로건! 24시간 뒤면 아주 편안해질 거야.

서진의 표정.... 두꺼운 커튼 뒤에서 번개가 무섭게 내려치는.

58.   기도원 주변 일각(새벽)
경호원들, 손전등을 들고 주변을 수색 중이고.
수련과 석훈도 애타게 석경을 부르며 찾는데. 석경의 모습은 보이지
않고.

59.   헤라팰리스 전경(아침)

60.   헤라팰리스 서진 집 단태의 방(아침)
팔 한쪽에 붕대를 감은 채, 단단히 열 받은 표정으로 들어서는 단태.
그런 단태를 기다리고 있던 서진.

서진   아주 꼴이 볼만해. 도해건설 로비스트하고 얘기가 잘 안 된 모양이야.
단태   (욱해서) 건드리지 마.
서진   그러게 그때 심수련을 죽여버렸어야지. 그랬음 우리가 감빵 갈 일도 없
었고, 일마다 고꾸라질 일도 없었어! 다 당신 잘못이야.
단태   (버럭) 건드리지 말랬지?!
서진   (표정 바뀌고) 싸우자는 거 아냐. 심수련, 이번엔 나한테 맡겨보는 게
어때?
단태   뭐?
서진   심수련 없애는 일 말야. 대신, 날 좀 도와줘야겠어. 나한테 협조만 잘해
주면, 당신이 로건을 죽였다는 증거, 내가 영원히 없애줄게. (뺑튀기 노
인으로 분장한 단태 사진을 테이블에 던지며) 어때?

단태	(사진 보고 움찔하고, 천천히 돌아보는) 뭘 협조하라는 거지?
서진	당신한테도 절대 나쁘지 않은 일이야! 잘하면, 눈엣가시 같은 백준기도 같이 보낼 수 있을 테니까! (야릇한 표정 짓는. 서진의 거대한 플랜이 서서히 드러나기 시작하는데)

61. 헤라팰리스 규진 집 주방(아침)
규진, 하품하며 주방으로 들어서는.

규진	규진이 밥!

부엌으로 들어와 보면. 1인 식사만 차려놓고 열심히 먹고 있는 상아.

규진	서방님 밥은? 안 펐어?
상아	(대꾸도 안 하고)
규진	(밥통으로 가면, 밥통 텅 비어있고. 마찬가지로 텅 빈 국 그릇, 냉장고에도 먹을 게 하나도 없는데) 뭐야? 내 건 없어? 아 뭐냐고?! 규진이 껀?!!
상아	(홱 돌아보고) 앞으로 그쪽 입으로 들어가는 건 그쪽이 알아서 해서 드세요. (마지막 밥알 하나까지 알차게 먹고 나가버리면)
규진	(보면, 반찬 하나도 남은 게 없는데) 아니, 하늘 같은 남편 밥을 안 줘? 왜애!!!!!

62. 놀이터 일각(아침)
긴장한 표정으로 안절부절못하고 있는 윤철.

은별(E)	아빠!
윤철	(돌아보면. 은별이 서있고) 은별아!! (다가서는) 오랜만이지? 몸은, 괜찮아? 아픈 데는 없고? 학교는 잘 다니지? (질문 쏟아내는데)
은별	그렇게 궁금한 게 많은 사람이 한 번도 날 안 찾아온 거야? 내가, 보고

싶지도 않았어?

윤철   미안해... 아빠가 꼭 할 일이 있어서.

은별   그게 뭔데? 설마, 로나랑 관련 있는 일이야? 로나 엄마 죽음 밝히려고? 아빠가 왜?!! 아빠랑 결혼한 여자라서? 로나 엄마가 딸보다 더 중요한 사람이야?!!

윤철   (단호하게) 아빠한텐 중요한 사람이야! 너 이제 어린애 아냐. 아빠도 더는, 니 어리광 받아줄 마음 없어!

은별   만나자고 한 용건이나 말해!

윤철   (가져온 약 건네며) 이 약을 니가 왜 갖고 있어? 설마 너, 이 약 먹었어?

은별   (당황해서) 뭐야, 배로나가 아빠 찾아갔어? 그래서 나 보자고 한 거야?

윤철   이거, 기억 없애는 약이야. 예전에 로나 사고 났을 때, 너 먹었던 약! 이거 누가 줬어? 진분홍이야?!! 아님, 엄마야?!!

은별   그냥 두통약이야! 아빤 상관 마!!

윤철   (은별의 양팔을 잡고) 로나 엄마 사고 때, 너 뭘 본 거야? 뭔가 알고 있는 거지? 그래서 약까지 먹고, 진실을 숨기고 있는 거지? 맞지?!! (다그치면)

은별   (도리질하며) 배로나가 알아내라고 시켰어? 난 몰라!! 아무것도 기억 안 난단 말야!!

윤철   (매섭게) 기억해내!! 반드시! 더 이상 모른 척하지 마!! 넌 로나한테 그러면 안돼!! 얼마나 더 죄를 지려고 이래?!!

은별   (갑자기 싸늘한 눈빛으로 윤철을 보며) 정말 그날, 무슨 일이 있었던 거면? 내가 기억해내는 게, 만에 하나 엄마랑 관련 있으면? 어쩔 건데?

윤철   (섬뜩한 은별 표정에 떨면서) 그래도 기억해내야 해!! 진실이 뭐든!! (와락 은별을 끌어안고) 아빤 무슨 일이 있어도 너 안 버려. 그러니까 아빠 믿고, 그날 일 아빠한테 다 얘기해줘... 꼭!!

은별   (그런 윤철을 확 밀쳐내고) 배로나를 위해 내 머리라도 쪼개서 열고 싶은가 본데, 쓸데없는 짓 하지 마. 난, 아무것도 몰라! (휙 돌아서 가버리면)

윤철   하은별!! (그러다 냉정한 눈빛. E) 천서진! 니가 쓰고 있는 가면, 내 손으로 꼭 벗겨버리겠어! (비장하게 각오 다지는 모습이고)

411

63. **준기의 호텔**(저녁)
　　준기, 엠마, 로건부, 로건모에게 병실 속 로건의 사진을 건네주는.

준기　드디어 찾았어요! 로건, 살아있어요!

엠마　(사진을 보며 분노하는) 역시 주단태였나?

로건부　(옆에 있는 윤철 사진을 보며) 옆에 있는 사람은?

준기　주단태가 데리고 있는 닥터예요. 로건의 목숨을 연명시키는 역할을 한 모양이에요. 내가 말했잖아요. 주단태는 악마라고! 자기 손으로 폭탄을 설치하고, 숨통은 끊지 않고 악랄하게 괴롭히고 있었어요.

엠마　(주먹 내리치며) 미친 사이코패스!!! 홍 비서!

홍비　네! (다가서면)

엠마　당장 주단태 어딨는지 찾아내!

준기　지금 헤라팰리스에 있어요!

엠마　(흥분해서 기뻐하는) 고마워요. 당신 덕분에 우리 로건을 찾았어요! 평생 우리 집 은인으로 알고 뭐든 도울게요. (진심으로 고마워하고, 홍 비서에게) 앞장 서! 헤라팰리스로 가!

로건모　어서 가요, 어머님. (엠마를 데리고 급히 나가면)

제임스　(준기에게 돈 가방을 내밀고) 약속했던 보상금이에요.

준기　이런 거 받으려고 한 일은 아닌데. (돈 가방 챙기고) 로건이 살아있어서 나도 기뻐. 주단태, 당신 손으로 꼭 죽여줘요!

64. **헤라팰리스 서진 집 거실**(저녁)
　　들이닥친 제임스와 엠마 무리들. 결박된 채 앉아있는 단태, 발악 중인데.

로건부　로건 어딨어?!!

단태　난 모르는 일이에요!!

엠마　(사진을 들이밀며) 이미 백준기한테 들었어! 니 사이코 행각!! 로건 어딨냐고?! (무섭게 다그치면)

단태 (사진을 찬찬히 보다가) 정신들 차리세요!! 당신들 지금 백준기한테 속고 있어!! (하는 순간, 서늘하게 자신의 머리에 총구가 겨눠지고. 보면 홍 비서다)

엠마 허튼 수작 할 생각 마! 니 머리통을 날려버리기 전에 로건 있는 곳 말해!!

단태 죽이고 싶으면 죽여요! 하지만, 이 모든 판을 짠 사람은 따로 있어요. 정말 로건을 살리고 싶으면, 내 말 들어요!!

엠마 (카리스마 있게) 헛소리하지 마!!

단태 (뭔가 발견한 듯) 잠깐!! 사진을 똑똑히 봐요! 로건 옆에 있는 전등 버튼! 거기에 뭐라고 써있는지!

로건부 (멈칫, 사진을 유심히 보면. 로건의 침대 옆에 있는 전등 버튼 아래쪽에 P.H 라고 적혀있는데) 펜트하우스?!

단태 어딘가 낯이 익는다 했더니.... 로건이 있는 곳, 펜트하우스예요! 지금 로건을 데리고 있는 사람, 심수련이라고!!

엠마 심수련?!!! 심수련이라면....? (로건부와 로건모를 보는데)

단태 그 여자가 모든 걸 나한테 뒤집어씌웠어요. 백준기를 데려온 사람도, 백준기한테 폭탄을 설치하라고 시킨 사람도, 모두 다 심수련이라고요!!

엠마/로건부/로건모 (눈빛 변하는) !!!!!

65.   **청아재단 이사장실/준기의 호텔/전화통화(저녁)**
서진, 이사장실 문을 열고 안으로 들어가는.
심수련 이름이 새겨진 명패를 집어 들고 매섭게 노려보는데.

서진 욕심내지 말아야 할 것을 욕심낸 니 죄야! 너한텐 이 자리가 아무것도 아니겠지만, 나한텐 목숨이거든! (명패를 던져서 부셔버리는데. 그때, 도비서한테 전화 오고. 받는) 나야. 제대로 정산했어?

도비 네. 정확히 반 나눴습니다.

서진 훌륭해. 흔적 남지 않게 세탁 잘해!

66. 펜트하우스 석경의 방(저녁)
     수련, 걱정스러운 표정으로 석경의 방을 둘러보고 있는데. 석경의 사
     진들을 보면, 가슴 아리고.
     그때, 노크 소리와 함께 들어서는 헬퍼.

헬퍼 사모님, 좀 와 보셔야겠는데요. 헬퍼룸 뒤쪽에서 계속 이상한 냄새가
      나서요.
수련 그래요? 어디죠? (헬퍼를 따라가는데)

67. 펜트하우스 헬퍼룸 앞/안(저녁)
     헬퍼를 따라가는 수련. 육중한 철문이 보이고, 완전히 다른 공간이 나
     오면. (예전에 서진이 갇혀있던 곳과 동일)
     코끝 가득 풍기는 화약약품 냄새.

수련 (역한 냄새에 얼굴 찌푸리고) 여기가 뭐하는 곳이죠? 처음 보는 공간인데.
헬퍼 창고로 이용하는 곳이에요.
      수련, 힘겹게 철문을 열고 안으로 들어가면. 로건이 있었던 안가와 똑
      같이 꾸며진 실내가 나오는.
      어두운 조명에, 소독약 냄새가 코를 찌르는데.
      이동침대 같은 게 보이면. 천천히 다가서는 수련! 이동침대에 누워있는
      사람을 보려는 순간! 뒤에서 그런 수련의 팔을 잡아채는 건, 엠마고!

수련 (기겁하고) 누구세요?
엠마 심수련! 죽은 니 딸 때문에, 우리 로건한테 이런 지독한 복수를 해?!!
수련 로건? 로건이라고?!! 무슨 소릴 하시는 거예요?! (놀라서 침대를 돌아
      보면)

      그때, 수련에게 다가서는 사람, 주단태고.

단태 당신이 이렇게 무서운 사람인지 몰랐네. 백준기를 시켜 로건의 차를 폭파시키고, 지금껏 감금하고 있었다? 차라리 그냥 죽일 것이지, 너무 잔인한 거 아냐? 이게 민설아에 대한 당신 방법의 복순가?

수련 주단태!!! 니 짓이야?!!! 로건한테 무슨 짓을 한 거야?!!!!

단태 그런 억지, 이젠 안 통해. 모든 진실이 우리 눈앞에 드러났잖아? 불쌍한 로건.... 사랑하는 여자한테 완벽하게 속았네. (누워있는 로건을 안쓰럽게 보는데)

그때, 삐 – 하고 심전도 기계가 멈춰 서면.

로건부/로건모   (다급하게) 로건!! 로건!! (울부짖고)

홍비 심정지가 온 거 같아요!! (바로 응급처치 실시하는데)

엠마 (홍 비서에게 다급하게) 당장 로건부터 병원으로 옮겨! 그리고, 이 여자도 끌고 가. 로건이 당한 거, 천만 배로 갚아줄 테니까. 이번 일에 가담한 것들은 전부 살려두지 마!!! (무섭게 분노하는데)

단태 (야비한 미소 지으며, 슬쩍 자리를 비키면)

수련 (끌려가며 뒤돌아보고) 로건!!! 로건!!!!! 로건 좀 보게 해줘요. 제발 보게 해줘요!!! (피 토하듯 울부짖고)

제임스의 경호원들, 발악하는 수련을 끌고 나가는데. 로건도 급히 옮겨지는.

68.   **준기 호텔 주차장** (저녁)

준기, 돈 가방을 들고 콧노래를 부르며 나서면.

그런 준기에게 복면을 뒤집어씌우는 제임스 경호원들.

준기, 영문 몰라 발악하는데.

곧바로 봉고차가 준기 앞에 멈춰 서고. 그대로 준기를 봉고차에 밀어넣고 출발하는.

69. 윤철 고시원(저녁)

노크와 함께 문 열리면. 들이닥치는 제임스 경호원들.

굳어지는 윤철. 역시 강압적으로 끌려가고.

70. 펜트하우스 거실(밤)

단태, 감격스럽게 펜트하우스를 둘러보는데.

그런 단태에게 멋지게 차려입은 서진이 다가서고.

단태 (만족스러운) 대단해 천서진! 제임스를 제대로 속였어. 축배를 들 시간 인가? 역시 우리는 환상의 파트너야.

서진 (미소 지은 채, 펜트하우스를 둘러보는데)

단태 근데, 궁금한 게 있어. 왜 그렇게 심수련을 못 죽여서 안달이지? 천하의 천서진이!

서진 (야릇한 표정 짓고) 내 평생에 가장 신경 쓰인 여자였어, 심수련!! 그제야 숨겨뒀던 감정이 소용돌이치듯 몰려오는데.

71. 회상/ 시즌 1 1화 28신/ 헤라펠리스 서진 다이닝룸(저녁)

상아 오늘은 수련 씨도 오시려나?

서진 (관심 없다는 듯) 오겠어요? 워낙에 바쁘신 몸이라. (와인 마시는데)

단태(E) 저희가 좀 늦었죠?!

사람들 와인 마시다가 멈칫하고, 일제히 돌아보면.

완벽한 슈트 핏의 단태와, 세련된 원피스 차림의 수련이 서있다.

오랜만의 수련의 등장에 다들 놀란 듯 일어나 반가워하고.

규진 수련 씨! 오랜만입니다.

윤철 (윤철도 손 들어 인사하고) 반가워요, 수련 씨!

마리/상아 (자리에 앉는 수련을 스캔하기 바쁜 눈동자, 경계하는 눈빛이고)

416

단태	(남자들에게 악수를 하고 자리로 가 앉는데) 초대해주셔서 감사합니다.
서진	(표정) 우리끼리 먼저 시작했는데, 괜찮으시죠?
수련	늦게 온 저희가 죄송하죠. 잘들 지내셨죠? 빈손으로 오기 좀 그래서... (디저트 상자를 꺼내는) 피칸파이에요. 이따 다 같이 먹어요.
상아	(작게) 오늘 컨셉은 빈손이었는데... (서진 눈치 보며, 나직이) 쌤이 준비한 디저트도 피칸파이죠?
서진	(대답 않는데. 열 받고. 수련을 보는 싸늘한 눈빛)
마리	설마... 이거 직접 만든 건 아니죠?
수련	아, 애들한테 한 번씩 해주는 거라.. 맛은 장담 못 해요. (웃는데)
규진	이야~~ 솜씨가 아주 끝내주시네요. 지금 먹어봐도 되죠? (한 조각 덜어 가고)
윤철	암튼 재주꾼이셔. (먹어보더니) 당장 팔아도 되겠는데요? 산 거하고는 맛이 비교가 안 되네요! (은근히 서진 씹으면)
서진	(미리 준비해뒀던 피칸파이를 싱크대에 버려버리는)

72. 회상 2/ 시즌 1 1화 29신/ 헤라팰리스 서진 집 일각 (저녁)

서진	(팔 잡으며) 사람들 앞에서 자기 와이프 망신 주니 재밌니? 속이 시원해?
윤철	그러게 적당히 좀 해. 뭘 그렇게 있는 척! 아닌 척! 안 피곤하니?
서진	(답답한) 자긴 와이프가 수준 떨어지는 여자였음 좋겠어? 나도 다 당신 체면 생각해서.. (하는데)
윤철	(비웃는) 좀 솔직해져. 당신은 자기밖에 모르잖아. 나도 당신 꾸며주는 액세서리고! 진짜 내조는 수련 씨처럼 하는 거야. 주 회장 사업 잘되는 거 봐.
서진	(열 받아 윤철 손의 와인 병 잡아 던져버리는데, 와장창 깨지는 와인 병)
윤철	(눈에 힘주고) 뭐하는 거야!!!
서진	남의 여자 칭찬하는 꼴은 뭐 대단한 줄 알아?! (휙 하고 돌아서는데)

그 앞에 서있는 수련. 어쩔 줄 모르는 표정으로 서있고.

수련	(당황해) 화장실을 못 찾아서....
윤철	(수련에게 꾸벅 목례하고, 급히 돌아서서 가는데)
서진	(하필 수련에게 들켜 짜증 나는데)
수련	걱정 마세요. 저 아무것도 못 봤어요. (그러면서도 이해한다는 듯) 남자들... 다 그래요. (서진의 팔을 한 번 꽉 잡아주고 가는데)
서진	(어이없는 웃음. 가는 수련 노려보는데. 모욕감과 수치심에 미치겠는!)

서진(E) 난 그때, 니가 가진 걸 다 뺏고 싶었어. 펜트하우스도, 니 남편도, 여유 부리는 그 우아함도, 전부 다. 심수련 니가 미치도록 거슬렸거든.

73. 현재/펜트하우스 거실(밤)
서진, 미소 지으며 단태와 와인 잔 부딪치는데.
단태와 서진의 발아래로, 비현실적으로 멋진 야경이 펼쳐져있는.

서진(E) 내 평생에 한 번도 이겨보지 못한 여자였어. 심수련....!!! 너 때문에 오윤희도, 로건도 죽은 거야. 널 이기기 위해선 니 양팔을 부러뜨려야 했으니까!!! (모든 게 제자리를 찾은 듯하고. 행복한 듯 미소 짓는데)

단태 오늘처럼 기분 좋은 날이 또 있을까? 걸리적거리던 놈들을 싹 다 치워버렸으니. 오늘은 취하도록 마셔볼까?

서진과 단태, 기분 좋게 야경을 바라보며 와인을 들이키는데.

74. 별장 일각(밤)
제임스 경호원들에게 끌려가는 수련.

수련 이거 놔!!! 내 말 좀 들어보라고!!! 당신들이 속고 있는 거야!! 제발 로건한테 데려다줘... 그 사람, 어떤 상태야?!! 내 눈으로 봐야 돼!! 제발!!!

75.　별장 안(밤)

경호원들, 수련을 별장 안에 가둬버리고 나가는.
문 두드려도 열리지 않고. 기진맥진한 수련인데.

수련　난, 절대 로건을 죽이지 않았어!! 내가 한 일이 아니라고!! 난 로건을...
로건을 사랑했다고!!!

결국 무너지는 수련, 눈물을 흘리는데.
그때, 문이 열리고. 누군가 들어서는.
수련!! 고개를 들면, 휠체어가 보이고. 수련, 굳어지는.
휠체어에 탄 사람, 로건이다!!

수련　로건!!!
로건　(휠체어에서 일어나, 천천한 걸음으로 수련에게 걸어오고) 보고 싶었어요,
수련 씨....

수련을 안아서 뜨겁게 키스하는 로건 모습에서 엔딩!!

9화

똑같은 쓰레기

1. 펜트하우스 거실(저녁)
    석훈, 거실로 들어서는데. 제임스 경호원들과 어수선한 집 분위기에 놀라고.
    그때, 단태가 다가서는.

단태   아들, 지금 와?
석훈   무슨 일이에요? 아버지가 왜 여기있어요? 이 사람들은 누구고요?
단태   (충격받은 척 연기하는) 네 엄마가 아주 끔찍한 일을 저질렀다는구나. 펜트하우스에 로건을 감금해놓고 있었어!
석훈   (놀라며) 네에? 로건은 죽었잖아요!
단태   간신히 숨만 쉬고 있었어. 그것도 펜트하우스 헬퍼룸에서. 그동안 넌, 전혀 눈치채지 못했어? 수상한 거 못 느꼈어?
석훈   전혀요! 엄마가 왜 그런 짓을 해요?!
단태   이유야 충분하지! 로건은 민설아의 골수를 이식받고 파양시킨 원수잖아! 네 엄마한테 로건은, 민설아의 복수 대상일 뿐이었어! 니들도 마찬가지고! 그동안 너한테 잘해줬던 것도 결국 민설아한테 한 짓을 응징하기 위해서야!
석훈   (믿을 수 없는데)
단태   곧 펜트하우스로 들어올 생각이다. 어차피 여긴 내 집이니까! 침실부터 바꿔야겠지? (여유 있게 침실 쪽으로 걸어가면)
석훈   (단태가 방으로 들어가는 거 확인하고. 급히 수련에게 전화하지만, 받지 않는) 제발 받아요, 엄마!!! (걱정되고)

2. 윤철 고시원 앞(저녁)
    제임스의 경호원들에게 끌려나오는 윤철. 그 앞으로 서진이 당당하게 걸어오고.

서진   (경호원들에게) 제임스하고 얘기됐어요. 잠깐 자리 좀 비켜줘요.

423

경호원들 (떨어지면)

서진 꽤 용감했는데? 어떻게 심수련과 작당하고 로건을 죽일 생각을 했지? 심수련이 돈으로 유혹했나? 아님, 심수련의 새 남자라도 되겠다는 야망 같은 거?

윤철 (서진의 팔을 거칠게 잡고) 너잖아!! 날 거기로 불러들인 사람! 감방에서 꺼내준 이유가 뭐야? 처음부터 이럴 계획이었어? 어떻게 엄마라는 작자가 은별일 두고 협박을 해?!! 당신이 그러고도 엄마야?!! (서진을 마구 흔들어대면)

서진 그러는 당신은? 은별일 위해서 내 뒤통수를 쳤니? 당신 때문에 은별인 괴물 같은 그 여자랑 함께 살았어! 날 배신하고, 우리 모녀를 갈라놨으니 그만한 대가는 치러야지. 그게 인과응보야!

윤철 (매섭게) 오윤희도 니가 죽인 거지?

서진 (순간 멈칫. 파르르 떨리는. 희미한 미소 지으며) 오윤희는... 니가 죽인 거 아냐? 니가 배신하고, 니가 버렸으니까. 그 죄책감 평생 안고 살아. 살아남는다면 말야! (냉정하게 돌아서고. 다가오는 차에 올라타고 가면)

윤철 (달려들다가 경호원들에게 붙잡히고) 천서진!!! 너 절대 용서 안 해!!! 내가 너 가만두지 않을 거야!!! (발버둥 치는데)

서진 (차 뒷좌석에서 앞만 보고 있는. 피도 눈물도 없는 악녀의 모습이고)

3.　　8화 70신, 73신 연결/펜트하우스 거실(밤)
　　　단태, 감격스럽게 펜트하우스를 둘러보는데.
　　　그런 단태에게 멋지게 차려입은 서진이 다가서고.

단태 (만족스러운) 대단해 천서진! 제임스를 제대로 속였어. 축배를 들 시간인가? 역시 우리는 환상의 파트너야.

서진 (미소 지은 채, 펜트하우스를 둘러보는데)

단태 근데, 궁금한 게 있어. 왜 그렇게 심수련을 못 죽여서 안달이지? 천하의 천서진이!

서진   (야릇한 표정 짓고) 내 평생에 가장 신경 쓰인 여자였어, 심수련!! (모든 게 제자리를 찾은 듯하고)

단태   오늘처럼 기분 좋은 날이 또 있을까? 로건이 살아있다는 말에 식겁했지만, 그 덕에 심수련! 로건 리! 백준기! 하윤철을 한 번에 쓸어버렸어! 걸리적거리던 놈들을 싹 다 치워버렸다고! 오늘은 취하도록 마셔볼까?

서진과 단태, 기분 좋게 야경을 바라보며 와인을 들이키는데.

단태   로건, 못 깨어나는 거 확실하지?

서진   내 손으로 직접 독극물까지 주사했어. 심정지가 와서 하루를 넘길 수 없을 거야. 어차피 죽을 목숨이었잖아? 아참, 백준기는 어떻게 처리했어?

단태   (조소하는) 원래 있던 자리로 고이 돌려보내라고 조언해줬지.

서진   (멈칫) 설마... 일본 정신병원에? (하다가 갑자기 웃음 터트리고) 하하하. 하긴 그 편이 그 인간한텐 잘 어울리네!

단태   (그런 서진을 보는 오묘한 눈빛) 로건을 심수련과 묶은 건 정말 신의 한 수였어! 역시 천서진이야! (말은 칭찬이지만, 눈빛은 섬뜩하단 표정인데. E) 천서진... 백준기를 세팅한 게 너였다, 그거지? 내가 로건을 죽일 계획까지 알아내서, 그를 빼돌려 감금시켜놓고 로건 집안과 흥정을 해? 넌, 미쳤어! 미치광이야!!! 내가 먼저 잡아먹지 않으면, 잡아먹히겠어. 정신 차려야 해!!

서진   (야경을 감탄스럽게 바라보며) 아~ 펜트하우스 야경이 이렇게 좋았나? 심수련, 그 동안 좋은 거 많이 보며 살았으니 이번 생에 미련은 없겠네. (그러다 유리창에 비친 단태의 얼굴을 보며. 정색하며. E) 다음은 니 차례야! 주단태! 지금의 기쁨, 맘껏 즐겨! 곧, 니가 가진 거 전부를 뺏어줄 테니!! (사악한 미소 지으며 허공에 대고 잔을 부딪치는 서진)

단태와 서진, 서로 속마음엔 꿍꿍이 생각하고 있다.

4.   8화 엔딩 연결/별장 안(밤)
        경호원들, 수련을 별장 안에 가둬버리고 나가는.
        문 두드려도 열리지 않고. 기진맥진한 수련인데.

수련 난, 절대 로건을 죽이지 않았어!! 내가 한 일이 아니라고!! 난 로건을...
        로건을 사랑했다고!!!

        결국 무너지는 수련, 눈물을 흘리는데.
        그때, 문이 열리고. 누군가 들어서는.
        수련!! 고개를 들면, 휠체어가 보이고. 수련, 굳어지는.
        휠체어에 탄 사람, 로건이다!!

수련 로건!!!
로건 (휠체어에서 일어나, 천천한 걸음으로 수련에게 걸어오고) 보고 싶었어요,
        수련 씨....

        수련을 안아서 뜨겁게 키스하는 로건.

수련 (멍한 상태로 로건의 얼굴을 만져보며) 정말 로건 맞아요? 당신이에요,
        진짜?! (눈, 코, 입, 모든 게 그대론데. 이마에 화상 흉터는 머리카락으로 가
        려져있고)
로건 (눈가 발개져 고개 끄덕이면)
수련 어떻게 된 거예요? 이렇게 살아있으면서 왜 말 안 했어요?!! 왜!!
로건 내가 당신을 두고 어떻게 죽어요?
수련 어디 있었어요? 그동안 무슨 일이 있었던 거예요?!! (놀람과 반가움의
        감정들이 몰려와 눈물이 터지면)
로건 다 설명할게요. 빨리 오지 못해 미안해요. 그럴 수밖에 없었어요.
수련 (고개 내젓고) 아니, 말하지 마요. 살아있으면 됐어요. 그거면 돼요. 어

떤 모습이든, 살아만 있어달라고 얼마나 기도했는데....

로건 (눈물 닦아주다가, 수련을 꼭 끌어안는데)

뜨거운 눈물 흘리는 두 사람.

그때, 문이 열리고, 들어서는 윤철.

윤철 (목례로 수련에게 인사하면)

수련 (윤철을 보고 놀라는) 하 박사님?! 여긴 어떻게.... (윤철을 경계하면)

로건 하 박사가 날 도왔어요. 당신을 만날 수 있게!

수련 네? (놀라는)

로건과 윤철, 의미심장하게 눈빛 마주치는. 그 위로,

자막 〈 24시간 전 〉

5. 회상 1/8화 57신 연결/안가(밤)

로건, 누워있고. 날카로운 눈빛의 서진.

잠들어있는 로건을 내려다보다가, 주사기에 약품을 꽂아 링거에 투약
하는데.

서진 그동안 고생했어, 로건! 24시간 뒤면 아주 편안해질 거야.

서진의 표정.... 두꺼운 커튼 뒤에서 번개가 무섭게 내려치는.

서진, 돌아서려는데. 순간! 로건의 손이 움직이는 게 보이고. 화들짝 놀
라서 다시 유심히 보는 서진. 더는 움직임 없지만 강한 의심 들고.

(컷 되면) 물이 다 끓은 전기포트를 들어 로건의 다리 쪽에 붓는 서진.

(직접 보여주지는 않고, 전기포트에서 김이 올라오는 것만 보여주는)

서진, 무표정하게 로건의 얼굴을 살피는데. 로건, 꿈쩍도 하지 않는.

서진   (그제야 안도하며) 잘못 봤나? (미소) 그러게 왜 심수련 같은 여자를 사랑해서 아까운 인생을 날려버렸어? 돈도, 젊음도, 너무 억울하잖아? 하지만 너무 속상해하지 마. 곧 니 옆으로 심수련도 보내줄 테니까.

서진, 돌아서서 나가버리면.
문이 닫히는 소리와 함께, 눈을 번쩍 뜨는 로건. 괴로워하는 로건의 신음 소리! 으아악!!!! 다급히 링거 줄을 빼버리고, 침대 아래에 있는 비상벨을 누르면.
얼마 후 들이닥치는 윤철, 화상 입은 다리를 보고 기겁해서 치료하는.

윤철   왜 이래요?!! 누가 이랬어요?!!! (그러다 약품통을 보고) 이건!! 심정지를 일으키는 약물이에요!!
로건   으으윽.... (다리의 화상에 극도의 고통을 느끼는데)
윤철   해독제부터 투여할게요. 좀만 참아요! 정신 잃으면 안 돼요!! (서두르는데)
로건   천서진이었어!!
윤철   뭐라고요?
로건   천서진이었다고!! 날 여기 가둔 여자!!
윤철   (기겁하는 표정) 천서진?!!!
로건   으으윽!!! (몸부림치며 괴로워하다가 정신을 잃어버리는 로건)
윤철   로건!! 로건!!! (다급한 외침소리)

6.   **회상 2/안가 앞(밤)**
윤철, 불안한 얼굴로 안가 밖으로 나오면, 누군가 윤철을 한쪽으로 확 잡아당기고. 보면 알렉스고.

윤철   알렉스?!
알렉스   (단단히 흥분한 상태로, 영어로) 어떻게 돌아가고 있는 거야?!! 로건은?!!

윤철   지금 상태가 많이 안 좋아요. 급히 해독제를 먹이긴 했지만, 독극물까지 투여된 상태예요!

알렉스   (영어) 독극물? 누가? 천서진 그 여자가?!! 죽여버릴 거야!! 가만 안 둬!! (흥분해서 주머니에서 총을 꺼내더니, 안가 쪽으로 다가서는데)

윤철   (알렉스를 다급히 붙들고) 진정해요! 이러면 아무것도 알아낼 수 없어요!!

알렉스   (밀쳐내고, 영어) 더 못 기다려!! 그러다 로건이 죽으면?!! 당신이 책임질 거야?!!

윤철   (벽으로 몰아붙이고) 로건이 왜, 당신한테만 알리라고 했는지 생각해봐요! 당신까지 흥분하면, 로건이 계획한 일을 다 망치는 거예요. 몇 번이나 죽을 고비 넘겨서 여기까지 왔는데, 제발, 로건 뜻대로 하게 해줘요.

알렉스   으아악!!! (분노로 미칠 거 같은데)

윤철   천서진이 내일을 디데이로 삼은 거 같아요. 어딘가로 옮기는 모양인데, 어딘지는 나도 몰라요!! 지금으로선, 로건이 잘 견뎌주길 바라는 것밖엔....

알렉스   (죽을힘 다해 참으며, 영어로) 천서진!! 주단태!!! 반드시 죽여버릴 거야!!!!! 니들을 죽이는 데, 우리 집안의 전 재산을 쓰겠다고, 신 앞에 명세하지!! (이를 악무는 알렉스고)

자막〈9시간 전〉

7.   **회상 3/헤라펠리스 주차장(낮)**
대형 짐트럭 한 대가 주차장에 도착하면. (자코모 소파)
배달 직원들이 짐트럭의 뒷문을 열고, 대형박스들을 꺼내는데.
주차장 다른 쪽에도 대형 짐트럭이 도착하고. 조수석에 도 비서가 타 있는.

도 비서   (차 유리창 밖으로, 대형박스들이 옮겨지는 것을 지켜보며) 지금이야!

도 비서가 눈짓하면. 로건이 들어있는 똑같은 모양의 대형박스가 짐트
럭에서 내려지는데.
로건, 미동도 없이 죽은 듯이 어딘가로 향하고 있는.

8. 회상 4/펜트하우스 거실(낮)
    수련, 마리 상아와 차 마시고 있으면. (석경 때문에 근심스러운 표정이고)
    직원들이 대형박스를 들고 들어오는.

마리 어머나. 오늘 수련 씨네 소파 바꿔요? 어떤 걸로?

(컷 되면) 배달 직원들, 멋스런 소파를 거실에 세팅하는데.

상아 세상에. 어쩜 이렇게 고급져요.
수련 소파만 바꾼 건데요.
마리 진짜 럭셔리 그 자체네! 인테리어가 확 업그레이드됐어요. 완전 부럽다.

마리와 상아, 감탄사 연발하고 시끌벅적한데.
헬퍼, 수련이 정신없는 틈을 타서, 다른 인부들을 헬퍼룸 쪽으로 안내
하고.
로건이 들어있는 대형박스가 헬퍼룸으로 옮겨지는.

9. 회상 5/펜트하우스 헬퍼룸 안(낮)
    안가와 똑같이 세팅돼있는 헬퍼룸에 대형박스를 들고 들어서는 인부들.
    인부들, 박스를 열면. 안에 들어있는 사람, 로건이고.
    인부들, 침대 위로 로건을 옮기는데.
    헬퍼, 바깥쪽 상황 신경 쓰면서 지키고 있다가, 은밀히 서진과 통화하는.

헬퍼 네, 센터장님. 방금 도착했습니다. 의식은 없어 보입니다. 사모님도 눈

치채지 못했습니다.

전화하고 있는 헬퍼의 뒤로, 로건이 움찔하는.

10. 회상 6/헤라펠리스 서진 집 안방(낮)
서진, 냉정한 표정으로 전화 받고 있는.

서진 수고했어요. (시계 보고) 정확히 저녁 7시에, 심수련을 헬퍼룸으로 안
내하도록 해요. 실수 없이, 시간 잘 지켜서 움직여요. 보상은 충분히 할
테니....

자막〈2시간 전〉

11. 회상 7/8화 66신/펜트하우스 석경의 방(저녁)
수련, 석경의 방을 둘러보고 있는데. 들어서는 헬퍼.

헬퍼 사모님, 좀 와보셔야겠는데요. 헬퍼룸 뒤쪽에서 계속 이상한 냄새가 나
서요.
수련 그래요? 어디죠? (헬퍼를 따라가는데)

12. 회상 8/8화 67신/펜트하우스 헬퍼룸 안(저녁)
수련, 힘겹게 철문을 열고 안으로 들어가면. 이동침대 같은 게 보이고.
천천히 다가서는 수련! 이동침대에 누워있는 사람을 보려는 순간! 뒤
에서 그런 수련의 팔을 잡아채는 건, 엠마고!

수련 (기겁하고) 누구세요?
엠마 심수련! 죽은 니 딸 때문에, 우리 로건한테 이런 지독한 복수를 해?!!
수련 로건? 로건이라고?!! 무슨 소릴 하시는 거예요?! (놀라서 침대를 돌아

보면)

그때, 삐-하고 심전도 기계가 멈춰 서면.
로건, 눈 감은 채로 미동도 없지만 깨어있는 상태고. 사람들 몰래 심전
도 선을 끊어버리면.

로건부/로건모   (다급하게) 로건!! 로건!! (울부짖고)

홍비   심정지가 온 거 같아요!! (바로 응급처치 실시하는데)

엠마   (홍 비서에게 다급하게) 당장 로건부터 병원으로 옮겨! 그리고, 이 여자
도 끌고 가. 로건이 당한 거, 천만 배로 갚아줄 테니까. 이번 일에 가담한
것들은 전부 살려두지 마!!! (무섭게 분노하는데)

단태   (야비한 미소 지으며, 슬쩍 자리를 비키면)

수련   (끌려가며 뒤돌아보고) 로건!!! 로건!!!!! 로건 좀 보게 해줘요. 제발 보
게 해줘요!!! (피 토하듯 울부짖고)

로건, 눈 질끈 감고 주먹을 꽉 쥐는.

13.   **회상 9/도로 일각/구급차 안(저녁)**
          홍 비서, 죽을힘 다해 심폐 소생하면서 이동 중인.

홍비   최대한 빨리 병원으로 가!! 빨리!! 병원에 응급실 비워두라 해!!

로건   (갑자기 눈 번쩍 뜨고, 누운 채로) 차 돌려!

홍비   (기겁하고) 으악!! 로건?!! (하얗게 질리면)

로건   (얼른 몸 일으키고) 쉿! 알렉스.... 빨리 알렉스를 불러줘. 다른 가족들한
텐 알리지 말고!! 알렉스한테 내가 부탁한 대로 해달라고 해. 수련 씨
털끝 하나 건드려선 안 돼!! (매서워진 눈빛이고)

14. **회상 10/8화 74신 연결/별장 일각(밤)**
     제임스 경호원들에게 끌려가는 수련.

수련 이거 놔!!! 내 말 좀 들어보라고!!! 당신들이 속고 있는 거야!! 제발 로
         건한테 데려다줘... 그 사람, 어떤 상태야?!! 내 눈으로 봐야돼!! 제발!!!

         반항하는 수련, 그러다 별장의 방에 갇히면.
         다른 쪽에서 휠체어를 끌고 나타나는 사람, 알렉스고.
         알렉스, 제임스 경호원 몰래 로건을 수련이 있는 방으로 데리고 가는데.
         로건, 고맙다는 뜻으로 알렉스와 주먹 맞대는데.

알렉스 (영어) 살아줘서 고맙다! 근데, 부모님한테까지 니가 살아있는 걸 비밀
          로 해야 해?
로건   아직은. 우리 부모님 성격 알잖아. 주단태와 천서진 짓인 걸 알면, 살려
          두시겠어? 내 계획이 엉망이 돼버릴 거야.
알렉스 (영어) 그래도 할머니한텐 얘기하는 게 좋지 않을까? 너무 슬퍼하시거든.
로건   나한테 맡겨줘.
알렉스 오케이! 이 별장은 내 꺼니까 안심해도 돼. 내 사람들 외엔 아무도 못 들
          어와. (쿨하게 사라지는)

15. **현재/제임스 별장(밤)**
     수련, 서진의 만행에 분노하는. 화상 자국이 있는 다리를 보고 울컥하
     는데.

수련 얼마나 아팠어요... 어떻게 사람을 이 지경까지.
로건 나 아무렇지도 않아요. 살아있잖아요. 당신 만난 걸로 다 됐어요.
수련 주단태도, 천서진도, 다 악마예요!! 절대 용서하면 안돼요!!
로건 용서할 생각, 조금도 없어요. 날 감금하고 있는 사람이 천서진일 거라

고는 상상도 못했어요! 하 박사까지 엮을 줄은 더더욱!

윤철 날 감방에서 풀어주는 대가로, 주단태 밑에서 일하게 했어요. 그리곤 로건을 치료하라고! 숨만 붙어있게 만들라고... 자신의 정체를 숨기려고, 은별이를 두고 협박까지 했어요!!

수련 (분노하는) 사람 아니에요!! 앞으로 어떻게 할 생각이에요, 로건?

로건 당분간 나는 죽은 사람으로 해두죠!

수련 당신 계획대로 해요! 근데, 석경이부터 찾아야 해요. 석경이가... 내 친딸이었어요!

로건/윤철 (놀라고)

로건 석경이가요?!!

수련 윤희 씨가 그걸 밝히려다 주단태한테 죽임을 당했어요. 확실한 건 아니지만, 천서진도 연관이 있는 거 같고요!

로건 (비통해하는) 내 잘못이에요! 내가, 꼭 찾아달라고 부탁했었는데.... 나 때문에 윤희 씨가 죽은 거예요!!

수련 윤희 씨 죽음 헛되지 않게 이제라도 전부 다 밝혀야 해요. 법의 심판 따위 기대하지 않아요! 내 방식대로, 처절하게 응징하겠어요!!!

로건 (서늘한 표정, 분한 듯 주먹 꽉 쥐고) 개자식들!!! 사람 잘못 골랐다는 거, 제대로 가르쳐줄게요! 더는 관용 따윈 없어요!!

윤철 나도 같이해요! 그게 뭐든. 하게 해줘요!!! (절절한 눈빛. 의지 보이면)

수련/로건/윤철 (매섭게 눈빛 반짝하는데)

수련 석훈이한테 연락해야 돼요. 걱정하고 있을 거예요.

하는데, 문이 열리고. 홍 비서가 석훈을 데리고 들어오는.

수련 석훈아!

석훈 (달려와 와락 수련을 끌어안고) 엄마!! 괜찮아요? 아무 일 없어요?! 대체 무슨 일이에요?! (하다가, 로건을 보고 기겁하는) 쌤?!!

434

16. 헤라펠리스 진경(아침)

17. 헤라펠리스 주차장(아침)
경비원들, 순찰하며 지나가면. 한쪽에서 모습을 드러내는 석경.
야구모자에 주워 입은 듯한 겉옷 차림에 매서운 눈빛으로 주변을 훑어
보고는. 헤라펠리스 안으로 다가가는데.

18. 펜트하우스 거실(아침)
단태, 커피를 마시며 여유롭게 제 집을 즐기고 있는데. 석훈, 다가오는.

석훈　엄만 어떻게 된 거예요?!

단태　글쎄... 로건한테 그런 짓을 했으니, 그 집안에서 가만있지 않겠지! 너무
무모한 짓을 했어. 고작 죽은 딸년 때문에! (미소) 이 집은 너랑 내 명의
로 돼있어. 이제야 제대로 된 내 식구만 남은 건가?

석훈　엄마 절대 다치지 않게 하겠다는 약속, 잊지 마세요!

단태　걱정 마. 난 니 엄마한테 손도 까딱 안 했으니까! 하고 싶어도 할 수가
없잖아? 로건 집안에서 끌고 갔으니! (뻔뻔한 모습인데)

석훈　(욱하지만, 애써 참으며, 수련의 말 떠올리는)

수련(E)　니 아빠가 의심하지 않도록 조심해. 유일한 자기 핏줄이라 넌 믿을 거
야. 절대, 먼저 나서지 마. 일단 석경이 찾을 때까진 조심해야 해!

단태　그만 출근해야지. (일어서면)

석훈　(슬쩍) 혹시 석경이한테 연락 왔어요? 계속 연락이 안 돼서요.

단태　유학 가서 적응하느라 바쁜 모양이지. 잘 지낼 거야. 넌 누구 닮아서 그
렇게 잔정이 많니. 쓸데없는 걱정 그만하고, 앞으로 니가 갖게 될 것들
이나 즐겨!

석훈　(이 악물고) 아빠만, 믿을게요. (연기하는 석훈)

19.　헤라팰리스 분수대(아침)
　　　출근 차림으로 걸어가는 단태. 자신을 주시하고 있는 시선 느껴지고.
　　　멈칫하는 단태. 그때! 누군가 뒤에서 단태에게 달려들고.
　　　단태, 이상한 예감에 확 고개 돌려보면. 아무도 없고.
　　　기둥 뒤에서 석경을 잡아서 입을 틀어막고 있는 사람, 동필인데.
　　　동필, 필사적으로 숨어서 석경을 붙잡고 있으면.
　　　단태, 의심스러운 눈빛. 천천히 기둥 쪽으로 걸어가는데. 동필, 식은땀
　　　나는.
　　　단태가 기둥 바로 앞까지 왔을 때, 단태의 전화벨 울리는. 조 비서고.

단태　(전화 받는) 석경인? 아직도 못 찾고 뭐하는 거야?! (버럭 하다) 돈 없어
　　　본 적 없으니, 제 발로 기어들어오겠지! 지금 내려가!

　　　단태, 전화 끊고. 기둥 한번 흘낏하다가 가던 길 가는데.

석경　(동필의 팔을 거칠게 밀치며) 뭐하는 거예요?!
동필　그런 넌!! (석경의 손에 쥔, 장식용 작은 조각상을 뺏으며) 고작 이딴 걸로
　　　너네 아빠를 죽일 수 있을 거 같아?! 따라와! (끌고 가는데)
석경　이거 놔요!! 놔!! 아저씨가 뭔데 내 일에 상관이야?!!!! (분노로 이성 잃은
　　　듯하고)

20.　헤라팰리스 커뮤니티(아침)
　　　급하게 문 열고 뛰어 들어오는 석훈. 앉아있는 석경을 보고 놀라는데.

동필　(석훈에게 퉁명스럽게) 다친 거 같으니까 병원부터 데려가. 이뻐서 데려
　　　온 거 아냐. 헤펠에서 피 보기 싫어서 그런 거야. 맘 같아서는 그냥! (석
　　　경 째려보고. 시크하게 내뱉고 나가면)
석훈　감사합니다. (급히 석경을 살피는데, 엉망진창인 몰골이고) 어딜 다친 거

야?! 얼마나?!! 꼴이 이게 뭐야?!! 당장 병원부터 가!

석경 별거 아냐.

석훈 (버럭) 별거 아닌 게 아니잖아!!

석경 부러지고 찢어진 데 없다고!!

석훈 너 진짜 왜 이렇게 속을 썩여? 엄마랑 내가 얼마나 걱정한 줄 알아?!! 왜 전화 한 통을 안 해?!! 지금껏 어딨었어? 무슨 일이 생겼음, 오빠부터 찾았어야지!!

석경 (울컥하지만, 일부러 퉁명스럽게) 이제 와서 내 걱정을 왜 해? 나 같은 거 죽어버렸어도 신경도 안 썼을 거잖아!!

석훈 그런 말이 어딨어?!!

석경 (말 막고) 어차피 난!!! 오빠 친동생도 아닌데 뭘!

석훈 (놀라는) 너 그걸 어떻게...

석경 아빠한테 다 들었어. 그래서 아빠가 날 이렇게 만든 거야. 자기 자식이 아니니까. 엄마랑 사이 갈라놓은 것도, 날 이용해 펜트하우스 뺏은 것도, 내 명의로 된 재산, 전부 아빠 걸로 돌려놓은 것도, 다 그 때문이었어! 내가 엄마 딸이라서!! 심수련 딸이라서!! 민설아랑 쌍둥이라서!!!

석훈 그게 뭐 어떻다는 거야?!! 아무 일도 아냐!!

석경 왜 아무것도 아냐? 오빠랑 내가 피 한 방울 안 섞인 남남이라잖아!! 오빠랑 난, 가는 길이 달라!!

석훈 달라진 거 없어!! 넌 죽을 때까지 내 동생이야. 내가 너 책임져! 아빠가 널 다치게 하는 일 없어. 내가 가만 안 둘 거야!! 그러니까 오빠 말 들어.

석경 나 알아. 오빠, 아빠 회사 들어간 거. 혼자 다 먹을 생각이야? 그래서 엄마도 내쫓고, 아빠 옆에 있는 거야?!!

석훈 맘에 없는 소리하지 마!!! 니가 날 몰라서 그딴 소릴 해?!! 그렇게 말하면, 맘이 좀 편해, 이 바보야?!! (하다가, 안쓰러운 듯 와락 석경을 안아주는데)

석경 놔!! 이거 놔!! 놓으란 말야!! (밀치고 반항하고 난리 치다가, 결국은 석훈 품에서 아이처럼 엉엉 우는 석경이고)

21.　청아그룹 단태 사무실 (아침)

　　　서진과 단태, 놀란 듯 보면. 엠마고.

단태　도해건설이 누구 꺼라고요?

엠마　로건의 법인 명의로 사들인 회사예요. 심수련이 당신을 범인으로 확신
　　　하길래, 우리도 그 여자를 도운 거죠.

단태/서진　(기막힌데)

엠마　천수지구 시공권은, 제시하는 조건에 넘기기로 하죠. 그동안 오해해서
　　　미안해요.

서진　그럼 도해건설은 오늘 자로 천수지구에서 전부 손을 떼는 걸로 알고 있
　　　어도 될까요?

엠마　당연하죠. (계약서에 사인하는데)

단태　(돈을 넘기며) 아주 깔끔하게 정리가 끝났네요.

서진　로건 일은 너무 안타까워요. 꼭 살아나서 진실을 밝혀주길 바랐는데...

엠마　그래도 가족 품에서 눈을 감았으니 다행한 일이죠. 저희 가족은 다시
　　　미국으로 돌아갈 예정입니다.

서진　심수련과 하윤철은 어떻게 처리하실 건가요?

엠마　그건, 저희 집안에서 알아서 하죠. 로건의 형인 알렉스가 맡기로 했어
　　　요. 절대 가볍게 처리하진 않을 겁니다! (심호흡하고) 고마워요. 곧 두
　　　사람한테 마땅한 보상이 있을 거예요!

서진/단태　(마주 보는. 뿌듯한데)

22.　레스토랑 (낮)

　　　잔을 부딪치는 단태와 서진, 규진, 동필까지.

규진　어떻게 한 큐에 일이 술술 풀리냐. 주 회장 진짜 볼수록 능력자라니까.

단태　청아건설이 시공사로 결정되면 그동안 떨어졌던 주가도 다시 상승할
　　　거예요. (자신만만한데)

438

규진	국내 최고 분양가 치도록 내가 제대로 만들어보겠습니다! 이미 헤라펠리스를 뛰어넘는 부촌이라고 썰 좀 풀어놨으니, 시공 확정 기사 뜨는 순간, 거래가 폭발할 거예요. 벌써 토지거래허가구역으로 지정한다는 말까지 있어요.
단태	다들 고생 많았어요! (돈 가방을 건네는데)
동필/규진	(받아서 보면 놀라고)
규진	이게 얼마 만에 맡아보는 돈 냄새냐? (좋아 죽다가) 하윤철 몫은 없어?
동필	그러게요. 하 박사님 무슨 일 있으세요? 오늘 계속 연락이 안 되던데.
단태/서진	(서로 마주 보며, 표정)
규진	또, 여친 만나러 간 거 아냐? 아 진짜, 나랑 같이 좀 가자니까.
단태	아마도 지금쯤 태평양 한가운데서 고깃밥이 됐을 걸요?
동필	(놀라며) 고깃밥이라뇨?!
서진	로건의 차를 폭발시킨 사람이 심수련이라네요. 펜트하우스 밀실에 가둬놓고 고문을 하고 있었던 모양이에요. 딸에 대한 마지막 복수가 로건이었던 거죠. 그런 심수련을 하윤철이 돕고요.
동필	(기함하고) 네에?!! 설마...
규진	그게 말이 돼?!! 심수련은 그렇다 치고, 하윤철 지가 왜?!!! 로건이랑 뭔 원수를 졌다고?!!
단태	돈 때문이었겠죠. 심수련이 거액을 제시했나 봐요. 미국 재벌을 상대로 겁대가리도 없이 그런 짓을 저지르다니. 애석한 일이죠. 그 덕에 우리가 나눌 몫은 더 많아졌지만!
서진	(얼른 화제 돌리고) 두 분이 많이 애써주셨다고 들었어요. 앞으로 완공될 때까지 잘 부탁드려요. 이건 청아그룹 차원에서 제가 따로 드리는 선물이에요. (골드바 내밀면)
규진	(금세 입 찢어지고) 부부 스케일이 왜 이렇게 커요? 진짜 화끈하다니까!
동필	(돈은 쥐었지만, 불안한 표정 역력하고)
단태	(모든 게 술술 풀리는 듯, 기분 좋은데)
서진	(그런 단태를 보며, 야릇한 미소 짓는 서진이고)

23.   석경 호텔방(낮)
       내려놓는 쇼핑백들. 석경의 옷과 신발, 핸드폰과 노트북 등이고.

석훈   (현금 건네며) 당분간 여기서 지내. 아빠 눈에 띄면 위험해. 치료받은 덴
       어때?

석경   괜찮다니까 진짜. 이제 쫌 가. 쉬고 싶어.

석훈   저녁엔 엄마 만나자. (전화 걸려는데)

석경   (얼른 석훈의 핸드폰 뺏고) 엄마 만나기 싫어!

석훈   왜!! 엄마 계속 걱정하게 만들 거야?!! 그날 기도원을 다 뒤졌어, 널 찾겠
       다고. 엄마 지금 너무 힘들어. 로나 엄마 돌아가시고, 제대로 잠 한숨 못
       자면서 아빠랑 싸우고 있어. 근데 너까지 엄마 괴롭혀야 직성이 풀려?!

석경   또 그 아줌마 얘기야? 로나 엄마 얘기 좀 그만해!! 지긋지긋해! 아줌마
       죽은 게 내 탓이라도 돼?!

석훈   니 탓은 아니지만, 상관없진 않아! 아줌마, 니가 엄마 친딸이라는 걸 알
       아냈고, 그 때문에 아빠한테 쫓기다 돌아가신 거야.

석경   (놀라서 보며) 뭐어?!

석훈   적어도 넌, 아줌마 죽음에 대해 함부로 말하면 안 돼! 아줌만 은별일 납
       치했다는 오해까지 받고 돌아가셨어! 진 쌤 거짓말 때문에!! 로나가 얼
       마나 손가락질당하고 힘들었는지.... (감정 격해지면서 울컥하는데)

석경   진 쌤? (하다가 굳어지는. 문득 그날 일 떠오르고)

24.   회상 1/4화 60신/헤라팰리스 분수대(낮)
       석훈과 로나, 엘리베이터에서 내려 로비로 걸어가면.
       벽 뒤에 숨어있던 분홍, 그 뒤를 따라가려는데. 누군가 분홍의 팔을 잡는.
       분홍, 돌아보면. 석경이고.

분홍   주석경?!

석경   하은별 찾아요?

440

분홍　(놀라 돌아보면) 우리 은별이 어딨는지 알아?!

석경　(교활한 웃음) 내가 좀 도와줄 수 있을 거 같은데?

25.　회상 2/4화 61신 떡볶이 집(저녁)

로나/석훈　(시계 보면서, 혼자 있는 은별이 걱정되는데. 서로 시선 주고받는)

석경(E)　(은밀히 분홍에게 톡하는데) 애들은 내가 잡고 있어요.

26.　현재/석경 호텔방(낮)

석경, 그날 일 떠올리면. 모든 게 자기 탓 같고.

석경　내가... 진 쌤한테 말해줬어. 은별이가 로나 집에 있다는 거.

석훈　뭐어?

석경　진 쌤이 부탁해서, 떡볶이 집에 오빠랑 로나를 잡고 있었어! 내가 진 쌤한테 알려주지만 않았어도, 그런 일 없었을 거야. 로나 엄마, 나 때문에 죽은 거야?! (진실 털어놓으며, 겁에 질린 표정인데)

석훈　정말 니가 그랬어? 어떻게 된 건지 정확히 말해!!! (버럭 하면)

석경　(다급히 석훈을 붙잡고) 오빠부터 말해줘! 지금 엄마한테 무슨 일 있는 거야? 아빠가 엄마한테 무슨 짓을 한 거냐고?!!! (울부짖는데)

27.　헤라펠리스 윤희 집 앞(낮)

마리, 집을 나서며 전화하고 있는. 전화 받지 않는 수련 때문에 걱정인데.

마리　수련 씬 왜 이렇게 전화 안 받아? 도해건설 시공권까지 넘기고, 어디로 간 거야? (그때, 동필이 마리 앞을 가로막으면) 아이고 깜짝이야!

동필　얘기 좀 해! (마리를 자기 집으로 끌고 가는)

마리　이거 놔! 나 바빠!!

28.   헤라팰리스 마리 집 거실 (낮)
마리, 동필한테 이끌려 거실로 들어가고.

마리   (동필을 확 뿌리치며) 당신이랑 무슨 말을 해?! 주단태 죽일 결심 선 거 아님, 협상은 없어!!

돌아서려다 보면. 거실에 있는 이사 박스들이 눈에 들어오고.

마리   이게 다 뭐야? 당신 이사 가?
동필   (단태한테 받은 돈 가방을 마리한테 턱 안겨주며) 우리 여기 뜨자!
마리   뭐?
동필   (눈빛 독하게) 비행기 예약했어. 제니 다닐 학교도 알아봤고. 이 정도 돈 이면, 충분히 거기서 우리 제니 서포트할 수 있어! 우리 가족, 알콩달콩 다시 시작하는 거야. 아무도 모르는 데서!!
마리   (열어보면, 돈다발이 그득하고) 설마 이 돈, 주단태한테 받은 거야? 시공 권 뺏어왔다고 돈 잔치하든?!
동필   어차피 천수지구는 청아건설이 맡게 돼있어! 그래야 우리 땅도 비싸게 팔릴 거구! 이제 그만 심수련이랑 연 끊어!!
마리   니가 인간이야? 남의 집안은 쑥대밭 만들어놓고, 뭐? 알콩달콩 다시 시 작해? 난 아직도 로나 얼굴 제대로 못 봐! 죽을 만큼 미안해서!
동필   (냉정하게) 난 내 새끼만 생각할 거야!! 로나한테도 돈 주면 되잖아!!
마리   사람이 죽었어, 사람이!! 로나한테 윤희 씬 하늘이었다구!! 하늘이 사 라졌는데 그깟 돈이 뭐?!!
동필   마리야!!
마리   (벽으로 밀고) 수련 씨가 사라졌어! 수련 씨 지금 어딨는지 당신 알지? 주단태 그 개자식이 수련 씨 납치라도 해서 협박한 거 아냐? 그렇지 않 음, 도해건설이 갑자기 포기할 리가 없잖아!
동필   우리가 그딴 거 알아서 뭐해? 우린 돈만 챙기면 돼!!

442

마리　(버럭) 그럼 여태 이 돈 때문에 주단태한테 붙어있었던 거야? 이런 비
　　　겁한 자식!! (당수 쳐서 넘어뜨리고)

동필　으악!!

마리　(목덜미 누르고) 너 절대 도망 못 가!! 윤희 씨한테 지은 죄, 벌 다 받고
　　　가!! 주단태가 한 짓, 니 입으로 불고 가라고!! 수련 씨까지 건드리면,
　　　내 손으로 너 감빵 치넣어버릴 거니까 그렇게 알아!! 이게 벌써 주단태
　　　한테 물들었냐. 콱 그냥! (무섭게 으름장 놓는데)

29.　청아재단 회의실 (낮)
　　　이사장 해임안을 두고 긴장한 표정으로 앉아있는 이사들과 서진.

이사1　심수련 이사장은 왜 아직 안 오는 거죠?

이사2　전화도 꺼져있는데요.

서진　이런 말씀드려도 될지 모르겠지만, 심수련 이사장은 지금, 살인, 납치,
　　　감금 혐의를 받고 도피 중인 걸로 알고 있습니다.

이사들　(놀라서 웅성대면)

서진　술집에서 마담으로 일한 것도 수치스러운 일인데, 이런 사실까지 언론
　　　에 새나가면 청아재단은 돌이킬 수 없는 불명예를 떠안을 겁니다.

이사1　(흥분해서) 더 이상 기다릴 것도 없네요!! 당장 거수로 투표하죠. 심수
　　　련 이사장 해임에 찬성하시는 분, 손을 들어주세요.

　　　전원 다, 찬성에 손을 들면.

이사1　그럼 전원 찬성으로 심수련 이사장의 해임안은 통과되었습니다. (탕탕
　　　탕! 두드리면)

이사2　모두 모인 김에 새 이사장 선출까지 진행하죠. 마침 천서진 전 이사장
　　　님도 계시고.

서진　제가요? (당황하는 척하다가, 이사들 향해 서서) 일천하지만 다시 한번

기회를 주신다면, 청아재단을 위해 제 심장을 바치겠습니다. (고개 숙여 인사하는)

30. 청아재단 이사장실(낮)

서진과 도 비서가 들어오고.

서진 (이사장실을 둘러보며) 취임식 때까지 이 방 원래대로 돌려놔!

도비 알겠습니다. 다시 돌아오신 거, 축하드립니다, 이사장님!

서진(E) (감격한 눈빛으로 이사장실 둘러보고는 의자에 앉는) 아버지! 다시 돌아왔어요. 아버지가 물려주신 청아재단으로!! (어느 때보다 강렬한 눈빛이고)

31. 제임스 별장 창고(밤)

준기, 창고에 갇힌 채로, 문 쾅쾅! 두드리며 아우성치고 있고.

준기 난 아니야!! 정말 아니라고!! 난 천서진이 시키는 대로 한 것뿐이야! 천서진이 모두 꾸민 일이라고.
　그때, 창고 문이 열리고, 모습을 드러내는 사람, 수련과 로건이고.

로건 당신 죄를 모두 고백하는 건가?

준기 (귀신이라도 본 듯 허걱 하고) 로, 로건?!! (뒷걸음질 치면)

로건 실망했나? 내가 멀쩡하게 살아있어서. 어떻게 내 믿음을 이리 저버릴 수 있지?!! 난 당신을 도와주려고 한 건데!!

준기 (두려움에 떨면)

수련 처음부터 주단태를 죽일 생각 따윈 없었어! 부모 복수 따윈 관심도 없었다고! 주단태를 죽이겠다 쇼를 한 것도, 나한테 접근하기 위한 미끼였나?

로건 왜? 내 돈이 탐났어? 그래서 천서진과 손을 잡은 거야?!!

준기 아냐. 날 정신병원에서 꺼내준 당신이 고마웠어. 진심이야!! 하지만, 천서진 쪽 제안이 더 달콤했어.

수련 도박 빚을 갚아줘서?!

준기 나한테 모든 수익의 절반을 나눠준다 했어. 잘만하면 억울한 내 인생을 보상받을 거라 생각했어!

로건 주단태와 넌, 이름만 공유한 게 아니야. 똑같은 쓰레기였어!! 널 다시 그곳으로 보내줄 생각이야. 평생 거기서 썩도록 해! (경호원들에게) 끌고 가! (명령하면)

경호원들 (준기를 거칠게 끌고 나가고)

준기 안 돼!!! 싫어!! 다시 돌아가고 싶지 않아!! 싫다고!!! 로건!! 제발 나 좀 살려줘!! 로건!!!! (발악하며 끌려가는데)

수련/로건 (냉정한 표정)

32. **자코모 일각/제임스 별장/전화통화(낮)**
     석훈, 단태와 같이 매장을 돌아보고 있는.
     단태 눈치 살피며, 수련과 나직이 통화하고 있는 석훈.

수련 (놀라고) 석경일 찾았다고? 지금 어딨어? 당장 이쪽으로 데리고 와!! 아니, 내가 지금 갈게. 어디야, 거기?!!

석훈 (단태 시선 피해서) 아직은 엄마를 만날 자신이 없나 봐요. 많이 혼란스러워하고 있어요. 석경이한테 조금만 시간을 줘요.

수련 딸이 엄마 만나는 데 무슨 시간이 필요해? 석경이한테 전해줘. 엄만 예전이랑 똑같이 기다리고 있으니까, 언제든 오라고! (가슴 메이는데)

석훈 그보다, 석경이한테 오늘 중요한 얘길 들었어요! 로나 아줌마가 돌아가신 날, 석경이가 진 쌤을 만났대요. 진 쌤이 은별일 납치한 게 확실해요! (하는데, 매장을 둘러보던 단태가 석훈에게 다가서면) 이따 다시 전화할게요. (급히 전화 끊으면)

단태 (다가서며, 감회가 새로운 듯) 이제야 이곳이 내 손에 들어왔어!! 이 매장을 헐어버리고, 천수지구의 랜드마크로 만들 거야!!

석훈   (태연하게) 왜 이렇게 이 자릴 욕심내신 거죠?

단태   (굳어지고) 여긴 원래 내 집이었어! 니 친할머니가 살던 곳이야.

석훈   친할머니요? 외할아버지 땅 아니었어요?

단태   아니! 나랑 내 가족이 살았어! 천수지구 27번지에서! 그리고 여기, 내 어머니가 묻혀있어! (복받치는 감정에 사로잡히는데)

33.   회상/7화 48신/천수지구 27번지/공사장/40년 전(밤)
단태모, 어린 단태에게 마지막 말 남기는.

단태모   준기야, 넌 꼭 살아야 돼. 돈 많이 벌고, 성공해서, 번듯하게 좋은 집 짓고, 꼭 부자로 살아.

단태   (겁에 질려) 안 돼! 안 돼, 엄마. 죽지 마. 나만 두고 죽으면 안 돼! 눈 떠!! 얼른!! (동생에게) 준희야. 정신 차려. (뺨을 두드리고, 손을 주물러주면서) 숨 쉬라고!! 내가 잘못해서. 이제 밥도 안 뺏어먹고, 노래도 잘 들어주고, 그러니까 죽지 마, 제발!!

34.   현재/자코모 매장(낮)
단태, 혼자만의 상념에 빠져있는.

단태   모든 게 여기서 시작됐고, 이제 완성할 차례야. 이곳에 내 어머니를 추모할 제우스 타워를 세울 생각이다. 24시간 불이 꺼지지 않고, 서울 어디서든 누구나 볼 수 있는 가장 높은 건물! 그리고 이 모든 건, 석훈이 니 꺼야!! 상상해봐!! 얼마나 멋진 일인지! 내 아들로 태어난 게 감사하지 않아? 하하하... (다 이룬 듯, 더없이 기분 좋은데)

석훈   (애써 미소 지으며, 표정 관리하는)

35.   제임스 별장(낮)
수련과 윤철, 얘기하고 있는.

수련 진분홍부터 찾아야겠어요. 그 여자가, 그날의 진실을 밝힐 키를 갖고 있어요! 어디 사는지 혹시 아세요?

윤철 그건 모르지만, 찾을 방법은 알고 있어요! 나한테 맡겨요. (의미심장한 표정 지으면)

수련 궁금한 게 있어요. 왜 로건을 도운 거죠?

윤철 윤희 때문에요. 윤희라도 그렇게 했을 거 같아서. (서둘러 나가는)

수련 (뭔가 기분 이상하고. 윤철을 보는 표정)

36. 헤라팰리스 분수대 (낮)

분홍, 소파에 앉아서 계속 은별에게 전화를 걸어보는데. 전화를 받을 수 없다는 음성만 들리고.

분홍(E) (문자 보내는) 은별아, 왜 이렇게 연락이 안 돼? 무슨 일 있어? 너 보러 헤팰 왔어. 잠깐 시간 좀 내줘.

온통 분홍이 일방적으로 보낸 문자들이고. 은별은 계속 답 없는.
분홍, 위치추적 어플을 켜보는데. 은별의 위치 뜨고. 벌떡 일어서는 분홍.

37. 스터디카페 (낮)

은별과 은후, 민혁, 서울대 친구들과 스터디 중인데. 직원, 음료수 내려놓으면.

유정 은별이 너, 청아아트센터 오디션에서 떨어졌다며? 서울대가 고졸한테 진 거야? 배로나 실력 장난 아니라면서? 오디션 참가했던 애들 후기 봤어?

은별 (얼굴 벌게지면)

민혁 (은별 들으란 듯) 장난 아니지! 억울하게 실력 없다고 소문났는데 개뻥이야. 서울대 수석 합격할 만큼 실력 쩔어. 내가 오디션 영상 보여줄까?

(핸드폰으로 영상 보여주면)

아이들　(로나가 노래하는 영상 보며 감탄하는데)

은별　아악! (갑자기 벌떡 일어서는데. 두통이 생기는 듯 머리를 감싸 쥐고 괴로워하는) 아아아.... 아아아.... (놀란 아이들 표정. 천천히 고개를 드는 은별. 멍한 눈빛, 윤희 목소리로) 은별아! 일어나! 하은별! 이러다 죽어!! 제발, 제발 정신 차려!!!

인서트) 5화 8신

윤희(E)　은별아! 일어나! 하은별! 이러다 죽어!! 제발, 제발 정신 차려!!! (차 뒷좌석에 누워있는 은별에게 소리치는 모습)

은후　(놀라서) 왜 그래, 은별아! 괜찮아? (붙잡으면)

은별　(멍한 눈으로 주위 둘러보다, 정신 돌아온 듯) 어? 여기가 어디야? 니네들 언제 왔어?

은후　무슨 소리야? 우리 기말고사 스터디하고 있었잖아.

민혁　오~ 하은별! 잘 빠져나가는데? 연기 장난 아니네.

유정　여우주연상 확정인데?

아이들　(큭큭대며 비웃으면)

은별, 낯설게 친구들을 보다가 휘청하는데.
그때, 은별을 붙잡는 건, 분홍이고.

분홍　은별아! 괜찮아?!

은별　쌤!! (굳어지고)

컷 되면. 은별과 분홍 앉아있는.

분홍　(음료 건네며) 좀 마셔. 얼굴이 왜 그리 창백해? 밥이라도 먹은 거야? 안 되겠다. 우리 집에 가자. 내가 너 좋아하는 거, 실컷 만들어줄게.

은별 쌤! 나... 약 좀 더 구해줄 수 있어요?

분홍 약? 그게 요즘 쉽지가 않아서...

은별 (분홍의 손을 붙잡고 간절하게) 해줘요! 나 위해서! 진 쌤만큼 내 생각해주
는 사람 없잖아요. 약 없으면 머리가 깨질 거 같아요. 꼭, 약 좀 구해줘요.

분홍 (자신한테 의지하는 은별 모습에 희열을 느끼며) 그래, 알았어. 널 위해서
는 뭐든 할 수 있어. 걱정 마. 내가 꼭 구할 테니까!!

* 은별이가 분홍이를 보자 갑자기 벌떡 일어나 두통 있는 듯 소리 지르
는 모습, 은별 시점에서 따로 찍어놓습니다.

38. 한강둔치 일각/윤철의 차 안(저녁)

분홍, 한쪽에서 누군가를 기다리고 있는데.

그때, 분홍의 앞으로 다가와 멈춰 서는 자동차. 익숙한 듯 차에 올라타
는 분홍.

분홍 약은!! 이번엔 진짜 많이 필요해.

윤철 (모자에 마스크까지 쓰고 있는데) 그 약 너무 위험해서 임상 중단됐어.
조기 치매증상도 보이고 부작용이 심해. 그건 알고 있어?

분홍 당신이 그딴 걸 왜 신경 써! 내가 상관 안 한다고 했잖아! (가방 열어서
돈다발 보여주며) 빨리 약이나 내놔! 구할 수 있는 만큼 다 가져왔지?

그때, 마스크를 내리는 사람, 윤철이고.

분홍 (윤철을 보고 놀라는) 은별 아빠?!!

윤철 그걸 알면서, 내 딸한테 그딴 약을 먹였어? (분노하면)

분홍 (심호흡하고, 애써 당당하게) 은별이가 원했어. 먼저 약을 구해달라고 한
건 은별이라고!!

윤철 거짓말!! 내가 당신 말 믿을 거 같아? 당신이 내 딸을 망쳤어!! (분노하면)

분홍 은별인 엄마 아빠가 망친 거야!! 니들이랑 같이 있으면, 우리 은별이가 불행해져. 내가 지킬 거야!! 은별이 절대 안 뺏겨!! (차 문 열고 도망치려는데)

윤철 (분홍의 뒷목을 잡고, 목에 주사바늘을 꽂는!)

39. 헤라팰리스 커뮤니티(저녁)
마리, 커뮤니티로 들어서면. 혼술 중인 상아가 눈에 들어오고.

마리 여기서 뭐하는 거야? 저녁 시간에 사람은 불러놓고. 빨리 말해.

상아 (살짝 취해서) 이규진 꼴 뵈기 싫어서 집엔 가기 싫은데, 아무리 생각해도 갈 데가 없더라고요. 나, 인생 헛살았어요. 한평생 시집살이에 남편 뒷바라지한다고 놀 줄도 모르고, 할 줄 아는 것도 없고, 나 왜 이러고 살았대요?

마리 얼씨구?

상아 시원하게 한방 멕이고 싶은데, 뭘 어째야 될지 당최 모르겠어요.

마리 (상아를 한심하게 보다가) 일어나.

상아 네?

마리 언니가 알려줄 테니까. 따라와!

40. 헤라팰리스 규진 집 거실(밤)
규진, 시계를 보며 왔다 갔다, 상아에게 계속 전화를 하는데. 받지 않고.

규진 이 여편네가 진짜! 몇 시야, 지금?! 남편 삼시 세끼 챙겨주던 여자가, 밖으로만 나돌고. 살림도 안 하고. 진짜 왜 이런대?! (씩씩대는데. 갑자기 영상통화 걸려오고. 보면 상안데. 얼른 받는) 야!! 너 거기 어디야?!!

버럭 하는데. 흘러나오는 노랫소리. 규진, 전화기에 바짝 귀 기울이는데. 흥이 오른 술자리 소리가 나오고.

규진, 순간 눈 도는데.

41. 헤라펠리스 윤희 집 거실(밤)

상아, 사이키 조명 아래 춤을 추며 전화를 받고 있는데.

규진(F) 누나 지금 어디야!!!! 거기 딱 기다려!! 내가 그리로 갈....

상아 (타이밍 좋게 전화 끊어버리면)

카메라 빠지면. 윤희 집 전등을 켰다 껐다 하는 마리. TV도 끄는데.

상아 (푸념조로) 이런다고 그 자식이 신경이라도 쓰겠어요?

마리 봐봐. 전화기 불나는 거. 애가 타 죽네 죽어!

상아 (보면, 계속해서 걸려오는 규진의 전화고)

마리 더도 말고, 딱 두 시간만 더 있다가 집에 가! 아! 집에 가기 전에 이거 뿌리고. (향수병 건네는데)

상아 웬 향수? (향수병을 칙! 뿌리면) 으. 이거 향이 왜 이래요? (킁킁대면)

마리 소주야. 술 냄새 좀 풍겨줘야 규진이가 더 열 받을 거 아냐?

상아 (감동 먹는) 언니!! 나 오늘부터 언니 존경해도 돼요? 아니, 사랑해도 돼요? 마리 언니~~~ (마리를 와락 끌어안고 볼에 뽀뽀하고 난린데)

42. 제임스 별장 창고(밤)

눈을 뜬 분홍, 결박된 채 의자에 묶여있고.

수련과 윤철, 분홍을 지켜보고 있는데.

분홍 당신들 뭐야! 왜 날 여기로 데려왔어?! 죽고 싶어?!! 당장 이거 풀어!! (발악하며 악다구니 쓰는데)

수련 주단태와 무슨 딜을 한 거죠? 주단태 부탁을 들어주면, 은별이를 주겠

분홍	다고 약속하던가요? 그 말도 안 되는 소릴 믿었어요?

분홍   (뻔뻔하게) 내가 주단태랑 무슨 딜을 해? 그런 얼빠진 자식이랑 내가 왜! 어차피 은별이는 내 딸인데!!

윤철   (발끈해서) 당신이 은별일 뺏을 수 있을 거라 생각해?!!

분홍   퉤! 너네보다 은별일 더 사랑하는 게 나야! 당신도 출소한 이후 은별이 한번 찾아온 적 없잖아! 고작 자기 복수에 미쳐서!!

수련   그날, 당신이 은별이 납치했고, 당신을 뒤쫓다 윤희가 죽었어! 당신이 알고 있는 걸 전부 말해! 그날 무슨 일이 있었는지!!

분홍   난 몰라!!

수련   말해!!

분홍   아무것도 모른다고!! 오윤희가 죽은 건 나랑 아무 상관없어!!

로건(E) 오랜만이에요, 진분홍 씨.

분홍, 순간 귀에 익은 목소리에 굳어지고.

분홍   이 목소리는.... 설마?! (보면. 어둠 속에서 모습을 드러내는 로건, 기겁하는) 로건!!! 어떻게 된 거예요?! 살아있었어요?

로건   (분홍에게 다가서고) 살았죠. 여기 있는 두 사람 덕분에.

분홍   얼굴이 왜 이 모양이에요? 대체 당신을 누가 이런 거예요?!! 누가?!! (비통해하면)

로건   주단태! 그 자식이 날 죽이려고 폭탄을 설치했죠. 근데 당신은 그런 인간과 손잡고 기자회견까지 열어서 오윤희를 범인으로 몰고, 내 명예까지 더럽혔어! 당신이 어떻게 날 배신할 수 있지? 어떻게!!! 내 일을 돕겠다고 한국에 온 게 아니었어?!!

분홍   (혼란스러워하며, 저자세로) 난 몰랐어요 진짜. 주단태가 그런 끔찍한 짓까지 한 줄은! 내가 욕심낸 건 은별이밖에 없어요!!

로건   알아. 당신의 죽은 딸, 미셸 때문인 거.

분홍   (순간 멍해진 표정으로 로건을 보는데)

로건   미쉘은 당신 때문에 죽은 게 아냐. 그 아이를 그날 밤에 방에 방치해둔 건 술 취했던 당신 남편이었어!!

분홍   아냐!! 나 때문에 죽은 거야!! 내가 도망쳤어!! 남편이 무서워서!! 그 가여운 아이만 혼자 두고..... (고통스러워하며) 손이... 얼굴이... 너무 차가웠어요. 내가 조금만 빨리 갔어도 살릴 수 있었는데... (오열하고) 다신 혼자 안 둬요. 다신...!! 은별이도 혼자 두면 안돼!! 내가 가야 해!!

윤철   (욱해서) 정신 차려!! 은별인 당신 딸이 아냐!!

분홍   내 딸이야!! 내 품에서 잠들고, 나를 보면 방긋방긋 웃고, 나한테 무슨 얘기든 다 했어. 내가 해주는 음식을 좋아하고, 내가 오길 기다리고, 또 기다리고.... (눈빛이 허공을 맴도는데)

윤철   미친 것!!! 다신 우리 은별이 옆에 얼씬도 못 하게 해주겠어!! (분홍에게 달려드는데)

로건   (그런 윤철을 막고)

분홍   (로건 앞에 무릎 꿇고, 싹싹 빌며) 로건!! 나 좀 도와줘요. 나 은별이 못 보면 죽어요. 은별이 만나게 해줘요. 네? 제발요, 로건!! (미친 듯이 두 손을 빌면서 매달리는데)

수련   (그런 분홍의 먹살을 잡아 쥐며) 그건, 당신이 어떻게 하냐에 달렸어. 그날! 무슨 일이 있었는지, 다 얘기해!!

로건   (분홍에게 재촉하듯 눈빛 쏘아보며) 어서 말해, 진분홍!!

분홍   그날? (떨리는 눈으로 생각하는) 오윤희가 내 차를 쫓아왔어요. 그래서 주단태한테 전화를 걸었어요.

43.   **회상 1/4화 65신/도로 일각/윤희의 차 안/분홍의 차 안**(저녁)
      미친 듯 달리는 분홍의 차. 그리고 그 뒤를 바짝 따라붙는 윤희.

분홍   (사이드미러로 윤희 차 확인하고) 저 미친 게 왜 따라오는 거야? (다급히 단태에게 전화를 거는) 하은별을 찾았어요. 지금 떠나려고 하는데, 오윤희가 쫓아와요! 나 좀 도와줘요!

단태(F)　오윤희?!! 오윤희가 거기 있다고? 그럼 당연히 내가 도와야지. 내가 말하는 곳으로 오윤희를 유인해!

44.　**회상 2/4화 70신/분홍의 차 안/단태와 약속장소/김포농원 앞(밤)**
분홍, 단태와 약속한 장소에 멈춰 서면.
"김포농원"이라는 표지판을 보고 차에서 내리는데. 뒷좌석에 은별이 정신 잃고 쓰러져있고.
그때! 정장남이 분홍 뒤로 다가오더니, 분홍에게 보자기를 씌우는.
단태, 먼저 와서 기다리고 있다가, 조 비서와 함께 걸어오고.

단태　일단 이년부터 치워!

분홍(E)　주단태가 약속한 곳으로 갔는데, 갑자기 날 결박하고 끌고 갔어요. 그 다음부터는 나도 몰라요!

45.　**현재/제임스 별장 창고(밤)**
수련, 다그치는.

수련　거짓말 마!! 윤희 씨가 죽은 현장에 당신 차가 있었어! 똑바로 말해!!
분홍　정말 모른다고!! 계속 감금돼있다가, 기자회견을 해주는 조건으로 겨우 풀려났어!! 그게 다야!!
윤철　이 여자 말, 믿을 수 없어요!
로건　(분홍에게) 블랙박스 영상은?
수련　차를 건졌을 때, 바다에 빠졌는지 못 찾았어요.
로건　(순간 뭔가 번득하고, 분홍에게) 그 차, 내가 준 차 맞죠? 내 법인 명의로 된.
분홍　(슬쩍 눈 피하고) 맞아요.
로건　(분홍 앞으로 바짝 눈 마주치며) 진분홍 씨! 내 눈 똑바로 보고 말해요. 블랙박스, 정말 못 찾았어요?!

분홍 (어색하게) 그렇다니까요. 못 믿겠으면, 경찰한테 물어보면 되잖아요.

로건 (거짓말임을 확신하고) 홍 비서! 지금 사람 보내서, 진분홍 씨 집, 차, 전부 뒤져! 블랙박스 어디에 숨겼는지.

홍비 네! (뛰쳐나가면)

분홍 (당황하고) 로건! 저기 그게...!!

로건 (매섭게 다그치는) 솔직하게 말해요!! 마지막 기회 주는 거예요!

분홍 (갈등하다가) 경찰도 몰라요. 내가 사람 시켜서 따로 찾은 거예요. 근데, 아직 나도 못 봤어요! 법인 명의라 로그인이 안 돼서.

로건 (눈빛 반짝하고) 어딨죠? 그 블랙박스!!

46.   제임스 별장 (밤)

테이블 위에 블랙박스 놓여있고(모니터 없는 내장형 블랙박스).

수련, 로건, 윤철, 태블릿에 블랙박스 어플을 설치하고. 법인 명의로 로그인을 하는데.

수련 6개월이나 지났는데, 영상이 아직 있을까요?

윤철 사고 날이 마지막 영상이면, 남아있을 거예요. 새로 입력된 정보가 없으니까.

로건, 확인하면. 화면에 뜨는 블랙박스 영상들.

그중 제일 마지막에 저장된 영상을 클릭하는 로건.

바짝 긴장한 채 화면을 응시하는 수련과 로건, 윤철!

드디어 영상이 시작되는데! 고스란히 남아있는 윤희의 최후!

47.   인서트/블랙박스 화면/5화 75신/김포벼랑 위 (밤)

윤희 (온몸 땀에 젖어서) 더 이상은 힘들어. 은별이 먼저 꺼내! 빨리 은별이 꺼내라고!!

서진   그럼 넌?! 혼자 감당할수 있어?!!

윤희   이러다간 우리 다 죽어!! 은별이 먼저 꺼내면, 나도 동시에 피할게. 그러니까 빨리!! 시간 없다고!! 뭐해?!! (기진맥진 상탠데)

서진   (망설이듯, 그런 윤희를 보면)

윤희   우리 다 살 수 있어!! 내가 시키는 대로 해!! 나 절대 안 죽어!! 우리 로나 놔두고 내가 어떻게 죽어?!!! 걱정 말고, 은별이부터 빼내!! 빨리!!!

서진   (심호흡하고) 알았어! 좀만 더 버텨!! 절대 밀리면 안돼!!!

서진, 보닛을 밀고 있던 손을 놓고, 차 뒷좌석으로 재빨리 뛰어가면.
차가 급격히 뒤로 밀리고! 윤희, 어쩔 수 없이 자신의 발을 바퀴에 끼우는. 참을 수 없는 고통스러운 비명이 튀어나오고.

윤희   아아악!!! 빨리!! (온몸으로 차를 막고 있으면)

서진   (뒷좌석에 기절해 있는 은별을 꺼내려고 안간힘 쓰는데)

윤희   (발을 바퀴에 낀 채로 필사적으로) 멀었어?!! 빨리!! 얼른!! (소리치는데)

서진, 뒷좌석에 있던 은별이를 빼내다가 갑자기 표정 서늘해지고.
옆을 보면. 눈을 질끈 감고 죽을힘을 다해 버티고 있는 윤희의 모습이 보이고.
서진, 급격히 차가워진 눈빛으로, 은별을 바닥 한쪽에 안전하게 내려 놓는데.

윤희   아직 멀었어? 나.... 더 이상 못 버티겠어. (비 오듯 땀이 쏟아지고, 손이 부들부들 떨리는. 마지막 힘을 모아 발악하고 있으면)

서진   (그런 윤희를 보는) 오윤희! 우리 악연도 이렇게 끝이 나네. 잘 가!

서진, 사악한 미소를 띤 채, 갑자기 뒤에서 차를 힘껏 밀어버리는데.
간신히 바퀴를 버티고 있던 돌이 뽑히면서 빠르게 미끄러지는 차.

윤희, 서진을 보며 굳어지는! 비명 한마디 못 지르고, 그대로 절벽 아래로 떨어지는데.

48. 제임스 별장(밤)

수련 아아악!!!

수련, 외마디 비명 지르고 화면을 외면하면.
윤철, 분노로 파르르 떠는. 모두가 잠시 할 말을 잃는데.

로건 (참담한 표정으로) 천서진이었어요! 윤희 씨를 죽인 사람....

윤철 미쳤어!! 미쳤어!! 왜 그랬어!! 대체 왜!!!! (주먹으로 벽 내리치며, 절망적으로 포효하는데)

수련 (충격받은 듯 흐느끼며) 저렇게 윤희 씨를 죽이고, 나까지 없애려고 했던 거예요. 모든 걸 차지하려고!!

로건 주단태와 공조했을까요?

수련 아뇨. 주단태는 자기가 윤희 씨를 죽인 걸로 알 거예요. 그렇다고 그 인간 죄가 없어지는 건 아니에요. 유동필을 압박하려고, 시신을 이용하고, 윤희 씨를 두 번 죽였으니까!

윤철 으아악!!! (괴로운데) 우리 은별이가 저걸 다 본 거예요. 그래서 진분홍한테 약을 구해달라고 한 거예요. 천서진이, 우리 은별일 지옥으로 몰았어요!! 용서 못 해!!! 절대!!!!

수련 (이를 악물고 흐느끼다, 이내 냉정해진) 그들도 지옥이 뭔지 알게 될 거예요!!

49. 헤라펠리스 분수대(밤)

소주를 사서 걸어오는 동필, 이미 취해 보이는데.
휘청하는 동필, 넘어질 뻔하면. 붙잡는 건, 로나고.

로나	아저씨, 괜찮으세요?
동필	(놀라서 얼른 로나의 팔을 뿌리치고) 괜찮으니까 신경 꺼. (그냥 걸어가는데)
로나	아저씨! (동필을 따라가고) 제니, 청아아트센터 상주음악가 합격한 거 아시죠? 합격 파티 때 아저씨도 오셨으면 좋았을 텐데.
동필	(발끈해서) 니가 무슨 상관이야?
로나	(얼른 핸드폰으로 제니의 오디션 영상을 보여주며) 제니, 이날 엄청 잘했거든요. 보세요! 궁금하셨죠? 오디션에서 진짜 예뻤는데.
동필	(오랜만에 보는, 노래하는 제니의 모습에 울컥하는데)
로나	제니가 항상 그랬어요. 자긴 아빠 닮았다고. 의리 있는 것도, 마음 약한 것도.
동필	그럼 딸이 아빠 닮지, 지나가는 강아지 닮겠어? (쌩하니 그냥 가려는데)
로나	(뒤에 대고) 제니, 아저씨 되게 좋아해요. 자기 전에 꼭 아저씨랑 찍은 사진 보면서 아저씨 그리워하더라구요. 무슨 일인지는 모르지만, 아줌마랑 제니한테 진심으로 얘기하면 오해 풀리지 않을까요? 뭐든 말씀하세요. 제가 도와드릴게요. 그리고 술... 너무 많이 드시지 마시구요. (꾸벅 인사하고 가면)

그 순간. 동필의 눈에 분수대가 들어오고. 윤희의 시신이 보이면. 죄책감에 그대로 무너지는데.

동필	유동필... 너 진짜 개자식이다. 정말... 정말 개자식이야....!!!! (눈물이 뚝뚝 떨어지는데)

50. 헤라펠리스 윤희 집 앞 (밤)
로나, 복도 걸어가고. 문 열고 안으로 들어가면.
그 모습을 지켜보고 있는 사람, 모자 쓴 윤철이고.

윤철(E) (왈칵 울음이 쏟아질 것 같은 표정으로 보고 있는) 한 번은 니 아빠 노릇할게. 한 번은!

51. **헤라팰리스 마리 집 거실(밤)**
동필, 거실로 들어와, 단태가 준 돈 가방을 구석으로 던져버리고. 테이블 위에 있는 비행기 티켓을 갈기갈기 찢어버리는.
독해진 표정의 동필, 뭔가 결심한 듯 마리에게 전화하는데.

동필 강마리! 나.. 뭐하면 되냐? 니가 시키는 거 다 할게! 그리고, 벌 받을게. 니 말대로! (더없이 눈빛 매서워지는)

52. **석경의 호텔방(밤)**
석경, 석훈이 준 노트북으로 수련의 SNS 보는데. SNS 프로필 사진에 석경과 수련이 토끼 머리띠 쓴 사진이 올라와 있고. 멈칫하는. 그 위로,

53. **회상/펜트하우스 거실(낮)**
수련과 석경, 핸드폰으로 다정하게 사진 찍고. 노트북으로 옮겨서 얼굴에 토끼 수염 그리고, 토끼 머리띠 그리고, 낙서하고 깔깔대며 웃고 장난치는....

54. **현재/석경의 호텔방(밤)**
석경, 수련과의 행복했던 때 사진을 보면 울컥하고. 노트북 닫아버리고. 한손으로 들고 벌떡 일어서는.

55. **제임스 별장 일각/석경의 호텔방/전화통화(밤)**
윤철, 터벅터벅 별장으로 들어서는데. 고개 들어보면. 그 앞에 로건이 서있고.

로건	어디 다녀와요? 아직 돌아다니긴 일러요. 주단태 눈에 띄면...
윤철	(로건 말 가로막고) 부탁 하나 해도 될까요? (주머니에서 통장 꺼내 내밀고) 로나 위해서 준비해둔 돈인데, 대신 전해주세요.
로건	(받지 않고, 통장 내려다보며) 직접 하지 그래요? 이제라도... 아빠 노릇.
윤철	(놀라서 보면)
로건	윤희 씨한테 들었어요.
윤철	(단호하게) 난, 아빠 자격 없어요. 로나도 원하지 않을 거고... 대신! 윤희를 위해서 주단태랑 천서진 무너뜨리는 데 내 인생을 걸 거예요!! 무슨 짓이든 할 거예요! 지금 내 머릿속엔 그 생각뿐이에요! 윤희 복수, 내 손으로 꼭 하겠어요!!!
로건	윤희 씨가 외롭지 않겠네요. 나도 당신도 윤희 씨한테 빚을 진 사람들이잖아요.
윤철	혹시라도 나한테 무슨 일이 있으면, 로나 부탁할게요. 로나 옆에 끝까지 있어주세요.
로건	(이상한 예감에 윤철을 마주 보는데)

그런 두 사람의 모습을 한쪽에서 보고 있는 수련.
그때, 수련에게 걸려오는 전화. 모르는 번호고.

수련	(멈칫하다 받는) 여보세요. (아무 말도 안 들리고) 여보세요. 말씀하세요! (하다가) 석경이니? 석경이 맞지?! 어디야? 엄마가 지금 갈게. 만나서...
석경	(애써 울음 참고. 시니컬하게) 할 말이 있어 전화했어. 천명수 이사장님, 심장마비로 돌아가신 거 아냐. 죽인 사람이 있어. 천서진 쌤이야!
수련	(놀라고) 뭐? 너 그게.. 무슨 말이야?!!
석경	내가 봤어. 그 영상. 은별이가 갖고 있었어. 은별이가 목격자야!
수련	(기함해서 로건과 윤철을 보는데)
로건	(뭔가 해서 수련을 보면)
석경	엄마가 하려는 일, 꼭 성공하길 바래. (급히 전화 끊어버리면)

수련   석경아!! 석경아!!! (충격받은 표정이고)

로건/윤철 (뭔가 심상치 않은 소식을 예감하는데)

56.   헤라펠리스 전경 (아침)

57.   헤라펠리스 서진 집 주방 (아침)
서진, 기분 좋게 주방으로 들어서는.

서진   은별아, 오늘 엄마 취임식 파티에 올 거지? (하다가 멈칫하고. 보면)

은별   (허겁지겁 아침을 먹고 있는)

서진   너, 뭐해?

은별   뭐하긴? 밥 먹지. 어제부터 못 먹었더니, 너무 배고파.

서진   무슨 소리야? 너 방금 아침 먹었잖아. 카레라이스 한 그릇 다 비워놓고.

은별   (서진을 보는) 내가?! 언제? (그러다 갑자기 외마디 비명) 아악!! (머리를 감싸 쥐고. 공포에 휩싸이더니 멍해진 눈. 윤희 목소리로) 우리 다 살 수 있어!! 내가 시키는 대로 해!! 나 절대 안 죽어!! 우리 로나 놔두고 내가 어떻게 죽어?!!! 걱정 말고, 은별이부터 빼내!! 빨리!!!

인서트) 5화 75신/김포벼랑 위

윤희   우리 다 살 수 있어!! 내가 시키는 대로 해!! 나 절대 안 죽어!! 우리 로나 놔두고 내가 어떻게 죽어?!!! 걱정 말고, 은별이부터 빼내!! 빨리!!!

서진   (놀라서) 은별아! 왜 그래?!! 무슨 말을 하는 거야?!!

은별   (멍한 눈으로 서진을 보는) 어? 내가 무슨 말을 했는데.

서진   생각 안 나?

은별   (다시 평소처럼) 요즘 계속 머리가 아파. 그만 먹을래. 엄마 오늘 취임식이지? 예쁘게 하고 가. 나도 준비해야겠다. (일어나 나가는데)

서진   (불안에 휩싸여서 그런 은별을 돌아보는) 은별아…. 왜 또 그러니? 다 잊어버린 줄 알았는데.... (하다가 분한 듯 날카롭게) 이게 다 오디션 스트레스 때문이야!!! 배로나 때문에!! (떨리지만 애써 진정하며) 괜찮겠지?... 그래, 금방 또 괜찮아질 거야. 우리 은별이, 청아재단 주인이 될 아이야.... (애써 맘 진정하는데)

* 은별이가 서진이 목소리가 들리면, 갑자기 허겁지겁 아침 먹고, 공포에 질린 표정 짓는 거, 은별 시점으로 따로 찍어놓습니다.

58. 펜트하우스 거실 (낮)
     단태, 멋지게 차려입은 채 2층 계단에서 내려오는.

59. 펜트하우스 엘리베이터 (낮)
     단태, 엘리베이터에 올라타면. 100층 꼭대기에서 아래를 향해 빠른 속도로 내려가는 엘리베이터.

60. 헤라팰리스 분수대 (낮)
     단태, 분수대 쪽으로 걸어 나오면. 그 옆으로 걸어 나오는 서진과 마주하고.
     두 사람, 멋지게 차려입은 채, 같이 분수대를 걸어가는데. 이웃들, 그들에게 인사를 하고.
     위풍당당하게 인사를 받으며 걸어가는 두 사람. 예전의 위세를 뛰어넘는 파워가 느껴지는데.

61. 청아재단 파티장 (낮)
     〈청아재단 천서진 이사장 취임 축하연〉 플래카드 붙어있고.
     이사진들과 마리, 상아까지 참석한 이사장 취임식 파티가 열리고 있는.
     서진, 드레스로 멋지게 차려입고, 축하를 받으며 당당하게 파티장으로 들어서는데.

서진 (단상 위에 서고) 감사합니다. 저는 오늘 다시 태어났습니다. 청아재단 이사장에서 내려올 때, 저는 죽었다고 생각했습니다. 그런데 여러분께서 절 다시 살리셨습니다. 나머지 인생은 덤으로 생각하고, 제 한 몸 교육을 위해 헌신하겠습니다. 앞으로 우리 청아재단은 예전의 명성을 뛰어넘는 명실상부한 대한민국 최고의 사학재단으로 거듭날 것입니다.

서진, 내빈을 향해 잔을 높이 들면. 박수갈채가 쏟아지고.
모두들 "브라보"를 외치며, 파티 분위기 띄우는데.
기자들, 서진을 찍고. 왁자하게 파티가 시작되면.
상아와 마리도 어쩔 수 없이 축하하는 표정이고.

상아 그런데 여긴 왜 오자고 한 거예요? 어차피 우린 이제 청아재단하고는 관계없잖아요. 애들도 졸업한 마당에.

마리 (의미심장하게) 언니 쫓아와서 손해 본 적 있어?

상아 없죠.

마리 그럼 좋은 구경거리 있으니까, 잠자코 직관하라고. 아참, 민혁이 아빠는 좀 어때?

상아 (풉! 웃음 터지고. 의기양양하게 핸드폰 보여주면. 부재중 전화 58통에 문자 폭탄인데)

마리 (식겁하는) 얘 의처증 있니?

62. **자코모 앞 (낮)**
〈청아건설, 천수지구 기공식〉 플래카드 걸려있고. 사람들 북새통인데.
규진, 상아에게 문자 보내느라 정신없는. "누구 만나냐", "뭐하냐?", "몇 시에 들어올 거냐" 손에서 땀날 지경이고.
단태와 동필, 그런 규진에게 다가서는.

동필 뭐하세요? 하루 종일 핸드폰만 찍어대고. 애인 생겼어요?

규진	(발끈하고) 애인은 무슨! 애인 있는 것들, 싹 다 죽어버렸음 좋겠어!
단태	좋은 날, 왜 그렇게 흥분해서 그래요? 뭐 기분 나쁜 일 있어요?
규진	(거의 울듯이) 두 사람은 내 맘 몰라. (단태 보며) 하나는 결혼을 세 번 했고, (동필 보며) 또 하나는 이혼 직전이고.
단태	(한숨) 그럼 전, 기자들한테 인사하러 갑니다. (급히 돌아서면)
규진	(그런 단태를 붙잡고) 가지 마. 나 심각하다고. 울고 싶어 진짜!
단태	그러니까 말을 해요! 무슨 일인지!!
규진	밥을 안 줘.
동필	밥은 안 주다뇨.
단태	허! 나 바쁘다니까!! 오늘 기공식이라고!! (짜증 나면)
규진	우리 누나가 밥을 안 준다고!! (울음 터트리면)
단태/동필	(기막힌 표정이고)

컷 되면. 단태, 청아건설 간부들과 기자들 앞에서 연설을 시작하는데.

단태	천수지구는 국내 최고 분양가를 갈아치웠습니다! (와! 박수갈채 쏟아지면. 손 들어서 환호에 답하고) 명성에 뒤지지 않게, 강남을 뛰어넘는 우리나라 최고 럭셔리 뉴타운으로 탈바꿈될 것입니다. 청아건설이 아낌없이 투자하여, 반드시 세계적인 명문타운으로 만들어내겠습니다. (포부를 밝히면. 다시 박수 쏟아지고)

테이프 커팅식하는. 단태, 규진, 동필, 석훈 모습 보이고.
동필과 석훈, 뭔가 긴장한 표정인데.
기자들 플래시 정신없이 터지는. 축제 분위기고.

기자1	오늘 청아그룹 주식이 상한가를 친 거 알고 계시죠? 축하드립니다.
기자2	천서진 센터장님은 오늘 불참하신 건가요?
단태	하필 오늘이 청아재단 이사장 취임식이라서, 부득이 그렇게 됐네요.

464

동필   (나서고) 천서진 센터장님께서 방금 축전을 보내오셨는데, 같이 보실까요?

단태   (반색하고) 그래요? 유 대표가 일 많이 했네. (기뻐하면)

동필, 조 비서에게 눈짓하면. 조 비서, 스크린에 영상을 띄우는데.
서진 얼굴이 떴다가 갑자기 지지직... 화면이 중단되고. 다시 플레이되는데.
갑자기 "펑!" 요란한 소리와 함께, 로건이 사고 나던 상황이 뜨고! 차가 폭파하면서 노인 분장한 단태 모습이 등장하는.
사람들 놀라서 괴성 지르고. 단태도 뺑튀기 노인 등장에 당황하는데!!
화면 위로 내리박히는 붉은 글씨.〈로건 리를 죽인 사람은 주단태다!〉

규진   저게 뭐야?!!! (기겁하면)

기자들   (웅성대고, 사진 찍고, 난린데)

동필   (이미 알고 있는 듯, 매섭게 단태를 보는)

단태   (당황해서) 당장 내려!! 뭐해?!! 내리라고!!

조 비서, 스크린을 끄려고 하는데 안 꺼지고. 멈춰 섰던 서진 화면이 다시 플레이 되는데. 서진의 축하 메시지 뜨는.

서진(E)   내 축하, 마음에 들어요? 주단태 회장님?!! (야릇한 미소)

단태   (주먹을 꽉 움켜쥐는) 천서진!!! 이 미친!!!! (분노하며 코드를 확 뽑아버리는)

63.   **청아재단 파티장 (낮)**
서진과 축하객들, 다 같이 모여 축하 영상들을 보고 있는데.
웃음과 박수로 화기애애한 분위기고.

도비	방금 주단태 회장님이 보내주신 선물이 도착했습니다. (흰 보자기가 덮여진 커다란 액자를 밀고 들어오면)
내빈들	와아! (함성 지르고)
마리	어떤 선물인지 궁금한데, 우리도 보여주세요, 천 쌤! (채근하는데. 의미심장한 눈빛이고)
서진	(쑥스러운 듯) 뭘 이런 걸. 그럼, 같이 볼까요?

서진, 내빈이 지켜보는 가운데, 흰 보자기를 걷어내면. 천명수의 사진이 나오고.
그 위에 또렷하게 적혀 있는 붉은 글씨! 〈천명수 이사장을 죽인 사람은 천서진이다!〉
서진, 놀라서 액자를 밀어 떨어뜨리고.
기겁하는 사람들. 소리 지르고 웅성대는데. 당황한 서진 역시 굳어지고.

상아	(놀라서 마리를 보며) 저.. 저게 뭐예요? 천 쌤이 아버질 죽였다고요?!!
마리	내가 뭐랬어? 재밌는 거 보게 될 거라 했지? (서진을 보는데)
서진	누구야?!! 누가 이딴 장난을 쳐!! 아니에요!! 절대 사실이 아닙니다!! (둘러대는데)

갑자기 스크린에 단태의 얼굴이 뜨고. 단태의 축하 메시지가 육성으로 뜨는.

단태(E)	취임 축하해. 아버님께서 하늘에서 아주 기뻐하실 거 같은데?

도 비서, 스크린을 끄려고 해도 영상이 계속 떠있으면.

서진(E)	(분노로 온몸이 부들부들 떨리고) 주석경.... 결국, 지 아빠한테 입을 놀렸어?! (눈 확 도는)

서진, 그대로 파티장을 뛰쳐나가는. 테이블을 밀쳐서 와장창 와인 잔들 깨지고.

은별, 겁나서 그 자리에 주저앉는데. 온몸이 무섭게 떨리고....

64. **한강 둔치 일각/서진의 차 안/단태 차 안 (저녁)**
빠르게 달려와 멈춰 서는 서진의 차! 그리고, 반대편으로 와서 멈춰 서는 단태의 차!
서진, 열 받아, 단태의 차를 보고 내리고.
단태도 분노에 가득 차서, 서진을 보며 내리는.
두 사람, 서로를 향해 죽일 듯이 달려드는데.

서진   주단태!!!!
단태   천서진!!!! 이런 식으로 날 엿 먹여?! (다짜고짜 서로 멱살 잡으면)
서진   누가 할 소리?!!
단태   그 일은 영원히 묻어두기로 하지 않았나? 백준기 없애달라고 할 땐 언제고, 내 뒤통수를 쳐?! 이런 식으로 기공식을 망치면, 청아그룹에도 피해 간다는 거 몰라?!
서진   무슨 개소리야?!! 너야말로 지난 과거 들춘다고 도움 될 게 뭐 있어? 내가 아버지 죽였다는 증거라도 있어?!!

서로 멱살 잡고, 물어뜯고, 분위기 험악한데.
그때! 멀리서 헤드라이트 불빛이 보이고. 차 한 대가 멈춰 서는. 차에서 내리는 사람, 수련 그리고 로건이다!
수련과 로건, 단태와 서진을 향해 걸어오는 듯한 모습에서 엔딩!!

10화

속고, 속이다

1.　9화 엔딩 연결/한강 둔치 일각/서진의 차 안/단태 차 안(저녁)
빠르게 달려와 멈춰 서는 서진의 차! 그리고, 반대편으로 와서 멈춰 서
는 단태의 차!
두 사람, 서로를 향해 죽일 듯이 달려드는데.

서진　주단태!!!!
단태　천서진!!!! 이런 식으로 날 엿 먹여?! (다짜고짜 서로 멱살 잡으면)
서진　누가 할 소리?!!
단태　그 일은 영원히 묻어두기로 하지 않았나? 백준기 없애달라고 할 땐 언
　　　제고, 내 뒤통수를 쳐?! 이런 식으로 기공식을 망치면, 청아그룹에도 피
　　　해 간다는 거 몰라?!
서진　무슨 개소리야?!! 너야말로 지난 과거 들춘다고 도움 될 게 뭐 있어? 내
　　　가 아버지 죽였다는 증거라도 있어?!!

　　　서로 멱살 잡고, 물어뜯고, 분위기 험악한데.
　　　그때! 멀리서 헤드라이트 불빛이 보이고. 차 한 대가 멈춰 서는. 차에서
　　　내리는 사람, 수련 그리고 로건이다!
　　　수련과 로건, 단태와 서진을 향해 걸어오고. 단태와 서진은 수련과 로
　　　건을 보지 못 하는데.

단태　(서진 말에 멈칫하고) 이사장 자리가 탐나서 니 아버질 죽였어?! 그래 놓
　　　고 장례식장에서 쓰러질 듯 오열하고 연기한 거야? 소름 끼친다, 너란
　　　여자!!
서진　아니라구!! 석경이가 뭐라고 지껄였는지 모르지만, 증거도 없이 사람
　　　몰아붙일 생각 마!!
단태　석경이? 석경이도 알고 있나?
서진　석경이한테 들어놓고 잡아뗄 작정이야? 연기 집어치워!!
단태　연기는 니가 하고 있잖아! 로건 사고 영상은 왜 보냈어?! 니가 그럴 자

서진	격이 있어? 로건 빼돌려서 숨만 붙여놨던 거, 제임스한테 다 불어봐?!
서진	(흥분해서 단태 말 들리지 않고) 공조는 끝났어! 청아그룹 넘기고 넌 꺼져!!
단태	이제야 구린 속내를 말하는구만?! 난 절대 청아그룹 포기 안 해!!
서진	당장 이혼해! 이혼서류 접수해!!
단태	비밀조항만 붙인다면 마다할 이유 없지! 주가에 타격 없음 나야말로 땡큐지!
서진	개자식! (달려들면)
단태	누굴 쳐?!! (서진을 막으며 죽일 듯 부딪히는데)

　그 모습을 지켜보고 있는 수련과 로건.

로건	제대로 싸움이 붙었네요. 수련 씨 말대로.
수련	(매서운 눈빛. 그 위로,)

2. 　회상 1/제임스 별장 (밤)
　수련과 로건 앞에 나타나는 마리, 그리고 그 뒤의 동필까지.
　마지막으로 윤철이 들어서면. 마리와 동필, 윤철을 보고 놀라는데.

수련	(다부지게) 놀랄 거 없어요. 우린 지금 모두, 주단태와 천서진을 벌하기 위해 여기 모인 겁니다! 그들은 로건의 차를 폭발시키고, 감금, 폭행했습니다. 악의를 갖고 윤희 씨를 직접 살해했고요!
로건	오윤희 씨는 처참한 죽음을 당했어요. 1차 가해자는 주단태였습니다.

　인서트) 차로 윤희를 위협하는 단태의 모습. (4화 73신)

수련	2차 가해자는 천서진이었어요!

인서트) 서진, 차를 밀어 윤희를 벼랑에서 죽이는 모습. (5화 75신)

로건　(점점 더 분노하는 눈빛) 그뿐 아니라, 주단태는 윤희 씨 시신을 훼손하고, 죽음을 모욕하는 3차 가해를 저질렀습니다.

인서트) 동필, 분수대 벽을 부수자 나오는 윤희의 시신. (4화 엔딩)
인서트) 바다에 윤희의 시신을 버리는 동필의 모습. (5화 26신)

동필　(고개 떨구며) 뭐든 다 하겠습니다! 오윤희 씨 시신 유기한 죄, 감옥 갈 각오로 왔습니다!

윤철　(갑자기 그런 동필을 향해 주먹 날리고) 사람이 어떻게 그럴 수가 있어?! 너네 가족만 중요해? 남은 로나는 어떻게 돼도 상관없단 거야?!! 이 나쁜 자식아!!! (분노하면)

마리　(막아서고) 그래서 온 거잖아요!! 이제라도 바로잡으려고!!

로건　(강하게) 지금 우리끼리 비난하고 원망하는 건 아무 도움이 안 돼요. 우린 다, 오윤희 씨 죽음에 빚을 지고 있어요. 나도 마찬가지고!!

수련　정말 윤희 씨한테 사죄하고 싶다면, 내가 시키는 대로 해줘요!

윤철　그냥 빵에 처넣어 버려요!! 블랙박스 영상을 경찰에 보내면 되잖아요!!

수련　더 이상 난, 경찰도, 사법부도 믿지 않아요. 직접 저들을 심판할 겁니다! 첫 번째 계획은 주단태와 천서진의 완벽한 분열이에요!

로건　디데이는 청아건설 기공식과 청아재단 이사장 취임식 날이에요.

동필　나도 보탤 게 있어요. (안주머니에서 사진을 꺼내 보여주면. 조 비서의 차에 타있는 노인 분장을 한 단태의 모습이고)

수련　(놀라고) 이건!!

동필　노인 분장을 한 주단태가 조 비서의 차를 타고 이동하는 모습이에요. 제가 현장에서 목격했습니다.

마리　이걸 갖고 있으면서, 주단태한테 당하고만 있었던 거야?

동필　이걸 써먹었으면, 지금 당신이랑 내가 얼굴 보고 있을 거 같아?

마리	주리를 틀어도 시원찮을 놈! 갈아 마셔도 아깝지 않을 놈!!
수련	이 사진은 주단태를 압박하는 데 쓰도록 하죠.
동필	기꺼이!
마리	(비장하게) 그럼 우린 뭘 어떻게 하면 되는 거죠?!

3. 회상 2/동필 시선/9화 62신 자코모 앞(낮) * 회상 2~4 빠르게 편집

| 수련(E) | 유 대표님은 천서진 축전을 바꿔치기하세요. 절대, 아무에게도 들키지 말고! |

테이프 커팅식 하는. 단태, 규진, 동필, 석훈 모습 보이고.
동필, 슬쩍 행사 데스크 쪽 조 비서에게 다가서고.

동필	(조 비서에게) 준비하느라 정신없지? 목 좀 축여. (커피를 건네면)
조비	괜찮은데... (받는데)
동필	(건네다가 일부러 놓치고. 조 비서에게 쏟으면) 아이구, 어떡해?! 괜찮아?!!
조비	됐어요. (급히 닦아내는데)
동필	(조 비서가 딴 데 시선 돌리는 사이, USB를 바꿔치기하는)

컷 되고. 조 비서, 스크린에 영상을 띄우는데. (빠르게 컷컷컷 되는)
갑자기 "펑!" 요란한 소리와 함께, 로건이 사고 나던 상황이 뜨고! 차가 폭파하면서 노인 분장한 단태 모습이 등장하는.
사람들 놀라서 괴성 지르고. 단태도 뺑튀기 노인 등장에 당황하는데!!
화면 위로 내리박히는 붉은 글씨. 〈로건 리를 죽인 사람은 주단태다!〉
당황한 단태를 보는 동필의 매서운 시선.

| 동필(E) | (수련에게 문자 하는) 성공했습니다. |

4. 회상 3/윤철 시선/청아재단 일각(낮)
   헬멧을 쓴 퀵맨, 흰 보자기에 덮여진 그림 액자를 밀차에 밀고 오는데.

퀵맨 주단태 회장님의 축하 선물입니다!

도비 이미 주 회장님 축전은 받았는데요.

퀵맨 스페셜 선물이라고 하셨습니다. 조 비서님한테 연락 못 받으셨어요?

도비 (의심스러운 듯 하얀 천을 살짝 벗기려는 순간! 파티장 안에서 환호성 터지고. 직원들이 도 비서를 부르고 정신없으면) 알겠습니다. 제가 가져가죠.

   도 비서, 밀차를 끌고 가면.
   퀵맨, 헬멧 실드를 올리는데. 윤철이고. 윤철의 날카로운 눈빛.

수련(E) 하 박사님은 천명수 이사장님 사진을 도 비서에게 전달하세요! 실수는 없어야 합니다.

5. 회상 4/마리 시선/9화 63신 청아재단 파티장 일각(낮)

도비 방금 주단태 회장님이 보내주신 선물이 도착했습니다. (흰 보자기가 덮여진 커다란 액자를 밀고 들어오면)

내빈들 와아! (함성 지르고)

마리 어떤 선물인지 궁금한데, 우리도 보여주세요, 천 쌤! (채근하는데. 의미심장한 눈빛이고)

서진 (쑥스러운 듯) 뭘 이런 걸. 그럼, 같이 볼까요?

   서진, 내빈이 지켜보는 가운데, 흰 보자기를 걷어내면. 천명수의 사진이 나오고.
   그 위에 또렷하게 적혀있는 붉은 글씨! 〈천명수 이사장을 죽인 사람은 천서진이다!〉
   서진, 놀라서 액자를 밀어 떨어뜨리고.

마리(E) (그런 서진을 보며 수련에게 문자 하는) 미션 클리어! (마리의 시선)

6. **현재/한강둔치 일각**(밤)
    수련과 로건, 싸우고 있는 단태와 서진을 보고 있는.

수련 이제 시작이에요! 다음 단계로 넘어가죠. (로건을 보면)

로건 이미 지시해뒀어요. 아주 볼만하겠네요. 저 두 사람.

로건, 의미심장한 표정 지으며, 수련과 함께 자리를 뜨는데.
도 비서와 조 비서가 달려와, 서진과 단태를 말리느라 정신없고. 간신히 두 사람을 떼어놓으면.

단태 (흥분해서 제정신 아니고) 이거 안 놔!! 나 오늘 이 여자랑 끝장을 보고말 거야!!

서진 누가 할 소리!!

조비 큰일 났습니다!! 방금 제임스 쪽에서 연락이 왔습니다! 백준기가 도망쳤답니다!

서진 (죽기 살기로 싸우다가 굳어지고) 도망?!! 그게 무슨 소리야?!!

단태 물렁한 인간들! 뭘 하다 그깟 놈 하나를 처리 못 하고 놓쳐?! 일을 그 따위로 하니 지 자식도 그 꼴로 죽었지! 당장 사람 풀어서 백준기 찾아내!!

초인종 소리(E)

7. **헤라팰리스 윤희 집 앞**(밤)
    로나, 문을 열고 나오면. 기다리고 있는 사람, 석훈이고.

로나 니가 어쩐 일이야?

석훈 나랑 같이 갈 데가 있는데... 시간 좀 내줄 수 있어?

8.   제임스 별장 거실(밤)
     로나, 어리둥절해서 들어서면. 기다리고 있는 수련.

로나   (놀라서 보고) 아줌마? 아줌마가 왜 여기 있어요? 연락 안 돼서 걱정했
        는데, 아무 일 없어서 다행이에요.

수련   로나야. 아줌마가 로나한테 할 말이 있어. 아주 중요한 얘기야. 너한테
        말을 해야 될지 많이 고민했는데... 너도 엄마 죽음의 진실을 알아야 할
        거 같아서.

로나   (긴장하고) 엄마 죽인 범인, 찾았어요?

수련   (고개 끄덕이면)

로나   주단태 회장님, 아니에요?

수련   맞아. 근데, 진범은 따로 있었어.

로나   그게.. 누군데요?

수련   많이 놀랄 거야. 맘 단단히 먹어야 해. 아줌마가 엄마 그렇게 만든 사람
        들, 다 벌 줄 거야. 이미 준비는 끝났어. 하지만, 니가 싫다면 여기서 멈
        출게. 세상에 알려져 너한테 다시 상처가 된다면, 진실은 덮어도 돼.

로나   (눈가 발개지고. 차분하게) 아뇨. 다 알려주세요. 우리 엄마한테 무슨 일
        이 있었는지 전부 다. 누가 그렇게 만든 건지, 아줌마 계획이 뭔지도 전
        부 다 알려주세요!

수련   (맘 독하게 먹고) 니 엄마를 벼랑에서 민 건, 천서진이었어!

9.   제임스 별장 일각(밤)
     초초하게 서성이고 있는 석훈, 거실 쪽을 바라보는데. 로나의 울부짖음.

로나(E)   왜요?! 엄마가 왜 그런 거예요?!!

10. 제임스 별장 거실(밤)
     울고 있는 로나를 맘 아프게 보고 있는 수련.

로나	이해가 안 돼요! 고작 은별이를 살리겠다고, 날 두고 엄마가 죽었다는 거잖아요.
수련	엄마는 죽을 거라고 생각조차 못 했을 거야. 억울하게 당한 거야!!
로나	(충격이고) 그러니까 그딴 애를 왜 구해요? 은별이가 죽든 말든 뭔 상관이라고!! (오열하면)
수련	(로나를 달래며) 엄마니까. 아무리 미워하는 천서진의 딸이지만, 엄마니까, 그 순간에 그럴 수밖에 없었을 거야. 딸을 잃는 슬픔이 어떤 건지 겪어봤으니까!
로나	내 잘못이에요. 내가 그때, 은별이를 돕지 말았어야 했어요!! 모른 체하고 우리 집에 숨겨놓지만 않았어도, 이런 일 없었어요!! 다 나 때문이에요. 내가... 내가.... (분노의 눈물 터트리면)
수련	(로나를 꽈악 안아주며) 니 잘못 아냐. 아줌마가 너무 미안해... 엄만 아줌마 일을 도와주려다 변을 당한 거야.
로나	엄마!!! 엄마아아!!! (수련 품에 안긴 채, 괴로움에 울부짖고)

11.   제임스 별장 복도(밤)
      석훈, 울부짖는 로나를 아프게 바라보고 있으면. 그런 석훈 옆으로 로건이 다가서는데.

석훈	(충혈된 눈으로, 로건에게) 어른들도 처절하게 무너져야죠! 그래야 공평한 거 아닌가요?! (주먹 꽉 움켜쥐는. 뭔가 결심한 듯 살벌할 눈빛인데)

12.   헤라팰리스 전경(밤)

13.   헤라팰리스 주차장/윤철의 차 안(밤)
      단태와 서진의 차, 각각 와서 멈춰 서고. 차에서 내리는 두 사람.

단태	(주위 살피고, 조 비서에게) 보안, 더 철저히 해! 백준기 그 자식, 분명 여

기부터 찾아올 거니까!

조비 애들을 혜팰 전체에 풀어놨습니다.

서진 (역시 주위 살피며, 도 비서에게) 은별이는? 지금 어딨어?

도비 연습실에 있습니다.

서진 당장 가서 데려와! 백준기가 탈주했을 땐, 날 노렸단 얘기야. 당분간 은별이 절대 집 밖으로 못 나가게 해!

단태와 서진, 아파트 입구 쪽으로 걸어가는데. 싸늘하게 서로를 무시하고 안으로 들어가면.
그때, 차 안에서 그들의 모습을 보고 있는 매서운 눈빛의 준기.

윤철(E) 니가 말한 증거부터 찾아와!

카메라 빠지면. 운전석에서 그런 준기를 위협하고 있는 윤철이 보이고.

윤철 천서진이 로건을 감금했다는 증거 말야! 천서진 집에 있다는 거, 확실해?

준기 맞다니까!

윤철 만에 하나 거짓이면, 넌 평생 일본 정신병원에서 썩게 될 거야!! 한번 배신한 놈은 두 번, 세 번, 또 배신하게 돼있어!!

준기 본인한테 하는 말인가? 그쪽도 꽤 뒤통수 전문이라던데?

윤철 (꽉! 갑자기 준기의 팔에 칩을 주사하는)

준기 악! 이게 뭐야? (팔을 보면)

윤철 니가 어딜 가든, 뭘 하든, 우리 쪽에 위치까지 다 전송될 거니까 도망칠 생각 버려!

준기 이렇게까지 해야겠어? 믿지도 않을 거면서, 뭘 협조하라는 거야?!!

윤철 (머리에 총을 갖다 대고) 까불지 마!! 허튼짓하다 들키면, 그땐 정신병원이 아니라 진짜 죽게 될 거야!! 널 살려둔 이유는 단 하나야. 미친개는, 미친개가 잡아야 되니까. (섬뜩한 표정인데)

479

준기 (차가운 금속물질이 닿자 겁먹는) 나도 그 정도는 알아. 지금은 당신들
한테 붙어야 내가 산다는 거. 걱정 마. 당신들이 시키는 대로 할 테니까.
(비장한 눈빛)

14.   헤라팰리스 서진 집 침실(밤)
　서진, 불안한 듯 왔다 갔다 하는데. 도 비서의 연락 오는.

서진 (다급하게 받는) 은별이는?! 별일 없어?
도비(F) 지금 연습실에서 픽업했습니다. 데리고 가겠습니다.
서진 알았어. 조심히 와. (그제야 안심하고 전화 끊는데. 손이 바들바들 떨리는)

　그때, 갑자기 정전이 되는. 화들짝 놀라는 서진.

서진 아악!! 뭐야?!!

15.   헤라팰리스 서진 집 거실(밤)
　더듬더듬 밖으로 나오는 서진. 어두운 거실.
　전등 스위치를 켜보지만, 불이 들어오지 않고.

서진 아줌마! 아줌마!! (불러도 아무도 나타나지 않으면, 더 불안한데. 인터폰으
로 가서 경비실 버튼 눌러보지만, 역시 먹통이고) 설마....?!

　하다가 서진, 긴박하게 돌아서서 미친 듯이 현관 쪽으로 달려가는데.
　그때! 갑자기 오디오가 켜지면서 어둠 속에서 웅장한 음악이 흘러나
　오면.

서진 아악!! (비명 내지르는데)

공포에 가득 찬 눈빛으로 거실을 둘러보면. 거실 한쪽에만 파팟! 불이 들어오고. 서진의 앞에 서있는 사람, 준기고!

서진 백... 준기?!!

준기 잘 지냈어, 파트너?!! (서진에게 다가서면)

서진 (준기를 피해 천천히 뒷걸음질 치는데)

준기 날 끝까지 책임지겠다고 약속했던 거 잊었어? 덕분에 로건 집에까지 내 정체가 들통났으니, 이제 나한텐 당신뿐이야... 내가 꼼짝없이 죽게 생겼거든.

서진 (뒷걸음질 치면서, 손을 더듬거리고. 뭔가 손에 잡히면, 조형물을 번쩍 들어 준기를 내리치려는데)

준기 (재빨리 피하고, 표정 싹 변해서) 제임스한테 말해볼까? 당신이 다 시킨 거라고? 당신이 로건을 빼돌려서 한 짓! 심수련한테 뒤집어씌우고 사례금까지 챙긴 거! 하나씩 다 얘기해봐?!!

서진 할 테면 해! 누가 너 같은 정신병자 얘길 믿겠어? 아무도 안 믿어주니까, 도망친 거 아냐?!

준기 (확 서진에게 달려들면)

서진 아악!! (비명 내지르며 주저앉는데)

준기, 서진을 스쳐 지나가서, 갑자기 서진 뒤쪽에 있는 장식장을 주먹으로 때려서 깨고. 장식장 속에서 뭔가를 꺼내는데.

준기 잘 숨어있었네.

서진 (보면. 준기 손에 쥔 건, 녹음기고) 그게 뭐야?!

준기 뭐겠어? 내 결백을 알려줄 증거지. 가장 안전한 데 보관하려고 당신 집 거실에 숨겨뒀거든.

준기, 녹음기를 틀면. 서진의 목소리가 흘러나오고.

인서트) 6화 50신/서진의 차 안

서진(E) 그러게 실력도 없는 게 무슨 도박질이야?

준기(E) 뭐어?!

서진(E) 이번 한 번뿐이야! 내가 이딴 심부름이나 할 사람으로 보여? 남의 눈에 띄기라도 하면 어쩌려고?!!

준기(E) 어차피 내가 이런 놈인 거 알고 손잡은 거 아냐? 평생 도박하고 살 수 있게 해준다며? 그래서 로건까지 속이고 한국 들어왔으면, 돈 걱정은 안 시켜야지! 재벌 도련님 배신 때리고 당신한테 붙은 거, 벌써 후회해야 돼?

흘러나오는 자신의 목소리에 기겁하는 서진.

서진 그딴 걸 왜 녹음한 거야?!

준기 (비열한 웃음) 나도 살아야지. 뱀 같은 널 어떻게 믿고?! 일본 호텔방으로 니 비서가 날 찾아왔을 때부터, 우리가 사이좋게 나눈 모든 대화들, 다 여기 기록돼있어. 이 정도면, 제임스도 알렉스도 내 말을 믿겠지?

서진 (하얗게 질리고) 안 돼!! 잠깐만!! (다급히 준기를 붙잡으면)

준기 난 너 때문에 도망자 신세가 됐어! 제임스가 얼마나 집요한 인간인지 알기나 해?!!

서진 나랑 얘기해!! 내가 다 보상해줄게. 로건 부모가 절대 못 찾는 곳으로 보내줄 테니까, 그거 나한테 넘겨!

준기 내가 또 속을 거 같아?!!

서진 날 믿어!!

준기 말은 필요 없어! 2천억 내놔!

서진 뭐?

준기 그 정도 돈이면, 한번 생각은 해볼게. 그래야 나도 평생 안전하게 숨어 살지 않겠어? 흥정은 안 돼. 돈은 3일 내로 만들어 와. 시간이 지나면, 이 녹음기는 로건 집안으로 보내지는 거야.

서진 3일?! 2천억이 장난이야?!

준기   딱 3일이야. 자비는 없어! (경고하고, 잽싸게 나가버리면)

서진   야!! 백준기!!! 거기 서!! (미치겠고) 저놈을 내 손으로 해치워야 했어!! 쥐새끼 같은 놈!!! (분해 죽겠고)

16.   펜트하우스 침실(밤)

단태, 샤워를 끝낸 듯, 샤워 가운 차림으로 욕실에서 나오면, 뭔가 섬뜩한 기운이 감돌고. 긴장하는데.

보면, 단태의 수배 전단지가 침실에 가득 붙여져 있는. 단태, 당황하면.

의자를 돌린 채 모습을 드러내는 준기.

단태   (헉! 놀라지만, 애써 침착하게) 어떻게 풀려난 거지?

준기   (뚜벅뚜벅 걸어오며) 목숨 걸고 탈출했지. 이렇게는 도저히 억울해서 못 죽겠더라고! 나도 나름 쥐고 있는 카드가 있는데, 써먹지도 못 했잖아? (사진 한 장을 단태 앞에 툭 내밀면. 조 비서의 차에 타고 있는 노인 분장을 한 단태 사진이고. 동필이 수련한테 준 사진)

단태   (사진을 받아서 보면. 당황한 표정 역력하고)

준기   노인 분장을 한 뺑튀기 할아버지가 왜 조 비서의 차에 타고 있었을까? 주단태가 범인이라는 명백한 증거 아냐?!! (히죽히죽 웃으며) 제임스가 이 사진을 보면, 당장이라도 널 잡으러 미국에서 날아오겠지? 감쪽같이 자길 속인 게 빡쳐서라도, 살려두진 않을 거 같은데....

단태   원하는 게 뭐야?

준기   물론 돈이지. 2천억! 딱 3일 줄게. 하루라도 넘기면, 이 사진은 고스란히 제임스 쪽에 넘어갈 거야.

단태   니 도박자금에 2천억을 대라고?!! 이 판을 짠 건 내가 아니라, 천서진이야!!

준기   아! 물론 천서진도 방금 만나고 왔지! 천서진이 로건을 감금했다는 증거를 들이밀었더니, 순순히 2천억으로 내 입을 막겠다던데? 역시 통이 큰 여자야!

단태	(놀라고) 천서진이?!
준기	그래서 고민 중이야. 제임스한테 증거물을 가져다줄까. 아님, 돈을 받고 그냥 사라져줄까. 넌 뭐가 좋을 거 같아, 주단태?!
단태	이쪽저쪽을 협박해서 돈을 챙기시겠다?!
준기	2천억이면, 내 인생을 망친 위로금치곤 너무 소소한 거 아냐?
단태	(준기 손에 들린 사진을 확 뺏어서 구겨버리고) 좋아! 2천억에 사진 원본까지 넘겨! 그리고, 하나 더! 천서진이 로건을 감금했다는 증거물도 나한테 넘겨! 그건 3천억에! 솔깃하지 않아? 로건이 죽은 마당에, 제임스 쪽에 갖다줘봤자, 니 목숨이 보전될 거 같아? 어때? 차라리 나랑 거래하는 게...
준기	(눈빛 반짝하는)

17. 펜트하우스 앞(밤)

준기, 펜트하우스 밖으로 나오는.

준기	양쪽에 2천억씩이면 4천억에... 거기다, 3천억 추가라... 꽤 짭짤한데? (그러다 문득, 윤철이 떠오르고)
윤철(E)	(준기의 팔에 칩을 주사하고) 니가 어딜 가든, 뭘 하든, 우리 쪽에 위치까지 다 전송될 거니까 도망칠 생각 버려!
준기	(조소하는) 그렇게는 안 될 걸?! 내가 그렇게 말랑한 놈이 아니거든.

준기, 주머니칼을 꺼내, 팔에서 칩을 꺼내려는데!
그 순간! 준기의 팔을 꺾어 주머니칼을 바닥에 떨어뜨리는 사람. 마리고.

마리	내가 이럴 줄 알았어. 역시 믿을 인간이 못 된다니까!
준기	(기겁해서 마리를 보며) 뭐야, 너!!
마리	(위협적으로) 잊지 마!! 니 팔에 칩 말고도, 널 지켜보는 눈은 천지에 깔렸다는 거! (주머니칼을 던져서 벽에 꽂히게 하고, 유유히 돌아서 가면)

준기　(긴장하는)

18.　헤라펠리스 전경 (다음 날 아침)

19.　헤라펠리스 마리 집 거실 (아침)
　　　마리, 로나를 데리고 들어서면. 기다리고 있는 동필.

로나　아저씨는 왜요? 무슨 말씀을 하시려고요?

　　　동필과 마리, 로나 앞에 무릎 꿇고 앉는데.

로나　(놀라고) 뭐하시는 거예요? (당황하면)

동필　미안하다, 로나야! 아저씨가 너한테 너무 큰 죄를 졌어. 니 엄마를 내
　　　가.... (차마 말 못 잇는데)

마리　(나서고) 이 사람이, 주단태가 시켜서 니 엄마 시신을 바다에 내버렸대.

로나　(멍해지면)

동필　아무리 주단태가 시켰다고 해도, 사람으로서 해선 안 될 짓이었어. 미
　　　안하다, 로나야... 내가 죽을죄를 졌다.

로나　사과만 하면 다 끝나는 건가요? 아줌마도 알고 계셨던 거죠? 그래서 우
　　　리 집에 와서 잘해줬던 거예요? 그럼 아저씨 죄가 없어질 거라 생각했
　　　어요?!! 그래요?!!

마리　그래서가 아냐! 나도 이 사람이 윤희 씨한테 한 짓 용서 못 해! 근데, 그
　　　렇게밖에 사죄할 방법이 없었어.

동필　제니 엄마는 아무 죄 없어. 다 내 잘못이야! 내가 책임질 거야!! 주단태
　　　죄 다 밝히고, 자수해서 벌 받을 거야! 그전에, 너한테 먼저 사과하고 싶
　　　었어.

로나　난, 두 분 사과 받을 생각 없어요. 어른들이 어쩜 이렇게 이기적이에
　　　요?!! 어쩜 이렇게 무서울 수 있어요?!! 끔찍하고 소름 끼쳐요!! (뒤돌

아 나가는데. 그때, 핸드폰 울리고. 보면 제니고. 멈칫하는)

20. 헤라펠리스 윤희 집 거실(아침)
제니, 로나에게 전화 걸고 있는.

제니 뭐야. 왜 전화를 안 받아? 말도 없이 언제 나갔대?

그때, 집으로 들어오는 마리.

제니 엄마! 나만 빼고 다 어디 간 거야? 로나 못 봤어?
마리 (얼버무리듯) 어? 알바 간다고 아까 일찍 나갔어.
제니 이 아침에? 나 몰래 딴 알바 시작했나?
마리 (한숨) 짐 싸라. 우리 이제 그만 집에 가자.
제니 왜? 아빠가 주 회장님 회사 관두겠대?
마리 응. 곧 정리할 거래. 그러니까 우리 이제 여기서 못 살아.
제니 그렇다고 못 살 건 뭐야. 난 로나랑 사는 거 좋은데. 그럼 로나 밥은 누가
챙겨줘?
마리 (순간 울컥하고. 방금 전 로나의 말 떠오르는)

21. 회상/10화 19신 연결/헤라펠리스 마리 집 거실(아침)
로나, 멈칫해서 제니한테 걸려온 핸드폰을 보다가

로나 제니는... 알아요? 자기 엄마 아빠가 이 정도로 형편없는 사람인 거?
마리/동필 (굳어지는데)
로나 (마리와 동필 돌아보고) 하나만 약속해요. 제니한테는 절대 말하지 마세
요. 제니는 끝까지 이 사실 모르게 해주세요! (홱 나가면)
마리/동필 (눈물 터지고)

22. 현재/헤라펠리스 윤희 집 거실(아침)

마리 당연히! 엄마가 챙겨줘야지. 로나가 싫다고 해도, 엄마가 해줄 거야. 맛없다고 밥그릇을 내던지든 말든, 먹기 싫다고 식탁을 엎든 말든, 로나, 내가 챙길 거야. 끝까지 엄마가 엄마 노릇 할 거야... (눈물 참으며 다른 쪽으로 가면)

제니 엄마!! (영문 모르고) 왜 저래... (이상하게 보는 세니고)

23. 석경 호텔 복도/펜트하우스 석훈 석경 방/전화통화(아침)

수련, 챙 모자를 쓴 채 호텔 복도 걸어와서 벨을 누르는데. 대답 없고. 노크를 하는 수련.

수련 석경아. 엄마야. 주석경!! 문 좀 열어봐!! 석경아!! (역시 대답 없고. 석경에게 전화를 걸어보는데. 꺼져있다는 음성만 나오면. 다시 석훈에게 전화 거는데) 석훈아. 석경이랑 언제 연락했어? 지금 호텔인데, 안에 없는 거 같아.

석훈 좀 전까진 있었는데 잠깐 나간 모양이에요. 지금 석경이가 제일 보고 싶어 하는 사람이 엄마예요. 좀만 기다리면 석경이가 연락할 거예요.

수련 아무 일 없다니 다행이네. 정말 다친 데 없이 다 괜찮은 거지?

석훈 제가 잘 챙기고 있어요. 걱정 마세요.

수련 알았어. 니가 수시로 들여다봐줘. 먹는 것도 신경 쓰고. 알겠지? (전화 끊고, 돌아서는데. 그러다 멈칫. 다시 석경의 호텔 방을 돌아보는데)

24. 석경의 호텔(아침)

석경, 문고리 잡은 채로, 입 틀어막고 울음 참고 있는.
그러다 힘없이 문에 기대고 주저앉는데.
그때, 문 아래로 쓱- 종이가 들어오고. 보면, 수련이가 석경이 얼굴을 간단히 스케치한 그림이고. 그 옆으로 메모가 써있는.

수련(E) 보고 싶다, 이쁜 내 딸.

메모와 그림을 보는 순간. 수련의 마음에 그대로 무너져 오열하는 석경이고.

석경 제발 나 좀 내버려둬. 찾아오지도 말고, 아는 체도 하지 말고, 나 같은 거 걱정하지도 마. 얼마나 날 염치없는 애로 만들고 싶어 이래?!!

25. 헤라팰리스 서진 집 거실 (아침)
도 비서, 서진에게 보고 중인데.

도비 다음 주 주총까지 최대한 청아그룹 지분을 끌어모으려면 당장 자금 마련은 쉽지 않습니다.

서진 (초조하고) 3일이야! 어떻게든 3일 내로 2천억 만들어내!! 처분할 수 있는 채권이든, 부동산이든 전부 정리해서 최대한 끌어모아 봐! 아버지 일로 뒤숭숭한 마당에, 주총에서 백준기 건까지 터지면 모든 게 끝이야!!

도비 백준기라는 사람을 믿으십니까? 돈을 받고도 제임스 쪽에 증거를 넘길 수도 있습니다.

서진 그 정도로 머리 나쁜 인간은 아냐! 로건 집안에 붙어봤자 지가 무슨 수로 살아남아? 시키는 대로 명동 건물이나 빨리 처분해!

도비 알겠습니다!

서진, 불안한 듯 손톱 물어뜯으며 거실 왔다 갔다 하고 있으면.
방 안에서 은별이 나오고, 서진에게 다가서는.

은별 엄마, 아직 출근 안 했어? 많이 불안해 보여.
서진 (돌아보는, 애써 아무렇지 않은 듯) 엄마가? 아닌데?

은별	어제 일 때문에 그런 거야? 석경이가 자기 아빠한테 말한 거지? 할아버지 얘기!
서진	엄마가 알아서 해. 넌 신경 쓸 거 없어.
은별	나 때문이야. 괜히 내가 그런 걸 찍어놔서. 어차피 증거는 없어. 아무도 석경이 말 안 믿을 거야.
서진	(은별의 손 잡고) 당연하지. 은별이만 괜찮으면, 엄만 다 괜찮아. 걱정 말고 어서 학교 가.
은별	응, 갈게. (나가면)
서진	(눈빛 독해지고) 백준기든, 주단태든, 다 내 눈앞에서 치워야 해!! 안 그럼, 청아재단도, 은별이도 다쳐!

26. 청아그룹 단태 사무실(낮)
단태와 조 비서 얘기하고 있는.

단태	(의기양양한) 천서진의 약점을 이용하면 일이 수월하게 풀리겠어! 지금 청아그룹에서 유용 가능한 공금이 얼마나 돼?
조비	5천억 정도는 바로 준비할 수 있습니다.
단태	그럼, 천수지구 투자금 명목으로 돈 빼서, 백준기한테 송금해.
조비	너무 위험합니다. 그 정도 금액은 금방 표가 납니다.
단태	걸려도 상관없어. 천서진 이름으로 송금하면 돼! 속성으로 이혼까지 끝내면, 내가 책임질 일은 없어! 잘만 하면, 천서진을 날리고 청아그룹을 통째로 먹을 수 있는 기회야! (그러다 조 비서 표정 보면. 찝찝하단 표정 역력한데) 표정이 왜 그래? 그렇게 걸려?
조비	주주총회를 앞두고 아무래도 위험합니다. 청아그룹 회장으로 재신임 받으려면, 탈이 나는 일은 피하셔야 합니다.
단태	좋아! 그럼 일단, 이규진 이름으로 만들어놓은 차명계좌에 넣어놔. 잘 세탁해서 돌리면, 내가 위험해질 일은 없을 테니까.
조비	(찝찝하지만) 알겠습니다, 회장님!

27.   제임스 별장 정원 (낮)
       로건과 수련, 정원 거닐면서 얘기 나누고 있는.

수련   주단태와 천서진이 과연 백준기의 딜에 응할까요?

로건   만만치 않은 협박이라 무시하긴 힘들 거예요. 천수지구가 분양될 때까
         진 어떻게든 버텨야 할 테니까.

수련   그전까지 그들이 쥔 것들을 전부 뺏어와야 해요. 서로가 서로를 믿지
         못하는 상황으로 몰아서, 더 불안하게 만들어야 해요!

로건   강마리와 유동필이 바람잡이를 잘해줘야 할 텐데요.

수련   몸 괜찮아요? 아직은 무리하면 안 돼요. 들어가요. (안으로 이끌면)

로건   (수련의 손을 잡는. 수련의 손에 아무것도 없는 거 확인하고. 뭔가 말하려다
         멈추고) 그래요. 들어가요.

28.   헤라팰리스 규진 상아 집 주방 (낮)
       규진, 식탁에 앉아서 어딘가로 계속 전화 거는데 받지 않고.

규진   (충격받은) 우리 누나, 또 잠수 탔어.

동필   (식탁에 냄비 내려놓고) 식사나 하시죠.

규진   (냄비 뚜껑 열어보면 라면이고, 어이없는) 뭐야? 요리 잘한다고 큰소리치
         더니, 겨우 라면이야?

동필   겨우 라면이 아니에요. 고추장 한 스푼 넣고, 햄까지 썰어 넣어서 국물
         이 끝내줍니다. 제가 또 취사병 출신이거든요!

규진   (콧방귀 뀌며) 나 대한민국 요리연구가 왕미자 아들이거든? 내 입맛 고
         급이야. 라면이 맛있어봤자 라면이지. (볼멘소리하다 한 젓가락 먹어보
         는데) 대박!

동필   (빙긋 웃다가, 슬쩍 얘기 꺼내는) 기공식에서 주 회장님 두고 살인범이니
         뭐니 그 난리가 났는데, 앞으로 영향 없을까요?

규진   (라면 먹으며) 주 회장이 가만 보면 은근히 주변에 적이 많아. 뒷수습은

잘했어?

동필 아무래도 가볍게 넘길 일은 아닌 것 같습니다.

규진 넘길 일이 아니면? 주 회장이 진짜 로건을 죽이기라도 했을까봐? 아무 렴 미국 대부호 아들을 건드렸을까. 머리에 총 맞지 않고서야.

동필 로건을 죽인 확실한 증거가 나왔단 얘기가 돌던데요?

규진 증거? 확실해? (젓가락 내려놓고) 그렇게 중요한 얘길 왜 라면 먹다가 하는데? 계속해봐.

동필 소문엔... 주단태 회장님이 진짜 주단태가 아니래요.

규진 진짜 주단태가 아니면? 복제인간이래?

동필 백준기래요! (주머니에서 단태의 수배전단지를 보여주며) 이것 좀 보세요!

규진 이게 뭐야? (보면, 젊은 단태 얼굴에 "백준기"라는 지명수배자 이름이 떡하 니 써있고. 기겁하며) 이거... 주 회장 아냐?!! 지명수배자?!!!

동필 (급하게 규진의 입을 틀어막고) 우리가 알던 주단태는 일본에서 사람을 둘씩이나 죽이고 도망친 현상수배범이래요! 진짜 주단태는 일본에서 왔다는 동생, 백준기고요.

규진 백준기?! (준기 흉내 내며) 맨날 실실 웃으면서 박수 치고 다니던 그 백 준기?! 그러니까 그 백준기가 진짜 주단태고, 주단태가 백준기고. 그 말 이야?!

동필 (더 바람 잡고) 경찰에서 이미 내사 중이고, 주 회장님 잡혀가는 건 시간 문제래요. 그럼, 우리 천수지구 공사도 중단될 거고, 졸지에 우리 다 그 지 되게 생겼어요. 그 사업이 한두 푼 들어간 사업이 아니잖아요.

규진 어쩐지 백준기가 나타났을 때 드럽게 당황하더라니까. 일본에서 살던 사진 보여준다니까 질색 팔색을 했잖아.

동필 동경대 나온 것도, 성공한 재일교포도 다 거짓말일 거예요! 백준기가 왜 찾아왔겠어요? 자기 신분 되찾으려고 작정하고 돌아온 거잖아요.

규진 양아치 새끼! 대체 얼마나 구린 놈이길래 이름까지 훔쳤대?! (불안감 커지는데, 문득) 근데, 유 대표! 언제부터 정보력이 그렇게 좋았어?!

29.   헤라펠리스 분수대(낮)
        상아에게 계속 걸려오는 규진의 전화. 상아, 얼른 수신 거부 눌러버리고.

상아   그래서요? 빨리 빨리 얘기 좀 해봐요. 10조가 어떻게 됐다고요?

        마리, 상아와 주민들 불러놓고 열띠게 얘기 중인데.

마리   윤희 씨가 죽고 나서, 윤희 씨가 갖고 있던 10조가 감쪽같이 사라졌대
        요, 글쎄! 그러니까 윤희 씨가 단순히 실족사가 아니란 거죠.
주민들   (웅성대고)
상아   실족사가 아니면 뭔데요? 누가 죽이기라도 했대요?
마리   그날, 누군가 뒤에서 일부러 차를 밀었대! 윤희 씨를 죽이려고!!
주민들   어머나 세상에!! (난리 났고)
상아   어머, 말도 안돼. 누가 그런 끔찍한 짓을 해요?!
마리   (더 숨죽여서) 블랙박스가 발견돼서 곧 재수사가 시작될 거란 얘기까지
        돌던데?! 솔직히 윤희 씨 죽고 나서 제일 덕본 게 누구야. 딱 짚이는 사
        람 있지 않아요? (바람 잡으면)
상아   설마... 천서진?!! 에이, 아무리 그래도 너무 갔어요!
마리   까놓고 말해서 천 샘한텐 천적이 사라진 거잖아. 은별이까지 서울대 가
        고. 지금 헤팰에 소문 쫙 퍼졌어요. 윤희 씨 죽인 범인이 천 쌤이라고. 헤
        라펠리스 분수대에 시신이 묻혀있다는 소문도 있던데, 다들 들어봤죠?!
주민들   아악!! (비명 지르면)
서진(E) 지금 무슨 헛소릴 하는 거예요?!!

        마리와 상아, 놀라서 돌아보면. 서진이 서슬 퍼래져서 서있고. 그 뒤로
        도 비서가 서있는.
        주민들, 슬금슬금 꽁무니 빼고 사라지면.

492

마리	(힐끗 보고, 중얼대는) 귀는 밝다니까. 들었어요?
서진	명백한 허위사실 유포는 범죄라는 거 몰라요?!
마리	왜 화를 내고 그래요? 뭐 찔리는 거 있어요? 누가 보면 진짜 천 쌤이 윤희 씨 죽인 줄 알겠네.
서진	제니 어머니!!!
상아	(말리며) 그만들 하세요! 이러다 쌈 나겠어요.
서진	한 번만 더 헛소문 퍼뜨리고 다니면, 나도 안 참아요! 정식으로 고소하겠어요!! (경고하고 가면)
마리	(뒤에 대고) 해라 해! 누가 겁나냐? 자유민주주의 국가에서 뚫린 입으로 말도 못 해?! (의미심장한 미소 짓는)

30.   헤라팰리스 일각 (낮)

서진, 씩씩대며 걷다가 멈춰 서고.

서진	대체 누가 그딴 소문을... (하다가 멈칫하고) 설마, 진분홍?! (굳어지는데. 그때, 걸려오는 전화. 백준기고. 받으면)
준기(F)	돈은, 잘 준비되고 있겠지? 현금으로 2천억이야!
서진	내일 밤 만나. 원하는 장소로 가져갈 테니까.

31.   인천항 일각 (다음 날 밤)

준기, 트럭을 운전해서 기다리고 있으면. 서진의 차가 와서 멈춰 서고.
차 뒤로 도 비서가 운전하는 수송 트럭이 보이면.

준기	이렇게 약속을 잘 지키는 사람인 줄 몰랐는데?
서진	닥치고 돈이나 받아!

준기, 자신의 트럭 문을 열면. 도 비서가 밀차에 큰 가방을 끌고 와 준기 트럭에 던져 넣는데.

준기　서둘러. 나 오늘 한국 떠야 되거든.

서진　녹음기부터 내놔!

준기　(녹음기 건네주면)

서진　(틀어보고) 복사본은 없겠지?

준기　나도 양심이 있지. 걱정 마. 이 돈 다 쓰고 죽기에도 부족할 시간이야. 허튼 짓 안 해. 그래도 꽤 재밌지 않았어? 우리의 공조.

서진　죽을 때까지 내 눈에 띄지 마! 우리가 다시 만난다면, 거긴 지옥일 거야!

준기　(가려다가) 아! 그 녹음기에 재밌는 거 하나 더 녹음해뒀어. 나중에 들어봐! (트럭에 올라타고 가면)

서진　(뭔가 싶고. 녹음기를 틀면. 단태의 목소리가 나오는)

단태(E)　하나 더! 천서진이 로건을 감금했다는 증거물도 나한테 넘겨! 그건 3천억에! 솔깃하지 않아? 로건이 죽은 마당에, 제임스 쪽에 갖다줘봤자, 니 목숨이 보전될 거 같아? 어때? 차라리 나랑 거래하는 게...

서진　(열 받아 부르르 떠는) 주단태?!!! 내 뒤통수를 치겠다?!!

32.　**청아그룹 단태 사무실 (밤)**
　　　벌떡 일어나는 단태.

단태　지금 무슨 소릴 하는 거야?! 입금이 안 됐다니?!!

준기(F)　약속한 시간까지 5천억이 안 들어왔다고!! 이럼 얘기가 달라지는데?

단태　그럴 리가 없어! 분명히 조 비서가 입금한다고....

　　　그때, 급하게 뛰어 들어오는 조 비서.

조비　큰일났습니다, 회장님! 이규진 대표님 계좌로 넣어둔 공금이 사라졌습니다.

단태　사라지다니?!! 그게 어떻게 사라져?!! 계좌 확인하고 보낸 거 맞아?!

조비　분명히 확인했습니다! 백준기한테 송금하려고 보니까, 잔액이 없습니다!

단태   (뭔가 싸한 느낌 들고. 급히 규진에게 연락하는데. 전화기가 꺼져있다는 메시지 나오는. 그대로 뛰쳐나가는 단태)

33.   헤라펠리스 규진 집 거실 (밤)
미친 듯이 연거푸 울리는 벨소리 (E).
강제로 문을 따고 들이닥치는 단태와 조 비서. 텅 비어있는 집안. 급하게 집을 비운 흔적이 역력한데.

단태   아니야... 아냐!! 이규진이 어떻게 알고!!! 아니라고!!! (소리치는데)

34.   공항 일각 (밤)
완벽하게 변장한 규진 보이고. 기둥 뒤에 숨어있으면. 그 옆으로 상아와 민혁이 보이는.

민혁   아빠 왜 저래?

상아   엄마 맘 풀어준다고 가족여행 간다잖아. 니가 이해해.

민혁   창피해서 진짜! 나 커피 사올게. (얼굴 화끈거려서, 얼른 자리 뜨면)

규진   (얼른 상아한테 선글라스 씌우고) 당신도 얼굴 좀 가려!

상아   왜 그래? 야밤에 뭔 선글라스?!

규진   우리 다시는 한국에 못 돌아올 수도 있어.

상아   못 돌아오다니? 해외여행 간다며?!

규진   (상아한테 서류 내밀면. 외국 사업자 등록증이고. 대표 이름에 '고상아'라고 돼있는)

상아   본비 홀딩스? 이게 무슨 회사야? 대표가 고상아!?

규진   (바들바들 떨면서 고개 끄덕하고) 내가... 주단태 돈을 훔쳤어!

상아   뭐어?!

규진   그것도 5천억!

495

상아	오, 오천억?!! (기함하면)
규진	평생 주단태 밑에서 2인자만 하다 죽을 순 없잖아. 나도 인생 한번 폼나게 살아보고 싶다고!!
상아	이 자식이!!! (규진의 멱살을 움켜쥐면. 규진, 바짝 쪼는데. 표정 확 바뀌더니) 규진아!! 왜 말 안 했니? 이런 건 누나랑 진작 상의를 했어야지!! (감격한 표정인데)
규진	누나... 완전 쫄았잖아. 나, 잘한 거 맞지?

규진, 눈물 그렁해서 상아 품에 안겨있는데. 그 위로,

35. 회상/청아그룹 복도(낮)
규진, 걸어가는데. 그런 규진을 낚아채듯, 한쪽으로 끌고 가는 동필.

동필	소문 들었어요? 청아그룹이 곧 부도가 날 거래요. 주 회장은 구속되고요.
규진	정말이야?! 그럼 우리 어떡해?!
동필	주단태 이 인간은 혼자만 살겠다고 벌써 비자금 챙기는 모양이에요! 회삿돈 쪼개서 돈 세탁하고 있대요. 이 대표님 계좌로도 돈이 들어갔다는 정보예요.
규진	비자금이 내 계좌로? 얼마나?
동필	그건 저도 잘 모르겠어요. 잘못하단, 공금횡령으로 몰리던지, 아님 주단태 좋은 일만 시키게 생겼어요.
규진	그렇겐 안 되지! 나도 더는 못 당해!!!!

36. 현재/공항 일각(밤)
규진, 상아에게 설명하고 있는.

규진	내 명의는 불안해서 일단 당신 이름으로 페이퍼 컴퍼니 하나 만들어서 5천억 쨌어.

상아	잘했어! 눈먼 5천억이 들어왔는데, 주단태 그 개자식 밑에서 일할 이유가 뭐 있어?
규진	내 말이! 이 정도면, 우리 여섯 식구, 어디서든 떵떵 거리면서 살 수 있어!
상아	(멈칫) 여섯 식구? 왜 여섯 식구야? 우리 말고, 또 누가 있어?
규진	어? 저기 오네. (누군가를 향해 손 흔들면)

상아, 뭔가 쎄한 느낌으로 돌아보면. 왕미자와 첫째 시누이, 둘째 시누이까지 줄줄이 달고 달려오는데.

규진	엄마! 누나!! 여기야, 여기!!
상아	(멍해지고) 지금 저 혹들도 다 달고 간다고?
규진	그럼 어떡해? 나 때문에 울 엄마, 위장이혼까지 당했는데. 내가 책임져야지!
왕미자	(요란하게 양손에 캐리어 끌며 달려오고) 규진아! 어딨었어? 한참 찾았잖아! 어떻게 된 거야? 우리 이민 가는 거야?!
시누이들	어디로 가? 하와이? 유럽?!
규진	지금부터 내 얘기 잘 들어. 정신 바짝 차려야 해! 일단은 일본을 경유해서 터키 쪽으로 뜰 거야. 그다음엔... (왕미자와 누나들과 머리 맞대고 토론하느라 바쁜데. 상아는 없는 사람이고)
상아	(기가 막힌. 사업자 등록증을 불끈 쥐고, 천천히 뒷걸음질 치는) 민혁이 앤 왜 이렇게 안 와?!

37. 펜트하우스 서재(아침)
열 받은 단태, 책상을 쓸어버리는데.

단태	아직도 못 찾았어?!! 쥐새끼 같은 놈 하날 못 찾고 뭐하는 거야?!!
조비	출국 기록은 없습니다. 그런데 고상아 씨와 민혁 군은 일본으로 출국한 걸로 나옵니다.
단태	일본? 이규진 이 자식, 당장 찾아내서 내 앞에 끌고 와!! 당장!!

조비	백준기한테 계속 독촉전화가 오고 있습니다. 어떡할까요?
단태	(난감한. 고심하다) 할 수 없지. 케이먼 제도에 넣어둔 내 비자금 꺼내와! 돈으로 막지 않으면, 언론에 내 사진을 죄다 뿌릴 인간이야!
조비	5천억 전부 다요?
단태	몇 번을 말해!! 그 자식 주둥이부터 막아야 된다고!! 청아그룹 주식만 뛰면, 그깟 5천억 금방 메꿀 수 있어!!

그때, 노크 소리 나고. 석훈이 들어오는.

석훈	아버지. 손님이 오셨는데요.
단태	손님? (들어오는 사람, 분홍이고)
분홍	안녕하셨어요, 회장님.
단태	당신이 여길 왜.... (석훈 눈치 살피는데)
분홍	우리 아직 할 말이 좀 남지 않았나요? (미소 짓는 분홍)
석훈	(표정)

38. 제임스 별장 거실/펜트하우스 서재 앞/전화통화 (아침)
    수련, 석훈과 통화하고 있는.
    수련 옆으로 윤철과 로건이 앉아있고.

석훈(F)	진 쌤, 방금 도착했어요.
수련	그래. 어디로 튈지 모르는 여자니까, 잘 지켜봐. 조심하고. (전화 끊으면)
윤철	이제 진분홍이 나설 차렌가요? 그 여자라면, 주단태와 천서진이 서로 죽도록 물어뜯게 제대로 뭔가 해줄 거 같네요. 워낙 또라이니!

39. 펜트하우스 서재 안/서재 밖 (아침)
    분홍과 단태, 독대하고 있는.

분홍 당신만 철석같이 믿고 있었는데, 멍청하게 천서진 하나 어찌 못해서, 날 이렇게 기다리게 만들어?

단태 (어이없고) 당신이랑 말장난할 기분 아냐. 당장 꺼져.

분홍 니가 뭔데 명령이야? 가고 말고는 내 맘이야! 이 자식아!!

단태 뭐? 이 자식?!!

분홍 그래, 이 자식! 지금 나한테 시건방 떨 처지가 아닐 텐데.... (핸드폰 흔들며) 오윤희 죽던 날, 내 차 블랙박스 영상이 여기 들어있거든. 오윤희를 아주 벼랑 끝까지 잘 몰았더라고!

단태 (하얗게 질리고) 거짓말 마!! 블랙박스 같은 건 없었어!!

분홍 하하하하. (웃다가) 그래, 없었지. 근데 내가 사람을 시켜서 찾아냈지 뭐야. 날 그렇게 호락호락하게 봤니? (핸드폰으로 영상을 틀면. 단태와 윤희가 대치하는 상황이 나오고)

단태 (긴장하고. 잽싸게 달려들어 분홍의 핸드폰을 뺏으려면)

분홍 잠깐만! 아직 하이라이트는 보여주지도 않았는데?!

분홍, 핸드폰을 단태 쪽으로 보이게 들고. 서진이 윤희를 밀어버리는 장면을 보여주면.

단태 (눈 돌아가고) 뭐야....? 천서진이었어?!! 오윤희를 죽인 게?!!

분홍 오호호호... 바보 같은 놈. 것도 모르고, 제대로 하는 일이 뭐야?

단태 그 영상, 얼마면 넘길 거야?!

분홍 (기다렸다는 듯) 5천억!

단태 뭐어? 5천억이 장난이야?!

분홍 장난 아니지. 그래도 절실하면 만들어내야 하지 않을까? 싫으면 뭐, 그대로 경찰에 가지고 갈게. 어차피 너도 오윤희 죽는 데 한몫 제대로 했잖아?!

단태 잠깐만! 너무 비싸. 쫌만 깎아.

분홍 모양 빠지게! 5천억이야. 이번 주 안으로 5천억 들고 오면, 이 영상 그쪽에 넘길게. 주총 얼마 안 남았잖아? 이걸로 천서진을 끌어내리면, 청아 그룹이 니 께 될 텐데, 5천억 그깟 게 대수야? (깔깔대며 웃으며 나가면)

단태 으악!! 이규진 이 개자식만 아니었어도!! (분해 죽겠는데) 어떻게든 저 영상 내가 가져와야 해!! 저것만 있으면, 천서진은 완전히 끝이야!! (흥분해서) 돈... 돈이 필요해! 5천억! 5천억을 또 어떻게 마련해?!! (미치겠는. 서재 왔다 갔다 하며 초조한데)

그런 단태의 모습을 서재 밖에서 지켜보고 있는 석훈.

석훈(E) (수련에게 문자하는) 아빠가 흔들리기 시작했어요.

40. 제임스 별장(아침)
수련, 심각한 표정으로 로건과 윤철을 돌아보는.

수련 주단태의 자금을 전부 말릴 생각이에요. 부동산과 현금, 해외에 빼돌린 비자금까지 전부 다!
로건 서서히 바닥이 드러나는 거 같은데요?
윤철 이제 천서진을 흔들 차례네요!! (표정)

41. 헤라팰리스 주차장(아침)
은별과 함께 차 쪽으로 걸어가는 서진.
그때, 마리가 남자 두 명과 얘기하는 모습이 눈에 들어오고.
형사, 뭔가 열심히 적으면서 마리를 탐문조사하고 있는데.

형사 오윤희 씨 타살 소문은 언제 들으셨죠?
마리 글쎄요... 나도 건너건너 들어서... 정확히 언젠지는 모르겠어요.
서진 (놀라서 은별과 함께 멈춰 서면)
마리 그래도 워낙 소문이 디테일해서 신빙성이 있는 거죠. 뒤에서 차로 확!

500

	밀었다잖아요. 10조가 탐났던 거죠. 근데, 그건 왜 조사하는 거예요?
형사	경찰에도 제보가 들어왔어요. 오윤희 씨가 타살된 거라고. 망가지긴 했지만, 현장에 있던 블랙박스도 증거로 나왔고. 현재 포렌식 중이에요.
서진(E)	(기겁하는) 블랙박스?!! 말도 안 돼... (얼굴 하얗게 질리면)
은별	엄마, 괜찮아?
서진	(아무렇지 않은 척) 얼른 타. 학교 데려다줄게. (차에 올라타면)

서진의 차 출발하고.

마리	(서진의 차를 흘낏 보고) 왜? 쫄았냐? 쫄릴 거다. 나쁜 년!

42.   **서진의 차 안/도로 (낮)**

서진, 운전하고 있고. 조수석에 은별이 타있는.
서진, 마리와 형사의 대화 떠올리면서, 불안한 듯 계속 차선 바꾸며 운전하고 있고.

형사(E)	경찰에도 제보가 들어왔어요. 오윤희 씨가 타살된 거라고.
마리(E)	소문이 디테일해서 신빙성이 있는 거죠. 뒤에서 차로 확! 밀었다잖아요.
형사(E)	망가지긴 했지만, 현장에 있던 블랙박스도 증거로 나왔고!
	서진, 정신없이 운전하다가 빨간 불로 바뀐 것도 모르고 달리다가, 횡단보도 앞에서 급브레이크 밟고 끼익! 멈춰 서는.

은별	아악!! (놀라서 서진을 보며) 엄마, 왜 그래?!
서진	(핸들에 머리를 박았다가, 천천히 고개 드는데. 간발의 차이로 행인을 치지는 않은 상태고. 가슴 쓸어내리는데)

문득, 횡단보도에서 몸을 일으키는 사람, 로나로 보이고! 악! 비명 지르면.

다시 정신 차리고 보면, 다른 사람이고. 온몸이 땀으로 젖은 서진. 가슴이 미친 듯이 쿵쾅거리며 뛰는데.

은별 괜찮아, 엄마? 땀 좀 봐... (서진의 얼굴을 닦아주는데)
서진 (가쁜 숨 내쉬며) 너 학교 늦은 줄 알고, 과속했나봐. 미안. 천천히 갈게.
(그러면서도 표정 안 좋고)
은별 (그런 서진의 모습을 불안한 듯 보는)

43. 청아재단 일각 (낮)
서진, 불안해하며 가고 있는데. 발밑에 뭔가 툭, 떨어지고.
뭔가 해서 주워서 보면. 단태가 윤희의 차를 쫓고 있는 사진이고.

서진 이건, 주단태?!! (놀라서 자세히 보려는데)

사진을 확 뺏는 손. 분홍이다.

분홍 어머나, 사진이 왜 거기 떨어졌지? (서진을 보며 미소) 잘 지내셨어요?
서진 여긴 또 왜 왔어?!
분홍 왜 오긴요. 센터장님께 유리한 증거를 보여드리러 온 거죠. 주단태가 차를 몰고 오윤희를 쫓아가는 사진이에요. 원하던 거 아니었어요?
서진 나한테 그걸 갖고 온 이유가 뭐야? 설마 또 은별일 보여달라느니, 말 같지 않은 소릴 지껄이면, 가만두지 않을 거야!!
분홍 진실을 밝히러 왔어요! 오윤희가 죽던 날, 무슨 일이 있었는지! 나한테 은별이를 뺏어다 주겠다고 한 사람이 주단태였어요! 기자회견도 주단태가 시킨 거고! 그런 주단태를 가만히 놔둘 건가요? 당신이 은별이 엄마라면 참으면 안 되죠.
서진 무슨 말을 하고 싶어서 이래?
분홍 내가 당신을 돕고 싶다고요. 주단태가 그날 김포에 있었다는 증거! 오윤희가 탄 차를 쫓아가던 증거 영상! 날 매수했다는 증언까지! 내가 다 해줄게요.

서진 정말이야?

분홍 대신, 5천억을 줘요!

서진 뭐어? 정말 너 미쳤구나?!

분홍 (거침없이) 이번 주까지 준비되겠죠? 은별이 목숨 값이라고 생각하면, 아까울 것도 없을 거 같은데…. 그럼, 연락 기다릴게요. (돌아서 가면)

서진 저런 미친!! (열 받지만 어쩔 수 없고. 그때, 도 비서가 다가서면) 청담동 건물도 내놔! 돈 되는 건 뭐든 다 팔아! 이번 주 안으로 5천억이 더 필요해!

도비 (놀라) 네?

서진 (버럭) 못 알아들어?! 돈 만들어 오라고!! 어떻게든 꼭 만들어내야 해!! 지금 주단태를 없애지 않으면, 오히려 내가 당해!!! 결국 내가 죽는다구!! (이성 잃은 듯 보이고. 무섭게 떨리는 손….)

44. 송 회장 회장실 (낮)

깍듯하게 인사를 하는 단태. 그 앞에 앉아있는 사람, 송 회장이고.
조 비서, 뒤쪽에서 대기하고 있는.

단태 (서류 건네며) 말씀하신 천수지구 27번지 보증 서류와 차용증섭니다.

송회장 사업이 많이 힘든가봐. 아직 지난번 채무도 정리가 안 됐는데.

단태 그래서 천수지구의 제일 핵심 부지를 담보로 걸었습니다. 아시지 않습니까. 천수지구 27번지. 이 땅의 가치.

송회장 알지. 그래서 빌려주는 거야. 5천억!

단태 이번 주 주총 끝나는 대로 바로 원금에 이자까지 갚겠습니다, 회장님.

송회장 주 회장이 청아그룹 총수가 되는 건가? 미리 축하하지. (야릇한 미소)

45. 단태의 차 안/송회장 회사 앞 (낮)

차에 올라타는 단태, 급히 분홍에게 전화하는.

단태　지금 당장 만나지, 진분홍!!

46.　한강대교 아래/택시 안(낮)

기다리고 있는 단태. 멀리 서있는 조 비서의 차. 주변에 사람 아무도 없고.
그때, 단태 앞으로 달려와 멈춰 서는 택시 한 대. 빵빵! 클랙슨 소리 들
리면.
단태, 택시 쪽으로 다가서는데. 뒷자리에 앉아있는 사람, 분홍이고.
택시 뒷자리에 올라타는 단태. 택시기사는 모자 쓴 채, 마스크 끼고 있고.

단태　영상은?

분홍　(핸드폰을 넘기면. 그 안에 찍힌 서진의 범행 장면이 보이고)

단태　(만족스러운 듯 웃으면)

분홍　돈은?!

단태　바로 계좌로 쏴줄 테니까 걱정 마.

분홍　(계좌번호 넘기며) 지금 해. 난 아무도 안 믿어!

단태　(바로 송금하고) 5천억이라…. 축하해. 인생 제대로 로또 맞았네.

분홍　로또는 당신이 맞은 거 같은데? 그 영상이면, 천서진 날려버리는 거, 일
　　도 아니잖아?

단태　그럼, 잘 가시게. (핸드폰 들고 내리려는데)

찰칵! 잠기는 문.

단태　뭐야?! 문이 잠겼잖아?!! 기사 양반! 지금 뭐하는 거….

윤철　(매서운 눈빛으로 돌아보는) 은근히 순진해, 주단태! (마스크 벗고 단태와
　　눈 마주치는데) 잘 있었나? 오랜만이야!

단태　(윤철임을 알아보고) 하윤철?!!! 니가 어떻게!! 살아있었어?!! (기겁하는)

윤철　왜? 죽기라도 한 줄 알았나?! 니가 죽긴 전엔 난 절대 못 죽어!!! (그대로
　　단태의 목에 마취주사를 꽂는데. 살기 어린 눈빛. 주사바늘을 꽂는 손, 무섭

게 떨리고)

단태 (푹 쓰러지는. 기절하면)

윤철 (단태 손에서 핸드폰을 뺏고, 차 문을 열어 단태를 확! 굴러 떨어뜨려버리면)

조비 회장님!!! (멀리서 보고 달려오는데)

그대로 택시 출발해버리고.

택시 안에 윤철과 분홍의 표정.

47.   테라스 카페(낮)

분홍, 여유롭게 차를 마시고 있으면. 또각또각 구두 소리 내면서 다가 와 앉는 서진.

서진 수표 한 장으로 준비했어.

분홍 당연히 추적 안 되는 거겠지?

서진 딴소리 말고, 증거나 내놔!

분홍 (서류봉투 내밀면)

서진 (봉투 열어서 보면. 단태가 윤희 차를 쫓는 사진들이 찍혀있고)

분홍 (USB 내밀며) 주단태가 나한테 기자회견을 사주하는 내용이야. 기자들 한테 풀면 될 거야.

서진 피차 용건 끝났으니, 다신 내 딸 앞에 얼씬도 하지 마! (경고하고 일어서 고. 먼저 아웃하면)

분홍 이제 다 끝난 거지? (등지고 앉아있는 윤철에게 말하면)

윤철 (돌아보고. 선글라스를 올리며) 아직 하나 남았지! 당신도 벌 받으러 가 야지, 진분홍!!

48.   카페 일각(낮)

서진, 의기양양하게 카페를 벗어나면. 기다리고 있는 사람, 도 비서고.

서진 (긴박하게 도 비서에게 서류봉투를 내미는) 이거 전부 다, 언론사에 풀어!! 속보로 뜨게 최대한 빨리 움직여!! (미소 짓는 서진. 승기를 잡은 표정인데)

49. 병원 VIP 병실 (낮)
단태, 병실에서 정신을 차리고 눈을 뜨면. 병원이고.

단태 (벌떡 일어나 앉는) 어떻게 된 거야?! 그놈은?!!

조비 놓쳤습니다. 죄송합니다!

단태 멍청한 새끼! 하윤철이 살아있었어! 뭐가 어떻게 돌아가는 거야? 진분홍이 왜 그 자식이랑 손을 잡은 거냐고?!! 설마.... 천서진 짓이야?! (혼란스러운데)

그때, 병실문이 열리고, 뛰어 들어오는 동필.

동필 큰일 났습니다, 회장님!!

단태 또 무슨 일이야?!

동필 (급하게 TV를 켜면. 서진이 분홍에게 받은 자료들이 뉴스에 나오고 있고)

앵커(E) (긴박하게 뉴스 보도하는) 뉴스 속봅니다. 딸의 동급생을 납치해 협박하다 김포 벼랑에서 실족사한 걸로 알려졌던 오윤희 씨가 타살됐다는 소식입니다. 경찰은 오윤희 살인사건의 범인으로 청아그룹 주단태 회장을 유력한 용의자로 보고, 신병 확보에 나섰습니다. 일명, 10조 살인사건으로 불리는 이번 사건은, 오윤희 씨가 사망 후 비밀금고에서 10조의 거금이 사라진 게 확인됐습니다.

단태 10조?!! 말도 안 되는 소리!! 난 10조를 본 적도 없어!!

앵커(E) 긴급체포영장을 발급받은 경찰은 청아그룹 본사와 헤라팰리스 자택에 수사팀을 파견하는 한편...

동필 지금 당장 피하셔야 합니다! 이미 경찰이 이쪽으로 오고 있습니다!!

단태   (기겁하는) 뭐야?!!! (침대에서 뛰다시피 뛰어내리고. 정신없이 도망치는데)

50.   병원 복도/엘리베이터 안 (낮)

     단태, 세탁물 통에 들어간 채, 조 비서와 동필의 엄호를 받으며 복도를
     빠져나가는데.

     간발의 차이로 경찰이 들이닥치고. 병실 안을 뒤지기 시작하는.

     긴박하게 엘리베이터에 올라타는 동필과 조 비서, 세탁물 통.

     그때! 삐삐! 인원 초과음이 울리면. 다가오는 형사와 경찰들.

형사   (엘리베이터에 탄 동필과 조 비서를 향해) 거기 뭐야? 당신들!! (달려오
         는데)

동필   (그대로 조 비서를 밀어버리고, 급히 엘리베이터 문을 닫으면)

조비   (경찰들 앞에 쓰러지는)

     엘리베이터 그대로 내려가는데.

51.   동필의 차 안/ 병원 앞 (낮)

     단태, 세탁물 통에서 나오고. 동필과 함께 차에 올라타면.

     동필, 운전석에 올라타고, 차 출발시키는데. 뒤늦게 따라붙는 형사와
     경찰들.

형사   차량 번호 조회해서 수배 때려! 주단태, 유동필, 전부 다!!

52.   헤라팰리스 서진 집 거실 (저녁)

     서진, 여유롭게 뉴스를 보고 있으면. 진분홍이 기자들 앞에서 자백하
     는 영상이 흘러나오고 있는.

분홍(E) 저는 주단태 회장의 협박에 못 이겨, 국민들을 속이고, 거짓 기자회견을 했습니다. 천인공노할 죄를 졌습니다. 오윤희 씨가 입시살인마라는 건 다 거짓입니다. 저는 주단태 회장의 지시에 따라 하은별 학생을 헤라펠리스에서 납치해 제 차에 태웠고, 주 회장과 약속한 김포농원으로......

그때, 도 비서가 다가서는.

도비 펜트하우스를 경찰이 뒤지고 있습니다.

서진 주단태는?

도비 자취를 감췄답니다.

서진 또 어디 땅굴이라도 파고 들어가 버렸나. 그래 봤자, 독 안에 든 쥐겠지만. (일어서고) 한 시간 뒤에 청아그룹 긴급이사회 소집시켜.

도비 네, 센터장님!

서진 뭘 입고 가볼까? (기분 좋게 침실 쪽으로 걸어가는데)

의기양양한 서진의 모습을 몰래 지켜보고 있는 은별. 표정 어둡고.

53.   여관방 안(밤)
단태, 동필의 부축을 받으며 들어서면.

동필 일단 여기 숨어 계십시오. 위치가 발각될 수 있으니, 절대 핸드폰도 켜서는 안 됩니다. 제가 나가서 간단히 필요한 것 좀 사오겠습니다. (돌아서면)

단태 빨리 와. 혼자는 불안해. (초점 잃은 눈동자고. 동필이 나가면. 여관방의 TV를 켜는데. 조 비서가 화면에 나오는)

앵커(E) 주단태 회장을 보좌하던 비서 조모 씨가 경찰에 붙잡혔습니다. 조모 씨는 주단태 회장의 도피를 도운 혐의를 받고 있으며, 주 회장의 소재파악에 수사력을 집중시키고 있습니다. 경찰은 이번 사건이 납치와 살인,

시체유기 등, 계획적인 강력범죄로 보고, 강남경찰서에 수사인력을 보충하기로 결정하고...

단태 (열 받아 TV 꺼버리고) 아악!! 천서진!! 오윤희는 니가 죽여놓고, 나한테다 뒤집어씌우시겠다?!! 이렇게는 안 당해!! 못 당해!!! 절대!!! 죽여버릴 거야, 천서진!!! (TV를 냅다 던져버리는 단태고. 무섭게 번득이는 단태의 눈동자!)

54. 제임스 별장 거실(밤)
로건과 수련 역시 뉴스를 보고 있는데.

로건 결국 천서진이 청아그룹을 가지게 되겠네요. 그게 수련 씨가 원했던 거죠? 주단태를 먼저 치고, 맨 마지막이 천서진 차렌 거.

수련 (심호흡하고) 청아그룹 주주총회에서 모든 걸 밝혀야죠! 천서진이 지은 죄를 만천하에! 그리고, 천수지구까지 무너지게 만들 거예요! 그때까진, 천서진을 내버려둘 생각이에요. (하다가) 하 박사님은 어디 갔어요?

55. 헤라팰리스 윤희 집 앞(밤)
얼굴 최대한 가린 채, 윤철, 윤희 집 앞에 과일바구니를 놓고 돌아서는데. 멈칫하는. 자신을 싸늘하게 쏘아보고 있는 로나와 마주치는.

윤철 (당황해서) 로나야...

로나 누가 매번 이런 걸 갖다놓나 궁금했는데, 아저씨였어요? 호수 착각하셨나 봐요. 아저씨 딸은 85층 살아요. 그러니까 이거 다 갖고 가세요!! (바구니 들어서 윤철에게 턱 안기고, 현관문 여는) 그리고! 되도록 안 보고 싶으니까, 조심해주셨으면 좋겠네요! (안으로 쌩 들어가 버리면)

윤철 (기운 빠지고. 얼음 된 듯 멈춰 서있는데. 벽에 몸을 툭 기대는 윤철)

56. 헤라펠리스 윤희 집 거실(늦은 밤)

로나, 거실로 들어서고. 윤희와 찍은 사진 앞으로 다가서는데.

로나 (윤희 얼굴을 쓰다듬으며) 저런 아빠 필요 없어. 난 그냥 엄마만... 엄마만 있으면 돼.... (눈물이 주르륵 흐르고) 나, 알고 있었어. 아저씨가 내 친아빠 거. 아주 처음부터. 아저씨랑 살 때 엄마가 그렇게 행복해하는 거, 처음 봤거든. 그래서 엄마도 은별이 모른 척할 수 없었던 거지? 아빠 딸이라서.... 바보같이.... (눈물 쓱쓱 닦고) 나 절대 아저씨 용서 안 할 거야. 엄마 배신한 아저씨, 절대 용서 못 해!! (이 악무는 로나. 눈물 터지고) 엄마... 왜 나 두고 가버렸어? 왜 내 옆에 없는 거야? 왜?!! 왜!! (오열하는)

57. 여관방(아침)

쪼그리고 잠든 단태. 그러다 번쩍 눈 뜨고. 놀라서 벌떡 일어나는데. 좁은 여관방이고.
그때, 똑똑 노크 소리 들리면. 화들짝 놀라는. 긴장한 채 문 앞으로 다가서면.

동필(E) 접니다, 회장님.

단태 (그제야 숨 내쉬고, 방문을 여는데)

동필 (급하게 들어서고. 다시 문 걸어 잠그고) 지금 상황이 좋지 않습니다. 저도 쫓기고 있어요! 아무래도 경찰에 다 말해야 될 거 같아요!

단태 그게 무슨 소리야? 자수를 하겠다는 거야? 안 돼!! 나랑 끝까지 비밀 지키기로 약속했잖아!!

동필 더 이상은 안 돼요!! 마누라랑 딸한테 더는 부끄러운 사람 되고 싶지 않아요. 회장님도 이제 그만 포기하세요! 조 비서도 곧 다 불고 말 거예요!! 지금이 바로잡을 마지막 기회예요!! 회장님이 김미숙 죽인 거, 오윤희 시신 분수대에 묻은 거! 다 밝혀요, 이제 그만!!

단태 (절절하게 동필 바지를 붙잡고 사정하는) 나한테 이러면 안 되잖아, 형!

510

진천에서 건달살이 할 때, 조직에서 빼내준 사람, 나야!! 조직원들한테 맞아 죽을 뻔한 거, 있는 돈 다 털어서 내가 형 목숨 구해줬잖아!! 근데, 어떻게 날 배신할 수 있어?!!

동필   (버럭) 그래서 너 대신 살인죄 뒤집어쓰고 감옥 갔다 왔잖아!! 내 딸 가슴에 못 박으면서!! 하지만 이번 일은 그때랑 달라!!

단태   아니! 다를 거 없어!! 한 번만 더 나 좀 도와줘. 오윤희, 형이 죽었다고 해줘! 나 대신 들어가 살면, 그땐 내 재산 다 줄게. 나, 해외에 돌려놓은 비자금 있어. 그거 싹 다 형 앞으로 돌린다고! 내 말 못 믿어?!! 그러니까 한 번만... 제발 한 번만 나 좀 살려주라, 형!!! 어? 형!!! (눈물로 호소하는데)

동필   (그런 단태를 내려다보며. 무표정하게) 생각은 해볼게. (핸드폰 내밀고) 대포폰이야. 긴급한 일 있음 연락할게. (나가면)

단태   형!! 제발 꼭 부탁해, 형!! 제발!! 나 도와줘야 돼!!!! 그래 줄 거지?!! (피 토하듯 울부짖는데)

58.   **여관 앞**(아침)
동필, 밖으로 나오면. 싸늘하게 표정 바뀌고. 주머니에서 핸드폰을 꺼내면, 녹음 중이었고. 녹음을 끄는 동필. 그러다 제니에게 전화하는.

동필   (금세 환한 미소) 우리 딸! 지금 어디야?!

59.   **재수학원 앞/동필의 차 안**(아침)
동필의 차, 재수학원 앞에 멈춰 서면.

제니   웬일로 내 학원은 데려다준대? (기분 좋고)

동필   아빠가 데려다주니까 좋아?

제니   아빠가 석경이 아빠 회사 관두니까 너어무 좋아. 난 아빠가 그 아저씨 밑에서 일하는 것만 아니면, 백수래도 상관없어!

동필   (눈가 촉촉해지고) 우리 딸이 이렇게 좋아하는 줄 알았으면, 진작 그만 둘걸.

제니   (뒷좌석에 트렁크 보고) 저 짐은 뭐야?

동필   어... 아빠가 정리할 게 좀 있어서. 출장 가야 될 거 같아.

제니   출장? 어디로?

동필   두바이.

제니   (순간 멈칫하는) 두바이...?

동필   응... 우리 딸, 아빠 없는 동안 엄마랑 잘 지낼 수 있지? 공부도 열심히 하고, 친구랑도 싸우지 말고.

제니   (뭔가 감 오는데) 내가 뭐 앤가? 친구랑 싸우게. 이번엔... 얼마나 가는데? 길게 가?

동필   모르겠네, 가봐야 알 거 같아.

제니   여권은... 챙겼어? (애써 눈물 참는데)

동필   (역시 애써 아무렇지 않게) 그럼!! 사진도 새로 찍었지. (말 돌리며) 얼른 내려. 수업 늦겠다. 아빠가 편지 자주 할게.

제니   편지... 매일 써! 나도, 답장할 테니까.

동필   우리 딸, 한번 안아볼까? (제니를 안아주고. 눈물 참을 수 없고)

제니   (그런 동필 시선 피하며) 나 내릴게. 밥 잘 먹고, 싸우지 말고! 알았지, 아빠?! (인사하고 얼른 차에서 내리면. 돌아서는데 눈물이 주르륵 흐르고. 떨리는 어깨를 보이며 학원으로 들어가면)

동필   (그 모습을 애틋하게 바라보는데. 눈물 훔치는 동필이고)

60.   **여관방/복도(낮)**

    답답한 단태, 창문을 열어 바깥 공기를 쐬는데.

    그때, 창문 아래쪽에서 여관으로 다가오는 형사들 모습이 보이고. 얼른 몸을 숨기는 단태.

단태   어떻게 된 거야? 발각된 거야?!!

단태, 여관방 문을 열고 복도로 나가면. 계단을 올라오는 경찰들 소리
가 들리고.
다시 급히 여관방으로 들어가는 단태. 그대로 창문 밖으로 몸을 날리
는데.

61. 거리 일각/경찰서 앞/전화통화 (낮)

단태, 발을 절뚝거리며, 열심히 도망치는데. 뒤도 돌아보지 않고 뛰고
또 뛰는.
그러다 모퉁이에 몸을 숨기고 숨 헉헉대는데. 대포폰으로 전화가 걸려
오는.

단태 (받는, 열 받아) 어떻게 된 거야?! 여관으로 경찰들이 덮쳤어. 형이 분 거
야? 날 속인 거었어?!!

동필(F) 마지막으로 도와주는 거야. 지금 바로 부산항으로 가. 중국으로 밀항할
수 있는 배 알아놨어. 정씨라는 사람이 곧 전화할 거야. 그 사람이 시키
는 대로 해. 내가 해줄 수 있는 건 여기까지야! (찰칵, 전화 끊기면)

단태 (구세주를 만난 거 같고, 울컥하는) 고마워..... 정말 고마워, 형!!!

동필, 전화 끊고, 결심한 듯 경찰서로 걸어 들어가는.

62. 부산항 일각 (밤)

컨테이너들 사이로 모습을 드러내는 사람, 단태고.

인부(정씨) 오늘 밤 출발이에요. 여기, 고기통 안에 숨어있어요.

단태 (어이없지만) 나더러 여기 들어가 있으라고?!! (그러다 인부들 표정 찌릿
하면, 어쩔 수 없이 고기통 안으로 들어가는데)

인부들, 밀차에 고기통을 얹고 끌고 가면.

513

그 뒤로 모습 드러내는 사람, 로건과 수련이고.

수련   거기서 평생 썩게 되겠죠.

로건   자기가 한 대로 당해야죠. 남은 세월이 얼마일지는 모르지만, 죽는 것
보다 더 괴로울 건 확실해요!

두 사람, 고기통이 배에 실리는 모습을 지켜보는데.

63.   **인서트/고기통 안/배 위**(밤)

단태, 꽉 끼는 좁은 고기통 안에 몸을 구겨넣고 있는데. 출렁이는 바다
위를 가고 있는 배의 움직임이 느껴지고. 어디론가 계속 이동하는데.
그러다 배의 출렁거림에 고기통이 쓰러지면. 그대로 데구르르 구르고.
열 받지만 비명 소리도 낼 수 없는 상황인데. 긴장한 표정이고.
그때, 고기통 안으로 하얀 연기가 스멀스멀 들어오면.
단태, 뭔가 하고 큼... 큼큼... 냄새를 맡다가, 천천히 그대로 잠에 빠지는.

64.   **헤라팰리스 전경**(아침)

65.   **헤라팰리스 서진 집 주방**(아침)

콧노래를 흥얼거리며 아침을 준비하고 있는 서진. 싱싱한 샐러드를 준
비 중인데.

은별   (주방으로 들어오며) 엄마 오늘 기분 좋아 보이네.

서진   그럼. 좋지. 이번 주주총회에서 아마 엄마가 회장으로 선출될 거야.

은별   정말?!

서진   취임식 전에 우리 쇼핑하자. 옷도 새로 맞추고, 오랜만에 사진도 다시
찍고. 은별이 너 뭐 사고 싶은 거 없어?

은별   (기뻐하는) 없어. 엄마가 행복해 보여서 나도 좋아.

서진 그래? 샐러드 만들었어. 맛있겠지? (콧노래 흥얼거리며, 샐러드를 은별에게 먹여주는데. 더없이 다정해 보이는 두 사람)

66. **명품숍(낮)**
  은별과 서진, 쇼핑하는. 예쁜 옷 고르고, 거울 앞에서 피팅해보는. 옷에 맞춰서 구두와 가방도 고르는데.

67. **사진관(낮)**
  예쁘게 차려입고 사진을 찍는 두 사람. 서진과 은별, 더없이 행복해 보이는데.

68. **일본 정신병원 병실 안(밤)**
  잔뜩 찡그린 채 잠들어있는 단태의 얼굴. 그러다 부스스 잠에서 깨면. 정신을 차리는 단태의 눈에 들어오는 건, 창살이 가득 쳐져있는 정신병원 병실 안의 침대고.
  단태, 있는 힘을 쥐어짜서 겨우 몸을 일으켜서 창살로 다가서면.

단태 (창살 밖을 향해) 이봐!! 거기 누구 없어? 여기 뭐하는 데야?! 당신들 누구야? 뭐야?!! (소리치면)
간호사 (돌아보고) 정신이 들어요, 백준기 씨?
단태 (굳어지는) 백준기?!! (그제야 자신이 입고 있는 환자복이 보이고. 눈에 들어오는 네임카드에 '백준기'라고 적혀있는) 뭐야? 여기가 어디야?!!! 어디냐고?!!! 내가 왜 여깄어?!!!

  미친 듯이 발악하는 단태!!!
  그런 단태에게 뚜벅뚜벅 걸어오는 누군가. 구두에서부터 천천히 위로 올라가보면, 석경이다.
  석경, 창살을 붙잡은 채 발악하고 있는 단태를 차갑게 마주 보고 서는데!

69.   헤라팰리스 서진 집 거실(밤)
        양손에 쇼핑백을 가득 들고 거실로 들어서는 서진, 그대로 소파에 주
        저앉으면.

서진   은별아, 우리 와인 한잔 할까?

은별   좋지! 옷 갈아입고, 우리 파티하자. 준비는 내가 할 테니까, 엄마는 샤워
        하고 나와. 자, 얼른! 예쁘게 하고 와야 돼. (방으로 서진을 밀어넣는데)

서진   어머나, 애 좀 봐. 너도 피곤하잖아~ 아줌마 시키면 돼~ (그러면서도 기
        분 좋은데)

70.   헤라팰리스 서진 집 침실(밤)
        서진, 자신이 좋아하는 예쁜 옷으로 갈아입는. 향수도 칙칙 뿌리고.

서진(E) (만족스러운 듯 거울에 자신의 모습을 비쳐보며) 완벽해! 심수련도, 주
        단태도, 오윤희도, 모두 내 앞에서 사라졌어. 결국 최후의 승자는 나였
        어!!

71.   헤라팰리스 은별의 방(밤)
        방으로 들어온 은별, 결심한 듯 침대 매트리스를 들면. 그 안에 약통이
        나오고.

은별   (약통에 들어있는 약을 쏟아서 보면, 백 알 정도 보이는데. 무표정한 얼굴
        로) 엄마, 내가 엄마 나쁜 기억 다 지워줄게. 엄마가 계속 행복할 수 있
        게. 엄마 위해서, 한 알도 안 먹고 아껴둔 거야.

72.   헤라팰리스 서진 집 주방(밤)
        와인과 안주와 꽃으로 멋지게 플레이팅 해놓은 은별.
        알약을 가득 미니 절구에 넣고 빻기 시작하는데.

와인 잔에 와인을 따르는 은별, 서진의 잔에 가루가 된 약을 스르륵 부
어넣으면.
서진이 주방으로 들어서고.

서진   어머나, 세상에! 이걸 다 니가 한 거야? 어쩜 이렇게 예쁘게 세팅했어?
은별   맘에 들어?
서진   맘에 들고말고.
은별   엄마, 우리 건배할까. (와인 잔을 들면)
서진   (약이 부어진 와인 잔을 들고) 그럴까. (기분 좋게 단숨에 잔을 비우고는, 은
       별을 향해 미소 지으며) 와인 잘 골랐네! 너무 스윗해. 오늘이 엄마 인생
       에서 제일 행복한 날인 거 같아!! (감격스러운 표정인데)
은별   (잔 아래에 남겨져있는 하얀 가루를 유심히 보는 시선. 눈물이 핑 돌고)

서진, 와인 잔을 든 채, 은별을 보며 환하게 웃음 짓는 데서 엔딩!!

11화

폭풍전야

1.　　　10화 62신 연결/부산항 일각(밤)
　　　　컨테이너들 사이로 모습을 드러내는 사람, 단태고.

인부(정씨) 오늘 밤 출발이에요. 여기, 고기통 안에 숨어있어요.
단태 (어이없지만) 나더러 여기 들어가 있으라고?!! (그러다 인부들 표정 찌릿
　　　　하면, 어쩔 수 없이 고기통 안으로 들어가는데)

　　　　인부들, 밀차에 고기통을 얹고 끌고 가면.
　　　　그 뒤로 모습 드러내는 사람, 로건과 수련이고.

수련 거기서 평생 썩게 되겠죠.
로건 자기가 한 대로 당해야죠. 남은 세월이 얼마일지는 모르지만, 죽는 것
　　　　보다 더 괴로울 건 확실해요!

　　　　두 사람, 고기통이 배에 실리는 모습을 지켜보다가 돌아서서 가면.
　　　　그런 두 사람의 모습을 숨어서 지켜보고 있던 석경(수련을 미행한 상
　　　　황), 인부에게 급히 다가가 한쪽으로 끌고 가고.

석경 저 사람, 어디로 데려가는 거예요?!
인부 (당황해서) 뭐야? 누구야, 너?!!
석경 나도 저 배에 태워줘요. 아저씨한텐 절대 불이익 없을 테니까!
인부 이게 뭐래는 거야?
석경 (지갑에서 수표 꺼내서 내밀고) 이 정도면 되겠어요?!!
인부 (수표를 보고 멈칫. 놀라는 표정)

2.　　　10화 68신 연결/일본 정신병원 병실 안(밤)
　　　　잔뜩 찡그린 채 잠들어있는 단태의 얼굴. 그러다 부스스 잠에서 깨면.
　　　　정신을 차리는 단태의 눈에 들어오는 건, 창살이 가득 쳐져 있는 정신

병원 병실 안의 침대고.
단태, 있는 힘을 쥐어짜서 겨우 몸을 일으켜서 창살로 다가서면.

단태 (창살 밖을 향해) 이봐!! 거기 누구 없어? 여기 뭐하는 데야?! 당신들 누 구야? 뭐야?!! (소리치면)

간호사 (돌아보고) 정신이 들어요, 백준기 씨?

단태 (굳어지는) 백준기?!! (그제야 자신이 입고 있는 환자복이 보이고. 눈에 들 어오는 네임카드에 '백준기'라고 적혀있는) 뭐야? 여기가 어디야?!!! 어 디냐고?!!! 내가 왜 여있어?!!!

미친 듯이 발악하는 단태!!!
그런 단태에게 뚜벅뚜벅 걸어오는 누군가. 구두에서부터 천천히 위로 올라가보면, 석경이다.
석경, 창살을 붙잡은 채 발악하고 있는 단태를 차갑게 마주보고 서는데!

단태 주석경?!! 니 짓이야? 나한테 복수하려고?!! 역시 심수련 딸답네. 그동 안 키워준 은혜를 이딴 식으로 갚아?! 니 애미한테 그렇게 배웠어?!!

석경 아빠한테 배웠는데요? 잘 아시잖아요. 나, 아빠 판박인 거! 피 한 방울 안 섞였다고 날 버리고 가둬버린 아빠한테 내가 뭘 배웠겠어요? 기분 이 어때요? 거기 갇혀있으니까, 이제라도 날 다시 딸 취급하고 싶은 건 아니겠죠?

단태 누가 뭐래도 난 떳떳해! 원수의 자식을 데려다 20년을 최선을 다해 키 웠고, 청아예술제 때 대상 받게 해주려고 배로나를 죽일 결심까지 했 어! 그뿐이야? 돌대가리 자식 서울대 보내려고, 니 경쟁자들 줄줄이 탈 락까지 시켜줬어! 널 위해서!! 다 잊었어?!! 널 낳아준 친아빠라도 그 렇게는 못해! 대체 뭘 더 바래?!! (악다구니하면)

석경 누가 그렇게 해달랬어?! 날 괴물로 만들어버린 건 아빠야!! 아빠 때문 에 난, 쌍둥이 언니를 죽게 만들고, 엄마를 괴롭히고, 미워하고! 엄마한테 가지도 못하는 딸이 돼버렸어. 당신 때문에!!

단태 (기막혀) 뭐어? 당신?!!

석경 당신이 너무 원망스러워. 내가 그렇게 미우면 차라리 버릴 것이지. 왜 그렇게밖에 못 살았어?!! 왜?!!! (울부짖으면)

단태 너랑 노닥거릴 시간 없어!! (석경을 향해 미친 듯이 손을 뻗으며) 당장 여기서 꺼내!! 어서!! 서울로 돌아가야 돼!! 할 일이 산더미라고!!

석경 (눈물 참으며) 그렇겐 못 하겠는데? 당신을 여기로 보낸 건 내가 아니라 로 건 쌤이거든! 로건은 내가 여기 온 줄 몰라. 우연히 알게 돼서 쫓아온 거야.

단태 (굳어지는) 로건? 로건이라니!! 그게 무슨 소리야?!!

석경 아! 아직 모르고 있었나? 로건 쌤 살아있어. 엄마도 무사하고. 아마 지 금쯤 펜트하우스로 돌아와 있을 걸?!

단태 뭐어? 심수련이 돌아와?! 어떻게 그 여자가 살아있어?!! 어떻게?!! (기 겁하는데)

석경 엄마가 어떻게 죽겠어. 억울해서. 사랑하는 남편도, 딸도, 친구도, 다 당 신 손에 죽었는데!!!! (매섭게 내지르고) 딸로서 마지막 인사는 해야 될 거 같아서 왔어. 이제 영원히 안녕이네. (마지막 인사하면)

단태 (가슴 덜컥하고. 그제야 조급해져서, 창살 붙잡고) 석경아. 잠깐만! 이러 지 마! 우리 그래도 좋았잖아? 내가 잠깐 미쳤었나 봐. 널 거기 보낸 건 니가 미워서가 아냐. 니 엄마한테 너무 화가 나서, 너한테 화풀이한 거 뿐이야. 알잖아. 내가 널 얼마나 예뻐하는지. 친아들인 석훈이보다 널 더 아끼고 좋아했어. 제발 여기서 나가게 해줘. 아빠가 다 잘못했어. 석 훈이랑 너랑 나, 다시 예전으로 돌아갈 수 있어. 아빠가 꼭 그렇게 해줄 게. 모든 걸 바로잡을 수 있다구!! (석경에게 절절히 빌면)

석경 구질구질해. 내가 고작 이런 꼴 보려고 여기까지 온 줄 알아?! (이 악물 고) 아빠가 졌어. 희망 버려. 한국에서도 일본에서도 아빠는 살인자고 지명수배범이야. 차라리 그 안에 있는 게 더 편할 거야. 다신 찾아오는 일 없어. 백준기 이름으로, 남은 인생 잘 살아!! (냉정하게 내뱉고 돌아서 서 가는데)

단태 석경아!! 석경아!! 제발 이러지 마!! 아빠한테 돌아와!! 제발, 석경아!! 석경아!!! (애타게 부르짖는데)

석경 (뒤도 안 돌아보고 가는데. 참았던 눈물이 주르륵 흐르고. 애써 모질게 눈물을 쓱쓱 닦고, 발걸음 재촉하는 석경이고)

단태의 울부짖는 듯한 고함소리가 병원 복도를 울리는데.

3. 제임스 별장 일각(밤)

로건, 많이 회복된 모습으로 성큼성큼 걸어가는데. 맞은편에서 다가오는 알렉스.

알렉스 (영어) 로건! 백준기와 진분홍은 정말 니가 말한 대로 처리해도 되겠어?

로건 (멈칫, 생각하다) 백준기는 날 배신하고 천서진과 손잡았지만, 주단태한테 부모를 잃은 피해자야. 인간으로서 삶을 포기당한 채 27년을 정신병원에 살았어. 정상적인 판단을 할 수 없는 상황이었어.

알렉스 그래서?

로건 도박 중독에서 벗어나면, 한 번 더 기회를 주는 것도 나쁘지 않을 거 같아.

하는데, 갑자기 분홍이 로건 앞으로 뛰어와 무릎 꿇고 울고 불며,

분홍 로건! 부탁이에요! 날 제발 남편한테 보내지 마요. 차라리 여기서 당신 손에 죽는 게 나아요. 내 딸이 죽은 그 집에 끌려가 맞아 죽기 싫어요! 다신 돌아가지 않을 거예요. 그 지옥으로...... 제발요... 은별이한테 아무 짓도 안 할게요. 멀리서... 그냥 보기만 할게요. 맹세해요! 은별이 못 보면 나 죽을 거 같아요. 은별인 나한테 목숨이에요. 미셸은 그렇게 보냈지만, 은별인 내가 행복하게 해줄 수 있어요. 천서진 같은 엄마한테 절대 은별이 못 맡겨요!

로건 일단 정신과 치료부터 받아. 하은별한텐 절대 가선 안 돼. 당신의 거취는

치료를 마친 후에 결정하도록 하지. 미스터 홍! (홍 비서한테 눈짓하면)

홍비 (분홍을 끌고 가고)

로건 저 여자도 가여운 여자야. 가정폭력을 피해 집을 뛰쳐나왔는데, 그 사이에 딸 미셸이 엄마를 기다리다 집 앞에서 얼어 죽었거든. 미셸이 은별이랑 많이 닮았다더라구. (쓸쓸한 표정 짓다, 알렉스에게) 알렉스! 미국으로 가기 전에 부탁할 게 있어.

4.　　10화 엔딩 연결/헤라팰리스 서진 집 주방(밤)

와인과 안주와 꽃으로 멋지게 플레이팅 해놓은 은별.

알약을 가득 미니 절구에 넣고 빻기 시작하는데.

와인잔에 와인을 따르는 은별, 서진의 잔에 가루가 된 약을 스르륵 부어넣으면.

서진이 주방으로 들어서고.

서진 어머나, 세상에! 이걸 다 니가 한 거야? 어쩜 이렇게 예쁘게 세팅했어?

은별 맘에 들어?

서진 맘에 들고 말고.

은별 엄마, 우리 건배할까. (와인 잔을 들면)

서진 (약이 부어진 와인 잔을 들고) 그럴까. (기분 좋게 단숨에 잔을 비우고는, 은별을 향해 미소 지으며) 와인 잘 골랐네! 너무 스윗해. 오늘이 엄마 인생에서 제일 행복한 날인 거 같아!! (감격스러운 표정인데)

은별 (잔 아래에 남겨져 있는 하얀 가루를 유심히 보는 시선. 눈물이 핑 돌고)

서진, 와인 잔을 든 채, 은별을 보며 환하게 웃음 짓는데.

은별, 행복하게 웃고 있는 서진을 바라보는 눈빛. 그 위로,

5.　　회상/9화 57신/헤라팰리스 서진 주방(아침)

은별, 바깥 살피다가, 서진이 다가오는 기척 들리면, 허겁지겁 밥 먹는

연기 시작하고. 서진, 기분 좋게 주방으로 들어서면.

서진 은별아, 오늘 엄마 취임식 파티에 올 거지? (하다가 멈칫하고. 보면)

은별 (허겁지겁 아침을 먹고 있는)

서진 너, 뭐해?

은별 뭐하긴? 밥 먹지. 어제부터 못 먹었더니, 너무 배고파.

서진 무슨 소리야? 너 방금 아침 먹었잖아. 카레라이스 한 그릇 다 비워놓고.

은별 (서진을 보는) 내가?! 언제? (그러다 갑자기 외마디 비명) 아악!! (머리를 감싸 쥐고. 공포에 휩싸이더니 멍해진 눈. 윤희 목소리로) 우리 다 살 수 있어!! 내가 시키는 대로 해!! 나 절대 안 죽어!! 우리 로나 놔두고 내가 어떻게 죽어?!!! 걱정 말고, 은별이부터 빼내!! 빨리!!!!

서진 (놀라서) 은별아! 왜 그래?!! 무슨 말을 하는 거야?!!

은별 (멍한 눈으로 서진을 보는) 어? 내가 무슨 말을 했는데. (연기하는 표정)

6. **현재/헤라팰리스 서진 집 주방 (밤)**
    은별, 지난 일 떠올리며, 행복해하는 서진을 보는.

은별(E) 나 살려준 로나 엄마한테는 너무너무 미안하지만, 아무것도 기억하지 마. 나쁜 기억들 다 잊으면 엄마도 행복해질 거야. 그럼, 나 때문에 더는 나쁜 짓 안 해도 되고, 괴로울 일도 없을 거야. 내가 그렇게 해줄게. (가슴 무너지는데)

그때, 초인종 소리 들리는.

서진 어머, 누가 왔나? (급히 거실로 나가는)

7. **헤라팰리스 서진 집 거실 (밤)**
    헬퍼, 현관에서 사진 액자를 받아와서 서진에게 내미는.

헬퍼	사모님, 사진이 도착했는데요.
서진	아, 이리 줘요. (보면. 서진이 은별의 어깨를 감싼 채 다정하게 찍은 사진이고, 10화. 주방 쪽을 보며) 어머나, 은별아. 얼른 나와 봐.
은별	(거실로 나오는)
서진	너무 잘 나왔지? 우리 딸 어쩜 이렇게 예뻐?
은별(E)	(애써 눈물 참아내며) 언젠간 나조차도 기억 못 하게 될지도 몰라. 그땐, 내가 엄마 책임질게. 엄마의 엄마로 살게. 영원히, 엄마 곁 안 떠날게. 약속해....
은별	(서진을 보며 싱긋 웃어 보이며) 엄마도 엄청 행복해 보여.
서진	당연하지. 우리 딸이랑 같이 있는데. 참, 머리 아프단 건 좀 어때?
은별	다 나았어. 말끔히. (환하게 웃으면)
서진	다행이다. 이거 어디다 걸까? (두리번거리는데, 핸드폰 울리고, 보면 도비서고. 받는) 어, 그래, 도 비서! 지금 은별이랑 얘기 중인데, 중요한 일 아니면 나중에...
도비(F)	증권가에서 청아건설이 곧 부도가 날 거란 소문이 돌고 있습니다. 자금난이 심각하다는 얘기가 퍼지는 거 같습니다.
서진	(갑자기 표정 굳어지고) 어떻게든 막아!! 언론이고 은행이고, 막을 수 있을 때까지 최대한 버텨!!
도비(F)	알렉스 쪽에서 청아건설 인수 관련해 연락이 왔는데, 어떻게 할까요?
서진	(놀라는) 알렉스?!
은별	(그런 서진을 보는)

8.   청아그룹 전경(아침)

9.   청아그룹 단태 사무실(아침)
      서진과 마주 앉아있는 알렉스.

서진	그쪽에서 청아건설 인수에 관심이 있는 줄은 몰랐는데요.

알렉스 (영어) 꽤 전부터 주 회장과 얘기 중이었어요. 모르셨어요? 부부 간에 사업 얘기는 깊게 안 나누나 보네요.

서진 (어색한 표정) 건설 쪽은 남편이 전담하고 있어서... 아버님 사업이 한국에 진출하기엔 이만한 기회도 없죠. 청아건설이 업계에선 요즘 꽤 핫하거든요. 천수지구라는 호재가 있어서.

알렉스 그렇긴 한데, 요즘 주 회장에게 불미스러운 일이 생겨서 좀 난감하군요. 이 건을 계속 진행시켜도 될지...

서진 (조급해지고) 천수지구는 메리트가 큰 사업이에요. 놓치면 후회할 거예요.

알렉스 (영어) 그렇게 좋은 사업체를 굳이 넘기려는 이유는?

서진 (순간 당황) 그야, 전 문화사업 쪽에 집중하고 싶어서요. 건설까지 신경쓰기엔 너무 벅차거든요. 이미 천수지구는 시공이 들어간 상황이고, 실무진들도 그대로 넘기는 조건이면 그쪽 아니라도 인수하려는 회사는 많아요! (세게 나가는데)

알렉스 (고심하는 척하다) 한 가지 조건만 확실하게 해줘요. 만에 하나 당신까지 범죄에 연루된다면, 이번 계약은 파기하는 걸로.

서진 범죄라뇨? 걱정 말아요. 그런 일 절대 없어요.

알렉스 인수 금액은...

서진 3조! 나쁘지 않은 금액이라고 생각되는데요.

알렉스 (묘한 표정) 그러죠. 곧 청아그룹 회장 취임식이죠? 그날, 청아건설 인수건도 같이 정리하는 걸로 하죠.

서진 계약금은 30프로로 해도 될까요?

알렉스 원하시는 대로. 그럼. (일어서고)

두 사람, 기분 좋게 악수하는데. 알렉스 나가면.
도 비서가 다가서고.

도비 잘하셨습니다. 이번 주까지 어음을 못 막으면 부도 날 상황이었는데,

잘 넘길 수 있을 거 같습니다.

서진   로건이 여러 가지로 날 도와주네. 덕분에 일이 쉽게 풀렸어. 나한텐 귀인이었어. 로건 리! (도 비서 보며) 주단태는 아직 행방 몰라?

도비   경찰에서도 대대적으로 찾고 있답니다.

서진   꼭꼭 숨어야지, 주단태! 괜히 나타나 일 그르치지 말고! (하다가) 이젠, 마지막 하나만 남은 건가? 배로나...

(E) 초인종 소리.

10.   헤라팰리스 윤희 집 거실/윤희 집 앞(낮)
로나, 인터폰을 보면. 기자들이 아우성이고.

기자들(E)   문 좀 열어주세요! 배로나 학생과 인터뷰 좀 하고 싶은데요.

기자들, 벨 누르고, 문 두드리면서 난리고.
인터폰을 싸늘하게 보고 있는 로나, 주먹을 꽉 쥐는데.

11.   헤라팰리스 윤희 집 앞(낮)
기자들, 계속해서 윤희 집 벨을 누르고 있는.

기자1   배로나 학생! 좀 나와봐요! 확인할 게 있어서 그래요!

기자2   청아아트센터 오디션 때 반주자를 매수했다는 소문, 사실인가요?

기자1   오디션 참가자들끼리 커넥션이 있었다는 제보가 들어왔어요. 한마디만 해줘요. 기사 나가도 돼요?!

기자2   천서진 센터장을 협박했다는 얘기도 있던데, 진실이 뭐죠?

기자들, 윤희 집 앞에 북적대고 소리치고 난린데.
그때, 복도에 확! 뿌려지는 소금.

놀란 기자들, 뒤를 돌아보면. 서있는 사람, 마리고.

마리 당신들! 지금 거기서 뭣들 하는 거예요? 왜 빈집에서 시끄럽게 난리야? 여긴 어떻게 들어왔어? 누가 들여보냈어?! 우리 헤라팰리스가 언제부터 보안이 이따위가 됐어? 어?!!

제니 (핸드폰으로 기자들 사진 찍으며) 이거, 사생활 침해한 거 아시죠? 기자면 다예요? 확인도 안 된 사실로 왜 떼로 몰려와서 사람을 괴롭혀요? 경찰에 확 신고해버릴 거예요!

마리 제니야! 경비 아저씨 불렀어? 아, 왜 이렇게 안 와?!

제니 어! 저기 오시네.

경비원들 달려오면.

마리 당장들 끌어내요! 이따위로 보안이 허술해서 주민들이 안심하고 살겠어요?

경비 어서들 나가세요. 빨리요! (기자들 강제로 끌어내면)

마리 (씩씩대며 섰는데)

12. **헤라팰리스 마리 집 거실/석경 호텔 안/전화통화 (낮)**
     수련과 통화 중인 마리.

마리 (분이 안 풀린 듯 흥분해서) 천서진 짓이 분명해요. 수련 씨까지 없다고 생각하니까, 눈에 뵈는 게 없는 거지. 미치지 않고는 어떻게 저 어린 것까지 밟으려고 혈안이 된 거래?!

수련 (굳은 표정) 천서진이 악수를 둔 거 같네요. 어차피 부서질 일만 남았지만. 기자들 건은 로나가 직접 해결하게 할게요. 나도 곧 펜트하우스로 돌아갈 테니, 그때까지 로나 좀 잘 챙겨주세요. (전화 끊는데)

수련, 호텔 둘러보면. 깨끗하게 정리돼있고. 석경의 흔적이 없는.
그때, 석훈이 뛰어 들어오고.

석훈   이미 체크아웃했다는데요.

수련   (표정 어두워지고) 어디로 또 사라져버린 거야?! 혹시, 짚이는 데 없어?

석훈   제가 준 카드랑 핸드폰으로 위치 추적해볼게요.

수련   서둘러줘. 다신, 석경이 잃어버리면 안 돼!

13.   **헤라팰리스 윤희 집 앞 (낮)**

마리가 뿌린 소금을 쓸고 있는 제니. 그때, 윤희 집 문이 열리고 로나가 나오면.
제니, 놀라서 얼른 자기 집으로 들어가려고 허둥대며 번호 키를 누르는데. 긴장해서 번호 틀리면.

로나   (뒤에서) 유제니! 나한테 뭐 죄졌어?

제니   (등 돌린 채 가만있으면)

로나   나 좀 봐. 보고 얘기해! (제니를 돌려세우는데)

제니   (차마 로나 얼굴을 못 보고 시선 피하면)

로나   너! 재수학원은 왜 안 가? 며칠째 집에서 꼼짝도 안 하고 뭐하는 거야?

제니   그건 어떻게 알았어?

로나   것도 모르면 친구니? 나 니 베프야!

제니   베프는 무슨! 나 같은 거 상대하지도 마. 우리 아빠가 니네 엄마한테 무슨 짓을 했는데!! 용서하지 마! 제발 맘 약해서 사람들 봐주고 그러지 좀 마!!

로나   나 맘 안 약해! 너보다 독한 년이야!! 울 엄마 보내고도 끼니마다 배고파서 밥 먹고 잘 살고 있는데, 내가 왜 약해? 아무도 용서할 생각 없어! 하지만 니 잘못 아니잖아. 니네 아빠 벌 받고 계시고. 그러니까 나 피할 생각 하지 마. 제대로 공부해서 시험 쳐! 내가 수능 전까지 옆에서 페이

스메이커 해줄 테니까! 또 떨어지면 진짜 나한테 죽는다!

제니 (울컥하면) 로나야...

로나 어른들 때문에 너까지 잃고 싶지 않아. 나 가볼 데가 있어. 나중에 봐!

14. **청아재단 이사장실(낮)**
　　　　로나, 들어서면. 서진이 일하다가 맞고.

로나 무슨 일로 부르셨어요?

서진 (다정한 말투) 앉아. 우리, 차 마실까? (소파로 와서 앉으면)

로나 (마주앉고) 됐습니다.

서진 (안타까운 듯) 뉴스에서 봤어. 주단태 회장이 니 엄마한테 한 짓! 얼마나 충격이 심하니? 걱정 많이 했어.

로나 (서진의 가식에 치를 떨며 주먹 불끈 쥐고) 걱정해주셔서.. 감사합니다.

서진 오늘 널 부른 건, 상주음악가 계약대로 유학 보내주려고. 이건 아주 특별한 혜택이야. (서류 봉투를 내밀고) 이태리와 미국 중에서 어딜 원하니?

로나 (서류를 흘낏 보더니, 표정 확 변하고) 날 외국으로 보내려는 이유가 뭐죠? 뭘 감추고 싶은 거예요? 오늘 저희 집으로 기자들 보낸 것도 아줌마죠? 선심 쓰는 척하면서, 내가 스스로 물러나길 바라는 건가요?! 내 이력에 스크래치 내서 영원히 성악계에서 매장시키고 싶은 게 아줌마 소원이냐고요?!!

서진 (애써 참으며) 덮어놓고 사람 마음 오해하는 거, 니 엄마랑 똑같구나?

로나 전 갈 생각이 없는데요. 여기 남아서 꼭 해야 될 일이 있거든요.

서진 해야 될 일?

로나 우리 엄마 명예회복이요!

　　　　그때, 기자들이 시끌벅적 문을 밀치고 들어오고. (헤펠에 찾아온 기자들과 동일)
　　　　서진, 당황해서 벌떡 일어서면.

로나	(서진에게) 제가 불렀어요. (기자들에게 깍듯하게 인사하며) 와주셔서 감사합니다. 모두들 제 일을 궁금해 하시길래, 직접 해명하는 게 좋을 거 같아서 모셨습니다. 천서진 센터장님도 계신 곳에서!
서진	(작게) 배로나! 뭐하는 짓이야?!!
로나	(서진 말 무시하고, 기자들에게) 저는 오늘 입시살인마라는 오명을 쓰고 돌아가신 제 엄마의 마지막 모습을 공개하려고 합니다.
기자들	(놀라서 일제히 카메라 들이대며) 오윤희 씨의 영상이 있다는 얘깁니까?!
로나	(다부지게) 이 영상엔 세 사람이 등장합니다. 제 엄마와 주단태 회장님... 그리고, 천서진 센터장님! (서진을 매섭게 보면)
서진	(당황해 변명하는) 저는 이미 오윤희 씨가 추락한 후에 현장에 갔습니다. 전 아무것도 본 게 없어요!!
로나	거짓말입니다! 엄마가 살아있을 때, 센터장님은 현장에 있었어요. 근데도 지금껏 침묵했어요. 엄마가 납치범에 입시살인마로 몰리는 상황에서도 아무런 변명도 해주지 않았어요. 왜 그랬죠? 센터장님도 살인자 주단태와 한패였나요? 아님, 울 엄마를 죽이는 걸 도왔나요?
서진	(버럭) 무슨 말을 하는 거야?!! (기자들에게 다급히) 아닙니다! 저 역시 피해잡니다!! 이 모든 건 주단태 회장의 단독 범행이에요!!
로나	과연 그럴까요? (기자들에게 핸드폰 영상을 보여주는데. 김포 절벽에서 윤희가 차를 막으며 고군분투하는 마지막 모습이고)
서진/기자들	(경악하는데)

로나, 야멸친 표정으로 서진을 보면. 서진, 다리에 힘 풀려 주저앉아 버리는.

15.   헤라팰리스 서진 집 거실(저녁)
       바닥에 떨어지는 주스 잔. 은별, 굳어진 채, TV를 보고 있으면.
       TV 뉴스 화면에, 분홍의 차 블랙박스 화면이 떠있고.
       김포 벼랑 위에서 윤희의 마지막 모습인데. 은별, 그날 일이 선명하게 떠오르는.

16. 인서트/5화 75신/김포 벼랑 위 (밤)

윤희의 발, 더 이상 한 뼘도 버틸 공간이 없이 막다른 벼랑까지 밀리는데.
힘에 부치는 윤희, 눈을 질끈 감고는 죽을힘 다 내서 버티고 있는.

윤희 제발..... 조금만 더... 버텨!! 제발!!!

그때, 누군가 달려와 보닛을 두 손으로 막는데, 서진이다.

서진 정신 차려, 오윤희!! 괜찮아?!
윤희 (보는, 놀라고) 천서진?! (천군만마를 얻은 느낌인데. 희열에 찬 표정)
서진 어떻게 된 거야? 진분홍은 어딨어?!!
윤희 주단태 짓이야!! 진분홍과 내통하고 있었어. 주단태가!
서진 뭐어? 개자식!!

경사진 길로 점점 더 미끄러지는 차. 순간 휘청하는 두 사람.

윤희 (온몸 땀에 젖어서) 더 이상은 힘들어. 은별이 먼저 꺼내! 빨리 은별이 꺼
      내라고!!
서진 그럼 넌?! 혼자 감당할 수 있어?!!
윤희 이러다간 우리 다 죽어!! 은별이 먼저 꺼내면, 나도 동시에 피할게. 그
      러니까 빨리!! 시간 없다고!! 뭐해?!! (기진맥진 상탠데)
서진 (망설이듯, 그런 윤희를 보면)
윤희 우리 다 살 수 있어!! 내가 시키는 대로 해!! 나 절대 안 죽어!! 우리 로나
      놔두고 내가 어떻게 죽어?!!! 걱정 말고, 은별이부터 빼내!! 빨리!!!
서진 (심호흡하고) 알았어! 좀만 더 버텨!! 절대 밀리면 안 돼!!!

서진, 보닛을 밀고 있던 손을 놓고, 차 뒷좌석으로 재빨리 뛰어가면. 차가 급격히 뒤로 밀리고! 윤희, 어쩔 수 없이 자신의 발을 바퀴에 끼우는. 참을 수 없는 고통스러운 비명이 튀어나오고. 아악!!!

17. 헤라팰리스 서진 집 거실(저녁)
컷 되는 화면. 떨리는 은별의 손... 그 위로 앵커 멘트 흐르는.

앵커(E) (다급하게 뉴스 전하는) 딸의 친구를 납치했다는 의혹을 받아온 오윤희 씨의 사고 당시 블랙박스 영상이 공개됐습니다. 영상에서 청아그룹 주단태 회장이 오 씨를 밀고 사라진 이후에도 오 씨가 생존해있는 모습이 확인되면서 논란이 일고 있습니다.

18. 헤라팰리스 분수대(저녁)
정신없이 뛰어가는 서진 모습. 그런 서진에게 시선 몰리는 입주민들의 표정.
그 사이, 묘한 미소의 마리도 보이고.

앵커(E) 가해자에서 피해자로 뒤바뀐 오윤희 씨는 추락하기 직전까지 딸의 친구를 구하려고 했던 사실이 밝혀지면서 충격을 주고 있습니다. 마지막까지 오 씨와 함께한 사람은 주단태 회장의 부인 천서진 센터장으로 드러났으며, 현장을 목격한 천 센터장이 그동안 본인의 딸을 구해준 오 씨의 구명에 소극적이었던 태도가 의혹으로 제기됐습니다.

19. 헤라팰리스 서진 집 거실(저녁)
서진, 급하게 거실로 뛰어 들어서면. 은별, 굳은 얼굴로 서진을 보는데.
서진, 급히 TV를 꺼버리는. 담담한 은별과 달리 불안해하는 서진 표정.

서진 이런 걸 왜 봐?!

은별	(담담하게) 블랙박스 영상에 엄마가 로나 엄마 밀어버리는 건 안 나왔 어. 다행이다. 그치?
서진	(당황) 뭐? ....
은별	알잖아. 나 다 기억하는 거. 잊은 척해줬을 뿐이야.
서진	어디 가서 그런 소리 입도 뻥긋 마. 어차피 범인은 밝혀졌어. 주단태 회장!
은별	그래도 기자들이 엄마 괴롭힐 거 같은데? (그러다 서진이 들고 있는 핸드 폰을 보며) 거 봐. 전화 오잖아.
서진	(보면, 핸드폰이 울리고 있고. 얼른 핸드폰 꺼버리면) 너도 핸드폰 꺼놔. 귀 찮을 일 만들 필요 없어! 이럴 땐 대응 안 하는 게 수야. 내일 청아그룹 회장 취임식만 잘 끝내면, 엄마가 다 정리할 수 있어.
은별	어떻게?
서진	말했잖아! 범인은 주 회장이라고!! 그러니까 은별이 넌 아무 걱정 말 고, 엄마만 믿어. 엄마 말 알아듣지?

그때, 초인종이 울리면. 소스라치게 놀라는 서진, 인터폰을 돌아보는데.

은별	(눈치껏) 도 비서님이네. 난 방에 가 있을게. (방으로 들어가는 은별)
서진	(불안해서 파르르 떨고 있는) 아무 일도 없을 거야... 없어야 해!!

20. 헤라팰리스 서진 집 은별의 방 (밤)
       은별, 방문 밖으로 불안한 서진을 보며,

은별	(나지막이) 왜 약 효과가 안 나타나는 거지? 조사받기 전에 기억이 다 없어져야 되는데.....

21. 헤라팰리스 서진 집 거실 (밤)
       도 비서, 서진과 마주하고 있는.

서진 어떻게 된 거야? 블랙박스 영상이 어떻게 배로나 손에 들어가? 망가졌다더니 무슨 수로 살려냈대?!

도비 진분홍 이름으로 경찰에 제보됐답니다. 디지털 포렌식 작업을 거쳐 복원된 걸로 확인됐습니다.

서진 (이를 가는) 진분홍!! 그 망할 기집애!! 아악!! (그러다 다급히) 어디까지 찍힌 거야? 뉴스에 나온 게 다야? 뒷부분은? 오윤희가 추락하는 순간은 없잖아!

도비 편집된 영상 같은데, 절벽 끝은 위치상 안 찍힌 모양입니다.

서진 (그래도 불안한) 찍혀있는데 공개 안 할 수도 있잖아!!

도비 그렇다면 센터장님을 벌써 소환했겠죠. 아무 연락 없는 거 보니, 아마도 방송에 나온 게 전부인 거 같습니다. 안심하십시오!

서진 주단태가 다 안고 갈 일을, 진분홍 그 여자 때문에 망치게 생겼어!! 왜 하필 이런 때에!! (보며) 진분홍은?

도비 기자회견 이후 완전 자취를 감췄습니다.

서진 5천억을 손에 쥐어줬더니, 날 엿 먹이시겠다?! (하다가 번뜩) 설마... 저 영상을 주단태한테도 넘긴 거 아냐? 양쪽에서 돈을 챙기고?! 살쾡이 같은 여자야, 충분히 그럴 수 있어!!

도비 (걱정스러운데)

서진 저 영상 뒷부분을 주단태가 갖고 있다면? 그걸 갖고 도망친 거면.....?!!! 돌아올 거야. 반드시. 주단태..... (더 불안한데. 온몸이 바들바들 떨리는 서진이고)

22. **제임스 별장**(저녁)
     로건과 윤철, 독주를 마시고 있는.

윤철 천서진이라는 여자, 어떻게든 취임식까진 버틸 겁니다. 청아그룹 총수가 되면 또 다른 권력을 잡아서 이 모든 일을 다 덮을 수 있을 거라 착각하고 있을 거예요.

로건	수련 씨랑 내가 영원히 사라졌다고 생각하니, 당연히 그러겠죠.
윤철	내일이면 천서진도 모든 사실을 알게 되겠죠. 윤희가 그냥 죽지 않았다는 거.... 윤희를 죽인 게 자기 인생에서 가장 뼈아픈 실수라는 거!
로건	하 박사한테 미안하지만, 내가 당신 딸을 좀 이용해야겠어요.
윤철	(독하게 맘먹고) 은별인 엄마랑 있는 게 더 위험해요. 천서진과 떼놓을 수만 있다면, 그게 뭐든 협조하겠어요. 대신, 앞으로 은별이는 내가 맡겠어요!

23.　헤라팰리스 전경(다음 날 아침)

24.　헤라팰리스 서진 집 드레스 룸(아침)
서진, 후... 깊은 심호흡과 함께 서랍에서 안정제를 꺼내 먹는.
거울을 보며 단장 중인데. 들어서는 도 비서, 꾸벅 인사하고.

도비	기자들에겐 오늘 취임식 이후 따로 기자회견을 하겠다고 얘기해뒀습니다.
서진	(긴장한 채) 잘했어. 청아건설 매각 건은?
도비	오전 10시로 약속 잡아놨습니다. 오늘 안으로 어음을 결제해야 해서 시간이 촉급합니다.
서진	계약금 들어오는 대로 바로 대출금 상환해. 3조가 들어오면, 자금난은 한 방에 정리될 수 있어. 은별이는?
도비	연습실 갔다가 취임식으로 곧장 오겠답니다.
서진	경호원들 붙여서 움직이게 해. 취임식장에 주단태가 나타날 수도 있으니! (불안한 표정) 일단은 취임식 전에 계약부터 마무리해야 해. 차질 없도록 준비해!
도비	알겠습니다. (고개 숙이고 급히 나가면)
서진	(거울을 보며 긴장한 표정으로 되뇌는) 오늘만 넘기면 돼. 그럼, 모든 게 완벽하게 제자리로 돌아올 거야.

서진, 독하게 맘 다잡는데. 불길한 음악이 깔리고....

25. **헤라팰리스 주차장/은별의 차 안/경호원 차 안(아침)**
은별, 경호원들 대동해서 걸어 나오는데. 차 문 열고 운전석에 올라타는.

은별   귀찮아. 진짜. (시트벨트 메고 차 출발하면)

뒤따르는 경호원 차량.
그때, 경호원 차령의 바퀴가 공회전하고. 당황해 차에서 내리는 경호원들.

경호원   (바퀴 살펴보다가) 바퀴가 펑크 났어! 뭐야 이거?!
경호원들, 은별의 차를 놓치는데.
은별, 커브 돌아서 주차장 빠져나가면서 백미러 보는데. 아악! 놀라는.
뒷자리에서 스윽 하고 일어나는 사람, 윤철이고.

은별   아빠?!!

26. **헤라팰리스 서진 집 거실/제임스 별장 일각/전화통화(아침)**
단정하게 취임식 복장으로 차려입고, 거실로 나오는 서진.
그때, 핸드폰 울리는. 보면, 알렉스고.

서진   (반갑게 전화 받는) 알렉스? 저도 지금 출발하는 중이에요. 계약서는 미리 체크해보셨죠?
알렉스   (영어로) 아주 실망이 큽니다. 유감스럽게도 이번 계약은 파기해야겠네요.
서진   (기겁하고) 무슨 소리예요, 그게?!! 이제 와서 갑자기 파기라니!!
알렉스   분명히 내가 제시한 조건은, 오너가 범죄에 연루된 사실이 없어야 한다는 거였어요. 근데, 내 동생 로건을 고문하며 데리고 있던 게, 당신이라면서요?!

서진 (놀라) 누가 그런 소릴 지껄여요? 아니에요!! 말도 안 되는 루머예요!! 그건 전부 심수련...

알렉스 (말 막고) 루머인지 아닌지는 곧 확인할 수 있을 겁니다. 명확해질 때까진 우리 계약은 보류하죠. (전화 확 끊어버리면)

서진 알렉스!! 알렉스!! (이미 전화 끊겼고. 당황하는데) 대체 무슨 소릴 들은 거야?! 절대 안돼!! 그 돈 없이는 회장 취임은 불가능해!! (뛰쳐나가는 서진)

27. 헤라펠리스 서진 집 앞(아침)
문 열고 달려 나오는 서진. 떡하니 버티고 있는 사람을 보고 멈춰 서는데. 서진 앞에 서있는 사람, 마리고.

마리 (미소 지으며) 어딜 그렇게 바쁘게 가?

서진 비켜요! 시간 없어! (밀치고 가려는데)

마리 설마, 취임식 가는 길? 취임식, 취소됐어. 당신 못 가!!

서진 (홱 돌아보고) 무슨 헛소리야?!! 취임식이 왜 취소돼?

마리 궁금해? 그럼 나랑 얘기 좀 할까? (한 발짝 한 발짝 서진에게 다가서며, 매섭게 표정 변해서) 오윤희, 니가 죽였지? 왜 죽였어? 죄 없는 애 왜 죽였냐고?!!

서진 말 같지 않은 소리하지 마!! (마리를 밀치고 도망치려는데)

마리 (그런 서진의 팔을 잡아서 꺾고. 그대로 벽에 밀치며) 어딜 도망쳐?!!

마리, 서진의 목에 마취제를 찔러버리면.
서진, 휘청하다 쓰러지는. 정장남들이 달려와 그런 서진을 끌고 가고.

28. 청아그룹 대회의실(낮)
청아그룹 천서진 회장 취임식 플래카드와 함께 모여있는 이사진들과 간부들, 기자들까지.
다들 서진을 기다리고 있는데, 서진은 오지 않고. 시계를 보며 웅성대
는 사람들.

29.   안가(낮)
        정신을 차리는 서진, 천천히 눈을 뜨면. 왠지 낯익은 공간이고. 결박된
        채 침대에 누워있는데.

서진   여기가 어디야.... (누군가의 뒷모습이 보이면) 당신, 당신 누구야?!!

        돌아보는 사람, 수련이다!!

서진   (기겁하고) 심수련?!!! (몸을 일으키려는데, 결박당해 꼼짝할 수 없고) 니
        가 어떻게 살아있어? 도망이라도 친 거야?!! (겁에 질린 표정인데)
수련   여기, 기억나지? 익숙한 장소일 텐데... 니가 세팅했던 로건 고문실이잖
        아. 죽지 않을 만큼만 숨을 붙여놓으라고 시킨 곳!
서진   (몸부림치는데) 이거 풀어!! 풀라구!! (애써 정신 차리고, 독하게 악다구
        니하는) 참 재주도 좋아. 근데 행운은 여기까지야!! 넌 잡히면 갈기갈기
        찢겨 죽게 될 거야!! 제임스 집안, 그렇게 허술한 인간들 아냐!!
수련   니 걱정부터 하는 게 어떨까. (여유 있게 다가서는) 어디까지 갈 생각이
        었지? 윤희 씨를 죽인 걸로 모자라, 나와 로건까지 없애려고 한 거야?!!
        모두를 다 치우면 니 세상이 될 줄 알았어?!
서진   난 아니야!! 오윤희를 죽인 건 주단태야!! 로건한테 폭탄을 터트린 사
        람도 주단태고!!
수련   뻔뻔한 인간!!

        수련, 서진 앞에 세팅된 TV를 틀면. 분홍의 차 안 블랙박스 영상이 나
        오는데. 서진이 차를 밀어서 윤희를 죽이는 뒷부분이고.

인서트)

윤희 아직 멀었어? 나.... 더 이상 못 버티겠어.

서진 (그런 윤희를 보는) 오윤희! 우리 악연도 이렇게 끝이 나네. 잘 가! (윤희가 선 벼랑 쪽으로 차를 밀어버리는)

블랙박스 영상을 보고 경악하는 서진!! 절망적인 느낌인데.

서진 (부정하는) 아니야!! 아니야!! 저건 나 아냐!! 다 조작된 거야!! (미친 듯이 소리치는데)

수련 (서진의 얼굴을 고정시키고) 제대로 봐!! 저 악마가 바로 너야!! 니 딸을 살리려던 윤희 씨를 무참하게 밀어버린 게 너라고!! 왜 그랬어?!! 윤희 씨가 너한테 잘못한 게 뭐야?!!!

서진 몰라!! 난 모르는 일이야!! (결박을 풀듯이 애써 고개 돌리며 부정하는데)

수련 인정 안 할 줄 알았어, 천서진! 상관없어. 어차피 모든 벌은 니 딸이 받을 거니까.

서진 (순간 굳어지고) 뭐?! 우리 은별인 안 돼!! 내 딸 어쨌어!! 우리 은별이 건드리면 가만 안 둬!! (묶인 채로 발악하는데)

수련 니 딸 목숨은 그렇게 소중하면서 윤희 씨한테 그런 짓을 해?!! 넌 모든 걸 잃게 될 거야. 니가 좋아하던 돈도, 청아그룹도, 청아재단도, 아트센터까지 전부 다! 그리고 니 딸, 하은별까지!!

서진 안 돼!!! 안 돼!!! 죽여버릴 거야, 심수련!!! 은별이 데려와!! 은별인 아무 죄 없어!!! 당장 이거 풀어!!!!

수련 하나 더!! 아무렇지 않게 거짓말만 늘어놓는 니 목소리도 뺏어줄게.

서진 (기겁하고) 뭐? 그게 무슨 소리야?!! 안 돼!! 아무것도 하지 마!! 절대 안 돼!!!! (난리 치는데)

수련, 서진의 팔에 뭔가를 주사하면. 발악하는 서진. 그러다 약물이 몸으로 번지면 점점 목소리가 안 나오고. 공포에 질린 서진의 표정!

그때, 서진 옆에 놓여있는 약품이 보이고.

서진, 죽을힘 다해 발버둥 치면. 발에 묶인 케이블타이가 풀리는데. 풀린 발로 난동 피우다가, 옆에 놓인 약통을 치면서 서진의 다리로 약품이 쏟아지면.

서진 아아아.... (비명 소리도 제대로 안 나오고. 쉿소리 지르는데)

수련 왜? 괴롭니? 아프고 쓰라려서 미칠 거 같아? 그걸 알면서, 남한텐 왜 그런 짓을 해?!! (무표정하게) 처절하게 느껴봐! 니가 한 짓 그대로!!

서진 (입 모양만) 은별아... 은별아.... (눈물범벅된 채 몸부림치다가 기절해버리면)

그런 서진을 매섭게 내려다보는 수련. 더없이 독해 보이고 거침이 없어 보이는.

30. **일본 호텔 실내수영장 (낮)**

수영을 끝내고, 풀에서 나오는 늘씬한 몸매의 여자.

여자, 수영모를 벗고 젖은 머리를 좌우로 찰랑이면. 남자들의 시선이 여자를 따라 쫓아가는데.

그런 시선을 맘껏 즐기면서 수영장 한쪽에 있는 비치의자에 요염하게 앉는데. 상아고.

그때, 상아의 몸에 확하고 수건을 던지는 민혁.

민혁 (질렸다는 듯) 안 본 눈 사고 싶다 진짜. 적당히 좀 해, 엄마.

상아 (아무렇지 않게 거울 보며, 파우치에서 기초화장품 꺼내서 얼굴에 바르는) 민혁아, 여기 너무 좋지 않니? 천국이 따로 없다. 그치? 수영 다 했으니까 이제 쇼핑 갈까? 아님, 맛있는 거 먹으러 갈까? 아니다. 귀찮으니까 그냥 룸서비스 시키자. 아까 보니까 스위트룸은 특식 주문되던데.

민혁 집에는 언제 가? 계속 여기서 살 거야?!

상아   (계속 정성스럽게 화장하면서) 아니~ 가야지. 다음 나라로. 엄마가 아까 다 예약해뒀어. 하와이 풀빌라 갔다가 몸 풀구 스위스 가서 스키 타구~ 파리 가서 패션쇼 보구~ 이탈리아 가서~ 아! 너 오페라 극장 하나 사줄까?

민혁   엄마, 솔직히 말해봐. 로또 됐어?! 아빠 걱정은 안 돼?! 우리끼리 여기 와서 나 맘 불편해 죽겠다고.

상아   니네 아빠 걱정을 왜 해?! 사막에 떨어져도 살아남을 인간이야, 그 인간이. 왜 이렇게 목이 말라? (상냥하게 웃으며 지나가는 직원 부르는) Excuse me~ Can I have some water, please?

상아, 손을 높이 드는데. 손목에 채워지는 수갑.

일본경찰   본비홀딩스 대표 고상아 씨 맞습니까? 당신을 청아그룹 공금횡령 혐의로 체포합니다.

민혁   엄마!!!

상아   뭐라고요?!! 공금횡령?!! 내가 왜요?!!

31.   남양주 거리 (낮)

거지꼴로 후줄근한 모습으로 힘없이 걷고 있는 규진.

규진   내가 미쳤지, 미쳤어! 주 회장 돈은 왜 훔쳐가지고. 돈은 만져보지도 못하고, 마누라랑 자식도 잃고, 집에도 못 가. 카드도 못 써. 현금도 없어. 배고파 미쳐 돌아가시겠네.

그때, 경찰들이 지나가면.
기겁해서 얼른 쓰레기통 뒤로 숨는 규진.

규진   어쩌다 이규진 신세가 이렇게 됐냐구. (억장이 무너지는데. 그때, 부동산 간판이 눈에 들어오는. 재빨리 주위 살피다가 부동산으로 들어가면)

경찰들   (지나가다가 멈칫, 고개 돌려 부동산 쪽을 보는. 서로 눈짓하는)

32.   부동산 (낮)
규진, 얼굴을 가린 채 은밀히 거래 중이고.

규진   내가 사정이 있어서 그런데, 삼성동 헤라팰리스 55층 좀 빨리 팔아주세요. 최대한 빨리요.

사장   아니, 삼성동 물건을 왜 남양주에 와서 내놓으세요?

규진   그럴 사정이 있다고요! 어차피 부동산 다 네트워크로 연결된 거 아니에요? 시세보다 헐값에 내놓을 거니까 금세 팔릴 거예요. 계약금은 현금으로 받으면 더 좋고. 그럼 부탁합니다.

규진, 모자 눌러쓰고 일어나 돌아서는데. 그 앞을 가로막고 서는 경찰.

경찰   이규진 씨, 당신을 청아그룹 공금횡령 혐의로 체포합니다.

규진의 손목에 걸리는 수갑. 경악하는 규진!

33.   일본 정신병원 (낮)
단태, 왔다 갔다 안절부절못하는데. 간호사가 들어서고.

간호사   백준기 씨. 약 먹을 시간이에요. (물과 함께 약 내밀면)

단태   (그대로 물을 내던져버리고) 누가 백준기야?!! 난 주단태라고! 주단태!!! 내가 어떻게 버린 이름인데... 어떻게 벗어난 이름인데!!!

단태의 번뜩이는 눈빛 위로,

34.   회상/3화 4신/니지모리 안방/27년 전 (밤)
준기부, 공포에 찐 표정으로 뒷걸음질 치는데.

다가서는 사람, 젊은 단태(20세)다!

유난히도 시커먼 단태의 운동화가 눈에 띄는데. 손에 들린 흉기가 번뜩하고.

준기부	(올려다보는) 니가....!!! 니가 어떻게!!!
단태	내 돈 어딨어? 내 돈만 내놓으면, 죽이진 않을게. 너 같은 인간, 죽일 가치도 없으니까!! (그러면서도 흉기를 든 손이 후들후들 떨리는데)
준기부	(떨리는 단태의 손을 유심히 보며, 달래듯 다가서는) 알았어. 줄게. 돈이고 집이고 다 줄 테니까, 제발 이러지 마, 준기야. 너 이런 애 아니잖아. 착한 놈이잖아. 근데 왜 이래? 흥분하지 말고, 우리 차분히 얘기를...
단태	착한 놈 필요 없으니까, 빨리 돈 내놓으라고!!
준기부	(기습적으로 단태의 칼을 뺏고, 그 칼로 단태를 되레 위협하며, 돌변해서) 땟국물 흐르는 건 하나도 안 변했네. 천한 새끼 데려다가 먹여죽고 입혀주고 사람 꼴 만들어놨더니, 뭔 돈을 달래? 평생 빈대 붙는 게 버릇됐지? 이래서 고아 새끼한텐 온정을 베풀면 안 된다니까! 배은망덕한 놈!
단태	(흉기로 목을 위협당한 채, 쫄지 않고) 난 너한테 은혜 입은 적 없어!! 온몸에 기름 한 방울까지 빨리고 빨렸어. 훔칠 돈이 없어서, 내 돈을 삥 뜯어? 이 좋은 집 짓고 너 혼자 배부르겠다고?!! 빨리 내 돈 내놔!!
준기부	(이죽대며 웃는) 돈이야 지금부터 다시 모으면 되지. 나애교 그년 동냥질 잘하잖아. 둘이 죽이 척척 잘 맞던데, 금방 재벌 되겠어.
단태	(울면서 분노 폭발하는) 이 개자식아!! 평생 못 먹고, 못 입고, 열 살 때부터 구걸해서 십 원 한 장 안 남기고, 다 니 놈한테 갖다 바쳤어!! 서울 한복판에 번듯한 집 사주겠다며?! 울 엄마 죽은 데다 집 짓게 해주겠다며?!! 근데, 십 년을 모은 돈을 갖고 튀어?!! 넌 사람 새끼도 아냐!! 일본으로 도망치면, 내가 못 찾을 줄 알았어?!! 내 돈 어딨어?!! 불쌍한 우리 애교 돈 내놔!!
준기부	(뺨 후려치고) 그지 새끼가 어디서 소릴 질러? (혐오스러운 표정으로 단태의 신발을 보며) 웬만하면 신발 좀 빨아 신어. 그 더러운 신발 볼 때마

다 밥맛 떨어진다고 몇 번을 말해?! 병 옮기지 말고 썩 꺼져!!

단태 (순간 완전히 눈 돌아가고. 흥분해서 달려들어 준기부의 칼을 뺏는데) 금고 비밀번호 말해!!

준기부 미친 자식! (놀라서 전화기를 집어 들고, 정신없이 번호를 누르는데)

단태 금고 열라고!!!! (그대로 칼을 휘두르는)

준기부 으아악!!!

35. **현재/일본 정신병원 병실 (낮)**
      단태, 지난 일 떠올리며, 분한 듯 온몸을 부르르 떠는.

단태 이렇게 끝낼 수는 없어! 난 아무 잘못한 거 없어! 열심히 산 죄밖에 없다고!! 헤라팰리스는 내가 죽을힘을 다해 만든 내 성이야. 심수련! 로건! 니들 손에 부서지는 거 절대 용납 못 해! 절대!!!! (이를 악무는데) 나가야 해!! 어떻게든 여기서!!

      단태, 살기 어린 눈빛으로 변하며, 의자를 철창에 집어던지고 난동 피우면.
      간호사가 비명 지르기 시작하고.
      보안직원들 뛰어 들어와 단태를 붙잡아 패기 시작하는데.

단태 이거 놔!! 나갈 거야!! 나가야돼!!! 여기서는 못 죽어!!! (달려들면)

      단태, 대들다가 더 두들겨 맞고. 그러면서도 필사적으로 덤벼들고, 또 맞고, 또 쓰러지는. 절대 포기하지 않는 단태고...

36. **병원 검사실 (낮)**
      뇌 정밀검사(MRI)를 받고 있는 은별. 그런 은별을 후배와 함께 불안하게 지켜보는 윤철이고.

37. 병원 진료실(낮)

윤철, 후배한테 결과 듣고 있는.

윤철 이상이 없다구!? (놀라면)

후배 MRI 결과도 그렇고, 뇌파검사까지 전부 다 정상으로 나왔어.

윤철 조기치매라든가... 뭔가 특이한 증상 같은 건?

후배 전혀 없어! 괜한 걱정 같은데? 확실히 그 약 복용한 거 맞아, 선배?

윤철 (혼란스러운데)

은별(E) 나, 약안 먹었어!

38. 병원 일각(낮)

윤철과 마주 서있는 은별.

은별 기억을 지우는 약, 안 먹었다고. 그러니까 안심해.

윤철 그럼 약은 진 쌤한테 왜 받아간 거야? 어림잡아도 백 알은 된 거 같은데.

은별 (멈칫하다) 먹으려다가 다 버렸어. 고작 그거 확인하려고 날 하루 종일 붙잡아둔 거야? 이제 알았으니까, 그만 가도 되지? 엄마 취임식이야. 늦었어.

윤철 (은별을 붙잡고) 너 이제 아빠랑 같이 지내야 해. 엄마한테 못 돌아가!

은별 (확 뿌리치고) 내가 왜?!! 싫어!! 엄마한텐 내가 있어야 돼!!

윤철 얼마나 더 망가지려고 이래?!! 그 약 먹은 거 아니라면, 너 다 기억하고 있는 거잖아! 그날, 절벽에서, 니 엄마가 로나 엄마한테 무슨 짓을 한 건지!! 넌 다 알잖아!!! 근데 왜 아무 말도 안 해? 로나한테 미안하지도 않아?!!

은별 (멈칫하고. 싸늘하게) 그러니까, 나 같은 딸은 이제 버리라고. 갱생 불가 능한 괴물이니까 난!

윤철 은별아....!!!

은별 아빤 이제 로나한테 가봐. 엄마랑 내 눈치 보지 말고, 배로나한테 가서 아빠 노릇 해주라고!! 걘 이제... 엄마도 없고, 아빠뿐이잖아.

윤철 (놀라고) 은별이 너... 알고 있었어?!

은별 (눈물이 주르륵 흐르고) 로나 아줌마가 목숨 걸고 나 살려줬을 때... 그때 알았어. 아무리 생각해도 그것밖엔 이유가 없더라고. 내가 아빠 딸이라는 거.... 아줌마가 아빠 많이 좋아했잖아. 그러니까 가! 가버려!!

윤철 (가슴 무너지는데)

은별 아줌마한텐 미안하지만, 그래도 난 엄마 못 버려. 내가 엄마 지켜줘야 해. 나까지 엄마 버리면 엄마가 너무 불쌍해. 엄만 나 위해서 그런 거잖아. 근데 어떻게 나까지 엄말 미워해? 난, 엄마랑 살 거야. 둘이서만. (눈물 쓱쓱 닦고) 다신 나 찾아오지 마. (애써 독하게 돌아서서 가면)

윤철 은별아! 은별아!!! (멍해지고. 모든 게 다 끝난 거 같은데)

은별 (꺼이꺼이 눈물 나고. 앞으로의 일들이 두렵지만 애써 맘 다지는 은별)

39.   **안가**(저녁)

　　　　괴로운 듯 뒤척이는 서진.

서진(E) 은별아.... 엄마가 갈게. 엄마가...

　　　　하다가 벌떡 일어나는데, 땀에 흠뻑 젖은 서진. 목을 만져보는. 조심스럽게 "아! 아!" 목소리를 내보면. 목소리 나오고. 너무도 다행이다 싶은데. 주위 둘러보면, 아무도 없고. 순간, 벽에 걸린 시계가 눈에 들어오면. 저녁 6시고. 번뜩 뭔가가 떠오르는.

서진 취임식!!! 은별이랑 취임식장에서 보기로 했는데....

　　　　서진, 놀라서 벌떡 몸 일으키는데 묶여있고. 몸부림치면서 이로 물어뜯고 날카로운 걸로 갈아서 기어이 결박을 풀어내고, 정신없이 밖으로 뛰쳐나가는데.

40.　　거리 일각(저녁)

서진, 미친 듯 앞만 보고 달리는. 다리의 화상으로 절뚝거리면서, 엉망이 된 몰골로 달리고 또 달리는데.
달리다가 넘어져서 옷이며 머리며 산발인데, 아랑곳하지 않고 다시 일어나 뛰고.
지나가는 사람들 그런 서진을 보고 비켜서는. 서진, 사납게 행인들을 밀치며 필사적으로 뛰어가는데.

41.　　청아그룹 전경(밤)

42.　　청아그룹 대회의실(밤)

서진　　은별아! 은별아! 은별이 어딨어!!

벌컥 문을 열고 들어서는 서진.
텅 비어있는 회의실을 보면 멍해지는데. 서류들만 바닥에 날려져 엉망이 되어있는 회의실 안. 취임식 플래카드 역시 한쪽이 뜯긴 채 떨어져있고.
그때, 회의실 다른 쪽 문이 열리면서 누군가 저벅저벅 걸어 들어오는데. 놀라서 홱 돌아보면. 로건이다.

서진　　(기겁하고) 로.... 로건!!!! 당신이 어떻게!!! (겁에 질려 뒷걸음질 치면)
로건　　(당장 죽여버릴 듯이 멈추지 않고 서진을 향해 걸어오며) 궁금했었어. 대체 날 데려와 괴롭히는 인간이 누군지... 백준기를 회유해 날 배신하게 만들고, 하윤철를 불러내 내 목숨을 연장시킨 게 당신이란 건 상상도 못 했어. 거기다 모든 죄를 수련 씨한테 뒤집어씌워?!! 그게 사람이 할 짓이야?!!!
서진　　(도리질하며) 아니야!! 당신이 속고 있는 거야!! 이 모든 건 심수련 짓이야!! 심수련 그 여자가 자기 딸 복수로, 당신을 죽이려고 한 거라고!! 내가 한 게 아냐!!! (마지막 발악하는데)

그때, 수련이 들어오고.

수련   아직도 상황 파악이 안 되나보지? 생각보다 아둔한데? 실망이야.

로건   (수련에게 다가가 다정하게 나란히 서면)

수련   (두 사람을 보는 순간, 완전히 당했다는 생각이 들고) 뭐야... 둘이 짜고 죽은 척한 거야?!! 내가, 이 천서진이, 속은 거였어?!! (분노하면)

로건   내가 봤거든. 당신이 내 팔에 독극물 주사하는 거. 하윤철이 날 살렸지.

서진   하윤철?!!!!

하는데, 윤철이 들어오고.

서진   (기함하고) 당신!!!

윤철   천서진! 니가 변조음이라는 걸 너무 늦게 알았지 뭐야. 미리 알았음, 감방에서 썩어 죽는 한이 있어도, 니 도움 따위 안 받았을 텐데! 윤희가 죽기 전에 널 죽이지 못한 게, 내 천추의 한이야!!

서진   (윤철의 등장에 얼굴 하얘지는데. 비틀하는)

로건   이걸로 청아건설 인수계약은 파기야!! 설명 안 해도 되겠지? 범죄자와는 계약할 수 없다는 조건!! (계약서를 꺼내 갈기갈기 찢어버리는데)

서진   안 돼!! 절대 이렇겐 못 끝내!!

수련   이미 넌 끝났어! 오늘까지 막아야 될 어음들이 전부 돌아왔거든.

서진   (분노하는) 처음부터 작정한 거지? 날 망하게 하려고!! 진분홍, 백준기까지 끌어들여서, 이 판을 짠 게 너지?!! (수련에게 미친 듯 달려들면)

수련   (서진의 멱살을 움켜쥐고, 매섭게) 너 같은 거 망하게 할 생각 없어. 죽일 생각이니까. 사람 아닌 것들 어떻게 다루는지 내가 좀 알거든. 오늘 이사회에서 넌 해임됐어. 너무 아쉬워할 거 없어. 이미 휴지조각인 회사니까.

서진   뭐? 해임?!

로건   아! 청아아트센터는 내가 접수하도록 하지! 윤희 씨가 가진 지분 20프로가 원래 내 법인 꺼거든. 주인이 돌아왔으니, 순순히 내주는 게 맞겠지?!

서진 (이성 잃은 듯) 닥쳐!! 청아그룹 회장은 나야!! 아트센터도 청아재단도 나 내 꺼라고!! 내가 이 날을 얼마나 기다렸는데. 난 절대 안 무너져!! 도 비서!!! 도 비서 어딨어!! 당장 이사들 불러!! 취임식하게 이사들 부르란 말야!!! (고래고래 고함치는데)

그때, 들이닥치는 험악한 인상의 사채업자들.

사채업자 이제야 모습을 드러내는군? 천서진 씨!
서진 뭐야? 당신들 누구야?!
사채업자 주단태 와이프 맞지? 주단태가 빌려간 돈 받으러 왔어. 하도 급해 보여서 5백억을 꿔줬는데, 남의 돈 떼먹고 내빼면 안 되지.
서진 주단태가 빌린 돈을 내가 왜 갚아? 주단태랑 난 아무 상관없어!!
사채업자 부인이 상관없으면, 그럼 누가 상관있는데?! (차용증서 보여주며) 이것 봐봐! 천서진이 연대보증 선 거 안 보여? 당신 인감 맞지?!
서진 (놀라고) 난 모르는 일이야!! 난 인감 찍어준 적 없어!! 나한테 돈 빌려준 거 아니면 꺼져!!

서진, 사채업자들을 밀치고 밖으로 도망치는데.

43. **청아그룹 복도(밤)**
서진, 복도로 뛰쳐나오자마자, 기다렸다는 듯 형사와 경찰들이 다가서고.

형사 천서진 씨! 경찰입니다. 도주한 주단태 회장 관련해서 조사할 게 있습니다. 같이 가주셔야겠는데요.
서진 난 그 사람이 어딨는지도 몰라! 모두 주단태가 한 짓이라고! 다들 나한테 왜 이래?!! 난, 내 딸부터 찾아야돼!! 이럴 시간 없어!!
형사 이러면 강제 연행할 수밖에 없습니다. 데려가!

경찰들 (서진의 양팔을 붙잡아 끌고 가는데)

서진 (거칠게 반항하는) 이거 놔!! 이 얼간이들아! 심수련 저 여자나 잡아!! 내 딸한테 무슨 짓을 할지 몰라!! 우리 애가 위험하다고!! 이 모든 게 계획적이었어!! 니들 다 심수련한테 속고 있다고!! 심수련!! 죽여버릴 거야!! 내가 나 혼자 죽을 거 같아?!! (발버둥 치면서 끌려가면)

그 뒤로 험악한 표정의 사채업자들이 뒤따르고.
그들을 냉정하게 바라보고 있는 수련, 로건, 윤철의 눈빛!

로건 사채 시장 쪽에선 가장 악질인 놈들이에요. 포기를 모르는 놈들이죠. 주단태가 실종상태인 이상, 영원히 천서진은 주단태가 빚진 5백억을 갚아야 할 거예요! 매일 눈덩이처럼 불어나는 이자까지 합치면 절망적인 금액이죠.

수련 죽음을 선택할 자유도 없을 거예요. 본인이 죽으면, 그 빚은 고스란히 은별이한테 넘어갈 테니! 남은 인생은 도망자로 살든, 채무자로 살든, 극심한 빈곤을 겪게 되겠죠. 목숨이 끊길 때까지....

윤철 (은별이 말에 표정 굳어지고) 은별인 다치지 않게 해줘요. 어떻게든 내가 설득해서 꼭 데려올 거예요.

수련 우리 계획에 아이들은 없어요. 저들한테도 약속 받아놨고. 믿어도 좋아요.

윤철 (끌려가는 서진 뒷모습을 보며) 평생을 써도 다 못 쓸 돈을 가지고 있던 천서진이, 이제 평생을 일해도 못 갚을 빚을 진 건가요?

수련 감옥에 편하게 앉아 여생을 마치게 할 순 없죠, 주단태도, 천서진도!! 산지옥이 뭔지 제대로 겪어봐죠!!

44. **펜트하우스 거실**(밤)
  수련과 마리, 송 회장과 마주앉아 있는.

송회장 (담보 서류 내밀며) 펜트하우스와 천수지구 27번지 담보 서류예요. 주단태가 약속한 기일을 어겼으니, 이제 법적으로 심수련 씨 거예요.

수련 여러모로 도와주셔서 감사합니다, 회장님.

송회장 내가 뭐 한 게 있나요. 지들이 알아서 벌 받은 거지.

마리 정말 감사해요. 마마님 은혜를 제가 어찌 다 갚을까 몰라요.

송회장 진천댁은 내 생명의 은인이야. 사람이 돼서 이만한 일도 안 거들어? (일어서고) 나 가네. 너무 오래 있었어.

마리 언제 식사라도 모실 기회 주세요, 회장님.

송회장 그럴 시간 있으면, 제니 아빠나 한 번 더 들여다봐. 실력 좋은 변호사 붙여두긴 했는데, 결과는 지켜봐야지. (펜트하우스 둘러보며) 이깟 게 뭐라고 다들 죽기 살기로 싸워대는지. 100층에 떠있으면 멀미 안 나나 몰라. 사람은 자고로 땅이랑 가까이 살아야 되는 법인데.

수련 더는 싸울 일 없게, 이제 여기도, 끝을 봐야죠! (묘한 표정으로 펜트하우스를 돌아보는)

45. 헤라팰리스 서진 집 거실(밤)

들이닥친 채권자들로 쑥대밭이 된 거실.
가구와 전자제품에 죄다 빨간 딱지 붙어있고. 채권자들 신발 신은 채 몰려와서 눈에 보이는 대로 귀중품들 챙기느라 난장판인데.
그때, 살벌한 표정의 사채업자들이 들이닥치고. 각목으로 보이는 대로 부수기 시작하면. 채권자들, 비명 지르며 도망치고 아수라장 되면.
사채업자들, 닥치는 대로 고가품들이며 서진의 보석들, 금고 안의 현금이며 골드바, 명품가방들 쓸어 담고. 그중에 서진의 트로피도 있는데.

사채업자 (트로피 보고) 그깟 고철덩어리는 뭐하게? 돈 되는 것들이나 챙겨!

트로피 내던져지면. 트로피가 던져진 곳에 누군가의 발 보이고. 발에서부터 위로 따라 올라가 보면, 현관 입구 쪽에 숨어서 바들바들 떨고 있는 은별이고.

은별, 자신의 발 앞에 떨어진 트로피를 집어 드는데. 그때! 사채업자가 찌릿! 고개 돌리면, 무서워 미칠 거 같고! 은별 쪽으로 점점 다가서는 사채업자들.

그 순간, 누군가 은별의 입을 틀어막고 끌고 가는데. 도 비서다. 간발의 차이로 은별일 빼내서 급히 도망치는 도 비서.

46.   검찰 조사실(밤)
      검사, 서진을 조사하고 있는.

서진   대체 내 죄목이 뭐죠? 날 붙잡아온 이유가 뭐냐고요?!!

검사   도주한 주단태 씨의 공범으로 체포되어 온 겁니다.

서진   (기막혀) 공범? 난 그 사람이랑 이미 남남이에요!! 우린 이혼한 사이라고요!! 비밀조항 때문에 세상에 밝히지만 않았지, 서류정리까지 끝났어요!

검사   모르고 있었어요? 두 사람 이혼은 법원에서 불허 판정받았어요. 채무를 회피하기 위한 위장이혼이라는 제보가 들어왔거든요. 여기, 진정서예요. (진정서를 보여주면)

서진   뭐라고? (기겁해서 진정서를 보면, 수련의 이름이 써있고) 심수련!! 니가 끝까지!!!!

검사   남편이 청아그룹 공금 5천억을 빼돌리고, 사채까지 끌어 쓴 거 모르진 않았죠? 개인적 채무가 1조 원이 넘어요! 주단태 씨 혼자 그 많은 돈을 쓸 리는 만무하고 어디다 빼돌렸어요? 두 사람, 부부 이전에 완벽한 비즈니스 파트너였잖아요. (책상을 쾅쾅! 치면)

서진   주단태, 이 미친 자식!! (벌떡 일어서고) 검사님, 부탁이에요. 은별이부터 만나게 해줘요! 심수련 그 미친 여자가 우리 은별일 납치했다고요!!

검사   말 돌리지 말고, 주단태 씨 어딨는지나 불어요!! 당신들, 이번엔 절대 못 빠져나가요.

서진　(미치겠고) 난 정말 모른다고!! 난 본 적도 만진 적도 없는 돈이에요!!

검사　(피곤하단 듯) 천서진 씨! 당신 지금 어디 도망도 못 가요! 출국금지 상태예요! 오늘 청아건설 부도 처리된 건 알고 있죠?

서진　(벌떡 일어서고) 뭐?!! 부도?!!!

서진, 순간 충격으로 눈앞이 흐릿해지고, 갑작스럽게 극심한 두통을 느끼며 비틀하는데. 수련의 목소리가 귀에 울려대는.

수련(E)　넌 모든 걸 잃게 될 거야. 니가 좋아하던 돈도, 청아그룹도, 청아재단도, 아트센터까지 전부 다! 그리고 니 딸, 하은별까지!!

서진, 머리에서 삐- 소리가 울리고. 어질어질하고. 검사의 목소리가 점점 작아지는 느낌인데.

검사(E)　주단태한테 돈 빌려준 사람이 모두 천서진 씨를 고소했어요! 해연그룹 송희수 회장님부터 열 명이 넘어요! 천서진 씨! 내 말 듣고 있어요? 연기하지 마시고, 수사에 협조하세요! 이봐요, 천서진 씨!
서진, 삐- 소리가 점점 커지면서 조사실 안이 빙글빙글 돌고, 검사 말이 아득히 멀리 메아리치듯 들리더니, 갑자기 90도로 앞으로 고꾸라지는 서진!

검사(E)　천서진 씨! 천서진 씨!

47.　**응급실 안/밖**(새벽)
　　　서진, 링거를 맞고 있고.
　　　응급실 밖에서, 유리문 너머로 대화를 나누고 있는 의사와 검사.

의사　일시적 쇼크 상태 같습니다. 호흡도 매우 불안정하고요. 일단 안정을

취하는 게 좋을 거 같네요. (가면)

검사　(난감한데)

도비　(검사에게 다가서고) 지금 상태론 조사가 불가능합니다. 오늘은 여기까지 하시죠. 몸 회복되면 성실하게 조사받겠습니다. 어차피 출국금지라면서요.

검사　(고심하다) 소환 연락 가면 바로 나오셔야 됩니다.

도비　그렇게 하겠습니다. (꾸벅 인사하고)

검사와 도 비서, 유리문 너머로 링거 맞고 있는 서진을 바라보는데.
서진, 깨어나는 듯 신음소리 내면서 몸 뒤척이고.
도 비서, 놀라서 응급실 안으로 뛰어 들어가는.

도비　괜찮으십니까? 정신이 드세요?

서진　(눈 번쩍 뜨고, 두리번거리는) 여기가 어디야?

도비　병원입니다. 참고인 조사받다가 쓰러지셨습니다. 기억... 안 나세요?

검사　(유리문 밖에서 지켜보고 있는데)

서진　(갑자기 벌떡 몸 일으키는) 은별이는? 은별이 어딨어?!

48.　**병원 앞/도 비서 차 안**(새벽)
서진, 급하게 차에 올라타면. 은별이 뒷좌석에 타있고.

은별　엄마!!!

서진　(와락 은별을 끌어안고) 우리 딸, 괜찮아? 어디 갔었어? 엄마가 얼마나 걱정했게. 아무 일 없는 거지? 다친 데 없어?

은별　(끄덕하고) 응, 난 괜찮아. 엄마는? 병원은 왜 왔어? 어디... 아파? (조심스럽게 상태를 살피면)

서진　빈혈이 왔나봐. 도 비서가 괜히 수선 피웠지 뭐야. 걱정 안 해도 돼. (운전석의 도 비서에게) 어서 집으로 가.

도비	그게... 댁은 당분간 힘들 거 같습니다.
서진	힘들다니? 왜?!!
은별	집에 사채업자들이 들이닥쳐서 난리 났었어. 너무 무서워서 아무것도 못 챙겼어. 지금 집 못 가, 엄마.
서진	(분한 듯 주먹 꽉 움켜쥐는데)
도비	잠시 지내실 곳은 마련해뒀습니다.

49. 산동네 전경(새벽)

가파른 길을 따라 올라가면, 허름한 집들이 다닥다닥 붙어있는 산동네 보이고.

50. 산동네 원룸(새벽)

비좁고 낡은 원룸 안으로 들어서는 서진과 은별, 그리고 도 비서.

서진	(곰팡이 냄새에 끔찍하고) 이런 데서 내가 어떻게 살아?! 당장 호텔 잡아!
도비	호텔은 추적이 쉬워 위험합니다. 여긴 외곽이라 비교적 안전할 겁니다. 집요한 놈들이라 핸드폰도 꺼두시고요.
서진	난 그렇다 치고, 우리 은별인 이런 데서 못 살아. 냄새나고 좁아터진 방에, 저 더러운 이불에서 자란 말야?! (미치겠는데)
은별	난 여기 좋은데 왜. 사채업자들만 못 찾으면, 어디든 좋아. (도 비서에게) 필요한 거 있음 연락할 테니까 그만 가보세요.
도비	(미안한 표정으로 현금 내밀며) 제 계좌까지 전부 비자금 계좌로 막히는 바람에, 돈을 구하지 못했습니다. 죄송합니다. 이것밖에 드릴 게 없어서... 그럼 쉬십시오. (인사하고 나가면)
서진	(봉투 열어서 보면, 몇백 정도고. 절망적인데)
은별	(되레 서진을 위로하는) 난 진짜 괜찮아. 엄마랑 딱 붙어있으니까 여행 온 거 같고 좋은데 뭐. 내 걱정은 하지 마.
서진	(다시 두통을 느끼는 듯 휘청하면)

은별	(놀라서 붙들고) 엄마!! 왜 그래?
서진	두통이 좀 있네. 엄마 좀 쉬어야겠다. (맨바닥에 드러누우면)
은별	내가 물 갖다 줄게. (나가려다가 문득 다시 돌아보는. 서진의 이상스러운 모습을 빤히 바라보는 은별이고)

시간 경과) 낡고 닳아빠진 이불을 덮고 잠들어있는 서진과 은별.
서진, 식은땀을 뻘뻘 흘리며 악몽에 시달리고 있는.

서진	오윤희!! 제발 이러지 마!! 가!! 가, 오윤희!! (헛소리하며 괴로워하는데)
은별	(서진 목소리에 잠에서 깨고. 서진 손을 꼭 잡아서 입에 대고) 엄마... 좀만 더 견뎌... 그 기억, 곧 지워질 거야.... (두렵고 무서운데. 가방에서 챙겨온 트로피를 꺼내보며, E) 청아아트센터 상주음악가 돼서, 마지막으로 엄마 기쁘게 해주고 싶었는데, 미안해. 내 실력이 그것밖에 안 돼서... 난, 로나를 이길 수가 없어... (혼자 떨면서 눈물 흘리는 은별)

51. 경찰서 전경(아침)

52. 경찰서(아침)

상아, 조사받고 있는.

상아	(억울해하며) 정말 전 몰랐어요. 남편이 청아산업개발 대표고, 난 가정주부라고요. 내가 뭘 알겠어요? 난 그냥 여행 가라는 남편 말만 믿고 아들이랑 놀러 간 거라고요. 집에서 살림만 하는 주부가 공금횡령?! 그것도 5천억요?! 말이 된다고 생각하세요?! 이규진 그 자식이 나 모르게 저지른 단독범행이라고요!!
규진(E)	고상아!!
상아	(화들짝 놀라 돌아보면, 거지꼴로 경찰에게 잡혀 들어오는 규진이 서있고. 놀라서 얼른 얼굴 감추면)

규진 (무섭게 달려드는) 어떻게 니가 나한테 이럴 수가 있어? 돈 앞에 미친다더니, 날 배신하고 날라?! 것도 이씨 집안 3대 독자를 데리고?!! (경찰에게 꼰지르는) 이 여자, 다 알았어요. 우리 부부 금슬 하나는 죽여주거든요. 내가 뭐 숨기고 그런 성격이 못 돼요. 우리 같이 잘 살자고, 해외에 널찍한 집 사주려고 그랬는데... 왜 그랬어!! 왜 그랬냐고, 이 망할 누나야!!! (상아 탓하면)

상아 (기막혀 폭발하는) 그럼 내가 순순히 따라갈 줄 알았냐? 이씨 집안에 시집와서 20년을 죽어라 종살이 시집살이했는데, 해외까지 가서 또 그 짓을 하라고? 5천억? 5조가 있어도 난 싫어!! 하와이 아니라 천국이래도 니네 집 식구들하고는 안 살아!! 니 엄마랑 누나는 니가 데리고 살아. 난 내 아들이랑 살 거니까!!

민혁 (싸우고 있는 규진과 상아를 보면 한심하고, 창피해 죽겠는데)

규진 (민혁을 보며) 야, 이민혁! 너 똑바로 말해. 너 엄마 아빠 이혼하면 누구랑 살 거야? 당연히 아빠지?

상아 뭔 소리야? 엄마지?!!(둘이 민혁에게 달라붙어 난리 치면)

민혁 (치가 떨리는 표정으로 보다가) 제발 그만들 좀 해요!!! 쪽팔려서 진짜!! 둘 다 아니거든요!! 나 혼자 살 거예요!! 경찰 아저씨, 이분들 정신 좀 바짝 차리게 해주세요! 제발 철 좀 들게요!! (뛰쳐나가 버리는데)

상아 저것 봐! 당신이랑 안 산다잖아!!

규진 누가 할 소리!! 민혁인 원래 당신 엄청 무시 봤거든.

상아와 규진, 민혁 잡을 생각도 안 하고, 또 붙어서 니 탓 내 탓 하며 싸우느라 정신없다.

53. 산동네 원룸 (낮)
서진, 테이블 위에 자신의 목걸이와 반지를 빼서 놓으면.

은별 (방으로 들어서다 보고) 반지는 왜?

560

서진	처분해야지. 넌 외국으로 나가 있어. 여긴 위험해. 내 심장을 팔아서라
	도 비행기 값은 마련해줄게. (목걸이와 반지를 가방에 챙기면)
은별	(서진 붙들고) 나 혼자는 안 가! 앞으론 내가 엄마 케어할 거야!!
서진	니가 날 왜!! 다닐 학교 알아볼 테니까, 절대 노래는 쉬면 안 돼! (그러다
	속마음으로, E) 떠나기 전에 넌, 딱 한 가지만 해주면 돼. 한 가지만.... 그
	러면 돼. (의미심장하게 은별을 보는)
은별	이 판국에 무슨 학교야? 나 노래 안 해도 돼. 난 엄마만 옆에 있으면 돼.
	정말이야.
서진	(강하게) 내가 안 돼! 니가 성악가로 세계 무대에 서는 게 엄마의 마지막
	꿈이야! 반드시 성공해서, 할아버지가 물려주신 청아재단도 니가 찾아
	와야 해! (가방 챙겨서 일어서고) 보석상 다녀올게. 저녁엔 우리 맛있는
	거 먹자. 문 꼭 걸어 잠그고 있어. 아무도 문 열어주면 안 돼! (나가려면)
은별	(다급히 붙잡고) 혼자, 괜찮겠어? 나랑 같이 갈까? 사채업자들한테 잡
	히면 어떡해?!!
서진	엄마가 어린애야? 별 걱정을 다 해. (급히 나가면)
은별	(그런 서진이 걱정되고. 뭔가 불안한 예감에 맘 복잡한데. 초조한 표정...)

54. 산동네 주변/택시 안(낮)
택시를 잡아타는 서진.

기사	어디로 모실까요?
서진	(다시 두통이 심해지면서 세상이 어질어질하고. 몽롱한데. 멍하니 주위 둘
	러보는. 멍해진 눈) 네?
기사	(재차 묻는) 어디 가시냐고요?
서진	그게.... 내가 어디 가려고 했지?
기사	손님!!
서진	우리 집이 그러니까.... 어디냐면... (미치겠고. 생각이 안 나는. 그러다 말
	간 얼굴로) 아! 헤라팰리스! 삼성동 헤라팰리스로 가주세요!

서진이 탄 택시가 출발하면.
택시와 비껴서, 검은색 차 한 대가 멈춰 서고. 차에서 내리는 험악한 표
정의 사채업자들, 산동네로 올라가는.

55. 펜트하우스 서재 (낮)
수련, 짐을 정리하다 툭, 꽃병을 건드려 떨어져 깨지는데. 수련, 당황해
얼른 유리를 줍는데 손에서 피 나는. 그때, 석훈이 급히 들어서고.

석훈 엄마!! 석경이가!!

수련 (불길한 예감에 급히 일어서는) 지금 어딨어, 석경이!!

석훈 그게....

수련 (굳어지는 수련)

석경(E) 다 내가 했다니까요!

56. 경찰서 안 (낮)
석경, 조사받고 있는.

석경 나 가족 같은 거 없어요. 엄마는 죽고, 오빠하곤 의 끊고 산 지 오래됐어
요. 그러니까 그냥 감옥 가게 해줘요!! 정말 나 혼자 했다고요!

수련(E) 석경아!!!

석경, 조사받다가 얼음 되는. 고개 돌려보면. 수련과 석훈이 서있고.
놀라서 벌떡 일어나 수련을 보는 석경.
수련과 석경, 너무도 오랜만에 서로를 보는. 둘 다 눈 발개진 채로 서로
마주 보는 데서.

57.   헤라팰리스 분수대(낮)
      당당하게 걸어가는 서진. 지나가던 마리, 놀라서 홱 돌아보고.

마리   뭐야?! 저 여자가 여길 지금 돌아댕겨도 돼?! 사채업자들이 사방에 깔
      렸는데... (몰래 쫓아가는)

58.   헤라팰리스 서진 집 앞(낮)
      삑삑삑! 현관 키를 눌러보는 서진. 문이 열리지 않는데.

서진   이상하네. 왜 이게 안 열려? 우리 집 맞는데... (벨을 누르는) 아줌마! 문
      열어요!! 아줌마!! (문 마구 두드리는데)

59.   헤라팰리스 서진 집 거실(낮)
      엉망이 돼있는 서진집 거실. 적막한 거실에 벨소리만 연거푸 들리고.
      가구들 뒤집혀있고, 깨져있고, 여기저기 빨간딱지가 붙어있고 난장판
      인데.

60.   헤라팰리스 서진 집 앞(낮)
      서진, 계속 문 두드리는.

서진   은별아!! 엄마야!! 엄마 왔어!! 안에 없어? 얘가 어디 간 거야? (아무것
      도 모르겠단 표정인데)

      마리, 그런 서진을 몰래 지켜보면서 급히 윤철에게 전화하는.

마리   하 박사님. 난데요. 지금 헤팰에 천서진이 떴어요. 근데, 뭐가 좀 이상해
      요. 느낌이 쎄한 게, 빨리 좀 와봐야겠어요.

61. 헤라팰리스 일각 (낮)
　　　서진, 은별을 찾아 헤매고 있는.

서진　은별아?! 은별아!! (은별 이름을 부르며, 여기저기 찾기 시작하는 서진)

　　　입주민들, 그런 서진을 이상하단 눈초리로 흘낏대는데.

62. 헤라팰리스 아이들 커뮤니티 (낮)
　　　로나, 제니와 노래 연습 중이고.

제니　아, 목 아파. (보온병 보며) 차 다 마셨네.
로나　나도 아까 다 마셨어.
제니　(보온병 들고) 내가 리필해 올게. (나가면)
로나　고마워. (다시 노래 연습하는데)

　　　갑자기 문을 벌컥 열리더니, 서진이 들어서는.

서진　은별아!!
로나　(서진을 보고 놀라서 멈칫하면)
서진　(초점 잃은 눈. 반갑게) 은별아~ 여기 있었구나? 엄마가 한참 찾았잖아
　　　~ (로나를 향해 웃으며 달려오면)
로나　(예전과는 다른 서진 표정에) 아줌마?!! (굳어지는데)

63. 헤라팰리스 분수대 (낮)
　　　윤철, 로비로 뛰어 들어오면. 경비원들과 마리, CCTV에서 로나와 서
　　　진이 실랑이하는 모습을 보며 경찰에 신고하고 있는.

마리　경찰서죠? 여기 헤라팰리슨데요, 85층 여자가 45층 애를 강제로 데려

가려고 난리가 났어요. 두 집이 뉴스에도 나오고, 아주 원수 같은 사이 거든요. 지금 커뮤니티에 있어요! 빨리 좀 와줘요! 빨리요! 큰일 날지 도 모른다고요. (정신없는데)

윤철　(멈칫하고. 놀라 정신없이 커뮤니티로 뛰어가는데)

64.　**헤리팰리스아이들 커뮤니티 (낮)**
　　　로나를 강제로 끌고 가는 서진.

서진　은별아, 시간 없어. 오늘 엄마 회장 취임식이라니까. 우리 옷도 맞췄잖 아. 이러다 늦겠어.

로나　아줌마!! 이거 좀 놔요! 저 은별이 아니라구요!!

서진　진짜 너 엄마 말 안 들을 거야?! 엄마 화낸다!! 취임식에 딸이 안 가는 게 말이 돼? 엄마 껀 이제 다 니 꺼야! 어서 가자! 응?! (로나를 끌고 가는데)

　　　문이 열리고. 윤철이 뛰어 들어오는.

윤철　그만해, 천서진!!!

서진　(윤철을 보자, 얼른 로나를 자기 뒤로 숨기고) 당신이 여긴 왜 와? 우리 은 별이 뺏어가려고? 안 돼!! 절대 당신한테 안 뺏겨, 하윤철!!

윤철　니 딸 아니야. 이게 뭐하는 짓이야!! (로나를 빼내려는데)

서진　안 돼!! 내 딸이야!! 못 데려가!!!

　　　서진, 발악하면서 로나를 붙들고 안 놔주고. 윤철은 그런 로나를 데려 가려고 달려들고. 윤철과 서진의 위험한 실랑이가 이어지는데.

윤철　(로나를 막으며) 도망가!! 빨리, 로나야!! 뒤돌아보지 말고 어서!!!

로나　(울먹이며 급히 도망치려는데)

서진　(이성 잃고, 눈 돌아가서) 미쳤어?!! 내 자식을 어딜 데려가? 안 돼!! 은별인 내 꺼야!!! 절대 못 줘!!!

서진, 로나를 잡아당기다가 장식장을 쳐서 책장이 그대로 앞으로 쓰러지는데.

윤철 (기함하는) 로나야, 안 돼!!!!!

윤철, 서진을 밀치고, 로나 위로 쓰러지며 로나를 보호하면. 그 위로 쓰러지는 책장. 책장에 꽂힌 책들과 장식물들이 와장창 무너지는데.
서진, 윤철의 손에 떠밀려 커뮤니티 2층 난간에서 휘청하고. 아래로 떨어지다가 간신히 샹들리에를 한 손으로 붙잡는데.
샹들리에에 매달려 좌우로 위태롭게 흔들리는 서진! 아래로는 체스대와 위험한 기구들 천진데.
서진, 힘이 빠지면서 손을 놓치면. 그대로 아래로 추락하고.
서진이 바닥에 널브러지면, 그 위로 샹들리에가 흔들 하다가 선이 끊기며 서진을 덮치는데. 미친 속도로 떨어지는 샹들리에!
바닥에 누운 채로 서진을 향해 쏟아지는 샹들리에를 경악하며 보는 서진!!
샹들리에가 온몸에 덮친 채 피가 분수처럼 솟구치는 서진과, 책장에 깔린 윤철 모습, 화면 분할로 보여주며 엔딩!!

12화

그러나 악인은 땅에서 끊어지겠고

1.　　　헤라팰리스아이들 커뮤니티(낮)
　　　　로나를 강제로 끌고 가는 서진.

서진　은별아, 시간 없어. 오늘 엄마 회장 취임식이라니까. 우리 옷도 맞췄잖
　　　아. 이러다 늦겠어.
로나　아줌마!! 이거 좀 놔요! 저 은별이 아니라구요!!
서진　진짜 너 엄마 말 안 들을 거야?! 엄마 화낸다!! 취임식에 딸이 안 가는 게
　　　말이 돼? 엄마 껀 이제 다 니 꺼야! 어서 가자! 응?! (로나를 끌고 가는데)

　　　　문이 열리고. 윤철이 뛰어 들어오는.

윤철　그만해, 천서진!!!
서진　(윤철을 보자, 얼른 로나를 자기 뒤로 숨기고) 당신이 여긴 왜 와? 우리 은
　　　별이 뺏어가려고? 안 돼!! 절대 당신한테 안 뺏겨, 하윤철!!
윤철　니 딸 아니야. 이게 뭐하는 짓이야!! (로나를 빼내려는데)
서진　안 돼!! 내 딸이야!! 못 데려가!!!

　　　　서진, 발악하면서 로나를 붙들고 안 놔주고. 윤철은 그런 로나를 데려
　　　　가려고 달려들고. 윤철과 서진의 위험한 실랑이가 이어지는데.

윤철　(로나를 막으며) 도망가!! 빨리, 로나야!! 뒤돌아보지 말고 어서!!!
로나　(울먹이며 급히 도망치려는데)
서진　(이성 잃고, 눈 돌아가서) 미쳤어?!! 내 자식을 어딜 데려가?!! 안 돼!! 은
　　　별인 내 꺼야!!! 절대 못 줘!!!

　　　　서진, 로나를 잡아당기다가 장식장을 쳐서 책장이 그대로 앞으로 쓰러
　　　　지는데.

윤철　(기함하는) 로나야, 안 돼!!!!!

　　　윤철, 서진을 밀치고, 로나 위로 쓰러지며 로나를 보호하면. 그 위로 쓰
　　　러지는 책장. 책장에 꽂힌 책들과 장식물들이 와장창 무너지는데.
　　　서진, 윤철의 손에 떠밀려 커뮤니티 2층 난간에서 휘청하고. 아래로 떨
　　　어지다가 간신히 샹들리에를 한 손으로 붙잡는데.
　　　샹들리에에 매달려 좌우로 위태롭게 흔들리는 서진! 아래로는 체스대
　　　와 위험한 기구들 천진데.
　　　서진, 힘이 빠지면서 손을 놓치면. 그대로 아래로 추락하고.
　　　서진이 바닥에 널브러지면, 그 위로 샹들리에가 흔들 하다가 선이 끊
　　　기며 서진을 덮치는데. 미친 속도로 떨어지는 샹들리에!
　　　바닥에 누운 채로 서진을 향해 쏟아지는 샹들리에를 경악하며 보는
　　　서진!!
　　　샹들리에가 온몸에 덮친 채 피가 분수처럼 솟구치는 서진과, 책장에
　　　깔린 윤철 모습!
　　　그때, 마리가 뛰어들어오고.

마리　로나야!! 하 박사!! (기겁해서 밖에 대고) 여기 좀 도와줘요!! 빨리요!!
　　　(소리소리 지르는데)

경비들　이게 뭔 일이야?!! (뛰어 들어와 책장을 밀치는데. 깔려있던 하 박사와 로
　　　나가 보이는) 됐어! 나왔어!!

마리　로나야, 정신이 들어?!!

로나　(간신히 몸 일으키고, 윤철에게 손을 뻗어 보면 머리에서 피가 흐르고 있는)
　　　아저씨... 피가....!!!

마리　하 박사!! 정신 차려요!! (그러다 정신없이 핸드폰으로 119에 신고하는)
　　　사람이 다쳤어요!! 헤라팰리스 커뮤니티요!! 의식이 없어요!! 모르겠
　　　어요! 빨리 좀 와주세요!! 얼른요!!

마리, 정신없이 신고하는데. 그 순간, 난간 아래로 피범벅이 된 서진이 보이고.
서진, 샹들리에에 깔린 채 널브러져 있는.

마리 아악!!!!

그 위로, 앰뷸런스 소리 울리고.

2. 앰뷸런스 안(낮)
    구급대원, 무전 치고 있고.

대원 청아의료원으로 긴급환자 3명 이송 중입니다. 한 명은 경상, 두 명은 중상입니다.

그 앞으로 의식 없이 누워있는 서진과 윤철이 보이고.
울면서 윤철의 들것을 따라가고 있는 로나. 여기저기 경미한 상처 정도 있는.

로나 아저씨... 내 말 들려요? 눈 좀 떠봐요. 아저씨.... 나 무섭단 말이에요... (울면서, 의식 없는 윤철을 따라 뛰는데)

3. 경찰서 복도(낮)
    수련과 석훈, 급히 달려오고.

4. 11화 56신 연결/경찰서 안(낮)
    석경, 조사받고 있는.

석경 나 가족 같은 거 없어요. 엄마는 죽고, 오빠하곤 의 끊고 산 지 오래됐어

571

요. 그러니까 그냥 감옥 가게 해줘요!! 정말 나 혼자 했다고요!

수련(E)　　석경아!!!

석경, 조사받다가 얼음 되는. 고개 돌려보면. 수련과 석훈이 서있고.
놀라서 벌떡 일어나 수련을 보는 석경.
수련과 석경, 너무도 오랜만에 서로를 보는. 둘 다 눈 발개진 채로 서로
마주보는데.

석경　　(수련을 모른 척 고개 돌리고, 큰소리치는) 왜 연락했어요? 나랑 상관없
　　　　 는 사람들이에요. 모르는 사람이라고요!

수련　　(다가서며) 석경이 엄맙니다!

석경　　(수련의 엄마라는 말에, 순간 왈칵 눈물이 쏟아질 거 같고. 애써 꾹 참으며)
　　　　 엄마는 무슨 엄마? 나 딸 아니잖아. 우리 남남이잖아!

석훈　　그만해, 주석경!

수련　　(형사에게) 어떻게 된 거예요? 우리 석경이가 왜 여깄어요?

형사　　따님이 지명수배범 주단태를 일본으로 밀항시켰어요. 뱃사람들한테
　　　　 돈을 주고, 심지어 그 배를 같이 타고 간 것까지 확인됐어요.

수련　　(멈칫, 굳어지면)

형사　　(석경에게) 솔직히 말해! 정말 너 혼자 한 거 맞아? 니가 무슨 돈이 있어
　　　　 서 밀항을 시켜?

석경　　나 돈 많아요! 내 친엄마가 꽤 유산을 많이 남겨줬거든요. 이 아줌마랑
　　　　 아빠는 진즉에 이혼했고, 난 아빠랑 쭉 같이 살았는데, 아빠가 하도 부
　　　　 탁해서 어쩔 수 없이 해준 거예요. 딸이 아빠를 도운 것도 죄가 되나요?

형사　　그래서, 일본 어디로 보냈는데?

석경　　그건 몰라요. 일본에서 내리는 것까지만 확인하고 헤어졌어요.

형사　　거짓말 마!!

석경　　믿지도 않을 거면서 왜 물어보는데요? 제대로 조사하고 싶으면, 이 사
　　　　 람들부터 내보내요! 안 그럼, 입도 벙긋 안 할 거니까!

형사	지금 장난쳐?!!
석경	(버럭) 그러니까 그냥 감방 처넣어요!! 울 아빠 내가 도망치게 했다고요! 왜 성가시게 상관없는 사람들까지 불러서 쪽팔리게 해요?!! (수련을 보호하면)
수련	(그런 석경의 진심을 알겠고, 가슴 아픈데)

컷 되면. 형사와 수련이 마주 서있고.

수련	후쿠오카에 있는 정신병원입니다. 여기 있을 거예요.
형사	(경찰에게 긴급하게) 인터폴에 수사협조 요청하고, 주단태 신상 넘겨. (수련에게) 추가 조사받을 수 있으니, 협조 부탁합니다.
수련	알겠습니다.
형사	당장 출국 준비해!

형사들 바삐 움직이면.
수련, 돌아서는데. 한쪽에서 고개 돌린 채 수련을 쳐다보지도 않고 있는 석경.

5.   외곽도로 일각/수련의 차 안 (낮)

석경(E)	차 세워달라고!!

수련의 차 멈춰 서면. 차에서 내리는 석경.
뒤따라 석훈도 내리는데.

석훈	(달려가 석경을 붙잡는) 또 어딜 가려고?!! 애처럼 사라져버리면 끝이야?!
석경	그래서 내가 책임진다잖아! 내가 책임지고 감방 가면 되는데, 왜들 나서냐고?!!

수련, 운전석에서 내려 석경에게 다가서고.

수련   어떻게 안 거야? 말해! 어떻게 알고 부산항에 간 거야?

석경   오빠가 엄마랑 전화하는 거 들었어.

석훈   그래서 엄말 미행했단 말야?! 겁도 없이 일본까진 왜 따라갔어?!!

석경   내 눈으로 보고 싶었어. 아빠가 몰락하는 모습! 생각보다 꽤 근사한 정신병원이던데? 앞으로 평생 만날 일 없을 텐데, 그 정도 배웅은 해주는 게 예의 아냐?

수련/석훈 (놀라면)

석경   내 걱정은 마. 난 아빠 딸이니까, 아빠 도피시켰다고 해도, 법적으로 처벌 못 해!

수련   그런 위험한 델 혼자 가면 어떡해?!! 니가 없어져서 얼마나 걱정한 줄 알아?!

석경   내 걱정을 왜 해?! 나 같은 싸가지를! 나 아빠 닮아서 어떻게든 살아남는 거 몰라?

석훈   주석경! 그렇게밖에 말 못해?!

석경   이렇게 생겨 처먹은 걸 그럼 어떡해?!! (반항하는데)

수련   (차분하게) 밥 먹었어? 밥 먹으러 가자. 너무 말랐다. (돌아서서 먼저 차 쪽으로 가면)

석경   (그제야 수련을 보는)

6.   식당(낮)
     수련과 석훈, 석경, 앉아있고.

수련   일단 먹어. 먹어야 힘내서 엄마랑 싸우든 미워하든 할 거 아냐. 자! (숟가락 쥐어주면)

석경   먹고 꺼지면 되는 거지? 좋아! 까짓것 먹어주지 뭐. (보란 듯이 푹푹 밥 퍼서 입에 한가득 넣고 정신없이 먹는데. 먹고 또 먹고... 그러다 참지 못하고

눈물 터지면)

수련 (담담하게) 처음부터 넌 엄마 딸이었어. 석훈이도, 너도, 한 번도 내 자식 아닌 적 없었어. 니가 엄마 딸로 태어난 거, 아무것도 모르고 주단태 밑에서 딸로 키워진 건, 니 잘못 아냐.

석경 (울컥하고) 아니! 내 잘못이야! 나 때문에.. 민설이 죽을 뻔했어. 봉고차에 불을 낸 것도 나고, 가둬놓고 도망친 것도 나야!! 로나 엄마 죽게 된 것도 내 탓 맞아! 나 같은 거, 엄마 딸 자격 없어. 내가 너무 싫어 미칠 거 같아! 이제 와 무슨 염치로 내가 엄마 딸이라고 우겨?!! (울분 토해내면)

수련 (애써 냉정하게) 그래서 도망치겠다고? 평생 반성 없이 도망만 칠 거야? 니가 저지른 일이야. 괴롭더라도 피하지 말고 부딪쳐. 그래야 돌아올 길도 생겨.

석경 (뼈아픈 눈물 흘리면)

수련 (그제야 다가가 석경을 안아주고) 우리 딸... 못 본 사이에 많이 컸네. 이제 우리 집 가자. 엄마가 니 방 예쁘게 꾸며놨어. (따뜻하게 품어주는데)

석경 (수련을 와락 끌어안고) 잘못했어.... 미안해, 엄마... 진짜 잘못했어.... 너무너무 보고 싶었어.... 보고 싶어 죽는 줄 알았단 말야! (수련을 끌어안은 채, 아이처럼 엉엉 울면)

수련 (그런 석경을 도닥여주고, 아프게 같이 눈물 흘리는데)

석훈 (석경의 진심에 눈가 붉어지고)

그때, 석훈에게 걸려오는 마리의 전화.

석훈 네, 아주머니. 엄마 옆에 계신데, 무슨 일 있으세요?

마리(F) 니 엄마 왜 그렇게 전활 안 받아?!! 큰일 났어! 헤펠에서 사고가 났다고!!

석훈 그게 무슨 소리예요? 사고라뇨?!!

수련 (순간 불길한 표정으로 석훈을 보는)

7.   병원 수술실 1/수술실 2/교차편집 (저녁)
      무영등이 켜지고. 윤철과 서진의 수술이 각각 진행되는데.
      윤철은 머리를 다치고, 서진은 다리를 다친 상황.
      윤철의 뇌를 개복한 의사, 멈칫하고. 심각한 표정 짓는.

8.   병원 수술실 1 앞 (저녁)
      달려오는 수련. 뒤로 석훈과 석경도 따라오고.
      수술실 앞에 서면. 마리와 로건이 기다리고 있는.

수련   어떻게 된 거예요?!
마리   (거의 울듯이) 하 박사가 많이 다쳤어. 천서진 그년 때문에!
로건   머리에 출혈이 심해요. 지금 긴급 수술받고 있어요.
수련   천서진이 왜 헤펠에 온 건데요?
마리   내 말이. 아무래도 머리가 어떻게 된 거 같아. 로나를 막 은별이라고 부
         르면서, 자기가 데리고 가겠다고 생난리를 치다가 이 사달이 났다니까.
석경   (멈칫, 듣고 있는)
수련   로나는요?
로건   지금 검사 중인데, 다행히 큰 외상은 없는 거 같아요.
수련   하 박사님, 별일 없겠죠? 더 이상, 누구도 다치면 안 돼요. 절대로!! (불
         안한 듯 두 손을 모아 쥐는데, 서진에 대한 분노가 치솟고) 천서진은, 어딨
         어요?!

9.   병원 일각 (저녁)
      다급하게 병원으로 들어서는 은별, 두리번거리며 서진의 병실을 찾는데.
      누군가 그런 은별을 확 붙잡고. 돌아보면 석경인데.

은별   (정신없고) 이거 놔! 나 엄마한테 가봐야돼! (뿌리치면)
석경   벌써 수술 끝나서 회복실로 옮겼대. 천장에서 상들리에가 떨어졌는데,

운 좋게 다리만 찢어지고 멀쩡하다던데? 정말 대단하다, 니네 엄마. 회사 부도나고, 궁지에 몰리니까 지금 또 쇼하는 거지? 정신 이상한 것처럼!

은별 뭐?

석경 아무리 다급해도, 로나를 자기 딸이랑 착각하는 건 좀, 오바 아냐? 착각 할 게 따로 있지. (매섭게 보면)

은별 (굳어지고)

석경 차라리 머리가 진짜로 어떻게 돼버리는 게, 더 솔직한 전개 아냐?

은별 (석경을 확 밀치며) 니가 뭘 안다고 함부로 떠들어! (돌아서 가버리면)

석경 (그런 은별을 매섭게 노려보며 서있는)

10. **서진의 병실** (저녁)

다리에 붕대를 감은 채, 링거를 꽂고 깊이 잠들어있는 서진.
그런 서진을 마구 흔들어 깨우는 수련.

수련 일어나, 천서진!! 당장 일어나라고!!! 다른 사람은 몰라도 난 안 속아!

하는데, 병실로 뛰어 들어오는 은별.

은별 뭐하시는 거예요? 우리 엄마 지금 아프다고요?! (달려와 수련을 말리면)

수련 니네 엄마 일부러 이러는 거야! 모든 걸 다 잃을 거 같으니까, 미친 척 연기하는 거라고! 천서진! 일어나!! (다시 서진을 흔들다가, 옆에 있는 물 컵의 물을 서진의 얼굴에 끼얹었는데)

은별 (놀라) 아줌마!!!

서진 (그제야 정신이 나는 듯 희미하게 눈 뜨면)

수련 (멱살을 움켜쥐고) 로나한테 왜 그랬어?!! 기어이 로나를 죽일 참이 야?!! 언제까지 악마 짓을 할 거야?!! 그 많은 사람을 해쳐놓고 아직도 부족해?!! 니가 사람이야?!! (소리치면)

서진 (멱살 잡힌 채, 반항하지 않고 힘없이 휘청거리며) 아파... 아파....

수련	연기 집어치워!! 세상 누구도 니 말 안 믿어!! 이런다고 니가 검찰 조사를 피할 거 같아? 심신미약 같은 건, 이제 안 통해!!
은별	그만하라니까요!! (버럭 하며, 온몸으로 수련 앞을 막아서고) 우리 엄마, 진짜 아파요. 다친 거 안 보여요? 누구도 우리 엄마한테 함부로 못해요!! 이제부터 내가 엄마 보호자예요!! 당장 이 방에서 나가요!! (눈에 핏대 세운 채 단호한데)

그때, 도 비서가 들어오면.

은별	(도 비서에게) 저 아줌마 끌어내요! 아무도 병실에 못 들어오게 해요!!
도비	나가셔야겠습니다. (억지로 수련을 끌어내는데)
수련	이거 놔!!! 나가도 내 발로 나가! (뿌리치고. 냉정하게 서진을 쏘아보며) 여기서 끝날 거라 생각하지 마. 지구 끝까지라도 쫓아가서 널 부셔버릴 거니까! (스스로 걸어 나가면)
은별	(걱정스럽게 서진의 손을 잡고, 눈물 그렁해서) 엄마, 괜찮아? 어쩌다 이렇게 됐어? 얼마나 다친 거야? 많이 아파? (걱정하는데)
서진	(은별을 멍한 듯 눈 끔뻑끔뻑하며 보다가) 누구세요?
은별	(굳어지는) 엄마!!!!
서진	누군데 날 보고 울어요? 나 알아요? 여긴, 어디예요? (멍해서 두리번거리면)
은별	(기막히고, 가슴 무너져 내리는. 와락 서진을 끌어안고) 엄마!! 엄마 왜 이래? 엄마, 장난치지 마!!! 엄마!!!!
	은별, 겁에 질려서 어쩔 줄 모르는. 죄책감과 불안감에 눈물이 쏟아지는데.

11. 서진의 병실 앞 (저녁)
      도 비서 손에 끌려나온 수련, 실랑이하는데.
      그때, 사채업자들이 우르르 달려와서 병실을 에워싸고. 수련과 주고받는 눈빛!

도 비서, 당황해서 사채업자들을 막으려는데. 강제로 문을 박차고 병
실로 들어가는 사채업자들.

사채업자(E)   (거칠게) 어디서 쇼하는 거야?! 환자라면 봐줄 줄 알아?

서진의 병실에서 서진과 은별의 비명소리 들리는데.
수련, 아랑곳하지 않고 꼿꼿하게 앞만 보고 복도 걸어가는.

12.   병원 일각(저녁)
       수련과 로나, 복도 의자에 앉아있는.

수련   (이마에 밴드 정도 붙인 로나를 쓰다듬으며) 이만 하길 정말 다행이다.
로나   (멍한 듯) 아저씨는, 어때요?
수련   지금 수술 중이야.
로나   아무 일 없겠죠? 꼭, 아무 일 없어야 돼요.
수련   그럼. 수술 잘 받고 금방 깨나실 거야. 걱정하지 마. (다독여주는데)
로나   나 대신 다쳤어요. 날 구하다가... 어떡해요, 아줌마. (울음 터트리면)
수련   (말없이 그런 로나를 안아주는데)
로나   아저씨한테 무슨 일 생기면, 못 견딜 거 같아요. 엄마도... 아저씨도... 다
           잃을 순 없어요. 미안해서 어떻게 살라고....
수련   절대 그런 일 없어. 하 박사님 강한 사람이야. 잘 버텨줄 거야.
로나   아줌마... (수련 품에서 우는데)

석훈과 석경, 한쪽에서 그런 로나를 보고 있는. 둘 다 마음 착잡하고.

13.   병원 수술실(밤)
       긴장감이 흐르고 있는 수술실.

그때! 윤철의 심전도 급격히 떨어지고. 다급해지는 수술실 안의 모습.

14. 서진 병실(밤)
     링거를 맞고 다시 잠이 든 서진. 은별과 도 비서가 지켜보고 있으면.
     그 옆으로 사채업자들이 진을 치고 앉아서 설렁탕 시켜먹고 있는데.

도비 (사채업자들 눈치 보며) 사고 때 충격으로 일시적으로 혼란이 오신 모양
       이야. 내일 정밀검사 받기로 했어. 진정제 맞으셨으니, 괜찮아지실 거야.

은별 아빠는요? 많이 안 좋아요?

도비 수술이 길어지네. 출혈이 워낙 심해서 결과는 끝나봐야 알 거 같아.

은별 (울컥하고, 무서움이 밀려오는) 나 때문이에요. 아빠도, 엄마도, 전부
       다... 내 잘못이에요... (미치겠는. 그러다 버티고 있는 사채업자들에게 눈
       부라리며) 언제까지 이러고 있을 거예요?! 오늘 수술받은 환자한테 이
       래도 되는 거예요?!! 당신들 이러는 거, 불법추심이에요! 경찰에 신고
       하면, 다 잡혀간다고요!! (대차게 대들면)

사채업자 이게, 겁대가리 없이 뭐래는 거야?! (설렁탕 그릇을 엎어버리면)

은별 아악!! (놀라서 주저앉는데)

도비 (그런 은별을 막아주며) 애한테 손대지 마!!

사채업자 (도 비서한테 주먹 날리고) 닥쳐!!

도비 주 회장이 빚진 걸 왜 우리한테 이래?!! 멀쩡한 그 집 자식들도 있는데!!

사채업자 마누라잖아, 천서진이! 그러게 누가 연대보증 서래?!! (도 비서 멱살 잡
        고) 주단태 어딨는지나 말해!! 어디로 빼돌렸어? 주단태가 죽지 않은
        이상, 천서진이든 천서진 딸년이든 목숨 끊어질 때까지 우리 돈 갚아야
        해. 죽어도 우리 손 못 벗어나. 그러니까 빨리 주단태 찾아와!!

     사채업자들 달려들어 도 비서를 패기 시작하고.
     은별, 막으려고 하지만 역부족이고. 바닥에 주저앉은 채 흐느껴 우는데.
     서진, 난리통에서 잠에서 깨고. 갑자기 벌떡 일어나 링거 빼버리고 사

채업자에게 달려드는데. 사채업자의 팔뚝을 물어버리고 머리로 박아
버리면.
사채업자들, 열 받아 서진을 확 밀치면. 바닥에 쓰러지는 서진.

은별　(기겁해서) 엄마!!! (서진에게 달려가고)

서진　무서워... 무서워... (겁에 질려서 침대 옆에 웅크리고 앉아 무섭다고 벌벌
떨면서 아이처럼 울면)

은별　(그런 서진을 와락 끌어안고 보호해주는) 괜찮아, 엄마... 아무것도 아냐...
내가 있잖아. (그러다 사채업자들을 향해 버럭) 당신들 빨리 안 나가?!!
우리 엄마 건드리기만 해봐!! 내가 가만 안 둬!!! (필사적으로 서진을 보
호하는데)

15.　**일본 정신병원 단태 병실(아침)**
　　　등진 채 누워있는 단태. 직원이 다가오고.

직원　(일본어) 백준기! 정신치료 시간! (철문을 열면)

단태　(천천히 일어나는데. 얻어터져서 부어오른 얼굴 사이로, 매섭게 빛나는 눈빛)

16.　**일본 정신병원 복도(아침)**
　　　직원들, 양쪽에서 단태를 붙잡고 인솔해 가는데.
　　　그때! 맞은편에서 뜨거운 국통을 끌고 오는 직원이 보이면.
　　　단태, 순간 퍼뜩하고. 일부러 발을 헛디딘 척하면서 국통 쪽으로 쓰러
　　　지고.
　　　국통이 넘어지면서 단태의 얼굴로 부어지는 뜨거운 국.

단태　아악!! (비명을 지르며 얼굴을 감싸 쥐면)

직원　(일본어) 무슨 일이야?!!

달려오는 직원들로 복도는 아수라장이 되는데.

17.   일본 정신병원 의무실(아침)

　　　　의무실 직원, 단태를 침대에 눕히고 치료를 하는데.

　　　　단태, 스윽 손을 뻗어 한쪽에 있는 약품을 잡는.

　　　　의무실 직원, 단태의 팔에 주사를 놓으려는데. 단태, 갑자기 약품을 직원의 얼굴에 뿌려버리면.

의무실직원　　아악!!! (얼굴을 감싸 쥐고 비명 내지르는 순간!)

　　　　단태, 그대로 주사기로 직원의 목을 찌르는.

　　　　쓰러지는 의무실 직원. 단태, 얼른 직원복으로 바꿔치기해서 입고. 직원의 보안키와 핸드폰을 챙겨서 뛰쳐나가면.

　　　　의무실 직원, 힘겹게 신고 버튼을 누르고 다시 쓰러지는.

18.   일본 정신병원 복도(낮)

　　　　미친 듯이 경보 사이렌 울리고.

　　　　직원복을 입은 단태, 마스크를 쓴 채 재빨리 걸어가는데.

　　　　맞은편에서 달려오는 직원들과 한국 경찰들, 단태를 못 보고 의무실로 향하고.

　　　　단태, 보안키를 이용해 철창문을 열고 유유히 빠져나가는데.

단태(E)　　심수련! 로건 리! 기다려... 이번엔 제대로 죽여주마!

19.   헤라팰리스 윤희 집 로나의 방(낮)

　　　　로나 앞에 밥상을 차려서 내려놓는 마리. 그 옆으로 제니가 서있고.

　　　　제니, 가습기 틀고 온도 체크하고 유난 떠는데.

마리	얼른 먹어. 입맛 없어도 먹어야 해. 앞으로 넌 손도 까딱하지 마. 아줌마가 하루 종일 붙어 서서 다 해줄 테니까. (밥 떠먹여주는데)
제니	(물 챙겨주며) 자, 물! 체해. 천천히 먹어.
로나	(어이없어서 픽 웃고) 나 환자 아냐.
마리	왜 환자가 아냐! 집채만 한 책장이 무너졌는데. 놀란 데는 약도 없다는데 걱정이네. (하는데, 누군가 로나 앞으로 쓱 약봉지 내밀고)
석경(E)	병원에서 약 받아왔어!

마리와 로나, 제니, 돌아보면. 언제 왔는지 석경이 서있고.

마리	(못마땅해서) 니가 여긴 웬일이냐? 누가 반긴다고.
제니	(역시 차갑게) 로나 지금 힘들어. 이딴 약봉지 하나 들고 와서 대충 뭉개려고? 그럼 니가 잘못한 일이 없던 일이 돼?!
석경	(욱해서) 누가 그렇대? 어차피 너도 로나도 내 사과 받아줄 생각 없잖아. 나 미워하고 용서 안 할 거잖아! 나도 안다구!
제니	맞아! 니 사과 받아줄 생각 없고, 용서할 맘은 더더욱 없거든. 알면서 뭐하러 왔어? 아픈 애 도지라고 구경 왔냐? 사과 같은 거 필요 없으니까 당장 나가라고!!
석경	(무안하고) 나쁜 기지배! (씩씩대다 홱 돌아서면)
로나	그래도 해!
석경	(멈칫, 로나를 보면)
로나	받아주든 안 받아주든 그건 내 맘이고, 넌 사과해! 될 때까지 해! 사과도 하고, 용서도 빌어! 니가 우리 엄마한테, 나한테, 무슨 짓을 했는지 곱씹고 또 곱씹어!! 그다음 일은, 다음에 생각하고.
석경	(순간 플래시백으로, 그동안 로나한테 못되게 굴었던 일들 떠오르는. 청아예고에서 물감 양동이 뿌리고(시즌 2, 4화 31신), 화장실에 가두고(시즌 2, 4화 32신), 집단폭행 지시하고, 악담하고, 윤희한테 샴페인 뿌리고(시즌 2, 2화 4신), 윤희 괴롭힌 일들.... 자신이 너무 한심하고 부끄러워서 눈물

이 펑 도는데)

로나 (담담하게 그런 석경을 보다가, 마리에게) 아줌마. 저 병원 좀 데려다주실 래요?

마리 병원은 왜? 어디가 또 안 좋아?

로나 아뇨. 아저씨 면회 가고 싶어서요. 앞으로 면회 시간마다 가보려고요.

제니 아직 깨나지도 못했는데, 매일 가면 뭐해? 너도 몸 안 좋으면서.

로나 혹시라도 듣고 있을지 모르잖아. 뭐라도 하면, 더 빨리 깨날 거 같아서. (일어서면)

마리와 로나, 제니, 방에서 나가는데.
석경, 덩그러니 혼자 남은. 그 자리에 털썩 무릎 꿇는 석경이고. 눈물이 후드득 떨어지는.

20. 중환자실(낮)
누워있는 윤철, 의식 안 돌아온 상태고.
걱정스럽게 그런 윤철을 보고 있는 수련과 로건.

21. 중환자실 앞(낮)
수련과 로건, 의사의 설명을 듣고 있는.

의사 뇌 손상이 생각보다 심합니다. 워낙 위험한 부위라서 손을 쓸 수가 없 었습니다.

수련 앞으로 의식이 안 돌아올 수도 있나요?

의사 그건, 지켜봐야 할 거 같습니다. (가면)

수련 (충격받은) 어떡해요... 그 사람 잘못되면... 영영 못 깨어나면...

로건 (부축하며) 나쁜 생각하지 마요. 하윤철, 반드시 깨어날 거예요! 날 살 려준 사람인데, 내가 어떻게든 꼭 살려낼 거예요!

수련 (분한 듯) 천서진 쪽에서 경찰에 신변보호를 요청했대요. 오늘 아침 사채업자들이 병원에서 전부 철수됐어요! 검찰조사도 무기한 연기됐고요!

로건   (욱해서) 벌을 받아야 할 사람이 오히려 보호를 받다니! 말도 안 되는 상황이에요! 차라리 블랙박스 뒷부분 영상을 공개해버려요!

수련   (단호한) 안 돼요, 그건! 천서진은 어떻게든 심신미약을 내세워 또다시 법망을 빠져나올 거예요. 두 번 실수 안 해요! 내 손으로 직접 지옥으로 보내야죠, 천서진! (눈빛 날카로워지는데)

그때, 홍 비서가 급하게 다가서고.

홍비   큰일 났습니다. 주단태가 일본 정신병원에서 탈출했답니다.

수련/로건 (놀라고) 뭐어?! (경악하는데)

홍비   (다급한 목소리로) 화상 치료를 받다가 도주한 모양입니다. 한국에서 경찰이 도착했을 땐 이미 병원을 빠져나간 후였답니다.

로건   (주먹 불끈 쥐고) 끈질긴 인간!!! 죽는 날까지 참회하라고 마지막 기회를 준 건데, 그것마저 내치다니!!

수련   (독한 표정) 어쩔 수 없죠! 더는 목숨을 구걸할 가치조차 없다는 걸 확실하게 알려줘야죠! 주단태와 나, 둘 중 하나가 죽어야 끝나는 게임이라면, 피하지 않겠어요!!

로건   (화난 듯) 그런 말이 어딨어요!! 수련 씨 목숨이 수련 씨 것만 되는 줄 알아요?!! (불안해지고, 수련의 양팔을 꽉 붙든 채) 그 인간, 분명 한국으로 다시 돌아올 거예요. 수련 씨가 위험해질지 몰라요. 여긴 나한테 맡기고 홍 비서랑 같이 잠시 떠나있어요.

수련   (다부지게) 아뇨! 아무 데도 안 가요. 석훈이랑 석경이, 내가 지킬 거예요. 끝까지 펜트하우스에 남겠어요!!

로건   (와락 끌어안고) 안 돼요, 안 돼!! 제발 내 말 들어요!!

수련   (밀어내며) 걱정 마요. 당신 맘 아프게 하는 일, 절대 없을 거니까. (비장하게 로건을 보는데, 눈가 촉촉해지고)

로건   (수련의 손을 덥석 잡고, 절절한 눈빛으로 보며) 약속해요. 내 앞에서 절대 사라지지 않겠다고.

수련   약속할게요.

로건   (여전히 걱정스럽지만) 돈도 여권도 없어서 혼자 힘으론 돌아오기 힘들 거예요. 제일 먼저 누구한테 연락할 거 같아요? 조 비서?

수련   (생각하는) 아뇨. 그쪽은 경찰에서 계속 감시 중이라 아마도 다른 쪽으로 접근할 거예요!

수련과 로건에게 앞으로 엄청난 위기감이 닥치는 듯하고. 비장한 두 사람!

22.   **펜트하우스 서재/일본 거리 일각/전화통화(저녁)**
석훈, 조심스럽게 누군가와 통화 중인데.
단태, 인적 드문 곳에 몸을 숨긴 채로, 훔친 핸드폰으로 전화하고 있는.

석훈   괜찮으세요, 아버지?! 지금 어디세요? 얼마나 걱정한 줄 알아요?

단태   (석훈 목소리를 들으면 울컥하고. 국에 덴 상처로 얼굴 엉망인데) 심수련이 날 후쿠오카 정신병원에 가둬버렸어. 지금 간신히 도망쳐 나왔어.

석훈   (놀란 표정) 엄마가요? 말도 안 돼요! 어디 다치신 데 없어요? 엄마가 그렇게까지 하신 줄은 상상도 못했어요.

단태   (의심스럽게) 니 엄마한테서 아무 말도 못 들은 거야? 로건이 살아왔다며?! 그 자식이랑 무슨 작당을 하고 있는지 정말 몰라?!!

석훈   엄마랑 만난 지 오래됐어요. 엄마는 지금 로건 쌤이랑 미국으로 들어가려고 준비하고 있어요.

단태   (분노) 미친!!! 날 이 꼴로 만들어놓고, 지 혼자 행복하겠다고?!! (사정조로) 석훈아... 아빠 좀 도와줘! 아빤 절대 로나 엄마를 죽이지 않았어! 천서진이 차로 밀어버린 거, 내 눈으로 확인했어! 난 정말 억울해!! 니가 살인자 자식이 되지 않으려면, 날 도와야 해! 내가 돌아가야 모든 걸 바로잡을 수 있어! 아빨 믿어줘, 제발!! (간절한데)

석훈	내가 뭘 도울 수 있죠?
단태	(광기 서린 눈빛) 한국에 가게 해줘! 난 반드시 헤라팰리스로 돌아가야 해. 죽어도 거기서 죽을 거야!! 내가 만든 내 성에서!! 지금 날 도와줄 수 있는 사람은 너밖에 없어!!
석훈	후쿠오카에 친구가 살아요. 친구한테 연락해놓을 테니까, 지금 바로 후쿠오카 시청 앞으로 움직이세요. 필요한 돈이랑 위조여권도 준비할게요.
단태	(한 줄기 빛을 보는 거 같고, 감격해서) 고맙다!! 정말 고맙다, 석훈아!!!
석훈	일단 안전하게 돌아온 다음, 뒷일은 나중에 생각해요. 최대한 빨리 올 수 있는 배편 알아볼게요. 부산항에서 만나요.
단태	(끊으려다, 문득 목이 메여) 석훈아! 내가 널, 믿어도 되겠어?
석훈	믿으세요, 아버지! 전, 아버지 아들이잖아요!

석훈, 전화를 끊는데. 그 앞에서 다 듣고 있는 사람, 수련이고.

석훈	아버지, 한국으로 올 거예요. (묘한 감정에 휩싸이며 혼란스러운데)
수련	(그런 석훈의 감정을 알아채며) 너한테 이런 일을 부탁해 미안하다. 그래도 니 아빤데.
석훈	난 이미 아버지 버린 지 오래예요. 연민도 가책도 없어요! 할 수만 있다면, 내 손으로 끝장내고 싶은 심정이에요.
수련	니가 할 수 있는 건 여기까지야. 나머진 엄마한테 맡겨.
석훈	아뇨. 저도 가야죠. 부산항에서 만나기로 했어요. (뭔가 슬픈 표정) 아빠도 곧 알게 되겠죠? 자식 손에 버림받는다는 게 어떤 건지.... (순간 눈물 핑 돌면, 독하게 마음먹는 석훈이고)

23. 펜트하우스 거실(밤)
　　 수련, 거실로 나오면. 로건이 기다리고 있고.

수련	주단태가 방금 석훈이한테 전화 했어요.

로건   수련 씨 예감이 적중했네요! 다행이에요. 지금 어디 숨었대요?

수련   후쿠오카요. 한국으로 돌아오는 배편을 만들어달라 했대요.

로건   (시계 보고) 오늘 밤 12시에 하카타항에서 출발하는 배로 알아보죠. 주단태가 도주하면서 항만 경비가 강화됐어요. 부산항에 경찰이 깔려있을 거예요.

수련   경찰 손에 주단태를 넘길 순 없어요! 우리가 먼저 주단태를 잡아야 해요!

로건   내가 경찰을 인천항 쪽으로 유인할게요. 서둘러야겠어요!! 부산항까지 가려면!

24.   **부산항**(새벽)

새벽 4시. 한적한 바다 위. 약한 불빛을 띄우며 들어오는 고깃배. 천천히 정박을 하고 뱃사람들 내리는데.

석훈이 숨어있다가, 은밀하게 뱃사람에게 접근하면.

뱃사람, 주위 살피고, 석훈에게 고기통을 전달하고 급히 사라지는데.

석훈, 다급히 고기통을 열어보면. 안이 텅 비어있고. 주단태 모습 보이지 않는!

석훈, 순간 불길한 예감에 휩싸이고, 멀리서 그런 석훈을 지켜보고 있는 수련과 눈 마주치는데.

수련 역시, 뭔가 일이 잘못됐다는 걸 직감하는.

수련   (로건에게) 주단태가 눈치챈 거 같아요!

로건   쥐새끼 같은 자식!! (옆에 숨어있는 홍 비서와 요원들에게) 주변 수색해!

홍 비서와 요원들, 사방으로 흩어져 긴박하게 단태를 찾기 시작하는데. 플래시를 비추며 샅샅이 뒤지지만 단태 모습 보이지 않고.

수련과 로건, 초조한 듯 주위를 둘러보는. 뭔가 당한 것 같은 느낌인데!

25.   부산항 일각 (새벽)

정박되어있는 배편들 사이로, 물에서 모습을 드러내는 단태!

단태, 매서운 눈빛으로 주변을 살피는데. 여기저기서 플래시가 움직이는 게 보이고. 긴박하게 뭔가를 찾고 있는 무리들이 눈에 들어오면.

단태 주석훈!! 역시 믿을 놈이 아니었어!! 날 배신하고, 심수련한테 붙었다 그거지?

단태, 육지로 올라오고. 자신을 찾고 있는 무리들을 피해 정신없이 도망치는데.

26.   부산항 (새벽)

(시간 경과) 수련, 로건, 석훈, 초조하게 기다리고 있으면.

홍 비서와 요원들, 로건 앞에 다시 모이고. 긴박하고 빠르게 대화 주고받는.

홍비 이미 부산항을 빠져나간 거 같습니다.

석훈 고깃배를 탄 건 확실해요! 분명히 그 배에 타있는 사진까지 확인했어요!

수련 밀항선이 도착하기 전에 도망친 거 같아. 예상은 했지만, 석훈이 너까지 의심할 줄은 몰랐어.

로건 석훈이는, 한국으로 돌아오기 위한 수단이었겠죠. (씁쓸한데)

수련 마냥 기다리다간 우리가 당할 수도 있어요. 궁지에 몰리면, 석훈이와 석경이를 이용할지도 몰라요! 막아야 돼요! 절대 아이들이 다치면 안 돼요!!

로건 변장과 범죄에 도가 튼 인간이에요! 작정하고 숨으면, 찾을 방도가 없어요. 경찰도 행방을 전혀 모르고 있고요.

석훈 반드시 헤라팰리스로 돌아오겠다고 했어요! 죽어도 헤라팰리스에서 죽겠다고!!

수련 기어이 헤라팰리스를 자기 무덤으로 만들겠다는 거야?!! (생각하다) 그럼 방법은 하나뿐이야.

로건 뭔데요, 그게?

수련 (눈빛 반짝하더니 비장하게) 덫을 놔야죠! 세상 어디에도 숨어있을 수 없게! 자기 무덤을 찾아 스스로 걸어 들어오게! (로건을 보며) 주단태라는 인간의 실체를 낱낱이 밝혀줄 때가 됐어요!! 절대 살아서는 안 되는 추악하고 악랄한 인간인 걸 세상에 알려야죠!!

그 위로, 뉴스 속보가 이어지는.

앵커(E) 뉴스 속봅니다. 오윤희 살인사건의 범인, 주단태 회장의 과거 범죄 행각이 하나씩 드러나면서 충격을 주고 있습니다. 주단태의 본명은 백준기로 알려졌으며, 20년 전, 뉴욕에서 발생한 피아니스트 조모 씨 살인사건의 유력한 용의자로 밝혀졌습니다. 당시 현장에 남아있던 지문과 유전자 감식을 통해, 20년 만에 범인의 윤곽이 드러나면서....

27. 부산 거리 일각(아침)

시민들, 대형 TV에 시선 고정한 채, 일제히 멈춰 서서 보고 있는.

앵커(E) 뉴욕에서 활동하던 천재 피아니스트를 향한 참혹했던 총기살인! 기억하십니까? 살인동기가 한 여자와 결혼하기 위해 치밀하게 계획된 사이코패스의 범죄였다면, 믿으시겠습니까? 자칫 미제사건으로 남을 뻔했던 20년 전 뉴욕 총기 살인사건의 범인이 확인되면서, 전국으로 지명수배가 내려졌습니다. 범인 얼굴을 잘 봐주십시오! 주단태, 본명은 백준깁니다.

화면에 단태의 얼굴이 크게 뜨는데.

28. 여관(낮)

단태, 컵라면을 허겁지겁 먹으며 TV를 보는데.

앵커(E) 부동산 투자의 귀재, 재미교포 제임스 리가 오늘, 도주 중인 주단태 회장을 신고하는 사람에게 현상금 20억을 걸었습니다.

단태 (놀라, 입에서 라면이 주르륵 흘러나오고) 이런 미친!! (젓가락 집어던지면)

앵커(E) 이는 역대 최고의 현상금으로, 주단태 회장은 로건 리 코퍼레이션 대표의 차량을 폭파시킨 혐의와, 27년 전 일본 교포사회에 큰 충격을 안겨줬던 오사카 일가족 살인 혐의도 받고 있습니다. 주단태 회장은 그동안 자신이 살해한 부부의 아들의 신분과 지문을 도용해, 한국에서 사업을 해온 것으로 드러났습니다.

그때, 밖에서 노크 소리 나고. 화들짝 놀라는 단태, 돌아보면.

주인(E) (똑똑똑!) 잠깐 문 좀 열어주세요. 여관 주인이에요.

단태 (어쩔 수 없이 방문을 여는데) 무슨 일이죠? (애써 얼굴을 감추면)

주인 칫솔 필요하댔죠? (칫솔을 내밀면서 유심히 단태 얼굴을 살피는데. 그러다 TV 화면 속의 얼굴과 번갈아보다가 헉! 하면)

단태 에이씨! (주인을 확 밀치고 그대로 뛰쳐나가는데)

주인 (넘어진 채) 주단태!! 주단태다!! 잡아!!!

컷 되면. 경찰들, 여관방에 남아있는 단태의 지문을 확보하고 있는.

앵커(E) 경찰은 오늘 오후, 부산의 한 숙박업소에서 도주 중인 주단태 회장의 지문을 채취했습니다. 이로써 주 회장이 비밀리에 입국한 사실이 확인되면서, 피의자 검거에 총력을 기울이고 있습니다.

29.   몽타주/부산 거리 일각(저녁)
시민들, 어디에서나 신문의 단태 얼굴 보면서 현상금 얘기하느라 정신
없고.
단태, 앞머리를 내려서 화상 입은 얼굴을 감춘 채 사람들을 피해 다니는.
누구라도 눈이 마주치면 정신없이 도망가기 바쁘고.
휘청대며 이리저리 걷고 있는 단태, 지나가는 모든 사람들이 자기를
보는 것 같고, 자기 얘기를 하는 것 같고, 자기를 쫓아오는 것 같고. 미
칠 거 같은데.
불안한 듯 계속 도망치는 단태! 그러다 누군가와 딱 마주치면! 앵벌이
를 하고 있는 꼬질꼬질한 어린 남자애고.
그 순간! 앵벌이하던 자신의 어릴 때 모습이 겹쳐 보이는데.

인서트)
어린 단태, 거지꼴로 앵벌이하고 있는 모습.
사람들에게 껌을 팔면, 더럽다고 밀쳐지고, 단속반에 걸려서 도망치
고, 넘어지고, 끌려가고. 사람들, 그런 단태를 비웃고 조롱하는 시선으
로 보는데.
그러다 좁은 골목길에서 앵벌이 형님한테 돈 뜯기고, 반항하면 떼로
달려들어 짓밟히고 얻어맞는.....

과거 기억이 떠오르자 휘청하는 단태, 화들짝 놀라서 미친 듯이 어린
남자애로부터 도망치고!
이 거리, 저 거리를 뛰고 또 뛴다. 경찰과 사람들의 시선을 피해 계속해
서 숨을 곳만 찾아다니는데. 점점 피폐해져 가는 단태 모습....

30.   공사터(밤)
드럼통에 활활 불이 타오르고 있으면.
엉망인 몰골로 노숙자들 사이에서 모습을 드러내는 단태. 탈진한 모습

이고.

단태, 드럼통의 불꽃을 빤히 바라보다가, 천천히 드럼통 쪽으로 다가
서고.

단태   (눈에 살기가 번득하고, E) 이렇게는 못 끝내!! 반드시 살아남을 거야!!
다신 동냥질하던 그때로 안 돌아가!! (대사) 죽더라도 길바닥에선 안
죽어!! 내 집, 펜트하우스로 돌아갈 거야!!

단태, 결심한 듯 자신의 열 손가락을 불길에 넣어서 지문을 지지는데.
"으으윽!!!"이 악물고, 미친 듯이 고통을 참아내는 단태 모습.

31.   **병원 중환자실**(다른 날 아침)
여전히 의식 없이 누워있는 윤철을 면회 온 로나, 정성스럽게 물수건
으로 윤철의 손과 얼굴을 닦아주는데.

로나   (문득 울컥하고) 빨리 좀 일어나요, 제발... 그냥 이렇게 가버리면, 그땐
진짜 용서 안 해요!!

32.   **경찰서 안/유치장**(낮)
규진과 상아, 각각 유치장에 갇혀있고.

상아   (신세 한탄하며) 남편 잘못 만나, 평생 층층시하 시집살이만 하다가 교
도소를 밥 먹듯 드나들게 생겼네.

규진   누가 할 소리! 명문 법조인 집안의 외아들로 태어나 헤라펠리스에서
떵떵거리며 살았던 내가, 어쩌다 이 꼴이 됐는데!

상아   떵떵은 무슨! 주 회장 따까리 주제에!

규진   따가리? 너 말 다했냐?

상아   왜? 쬘리냐? 하 박사님처럼 머리가 기똥차게 좋길 하나, 유 대표님처럼

	힘이 좋길 하나, 뼛속까지 마마보이 주제에!
규진	(폭발하는) 야!! 고상아!! (창살 너머로 죽일 듯이 달려드는데)

그때, 두 사람 앞으로 다가오는 마리.

마리	잘들 논다. 유치장에서도 둘 다 심심하진 않겠어.
규진	(반색하며) 마리 씨. 웬일이야? 우리 도와주러 왔구나?
마리	된장! 내가 왜? 집행유예 기간에 사고 친 인간들을 뭔 수로 구제해? 민혁이가 전해달라는 말 있어서 왔어. 잘들 들어. 이 철딱서니 없는 부부야! (마리의 입 모양 위로 민혁의 목소리가 입혀지고)
민혁(E)	아빠! 엄마! 두 사람 중에 누가 더 싫으냐고 물으면, 진짜 우열을 가리기 힘들어서 대답하기 너무 힘들었는데....

33. 인서트/헤라팰리스 규진 집 거실 (낮)
민혁, 덩그러니 가방 하나 메고, 집안을 휘이 돌아보는.

민혁(E)	난 지금 내 자신이 더 싫어. 그래서 사람 한번 돼보려고. 진짜 남자가 되려고 해!

그때, 제니가 거실로 들어오고.

제니	이민혁! 너 어디 가냐?
민혁	(예전과 다르게 세상 진지하게) 유제니, 나 오늘 떠난다. 세상 구경이나 해보려고. 세계 일주. 한 3년 잡고 있는데 정확히 언제 올지는 모르겠어. 나 돌아오면, 내 여친 해줄래? 나, 너 좋아했어.
제니	(놀란 듯 보는)
민혁	(분위기 잡고) 왜 그렇게 놀래? 전혀... 몰랐어?
제니	어, 몰랐어. 니가 이렇게까지 또라인지. (어이없단 듯) 가긴 어딜 간다고

주접이야? 너 입영통지서 나왔어. (입영통지서 보여주면)

민혁 입영통지서?!! (가슴이 철렁하고)

34. 경찰서 안/유치장 (낮)
규진과 상아, 기함하고.

규진 우리 민혁이가 군대를 간다고? 언제?!!

마리 민혁아!! 안 돼!! 너 혼자 어떻게 군대를 가? 3대 독자 내 아들이!! (울고 불고 난리고)

마리 아 참, 규진 씨! 집 내놨지? 그거, 수련 씨가 샀어.

규진/상아 (울다가, 갑자기 표정 확 바뀌고) 네에?!!

마리 수련 씨가 뭔 사업을 하려는지, 헤라팰리스를 층층마다 사들이고 있더라고. 시세대로 잘 쳐주고 샀대.

상아 (기겁하고) 야, 이규진! 너 나 몰래 집 내놨냐? 너 혼자 다 해먹으려고?

규진 5천억 먹튀한 사람 입에서 할 소린 아니지 않냐?

상아 이런 개자식!! 도둑놈아!!! 당장 이혼해!!

규진 뭐? 개자식?! 그럼 우리 엄마가 개냐? 너, 울 엄마한테 다 말할 거야!! 그래!! 좋아! 도장 찍어!!!!

규진과 상아, 서로 창살 너머로 쥐어뜯을 듯 손 뻗고 아우성치며 난린데.
민혁이 군대 가는 얘기는 벌써 다 까먹은 듯하고.
쌈박질하는 규진과 상아를 뜯어말리는 경찰들.

마리 (한숨 나오고) 군대 가는 게 차라리 속이 편하지. (혀 내두르고 가면)

규진/상아 (여전히 싸우고 있는)

35. 서진 병실 (낮)
은별, 서진에게 약과 물을 주는데.

서진	(말똥말똥 은별을 보다가, 갑자기 화난 목소리로) 우리 딸은 어디 갔어? 넌 누구야? 내 딸 데려와!!
은별	(울컥하지만 애써 참으며) 엄마 딸, 여깄잖아. 나야 은별이. 정말 기억 안나?
서진	(다시 온순해지며, 문 쪽 쳐다보고) 우리 남편 안 왔어요? 우리 남편 청아 의료원 신경외과 닥턴데.... 환자가 너무 많아서 요즘 바쁘거든요. 그래 도 나 아프다고 하면 바로 달려와서 치료해줄 텐데....
은별	아빠한테 빨리 오라고 연락할게. 일단 약부터 먹자. 응? (달래면)
서진	(다시 역정 내는) 아빠라니! 누가 니 아빠야?!! 니가 뭔데?!!

서진, 치매 증상이 더 심해진 거 같고.
병실 한쪽에서, 그런 서진을 보고 있는 검사와 의사. (의사, 13화 36신 담
당의와 동일)

의사	정밀검사 결과, 치매가 많이 진행된 상탭니다. 급작스럽게 환경이 바뀐 데다, 큰 충격을 받은 게 원인인 거 같습니다.
검사	(의사에게) 차트 좀 볼 수 있을까요?
의사	(차트 보여주며) 뇌해마 부위에 위축이 심합니다.
검사	(난감한 듯 서진을 보며) 이 상태론 연행해봤자 조사가 불가능할 거 같 은데... 의사소견서 좀 써주십시오.

36. 펜트하우스 거실 (낮)
수련, 로나에게 비행기 티켓 내미는.

수련	비행기 티켓팅했어. 줄리어드에서 입학 허가서도 왔고, 이제 홀가분하 게 유학 떠나.
로나	(티켓 열어서 보는) 보름 후네요.
수련	보딩스쿨이라 필요한 준비는 많지 않더라고. 일찍 가서 언어 공부도 하

고, 빨리 적응해야지. 집은 내가 알아서 정리할게.

로나   (머뭇하다) 아저씨 깨나는 것만 보고요. 아저씨 괜찮은 거 확인하면, 그 땐 아줌마 말대로 할게요.

수련   하 박사님은, 우리가 생각하는 것보다 훨씬 더 많이 기다릴 수도 있어. 깨나는 대로 제일 먼저 너한테 연락할게. 그러니까 넌, 여기 일은 생각하지 말고 그냥 떠나. 노래도 공부도 다 때가 있는 거야. 혜인이가 공항에서 기다리기로 했어.

로나   (어쩔 수 없고, 손에 티켓 쥔 채로) 아저씨.... 잘 부탁드릴게요. (목이 메면)

수련   (그런 로나를 꼭 끌어안아주는)

언제 나왔는지, 한쪽에서 석경이가 보고 서있고.

37.   헤라팰리스 마리 집 거실(낮)
수련과 마리, 얘기 중인데.

수련   부탁드린 건 어떻게 됐어요?

마리   나야 뭐, 동생이 시키는 대로 하긴 하는데.... (서류봉투 내밀고) 오늘도 다섯 집 계약했어. 근데 진짜, 이 많은 집을 왜 그렇게 사들이는 거야? 집값도 떨어지는데 웃돈까지 주면서.

수련   남아있는 집들도 매매의사 보이면, 바로 사들여주세요. 마리 씨 집도 나한테 파세요. 이참에 천수지구에 분양받는 건 어때요?

마리   (도저히 이해 안 되고) 대체 뭣 때문이야? 굳이 이 망할 놈의 헤라팰리스를 왜 사들이냐고?!! 사람이 몇이나 죽어나간 덴데!

수련   그런 일까진 없겠지만, 최악의 경우는 대비하려고요. 주단태는 헤라팰리스에 집착이 심했잖아요. 끝이다 생각하면 무슨 짓이든 할 거 같아서요.

마리   그 생각까지 하는 거야? 하긴, 사람 목숨을 개똥으로 아는 인간인데, 오늘이라도 헤팰에 불을 지를지 어떻게 알아? 근데, 아직까지 안 나타나는 거 보면 어디서 디진 거 아닐까. 굶어 죽든 벼락 맞아 죽든, 뭔 사달이

597

난 거 같은데.

수련 20억이 걸렸는데, 죽었으면 시신이라도 나왔겠죠. 그래서, 주단태를 헤팰로 불러들일까 해요.

마리 어떻게?

수련 (결심한 듯) 저, 로건이랑 다음 주에 약혼해요.

마리 (놀라고) 약혼? 정말이야?!

38. 헤라팰리스 커뮤니티 (낮)
수련, 연이어서 로건을 만나고 있는.

수련 마리 씨한테 우리 약혼 소식 알렸어요. 만일의 경우를 생각해서, 헤팰 집들은 최대한 사 모았어요. 다음 주까지 60프로 이상은 집이 빌 거예요. 로나랑 아이들은 그날 여행 보낼 생각이고요.

로건 수련 씨! 지금이라도 그만둬요. 아무래도 너무 불안해요. 우리, 다른 방법 찾아봐요. 그 방법은 너무 위험해요.

수련 (흔들림 없이) 알잖아요. 내 맘 안 바뀐다는 거. 주단태는 결국 헤라팰리스로 돌아올 거예요. 자기가 지은 아방궁에서 내가 약혼식을 한다면, 그날을 디데이로 잡을 거예요!

로건 그 자식 내가 죽일게요! 제발 수련 씨는 뒤로 빠져요!

수련 주단태가 노리는 건 나예요! 날 죽이기 위해 돌아오는 거예요! 우리, 더 이상 같은 말로 힘 빼지 마요. 약속했잖아요. 절대 주단태 손엔 죽지 않겠다고.... (로건을 도닥여서 위로해주고) 천서진은 어쩌고 있어요?

로건 (여전히 불안하지만, 주머니에서 핸드폰을 꺼내, 서진의 병실에 설치된 카메라 영상을 보여주는데) 상태가 점점 안 좋아지고 있어요. 은별이를 알아보지도 못 하고, 정밀검사에서도 조기치매라는 진단이 나왔어요. (메모창 불러오면, 서진의 진단서 파일 열리고, 치매에 펜으로 동그라미 하는) 24시간 감시하고 있는데, 연기하는 것 같진 않아요.

수련 그럼, 진짜라는 거예요? 못 믿겠어요! 검찰조사는 연기되고, 사채업자들까지 접근 금지당했어요! 타이밍이 너무 수상해요.

로건 일단은 더 지켜보는 게 좋겠어요.

수련 약혼식까지 이제 일주일 남았어요. 주단태가 우리 계획대로 잘 움직여 줘야 될 텐데요.

로건 (말없이 수련을 바라보는. 불안하고, 생각이 많은 표정인데)

39. 요양원 (저녁)

조 비서, 누워있는 엄마의 손을 수건으로 닦고 있는.

대야와 수건을 들고 일어나는데.

40. 요양원 화장실 (저녁)

조 비서, 수건을 빨고 있는데.

화장실 문이 열리면서, 천천히 모습을 드러내는 단태.

조 비서, 고개를 돌리다가 단태와 눈이 마주치는데. 화들짝 놀라면.

바로 그때, 다른 쪽 화장실 문이 열리면서 형사가 나오고.

형사가 단태 쪽을 보려는 순간! 조 비서, 갑자기 대야를 떨어뜨리며 소란을 일으키고. 형사의 옷에 물을 쏟아버리면.

형사 아, 뭐야?!

조비 (당황한 듯 옷 털어주며) 죄송합니다, 형사님. 어쩌죠. 구정물인데.

형사 에잇! 냄새! 아 됐어. (짜증 내며 나가다가, 홱 돌아보고) 근데 왜 그렇게 버벅대?

조비 네? 제가 뭘요?

형사 (갑자기 뭔가 촉이 오고. 눈 번득하다가, 다른 쪽 화장실 문을 기습적으로 확여는데. 아무도 없고)

조비 (가슴이 터질 듯 조마조마하는데)

형사 주단태 나타나면 바로 연락해. 자그마치 현상금이 20억이야!! 헛짓할 생각 하지도 마! (경고하고 나가면)

조비   (다리가 후들거려, 그 자리에 주저앉고 마는데)

단태, 화장실 마지막 칸 청소도구함 쪽에서 모습을 드러내는.

단태   오랜만이다, 조 비서.
조비   (바깥 살피며) 회장님!! 얼굴이 왜 그렇게 되신 겁니까?
단태   (퀭한 얼굴로) 이깟 얼굴이 중요한 게 아냐. 나, 죽을 거 같아. 안전한 데로 나 좀 숨겨줘. (긴장 풀리는 듯 휘청하면)
조비   회장님!!

41.   **요양원 일각**(밤)
   몸을 숨기고 있는 단태. 조 비서, 주위 살피다가 먹을 것을 가지고 들어오면.
   단태, 음식을 보자마자 허기져서 들이마시듯 흡입하는데. 장갑 낀 손.

조비   (딱하다는 듯 보며) 오래 굶으신 겁니까?
단태   (거지꼴로 입에 한가득 넣고 삼키다가, 사레 들어서 켁켁대면)
조비   (걱정스럽게 입을 틀어막고) 밖에 경찰들이 깔렸습니다. 소리가 새나가면 안 됩니다.
단태   (제대로 기침도 못 하는데)
조비   지금껏 어디 계셨던 겁니까? 온 나라에 수배령이 떨어졌는데...
단태   (갑자기 조 비서의 멱살을 움켜쥐고) 내 아들놈까지 내 뒤통수를 쳤어. 너도 날 배신할 놈이지?!! 내 모가지에 20억이 걸렸는데, 너라도 별수 있겠어?!!
조비   (멱살 잡힌 채) 여기까지 절 찾아오신 건, 절 믿으신다는 뜻 아닙니까. 그거 하나면 됐습니다. 지금 저 말고는 회장님 편은 아무도 없습니다!
단태   내가 믿을 수 없다면?!
조비   (단태를 매섭게 쏘아보며) 회장님과 한 배를 탄 이상, 저는 끝까지 회장님

과 갈 겁니다! 죽는 한이 있어도! (흔들리지 않는 믿음의 눈빛 보여주는데)

단태   (그제야 멱살 잡은 손을 풀면)

조비   (열쇠를 건네며) 지금 부모님 댁이 비어있습니다. 당분간 거기서 지내십시오.

단태   (열쇠를 받는데)

조비   아 참, 사모님과 로건이 약혼한다는 소식, 들으셨습니까?

단태   (놀라고) 뭐어? 약혼?!!

조비   다음 주에 아주 가까운 사람만 불러서 조용히 치르는 모양입니다.

단태   어디서?!

조비   헤라팰리스에서 한다고 들었습니다.

단태   (격분하는) 헤라팰리스?!! 이런 미친 것들!! 지들이 왜, 내 헤팰에서 약혼을 해?! 날 개꼴 만들어놓고, 지들은 행복하게 약혼을 하시겠다? 절대 그렇겐 안 될 거야. 내가 누구 때문에 이 꼴이 됐는데!! 가만 안 둬, 심수련!! (무섭게 분노하다) 조 비서! 한 가지만 더 부탁해야겠어.

조비   뭐든 말씀하십시오.

단태   폭탄 좀 구해와. 로건 때보다 훨씬 더 쎈 걸로. 5kg가 넘는 클레이모어 폭탄으로 가져와!!

조비   (겁에 질려) 네에? 뭘 어쩌시려고요?

단태   이번엔 제대로 죽여야지. 절대 실패 없이!! (무서운 표정인데)

42.   **헤라팰리스 전경** (며칠 뒤, 저녁)
       자막, 〈약혼식 D-Day〉

43.   **헤라팰리스 분수대** (낮)
       약혼식 꽃장식들이 배달되어 오는.
       커뮤니티로 이어지는 계단에 꽃장식이 놓이고.

44. 헤라팰리스 2층 커뮤니티 (낮)

조촐하지만 격식 있게 차려진 테이블. 아름답게 꽃들로 장식돼있고. 정갈하게 플레이팅되는 요리들.

45. 한강 둔치 일각 (저녁)

벤치에 노숙자가 신문을 덮고 누워있고.
교각 아래로 들어서는 조 비서, 주변을 둘러보면. 노숙자가 신문을 치우고 일어서는데. 단태다.
가방을 건네는 조 비서. 단태, 가방을 열어보면, 안에 들어있는 사제폭탄.

조비 이건, 펜트하우스 카드킵니다! (카드키 내밀면)

단태 (받고. 조 비서의 손을 꽉 잡는) 고맙다, 조 비서!

조비 (눈가 발개지고) 정말... 이 방법뿐입니까, 회장님?! 너무 많은 희생자가 나올 수 있습니다. 지금이라도 멈추시는 게....

단태 (있는 힘껏 조 비서에게 주먹을 날리는. 눈이 완전히 돌아버렸고) 닥쳐!! 난 반드시 오늘 끝을 낼 거야!! 내 손으로!! 그것들을!! 잊지 못할 약혼식을 만들어주겠어!! (유유히 어둠 속으로 사라지는데)

컷 되면. 혼자 남아있는 조 비서. 갈팡질팡 갈등하고 있는.
그러다, 결심한 듯 112를 누르는데.

남자(F) 긴급신고 112입니다.

조비 (머뭇하는) 제가... 그게...

남자(F) 편하게 말씀하십시오.

조비 (울컥해서) 제가 주단태 회장님을 만났습니다. 회장님께 사제폭탄을 사서...

갑자기 누군가 뒤에서 조 비서를 강 쪽으로 밀어버리고.

풍덩! 물에 빠지는 조 비서!
모습을 드러내는 건, 단태고.

단태   (섬뜩한 표정) 그러게, 아무 짓도 하지 말았어야지. 내가 제일 싫어하는
게 배신하는 놈이라고 했잖아. (가방을 든 채 사라지는)

46.   **헤라팰리스 분수대**(저녁)
로건, 멋지게 턱시도 차림으로 분수대로 들어오면.
하객 복장의 마리가 맞고.

마리   약혼 축하해요, 로건. 오늘 너무 멋져요~!
로건   고마워요.
마리   애들은 아침에 다 여행 갔어요. 로나랑 민혁이 송별식 겸해서. 이렇게
아름다운 약혼식에 초대된 사람이 너무 적어서 속상해요. 우리 헤라팰
리스는 사람들로 늘 북적였는데, 이제 헤라클럽에 남은 사람도 나 하나
네요.
로건   그러네요. 오늘 잘 부탁할게요.
마리   물론이죠. (의미심장하게 미소 짓다가, 문득 분수대의 헤라상을 보며) 오
늘따라 헤라상이 더 아름답네요. 참 아까운 물건이에요. 피만 묻지 않
았어도 영원히 사랑받았을 텐데. 안 그래요, 로건?!

그때, 두 사람 옆으로 청소카트를 밀고 가는 청소부.
청소부, 모자를 깊이 눌러쓰고, 마스크로 얼굴을 가리고 있는데. 단태다!
단태, 로건과 마리 옆을 스치듯 지나가고.
단태, 청소카트에서 폭탄을 꺼내 분수대 헤라상에 숨겨놓는데. 날카로
운 단태 눈빛.
그러다 지나가는 경비의 주머니에서 핸드폰을 슬쩍 훔치는데.
파티장으로 걸어가는 마리와 로건. 그들과 비껴서 걸어가는 단태.

47. 헤라팰리스 엘리베이터 안 (저녁)
주위를 살피다가 다급히 엘리베이터에 올라타는 단태.
카드키를 찍고, 펜트하우스 층을 누르는데. 올라가는 엘리베이터. 마
스크를 벗는 단태의 눈빛 매섭고.

48. 펜트하우스 수련의 방 (저녁)
수련, 화려하게 드레스업 하고, 어느 날보다도 아름답게 꾸미는데.
환상적으로 빛이 나는 목걸이와 팔찌, 귀고리 등 보석들을 차례대로
하고.
맨 마지막으로 서랍 속에서 로건이 준 반지를 꺼내 손에 끼우는데.
그때, 노크 소리 들리고. 돌아보면 로건이 들어서는.

수련　준비 다 됐어요. (아름다운 드레스 차림으로 로건을 보면)
로건　(다가서고) 너무 예뻐요. 내가 본 신부 중에서 가장 아름다워요.
수련　당신도 너무 멋져요. 어서 가요. 사람들 기다리겠어요. (문 쪽으로 가려
는데)

로건, 수련의 손을 잡아서 잡아당기고. 수련 손에 낀 반지를 보는데.

로건　사랑해요. (수련을 안아서 진하게 키스하면)
수련　(로건의 입맞춤을 받아주는데. 두 팔을 들어 로건을 힘껏 안는 수련)

슬퍼 보이는 로건과 수련의 눈빛, 앞으로 다가올 일이 두렵고 긴장되
지만, 서로를 의지하는 모습이고.

49. 헤라팰리스 엘리베이터 안 (저녁)
아름다운 드레스와 턱시도를 입은 수련과 로건, 펜트하우스 전용 엘리
베이터를 타고 내려오는데.

그때! 수련의 핸드폰이 요란하게 울리고.
멈칫하는 수련, 로건과 눈 마주치는데. 스피커폰으로 핸드폰 받으면.

단태(F) 심수련!!! 오늘 더 아름다운데?

50. 펜트하우스 거실 (저녁)
단태, 거실로 유유히 들어서며 훔친 핸드폰으로 통화하고 있는.

단태 지금 당장 펜트하우스로 와!! 5분 줄게! 대신, 너 혼자 와야 돼!! 내 말 허투루 들으면, 헤라팰리스 전체를 날려버릴 수 있어!! 내가 헤라팰리스 어딘가에 폭탄을 설치해놨거든. <u>으흐흐흐</u>.... (야비하게 웃는데)

51. 헤라팰리스 방송실 (저녁)
로건, 방송실로 뛰어 들어가는.

로건 비상벨 울려요!! 긴급 상황이에요!! 다들 대피시켜요!! 빨리요!!
직원들 네? 무슨 일인데요? (허둥대면)
로건 폭탄이 설치됐어요. 헤라팰리스에!! 일단 주민들부터 대피시켜요!! 시간 없어요!! (허둥대는 직원을 밀치고, 마이크 켜는. 마이크 잡고) 주민들께 알립니다! 헤라팰리스에 폭탄이 설치됐어요! 비상사태예요!! 다들 대피하세요!! 빨리 건물에서 나가세요!! 아무것도 챙기지 말고, 몸만 빠져나가세요. 빨리요!!

52. 헤라팰리스 외경 (저녁)
(E) 헤라팰리스 가득 요란하게 비상벨 울리고.

53. 헤라팰리스 비상계단 (저녁)
로건, 계단을 뛰어내려오며, 경찰에 신고하는.

로건 삼성동 일대에 비상경보 올리세요! 헤라펠리스 주변 건물들도 다 비워야 해요. 경찰 인력부터 보내세요. 소방차와 구급차도 대기시키고요!! 최대한 빨리요!!!

54. **헤라펠리스 분수대** (저녁)

아악!! 비명과 함께 사람들 밀려 내려오고. 도망치려는 사람들도 북새통인데.

엘리베이터와 계단에서 쏟아져 나오는 사람들, 서로 밀치고 먼저 나가려고 아수라장인데.

그 틈에서 마리와 홍 비서, 사람들을 피신시키느라 정신없고.

그때, 석훈과 석경, 로나, 민혁, 제니가 나타나고.

마리 (놀라) 니들 어떻게 된 거야? 여행 안 갔어?!!

제니 내가 이럴 줄 알았어! 우리 다 쫓아낼 때부터 뭔 일 있지 싶었다고!

로나 폭탄이라뇨? 어디에요? 누가요?!!!

석경 아빠 짓이죠?!! 폭탄 설치한 사람!!

석훈 엄마는 괜찮으세요? 아무 일 없는 거죠?

마리 니 엄마가 최대한 시간 끌어줄 거야!! 얼른 사람들 피신시켜야 돼!! 안 그럼, 다 같이 죽어!!

민혁 일단 노인분이랑 아이들부터 내보내!! 서둘러!! (뛰기 시작하는)

마리와 로나, 제니, 민혁, 석훈, 석경, 긴박하게 주민들 대피시키는.

55. **헤라펠리스 커뮤니티** (저녁)

음식 준비하던 셰프들과 직원들도 정신없이 도망치고 있고.

그 바람에, 웨딩케이크가 쓰러지고, 사람들 미끄러지고 난린데.

로건은 그런 사람들 밀치면서 폭탄을 찾느라 분주하고.

로건 다들 피해요!! 어딘가 폭탄이 설치돼있어요!!

사람들 으아악!!!

56. 강남소방서(저녁)
사이렌 소리와 함께, 소방차가 연달아 출동하는.

긴급하게 무전 하는.

소방관(E) 긴급사태 발생! 헤라팰리스에 폭탄이 설치됨. 삼성동 및 인근 소방서
는 즉각 모든 인력 출동 바람. 전 구급대원과 인근병원 의료진은 만일
의 사태를 대비해 현장에서 대기하기 바람. 이것은 실제 상황임.

57. 강남경찰서(저녁)
경찰관들, 경찰서에서 뛰어나와 긴박하게 경찰차에 올라타는.

경찰(E) 긴급사태 발생! 헤라팰리스에 폭탄이 설치됨. 설치된 위치와 개수는
확인되지 않고 있음. 폭탄탐지 특공대 즉각 출동 바람. 현재 헤라팰리
스 내 주민은 5백 명 이상으로 추정됨. 용의자는 지명수배범 주단태로
확인됨. 전 경찰은 비상근무로 전환하고 지원 요청 시 즉각 출동 바람.

58. 펜트하우스 거실(저녁)
단태, 독한 위스키를 꺼내 연거푸 원샷하면.

그때, 뭔가 서늘한 기운이 느껴지고. 홱 돌아보면.

아름다운 드레스 차림의 수련이다.

수련 (꼿꼿하게, 전혀 동요 없이) 내 약혼식에 와줘서 고마워, 주단태!!

단태 이제야 나타나셨나?

수련 기다리고 있었어. 드디어 널, 내 손으로 죽일 수 있게 됐네.

단태 과연 그럴까? 로건이랑 약혼한다며? 급하게 선물 하나 준비했는데, 마

음에 들었으면 좋겠네! (손에 쥔 버튼을 높이 치켜들며) 이 버튼을 누르는 순간, 분수대와 펜트하우스에 설치한 폭탄이 터지게 돼있어. 이번엔 아주 파워가 대단한 걸 준비했지! 꽝! 꽝! 꽝! (황홀한 표정 지으면)

수련   미친 자식!! 죽으려면 너 혼자 죽어!

수련, 재빨리 드레스 한쪽을 걷어 가터벨트 속에 숨겨놓은 권총을 꺼내 단태에게 조준하는데.
단태, 총을 본 순간, 잠시 움찔했다가 당당하게 자신의 겉옷을 열어 보이면.
단태의 가슴 한복판에 폭탄이 설치돼있고!

단태   (비열한 웃음) 이건 몰랐겠지! 내 심장에 폭탄이 설치돼있다는 건!

수련   (멈칫하는데)

단태   니가 방아쇠를 당기는 순간! 나는 이 버튼을 누를 거야. 그럼, 여기 펜트하우스는 흔적도 없이 사라질 거야! (수련 앞에 두 팔을 벌리고 선 채로) 자! 쏠 테면 쏴봐!!

수련   (비장하게) 버튼 버려!!

단태   (괴랄하게 웃으며) 까불면 죽는다고 했지?! 니 전남편처럼! 민설아처럼! 오윤희처럼! (버럭) 쏴보라고, 심수련!!! 쏴!!!

수련   너무 늦어서 미안해, 윤희야!

수련, 단태를 향해 힘껏 방아쇠를 당기는데. 탕!!!

59.   **헤라펠리스 분수대**(저녁)
       탕!!! 하는 총성이 울리고!
       마리, 석훈, 석경, 로나, 제니, 민혁, 놀라서 펜트하우스를 올려다보는데.
       이어서 탕!! 탕!!! 두 발의 총성이 더 울리는.

60. 펜트하우스 거실 (저녁)
어깨와 이마에 총알이 박힌 채로, 피를 흘리며 죽은 듯이 고꾸라져있는 단태.
수련, 바닥에 떨어진 폭탄 버튼을 손에 쥐면. 긴장이 풀린 듯, 다리에 힘이 풀리면서 휘청하고.
그 순간! 죽은 줄 알았던 단태가 수련의 발목을 확 잡더니, 날카로운 카드키로 발을 찍어버리면.

수련   악! (그 바람에 들고 있던 폭탄 버튼을 놓치고)

단태, 바닥에 떨어진 폭탄 버튼을 향해 죽을힘 다해 손을 뻗는데.
동시에 수련도 버튼을 향해 손을 뻗고.
간발의 차이로 폭탄 버튼을 손에 쥐는 건, 단태다.

단태   (마지막 비열한 웃음을 지으며) 같이 가자고, 지옥으로!!

단태, 폭탄 버튼을 누르면. 단태의 가슴에 달린 폭탄이 카운트되기 시작하고.
정확히 60초가 남은. 59...58...57...56... 빠르게 줄어들고 있는 시간...
얼굴이 하얘지는 수련 표정!!

61. 헤라팰리스 분수대/펜트하우스 거실/교차편집 (저녁)
동시에, 헤라상 안의 시한폭탄도 카운트되기 시작하고.
단태의 심장에 설치한 시한폭탄도 점점 시간이 줄어드는데.
19...18...17...16... 빠르게 마지막으로 치닫는.

62. 펜트하우스 거실 (저녁)
단태, 폭탄 버튼을 손에 꽉 쥔 채로 눈 뜨고 죽어있으면.

수련의 드레스 자락에 피가 물들어가는데.

수련, 도망치려 하지만, 이미 때는 늦었고.

63. 헤라팰리스 분수대(밤)

혜라상에 설치한 폭탄이 3...2...1 ... 제로가 되면서 멈춰 서고!

엄청난 폭발음과 함께 터지고. 분수대 혜라상을 단숨에 날려버리는데.

펑! 펑! 펑!!

붕괴되는 혜라상!! 조각상의 파편이 사방으로 부서져서 날리면.

64. 헤파팰리스 외경(밤)

펑! 펑! 폭탄이 터지면서, 층층마다 켜져있던 불빛이 빠르게 사라지고.

순간! 좌우로 휘청하는 헤라팰리스!!

창들이 위에서부터 하나씩 걷잡을 수 없이 깨지기 시작하고! 순식간

에 사방으로 균열이 퍼지며 외벽이 갈라지고, 쩍쩍 금이 가는데.

웅장하게 버티고 서있던 헤라팰리스가 붕괴되기 시작하는!!

무서운 속도로 주저앉는 헤라팰리스 모습에서 엔딩!!

13화

간사한 자는 땅에서 뽑히리라

1.　12화 55신/헤라팰리스 커뮤니티 (저녁)
　　음식 준비하던 셰프들과 직원들도 정신없이 도망치고 있고.
　　그 바람에, 웨딩케이크가 쓰러지고, 사람들 미끄러지고 난린데.
　　로건은 그런 사람들 밀치면서 폭탄을 찾느라 분주하고.

2.　헤라팰리스 분수대 (저녁)
　　필사적으로 도망치는 사람들...
　　아아악!!! 사람들의 절규 소리!! 미친 듯이 입구로 몰려드는데.
　　마리와 로나, 제니, 민혁, 석훈, 석경, 주민들을 대피시키느라 정신없
　　는데.

석훈　엘리베이터 못 탄 사람은 비상계단을 이용하세요!!

민혁　천천히 움직이세요!! 아무도 다치지 않게!!

주민　(주렁주렁 온몸에 보석들을 걸고, 손에는 금괴를 든 채로 뛰고 있으면)

제니　지금 그깟 금덩이 챙길 때가 아니라고요! 폭탄 터지면 다 죽어요!

헬퍼　우리 애기가 안 보여요! 안에 우리 애기가 있어요! (발 동동 굴리고 울면)

마리　애기 그쪽 등에 있잖아요. 얼른 애기 데리고 피해요!!

로나　동쪽으로도 비상계단이 있어요. 거기로 움직이세요!! (그러다 사람들에
　　게 밀려 넘어지면서 다리 삐끗하고 주저앉는데. 금세 몰려드는 사람들한테
　　묻히면)

석경　(급히 사람들을 비집고 들어가, 로나에게 손 뻗고) 괜찮아? 내 손 잡아!!
　　(몰려드는 사람들 틈에서 손을 내밀면)

로나　(석경의 손을 잡는데)

석경　(고함치는) 쫌 비켜요!!! 사람이 넘어졌잖아요!! (로나를 일으켜 세우고)

석훈　(엄마 손 놓치고, 사람들한테 밀쳐져 깔려있는 아이를 발견하면. 번쩍 안아
　　서 데리고 나가고) 천천히!! 아이들 깔려요!!

　　마리와, 석훈, 석경, 제니, 민혁, 서로 몸 안 사리고 나서서, 노인들과 아

613

이들 먼저 부축하고 안아서 대비시키고. 모두들 민첩하고 비장해 보이는데.

전쟁 같은 북새통 속에서도 눈물과 땀으로 서로를 돕는 사람들 모습...

3.   강남소방서(저녁)

     사이렌 소리와 함께, 소방차가 연달아 출동하는.

     긴급하게 무전 하는.

소방관(E) 긴급사태 발생! 헤라팰리스에 폭탄이 설치됨. 삼성동 및 인근 소방서는 즉각 모든 인력 출동 바람. 전 구급대원과 인근병원 의료진은 만일의 사태를 대비해 현장에서 대기하기 바람. 이것은 실제 상황임. 긴급사태 발생! 헤라팰리스에 폭탄이 설치됨.

4.   펜트하우스 거실(저녁)

     단태, 독한 위스키를 꺼내 연거푸 원샷하면.

     그때, 뭔가 서늘한 기운이 느껴지고. 홱 돌아보면.

     아름다운 드레스 차림의 수련이다.

     청소부 차림의 단태와, 그 어느 때보다 아름다운 수련의 모습, 극명하게 대비되는데.

수련 (꼿꼿하게, 전혀 동요 없이) 내 약혼식에 와줘서 고마워, 주단태!!

단태 이제야 나타나셨나?

수련 기다리고 있었어. 드디어 널, 내 손으로 죽일 수 있게 됐네.

단태 과연 그럴까? 로건이랑 약혼한다며? 급하게 선물 하나 준비했는데, 마음에 들었으면 좋겠네! (손에 쥔 버튼을 높이 치켜들며) 니 약혼식장에 폭탄이 설치돼있어. 이번엔 아주 파워가 대단한 걸로 준비했지! 꽝! 꽝! 꽝! (황홀한 표정 지으면)

수련 미친 자식!! 죽으려면 너 혼자 죽어!

단태	(우습다는 듯) 왜 나만 죽어야 되지? 내가 뭘 잘못했는데?!! 내 엄마와 동생을 죽인 사람이, 니 애비라는 건 알아? 심운건설 니 아빠가, 내 집을 뺏어갔다고!! 내가 뺏긴 걸 되찾겠다는 게 뭐가 나빠?!!
수련	천수지구 27번지는 원래부터 내 아버지 땅이었어! 그 땅에서 무허가로 산 건 니 부모고! 철거 사고는 우리 아빠와 상관없이 진행된 일이야! 백준기 아비지 독단으로 한 짓이라고!!
단태	(버럭) 변명 집어치워!! 역시 고상하신 심수련답게 끝까지 잘못이 없다는 거지? (뚜벅뚜벅 다가서면)
수련	움직이지 마!!!
단태	(거침없고) 감히 내 헤라팰리스를 더럽혀?! 여긴 나만이 가질 수 있고, 나만이 무너뜨릴 수 있어. 내가 갖지 못하면, 누구도 가질 수 없다고!! (비열하게 이죽대는) 나 혼자 죽긴 너무 외로웠는데, 심수련과 함께라니 위로가 되네. 아주 근사한 드레스야. 저승길에 입고 갈 수의로 딱이겠어. 으흐흐흐...(폭탄 버튼을 누를 듯이 버튼으로 손이 가는데)
수련	안돼!!!!!

수련, 재빨리 드레스 한쪽을 걷어 가터벨트 속에 숨겨놓은 권총을 꺼내 단태에게 조준하는데.
단태, 총을 본 순간, 잠시 움찔했다가 당당하게 자신의 겉옷을 열어 보이면.
단태의 가슴 한복판에 폭탄이 설치돼있고!

단태	(비열한 웃음) 이건 몰랐겠지! 내 심장에 폭탄이 설치돼있다는 건!
수련	(멈칫하는데)
단태	니가 방아쇠를 당기는 순간! 나는 이 버튼을 누를 거야. 그럼, 여기 펜트하우스는 흔적도 없이 사라질 거야! (수련 앞에 두 팔을 벌리고 선 채로) 자! 쏠 테면 쏴봐!!
수련	(비장하게) 버튼 버려!!

단태 (괴랄하게 웃으며) 까불면 죽는다고 했지?! 니 전남편처럼! 민설아처럼! 오윤희처럼! (버럭) 쏴보라고, 심수련!!! 쏴!!!

수련, 단태를 향해 힘껏 방아쇠를 당기는데. 탕!!!

5. **12화 59신/헤라펠리스 분수대(저녁)**
     탕!!! 하는 총성이 울리고!
     로건과 마리, 석훈, 석경, 로나, 제니, 민혁, 놀라서 펜트하우스를 올려다보는.

6. **펜트하우스 거실(저녁)**
     단태의 왼쪽 어깨에 총알이 박히고. 단태의 어깨에서 피가 솟구치는.

수련 이건, 나 대신 죽은 나애교 몫이야!
단태 (피를 보며) 아악!!! 감히, 날!! 이 주단태를!!! (눈이 뒤집히면)
수련 (경멸하듯 보며) 아직도 그 이름에 그렇게 집착하는 거야? 어리석은 인간!! (다시 오른쪽 어깨를 조준하더니, 또 한 발을 쏘는. 탕!!!) 이건, 설아와 설아 아빠를 죽게 만든 벌이야!!
단태 (오른쪽 어깨에 총알이 박히며, 휘청하는) 아악!! 하지 마, 심수련!! 그만 해!! 제발!! (그러면서도 쓰러지지 않고, 수련을 향해 비틀대며 다가서는) 살려줘..... 살려줘, 심수련!!! 제발!!!
수련 (더없이 차가운 표정) 마지막 한 발은, 내 동생 오윤희를 죽인 벌이야! 너무 늦어서 미안해, 윤희야.

수련, 온정신을 집중해서 단태의 머리를 향해 총을 쏘는데. 탕!!!
정확히 단태의 이마에 박히는 총알.
그대로 피를 토하며 고꾸라지는 단태!! 그 위로,

인서트)

피아노 치던 설아 아빠를 총으로 쏴죽이던 단태 모습.(시즌 1, 3화 56신)

설아를 난간 너머로 밀치는 단태 모습.(시즌 1, 14화 71신)

나애교를 칼로 찌르던 단태 모습.(시즌 1, 21화 23신)

니즈모리에서 준기 부모를 죽이는 단태 모습.(시즌 3, 3화 4신)

윤희를 절벽에서 잔혹하게 차로 밀던 단태 모습이 겹쳐지고.(시즌 3 4화 74신)

단태, 쓰러지면서 손에 들고 있던 폭탄 버튼을 툭 떨구면.

수련, 얼른 달려가 버튼을 손에 쥐는데. 긴장하고 두려웠던 감정이 휘몰아치며 눈물이 후드득 떨어지는데. 총을 쥐고 있는 손이 덜덜 떨리고.

7. 헤라팰리스 분수대 (저녁)

밖에서 요란한 경찰차 사이렌 소리가 들려오고.

이어서 경찰들과 폭탄탐지 특공대가 민첩하게 투입되는데.

사람들 비명 지르고, 두려움에 오열하고, 아비규환인데. 필사적으로 도망치는 사람들...

아아악!!! 사람들의 절규 소리!! 미친 듯이 입구로 몰려드는데.

이성을 잃고 창가로 달려가 당장 뛰어내릴 것처럼 창틀에 올라타는 사람들.

석경 (다급히) 여기 30층이에요!! 뛰어내리면 죽어요!! (필사적으로 말리는데)

로나 동쪽과 서쪽 문도 이용하세요!!

마리 천천히!! 넘어지면 아이들 깔려요!!

제니/민혁 (헐레벌떡 뛰어오고, 경찰에게) 집 안에는 개미 새끼 한 마리도 없는 거 확인했어요!

석훈 (역시 경찰에게) 비상계단은 다 확인 못 했어요. 그쪽부터 가주세요!!

경찰들 (민첩하게 뛰어가고)

8.   펜트하우스 거실 (저녁)
     어깨와 이마에 총알이 박힌 채로, 죽은 듯 쓰러져있는 단태.
     수련, 폭탄 버튼을 손에 쥐면, 긴장이 풀리면서 휘청하고.
     그 순간! 죽은 줄 알았던 단태가 수련의 발목을 확 잡더니, 날카로운 카
     드키로 발을 찍어버리면.

수련   악! (그 바람에 들고 있던 폭탄 버튼을 놓치고)

     단태, 바닥에 떨어진 폭탄 버튼을 향해 죽을힘 다해 손을 뻗는데.
     동시에 수련도 버튼을 향해 손을 뻗고.
     간발의 차이로 폭탄 버튼을 손에 쥐는 건, 단태다.

단태   (괴로운 듯 일그러진 웃음) 같이 가자고, 지옥으로!!

     폭탄 버튼을 누르는 단태의 손.
     단태의 가슴에 달린 폭탄이 카운트되기 시작하는.
     정확히 60초가 남은. 59...58...57...56... 빠르게 줄어들고 있는 시간...
     수련, 도망치려고 하지만, 다친 발 때문에 움직여지지 않고.
     얼굴이 하얘지는 수련 표정!!

9.   헤라펠리스 분수대 (저녁)
     동시에, 헤라상에 설치한 시한폭탄도 카운트되기 시작하고.
     50...49...48... 빠르게 마지막을 향해 치닫는데.

마리   폭탄이 터져요!! 빨리 나가요!! 빨리요!!! (고래고래 소리 지르면)

     주민들과 경찰들까지 전부 다 건물을 빠져나간.
     마지막으로 마리와 제니, 민혁, 로나도 나가고.

618

석훈과 석경, 차마 나가지 못하고 머뭇하고 있으면.

석훈 (비명) 뭐해? 안 나오고!! 시간 없어!! (소리치면)

석경 (발이 떨어지지 않는, 뒤돌아보며) 엄마... 절대 죽으면 안 돼. 꼭 살아야 해. (눈물이 주르륵 흐르고)

석훈, 석경을 안고 마지막으로 밖으로 나가려는 순간!

학생(E) 도와주세요!

석훈, 석경, 놀라서 돌아보면.
중학생 여자아이가 강아지를 안은 채 절뚝거리며 걸어오고 있고.

석경 저기, 누가 있어!! (가리키면)

학생 (바들바들 떨면서) 다리를 다쳐서 못 걷겠어요. 무서워요! (절뚝대며 걸어오다 넘어지고. 그사이 강아지가 품에서 도망치면)

석경 잠깐만 기다려! (뛰어가려는데)

민혁 (뒤에서 잡고) 미쳤어? 위험해! 늦었다고!!

석경 놔! 그럼 저 애 죽잖아!

제니 천장이 곧 무너질 거 같아.

석훈 그러니까 구해야지!

석훈, 제일 먼저 뛰어가면. 석경도 뛰어가고.
뒤에서 보고 있던 로나와 제니도 뛰고. 머뭇하다 "에잇!" 민혁도 뛰는데.
경찰과 마리가 위험하다고 말릴 새도 없이 이미 뛰어가 버린 헤펠 아이들.
학생, 울면서 강아지를 쫓고 있으면.

학생 우유야!! 거기 서!! 우유야!! (목 놓아 강아지를 부르는데)

석훈, 로나, 석경, 제니, 민혁, 도망 다니고 있는 몰티즈 강아지를 사방
에서 몰아서 단숨에 붙잡고.
로나, 얼른 강아지를 품에 안는데.

석훈 뛰어!! (다친 학생을 부축해서 철문 쪽으로 뛰기 시작하고)

민혁과 제니도 양쪽에서 초등학생을 부축해서 뛰고.
마리, 경찰들한테 붙잡힌 채, 입구에서 빨리 오라고 울부짖고 있는.
필사적으로 뛰는 그 순간! 석훈과 석경, 제니, 민혁, 모두 같은 생각을
하고 있는데.

10. **회상/시즌 1 18화 64신/공터/폐봉고차 안/설아 일기장 재연**
(저녁)
봉고차 안에 갇힌 설아, 빠져나가려고 하면.
석훈, 석경, 은별, 제니, 민혁의 폭행 계속되고.
봉고차의 깨진 창문으로, 설아에게 샴페인을 마구 뿌리는 아이들.

석훈 (조그마한 케이크에 촛불을 붙여서) 축하 파티에 케이크가 빠질 수 없지!
(다른 손에는 술병을 쥐어주며) 시키는 대로 하면 풀어줄게요.
설아 살려줘... 제발...

그때! 부들부들 손을 떨던 설아, 들고 있던 케이크를 바닥에 떨어뜨리면.
방석에 불이 붙으면서, 타들어가기 시작하는. 갑자기 불길이 확 세게
번져오면!

설아 으악!!!

석경	저런 멍청이!! 불 붙었나본데?
석훈	(놀라서 봉고 문 열려면, 안 열리고)
민혁	문 고장 났잖아. (뒷걸음질 치고) 가자!
제니	뭐? 쟤.. 어쩌고! (당황하면)
석경	아, 몰라!! 그냥 튀어!! 알아서 나오겠지!
민혁	그래! 일른 가자. 차 폭발하면 어떡해!! (먼저 도망치면)
아이들	(하나둘씩 뒷걸음질 치다가 달아나는데)
설아	(절박하게) 가지 마!! 살려줘!! 문 열어줘!!! 가지 마아!!!!

설아의 공포에 젖은 울부짖음을 무시하고 도망치는 아이들.
설아, 필사적으로 문을 열려고 하지만 열리지 않고. 불길 점점 세지는.
으아악!!
연기 때문에 점점 숨쉬기 어렵고, 죽을 거 같은 공포 속에서도 벗어나
기 위해 발버둥 치는 설아의 모습.
그러다, 간신히 앞좌석으로 도망치고. 불길이 설아를 덮치려는 순간!
앞좌석 창문을 발로 차서 겨우 빠져나오는데. 쿵! 바닥으로 떨어지는
설아.
쩔뚝대며 겨우 일어나, 불길을 피해 도망치는 설아, 공포스러운 모습
이고.
그때, 꽝! 하면서 폭발하는 봉고.

11. **현재/헤라펠리스 분수대**(밤)
    헤펠 아이들, 자신들이 버리고 도망쳤던 민설아를 떠올리며, 필사적으
    로 중학생을 구출하고 뛰는데. 가까스로 밖으로 나오면.
    머리며 옷이며 엉망이 된 모습으로 서로 부둥켜안고 울음 터트리는데.

12. **펜트하우스 거실**(저녁)
    단태, 폭탄 버튼을 손에 꽉 쥔 채로 눈 뜨고 죽어있으면.

수련, 피가 흐르는 발을 질질 끌면서 죽을힘 다해 현관 쪽으로 움직이는데, 다리가 꼼짝하지 않고. 결국 바닥에 푹 쓰러지는.
수련의 드레스 자락에 피가 물들어가고.
수련, 도망치려고 하지만 이미 때는 늦었고. 가족사진 속의 석훈과 석경을 보는.

수련　　　사랑해, 석훈아, 석경아....

　　　　　　수련, 눈을 감은 채, 담담히 죽음을 받아들이려는 순간!
　　　　　　로건이 뛰어 들어오고.

로건　　　수련 씨!!
수련　　　(화들짝 놀라 돌아보고) 여긴 왜 왔어요! 시간도 없는데!!
로건　　　당신 혼자는 못 죽어요!!

　　　　　　로건, 수련 손에서 총을 뺏어서 베란다 통유리를 쏘면. 통유리가 와장창 깨지는데.
　　　　　　로건, 단태를 번쩍 들어서 깨진 통유리 밖으로 던져버리는!
　　　　　　곧바로 수련을 부축해서 현관 쪽으로 죽을힘 다해 뛰기 시작하는 로건.

13.　　헤라팰리스 외경 (저녁)
　　　　가슴에 폭탄을 매단 단태, 100층 펜트하우스에서부터 아래로... 아래로... 떨어지는데!
　　　　순간! 설아가 분수대로 떨어지던 모습과 오버랩되고. (시즌 1, 1화 프롤로그)

14.　　헤라팰리스 분수대 (저녁)
　　　　빠르게 추락하는 단태, 분수대로 내리꽂히듯 떨어지는데. 웅장하게 서

있는 헤라상 위고! (설아가 떨어지는 모습과 유사하게)

순간! 단태의 가슴에 설치한 폭탄이 3... 2... 1.. 제로가 되면서 멈춰 서면!

펑! 펑! 펑!!!

엄청난 굉음과 함께 단태 심장에 매단 폭탄이 터지고. 이어서 분수대에 설치된 폭탄도 같이 터지는데! 무시무시한 폭발음!!!

순식간에 헤라상이 붕괴되기 시작하는!

조각상의 파편이 사방으로 부서져서 날리면. 헤라상과 함께 먼지처럼 사라지는 단태...

15.   **펜트하우스 복도/엘리베이터 안**(저녁)

수련과 로건, 미친 듯이 복도를 뛰어서 펜트하우스 전용 엘리베이터에 막 올라타고, 곧바로 엘리베이터가 아래로 움직이기 시작하면.

펜트하우스 안에서 엄청난 폭발음이 들리는. 펑! 펑! 펑!

엘리베이터가 서있기 힘들 만큼 통째로 흔들리는데.

아래로 내려올수록, 헤라팰리스 곳곳에 숨겨놓은 폭탄들이 연이어 터지기 시작하고.

30층 분수대까지 폭탄이 터지면서 요동치는 엘리베이터 안.

수련과 로건, 서로를 꼭 끌어안은 채로 폭발음과 두려움을 견디고 있는데.

갑자기 불이 꺼지면서, 엘리베이터가 무섭게 흔들 하더니 덜컹! 멈춰 서고.

로건   정전이에요!

수련   어떡해요?! (비상호출을 마구 누르는데, 아무 반응 없고) 비상호출이 안 돼요!

로건   (핸드폰도 안 터지고) 모든 수신이 끊겼어요. 핸드폰도 먹통이에요!

수련   (엘리베이터가 좌우로 흔들거리면. 중심을 잃고 쓰러지고) 헤라팰리스가 무너지고 있어요!!!

로건   (다급하게) 비상전력으로 움직일 수밖에 없어요!! 뒤로 물러나요!!!!

로건, 주먹으로 쳐서 엘리베이터 표시판을 뜯고, 비상전력 스위치를
힘껏 누르는데. 계속 힘 있게 눌러도 꼼짝하지 않는.
수련, 기도하는 맘으로 애타게 바라보고 있으면.
갑자기 미친 속도로 추락하는 엘리베이터!!
아악!!! 수련과 로건, 공포에 휩싸인 표정에서.

16.   헤라팰리스 외경 (저녁)
펜트하우스와 30층 로비에 펑! 펑! 폭탄이 터지면서, 층층마다 켜져
있던 불빛이 빠르게 사라지고.
갑자기 번뜩! 사방이 환해질 만큼 날카로운 번개가, 맨 꼭대기 황금색 조
형물에 내리꽂히고! 단테를 벌하듯 헤라팰리스를 뒤덮는 검은 먹구름!
순간! 좌우로 휘청하는 헤라팰리스!!
창들이 위에서부터 하나씩 걷잡을 수 없이 깨지기 시작하고! 순식간
에 사방으로 균열이 퍼지며 외벽이 갈라지고, 쩍쩍 금이 가는데.
웅장하게 버티고 서있던 헤라팰리스가 붕괴되기 시작하는!!

17.   헤라팰리스 분수대 (저녁)
정전이 되면서, 예전의 영광이 사라진 채, 어둠 속에서 시커멓게 흉물
로 변해버린 분수대의 괴기스러운 모습만 보이고.
분수대의 화려한 불빛도, 힘 있게 솟구치던 분수대 물줄기도 일순간에
끊기고. 칠흑 같은 어둠과 정적뿐인데.
수련과 로건을 태운 엘리베이터가 곤두박질치듯 덜컹! 30층 로비에
멈춰 서면.
서로 손을 꽉 잡은 채 버티고 있던 두 사람, 바닥에 쓰러지고.
손으로 강제로 문을 열고 가까스로 탈출하는데.
수련과 로건, 로비 입구를 향해 죽을힘 다해 뛰어가면.

건물이 좌우로 흔들리면서 부서진 헤라상 잔해가 머리로 우르르 쏟아
지고. 기둥이 발아래로 쓰러지고, 천장에서 건물 자재들이 쏟아져 내
리는데.
헤라팰리스 전체가 당장이라도 무너져 내릴 듯 요동치는 가운데, 목숨
을 걸고 탈출하는 두 사람!!!

18.   **헤라팰리스 외경**(저녁)
       굉음과 함께, 무서운 속도로 위에서부터 주저앉는 헤라팰리스!
       꼭대기 금색 휘장이 박살나고, 순식간에 100층의 거대한 성이 구겨진
       종이처럼 주저앉고 마는데.
       커다란 먼지구름과 함께, 거짓말처럼 사라져버린 헤라팰리스.
       그리고 헤라팰리스와 함께 티끌처럼 사라지는 주단태.......
       주단태와 나애교가 주고받던 말이 깔리는. (시즌 2, 13화 21신)

단태(E)   내가 너 꼭, 심수련처럼 살게 해줄게. 세상에서 제일 행복한 여자로! 그
            때까지 잘 참을 수 있지?

애교(E)   얼마나 기다려야 하는데?

단태(E)   오래 걸리지 않아! 심수련 이름만 잘 이용하면. 돈에 깔려죽을 만큼 미
            친 듯이 돈만 벌 거야. 강남에 집도 사고, 빌딩도 짓고, 엄마가 돌아가신
            땅에 주단태 빌리지를 만들어서 세상 사람들이 다 내 앞에 납작 엎드리
            게 할 거야.

애교(E)   아이들도 낳고?

단태(E)   당연하지. 아들도 낳고, 딸도 낳고. 우리 아이들은 우리나라에서 제일
            비싸고 제일 높은 집에서 살게 될 거야. 천국이랑 가장 가까운 집!

19.   **봉고차 안/도로**(밤)
       혜팰 아이들, 만신창이 된 모습으로 울거나 넋 놓고 쓰러져서 실려 가
       고 있으면.

마리, 그런 아이들을 챙기느라 분주한데.

석경　　엄마…. 엄마, 괜찮은 거지? (울고 있는)

20.　　**구급차 안/도로**(밤)
　　　　구급차 전속력으로 도로를 달리고 있는.
　　　　수련, 구급차 안에 실려 가고 있으면.

로건　　수련 씨! 괜찮아요?

수련　　내가… 내가 주단태를 죽였어요.

로건　　당신은 죄 없어요. 안심해요. 다 끝났어요. (덜덜 떨리는 수련의 손을 잡
　　　　아주면)

수련　　사람들은요?

로건　　다 피신시켰어요. 모두 안전해요.

수련　　정말 다행이에요…. 로건, 당신이 살아서. (그제야 눈물이 주르륵 흐르고)

　　　　수련, 피에 물든 드레스 차림으로, 그대로 기절해버리면.
　　　　로건도 그대로 정신을 잃는.

21.　　**헤라팰리스 외경**(아침)
　　　　시간 경과와 함께, 날이 밝고.
　　　　헬기가 삼성동 상공에서 참상을 찍고 있는.
　　　　그 위로,

앵커1(E)　　대한민국 최고가 아파트며, 서울의 상징이었던 헤라팰리스가 무너졌
　　　　습니다. 해년마다 그칠 줄 모르고 폭등하는 집값으로, 국내 부동산 시
　　　　장을 주도해오던 헤라팰리스는, 어젯밤 헤라팰리스를 건설한 주단태
　　　　회장이 설치한 폭탄에 완전히 붕괴됐습니다.

앵커2(E) 핵전쟁에도 200명을 수용할 수 있는 방공호를 갖추고 있고, 지진강도 7에도 끄떡없는 내진 설계를 자랑하던 100층 아파트는 한 자살테러범에 의해 허무하게 사라져 버렸습니다.

인서트) 한강에서 건져지는 조 비서의 시신.

앵커1(E) 주단태 회장은 자신의 비서였던 조모 씨를 통해 불법 사제폭탄을 구입한 것으로 밝혀졌습니다. 비서 조모 씨는 오늘 아침, 한강에서 시신으로 발견됐으며, 아직 정확한 사인은 밝혀지지 않았습니다.

앵커2(E) 무너진 헤라펠리스는 입주민 중 60%가 이사를 나간 상황이었고, 주민들의 빠른 대처로 단 한 명의 피해자도 발생하지 않았지만, 대부분 입주민들이 최고 부유층인 탓에 피해 금액은 상당할 것으로 추정됩니다.

앵커1(E) 한편, 무고한 주민들의 생명을 위협한 주단태 회장의 만행에 분노한 시민들은 오늘 청와대 앞에서 주회장의 장례를 반대한다는 집회를 열기로 하고...

22.   **경찰서**(아침)
시끌벅적한 분위기. 다들 단태를 성토하느라 정신없고.
마리, 석훈, 제니, 로나, 석경, 경찰에게 당시 상황 진술하고 있는.

마리 청소카트를 밀고 가는 사람은 봤는데, 그 인간이 주단태인 줄은 꿈에도 몰랐죠. 워낙 분장에 능한 뱀 같은 놈이라, 경비들까지 감쪽같이 속았다니까요.

석훈 아버지의 죄를 국민 앞에 사죄하는 의미로, 장례는 치르지 않겠습니다.
(단호한 표정인데)

23.   **호텔 객실**(아침)
수련과 로건, 역시 형사에게 조사받고 있는.
수련, 링거 맞으며 소파에 앉아 있는데.

수련　주단태가 헤라팰리스 곳곳에 폭탄을 설치했다고 절 협박했습니다. 로건 차에 설치했던 폭탄보다 훨씬 더 폭발력이 쎄다고 자백까지 했습니다.

형사　(적고 있는) 그럼, 로건을 죽이려고 했던 것도 주단태란 거죠?

로건　(뺑튀기 노인 사진 보여주며) 당시 현장에서 찍힌 사진입니다. 노인으로 분장했지만, 주단태가 확실합니다.

형사　피의자가 이미 사망해서, 그 사건은 공소권이 없게 됐네요. 아! 조 비서 의 부모님 집에서 노트북이 발견됐어요. 그동안 주단태가 저지른 범죄 증거들이 비교적 많이 확보된 셈이죠. 죽어서야 모든 진실이 드러나서 안타깝네요.

수련　주단태와 전 이미 이혼한 사이지만, 제 아이들의 아빠기도 하고, 제 약 혼식에서 일어난 사고인 만큼 저 또한 책임을 느낍니다. 입주민들의 정 신적, 물질적 피해를 최대한 보상하도록 하겠습니다.

24.　산동네 원룸(낮)

서진, TV로 처참하게 무너진 헤라팰리스의 모습을 보고 있는.
말간 얼굴로 TV를 보고 있던 서진, 점점 원래 서진의 표정을 되찾아가 는데.

앵커1(E)　한편, 부도가 난 청아그룹을 인수하겠다고 밝힌 재미교포 사업가 로건 리 대표는, 입주민들의 재산적 보상을 위해 개인자금 10조를 쾌척하겠 다고 밝혔습니다. 자세한 소식, 오영희 기자가 이어서 보도합니다.

서진　10조? 로건의 10조가 결국 이렇게 쓰이는 건가? (TV를 끄는) 드디어 사라졌네, 주단태. 너한테 아주 어울리는 죽음이었어. (미소 짓는데, 완 전히 정상인 모습이고)

그때, 노크 소리 나면.

서진　(경계하며) 누구세요?

628

도비(E) 접니다.

서진 (급히 문 열면. 도 비서가 들어오는)

도비 (꾸벅 인사하고) 병원에서 처방받은 약, 가져왔습니다.

서진 (받고) 잘했어. 심수련이 내 일거수일투족을 감시하고 있을 테니, 의심받을 짓은 하지 말아야지. 진료 예약된 날엔 반드시 병원에 가서 약 타와.

도비 알겠습니다, 이사장님. 그리고... 축하드립니다. 주단태 회장이 오늘 사망하면서, 주 회장님의 채무를 더 이상 안 지셔도 됩니다. 출국금지도 곧 풀릴 겁니다.

서진 오늘 안으로 상속포기 절차 진행해. 하늘이 이렇게 날 도와주는 건가. (기분 좋은데) 은별이는 눈치 못 챘지?

도비 물론입니다.

서진 은별이 앞에선 늘 말조심해. 예민한 아이라, 내가 약을 먹지 않았다는 걸 알면 배신감에 무슨 짓을 할지 모르거든.

서진, 지난 일 떠오르는. 그 위로,

25.   **회상 1/10화 71신 연결/헤라펠리스 은별의 방(밤)**
      은별, 결심한 듯 침대 매트리스를 들면. 그 안에 약통이 나오고.

은별 (약통에 들어있는 약을 쏟아서 보면) 엄마, 내가 엄마 나쁜 기억 다 지워줄게. 엄마가 계속 행복할 수 있게. 엄마 위해서, 한 알도 안 먹고 아껴둔 거야.

그때, 서진이 기분 좋게 방으로 들어서려다 멈칫하고. 문 뒤에서 서서 은별의 행동을 유심히 보는.

26.   **회상 2/10화 72신 연결/헤라펠리스 서진 집 주방(밤)**
      은별, 알약을 가득 미니 절구에 넣고 빻기 시작하는데.

와인 잔에 와인을 따르는 은별, 서진의 잔에 가루가 된 약을 스르륵 부어 넣으면.

서진이 주방으로 들어서고.

서진 어머나, 세상에! 이걸 다 니가 한 거야? 어쩜 이렇게 예쁘게 세팅했어?

은별 맘에 들어?

서진 맘에 들고말고.

은별 엄마, 우리 건배할까. (와인 잔을 들면)

서진 (약이 부어진 와인 잔을 들고) 그럴까. (기분 좋게 단숨에 잔을 비우고는, 은별을 향해 미소 지으며) 와인 잘 골랐네! 너무 스윗해. 오늘이 엄마 인생에서 제일 행복한 날인 거 같아!! (감격스러운 표정인데)

은별 (잔 아래에 남겨져 있는 하얀 가루를 유심히 보는 시선. 눈물이 핑 돌고)

서진, 와인 잔을 든 채, 은별을 보며 환하게 웃음 짓는데.
그때, 초인종 소리 들리는.

서진 어머, 누가 왔나? (급히 거실로 나가는)

27. **회상 3/헤라팰리스 서진 방 욕실(밤)**
서진, 은별 몰래 욕실로 뛰어 들어가고.
변기 덮개를 열고 토하기 시작하는. 목에 손가락을 넣어서 죄다 토하는데.
서진, 물을 틀어서 입을 헹구고, 뭔가 골똘히 생각하는 표정으로 수건을 반듯하게 접어서 걸어두는. 말끔한 얼굴로 욕실을 나오고.

28. **회상 4/헤라팰리스 서진 집 거실(밤)**
서진, 안방에서 나오면.
헬퍼, 현관에서 사진 액자를 받아와서 서진에게 내미는.

헬퍼	사모님, 사진이 도착했는데요.
서진	아, 이리 줘요. (보면. 서진이 은별의 어깨를 감싼 채 다정하게 찍은 사진이고, 주방 쪽을 보며) 어머나, 은별아. 얼른 나와 봐.
은별	(거실로 나오는)
서진	(사진 액자 보여주며) 너무 잘 나왔지? 우리 딸 어쩜 이렇게 예뻐? (은별을 향해 아무 일 없는 것처럼 웃어 보이는. 그러다 은별 모르게 굳어지고)

29. 현재/산동네 원룸(낮)

서진, 지난 일 떠올리며 의미심장한 표정 짓는.

서진	이제 내가 살 길은 은별이 증언뿐이야. 만일, 심수련 쪽에서 내가 오윤희를 죽였다는 증거를 내밀면, 은별인 내가 약을 먹고 조기치매에 걸렸다는 걸 증명해줘야 해.
도비	그게 가능할까요? 경찰에 회부되면, 치료감호소에서 정식으로 정신감정을 받아야 할 텐데요. 지금 받은 진단서로는 증명이 안 됩니다.
서진	그래서 은별이가 필요하다는 거야. 난 다른 치매환자와는 달라. 약물에 의한 부작용으로 치매가 온 거야. 어떤 의사도 내 상태를 특정할 수는 없어! 정신과의사 열 명의 말보다 은별이 증언이 더 효과적일 수 있어.
도비	앞으로 어떻게 하실 계획입니까?
서진	일단 은별이부터 해외로 보내야겠어. 난 출국금지가 풀리는 대로 따라가면 돼. 치매로 인한 심신상실만 입증되면, 법도 날 가둬두긴 힘들 거야. (교활한 표정 짓는데)

30. 윤철 중환자실(낮)

의식이 돌아온 윤철, 희미하게 눈을 뜨면.
그 앞에 의사가 서있고. 그 옆으로 로건도 있는. 애타는 표정이고.

의사	정신이 들어요? 제 목소리 들립니까? 들리면 고개를 끄덕여보세요!!

윤철	(힘없이 고개 끄덕이는)
의사	좋습니다! 이름이 뭡니까? 목소리 내보세요.
윤철	하... 윤.... 철...
의사	(로건에게) 의식이 완전히 돌아온 거 같습니다. 깨어나기 힘들 거라 생각했는데, 환자 의지가 대단합니다.
로건	고맙습니다. 정말 수고하셨습니다. (감사인사 전하면)
윤철	(로건 목소리 듣고) 로건?
로건	(얼른 윤철 가까이에 얼굴 대고) 맞아요. 나예요. 잘했어요. 아주 훌륭해요. 꼭 깨날 거라고 믿었어요.
윤철	(순간, 서진한테 밀쳐져서 로나 쪽으로 책장이 무너지던 순간이 떠오르고) 로나는? 많이 다쳤나요?
로건	덕분에 큰 외상 없이 통원치료만 받았어요. 지금은 아주 건강하고요.
윤철	(안심하는) 정말 잘됐네요. 감사합니다... 정말 감사합니다. (눈물이 옆으로 주르륵 흐르면)
로건	(맘 아프고) 너무 많이 말하지 마요. 힘들어요.
윤철	주단태는 어떻게 됐어요?
로건	죽었어요. 펜트하우스에서 자기가 놓은 폭탄에 자폭했어요.
윤철	(놀라) 정말 죽은 거예요? 확실해요?!
로건	시신 수습도 힘들 거예요. 세상에서 가장 끔찍하고 허무한 죽음이었죠. 이제, 천서진만 남았어요.
윤철	천서진....! (이를 악무는) 로나를 위험에 빠뜨려놓고, 무슨 염치로 아직까지 살아있는 거래요?!!
로건	다리 수술을 하고, 지금은 퇴원해서 원룸에 있어요. 주단태가 죽는 바람에, 더는 사채업자들한테 쫓길 일도 없어졌죠. 도 비서가 가끔 치매약을 타가는 것 외엔 아무런 움직임도 없어요.
윤철	치매약이라뇨?
로건	천서진이 급성치매 증세를 보이고 있어요. 사람도 못 알아보고, 기억이 송두리째 날아갔어요!

윤철	(놀라고) 갑자기 치매라뇨?!! 거짓말일 거예요!! 그럴 리가 없잖아요!! 난 그 여자 안 믿어요. 블랙박스에 윤희 죽인 증거가 확실하니까, 법을 피하려고 수를 쓰는 거예요! 절대 믿어선 안 돼요!!
로건	심증은 있지만, 물증이 없어요. 24시간 감시해도 아무것도 안 나와요.
윤철	(문득 생각난 듯) 우리 은별인, 어딨어요? 아직도 엄마랑 같이 있어요?

31.   옷가게 앞(낮)

새로 오픈하는 옷가게 앞에서 신나게 춤을 추고 있는 알바생들. 그들 사이에서 어색하게 춤을 따라 하고 있는 은별도 보이고.
은별, 못 알아볼 만큼 진하게 화장하고, 짧은 반짝이 원피스를 입고, 긴 부츠를 신고, 춤을 추고 있는데. 자꾸 실수해서 동작 안 맞고.
지켜보고 있는 사장, 눈 부라리면서 계속 은별에게 눈치 주는데.
다른 알바생들에 비해, 목소리도 작고 소극적인 은별.

은별	(기어들어가는 목소리로) 오픈 기념 전 상품 30% 세일해요. 구경들 하고 가세요. (그러다, 맞은편에서 사장이 무섭게 꼴아보고 있으면 어쩔 수 없이 큰소리로) 오픈 기념 전 상품 30%....

하는데, 못 참겠단 듯 그런 은별의 손목을 끌고 가는 사장.

사장	(은별에게 인상 팍 쓰고) 야! 너 일 그따위로 할래? 누구 영업 말아먹을 일 있어?
은별	죄송합니다. 죄송합니다. (연거푸 고개 숙여 사과하는데)
사장	죄송이고 나발이고, 당장 때려 쳐!! 하도 부탁해서 선금까지 땡겨줬더니, 이거 완전 맹탕 아냐? 너, 당장 돈 토해내!!
은별	(싹싹 비는) 안 돼요! 앞으로 잘할게요. 제발 일하게 해주세요. 저 돈 필요해요. 제발 짜르지만 마세요, 사장님. 부탁합니다. 제발요.

은별, 사장 붙잡고 사정사정하는데. 그대로 내쳐지고.
바닥에 쓰러져있는 은별. 그런 은별에게 손을 내미는 누군가. 은별, 고
개 들어 올려다보면. 마두기다.

은별   쌤...

두기   (한없이 짠하다는 눈빛으로, 예전의 깐죽대는 말투로) 소문은 들었어. 니
네 집 쫄딱 망했다며. 천서진 이사장님, 아니, 니네 엄마, 사채업자들한
테 쫓기고 신용불량자 됐다면서? 꼴을 보니, 아주 그지같이 된 모양이
네. 부자는 망해도 3년은 먹고산다던데, 범죄자한텐 그런 전관예우도
없는 모양이지? 니가 소녀가장 된 거야?

은별   (얼굴 화끈해서 얼른 몸 일으키고) 가보겠습니다. (얼른 돌아서는데. 뒤에
서 두기가 불러 세우는)

두기   은별이 너! 돈이 그렇게 궁하면 딴 거 해볼 생각 없어? 니네 모녀 갑질
하던 거 생각하면 도와줄 맘 한 개도 없지만, 워낙 니 꼬라지가 딱해서
얘기하는 거야. 알잖니. 나 맘 약한 거.

은별   (시선 피하고) 아니에요, 됐어요. 말씀만으로도 감사합니다.

두기   일당이 꽤 되는데. 잘만하면 하루에 백만 원도 벌 수 있어. 그래도 싫어?

은별   (순간 눈이 번쩍하는. 가려다 돌아보고) 무슨 일인데요?

32.   허름한 녹음실(밤)
은별, 두기와 얘기하고 있는.

은별   정말 백만 원 주실 거예요?

두기   (거만한 표정) 일단 테스트부터 통과해야지.

은별   (간절한) 저 진짜 잘할 수 있어요. 대신 꼭 선금으로 주셔야 해요.

두기   알았다니까. 너 오늘 나 만난 거, 용꿈 꾼 줄 알아! 내가 시키는 대로만
하면 니 전공도 살리면서 돈도 벌 수 있어. (리스트 내밀고) 자, 여기 써
있는 대로, 위에서부터 불러봐. 메들리는 무조건 흥이 있어야 돼. 할 수

있겠어?

은별 (멈칫하다가 결심한 듯) 잘하겠습니다, 쌤! (종이 받아드는데. "최신트로트 히트곡 메들리"라고 써있고)

은별, 녹음실 안에 들어가 있고. 잔뜩 쫄아서 마이크 앞에 서있으면. 기계음이 뽕짝뽕짝 흘러나오는데. 녹음실 밖에서 구둣발과 손가락을 튕기며 뚜리뚜바 박자를 맞추고 있는 두기. 그러다 큐 사인이 떨어지면. 눈물이 날 거 같지만 애써 눈물을 참으며, 최선을 다해 간드러지게 트로트를 부르는 은별.
서진의 불쌍한 모습들이 떠오르는. 서진이 약을 탄 와인을 마시는 모습, 은별을 못 알아보던 모습, 사채업자들한테 당하며 아이처럼 울던 모습들이 떠오르면. 가슴이 찢어질 거 같은데.

은별(E) 그래, 나 때문에 엄마가 저렇게 됐는데.... 내가 돈 벌어서 우리 엄마 지켜야 해. 이젠 내가 가장이야.

은별, 기계음 반주에 맞춰서 청아한 목소리로 트로트 부르고 있으면. 녹음실 밖에서 녹음 작업하는 두기와 직원들, 만족하는 표정이고. 두기는 몸을 흔들며 가락에 취해있고.

인서트)
은별, 입학식 무대와 청아예술제에서 아름다운 드레스를 입고 청중들 앞에서 노래하는 모습이 겹쳐지는.

눈물을 참으며, 오직 서진만 생각하면서 열심히 노래 부르고 있는 은별.

33. **녹음실 앞**(밤)
두기, 은별에게 봉투 내밀면.

두기	역시 서울대야! 고음이 일정한 피치를 잃지 않으면서도 애절하고, 바이브레이션도 끝내주고. 마스께라를 울리는 미나리 같은 목소리라고나 할까. 내일은 바로 녹음작업 들어갈 거니까, 준비 빡쎄게 하고 와.
은별	벌써요? 아직 연습도 못 했는데.
두기	연습할 게 뭐 있어? 니가 진짜 가순 줄 알아? 넌 가수 흉내만 잘 내면 돼. 단시간에 여러 곡 녹음하는 게 우리 일의 생명이야. 처지는 곡 말고 템포 빠른 걸로 준비해. 운전하다 졸릴 때 정신 바짝 드는 걸로. 돈 팍팍 올려줄 테니까 열심히 해!
은별	(밝게) 알겠습니다. 감사합니다, 쌤! 내일 뵐게요.

은별, 꾸벅 인사하고 돌아서는데. 핸드폰 울리는.

34. **윤철 병실(밤)**
   윤철, 침대에 앉아 기다리고 있으면. 은별이 급히 병실로 들어서는.

은별	(앉아있는 윤철을 보면, 울컥하고) 언제 깼어? 왜 이제야 깨난 거야? 아빠까지 왜 속을 썩여? 무슨 일 나는 줄 알았잖아. (달려와 어린애처럼 원망하며 울면)
윤철	(다독이고) 미안해, 걱정했지? 이제 괜찮아. 근데 왜 이렇게 전화 안 받아? 밤늦게까지 어딨었어? 학교는?
은별	(머뭇하다) 나 휴학했어. 돈 벌어야지. 엄마랑 먹고살려면.
윤철	니가 왜 돈 걱정을 해?
은별	그럼 누가 해? 엄만 아프고, 방값 낼 돈도 없는데.
윤철	니 엄마 아프다는 거, 정말이야?
은별	(멈칫) 무슨 뜻이야, 그게?!
윤철	치매라는 거, 사실이냐고? 처벌 안 받으려고 거짓말하는 거지?! 알면서 속아주는 거야, 너까지 속인 거야?!
은별	아빠 너무해! 아무리 엄마가 미워도 어떻게 그런 소릴 해? 치매가 장난

이야? 장난칠 게 없어서 엄마가 아픈 척 거짓말한단 소리야?!! 엄마, 치매 맞아!! 나 때문에 치매 걸린 거야!! 내가 엄마한테 약 먹여서!!

윤철   (놀라) 약이라니.

은별   진 쌤한테 받은 약, 내가 엄마 먹였어. 엄마 기억 사라지라고...

윤철   (경악하는) 뭐어? 그게 무슨 소리야?!! 왜 그랬어?!! 왜 그런 짓을 해?!!

은별   그래야 엄마가 나쁜 짓 안 할 거 같아서!! 나 때문에 엄마가 죄짓는 거, 더는 못 보겠어. 그래서 아무것도 기억하지 말라고 먹인 건데, 나까지 기억 못 할 줄은 몰랐어. 엄마 너무 불쌍해... 매일매일 머릿속이 지워지고 있어. 이제 혼자서는 아무것도 못 해. 나 때문이야... 내가 엄마를 바보 만들었어... (울며 자책하는데)

윤철   은별아... (멍해지는데)

은별   내가 엄마 책임질 거야. 누구한테도 도와달라 안 해. 내가 돈 벌어서 평생 엄마 먹여 살려. 그러니까 수련 아줌마한테 우리 엄마 용서해달라 해줘. 엄마 이제 나쁜 짓 안 할 거야. 부탁이야, 아빠... 내가 이렇게 빌게... 제발 우리 엄마 괴롭히지 말아줘. 한 번만, 한 번만 눈 감아줘...

윤철   니 엄마가 무슨 짓을 했는지 니 눈으로 똑똑히 봤잖아!! 불쌍하게 죽은 로나엄마를 생각해! 절대 넘어갈 수 없는 일이야!!

은별   (눈물 쓱쓱 닦고) 그래서 로나한테 아빠 주겠다는 거잖아! 로나 엄마한테 미안해서! 아빠를 포기하는 일이 나도 쉬웠을 거 같아?!! 근데, 주겠다고!!

윤철   하은별!!

은별   (말 막고) 엄만 이미 벌 받았어! 날 기억 못 하는 것보다 더 큰 벌이 어딨어?!! 하루 종일 불안해서 수면제 없인 잠도 못 자. 그거면 충분한 거 아냐?!! 엄마랑 나, 바닥에서 다시 시작할 거야! 굶어 죽는 한이 있어도, 아빠한테 손 내미는 일 없어!!

윤철   그런 말이 아니잖아!!

은별   (벌떡 일어서고) 더는 아빠 만나고 싶지 않아. 전화도 하지 말고, 찾아오지도 마. 엄마랑 나, 둘이 살게 내버려둬!!! 죽는 날까지 아빤, 로나 아빠

만 해!! (돌아서서 뛰어가 버리면)

윤철　(기막힌데) 은별아! 은별아!! (쫓아가다가, 테이블에 부딪혀 넘어지고. 더는 따라가지 못하는데. 모든 게 혼란스러운)

35.　병원 외경(다음 날 아침)

36.　병원 진료실(아침)
　　　환자복을 입은 윤철, 후배에게 서진의 MRI 검사 자료를 받아보는데.

윤철　내가 부탁한 거 어떻게 됐어? 은별 엄마 검사 자료.

후배　(검사 자료를 불빛에 끼우고) 뇌 주름만 봐서는 치매가 꽤 많이 진행된 거 같아. 뇌해마 부위 위축이 심할 뿐 아니라 뇌백질부에 다발성 경색이 존재해.

윤철　그럼, 조기치매라는 게 사실이라고? 조작될 가능성은?

후배　의사는 검사 결과로만 말해.

윤철　(여전히 믿을 수 없지만, 받아들일 수밖에 없는데) 정말 그 약을 먹었단 말야?

후배　이 정도면 일상생활도 힘들겠는데? 지금 복용하는 약이 꽤 단계가 높아서, 거의 하루 종일 무기력하게 잠만 잘 텐데.

윤철　(문득, 은별 말 떠오르는)

은별(E)　하루 종일 불안해서 수면제 없인 잠도 못 자.

윤철　(이상하단 생각이 들고. 순간 번뜩! 뭔가 생각나고) 잠깐만!! 하나만 더 확인해줘. 5년 전에 은별 엄마가 교통사고 났을 때 찍어놓은 MRI 사진 있지? 그것 좀 찾아서 보여줘!

　　　컷 되면. 후배, 5년 전 서진의 뇌 사진을 나란히 띄우는데.

윤철　어때?

후배	(갸웃하고) 좀 이상한데? 5년 전 사고 때 수술한 흔적이 없어졌어. 두 개의 필름이 완전히 달라. 다른 사람이야!
윤철	(분노하는) 역시 조작된 거였어!! 검사 자료를 바꿔치기 한 거야!!

37. 병원 일각 (아침)

도 비서, 서진 담당의를 협박하고 있는. (12화 35신 의사와 동일)

도비	차트를 함부로 넘겨주면 어떡해요?!
담당의	협진하는 차원으로 열람하겠다는데, 내가 무슨 수로 막아요?
도비	죽을 때까지 비밀로 하셔야 합니다. 치매가 아니라는 사실! 안 그럼, 그동안 홍 교수님이 제약회사에서 받은 뇌물과 접대 목록, 전부 공개될 겁니다.
담당의	당신이나 조심해요. 이게 밝혀지면 내 의사생활도 완전 끝나니까! 난 잃을 게 많은 사람이거든! (홱 가버리면)
도비	(날카로운 표정)

38. 호텔 객실 (낮)

마리, 호텔 객실에서 수련을 만나고 있는. 그 옆으로 로건이 서 있고.

마리	많이 놀랐을 텐데 병원에 입원해서 좀 쉬지 그랬어.
수련	여기가 더 편해요. 애들도 걱정되고.
마리	애들은 걱정할 거 없어. 아예 호텔을 통째로 빌려서 잘 쉬고 있으니까. 헤펠 사람들 다 거기서 묵고 있어. 필요한 건 홍 비서가 다 챙겨주고 있고.
수련	(고맙다는 표정으로 로건과 눈 마주치고) 고마워요.
마리	결국 주단태가 이렇게 끝이 났네. 하 박사님도 깨어나고, 한 시름 덜었지 뭐야. 병원에서도 깨어나기 힘들 거라더니, 완전 기적이잖아. (로건 보며) 하 박사님은 좀 어때요? 후유증 같은 건 없는 거죠? 퇴원은 언제쯤 해요?

로건 (수련과 눈 마주치는. 대답 피하듯) 글쎄요.

수련 (역시 뭔가 알고 있는 듯) 아직은 안정해야 된다니까, 나중에 같이 가요.

마리 그럴까? 그러지 뭐. 이제 악질 중에 악질, 천서진만 남았네. 상태가 더 나빠져서 약물 수위를 더 높인다던데? 아주 쇼를 하는 거 보니까, 단단히 다급한 모양이야. 빨리 블랙박스 영상 공개해서 처넣어 버리자고!

로건 지금 상태론, 치료감호소에서 정신감정을 받아야 할 거예요.

수련 그걸 노리고 있는 거겠죠. 심신상실로 살인을 면죄받는 거! 이대로면 살인증거가 확실해도 감형이 되거나 형 집행정지로 3년 안에 나올 거예요.

로건 윤희 씨를 죽인 죄가 그렇게 용서받아선 안 되죠.

마리 당연하죠. 사람이 죽고, 로나는 엄마를 잃었는데! 꼴랑 3년이 말이 돼요?!

수련 (뭔가 결심한 듯) 손 놓고 기다려선 안 되겠어요. 직접 확인해봐야겠어요!

39. 산동네 원룸 앞(밤)

은별, 지친 표정으로 쓰레기봉투를 버리고 들어가는데.
한쪽에서 모습을 드러내는 수련과 로건.
로건, 은별이 버리고 간 쓰레기봉투를 들고 오면.
수련과 로건, 가로등 아래쪽에서 장갑을 끼고 봉투를 뒤지는데.
수련, 뭔가 발견하고 로건을 보면. 약봉지고. 먹지도 않고 그대로 버린 약이 들어 있는데.

수련 약을 하나도 먹지 않고 버렸어요.

로건 역시 천서진이 연기하고 있었던 거네요. 은별이는 돈을 벌려고 밤늦게까지 일을 하고 있는데, 자식 앞에서까지 기억을 잃은 척 쇼를 하다니!

수련 최소한의 양심도 없는 여자예요! 엄마라고 불릴 자격도 없어요! (분노하면)

로건 (흥분해서) 병원에 재검사를 요청해야겠어요. 블랙박스도 바로 공개해요! 누군가 돈을 받고 검사자료를 바꿔치기했다면, 그들도 용서해선 안돼요!

수련 (결심한 듯) 로나와 은별이를 위해 마지막까지 지켜주려고 했는데.... 더 는 지켜줄 의미가 없어졌어요! 로나 떠나는 대로, 블랙박스, 언론에 공 개하겠어요!!

40. **윤철 병실**(아침)
      윤철을 병문안하고 있는 수련과 로건.

수련 로나가 많이 걱정했어요. 중환자실 면회 때마다 매일 왔었는데...

윤철 (의외라는 듯) 로나가요?

수련 (고개 끄덕이고) 기억은 못 하겠지만, 무의식중에도 로나 목소리 들었 을 거예요. 그래서 이렇게 깨어난 거고요.

윤철 몰랐어요. 날 증오한다고만 생각했는데....

수련 로나, 미국으로 유학 가요. 줄리어드에 합격했어요.

윤철 (놀라) 언제, 떠나요?

수련 내일이요!

윤철 내일?.....

로건 같이 오려고 했는데, 준비할 게 많아서 바쁜가 봐요. 깨어났다는 소식 듣고 떠나서 맘은 편할 거예요.

윤철 (덥석 로건의 손을 잡고, 간곡하게) 로건! 부탁 하나만 들어줘요. 나 여기 서 나가게 해줘요. 로나 한 번만 만나고 싶어요. 이번엔 당신이 나 좀 도 와줘요!

41. **카페**(낮)
      말끔하게 잘 차려입은 윤철, 카페로 들어서면.
      로나, 먼저 와서 기다리고 있는. 윤철을 보는데.
      윤철, 뚜벅뚜벅 로나 앞으로 다가서고, 자연스럽게 앉는.

윤철	오랜만이다.
로나	(반갑지만) 깨나셨단 얘긴 들었어요. 벌써 퇴원하신 거예요?
윤철	응, 회복이 빨라서. 뭐 마실래?
로나	라떼요.
윤철	(서빙녀가 오면) 여기 라떼 두 잔이요.

컷 되면. 서빙녀가 커피 두 잔을 놓고 가고.

로나	이렇게 돌아다녀도 돼요? 다친 데는 어때요?
윤철	(커피 잔을 들어서 마시는) 괜찮아. 다행히 수술이 잘됐다네. 상처 부위도 잘 아물었고, 남은 치료만 잘 받으면 돼. (물끄러미 로나를 보며) 머리 많이 길었네. 원피스, 예쁘다. 하얀색이 잘 어울려. 로나는 엄마랑 참 많이 닮았어. 눈이 큰 것도, 노래 잘하는 것도, 씩씩한 것도.
로나	고집 센 건 아빠 닮았대요. 반곱슬머리도....
윤철	(옅은 미소, 로나를 보면)
로나	(애써 감정 속이며, 뚝뚝하게) 저, 내일 유학 가요. 줄리어드에서 입학 허가 받았어요.
윤철	(기뻐하는) 대단하다, 로나. 정말 잘됐어! 얼마나 걸릴 거 같아?
로나	잘 모르겠어요. 오래 걸릴 수도 있고, 거기서 정착할 수도 있고. (그러다 땀 흘리는 윤철을 보며) 근데, 왜 그렇게 땀을 흘려요?
윤철	(흐르는 땀을 닦으며) 오랜만에 외출했더니 긴장했나 봐. 바쁠 텐데 시간 내줘서 고마워. 건강한 거 봤으니 됐어. 여기서 안녕 하자. 잘 지내야 해. (다급히 돌아서는데)
로나	(나가려는 윤철에게) 그때, 왜 그랬어요? 날 왜 보호하려고 그런 거예요? 그럼 내가 고마워할 줄 알았어요?! (따져 물으면)
윤철	그게 아니라... (변명하려는데)
로나	아저씨란 사람, 정말 싫어요!! 너무너무 싫어요!! 내가 얼마나 무서웠는지 알아요? 아저씨 어떻게 될까봐... 나 때문에 죽을까봐!! 그럼 난 어

쩌라고요. 어떻게 살라고!! (눈물 쏟아내면)

윤철 미안해... 아저씨가 자꾸 너한테 미안한 짓만 하네. 다른 뜻은 없었어. 그냥... 니가 다칠까봐....

로나 (순간 감정 터지고, 애처럼 엉엉 우는데) 아아아.....

윤철 (울고 있는 로나에게 다가서고. 로나를 조심스럽게 안아주며) 난 진짜 괜찮아... 그러니까 미국 가서 노래 열심히 하고, 여기 일 다 잊고 행복하게.... 그렇게 살아, 로나야. (눈물 꾹 참는데)

로나 (그런 윤철을 확 뿌리치고, 의자에 주저앉아 울면)

윤철 (눈물이 주르륵 흐르는. 뒤돌아서 뚜벅뚜벅 입구를 향해 걸어오는데. 앞에 있는 콘솔에 몸 부딪치고. 그러다 콘솔 위에 있는 장식품이 바닥으로 떨어지면. 당황해서 허둥대다 또 벽에 몸 부딪히고. 넘어지고. 손으로 더듬거리며 입구 찾느라 정신없는데. 거의 기듯이 입구 쪽으로 허겁지겁 가는데)

그 위로,

42. 회상 1/13화 30신 연결/윤철 중환자실 연결 (아침)
 의식이 돌아온 윤철, 희미하게 눈을 뜨면.
 그 앞에 의사가 서있고. 그 옆으로 로건도 있는.

의사 (로건에게) 의식이 완전히 돌아온 거 같습니다. 깨어나기 힘들 거라 생각했는데, 환자 의지가 대단합니다.

로건 고맙습니다. 정말 수고하셨습니다. (감사 인사 전하면)

윤철 (로건 목소리 듣고) 로건?

로건 (얼른 윤철 가까이에 얼굴 대고) 맞아요. 나예요. 잘했어요. 아주 훌륭해요. 꼭 깨날 거라고 믿었어요.

윤철 (순간 고개 두리번거리며) 근데, 왜 이렇게 깜깜해요. 불 좀 켜주세요.

로건/의사 (서로를 처다보는데)

로건 (덜컥 겁나는 표정) 아무것도 안 보이나요?

윤철　(보려고 안간힘 쓰는데) 네, 안 보여요... 아주 흐릿하게 윤곽 정도만....
　　　　(덜컥 겁나고) 왜 이러죠, 내가? 어떤 상태가요? 정확히 말씀해주세요,
　　　　선생님. 어떤 결과든, 전 괜찮습니다.

의사　시신경을 다쳐서 시력을 잃었어요. 최선을 다했지만, 도저히 손을 댈
　　　　수 없는 위치여서 수술에 한계가 있었어요. 죄송합니다.

윤철　(잠시 멍해있다가 담담히 현실을 받아들이는 듯) 그럼, 죽나요?

의사　(부정하지 않고) 앞으로 극심한 두통에 시달릴 거예요. 남은 시간 동안,
　　　　가장 높은 단계의 진통제로 버텨야 할 겁니다.

윤철　(순간 로나가 떠오르면) 로나는? 많이 다쳤나요?

로건　덕분에 큰 외상 없이 통원치료만 받았어요. 지금은 아주 건강하고요.

윤철　(진심으로 기뻐하는) 정말 잘됐네요. 감사합니다... 정말 감사합니다. (눈
　　　　물이 옆으로 주르륵 흐르는)

43.　회상 2/카페 앞(낮)
　　　로건, 윤철을 부축해서 카페 앞으로 데려가면.

로건　창가에서 두 번째 자리에 앉아 있어요. 입구에서 열한 걸음이에요.

윤철　무슨 옷 입었나요?

로건　하얀색 원피스요. 머리는 풀었고요.

윤철　잘할 수 있을 거 같아요. 예전에 많이 와봤던 카페라. 걱정 마요. (더듬거
　　　　리며 로나 쪽으로 걸어가는데)

로건　(걱정스럽게 윤철을 보는데)

44.　현재/카페 앞(저녁)
　　　윤철, 간신히 입구 찾아서 허겁지겁 카페를 뛰쳐나오면.
　　　그 앞에 로건이 기다리며 서있고.

로건　별일 없었어요?

윤철	눈치채지 못했겠죠? 넘어지는 거 못 봤어야 되는데... 바보같이 방향을 잘못 잡아서 실수했어요. 로나 기억엔 건강한 모습으로만 남고 싶은데...
로건	(안타까운) 미국에 있는 닥터 알아볼게요. 분명 방법이 있을 거예요. 절대 포기하지 마요. 로나를 위해서라도!
윤철	(담담히) 나, 신경외과 닥터예요. 그래 봤자 몇 달이에요. 아까운 시간, 차가운 병원에서 천장만 보면서 낭비하기 싫어요. 이렇게 걷고, 들을 수 있을 때, 은별이를 위해 한 가지라도 하고 싶어요.
로건	하고 싶은 게 뭐예요? 내가 도울게요.
윤철	은별이 데리고 와야죠. 아무것도 모르고 자기 엄마한테 이용당하고 있는데, 더는 두고 볼 수 없어요. (그러다 갑자기 극심한 두통이 시작되면서, 머리 붙잡고 쓰러지면)
로건	하 박사! 정신 차려요, 하 박사! (그러다 뒤돌아보고) 홍 비서! 빨리 병원으로!

로건, 뒤를 돌아보면. 홍 비서가 달려오고.
윤철, 홍 비서 등에 업혀서 다시 병원으로 옮겨지는데.

45. 카페(낮)
　　　로나, 주머니에서 뭔가를 꺼내는데. 차마 주지 못한 선물이고.
　　　열어보면, 만년필인데.〈신경외과 닥터, 하윤철〉이라고 적혀있는.

로나	잘 있어요, 아빠...... 안녕...... (애써 맘 추스르는)

46. 청아그룹 회의실(낮)
　　　로건, 간부진들 앉혀놓고 회의 주재하고 있는.

로건	더 이상 주단태와 천서진이 만들어놓은 청아그룹은 없습니다. 하지만, 지금껏 최선을 다해 뛰어오신 임원진과 직원 분들의 노력까지 버리고

싫진 않습니다. 때문에 직원 모두를 조건 없이 고용 승계하도록 하겠습니다.

간부들 와와....(일제히 박수 치며 환호하고)

로건 앞으로 청아그룹은 심운그룹이라는 이름으로 다시 태어날 겁니다. 천수지구 역시 심운건설이 책임지고, 가장 살기 좋은 청정타운으로 건설하게 될 겁니다. 모두들 지난 과오는 잊고, 회사를 위해 최선을 다해주십시오.

간부들, 전부 일어나서 열화와 같은 박수를 치는.

47. **청아그룹 단태 사무실 (낮)**
홍 비서와 직원들, 단태의 잔재들을 치우고 있는데.
로건, 사무실로 들어서는.
단태의 명패를 들어서 부숴버리는데.

48. **청아아트센터 일각/원룸 계단/전화통화 (낮)**
"청아아트센터"의 현판이 내려지고 "심운아트센터"의 현판이 새로 올라가는.
감회에 젖은 듯 지켜보고 있는 수련.

수련(E) 아버지, 주단태가 뺏어간 심운이란 이름, 드디어 다시 찾았어요.

그때, 수련한테 핸드폰 오고. 보면 윤철이고.
윤철, 힘겹게 벽을 잡고 계단을 오르고 있는.

수련 하 박사님?!

윤철 은별이 데리러 왔어요. 은별이한테 전화했더니, 천서진이 병원 가고 없다고 해서요.

수련	(놀라) 혼자서요? 혼자 거길 어떻게 가요? 몸도 안 좋으면서!
윤철	택시 세워놨으니 곧장 타고 오면 돼요. 부탁이 있는데, 은별이한테는 내가 말하게 해줘요. 그래도 엄만데, 언론에서 듣게 되면 충격이 심할 거예요. 은별이 데리고 멀리 좀 떠나있을 생각이에요. 마지막 남은 시간은 은별이하고 둘이 보내고 싶어요. (계단 한 걸음 한 걸음 오르는데)
수련	알았으니까, 지금 거기 어디예요? 내가 갈게요! 그때까지 아무것도 하지 마요. 윤철 씨! 내 말 듣고 있어요? 거기 꼼짝 말고 기다려요! (전화 끊고, 바로 뛰어나가는데)

윤철, 마지막 계단을 올라서고, 숨 한번 돌린 다음 집을 찾기 시작하면.
윤철의 뒤로, 어두운 누군가의 그림자가 따라오고....

49. 산동네 원룸 앞 복도/계단 (낮)

윤철, 계단을 다 올라와, 더듬거리며 서진의 원룸을 찾는데.
가까이 눈을 갖다 대고 몇 호인지 확인하다가 벨을 누르면.

노파	(문을 열고 나오는) 누구세요?
윤철	(멈칫하고) 여기, 205호 아닌가요?
노파	205호는 옆집이잖아요.
윤철	아, 죄송합니다. 잘못 눌렀나 봐요.
노파	젊은 사람이 왜 그래? (신경질적으로 문을 꽝 닫으면)

윤철, 다시 벽을 잡고 더듬거리며 옆집으로 향하는데.
그때, 205호 앞에 윤철의 앞을 가로막고 서는 누군가.

| 윤철 | 은별이? 은별아! 벌써 나와있었어? 아빠랑 같이 가자. 너 여기 있으면 안 돼! 니 엄마, 지금 너 속이는 거야! MRI 기록 다 조작됐어. 그 약 먹지도 않았어. 아빠가 다 확인했다고. 빨리 가자. 니 엄마 오기 전에! |

윤철, 은별의 팔을 잡아끄는데. 은별, 꼼짝 않고.

윤철   빨리 가자니까! 아빠 말 못 믿어?!

윤철, 순간 뭔가 이상한 예감 들고. 눈 깜빡이며 손을 들어서 은별의 얼굴을 가까이에서 만져보는데. 희미하게 서진의 얼굴이 보이고. 화들짝 놀라는 윤철!

서진   (교활한 미소) 당신이 시력을 잃은 줄은 꿈에도 몰랐네. 정말 안 보이는 거야?

윤철   (뒷걸음질 치는) 가까이 오지 마!! 내 딸 어딨어? 은별아! 은별아!! (소리치는데)

윤철, 보이지 않아 휘청하고.
점점 다가오는 서진.

서진   왜 그래? 내가 무서워? (윤철에게 다가서면)

윤철   (계속 뒷걸음질 치며) 그만해! 어디까지 바닥을 보이려고 이래?! 넌 은별이 엄마야!! 어떻게 자식을 이용할 생각을 해?!! 너, 그 약 안 먹었잖아?!! 은별이가 너 때문에 얼마나 괴로워하는 줄 알아?!!

서진   내가 살아야 은별이도 살아!

윤철   은별이 핑계 대지 마! 다 널 위한 거잖아! 오직 너만 살리고!!

서진   은별이가 그 약을 나한테 먹이려고 했던 건 변함없는 사실이야. 은별이가 원하는 대로 난 기꺼이 동참했을 뿐이고.

윤철   아니! 넌 윤희를 죽인 사실을 은폐하기 위해 연기를 한 거야! 마지막 양심까지도 팔아먹었어!! 은별이 죄책감을 이용해, 니 죄를 덮어씌우고 있다고! 은별이 데려갈 거야. 다 말하겠어!!

서진   당신 말고, 또 누가 알아? 내가 치매 아니라는 거! 벌써 심수련한테도 말

했어? 로건 그 자식까지 다 알고 있냐고?!! (매섭게 윤철에게 다가가면)

윤철 이제 다 끝났어! 그냥 벌 받아!!

서진 당신만 입 다물면 돼. 은별이와 난 외국 나가서 살 거야. 한국엔 영영 안 돌아와. 그럼 되잖아.

윤철 서진아, 제발!!! 멈추라고!! 너 왜 이렇게까지 된 거야? 정신 차려!!!

서진 (읍소하듯) 은별일 위해 당신이 이번 한 번만 봐줘. 마지막 부탁이야!

서진, 사정하듯 윤철 쪽으로 한 발을 더 내디디면.

윤철, 뒷걸음질 치다가 발을 헛디디고. 그대로 계단으로 굴러떨어지는데.

서진, 피를 흘리며 쓰러진 윤철을 내려다보는.

그 순간! 정신이 번쩍 들고! 정신없이 계단을 뛰어 내려와 쓰러진 윤철 앞에 서는데. 눈가가 붉어지는.

서진 여보!!!!! (온몸이 바들바들 떨려오고. 핸드폰을 꺼내 구급차를 부르려는데)

윤철 (서진을 향해 힘겹게 손을 내미는)

서진 (윤철이 내민 손을 덥석 잡는데. 자신이 무슨 짓을 한 건지 믿기지 않는 듯. 죽일 의사는 없었던 것) 여보... 정신 차려! 죽으면 안 돼! 이렇게 가면 안 돼!! 제발... 제발 죽지 마!! 죽으면 용서 안 할 거야!! (윤철의 손을 자신의 얼굴에 비비며, 미친 듯 눈물 흘리는데)

윤철 (희미하게 미소 지으며, 더없이 부드럽고 다정한 표정으로 서진을 보는) 윤희야... 금방 갈게... 기다려. 널 한 번도 잊은 적 없었어. 사랑했다.

윤철, 고개를 푹 떨구고 정신을 잃으면.

서진, 순간 멍해져서 윤철을 보는데. 완전한 패배감이 들면서 감정이 싸늘해지는.

서진 (눈물 쓱쓱 닦고, 냉담하게 일어서는) 당신은 끝까지 날 나쁜 사람으로 만드는구나. 죽는 순간까지도 날 버렸어! (피를 흘리며 쓰러진 윤철을 보는데. 기괴하게 일그러진 웃음을 짓는 서진. 그러면서도 걷잡을 수 없는 슬픔이 몰아닥치는데)

50.   원룸 동네 일각 (낮)
        수련의 차, 끽─ 하고 급하게 멈춰 서면. 수련, 차에서 내리고.
        은별이 비닐봉지 들고 걸어오다 마주치는데.

수련   (은별을 보고) 은별아! 너 왜 여깄어? 아빠는?!!
은별   (수련을 보고 멈칫하다) 아빠 온다고 해서, 과일 사가지고 가는 길이에요.
수련   (안 좋은 예감에 휩싸이고) 니 엄만?
은별   병원 가셨어요.

        수련, 그대로 원룸을 향해 뛰는데. 은별, 영문 모르고 쫓아가고.
        두 사람과 비껴서 모습을 드러내는 서진.

51.   원룸 계단 (낮)
        수련, 정신없이 계단을 뛰어올라가다가 멈칫하고. 피를 흘리며 쓰러진
        윤철을 보는데.
        다다다닥! 따라 올라오는 은별의 발소리 들리면.
        수련, 은별이 윤철을 보기 직전에, 은별의 팔을 잡아당겨서 돌려세우
        는. 그 바람에 은별 손에 들려있던 과일이 계단으로 굴러떨어지는데.
        그 위로, 앰뷸런스 소리 들리는.

52.   도로 (낮)
        서진, 정신없이 도로를 걷고 있는. 주체할 수 없는 감정이 휘몰아치는데.
        문득 손에 쥔 핸드폰을 보면. 윤철의 피가 묻어있고.
        순간 걷잡을 수 없는 구토가 치밀어 오르면서, 근처 화장실로 뛰어 들

어가는.

53. 공중화장실 (저녁)

서진, 화장실로 들어가, 급하게 피가 묻은 핸드폰을 물로 씻어내는데.
바들바들 떨리던 손이 점차 감정 정리되는 듯 편안해지고.

서진 (핸드폰을 꼼꼼히 씻어내며) 이미 다 끝난 일이야! 이젠 돌이킬 수 없어! 앞
으로 나아가야 해. 난 천서진이니까! (핸드폰에 묻은 피를 다 닦아내면. 도
비서에게 바로 전화하는) 나야. 하윤철이 죽었어. 지금 당장 출국 준비해!
나랑 은별이, 어느 나라든 떠나야 해!! 서둘러!! (독하게 마음먹는 서진)

54. 병원 시체안치실 (저녁)

윤철의 시체를 확인하는 은별, 넋이 나간, 눈물도 나오지 않는데.
윤철, 단정하게 누워있으면. 믿을 수 없는 얼굴로 은별이 다가오고.

은별 (멍해서) 아빠... 여기 왜 누워있어. 나 왔어. 눈 떠서 나 좀 봐봐. 아빠
아..... (그러다 울음 터지고) 내가 잘못했어. 다신 찾아오지 말란 말 안 할
게. 그러니까 일어나, 제발.... 내가 미안해.... 못되게 말해서 미안해, 아
빠..... 아빠.... (오열하는데)

55. 병원 시체안치실 앞 (저녁)

은별의 울음소리가 문 너머로 들리면.
그런 은별을 보고 있는 수련. 그때, 로건이 뛰어오고.

로건 어떻게 된 거예요?!! 하 박사가 죽다니!!

수련 (분노에 찬 목소리로) 천서진 짓이에요! 천서진이 윤철 씨를 죽게 만들
었어요!!

로건 (주머니에서 뭔가를 꺼내는데. 로나가 주려던 만년필이고) 로나가 전해달

라는 것도 아직 못 줬는데.... (이 악물고) 해외로 도망칠 거예요. 빨리 출
국금지부터 시켜야겠어요! (핸드폰 들면)

수련   (로건을 말리는) 아뇨. 천서진이 원하는 대로 해주죠.

로건   무슨 말이에요?! 그러다 영영 놓치면?!!

수련   (독하게) 최후의 방법을 쓸 수밖에요!! 우리도 천서진을 속여야겠어요!
스스로 죄를 까지 않고는 못 배기도록!! (다른 계획이 있는 표정인데)

그때, 은별이 나오고. 휘청하면. 그런 은별을 부축하는 수련.

수련   괜찮아?

은별   (수련의 팔을 뿌리치고) 이거 놔요! 이상한 말 하려면 빨리 가요!! 나, 아
줌마 말 안 들을 거예요.

수련   아직도 내 말을 못 믿는 거야?

은별   말이 안 되잖아요! 아무것도 기억 못 하는 사람이, 왜 아빠를 죽여요?
엄마는 그때 집에 있지도 않았다고요!

수련   있었어! 도망친 거야! 니 엄마는 다 기억하고 있어! 치매가 아냐!! 널 속
이고 있다고!!

은별   말도 안 돼!! 내가 내 손으로 먹였어요!! 엄마한테 그 약을!! 그래서 나
까지 못 알아보는 거예요!

수련   어떤 상황인지는 모르겠지만, 니 엄마, 그 약 안 먹었어. MRI 사진도 조
작된 거야!

은별   아니야!! 아니야!! (고개 내저으면)

수련   (은별 양어깨를 붙들고, 독하게) 로나 엄마가 죽고, 니 아빠가 죽었어! 그
사람들한테 미안하지도 않아?! 얼마나 더 많은 사람이 희생당해야, 내
말을 믿을 거야?!!

은별   내 눈으로 직접 보기 전엔, 절대 아무것도 안 믿어요!! (확고한데)

56. 산동네 원룸(아침)

서진, 이미 떠날 채비 끝냈고. 초조한 듯 서성이고 있으면.
도 비서가 보고를 하고 있는.

도비   하 박사님이 시력을 잃은 상태라, 경찰에서도 의심 없이 실족사로 정리하는 거 같습니다.

서진   심수련 쪽은?

도비   아직 별다른 움직임이 없습니다. 사건이 발생한 시각에, 이사장님이 집에 없었다는 게 확실해서 손을 쓰지 못하는 거 같습니다.

서진   (회심의 미소) 그럼, 출국하는 건 아무 문제가 없겠네. 은별이는 아직 장례식장에 있어?

도비   네. 제가 시간 맞춰서 공항으로 데려가겠습니다. 이사장님은 먼저 출국하십시오! (비행기 티켓을 내밀고) 의심받지 않게 다른 비행기를 이용하는 게 좋을 거 같습니다.

서진   그럼 출발하지! (가방을 드는데)

그때, 서진의 핸드폰 울리고. 보면 은별인데.

서진   (받는) 여보세요.

은별(F)   엄마!! 아아악!! (비명 지르면)

서진   (당황하지만, 애써 침착하게) 여보세요!! 무슨 일이야?!!

수련(F)   (전화 뺏어들고) 연기 집어치워, 천서진!! 니 딸 살리고 싶으면 지금 당장 달려와!! 니가 윤희 씨를 죽인 거기로!! 한 시간 내로 오지 않으면, 두 번 다시 은별인 못 보게 될 거야! (전화를 탁 끊어버리면)

서진   (굳어지는, 하얗게 질려서) 심수련이 은별이를 데리고 있어!!

도비   네에?

서진   못 알아들어?! 심수련이 우리 은별일 납치했다고!! 가봐야겠어!! (뛰쳐나가려면)

도비	(막아서고) 함정일 겁니다! 은별인 저한테 맡기시고, 떠나십시오! 지금 출발해야 비행기를 타실 수 있습니다! 시간이 없어요! (강경한데)
서진	(이성 잃었고) 주단태를 죽인 게 심수련이야! 무슨 짓이든 할 수 있는 여자라고!!! 우리 은별이까지 죽일지 몰라!! 가야 돼!!
도비	(물러서지 않고) 안 됩니다! 우선 이사장님이 사셔야 합니다. 지금 기회를 놓치면 다시 기회가 없을지도 모릅니다. 은별인 제가 꼭 찾겠습니다!
서진	(도 비서의 빰을 후려치고) 난 은별이 엄마야!! 은별이 살려야 돼!! 당장 차키 내놔!! 오늘, 심수련과 끝을 봐야겠어! (도 비서의 차키를 뺏어들고, 미친 듯이 뛰쳐나가면)
도비	이사장님! 이사장님! (쫓아 나가고)

57. 김포 도로/도 비서 차 안(낮)

미친 듯 운전해서 달리는 서진.
굽이굽이 커브길을 속도 내서 달리는데. 초조하고 불안해서 미칠 거 같고.

58. 김포 벼랑 위(낮)

급하게 달려와 멈춰 서는 차. 차에서 뛰어내리는 서진.
보면, 벼랑 끝에 세워져 있는 수련의 차가 보이고. 수련의 차 쪽으로 달려가는데.

서진	은별아!! 은별아!! (목청껏 부르면)
수련	(차 문 열고, 차에서 내리는) 가까이 오지 마!! 그럼, 니 딸은 여기서 죽어!! (막아서면)
서진	(멈춰 서고) 뭐하는 짓이야? 은별인 아무 죄 없어. 니가 원하는 건 나잖아!! 은별아!! 엄마 왔어!! (난리 치는데)
수련	이렇게 멀쩡한데 그동안 연기하느라 고생했어.
서진	(수련에게 달려들고) 심수련!! 왜 사사건건 내 인생에 끼어들어 훼방질

이야?

수련　윤희만 죽이면 다 끝날 거라 생각했어? 주단태한테 뒤집어씌우면, 죽을 때까지 비밀일 줄 알았어?!

서진　(발악하며) 오윤희는 너 때문에 죽었어!! 널 상대하려면, 니 오른팔을 잘라야 했으니까!!

수련　이제야 실토를 하는 건가?

서진　고상한 척, 잘난 척, 위선 떨지 마! 민설아를 죽인 살인자를 용서해준답시고 가식만 안 떨었어도, 오윤희는 감옥에서 나올 일도 없었고, 죽지도 않았을 거야.

수련　늘 그런 식으로 자기 죄를 합리화하며 살았던 거야?

서진　닥쳐!!

수련　여기서 끝내! 니 딸이 모든 걸 안고 가게 해줄게. (뒤에서 자신의 차를 밀려는데)

서진　안돼!! 우리 은별인 안돼!! 은별아!!

수련을 밀치고, 뒷좌석 문을 열고 달려들면. 수련의 차 안, 비어있고.

서진　내 딸 어딨어? 어쨌어, 은별이!! (눈이 돌아가 수련에게 달려들어 목을 조르기 시작하는데)

수련　(서진한테 순순히 목 잡힌 채) 하윤철은 왜 죽었어? 니가 치매가 아니라는 걸 알아서?! 니 거짓말이 탄로 날까봐?! 그런다고 사람을 죽여?!

서진　은별이나 돌려줘!! 니 말 하나도 안 들려!!

수련　(조롱하며) 니가 어떻게 하냐에 따라 은별이 목숨이 달렸어! 니 말 한마디에 죽을 수도, 살 수도 있어!

서진　원하는 게 뭐야? 내가 자수라도 하길 바래? 천만에! 절대 그런 일은 없어!! 니가 날 벼랑 끝으로 몰지만 않았어도, 하윤철은 그렇게 안 죽었어!! 자기 딸을 위해서라도 하윤철은 날 버리지 말았어야 해!!! (미친 듯이 수련의 목을 조르는데)

59.　로건의 차 안/김포 벼랑 일각(밤)

60.　로건의 차, 벼랑이 내려다보이는 곳에 서있고. 로건과 은별이 타있는.
　　　로건과 함께 차 안에서 서진의 모든 걸 지켜보고 있는 은별, 눈물을 흘리는데.

은별　(절망적인) 아빠를 죽인 게, 정말 엄마였어?! 내가 엄마를 위해서 무슨 짓까지 했는데... 어떻게... 어떻게 아직도 괴물인 거야?

로건　(마음 착잡한데) 이제야 믿겠니?

은별　(이내 결심한 듯 핸드폰 들어, 112에 신고하는) 경찰이죠? 살인자를 신고할게요. 오윤희 씨를 죽인 진범을 알고 있어요. 내가 봤거든요. 내 엄마가 아줌마를 죽이는 거...... (눈물 흘리는 은별)

61.　김포 벼랑 위(낮)
　　　수련과 서진, 대치하고 있는데.
　　　멀리서 경찰 사이렌 소리 울리면. 화들짝 놀라서 돌아보는 서진!

수련　다 끝났어, 천서진! 기어이 넌, 니 딸한테까지 버림받는 방법을 선택한 거야.

서진　뭐?

수련　은별이가 다 지켜보고 있었어. 니 거짓말! 니 더러운 악행들! 전부 다! 경찰을 부른 것도 은별이야!!

서진　(기막히고) 날 속인 거였어? 니가?!!! (경찰차가 다가오면, 절망감에 포효하는데) 심수련!! 너만 아니었어도 내 인생은 완벽했어!! 너만 내 인생에 나타나지 않았어도, 내 가정이 깨질 일도 없었고, 주단태 같은 인간이랑 엮일 일도 없었어. 은별이랑 나, 행복할 수 있었어!

수련　(조소하며) 행복? 넌 그럴 자격 없어! 니 인생에 앞으로 그딴 건 없을 거야!

서진 이렇게는 못 죽어!! 나 혼잔 억울해서 못 죽어!! (달려들면)

수련 원하는 바야!!

수련, 서진의 몸을 끌어당겨 몸싸움하는데.

경찰들, 차에서 내려 서진을 포위하는.

수련, 경찰들이 가까이 다가오면, 점점 절벽 끝으로 몰리는 거 같더니 휘청하고.

수련 (절박하게 사정하는) 천서진! 살려줘!! 아악!!! (비명 내지르며 바다에 빠지는데)

서진 심수련!!!! (당황해서 내려다보면. 믿을 수 없는 일이 벌어졌고)

경찰 천서진! 손 들어!! (달려들어 서진을 체포하면)

서진 아니야!! 난 아니라고!! 난 밀지 않았어!! 정말이야!!

경찰 (무전 하는) 김포 벼랑에서 추락자 발생! 긴급구조 요망!! 용의자는 현장에서 체포함! 이상! (경찰들에게) 끌고 가!

서진 난 아니야!! 내가 죽이지 않았어!! (발악하며 끌려가는데)

그때, 로건이 수련을 부르며 벼랑 끝으로 뛰어오는. 아래를 내려다보면.

수련이 빠진 바다에 거칠게 물보라가 일고 있는 데서 엔딩!!

행복한 삶이었습니다

1.   13화 60신/로건의 차 안/김포 벼랑 일각 (밤)
      로건의 차, 서진과 수련이 내려다보이는 절벽 위쪽에 서있고.
      로건과 함께 서진의 모든 걸 지켜보고 있는 은별, 눈물을 흘리는데.

은별   (절망적인) 아빠를 죽인 게, 정말 엄마였어?! 내가 엄마를 위해서 무슨
         짓까지 했는데... 어떻게... 어떻게 아직도 괴물인 거야?

로건   (마음 착잡한데) 이제야 믿겠니?

은별   (이내 결심한 듯 핸드폰 들어, 112에 신고하는) 경찰이죠? 살인자를 신고
         할게요. 오윤희 씨를 죽인 진범을 알고 있어요. 내가 봤거든요. 내 엄마
         가 아줌마를 죽이는 거...... (눈물 흘리는 은별)

2.   13화 엔딩 연결/김포 벼랑 위 (낮)
      수련과 서진, 대치하고 있는데.
      멀리서 경찰 사이렌 소리 울리면. 화들짝 놀라서 돌아보는 서진!

수련   다 끝났어, 천서진! 기어이 넌 니 딸한테까지 버림받는 방법을 선택한
         거야.

서진   뭐?

수련   은별이가 다 지켜보고 있었어. 니 거짓말! 니 더러운 악행들! 전부 다!
         경찰을 부른 것도 은별이야!!

서진   (기막히고) 날 속인 거였어? 니가?!!! (경찰차가 다가오면, 절망감에 포효
         하는데) 심수련!! 너만 아니었어도 내 인생은 완벽했어!! 너만 내 인생
         에 나타나지 않았어도, 내 가정이 깨질 일도 없었고, 주단태 같은 인간
         이랑 엮일 일도 없었어. 은별이랑 나, 행복할 수 있었어!

수련   (조소하며) 행복? 넌 그럴 자격 없어! 니 인생에 앞으로 그딴 건 없을 거야!

서진   이렇게는 못 죽어!! 나 혼잔 억울해서 못 죽어!! (달려들면)

수련   원하는 바야!!

수련, 서진의 몸을 끌어당겨 몸싸움하는데.
경찰들, 차에서 내려 서진을 포위하며 가까이 다가서면.
수련, 점점 절벽 끝으로 몰리는 거 같더니 휘청하고.

수련　(절박하게 사정하는) 천서진! 살려줘!! 아악!!! (비명 내지르며 바다에 빠지는데)

서진　심수련!!!! (당황해서 내려다보면. 믿을 수 없는 일이 벌어졌고)

경찰　천서진! 손 들어!! (달려들어 서진을 체포하면)

서진　아니야!! 난 아니라고!! 난 밀지 않았어!! 정말이야!!

경찰　(무전 하는) 김포 벼랑에서 추락자 발생! 긴급구조 요망!! 용의자는 현장에서 체포함! 이상! (경찰들에게) 끌고 가!

서진　난 아니야!! 내가 죽이지 않았어!! 이거 놔!! (발악하며 끌려가는데)

그때, 로건이 벼랑 끝으로 뛰어오는. 아래를 내려다보면.
수련이 빠진 바다에 거칠게 물보라가 일고 있는데!

로건　수련 씨!!! 수련 씨이이이이!!!!! (로건의 절규가 메아리치는)

3.　**김포 벼랑 전경**(낮)
　　수색대들, 수련을 찾아 헤매는데. 그 위로,

앵커(E)　전대미문의 살인사건으로 전국이 떠들썩합니다. 유명 가구회사 대표인 심수련 씨가 오늘 김포 벼랑에서 실종됐습니다. 수십 명의 잠수부가 투입돼 수색 중이지만, 실종 4시간이 지난 현재까지 여전히 발견되지 않고 있습니다. 경찰은 현장에서 검거된 용의자 천서진 씨를 조사하는 한편, 천 씨가 자신의 라이벌인 오윤희를 죽인 진범이라는 의혹까지 추궁하고 있습니다.

4.　　　수련 호텔방(며칠 후, 낮)
　　　　마리, 제니, 석훈, 석경, 로건까지 다 모여있는.
　　　　모두들 울먹이며 뉴스를 보고 있는데.

앵커(E)　실종된 심수련 씨의 수색이 사흘째 이루어지고 있는 가운데, 전문가들
　　　　은 생존 가능성이 희박한 것으로 추측하고 있습니다. 인간의 욕망이 어
　　　　디까지 갈 수 있는지를 보여준 이번 사건은, 삶의 가치를 잃어버린 자
　　　　의 말로가 무엇인지 돌아보게 합니다.

　　　　마리, 가슴을 쥐어뜯으며 울고 있고.
　　　　석경과 석훈, 충격으로 눈물도 나오지 않는.
　　　　로건 역시 굳어진 채 창밖만 바라보고 있는데. 문득 테이블 위에 뭔가
　　　　가 눈에 들어오고. 자세히 보면, 수련에게 줬던 약혼 반지가 놓여있는.
　　　　로건의 눈빛!

5.　　　김포 벼랑 위(며칠 뒤, 낮)
　　　　수련과 윤희의 빈소가 작지만 예쁘게 마련되어있고.
　　　　마리, 석경, 석훈, 제니, 그들을 그리워하며 꽃과 편지들을 놓아두는.
　　　　로건, 무표정하게 그들을 바라보고 있는데.

검사(E)　피고인은 오윤희 씨 살해혐의를 인정합니까?

6.　　　재판장(몇 주 뒤, 낮)
　　　　서진의 재판이 진행되고 있고, 담담한 표정의 서진, 피고인석에 앉아
　　　　있으면.

검사　　당시 차 블랙박스에 찍힌 영상을 증거자료로 제출합니다.
재판장　공개하십시오.

화면에서 나오는 블랙박스 영상. 차를 밀어 윤희를 죽이는 서진의 모습이고.

로건, 마리, 석훈, 석경, 제니까지 참관 중인.

모두들 처참한 모습에 눈물을 흘리는데.

서진 (초췌한 표정으로) 아무것도 기억나지 않습니다.

검사 피고인은 또한 피해자 심수련 씨를 바다로 밀어 고의적으로 살해했습니다. 인정합니까?

서진 기억이 없습니다.

변호사 피고인은 현재 조기치매를 앓고 있습니다. 청아의료원 전문의 소견에 따르면 피고인은 하나뿐인 딸조차 알아보지 못할 정도로 심각한 심실 상탭니다. 지금과 같은 심문은 무의미하다고 생각합니다.

방청객 (웅성거리는데)

검사 피고인의 현재 상태를 가장 잘 알고 있는 사람을 증인으로 신청합니다.

걸어 나오는 사람, 은별이고. 술렁이는 재판장.

서진, 놀라서 은별을 보는데. 은별, 증인석에 앉는.

검사 증인은 피고인과 무슨 관곕니까.

은별 (차분하게) 딸입니다.

검사 그럼 가장 최근까지 피고인을 옆에서 지켜봤겠네요. 피고인이 지금 치매를 앓고 있다는 게 사실입니까?

은별 (심호흡하고, 다부지게) 아닙니다. 거짓말이에요! 엄마는 지금 연기를 하고 있는 거예요!

서진 (은별을 보면)

방청객들 (웅성거리고)

은별 엄마는 모든 걸 다 기억하고 있어요! 기억하고 있기 때문에, 수련 아줌마도 죽인 거예요. 수련 아줌마가 엄마의 죄를 다 아니까! (서진을 노려보며) 엄마는 딸에게조차 한 번도 진실한 적이 없었어요!

서진　(냉정하게 외면하는) 난, 저 사람이 누군지 모릅니다. 무슨 얘길 하는지 하나도 모르겠어요! (소리치면)

검사　(개의치 않고, 질문 계속하는) 증인은 사건 당시 김포 절벽에 있었죠? 뭘 봤는지 그대로 진술해줄 수 있습니까?

변호사　(벌떡 일어서고) 증인은 피고인의 직계가족입니다. 증언거부권을 행사할 수 있습니다.

재판장　인정합니다. 증인, 진술을 거부할 수 있습니다.

은별　아닙니다. 진술하겠습니다.

서진　(놀라서 보면)

은별　(상황 떠올리며) 저는 그날 사고현장에 있었고, 처음부터 끝까지 엄마가 한 행동을 다 지켜봤습니다. 엄마는... 살려달라고 매달리는 아줌마를 매몰차게 바다로 밀어서 죽게 만들었습니다.

로건/마리/석훈/석경/제니/방청객들　(분노하고 술렁대면)

변호사　(즉각 반론하는) 증인은 사건 현장과 상당한 거리에 떨어져 있었습니다. 정확한 상황을 봤다는 건 억지입니다. 피해자의 사망은 상호 간 몸싸움 도중에 우발적으로 일어난 사고일 뿐입니다!

은별　사고가 아니었어요! 엄마는 고의적으로 수련 아줌마를 밀었고, 아줌마는 엄마에게 어떤 위협적 행동도 하지 않았어요!

서진　거짓말이에요!! 난 절대 죽이지 않았어요!!

은별　(확실하게) 제가 증인입니다! 제 두 눈으로 똑똑히 봤어요. 청아재단 이사장이 되려고 할아버지를 청아예고 계단에서 밀어 죽일 때도, 날 구하려던 윤희 아줌마를 차로 밀어서 죽일 때도, 난 매번 현장에 있었어요. 엄마는 내가 보는 앞에서 세 번이나 살인을 저질렀어요!!

방청객들/검사/판사들　(경악하고)

은별　엄마는 살인자예요! 어떤 정신질환도 없는 상태로, 오직 자신의 이익을 위해서 죄 없는 사람들을 죽였습니다.

서진　(기막힌 듯 보는데)

검사   증인이 직접 목격했는데, 왜 지금껏 침묵한 거죠?

은별   이 모든 비극의 시작은 나였으니까요.... (담담하게 말 이어가는) 엄마는 나를 청아예고에 합격시키기 위해 성적을 조작했고, 나를 서울대에 보내기 위해 끝없이 윤희 아줌마와 대립했고, 나한테 청아재단 이사장 자리를 물려주기 위해 할아버지를 죽였어요. 엄마의 죄의 시작은 늘 저였어요. 그래서 전 한 번도 진실을 말하지 못했어요. 저도 처벌받게 해주세요. (눈물이 주르륵 흐르면)

서진   (순간 가슴이 쿵! 내려앉고)

은별   저는 노래로 윤희 아줌마의 딸을 한 번도 이기지 못했어요. 그래서 엄마는 늘 불안했어요. 제가 엄마처럼 1등이 되지 못할까봐.... 최고 성악가가 되지 못할까봐... 이제, 모든 걸 끝내고 싶어요.

서진   (불안한 표정으로 은별을 보는데) 은별아?!!!

은별   (서진을 보는) 엄마, 이제 좀 편해져도 돼. 난 죽었다 깨나도 엄마 기대를 채워줄 수 없어. 다신, 노래하지 않을 거야. (슬프게 웃는)

은별, 갑자기 주머니에서 날카로운 걸 꺼내더니, 스스로 성대를 긋는데.

서진   아악!!! 은별아!! 안 돼!! (은별을 향해 달려오고. 은별을 안아서, 피가 솟구치는 목을 틀어막고) 어떡해.. 어떡해, 우리 은별이!!

은별   (힘겹게) 엄마, 나 때문에 더는 죄짓지 마. 나도 벌 받을게. 우리 이제 살아서는 만나지 말자.

판사   빨리 병원으로 데려가요!!

청원경찰이 달려오고. 방청객들 경악하는데.
로건과 마리, 석훈, 석경, 제니도 놀라서 보고 있는!

서진   (진심이 터져 나오는) 은별아... 아니야... 너 때문이 아냐. 넌 잘못 없어! 엄마가 잘못했어!! 엄마한텐 너밖에 없어! 니가 내 전부야!! 모든 선택이 널

위해서였어!! 너가 없으면, 엄마도 없는 거야!!! (미친 듯이 울부짖는데)

청원경찰, 은별을 안아서 데리고 나가면. 법정은 아수라장이 되는데.
서진, 뿌리치고 은별한테 가려고 하면. 청원경찰들에게 붙잡히고.

서진   은별아!!! 은별아!! 제발 엄마 좀 봐줘... 은별아... (처절한 몸부림이고)
은별   (실려 나가면서, 끝까지 서진을 보지 않는데)

서진, 저지당하면서 죽을 듯이 발악하는 모습 슬로우로 걸리면서, 그 위로,

재판장(E)   판결합니다. 피고인 천서진은 오윤희와 심수련을 정상적인 심리상태
로 고의성을 갖고 살해했음이 인정된다. 잔혹한 범행을 저지르고도, 전
혀 반성하지 않고 치매 연기로 범행을 부인하는 등, 그 죄가 매우 사악
하고 무겁다. 이에 법정 최고형인 무기징역을 선고한다. 탕! 탕! 탕!

자막 〈3년 후〉

7.   심운아트센터 전경 (낮)
     외벽에 크게 걸린 로나의 공연 포스터와 함께 리포터가 리포팅 중인.

리포터(E)   줄리어드 음대를 조기졸업하고, 현재 이탈리아에서 활동하는 소프라
노 배로나 양이 화려하게 귀국했습니다. 최근, 세계 최고 소프라노에게
만 주어지는 황금기러기상을 최연소로 수상한 배로나 양은 심운아트
센터 초청으로 국내 첫 공연을 앞두고 있는 가운데, 티케팅 시작 1분 안
에 전석을 매진시키며, 성악계에 신선한 돌풍을 일으키고 있습니다.

8.   마리탕 (낮)
     그대로 TV 화면으로 보여지면서.

리포터(E)   저는 지금, 프리마 돈나 배로나 양이 공연할 심운아트센터에 와있습니다. 배로나 양은 심운아트센터를 선택한 이유에 대해, 세계적 수준의 음향시설을 갖춘 국내 오페라극장을 전 세계에 소개하고 싶다는 포부를 밝혔는데요...

누군가의 때를 밀고 있는 손, 그대로 멈춰진 채, TV 뉴스에 집중하고 있는데.
벌떡 일어나는 손님(회장). 그 바람에 얼굴에 올려놓은 오이가 얼굴에서 후드득 떨어지고.

회장   아야!! 아주 가죽을 다 벗겨라, 벗겨! (몸 일으켜서 보는데, 온몸이 벌게져 있고) 이게 뭐야?! 온몸에 어혈이 다 올라왔잖아. (난리 치면)

손님 때를 밀고 있는 세신사, 규진이다.

규진   (굽신거리며) 죄송합니다, 회장님. 아니 그게, (TV 가리키며) 저기 저 성악가가 저랑 완전 친한 애거든요. 제가 거의 업어 키운 앤데, 저렇게 성공을 해서 돌아왔지 뭐예요? 못 본 지 한 3년 됐나?

회장   못 본 지 3년 된 사이가 뭐 친한 거야? 손님 뉘여 놓고 집중 안 할래? 이걸 어쩔 거야? 하필 내일 온천 가는데. (씩씩대면)

규진   정말 죄송합니다, 회장님. 다음번에 오시면 제가 전신마사지 서비스로 해드릴게요, 그럼 됐죠? 그리고, 지난번에 말씀드렸던 투자 건은 생각해보셨어요? 그 사업이 터지기만 하면, 회장님 쓰고 넘치는 돈에 날개가 돋는 거라고요. 저한테 쬐금만 투자 좀 하세요. 일단은 워밍업 정도로 50억 정도만 묻어두시면... (신나게 때 밀면서, 사업 설명 늘어놓는데)

회장   으윽!

회장, 갑자기 심장 붙잡고 쓰러지고.

손님들, 소리 지르고 난리 나는데.

손님들　(비명) 심정지가 왔나봐. 어떡해! 얼른 구급차 불러!!

규진　(이거다 싶은! 버럭) 아무도 건드리지 마! 내가 할 거야!! 지금껏 이 순간을 얼마나 기다렸는데!

규진, 감격에 겨운 듯, 노련하게 심폐소생 실시하는. 땀을 뻘뻘 흘리며 두 손으로 연거푸 가슴을 누르고 죽을힘을 다해 입에 숨을 불어넣는데, 그러다 간신히 숨이 돌아오면.
규진, 지칠 새도 없이 그대로 건장한 회장을 등에 업고 뛰기 시작하는.

9.　**마리탕 앞 도로**(낮)
　　팬티 바람으로, 쓰러진 회장을 업고 뛰는 규진.
　　힘든지도 모르고 괴력을 발휘하며 뛰어가는데. 그러다 다리에 힘이 풀리며 넘어지면, 다시 일어나서 뛰고. 죽기 살기로 병원을 향해 뛰는 규진.

규진(E)　달려! 규진아. 무조건 살려야 해! 회장님 목숨만 살리면, 내 인생은 다시 꽃길이 열리는 거야. 어마어마한 투자금도 들어올 거고, 회장님이 평생 먹고살게 해줄 거야. 힘내자!!

10.　**병원 수술실 앞**(낮)
　　규진, 초조하게 수술실 앞에서 서성이고 있으면. 회장의 딸이 달려오고.

딸　어떻게 됐어요? 우리 아빠요!

규진　(의기양양하게) 아, 따님 되십니까? 회장님을 제가 살렸습니다. 방금 의료진들 말이 기적적으로 위기를 넘겼다고 합니다.

딸　어머나, 감사합니다. 정말 감사합니다. (연신 고개 숙이면)

규진　하마터면 목숨을 잃을 위급한 상황이었는데, 신속한 응급처치와 노련

한 심폐소생술, 뭣보다 골든타임 안에 병원에 도착한 게 신의 한 수라
고 합니다.

딸   이 은혜를 어떻게 갚아야 할지. 연락받고 큰일 치르는 줄 알았어요. 경
황이 없어서 손에 잡히는 대로 그냥 들고 왔는데, 감사의 맘이니 거절
하지 말고 받아주세요. (선물을 내밀면)

규진   뭘 이런 걸 다... 천천히 주셔도 되는데... (한껏 기대에 부풀어 받아서 보면)

딸   저희 집에서 키운 호박고구마랑 올해 담근 된장이에요.

규진   네에? 호박고구마? (봉지 안에 호박고구마가 한가득 들어있고. 살짝 김새
지만 호탕하게 웃으며) 하하. 역시 노블레스 오블리주를 실천하시는 분
답게 소탈하신 모습이 정말 존경스럽습니다. 바쁘신 회장님께서 주말
농장도 하세요?

딸   우리 아빠 하나도 안 바쁜데요. 워낙 술 좋아하고 밖으로만 돌아서, 농
사일은 죄다 엄마가 도맡아 하거든요. 방금도 오다가 엄마한테 전화했
더니, 술 처먹다 농사 다 망쳤다고 하도 역정을 내서...

규진   (뭔가 이상하고) 아니, 우리 회장님이 무슨 농사요?

딸   아까 말했잖아요. 호박고구마 키운다고. 우리 아빠가 양촌리 농촌지도
자 회장이잖아요. 우리 엄마가 양촌리 부녀회장이고.

규진   (띠로리! 망치로 머리 한 대 맞은 거 같고) 양촌리... 지도자 회장? (다리에
힘 풀리면서 맥없이 주저앉는)

11.   해연그룹 복도(낮)
송 회장, 수행비서들과 함께 복도 걸어가고 있으면.
송 회장을 따르는 수행비서들 틈에 제일 대빵으로 보이는 비서실장이
열심히 스케줄 표 보면서 브리핑하고 있는데. 보면, 마리다.
마리, 커리어우먼처럼 반듯하게 옷 차려입고, 단정하게 머리 올린 모
습이고.

마리   (예전과 다른 절도 있고 사무적 말투) 오늘 저녁, 미금기업 마 회장님께서

출판기념회에 초대하셨습니다.

송회장 쓸데없는 자리에 얼굴 안 팔려. 돈만 벌 줄 알지 쓸 줄 모르는 장사꾼하
곤 상종 안 하는 거 알잖아.

마리 화환 정도 보내는 걸로 정리하겠습니다. (수첩에 적고) 내일 드디어 천
수지구 심운팰리스가 첫 입주를 시작하는 날입니다. 기념 파티에 가보
시겠습니까?

송회장 거긴 강 실장이 가야지. 130층 펜트하우스에 들어간다며? 상가까지
합하면 꽤 여러 채 분양받았지? 한 달에 들어올 월세가 얼마야? 이러다
나보다 더 현금부자 되겠어.

마리 무슨 말씀을요. 제가 감히 회장님을 어떻게 따라가요?

송회장 이번에 복지시설에 또 기부했다며?! 자그마치 100억씩이나!!! 역시,
통이 커. 맘에 들어. 그러고 보니, 강 실장이 헤라클럽 사람들 중에서 최
후의 승자네. 말 많고 탈 많던 천수지구에 유일하게 입성했으니.

마리 다 회장님 덕이죠. 제니 아빠 나올 때까지는 죽어라 일만 할 거예요. 많이
벌어서 좋은 데 쓰면 되죠. 회장님처럼. 공장시찰에 저도 동행할까요?

송회장 됐어. 내일 입주한다며. 가서 짐 정리나 해. (쿨하게 걸어가면)

마리 (쫓아가고)

12.   해연그룹 앞 (낮)

마리, 차 문 열어주면. 비서진들 서서 배웅하는데.

송회장 (차에 타려다가 문득 돌아보고) 아! 강 실장! 아까 내가 검토하라던 땅 어
떻게 됐어?

마리 아, 네 회장님. 그린벨트가 풀리면, 2년 후에 왕복 8차선 대로가 뚫릴 예
정이고 개발호재가 많습니다. 아주 괜찮은 매물 같습니다. 어떻게, 추
진할까요?

송회장 강 실장이 추천하면 틀림없겠지. 내일 계약서 써. (차에 오르면)

마리 다녀오십시오, 회장님.

마리, 차가 안 보일 때까지 깍듯하게 고개 숙이고 있는데.
그런 마리를 뒤에서 낚아채는 사람, 상아고.

상아 방금 얘기한 데가 어딘데요? 네? 송 회장님이 계약하라는 땅 말예요.
나도 좀 갈쳐줘요.

마리 (쌩하니, 금세 표정 확 바뀌어서) 언제 왔대, 이 화상은. (뿌리치고 가려면)

상아 (필사적으로 잡고) 같이 좀 먹고살자고요. 마리 씨가 송 회장님의 대를
이어, 강남 부동산 빨간바지라고 벌써 소문 쫙 났어요. 지난번에 사들
인 송파 빌딩도 고속철도 뚫리면서 곱절로 튀었잖아요.

마리 그래서? 나한테 정보 받아서, 또 너튜브에 올리려고? 괜히 상아 씨 때
문에 막차 타고 영끌한 사람들만 피 봤다고. 어떻게 책임지려고 남한테
어디 땅이 좋다 말다야? 그건 하늘도 모르는 일이야!

상아 하늘은 몰라도 마리 씨는 알잖아요. 이번엔 어딘데요? 수서? 내곡? 아,
답답해! 그냥 톡 까놓고 말해봐요. 구독자 백만 넘기려면 마리 씨가 팍
팍 도와줘야 된다고요. 구독자들한테 좋은 정보 공유해주는 게 뭐가 나
빠요? (붙잡고 늘어지면)

마리 구독자 늘리고 싶으면, 신발 밑창 닳도록 자기가 발로 뛰어서 알아내!
남의 돈 벌어먹고 사는 게 쉬운 줄 알았어? 뻔뻔하기가 아주 지 전남편
저리 가라야.

상아 (순간 발끈하고) 지금 누굴 비교해요?! 나 이규진이라면 아주 치가 떨리
거든요?!

마리 그러니까. 정신 바짝 차리라고. 감빵에서 이혼하고, 전과 업그레이드한
주제에! 두 손 두 발 싹싹 빌면서 하도 사정하길래 전셋집까지 얻어줬
구만. 뭘 원하는 게 그렇게 많아?

상아 그럼 해연그룹 비서실장 자격으로 나도 이 회사 취직시켜주든가. (생떼
쓰면)

마리 아직 배가 덜 고팠구만? 철들려면 한참 멀었다! (한심하단 표정으로 건
물로 다시 들어가면)

상아   마리 씨! 그냥 가면 어떡해요? 강 실장님!! (하다가) 그렇다고 내가 못할 줄 알고? 상아TV에 난 목숨 걸었다고.

　　상아, 카메라를 꺼내더니, 옷매무새 가다듬고 녹화를 시작하는.

상아   (깜찍한 표정) 안녕! 우리 대박이들! 전직 아나운서 고상아가 알려주는 부동산 핫뉴스! 오늘 저는 해연그룹 앞에 와있습니다. 왜 왔냐고요? 당연히 우리 대박이들을 부자 만들어주려고 달려왔죠. 제가 드디어 오늘! 어마어마한 그분을 이 자리에서 만났습니다! 다들 아시죠? 강남 빨간바지 강 여사! (그때, 핸드폰 울리고. 얼른 끄면) 그분이 오늘 저에게, 아주 엄청난 정보를 주셨습니다. (다시 또 핸드폰 울리면) 궁금해 죽겠다고요? 정보가 탐나신다면, 구독과 좋아요를 눌러주시고, 잠시만 기다려주세요.

　　상아, 열 받아 핸드폰을 보는데. 저장번호 "받지마"로 돼있고.

상아   이 인간이 또?! 진드기도 이런 진드기가 없다니!

13.　　**공원(낮)**
　　상아, 인상 팍 쓰고 공원에 모습 나타내면.
　　규진, 번지르르하게 빼입고 꽃다발을 든 채, 상아를 맞이하는.

규진   누나!!
상아   바빠 죽겠는데 사람 왜 또 불러내? (단단히 열 받아서 보면)
규진   (절박하게) 누나, 이번에 진짜 제대로 큰 건 하나 잡았어. 완전 신박한 사업 아이템이 있는데, 알래스카에 얼음을 파는 거야. 뭔 개소린가 싶지. 바로 그걸 노리는 거야. 이것만 터지면, 누나 바로 펜트하우스에서 살 수 있어! 강마리만 펜트하우스 살라는 법 있어?
상아   오~ 그래서?

규진 뭐가 그래서야? 누나 이혼 위자료로 받은 돈, 투자할 생각 없어? 내가 쫌 급해서 그래.

상아 (발끈하고) 내가 뭔 돈이 있어? 위자료 꼴랑 천만 원 줘놓고!

규진 참나, 돈이 그렇게 없어? 구독자 늘고 있다며!

상아 그래! 없다! 니놈 때문에 먹고 죽을래도 없어! 그러고 다니니 부모형제에 친척들까지 전부 손절했겠지. 콩밥을 더 먹어봐야 정신 차릴래?

규진 그럼 어떡해. 죽었다 깨나도 송 회장님 같은 황금인맥이 안 잡히는데! 혹시, 상아TV 구독자 중에 뺵소리 나는 부자들 없어?

상아 그런 천운이 있을 팔자였으면, 내가 너 같은 놈이랑 결혼했겠니?!

그때, 경찰차가 지나가면.
규진, 화들짝 놀라더니 얼른 상아를 돌려서 끌어안고 키스를 날리는데. 슬로우로 걸리는.
상아, 놀란 채 굳어지면.
규진, 이쯤 하면 갔겠지 싶어 돌아보는데. 그 앞에 경찰들이 한심하게 규진을 보고 있는.
규진의 손에 채워지는 수갑.

경찰 이규진 씨, 사기죄 신고가 들어왔어요. 알래스카 얼음사업으로 투자받은 사실 있죠? 서로 같이 가셔야겠습니다.

규진 (애절하게) 누나... 누나야!!! (경찰들한테 끌려가는데)

상아 성추행도 추가해주세요! (발끈하며 소리치는)

14. 성악 연습실 (낮)
교복 입은 아이들 두 명, 노래를 하고 있는데.
피아노를 치는 누군가의 손. 멈춰 서고.

석경(E) 다시! 거기서 마스께라를 울려야지.

아이들 시선 닿는 곳에, 석경이가 앉아있고.

석경   (아이들 앞으로 나서며) 횡격막을 열고, 소리를 포물선을 그리듯 멀리 던지라고 했잖아!! 고음으로 올라갈수록 호흡은 밑으로. 후두를 내리고, 성대를 잘 비비라고! 잘 봐. (시범을 보이는데)

학생1   (못마땅한 표정으로) 쌤은 새끼 쌤이거든요.. 그렇게 열심히 안 해도 돼요. 적당히 시간 때우다가 가면 된다고요.

석경   그러다 짤리면? 니가 책임질래?? 나 담달 월세도 내야 되고, 학비도 벌려면, 여기서 짤리면 안 되거든? 그러니까 열심히 일해야돼.

학생1   (비웃듯) 근데 쌤, 폭탄 테러범 주단태 딸이라면서요?

학생2   아냐, 진짜 이름은 백준기라던데?

학생1   어쨌든 범죄자 딸인 거잖아. 완전 무섭다. 엄마한테 말해서 레슨 그만 둬야 하는 거 아냐? (놀리면)

석경   (굳어지는데)

학생1   예전에 펜트하우스 살았다면서요? 그래서 그런 명품 짝퉁 같은 거 입는 거예요?

석경   (아무렇지 않게) 티 나? 속았네. 옷 파는 언니가 절대 티 안 난다 해서 샀는데.

학생2   뭐야, 쪽팔리지도 않나? (어이없어 하면)

석경   내 과거 어떻게 털었는지 모르겠지만, 니네 부모님은 그 사실 다 알고도 나한테 레슨 맡긴 거야. 나한테 레슨 받고 둘 다 콩쿠르 처음 입상했잖아? 그럼, 돈값 제대로 한 거지? (삐죽대는 아이들에게 능글맞게) 진짜 너네 잘 가르치고 싶어. 이번 콩쿠르에서도 꼭 트로피 받자! 그래야 나도 보너스 좀 챙기지. 파이팅! 그럼 다시 해볼까? (다시 피아노 앞에 앉고, 씩씩하게 피아노 치면서 애들 가르치는데)

컷 되면, 레슨을 끝낸 아이들, 로나 공연 얘기를 하고 있는.

학생1	나, 다음 주에 배로나 공연 간다? 아빠가 어렵게 티켓 구해줬어.
학생2	진짜? 개부럽다. 완전 내 롤 모델인데. 어떻게 1분 만에 매진되냐?
석경	(쓸쓸하게 그 얘기 들으면서) 다음 레슨 때 봐! (나가는)

15. 도로 일각/고깃집 앞(낮)

자전거를 타고 가는 석경. 고깃집 앞에 멈춰 서고.
그때, 띠링, 톡 오면. 석훈이다. 카카오머니로 송금해오면. 거부하는 석
경. 석훈에게 톡을 보내는데.

석경(E)	한 번만 더 돈 보내면, 그땐 진짜 오빠고 뭐고 없다!

석경, 씩씩하게 문 열고 고깃집으로 들어가는.

16. 고깃집 안(낮)

석경, 서글서글하게 앞치마를 두르는.

석경	사장님, 저 왔어요. 오늘 단체 예약 있죠?
사장	응, 30명. 석경이 오늘 고생 좀 하겠다.
석경	그럼, 끝나고 고기 한 판 구워주세요. 삼겹살이랑 항정살로! 불판부터 닦아놓을게요. (일 시작하는데)

석경, 행주로 불판을 쓱쓱 닦고 있다가, 누군가의 시선을 느끼며 돌아보면.
유리창에 딱 붙어서 안을 들여다보고 있는 노숙자와 눈이 마주치는데.
단태다!

석경	아악!! (놀라서 소스라치는데. 자세히 보면 단태가 아니고 다른 사람이다)
노숙자	(전혀 움직임도 없이 눈도 깜빡 않고 뭔가에 시선이 집중돼있는데)
석경	(노숙자의 시선을 따라가 보면, 석경 뒤쪽 테이블에서 맛있게 구워지고 있

는 돼지갈비가 보이고)

노숙자   (먹고 싶어 미치겠다는 듯 침만 삼키고 있으면)

석경   (그런 노숙자를 물끄러미 보다가, 들어오라는 듯 손짓하는)

노숙자   (눈이 번뜩해서 뛰어 들어오고)

컷 되면. 한쪽 테이블에 노숙자를 앉히고 고기를 구워주는 석경.
허겁지겁 정신없이 먹어치우는 노숙자. 옷이며 머리며 손이며 씻지도
않은 듯 더럽고 남루하기 짝이 없고.
며칠을 굶은 듯 입이 터질 듯 고기며 상추며, 마구잡이로 입에 쑤셔 넣
는데. 때가 잔뜩 낀 손톱으로, 돼지갈비 뼈까지 싹싹 핥아먹는.

사장   (석경을 한쪽으로 끌고 가서, 못마땅하단 듯) 저런 사람한테 잘해주면 안
           돼. 괜히 인심 베풀었다가 매일 오면 어떡하려고.

석경   오늘 하루 만요. 그냥 쫌.. 불쌍해서요. 아는 사람이세요?

사장   이 동네에서 오랫동안 철물점 했어. 마누라 집 나가고, 딸애랑 둘이 살
           았는데, 그 애가 병으로 잘못되고는 저렇게 떠돌아다니더라고. 병원비
           로 집까지 날렸다던데 정신 좀 차릴 일이지. 자식한텐 아주 끔찍했거든.

석경   (여러 감정이 담긴 눈으로 단태를 닮은 노숙자를 보는) 고기 좀 더 갖다 줘
           도 되죠? 계산은 제 돈으로 할게요.

석경, 고기를 한 접시 더 들고 가서 말없이 구워주는데.

노숙자   (게걸스럽게 먹어 치우다가, 고기 구워주는 석경을 흘낏 보고) 고맙습니
           다. 복 받을 겁니다! (연신 고개 조아리며 인사하는데)

석경   (그런 노숙자를 씁쓸히 바라보는 석경이고)

17.   **청주여자교도소 앞**(낮)

       철문 열리며 걸어 나오는 서진. 짧은 머리에 모자를 써서 서진인 것을

알아볼 수도 없는데. 핼쑥해진 서진의 얼굴.

그 위로,

교도관(E) 2박 3일 특별 귀휴다. 세 시간에 한 번씩 연락하는 거 잊지 말고.

서진, 접힌 쪽지를 꺼내 열어보면. 교회 주소가 적혀있는.

18.　옷가게 (낮)

서진, 예전처럼 멋지게 차려입은.

주인 　아우, 너무 잘 어울리신다. 옷걸이가 좋으셔서. (칭찬하는데)

서진 　(아무 대꾸 않는)

주인 　이걸로 하시겠어요?

서진 　(고개만 끄덕이면)

주인 　(이상하게 보는데)

19.　교회 (낮)

할머니들로 구성된 성가대, 연습 중인.

그 앞에서 성가대 지휘를 하고 있는 은별. 예전과 달리 밝고 건강한 모습인데.

은별 　3일 뒤에 자선공연인데, 이렇게 화음이 안 맞아서 어떡해요. 오늘 다들 각오하세요. 엄청 빡세게 연습할 거니까.

노인1 　암튼 우리 쌤은 너무 호랑이라니까. (다들 깔깔대면)

노인2 　은별 쌤~ 과일 좀 싸왔는데, 그것 좀 먹고 하면 안 돼요?

노인1 　우리 은별 쌤 너무 말라서, 나도 떡 갖고 왔는데.

은별 　안 돼요. 할머니들 때문에 요즘 너무 살쪄서 저 지금 다이어트 중이거든요. 공연 날까지 무조건 2kg 뺄 거예요. (목의 상처가 얼핏 보이고) 자!

처음부터 다시해볼까요? 소프라노! 어디서 시작하는지 아시죠?

노인1 어? 저기 관객이 없어졌네?

은별 네? 무슨 관객이요?

노인1 아까 저기 누가 앉아있었거든.

은별, 그쪽을 돌아보면. 텅 빈 객석인데.

은별 어어! 자꾸 말 돌리지 마시구, 연습 농땡이 피우면 안 돼요!

다시 반주 시작되면. 아름답게 드레스를 입은 할머니들, 손 모으고 예쁘게 율동하면서 노래 부르는데.
은별 앞의 악보대에, 안내문이 놓여있는. 〈청주여자교도소 자선공연〉이라고 써있고.
서진, 숨어서 은별의 웃는 모습을 지켜보고 있다가 조용히 돌아서는데.

20. 모텔 카운터 (낮)

서진, 들어서면. 주인, 칫솔을 내주고.

주인 혼자예요?

서진 (고개 끄덕이고, 돈 내밀면)

주인 왜 말은 안 하고 고개만 끄덕여? (심퉁맞게 키를 내미는데)

21. 모텔 안 (낮)

서진, 모텔 창가로 가서 창문을 열면.
교회 건물이 가까이에서 보이는데. 성가대 노랫소리가 들려오는.
서진, 눈을 감고 기분 좋게 노래를 듣는데.
그때, 걸려오는 전화. 얼른 핸드폰 꺼내서 받으면. 영상통화고.

교도관(F) (서진의 옷을 보고) 딸 보러 간다고 예쁘게 하고 갔네.

서진 (고개 끄덕이면)

교도관(F) 딸, 얼굴 봤어?

서진 (고개 끄덕이면)

교도관(F) 3년 만이지? 엄청 반가웠겠네. 면회 한 번도 안 왔잖아. 딸한테 말했어?

서진 (고개 젓고)

교도관(F) 왜? 딸 걱정할까봐?

서진 (끄덕이는)

교도관(F) 후두암은 수술 후 관리가 더 중요하다니까, 약 가져간 거 잘 챙겨먹고. 아, 그리고 이번 주말에 교회에서 자선공연 온다는데, 그게... (하다가) 아니다. 복귀하면 그때 얘기해. (전화를 끊으면)

서진, 핸드폰을 다시 가방에 넣고.

가방에서 사진 한 장을 꺼내는데. 은별과 같이 찍었던 사진이고. 행복한 두 사람의 모습을 보며 흐뭇하게 미소 짓는 서진.

그 위로, 성가대의 노랫소리가 계속되는데.

22. **정신병원 병실(낮)**

누군가 열심히 손재봉틀로 옷을 만들고 있는. 다 완성해서 들어서 펴보는데. 분홍이다.

분홍, 만족스러운 듯 활짝 웃으며 옷을 보고 있으면. 간호사가 들어오는.

간호사 벌써 다 완성했어? 예쁘게도 만들었네. 암튼 손재주가 보통이 아냐. 또 은별이 꺼야?

분홍 네. (간호사에게 내미는) 예쁘게 포장해서, 천서진 이름으로 은별이한테 보내주세요. 아시죠? 청주여자교도소 천서진.

간호사 왜 맨날 다른 사람 이름으로 보내? 이젠 자기 이름으로 보내도 돼.

분홍 제가 보냈다고 하면 아마 안 입을 거예요. 은별이만 입어주면 됐죠 뭐.

간호사   곧 퇴원이지? (떠보듯) 퇴원하면 은별이 찾아갈 거야?

분홍   아뇨. 이제 평생 은별이 앞에 안 나타나기로 했잖아요. 은별이한테 필
요한 사람은 제가 아니라 엄마예요. (애써 밝게) 퇴원할 때까지 은별이
가방 하나 더 만들어야겠어요. 그거 받고, 이제 은별이도 엄마를 용서
해줬으면 좋겠어요. 누굴 미워하는 게 제일 힘드니까. 전 은별이가 힘
든 게 진짜 싫거든요.

간호사   곧 그렇게 될 거야. 3년 동안 자기가 얼마나 애썼는데. 두 사람 화해시키
려고, 옷이며 모자며 양말까지, 지극정성으로 만들어 보낸 게 몇 개야?

분홍   저 내일, 가방 만들 천 좀 사다주세요. 이번엔 은별이 엄마 것까지 두 개
만들어볼래! (환하게 웃는 분홍, 눈에 독기가 완전히 사라져 있는)

23.   레스토랑 (저녁)

석훈, 버즈를 끼고 있고. 커버스크린으로 음악을 재생해 듣고 있으면.
그때, 레스토랑으로 들어서는 사람, 로나다. 많이 달라진 모습이고. 주
위 두리번거리는데. 핸드폰을 보며 노래를 듣고 있는 석훈을 발견하고
다가서는.

로나   (장난스럽게 버즈 한쪽을 빼서 귀에 꽂는) 뭐 듣고 있었어?

석훈   (놀라서 보는) 로나야...

로나   이 곡 나도 좋아하는데. (빙긋이 웃어 보이며 마주 앉고) 일찍 왔네. 나도
30분 먼저 온 건데.

석훈   시차 적응하느라고 일찍 나와서 돌아다니다 왔어. 서울에 온 거, 오랜
만이지?

로나   응, 떠날 땐 다시 돌아올 생각 없었는데, 막상 오니까 그래도 좋네. 그리
웠었나봐.

석훈   와서 뭐했어?

로나   엄마한테도 다녀오고, 공연장도 체크하고 바빴어. 넌 언제 귀국했어?

석훈   어젯밤에. 세계적 프리마 돈나께서 특별히 반주자로 콜했는데, 영광스

러운 맘으로 달려와야지.

로나   장난하지 마. 니 스케줄 맞춰서 공연 날짜 잡느라고 얼마나 애먹었는데? 작년에 비엔나 갔을 때도 너 시간 없어서 못 봤잖아.

석훈   하필 연주회 날에 연락도 없이 왔으니까 그렇지. (그러다 메뉴판 들고) 우리 뭐 먹을까?

로나   파스타.

석훈   (멈칫, 보는데)

로나   파스타 사준다며? 파스타 맛있게 먹으려고 아침부터 굶었어. (빤히 보며) 설마, 약속 잊어버린 거야?

석훈   (잠시 당황한 듯 얼굴 벌게졌다가) 그럴 리가. 4년이나 기다렸는데.

그때, 레스토랑 직원(비와이 특별출연)이 다가서고.

직원   주문하시겠습니까?

석훈   파스타 두 개 주세요.

직원   어떤 파스타로 할까요? 괜찮으시면 제가 추천해드려도 될까요? 저희 레스토랑은 로제 파스타가 시그니처 메뉴인데.

로나   좋아요.

석훈   저도 같은 걸로요.

직원   네, 준비하겠습니다. (그러다 로나를 보고) 배로나 씨, 반갑습니다. 팬이에요. 사인 한 장 부탁드려도 될까요? 담 주에 제가 입대하는데 힘날 거 같아서요. (사인지 내밀면)

로나   감사합니다. (사인해주고) 건강하게 잘 다녀오세요.

직원   영광입니다. (찐팬 표정으로, 좋아라 사인 받아서 가면)

석훈   (그런 로나를 흐뭇하게 보는데)

컷 되면. 비와이의 최근 명곡이 흘러나오는 가운데. 맛있게 파스타를 먹는 두 사람.

석훈 너무 무리하는 거 아냐? 왜 그렇게 쉬지 않고 일정을 잡아? 올해만도 독창회랑 오페라가 몇 번이야?

로나 노래할 때가 좋아서. 다른 생각 안 해도 되니까.

석훈 계속 이태리에 있을 거야?

로나 응, 너는? 계속 오스트리아에 있을 거야?

석훈 아마도. 연주회가 계속 잡혀있어. (생각난 듯) 아! 선물 있는데. 비엔나에서 너 생각나서 샀어.

　　　석훈, 노래하고 있는 여자 인형을 선물하면.

로나 예쁘다, 고마워. (받는데. 문득 인형의 손에 뭔가 쥐어져 있고. 보면 열쇠다) 이게 뭐야?

석훈 (다시 파스타 먹으면서 아무렇지 않은 말투로, 눈 마주치지 않고) 비엔나 우리 집 열쇠. 아무 때나 와도 돼.

로나 뭐?

석훈 (괜히 버럭) 너 겨울에 비엔나에서 공연 있다면서? 혹시 나 없더라도 집에 들어가서 기다려. 지난번처럼 만나지도 않고 그냥 가버리면 진짜 화낼 줄 알아!

로나 (어이없단 듯 픽 웃으면)

석훈 다신 그러지 마! 연주회 끝나자마자 미친놈처럼 달려갔는데 벌써 비행기 탔대서 얼마나 힘 빠졌는데.

로나 그래도 니 연주회는 다 봤어. 라흐마니노프 에튀드 전곡, 쇼팽 에튀드 전곡. 진짜 굉장했어. 사실, 그 공연 보려고 비엔나 간 거야. 일정 때문에 바로 돌아왔지만.

석훈 (문득 눈가 촉촉해지고) 보고 싶었다, 로나야.

로나 (마주 보는) 나도. 보고 싶었어. (역시 눈가 붉어지는데) 반주 맡아줘서 고마워. 청아예고 졸업식에서 내가 독창하게 되면 너한테 반주해달라고 부탁했는데, 이제야 소원 이뤘... (말하는데, 갑자기 입을 막아버리는 석훈)

석훈, 테이블 넘어서 로나에게 진지하게 입 맞추는데.
로나도 피하지 않는. 예쁘게 키스하는 두 사람.

24. **심운아트센터 로비(3일 뒤, 낮)**
북적대는 로비. 로나의 사진 크게 붙어있고.
관객들, 로나의 공연장으로 기대에 찬 표정으로 들어서는데.

25. **심운아트센터 대기실(낮)**
마리와 제니, 꽃다발을 들고 들어서면.
로나와 제니, 서로를 본 순간, 꺄악!!! 아이처럼 얼싸안고 좋아하는데.

제니　　야! 3년 만에 베프가 슈퍼스타가 돼서 온 거야? 제2의 조수미, 천재 프리마 돈나, 아주 난리던데? 나 좀 거리감 느낀다?

로나　　뭔 소리야? 너 담달에 이태리로 유학 온다며?

마리　　당연히 로나 있는 데로 따라가야지. 니가 제니 딴 짓 못하게 단도리 좀 해줘.

로나　　걱정 마세요, 제가 선배로서 군기 확실히 잡아놓을게요!

마리　　(로나 안아주며) 호텔 잡지 말고, 우리 집 와서 자. 우리 새집으로 이사했어. 심운팰리스 펜트하우스. 아직 어수선하긴 하지만, 뷰가 끝내줘. 너 좋아하는 것도 잔뜩 해놨고.

로나　　정말요? 집밥 진짜 먹고 싶었는데.

제니　　근데, 반주자는 왜 안 보여?

그때, 멀끔한 정장 차림의 석훈이 들어서고.

제니　　대박! 이게 누구야? 주석훈!

마리　　세상에! 석훈이 멋져진 것 좀 봐. 두 사람 진짜 잘 어울린다. 서로 공연 다니느라 바빠서 같이 무대 서는 건 처음이지?

석훈　　제가 엄청 졸랐어요. 로나는 죽어라 싫다는데. (장난스럽게 로나 보고 웃

으면)

마리 아유, 이 모습을 니네 엄마들이 봤어야 하는데. (울컥하고)

제니 엄만, 그 얘긴 왜 꺼내. (로나에게) 니들이 이해해라. 울 엄마 요즘 갱년 기라 이래.

마리 윤희 씨에, 수련 씨까지 그렇게 허망하게 가버리고... 그 와중에 니네는 이렇게 잘 커서 내가 다 고맙다, 고마워... (눈물 찍어내면)

제니 애들 공연해야 되는데, 왜 이래 엄마! 못 말려 진짜! (마리를 끌고 가고) 이따 끝나고 보자. 공연 잘해!

마리 꼭 집으로 와야 돼! 기다린다!

석훈과 로나, 서로를 마주 보며 미소 짓는데. 꽤 단단해진 느낌들이고.
그때, 뭔가를 발견한 석훈.

석훈 파란 장미네. (석훈의 시선이 닿는 곳에, 파란 장미가 있으면)

로나 웅, 매번 공연 때마다 누군가 보내주시는데, 누군지 모르겠어.

석경(E) 그거, 엄마가 좋아했던 건데.

두 사람, 돌아보면. 석경이 서있고.

석경 오빠 기억 안나? 엄마가 파란 장미 좋아했잖아.

석훈 아, 정말 그러네. 파란 장미 꽃말이 뭐였지?

로나 기적!

석경 둘 다 오늘 공연 잘해. 난 알바 있어서 공연은 못 볼 거야. 티켓이 왜 그렇게 비싸? 부자들만 귀 호강하라는 법 있어? 짜증 나, 진짜! (나가려면)

로나 (급하게) 석경아!

석경 (멈춰 서면)

로나 이따 저녁 같이 먹자. 제니 아줌마가 저녁 해주신대.

석경 (울컥하지만) 뭐, 그러든지. (획 나가버리면)

석훈　(그런 석경의 마음 알겠고) 괜히 저러는 거야. 내가 초대권 보냈어. 올 거야.

로나　(석훈을 마주 보는데) 그랬어? 나도 보냈는데. (마주 보며 빙긋이 미소 짓는)

26.　심운아트센터 일각 (낮)
눈물 찍으며 나오는 마리.

제니　주책이다, 진짜. 수련 아줌마 돌아가신 지 벌써 3년이야.

마리　근데도 어디서 꼭 나타날 것만 같은데, 나더러 어쩌라고?

제니　나타나긴 누가 나타나?!

그때, "필승!" 하는 우렁찬 소리 들리고.
놀라서 돌아보면. 전역한 민혁이 절도 있게 경례를 붙이고 있는.

마리　넌 또 언제 왔어?

민혁　오늘 제대했습니다. 전역하자마자 곧장 공연장으로 달려왔습니다.

제니　진짜 제대라는 걸 하긴 한 거야? 요즘 세상에 3년 만에 제대한 사람은 너밖에 없을 걸? 어쩜 그렇게 적응을 못하고, 세 번이나 군대를 가나?

민혁　니가 답장 안 하니까, 불안해서 그런 거 아냐? 어쨌든 결국 해냈잖아! 나 이제, 너 만날 자격 있는 거지?

제니　꿈 깨셔. 공연 표는 어떻게 구했대? 군대에서 광클했냐?

민혁　군대 월급 착실하게 모아서 샀지. 아! 선물.

제니　오~ (당연하단 듯, 손을 내미는데)

민혁　(마리에게 건네는) 달팽이크림이에요. 저 없는 동안 엄마 챙겨주셔서 감사합니다.

제니　(머쓱해서 얼른 손 내리면)

민혁　저희 엄마, 이혼하고 많이 힘드셨는데, 집까지 마련해주시고, 제가 돈 버는 대로 꼭 갚겠습니다. (꾸벅 인사하면)

마리　군대가 사람 만든다더니, 이규진 아들이 이런 인사도 할 줄 알고, 오래 살고 볼 일이네.

민혁 들어가시죠. 저는 누구 좀 기다려야 해서... (그때, 누군가의 외침소리)

상아(E) 민혁아!!! 내 아들!! 정말 엄마 아들 맞아?!!!

민혁 (돌아보는, 울컥해서) 엄마아아!!!!

상아 민혁아아아!!!! 엄마가 미안해!!!!!

달려오는 상아. 뛰어가는 민혁. 상아와 민혁, 서로 끌어안고 뜨겁게 모자 상봉하면.
마리, 혀 내두르다가 제니와 함께 공연장으로 돌아서는데. 가다가 멈칫하고.

제니 왜, 엄마?

마리 아니... 누굴 본 거 같아서. (다시 돌아서는데)
걸어가는 누군가의 뒷모습. 짧은 머리에 세련된 옷차림의 여자. 어딘가 낯이 익는 뒤태고. 유유히 공연장 안으로 사라지는데.

27. **공연장 일각**
로건, 한쪽에 혼자 서있으면.
그런 로건에게 다가서는 로나.

로나 (반갑게 인사하는) 아저씨! 잘 계셨어요? 너무 오랜만이죠?

로건 (돌아보는) 어, 그래. 로나야. 준비 다 했어? 첫 공연 축하해.

로나 초대해주셔서 감사해요.

로건 (미소) 대견해. 자랑스러워.

로나 웃는 모습 보니까 안심이 돼요. 아직도 수련 아줌마 땜에 슬퍼하고 계실까봐 걱정했는데. (그러면서도 슬픈 눈으로 로건을 보면)

로건 (애써 덤덤하게 다가가 로나의 어깨를 도닥여주는)

28.　심운아트센터 무대 (낮)

로나, 아름다운 드레스를 입고, 무대 위에 서서 관중들을 향해 인사를 하면. 박수와 함성이 쏟아지는.

미라와 상아, 제니, 민혁, 환호성 지르고 있고. 다른 쪽에 석경의 모습도 보이고.

로나, 관객들에게 감사 인사를 전하는.

로나　제가 이 자리에 서기까지, 저를 후원해주시고 늘 응원해주시는 분이 계십니다. 오늘 공연도 그분이 계시기에 열리게 되었습니다. 심운아트센터장님이신 로건 리를 소개합니다.

로건, 자리에서 일어나고 인사하는데. 박수 쏟아지고.

로건　감사합니다. 저한테는 아주 소중한 사람이 있었습니다. 이름은 민설아. 아주 재능이 출중한 친구였죠. 그 친구의 꿈을 이뤄주고 싶은 마음으로, 앞으로도 심운아트센터는 더 많은 훌륭한 음악가를 키워낼 것이고, 후원을 아끼지 않겠습니다. 오늘의 공연도 너무 기대됩니다.

로건, 인사하고 앉으려는데. 누군가를 발견한 듯 멈칫하고.
다시 보려면. 사라지고 없는데. 공연이 시작되고.

로나　이 무대에 서니, 가장 먼저 떠오르는 사람이 있습니다. 바로 제 어머니입니다. 오늘은 어머니의 기일이기도 합니다. (잠시 울컥하고) 제 엄마는 누구보다 강한 분이셨습니다. 저를 위해서라면 못 할 게 없었습니다. 엄마가 사랑했던 이 노래를, 귀국 첫 공연에서 엄마께 바칩니다.

석훈의 반주와 함께 노래가 시작되고. (〈울게 하소서〉)
로나의 목소리, 어느 때보다 모두의 가슴을 파고드는데. 감동적인 로나의 노래에 관객들이 빠져들고.

시즌 1, 청아예고 입시장 복도에서 로나와 함께 노래 부르던 윤희의 모습이 오버랩되는데.

인서트) 시즌 1, 2화 65신

윤희   배로나! 정신 차려! 정신 차려야 돼!! 울지 마! 울면 성대 좁아져서 목소리 안 나와!!

로나   다 망쳤는데, 뭘!! 아무것도 생각 안 나. 이미 끝났다고!!

윤희   (강하게) 아니!! 아직 안 끝났어!! 나머지 노래 하나, 니가 좋아하는 곡이잖아. 엄마 몰래, 수도 없이 불렀고, 수도 없이 들었던 곡이야!! 기억 안 나?

로나   그래도.. 연습도 제대로 못 했잖아. 자신 없어... 못 하겠어...

윤희   할 수 있어!! 여기서 포기할 거야? 너 청아예고 안 갈 거냐고!! 엄마 한 풀어준다며!! (도리질 치고) 아니, 엄마 위해 부르지 마!! 너 위해서 불러!! 억울하지도 않아? 속은 게 분하지도 않냐고?!!! 너 까내려고 저렇게까지 하는데, 어떻게라도 버텨야지!! 할 수 있는 데까지라도 해봐야지!!

로나   (눈물 안 멈추는데)

그때, 윤희가 노래 시작하는. 처음에는 작았던 목소리, 점점 커지고.

로나, 처음으로 노래하는 윤희의 모습에 놀라는데.

윤희, 눈빛으로 어서 불러봐, 로나를 응원하고.

로나, 그제야 눈물을 닦으며 윤희의 목소리를 따라서 노래를 부르기 시작하는.

그렇게 모녀의 노래가 복도에 가득 차서 흐르는데.

로나, 그때 일을 떠올리는. 윤희 생각에 눈물이 차오르고.

그런 로나를 바라보는, 로건과 마리, 상아, 석훈, 석경, 제니, 민혁도 눈시울이 붉어지는데. 각각의 표정들...

아름답게 노래가 끝나면, 열화와 같은 기립 박수가 이어지고.

손을 잡고 관객들께 인사하는 석훈과 로나의 모습, 행복해 보이는데.
맨 뒷좌석에 앉아서 그런 로나와 석훈을 바라보고 있는 사람, 수련이다!
수련, 흐뭇한 듯 미소 지으며 박수를 보내고 있는. 감격한 듯 눈물 그렁하고.

29. **모텔 안 (낮)**
서진, 창가에 앉아 밖을 내다보고 있으면.
교회가 보이고. 교회 안에서 성가대의 마지막 노래 연습이 한창인데.
서진, 은별의 사진을 보면서 흐뭇하게 미소 짓다가, 옆에 둔 스카프를
집어 드는.
천천히 스카프를 말아 쥐는 서진.
그 위로, 성가대의 아름다운 합창 소리가 절정으로 치닫는데.

30. **심운아트센터 로비 (낮)**
로나, 사람들에게 축하 인사를 받으며 걸어 나오는데.
꽃다발을 한 아름 건네받고 더없이 행복해 보이는 로나. 그때 멈칫하면.

석훈 왜 그래? (로나를 보는데)
로나 잠깐만!

로나, 누군가를 향해 정신없이 달려가고.
또각또각 하이힐을 신은 누군가의 발걸음을 열심히 쫓는데.

로나 아줌마!!! 아줌마!!!

로나, 정신없이 뒤쫓아 뛰어가면.
등 뒤의 나비 문신이 보이고. 걸어가는 뒷모습의 여자, 수련이다.
로나, 수련에게 가까워지려는 순간! 팬들이 로나에게 우르르 다가서고.
로나, 사람들한테 갇혀서 더 이상 다가가지 못하는데.

그렇게 멀어지는 수련이고.

31.   모텔 안/교회 마당(낮)
        서진이 있었던 창가 자리에서 보면.
        예쁘게 차려입은 은별이, 성가대 할머니들과 교회 밖으로 나오는데.
        (분홍이 만들어준 원피스를 입고 있는 은별)
        자선공연을 가려고 차에 오르는 은별과 성가대원들.
        은별, 3년 만에 엄마를 만나러 간다는 생각에 잔뜩 들뜬 표정이고.

노인1   오늘 은별 쌤, 왜 이렇게 예쁘게 하고 왔대?
은별   (장난스럽게) 예뻐요? 다행이다. 신경 좀 썼는데.
노인1   교도소 공연에 왜 그리 신경을 써? 연습도 딴 때보다 곱절로 시키고.
은별   거기, 무진장 까다로운 분이 계시거든요. 노래 틀리면 완전 야단맞을 걸요?
노인2   (겁나는 듯) 진짜? 누군데, 그게?
은별   세상에서 노래를 제일 잘 부르는 사람이요. (설레는 표정) 꼭 3년 만에
        만나는 거예요. 이제 두 시간 남았어요. 어서들 타세요.

        은별, 차에 오르려다가 문득 모텔의 열린 창문을 흘깃 보는. 그러다 아
        무렇지 않게 차에 오르는데.
        모텔 안. 서진의 스카프가 공중에 매달린 채 바람에 펄럭이고 있고. (서
        진의 죽음을 암시적으로 보여줌)
        그 옆으로 서진이 마지막까지 보고 있던 은별의 사진과 쪽지가 남겨져
        있는.
서진(E)   모든 것이 미안합니다. 제 딸에게 짐이 되지 않겠습니다. 은별아, 엄마
        처럼 살지 마. 넌 꼭 행복해야 해. 사랑한다.

32.   심운아트센터 앞/수련의 스포츠카 안(낮)
        로건, 밖으로 걸어 나오는데.

그때, 빠르게 돌진하는 스포츠카가 로건의 앞으로 와서 멈춰 서고.
로건, 고개 돌려보면. 수련이다! 놀라서 얼어붙는 로건.

수련　(미소 짓고) 같이 갈래요, 로건?!

로건, 홀린 듯이 차에 올라타는데. 그대로 출발하는 스포츠카.

33.　**도로 일각/수련의 스포츠카 안(낮)**
빠르게 질주하는 수련의 차.
로건, 손을 내밀면. 수련, 로건의 손을 잡는데. 로건이 준 반지가 끼워져
있고.

로건　왜 이렇게 늦게 왔어요? 얼마나 기다렸는데.
수련　그래서 왔잖아요. 당신 데리러.

행복하게 마주 보는 두 사람. 수련의 차, 속도를 높이는데.
어딘가를 향해 끝없이 끝없이 이어진 길을 달려가는 수련의 차에서 엔
딩!!!! …

〈에필로그〉
〈3년 전〉 상황으로 돌아가고.

34.　**펜트하우스 거실(저녁)**
요란한 총소리가 들려오는. 탕! 탕! 탕!
수련, 단태를 향해 총을 쏘는데.

수련　너무 늦어서 미안해, 윤희야. 너 혼자, 많이 외로웠지? 이제 곧 우리, 만
날 수 있을 거야.

수련, 멍한 듯 총이 쥐어져 있는 자신의 손을 보는데. 현실감이 없고. 손이 후들후들 떨리는데.

35.　서진 원룸 계단 (낮)

미친 듯이 계단을 올라가는 수련.

쓰러져 있는 윤철을 보고 기함하는데.

그때, 뒤따라오던 은별이 막 윤철을 보려던 순간! 얼른 눈을 가리고 벽쪽으로 돌려세우는 수련!

수련　보지 마! 빨리 여기서 나가!

은별　무슨 일인데요? 왜 그러는데요, 아줌마?!!

수련　빨리 나가서 구급차 불러! 빨리!!

은별　(영문 모르고 뛰어가면)

수련　(윤철을 잡고) 윤철 씨! 정신 차려요. 나 알아보겠어요?

윤철　(희미하게 눈 뜨면)

수련　누가 이랬어요? 천서진이에요?! 천서진이죠?! 바보같이... 왜 혼자 왔어요? 왜?!! (울부짖으면)

윤철　수련 씨... 끝까지 도와주지 못해 미안해요. 나 부탁이 있어요. 서진이... 죽이진 말아줘요. 은별일 위해서라도 어디서건 살아있게만 해줘요. 처음부터 나쁜 애는 아니었어요. 나 같은 놈을 만나서 독해진 거예요. 내가.. 서진이 죄 안고 갈게요. (고개 푹 떨구고 숨을 거두면)

수련　윤철 씨!! 윤철 씨!!! (순간 계단에 휘청하며 주저앉는. 모든 게 허탈해지고. 넋을 잃은 표정인데. 다가가 윤철의 눈을 감겨주는 수련이고)

36.　수련 호텔방 (낮)

수련, 골똘히 생각에 잠겨있으면. 로건이 다가오고.

로건　(안쓰럽게 보며) 많이 힘들죠? 조금만 더 견뎌요. 하윤철 몫까지 우리가

꼭 갚아줘요. 아직 아무 보답도 못했는데, 그 사람한테 너무 미안해요. (울분 참아내면)

수련 (회한의 표정으로 창밖을 보며) 로건. 지금까지 내가 선택한 일들이 다 옳았을까요?

로건 (뭔가 불안한) 왜 그런 말을 해요?

수련 내가 복수를 시작하지 않았다면, 윤희도 하 박사님도 죽지 않았을 텐데... 내 복수 때문에 너무 많은 사람이 죽고, 부모를 잃었어요. 모든 게 내 탓 같아요.

로건 그렇지 않아요! 주단태를 벌하지 않았다면, 석훈이도 석경이도 사람답게 못 살았어요. 아니, 우리 모두의 인생이 다 망가지고 말았을 거예요. 피할 수 없는 선택이었어요! 절대 수련 씨 탓 아니에요!!

수련 (쓸쓸한 표정으로) 나 또한 사람이 아니었단 생각이 들어요. 오늘따라 윤희가 많이 보고 싶네요. (로건을 보며, 안심시키듯) 걱정 마요. 여기서 그만두진 않아요. 아직 천서진이 남았잖아요.

로건 (수련의 어깨를 잡고) 이제 거의 다 왔어요. 일 끝나는 대로, 우리 여기 떠나요. 어디든 좋아요. 당신과 함께라면 거기가 지옥이든 천국이든 상관없어요.

수련 (시선 피하며, 결심 굳힌 듯) 천서진한테 전화해야 될 시간이에요. 외국으로 도망치기 전에 김포 벼랑으로 불러내야 돼요. 당신은 장례식장에 가서 은별이부터 데려와줘요. 서둘러야겠어요. (옷 챙겨들면)

로건 벼랑이 가팔라서 걱정돼요. 이걸 입고 가요. (비닐백을 내밀면)

수련 이게 뭐예요?

로건 특수 제작된 구명조끼예요. 그런 일은 없겠지만... 혹시라도, 파도가 쎄서 휩쓸려가도 몸이 금방 떠오를 거예요... 그리고 이건 위치추적기예요. 최악의 상황이 벌어져도, 수련 씨를 찾는 데 오래 걸리진 않을 거예요.

수련 고마워요. 잘 지니고 있을게요.

로건 꼭 무사해야 돼요!

수련 (로건을 꼭 끌어안아주는. 그러다 밝은 모습으로 마지막 인사하는) 당신 먼저 출발해요. 난 곧 뒤따라갈게요.

로건 (그래도 안심이 안 되는 듯, 수련의 손에 반지 끼워주는) 어디에 있든 우린 함께라는 거 잊지 마요. 내가 항상 당신 뒤에 있다는 거. (돌아서서 나가면)

수련 (로건의 뒷모습을 물끄러미 보는. 그러다 손에 쥔 구명조끼와 위치추적기를 내려다보는데. 순간 참았던 눈물이 주르륵 흐르는)

37.   김포 벼랑 전경(낮)

수색대들, 수련을 찾아 헤매는데.
로건과 홍 비서, 거의 미친 듯이 뛰어다니고 있는.

로건 아직도 못 찾았어? 시간이 얼마나 지났는데, 왜 발견이 안 되는 거야?

홍비 위치추적기가 작동을 하지 않습니다. 뭔가 일이 잘못된 거 같습니다.

로건 무슨 소리야?!! 안 돼! 절대 안 돼!! 반드시 찾아! 꼭 찾아야 해!! (이성 잃고 소리치는데)

38.   수련 호텔방(며칠 후, 낮)

마리, 제니, 석훈, 석경, 로건까지 다 모여있는.
모두들 울먹이며 뉴스를 보고 있는데.

앵커(E) 실종된 심수련 씨의 수색이 사흘째 이루어지고 있는 가운데, 전문가들은 생존 가능성이 희박한 것으로 추측하고 있습니다.

로건, 굳어진 채 창밖만 바라보고 있는데. 문득 테이블 위에 뭔가가 눈에 들어오고. 자세히 보면, 자신이 수련에게 끼워줬던 약혼 반지가 놓여있는. 로건의 눈빛!
로건, 얼른 테이블의 서랍을 마구 열어서 뒤져보면. 자신이 줬던 구명조끼와 위치추적기가 꺼진 채로 그대로 놓여있고.
가슴이 철렁해지는 로건.

그제야 수련이 스스로 죽음을 선택했다는 걸 깨닫는데.

그때, 로건의 핸드폰 울리고. 불길한 생각에 놀라서 핸드폰을 보면. 홍
비서고.

천천히 핸드폰을 들어서 받는 로건.

홍비(F)   방금 심수련 씨 시신을 찾았습니다.

로건, 멍해진 채 핸드폰 든 손을 떨어뜨리는.

39.   **김포 벼랑 위 (낮)**

바다에서 사흘 만에 건져지는 수련의 시신. 들것에 실려 나오는데.

절망하는 로건과 오열하는 아이들.

덮여있는 흰 천 아래로 하얀 수련의 손이 떨궈져 있으면.

로건, 들것을 잠시 세우고, 수련의 손에 입 맞춰주는.

눈물이 후드득 떨어지고, 비통해하는 로건 표정. 그 위로,

40.   **회상/김포 벼랑 위/바닷속 (낮)**

수련과 서진, 격하게 벼랑 끝에서 몸싸움하고 있는.

서진   이렇게는 못 죽어!! 나 혼잔 억울해서 못 죽어!! (달려들면)
수련   원하는 바야!!

수련, 서진의 몸을 끌어당기는데.

수련, 경찰들이 가까이 다가오면, 점점 절벽 끝으로 몰리는 거 같더니
일부러 휘청하고.

수련   (절박하게 사정하는) 천서진! 살려줘!! 아악!!!! (스스로 서진을 잡고 있던
두 손을 놔버리는. 서진을 보는 수련의 마지막 눈빛! 비명 내지르며 바다에

빠지는데)

두 손을 가슴에 모은 채 편안하게 바다로 드러눕는 듯한 수련 모습, 슬로우로 걸리면서.
눈을 꼭 감은 채, 어떤 저항도 하지 않는 모습이고.
그때, 멀리서 자신의 이름을 부르면서 달려오는 로건의 목소리가 들려오는데.

로건(E) 수련 씨... 수련 씨이이이...!!!

수련, 로건의 목소리를 들으며 편안하게 바다로 빠져드는.
두 팔을 벌린 채, 바다 깊은 곳으로 가라앉는 수련...

수련(E) 한때, 당신과 행복을 꿈꾼 적이 있었어요. 설아가 당신을 내게 보내줬다고 생각했어요. 당신 품이 너무 따뜻하고 편안해서, 당신을 영원히 떠나고 싶지 않을 때도 많았어요. 하지만 당신과 꿈을 꾸기엔 난 너무 소중한 사람들을 많이 잃었어요. 나애교도... 윤희도... 하 박사님도... 그들에게 용서 빌러 갑니다. 그들의 죽음이 값없다고 생각하진 않아요. 그렇게라도 우리 아이들을 지킨 거니까... 설아한테 날 행복하게 해주겠다고 약속했다고 했죠? 약속 지켜줘서 고마워요. 당신 때문에 염치없게도 행복한 삶이었습니다.

그렇게 바다로 가라앉는 수련이고.

41. **현재/김포 벼랑 위**(며칠 뒤, 낮)
수련과 윤희의 빈소가 작지만 예쁘게 마련되어있고.
마리, 석경, 석훈, 제니, 그들을 그리워하며 꽃과 편지들을 놓아두는.
석경이 쓴 편지, "사랑하는 엄마, 미안하고 고마웠어. 이제 설아한테 보내줄게……"
로건, 굳은 듯 무표정하게 그들을 바라보고 있는데.

42. 심운아트센터 로비 (3년 뒤, 낮)
북적대는 로비. 로나의 사진 크게 붙어있고.
관객들, 로나의 공연장으로 기대에 찬 표정으로 들어서는데.

43. 공연장 일각 (낮)
로나, 드레스를 입은 채, 공연장을 향해 걸어가는.
그러다 한쪽 벽에 걸린 로건의 사진 앞에 멈춰 서고.
로나, 사진 속의 로건에게 말을 거는.

로나   아저씨, 잘 계셨어요? 너무 오랜만이죠? 초대해주셔서 감사해요. (슬픈
     눈으로 로건의 사진을 보며) 웃는 모습 보니까 안심이 돼요. 아직도 수련
     아줌마 땜에 슬퍼하고 계실까봐 걱정했는데.

     로나 혼자 말하고 있는 거고.
     사진 속에서 로건, 아무 걱정 없는 듯 웃고 있는.
     사진 아래에, "로건 리" 이름과 생애(출생일시와 사망일시)가 적혀있는.
     얼마 전에 죽은 상황으로.

44. 심운아트센터 무대(낮)
로나, 아름다운 드레스를 입고, 무대 위에 서서 관중들을 향해 인사를
하는.

로나   제가 이 자리에 서기까지, 저를 후원해주시고 늘 응원해주신 분이 계십
     니다. 오늘 공연도 그분이 계시기에 열리게 되었습니다. 심운아트센터
     장님이신 로건 리를 소개합니다.

로나, 로건의 자리를 보는데. 네임카드만 올려진 채, 자리는 비어있고. 관객들, 전부 일어나서 기립 박수를 보내는데. 그중에 마리와 상아도 있다.

마리 가엾어 죽겠어. 얼마나 상심이 깊었으면, 골수암이 재발했을까.

상아 식구들한테까지 비밀로 하고, 치료도 포기했다면서요. 어떻게 그 많은 재산을 놔두고 치료를 포기할 수 있대요? 하루라도 더 악착같이 살아 남아야지.

마리 수련 씨 없는 세상에 뭔 미련이 있겠어. 수련 씨에 대한 마음이 끔찍했던 사람인데. 그래도 로나 공연 준비는 마지막까지 다 해주고 떠났다더라고.

상아(E) 남긴 재산이 어마어마하대죠? 그 덕에 심운아트센터에서 후원하는 음악가들은 대박이 났잖아요. 로나처럼.

마리(E) (그리운 듯) 약혼식 날 수련 씨 못 봤지? 정말 눈부시게 예뻤었는데. 그렇게 예쁜 커플은 난생 처음 봤지 뭐야. 너무 아까운 사람들이 죽었어. 생각해보면, 헤라팰리스에서 억울하게 죽은 민설아가 그들을 부른 것도 같고.

마리와 상아, 로건 자리를 보면서 안타까운 표정으로 박수를 보내고 있는. 그 뒤로, 수련이 앉아있는 모습이 보이고.
수련, 박수 치고 있는 석훈과 석경을 본다. 너무도 소중한 듯 그들을 한 없이 눈에 담고 있는 수련, 눈물이 가득 맺히는데.
수련, 누군가와 눈이 마주치는데. 로건이다.
로건, 놀라서 수련을 찾아 두리번거리며 다가오면. 조용히 몸을 숨기는 수련.

45. 심운아트센터 앞/수련의 스포츠카 안(낮)
로건, 밖으로 걸어 나오는데.
그때, 빠르게 돌진하는 스포츠카가 로건의 앞으로 와서 멈춰 서고.
로건, 고개 돌려 보면. 운전석에 타있는 사람, 틀림없이 수련이다! 놀라서 얼어붙는 로건.

수련   (미소 짓고) 같이 갈래요, 로건?!

로건, 홀린 듯이 차에 올라타는데. 그대로 출발하는 스포츠카.

46.   **도로 일각/수련의 스포츠카 안(낮)**
빠르게 질주하는 수련의 차.
로건, 손을 내밀면. 수련, 로건의 손을 잡는데. 로건이 준 반지가 끼워져 있고.

수련(E)   만날 사람이 있어요.
로건(E)   누구요?
수련(E)   (의미심장한 표정) 만나면 많이 반가울 거예요. 무슨 말부터 해야 될지 모르겠어요. 떨려요. 너무 오래 기다렸거든요.
로건(E)   궁금한데, 빨리 만나러 가요.

수련의 차, 속도를 높이는데.
어딘가를 향해 끝없이 이어진 길을 달려가는 수련의 차...
이정표도 없고, 이름을 알 수 없는 신비한 가로수들이 심어진 도로가 햇빛에 눈부시게 반짝이는데.
그들이 향하는 곳이 깊고 푸른 바다인지, 땅끝인지, 안갯속인지, 아님.... 천국인지 알 수 없지만, 이제껏 한 번도 보지 못한 아름다운 곳임에 틀림없다.
그렇게 쭉 뻗은 길을 달려가는 수련이 차가, 한 점으로 사라지는 데서 엔딩!!!

〈끝〉

출연
이지아, 김소연, 유진, 엄기준, 신은경, 봉태규, 윤종훈, 박은석, 윤주희, 하도권, 정성모, 서혜린
하민, 김로사, 김동규, 김도현, 김재홍, 신서현, 최서연, 김현수, 진지희, 김영대, 조수민, 한지현
최예빈, 이태빈, 손보승, 안은호, 양정민, 장하경, 박수아, 나소예, 박호산, 온주완

만든 사람들

기획	스튜디오S
제작	[초록뱀미디어] 김상헌, 최진욱
책임프로듀서	최영훈
총괄프로듀서	조성훈
프로듀서	이광순
제작총괄	유호성
극본	김순옥
연출	주동민, 박보람

촬영A팀

촬영감독	여정훈, 정철민
포커스풀러	심상영, 하승우
촬영팀	송송이, 서준용, 이민규, 염태석, 오유석, 장명운
조명감독	김근수
조명1st	박동현
조명팀	남기봉, 우효주, 방현동, 이현우
발전차	김중탁
동시녹음	전명규
붐오퍼	김상문
붐어시	이서희
키그립	정성영
그립팀	온대균, 최형우

촬영B팀

촬영감독	최제락, 이재성
포커스풀러	김희승, 윤익준

촬영팀	김민수, 조창준, 서원범, 문지호, 서의진, 송나래, 임호현
조명감독	황영식
조명1st	박선호
조명팀	이주원, 김지나, 이준수, 박윤민, 김대현
발전차	김병호
동시녹음	김수근
붐오퍼	육근식
붐어시	김건
키그립	김학균
그립팀	이규환

미술감독	이하정, 신현지
세트디자인	염지연, 유하경
스튜디오세트	김형관, 이영택, 진종성, 김경대, 박일홍, 김정원
스튜디오작화	손상운, 김형남
야외세트	이상목, 장한별
야외작화	김기연, 문귀현, 이태동
야외세트진행	김종성
스튜디오세트진행	이상린
미술개발	이요섭
세트협력	아트원 신세계기획
전기효과	정기석, 김용선, 성명영, 당성윤
미술행정	최연현, 김경욱
푸드디렉터	제이킴
푸드팀	[제이킴푸드스타일] 연재
	노현정, 정현우, 민휘윤, 민재인, 김민지, 이민경, 이형로
소품총괄	박성진
소품감독	우명식, 윤창묵
소품진행	이창하, 최보아, 조현기, 이종효, 안세영
소품디스플레이	이상진, 윤준식, 장명환
인테리어디자인	이선희, 김상욱
소품그래픽	양미현
푸드스타일리스트	조용미, 박수연
의상	박세훈, 정희선
의상디자이너	이성훈

팀코디	윤민
분장	김은정, 박세연, 손다혜
미용	심정화, 박민아, 최영진
특수분장	손희승
편집	조인형, 박지현, 임호철
서브편집	정다영, 이초롱
편집보조	최혜령
VFX슈퍼바이저	소은석
2D VFX	이한준, 김병재, 하민구, 최두리, 강희규, 오정화, 김승기
3D VFX	유민근, 이정은, 제성경, 조수현, 이진우
	[스튜디오 G] [COBB 스튜디오]
C.G	김종훈
타이틀	김승아
모션그래픽	김승아
음악	김준석
더빙	김흥배, 이승호
효과	이종성, 임준용
음악감독	[무비클로저] 김준석, 정세린
음악팀	구본춘, 이윤지, 노유림, 주인로, 김현도, 신유진, 강미미, 홍은지, 정혜빈
	장유례, 유소현, 김도은
음악믹싱	박승천
음악효과	이광희, 홍가희
색보정	한종우, 김현민
색보정보조	이혜진, 서지원
종합편집	안철환, 황돈희
종편자막	최호진
무술감독	백경찬
무술지도	유시정
특수효과	도광섭, 도광일
캐스팅	이상길, 이영섭
보조출연	[(주)마리오기획] 김주영, 이영태, 김장군
SBS홍보	손영균, 이두리, 정다솔
SNS	박민경, 김현제, 박조아
외주홍보	[3HW] 이현, 이현주, 김의정